Das Verb im Chinesischen,
Hmong, Vietnamesischen,
Thai und Khmer

Language Universals Series

Edited by
Hansjakob Seiler

Volume 7

Walter Bisang

Das Verb im Chinesischen, Hmong, Vietnamesischen, Thai und Khmer

Vergleichende Grammatik im Rahmen der Verbserialisierung, der Grammatikalisierung und der Attraktorpositionen

gnv   Gunter Narr Verlag Tübingen

Die Deutsche Bibliothek - CIP-Einheitsaufnahme

Bisang, Walter:
Das Verb im Chinesischen, Hmong, Vietnamesischen, Thai und Khmer : vergleichende Grammatik im Rahmen der Verbserialisierung, der Grammatikalisierung und der Attraktorpositionen / Walter Bisang. – Tübingen : Narr, 1992
  (Language universals series ; Vol. 7)
  ISBN 3–8233–4771–3
NE: GT

Die vorliegende Arbeit wurde von der Philosophischen Fakultät I der Universität Zürich im Wintersemester 1990/91 auf Antrag von Professor Dr. Meinrad Scheller als Dissertation angenommen.

Publiziert mit Unterstützung des Schweizerischen Nationalfonds zur Förderung der wissenschaftlichen Forschung.

© 1992 · Gunter Narr Verlag Tübingen
Dischingerweg 5 · D-7400 Tübingen

Das Werk einschließlich aller seiner Teile ist urheberrechtlich geschützt. Jede Verwertung außerhalb der engen Grenzen des Urheberrechtsgesetzes ist ohne Zustimmung des Verlages unzulässig und strafbar. Das gilt insbesondere für Vervielfältigungen, Übersetzungen, Mikroverfilmungen und die Einspeicherung und Verarbeitung in elektronischen Systemen.
Gedruckt auf säurefreiem und alterungsbeständigem Werkdruckpapier.

Satz: CompArt, Mössingen
Druck: Gulde, Tübingen
Verarbeitung: Braun + Lamparter, Reutlingen
Printed in Germany

ISBN 3–8233–4771–3

Inhalt

I. Verbserialisierung, Grammatikalisierung und Attraktorpositionen im Chinesischen, Hmong, Vietnamesischen, Thai und Khmer

1. Einleitung	1
1.1. Thema, Methode, kurze Zusammenfassung und Aufbau der Arbeit	1
1.2. Zur genetischen Verwandtschaft der fünf zu vergleichenden Sprachen	4
1.3. Zum Textmaterial	5
1.4. Zur Umschrift	7
2. Grundlagen	7
2.1. Verbserialisierung: Das Phänomen	7
2.2. Grammatikalisierung	11
2.3. Attraktorpositionen	19
2.4. Faktoren, die die Verbserialisierung begünstigen; die von der Verbserialisierung betroffenen Bereiche	24
2.5. Verbserialisierung im engeren Sinn, Verbserialisierung im weiteren Sinn; Lexikon – Syntax	26
2.6. Die graduelle Entwicklung eines Gedankens: Sachverhalt und Satz	29
2.7. Zum weiteren Aufbau dieser Arbeit	34
3. Synopse	36
3.1. Die Verbserialisierung im weiteren Sinn	36
3.1.1. Die syntaktische Juxtaposition	36
3.1.2. Die modifizierende Verbserialisierung	38
3.1.3. Die regierende Verbserialisierung	40
3.1.3.1. Die zweite VP ist Objekt des ersten Verbs	40
3.1.3.2. Die Pivotal-Konstruktion	41
3.1.3.3. Die Kausativ-Konstruktion	42
3.1.3.4. Die konjunktionalen Verben	45
3.2. Die Verbserialisierung im engeren Sinn	49
3.2.1. Die lexikalische Juxtaposition	49
3.2.2. Die Resultativ-Konstruktion	50
3.2.3. Die seriale Einheit	52
3.2.3.1. TAM-Zeichen	52
3.2.3.2. Die Co-Verben	57
3.2.3.3. Die direktionalen Verben	65
3.2.3.4. Die seriale Einheit in den fünf Sprachen dieser Arbeit	68
3.2.3.5. Die erweiterte seriale Einheit mit "nehmen"	72
3.3. Vergleich der fünf Sprachen dieser Arbeit	76

II. Chinesisch

1. Einleitung	82
2. Die Juxtaposition	93
2.1. Koordination	93
2.2. Finalität	95

3. Die modifizierende Verbserialisierung ... 96
   3.1. Verben als Modifikatoren des Hauptverbs ... 96
   3.2. Die Resultativ-Konstruktion ... 101
   3.3. Die direktionalen Verben ... 107
   3.4. Der Ausdruck von TAM mit entsemantisierten Verben ... 113
      3.4.1. Einleitung ... 113
      3.4.2. *zài* ... 115
      3.4.3. *yào* ... 116
      3.4.4. *-guo* ... 118
      3.4.5. *-zhe* ... 123
      3.4.6. *Le* (*-le*, *le*) ... 126
4. Die Co-Verben ... 134
   4.1. Einleitung ... 134
   4.2. Die lokativisch-destinativischen Co-Verben ... 138
   4.3. Das Co-Verb *bǎ* ... 152
   4.4. Das Co-Verb *bèi* ... 163
   4.5. Das Co-Verb *gěi* ... 171
   4.6. Das Co-Verb *gēn* ... 180
   4.7. Das Co-Verb *yòng* ... 184
5. Die regierende Verbserialisierung ... 187
   5.1. Die zweite VP ist Objekt des ersten Verbs ... 187
   5.2. Die Pivotal-Konstruktion ... 191
   5.3. Objektssatz- und Pivotal-Konstruktionen des modernen Chinesisch im Vergleich zum klassischen Chinesisch ... 192
   5.4. Kausativität ... 194
   5.5. Co-Verben und konjunktionale Verben ... 198
   5.6. Einige weitere Konjunktionen mit verbalem Hintergrund ... 203

III. Hmong

1. Einleitung ... 211
2. Die Juxtaposition ... 217
   2.1. Koordination ... 217
   2.2. Finalität ... 224
3. Die modifizierende Verbserialisierung ... 227
   3.1. Verben als Modifikatoren des Hauptverbs ... 227
   3.2. Die Resultativ-Konstruktion ... 229
   3.3. Die direktionalen Verben ... 230
   3.4. Der Ausdruck von TAM mit entsemantisierten Verben ... 236
      3.4.1. *yuav* ... 237
      3.4.2. *tau* ... 239
      3.4.3. *tsum* ... 243
4. Die Co-Verben ... 244
   4.1. Einleitung ... 244
   4.2. Die lokativisch-destinativischen Co-Verben ... 245

  4.2.1. Die Co-Verben *nyob, txog, nto* und *rau* 245
  4.2.2. Die übrigen lokativisch-destinativischen Co-Verben
    ti, lawm und *ze*, sowie die Präposition *puag* 255
 4.3. Die übrigen Co-Verben 258
 4.4. Co-Verben und direktionale Verben in Kombination 264
 4.5. Die erweiterte seriale Einheit mit "nehmen" 267
 4.6. Beispiele zur Verknüpfbarkeit verschiedener Serialisierungsperioden 272
5. Die regierende Verbserialisierung 274
 5.1. Die zweite VP ist Objekt des ersten Verbs 274
 5.2. Die Pivotal-Konstruktion 277
 5.3. Zum Ausdruck der Kausativität 279
 5.4. Kausativität und das Entstehen von konjunktionalen Verben 285
 5.5. Weitere aus Verben abgeleitete Konjunktionen/konjunktionale
   Verben 289

IV. Vietnamesisch

1. Einleitung 292
2. Die Juxtaposition 294
 2.1. Koordination 295
 2.2. Finalität 297
3. Die modifizierende Verbserialisierung 297
 3.1. Verben als Modifikatoren des Hauptverbs 297
 3.2. Die Resultativ-Konstruktion 299
 3.3. Die direktionalen Verben 301
 3.4. Der Ausdruck von TAM mit entsemantisierten Verben 305
4. Die Co-Verben 308
 4.1. Einleitung 308
 4.2. Die lokativisch-destinativischen Co-Verben 309
 4.3. Die Co-Verben *cho, giúp/giùm, hộ; thay; hầu* 314
 4.4. Die Co-Verben *là* und *làm* 316
 4.5. Die präverbalen Co-Verben 317
 4.6. Die erweiterte seriale Einheit mit "nehmen" 317
5. Die regierende Verbserialisierung 318
 5.1. Die zweite VP ist Objekt des ersten Verbs 318
 5.2. Die Pivotal-Konstruktion 319
 5.3. Die Kausativ-Konstruktion 320
 5.4. Die konjunktionalen Verben *làm (làm cho), để* und *cho* 321
 5.5. Weitere konjunktionale Verben 322

V. Thai

1. Einleitung 324
2. Die Juxtaposition 333
 2.1. Koordination 333
 2.2. Finalität 335

3. Die modifizierende Verbserialisierung 336
   3.1. Verben als Modifikatoren des Hauptverbs 336
   3.2. Die Resultativ-Konstruktion 338
   3.3. Die direktionalen Verben 339
   3.4. Der Ausdruck von TAM mit entsemantisierten Verben 343
4. Die Co-Verben 360
   4.1. Einleitung 360
   4.2. Die lokativisch-destinativischen Co-Verben 361
   4.3. Der Ausdruck des Dativ/Benefaktiv: Die Co-Verben *hâj*
       und *samràb* 366
   4.4. Die Co-Verben *pen, mÿan, thâw* und *thɛɛn* 368
   4.5. Die Präpositionen 371
   4.6. Die erweiterte seriale Einheit mit "nehmen": *ʔaw...maa/paj* 373
   4.7. Zum Ausdruck des Instrumentals 373
5. Die regierende Verbserialisierung 376
   5.1. Die zweite VP ist Objekt des ersten Verbs 376
   5.2. Die Pivotal-Konstruktion 377
   5.3. *tham, hâj, thamhâj* und die Kausativität 379
   5.4. *hâj* als konjunktionales Verb 382
   5.5. *ʔaw* als konjunktionales Verb 384
   5.6. Einige weitere konjunktionale Verben 385

VI. Khmer

1. Einleitung 387
2. Die Juxtaposition 396
   2.1. Die Koordination 396
   2.2. Finalität 398
3. Die modifizierende Verbserialisierung 399
   3.1. Verben als Modifikatoren des Hauptverbs 399
   3.2. Die Resultativ-Konstruktion 400
   3.3. Die direktionalen Verben 403
   3.4. Der Ausdruck von TAM mit entsemantisierten Verben 406
4. Die Co-Verben 416
   4.1. Einleitung 416
   4.2. Die lokativisch-destinativischen Co-Verben 418
   4.3. Die Co-Verben *ʔaoy, cù:n* und *sɔmrap* 424
   4.4. Die Co-Verben *cì:ə, do:c, daoy, cù:əs* und *cìh* 426
   4.5. Zur Produktivität der Co-Verben: marginale Co-Verben 430
   4.6. Zu den Präpositionen 430
   4.7. Die erweiterte seriale Einheit mit "nehmen": *yɔ̀:k...mɔ̀:k/tr̆u* 433
   4.8. Zum Ausdruck des Instrumental 434
   4.9. Die Serialisierungsperiode: weitere Beispiele zu deren Juxtaposition ... 435
5. Die regierende Verbserialisierung 436
   5.1. Die zweite VP ist Objekt des ersten Verbs 436

5.2. Die Pivotal-Konstruktion	438
5.3. *?aoy, thvɤ̀:-?aoy* und die Kausativität	439
5.4. *?aoy* als konjunktionales Verb	441
5.5. Weitere konjunktionale Verben	444

Anhang I: Zur Lautlehre und Morphologie des Khmer 447

1. Lautlehre	447
1.1. Silbenstruktur	447
1.2. Die Konsonanten: einfache und erweiterte Silbenanlaute, Silbenauslaute	449
1.3. Register und Vokale	452
2. Morphologie	456
2.1. Wortbasen und Ableitungen	456
2.2. Bemerkungen zur Wirkung der Register	457
2.3. Darstellung der Affixe	457
2.3.1. Vorbemerkung zur Funktion der Affixe	457
2.3.2. Präfixe	459
2.3.3. Gibt es im Khmer Suffixe?	471

Anhang II: Die Laute in den Miao-Yao Sprachen 473

1. Der Lautbestand in der Sprache der Weißen Hmong	473
1.1. Der Silbenanlaut	473
1.2. Der Silbenauslaut	477
1.3. Der Ton	477
1.4. Ton-Sandhi	479
1.5. Die Silbenstruktur und die Kombinierbarkeit der drei Elemente einer Silbe	479
2. Der Lautbestand der Miao-Yao Dialekte in der VR China	483
2.1. Der Silbenanlaut	483
2.2. Der Silbenauslaut	487
2.3. Der Ton und sein Zusammenhang mit dem Silbenanlaut	492
2.3.1. Die 8 phonemischen Tonklassen im Chinesischen	492
2.3.2. Die 8 phonemischen Tonklassen im Miao	494
2.3.3. Das Verhältnis von Silbenanlaut und Ton im Miao	496
2.4. Die Aufgliederung der Miao Dialekte und Subdialekte	500

Anhang III: Einige statische Verben im Hmong 505

Bibliographie 509

I. Verbserialisierung, Grammatikalisierung und Attraktorpositionen im Chinesischen, Hmong, Vietnamesischen, Thai und Khmer

1. Einleitung

1.1. Thema, Methode, kurze Zusammenfassung und Aufbau der Arbeit

1. Das Thema

Das Thema dieser Arbeit ergibt sich aus der Leichtigkeit und Häufigkeit, mit der Sprachen wie Chinesisch, Hmong, Vietnamesisch, Thai und Khmer Verben oder Verbalphrasen völlig unmarkiert nebeneinanderstellen – eine Tatsache, die jedem, der sich mit diesen Sprachen zu beschäftigen anfängt, sehr bald auffällt. Dieses Phänomen der Verbserialisierung in seiner Vielfalt der möglichen Realisationen in der Oberfläche einzufangen (1), darauf basierend größere zusammengehörige Sequenzen von Verben herauszuarbeiten (2), sowie die sprachlichen Kräfte, die an deren Aufbau beteiligt sind, zu erkennen und deren Zusammenspiel und wechselseitige Abhängigkeit aufzudecken (3), sind ebensosehr das Ziel dieser Arbeit, wie der Versuch, die Motivation für die Verbserialisierung und deren kommunikativen Wert aufzuspüren (4).

2. Die Methode

Meine Untersuchung soll entschieden auf der Basis der Empirie stehen, d.h. die getroffenen Abstrahierungen sollen rein aus der Analyse von Texten kombiniert mit eigenen Sprecherfahrungen bezogen werden, die ich zumindest im Chinesischen, im Thai und im Khmer selber machen durfte. Für das Hmong basiere ich auf umfangreichen Textsammlungen (vgl. Abschn. 1.3.), für das Vietnamesische berufe ich mich auf Grammatiken und sonstige Sekundärliteratur.

Die Verbserialisierung ist ein sehr wesentlicher Bestandteil des typologischen Charakters der hier zu beschreibenden fünf Sprachen; sie gehört zu deren fundamentalen Bauprinzip, ist also – mit Sasse (1988:174) gesprochen – Teil des "typologischen Habitus" dieser Sprachen. Die detaillierte Beschreibung der Verbserialisierung in jeder der fünf Sprachen soll damit einen Beitrag zum besseren Verständnis eines bestimmten Sprachtyps liefern und *ein* mögliches Verfahren zur Lösung kommunikativer Aufgaben präsentieren. Dabei habe ich mich nicht auf eine Sprache beschränkt, um das Phänomen der Verbserialisierung in möglichst vielen seiner Realisationsformen tiefer ausloten und letztlich umfassender eingrenzen zu können. Bei dieser Gelegenheit kristallisierten sich typische Unterschiede zwischen den einzelnen Sprachen heraus, die sich bestens aus der Sprachkontaktsituation als areale Charakteristiken erklären lassen (vgl. Abschnitt 3.3.) und ein zusätzliches Moment der Dynamik durch die Entlehnung von bestimmten Verfahren in andere Sprachen in die Beschreibung bringen.

In dieser Arbeit möchte ich mich um die Erfassung der funktionalen Gesamtzusammenhänge bemühen, um eine – wie Sasse (1988:175) sagt – "Rastertypologie" zu vermeiden; diese Art der Etikettierung führt nach meinem Dafürhalten oft zu vorschnellen Schlüssen und Abstraktionen, die sich vor dem Hintergrund neu hinzukommender, genauerer Sprachbeschreibungen oder auch nur schon vor dem Hintergrund eines funktional weiter gesteckten Rahmens als revisionsbedürftig erweisen. Letztlich sind es nur die aus möglichst genauen Beschreibungen von Einzelsprachen gewonnenen Abstraktionen, die sich erneut vergleichen lassen und so zu einer haltbareren, ausbalancierteren Theorie führen. Damit gehe ich den Weg von unten – von der Empirie – nach oben zur Theorie, also 'data up' statt 'theory down', möchte aber selbstverständlich nicht leugnen, dass auch die Theorie wichtige Anstöße zum Erfassen der Empirie liefert.

Weiter lege ich in meiner Beschreibung Wert auf den historischen Aspekt, den ich beim Chinesischen miteinbeziehen möchte. Dank der guten Quellenlage zu älteren Sprachzuständen läßt sich die Entstehung vieler synchroner Konstellationen der Verbserialisierung im modernen Chinesisch historisch herleiten oder zumindest teilweise nachvollziehen. Die zusätzliche Dynamik, die dieser Aspekt in die Beschreibung hineinbringt, betrachte ich als wertvolle ergänzende Erklärungshilfe für die Verbserialisierung im allgemeinen und einige ihrer speziellen Realisationsformen im besonderen. Zudem liefert dieser Aspekt wertvolle Hinweise zu meinem Konzept der Attraktorpositionen.

3. Kurze Zusammenfassung

An dieser Stelle möchte ich die wesentlichsten Begriffe, die ich in meiner Arbeit verwenden werde, in ihrem Gesamtzusammenhang vorführen. Die folgende Zusammenfassung verstehe ich daher als Kern und Orientierungspunkt, auf den sich die konkretsprachlichen Einzelheiten letztlich zurückführen lassen. Dem Leser wird also zunächst ein Kondensat präsentiert, das es im weiteren Verlauf dieser Arbeit aufzuschließen und näher zu erläutern gilt.

Aus der reichen Materialfülle destillieren sich die enger zusammengehörigen Verbalsequenzen der lexikalischen Juxtaposition, der Resultativ-Konstruktion und der serialen Einheit heraus, die ich zur *Verbserialisierung im engeren Sinn* zähle und unter dem Begriff Serialisierungsperiode zusammenfasse. Die *Verbserialisierung im weiteren Sinn* zeichnet sich durch eine geringere Kohäsion der beteiligten Elemente aus, die sich vor allem darin äußert, daß diskurspragmatische und semantische Kriterien praktisch als einzige über die Möglichkeit bzw. Unmöglichkeit einer bestimmten markierungslosen Juxtaposition entscheiden, während bei der Verbserialisierung im engeren Sinn die Zahl der möglichen Kombinationen durch – wie ich sage – syntaktische Paradigmen beschränkt ist. Auf der Ebene der Verbserialisierung im weiteren Sinn unterscheide ich die drei Konstruktionen der Juxtaposition, der modifizierenden Verbserialisierung und der regierenden Verbserialisierung.

Die sprachlichen Kräfte, die an der Entstehung zusammengehöriger Verbalsequenzen – also der Serialisierungsperioden der Verbserialisierung im engeren Sinn – beteiligt sind, sind die *Grammatikalisierung* und die *Attraktorpositionen*. Die Grammatikalisierung tritt hauptsächlich bei der Verbserialisierung im engeren Sinn, sowie bei den konjunktionalen Verben und in abgeschwächter Form wohl auch bei den Kausativ-Verben und bei gewissen Resultativ-Verben in Erscheinung und ist zusammen mit den Attraktorpositionen ein wichtiger Auslöser für die zunehmende Verdichtung in diesem Serialisierungstyp. Die Verbserialisierung im weiteren Sinn dagegen liefert die Grundlage, aus der sich die Elemente der Verbserialisierung im engeren Sinn, d.h. der Serialisierungsperioden, in Kombination mit der Grammatikalisierung und den Attraktorpositionen herausbilden können.

Den tieferen Grund, der das Phänomen der Verbserialisierung ermöglicht oder zumindest stark begünstigt, sehe ich in der grossen *Indeterminiertheit* des Verbs, das als solches alleine nur gerade eine Handlung oder einen Zustand setzt. Das Bedürfnis, diese Handlung oder diesen Zustand genauer zu determinieren wird nun zu einem wesentlichen Teil dadurch befriedigt, dass ein weiteres Verb zur stärkeren Determinierung hinzutritt (genaueres s. Abschn. 2.4.). Der kommunikative Vorteil der Indeterminiertheit scheint mir darin zu liegen, dass die Sprache wirklich nur das wiedergibt, was in einem bestimmten Kontext nötig erscheint, so daß im Extremfall die Setzung einer bloßen Handlung oder eines bloßen Zustands durch ein einziges Verb zur erfolgreichen Kommunikation völlig genügt. Allerdings liegt mit der Möglichkeit zur Kürze im Ausdruck theoretisch eine größere Verantwortung beim Sender für die Verständlichkeit der Botschaft und ein größerer Entschlüsselungsaufwand beim Empfänger. Damit spielt das Moment der Relevanz im Sinne von Sperber und Wilson (1986) eine wichtige Rolle. Im Rahmen dieses Kommunikationsprozesses hat der Begriff der Tilgung nichts verloren. Es wird nichts getilgt; es wird lediglich nicht ausgesprochen, was aus dem sprachlichen oder außersprachlichen Kontext schon klar ist, also nicht relevant ist. Soll nun mehr als das absolute Minimum der Verbalhandlung ausgedrückt werden, so verfügt die Sprache über Regeln oder besser Maximalstrukturen, die die Anordnung zusätzlicher Information steuern. In diesem Sinne haben die in dieser Arbeit gewonnenen *Maximalstrukturen*, etwa die der serialen Einheit (vgl. Abschn. 3.2.3.4.) durchaus generativen Charakter.

4. Der Aufbau dieser Arbeit

Wie aus der bisher gelieferten ersten Zusammenfassung meiner Arbeit und aus der bisherigen Methodendiskussion hervorgeht, bildet das konkrete Sprachmaterial, letztlich das Einzelbeispiel, die Grundlage für alle im folgenden getroffenen Abstraktionen. Mit dem Aufbau meiner Arbeit möchte ich jedoch genau den umgekehrten Weg von der Abstraktion zum Einzelbeispiel gehen. Damit hat der Leser die Möglichkeit, sich zuerst über die größeren Zusammenhänge zu informieren, um dann schrittweise zum Einzelbeispiel vorzudringen. Eine erste Annäherung wurde bereits mit der obigen kurzen Zusammenfassung geleistet. Diese wird im zweiten Abschnitt dieses Kapitels, der die theoretischen Erkenntnisse und Abstraktionen – also die Grundlagen – vorstellen und begründen soll, weiter ausgebaut. Einzelsprachliche Beispiele werden in diesem Abschnitt nur wenige erscheinen; sie dienen der anschaulicheren Gestaltung der theoretischen Diskussion. In einem nächsten Schritt, der in Abschnitt 3 dieses Kapitels vollzogen wird, werden die in Abschnitt 2 gewonnenen Grundlagen auf die fünf Sprachen dieser Arbeit angewandt. Für jede Sprache werden die möglichen Strukturen kurz zusammengefasst und miteinander verglichen. Damit ist Abschnitt 3 ein Kondensat – eine Synopse – aus den folgenden fünf Kapiteln II bis VI, die die eigentliche materielle Grundlage dieser Arbeit ausmachen und in einem letzten Schritt schließlich zum Einzelbeispiel führen. Jedes dieser fünf Sprach-Kapitel ist, bis auf einige Ausnahmen, die sich aus der Besonderheit der jeweiligen Einzelsprache ergeben, identisch aufgebaut, so dass sich ähnliche Phänomene in den verschiedenen Sprachen mit Leichtigkeit vergleichen lassen (zum Aufbau dieser Kapitel vgl. Abschn. 2.7.).

In diesem Sinne ist die vorliegende Arbeit auch eine vergleichende Grammatik des Verbs und seiner Möglichkeiten zur markierungslosen Juxtaposition in den Sprachen

Chinesisch, Hmong, Vietnamesisch, Thai und Khmer. Die einzelnen Sprach-Kapitel sollen dabei unabhängig voneinander stehen, d.h. sie lassen sich auch als Einzelgrammatiken zum Verb lesen, so daß man sich mühelos einen Überblick über die Situation in jeder einzelnen Sprache verschaffen kann, ohne sich mit den anderen beschäftigen zu müssen. Ein hoffentlich bescheidenes Maß an Redundanz ist somit unumgänglich. Da die Verbserialisierung einen sehr gewichtigen Teil der Grammatik dieser fünf Sprachen ausmacht, deckt diese Arbeit einen beträchtlichen Teil der Gesamtgrammatik ab.

1.2. Zur genetischen Verwandtschaft der fünf zu vergleichenden Sprachen

Seit den Studien von Benedict (1942, 1972, 1975) und der Festschrift für Benedict (hrsg. von Thurgood et al. [1985]) unterscheidet man in Ost- und Südostasien gemeinhin die drei großen Sprachgruppen Sino-Tibetisch, Austro-Tai und Austro-Asiatisch. Die fünf Sprachen Chinesisch, Hmong, Vietnamesisch, Thai und Khmer verteilen sich auf alle drei Sprachgruppen.

So gehört Chinesisch zum sinitischen Zweig des Sino-Tibetischen. Das Thai zählt Benedict zum Austro-Tai, wobei es sich nach dem neuesten Stand in Thurgood (1985:3) wie folgt in diese Sprachfamilie eingliedert:

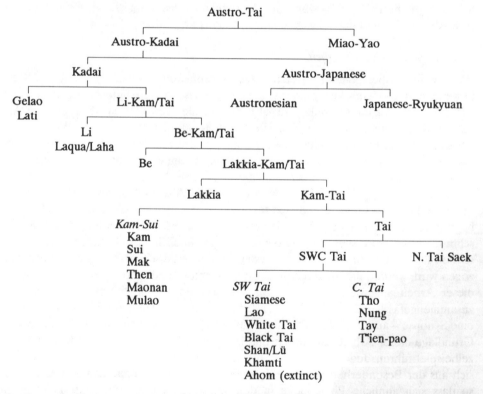

Mit dieser Tabelle wird auch die Zugehörigkeit der Miao-Yao Sprachen, die in dieser Arbeit durch das Hmong vertreten werden (vgl. Anhang II), zur Gruppe des Austro-Tai postuliert. Diese Zugehörigkeit scheint mir jedoch wenig gesichert; eine vorläufig gesonderte Aufführung dieser Sprachen ausserhalb der drei grossen Sprachgruppen dürfte dem tatsächlichen Stand der Forschung eher entsprechen. Nebenbei bemerkt ist auch die "Austro-Japanese"-Hypothese fraglich. Beide Hypothesen wird man wohl im Lichte von Matisoff's (1976a:258 bzw. 1979:38) dreifacher Gliederung in "micro-", "macro-" und "megalo-comparison" entschieden zur letzteren Kategorie zählen müssen, wobei Matisoff die "megalo-comparison" schon beim Sino-Tibetischen als Gesamtheit ansetzt.

Die genetische Verwandtschaft zwischen Vietnamesisch und Khmer dagegen kann man seit den wegweisenden Artikeln von Haudricourt (1953, 1954c) als gesichert betrachten. Beide Sprachen gehören zum Mon-Khmer-Zweig des Austroasiatischen, wobei Vietnamesisch zur Gruppe der Viet-Mương-Sprachen zählt und Khmer eine eigene Gruppe bildet (vgl. hierzu auch Thomas und Headley (1970) und Huffman (1976a, 1977)).

Vor dem Hintergrund der Zugehörigkeit zu den verschiedensten Sprachgruppen ist es umso faszinierender zu beobachten, dass alle fünf Sprachen dieser Arbeit sehr ähnlich funktionieren. Diese Tatsache lässt sich wohl nur durch Sprachkontakt erklären. Wie sich bei näherer Untersuchung ergibt, lassen sich dabei eine nördliche Gruppe, repräsentiert durch das Chinesische, und eine südliche Gruppe, repräsentiert durch das Vietnamesische, das Thai und das Khmer – wobei Thai und Khmer durch jahrhundertelange gegenseitige enge kulturelle Kontakte besonders ähnlich sind –, unterscheiden; das Hmong scheint nicht nur geographisch, sondern auch strukturell zwischen diesen beiden Gruppen zu stehen (vgl. Abschn. 3.3.).

1.3. Zum Textmaterial

Zu Textmaterial habe ich meist dann gegriffen, wenn sich in der Sekundärliteratur keine einschlägigen Beispiele finden liessen. Dies ist besonders beim *Hmong* der Fall, wo ich die meisten Beispiele zur Illustration meiner Aussagen aus Texten beziehe. Von besonderer Wichtigkeit waren dabei die Texte in

Mottin, Jean (1980): Contes et légendes Hmong Blanc, Bangkok, Don Bosco Press. [Kurzzeichen hinter den zitierten Beispielen: MCL]

In Bisang (1988) habe ich fünf dieser Texte ausgewählt, die mir inhaltlich und vor allem syntaktisch am ergiebigsten erschienen, und mit einer Interlinearversion wiedergegeben. Jedes Zitat, das sich auf diese Texte bezieht, wird innerhalb einer runden Klammer wie z.B. (5,234) bezüglich dieser Interlinearversion genau lokalisiert, wobei die erste Zahl vor dem Komma die Nummer des entsprechenden Textes und die zweite Zahl die entsprechende Zeile angibt. Die übrigen Beispiele aus dieser Textsammlung werden durch das Kurzzeichen MCL mit nachfolgender Seitenangabe angeführt. Insgesamt machen die von mir in Bisang (1988) aufgearbeiteten Texte etwa ⅕ des Gesamtvolumens der Sammlung aus.

Weitere wertvolle Beispiele lieferten:

Mottin, Jean (1978): Eléments de grammaire Hmong Blanc, Bangkok, Don Bosco. [Kurzzeichen: ME.]

Bertrais-Charrier, Fr. Yves (1964/1978): Dictionnaire Hmong (Meo) Blanc – Français, Vientiane, wiederabgedruckt in Chiangmai, mission catholique.
[Kurzzeichen: B.]

Whitelock, Doris (1982): White Hmong Language Lessons (South East Asian Refugee Studies Occasional Papers, no. 2), Minneapolis, Center of Urban und Regional Affairs.
[Kein Kurzzeichen]

Phau xyaum nyeem ntawv Hmoob [Text for Learning to Read Hmong], *Rooj Ntawv Hmoob* [Hmong Academy], Bangkok, Assumption Press.
[Hier habe ich kein Kurzzeichen gesetzt, sondern lediglich in Klammern die Seitenzahl folgen lassen.]

Ntawv Hmoob, Phau 9 [Meo Primer, Vol. 9], Chiangmai, 1968.
[Kurzzeichen NH.]

Begleitend zu den oben erwähnten Arbeiten zog ich zuweilen noch die folgenden Texte, Lehrbücher und Wörterbücher bei, ohne direkt Beispiele daraus zu zitieren:

Mottin, Jean (1981): Allons faire le tour du ciel et de la terre (le chamanisme des Hmong vu dans les textes), Sap Samotot.

Mottin, Jean (1980): 55 chants d'amour Hmong Blanc (*55 zaj kwv txhiaj Hmoob Dawb*), Bangkok, Siam Society.

Moréchand, Guy (1968): Le chamanisme des Hmong, in: BEFEO 54, 53–295.

Heimbach, Ernest E. (1979): White-Meo – English Dictionary (Data Paper No. 75; Linguistics Series 4), Ithaca, NY, Cornell University Southeast Asia Program.

Lyman, Thomas Amis (1973): English-Meo Dictionary, Bangkok, The German Cultural Institute.

Lyman, Thomas Amis (1974): Dictionary of Hmong Njua, a Miao (Meo) Language of Southeast Asia, The Hague, Mouton.

Lyman, Thomas Amis (1979): Grammar of Hmong Njua (Green Miao): a Descriptive Linguistic Study, im Selbstverlag.

Für das *Khmer* benützte ich die folgenden modernsprachlichen Texte (die aus den Texten entnehmbaren bibliographischen Angaben entsprechen leider nicht immer unseren bibliographischen Gepflogenheiten):

T.: *Rùəŋ thnùəɲcey* [Die Geschichte des Thnunchey].
B.: ?Im Chù: Phe:t, *Bɔndo:l ko:n pa:* [Bondol, Vaters Tochter], Phnom Penh 1958.
PTK.: *Prùəh tae kɔmnaen* [Nur wegen einer Aushebung].
RP.: *Prəcùm rùəŋ prè:ŋ khmae(r)* [Sammlung von Khmer Märchen und Sagen], *phì:ək̀ 1* [Band 1], Phnom Penh, *ka:(r) phsa:y rəbɔs pùtihəsa:sənabɔnḍùa* [Verlag des 'institut bouddhique'], 1958.

Im *Chinesischen* griff ich nur bei älteren Sprachzuständen zu Texten. Dabei berücksichtigte ich hauptsächlich die folgenden sehr bekannten Texte:

Shijing [Buch der Lieder]
Shujing [Buch der Urkunden]

Lunyu [Gespräche des Konfuzius]
Mengzi [Mencius]

Chunqiu Zuozhuan [Der Kommentar des Zuo (Qiuming) zu den Frühling-Herbst Annalen des Reiches Lu]

1.4. Zur Umschrift

Die beiden Sprachen Vietnamesisch und Hmong* werden in einer lateinischen Schrift geschrieben. Daher verwende ich für diese beiden Sprachen die Originalorthographie. Für das Chinesische (*Putonghua*, Mandarin) verwende ich die heute geläufige *pinyin* Umschrift, die ich nicht nur für das moderne, sondern auch für das klassische Chinesisch gebrauche. Bei der Umschrift des Thai folge ich der Version von Haas (1964). Zum Khmer schliesslich existiert eine ganze Reihe von Umschriften. – Ich verwende für meine Arbeit die Umschrift meiner Khmer Lehrerin J. Jacob, die diese in ihrer Einführung (1968:3–51) eingehend beschreibt. Diese Umschrift hat den Vorteil, daß sie nicht nur die phonetisch-phonologische Seite des Khmers ziemlich adäquat wiedergibt, sondern auch das entsprechende Originalschriftbild getreu abbildet (vgl. Anhang I). Auf die Verwendung der nicht-lateinischen Originalschriften habe ich abgesehen von einigen Einzelfällen im Chinesischen zur Auseinanderhaltung von Homophonen verzichtet, da diese für den Kenner ohne weiteres durch die Umschrift hindurchschimmern, während sie für denjenigen, der nicht mit diesen Schriften vertraut ist, nichts an relevanter Information hinzuliefern. Zudem reduziert der Verzicht auf die Verwendung der Originalschrift den Umfang dieser Arbeit beträchtlich.

2. Grundlagen

2.1. Verbserialisierung: Das Phänomen

Der Gegenstand meiner Untersuchung läßt sich wohl am besten mit einigen konkreten Beispielen einführen, die ich aus dem Khmer beziehe, das hier nur stellvertretend für alle Sprachen dieser Arbeit steht:

(1)   tɤ̀:p *stùh*   tɤ̀u   *dën*   cap   yɔ̀:k   mɔ̀:k   ʔaop.
KHM   dann aufspringen gehen verfolgen fangen nehmen kommen umarmen
Dann sprang [sie] auf, fing [die Ente] ein und nahm sie in die Arme.
PTK.9 (vgl. VI(295))

(2)   ʔae   yì:əy cas nùh   *tù:l*   ce:k   *daə(r)*
KHM   was angeht Frau alt Dem auf d. Kopf tragen Banane zu Fuss gehen

   mɔ̀:k   dɔl   khɤ̀:ɲ tùənsa:y   *kùt*   sma:n tha: cì:ə
   kommen ankommen sehen Hase   denken denken sagen sein

   slap   mè:n   *haəy lɔ̀ən*   mɔ̀ət tha: "...". (RP1,120)
   sterben/tot wirklich fertig entgleiten Mund sagen
   Als die Alte nun mit den Bananen auf dem Kopf bis zu ihm [zum Hasen] gekommen war, erblickte sie den Hasen und dachte, er sei tatsächlich tot [obwohl er sich nur tot stellte] und es entschlüpfte ihr: "...".

(3)   pdɤy kɔ: *kraok   laəŋ*   daə(r)   tɤ̀u   lɤ̀:k
KHM   Gatte dann s.erheben raufgehen zu Fuss gehen gehen heben

---

* Zur Schrift des Hmong und ihrer relativ geringen Beachtung im Alltag dieses Volkes s. Anhang II. Das Hmong wird jedoch nicht nur in einem Lateinalphabet, sondern auch mit der Schrift des Thai und des Laotischen geschrieben. Zu den verschiedenen Schriftentwürfen für das Hmong lese man Lemoine (1972). Eine weitere, völlig unabhängig entstandene Schrift wird in Smalley, Chia und Gnia (1990) beschrieben.

tùk   mù:əy khtèəh nùh yɔ̀:k   tv̌u   sraoc lv̌: sa:ha:y
Wasser ein   Kessel Dem nehmen   gehen   giessen auf Liebhaber

nv̌u   knoŋ pì:əŋ nùh   slap tv̌u. (RP.45) (vgl. VI(300))
s.befinden in   Krug   Dem   sterben gehen

Der Ehemann stand auf, ging weg, hob den einen Kessel mit siedendem Wasser und
goß ihn über den Liebhaber [seiner Frau] im Krug [wo dieser sich versteckt hielt], so
daß dieser starb.

(4)   tùənsa:y ... kùt   cɔŋ   sì: sro:v – sɔmna:p lbas-khcvy
KHM   Hase   denken wollen essen Reis – Setzling frisch gesprossen

haəy tv̌u   cùt srok   kè: khv̌:ɲ   sɔmna:p
fertig gehen nah Land/Distrikt jemand/anderer erblicken Setzling

lɔ̀əs   khiəv-khcvy stùh   lò:t   co:l   tv̌u
frisch gesprossen blau-grün   aufspringen springen eintreten gehen

sì: sro:v-sɔmna:p ch?aet haəy co:l   tv̌u   pù:ən
essen Reissetzling   satt   fertig eintreten gehen   s.verstecken

knoŋ prèy vëɲ. prùk   laəŋ   mcas   sɔmna:p nùh
in   Wald zurück Morgen raufgehen Besitzer   Setzlinge Dem

mɔ̀:k   mv̌:l khv̌:ɲ   sna:m tùənsa:y sì: sɔmna:p kho:c
kommen   sehen erblick. Spur   Hase   essen   Setzling kaputt

?ɔs, mcas   sɔmna:p nùh khvŋ   nas kùt   thvv̌:   ?ɔntèək
ganz Besitzer Setzling Dem wütend sehr denken machen Schlinge/Falle

dak   ta:m   kùənlɔ̀:ŋ-phlo:v dael tùənsa:y co:l   tv̌u
stellen/leg. folgen Weg   Rel Hase   eintreten gehen

sì: sɔmna:p nùh. (RP,133)
essen Setzling Dem

Der Hase gedachte frische Reissetzlinge zu essen [da es bereits Abend war] und wie
er gerade unterwegs zu einem anderen Distrikt war, erblickte er frisch-grüne Reissetzlinge, sprang auf in [das dazugehörige Reisfeld] und ass sich mit Reissetzlingen satt;
dann ging er wieder in den Wald zurück, um sich dort zu verstecken. Wie der nächste
Morgen anbrach, kam der Besitzer der Reissetzlinge [an sein Feld] und erblickte [noch]
die Spuren davon, wie der Hase die Setzlinge völlig zu Schaden gefressen hatte; der
Besitzer der Setzlinge wurde sehr wütend und fasste den Plan, Schlingen zu bauen,
die er entlang dem Weg, den der Hase zum Fressen der Setzlinge gehen [mußte],
aufstellte.

Diese vier Beispiele sind ganz normales Khmer und werden von den Sprechern dieser
Sprache in keiner Art und Weise als aussergewöhnlich empfunden; es ließen sich auch
– mit Ausnahme vielleicht von Beispiel (1) (s. gleich unten) – mühelos weitere Beispiele
auffinden. Dem Sprecher einer westlichen Sprache dagegen fällt unmittelbar die große
Zahl völlig markierungslos nebeneinandergestellter Verben und Verbalphrasen auf.
Am offensichtlichsten ist dies sicherlich im ersten Beispiel, das hinter der einleitenden
Konjunktion tv̌:p (dann) sieben unmittelbar aneinandergereihte Verben zeigt und in

dieser extremen Form Seltenheitswert besitzt, davon abgesehen aber ebenso "normal" ist wie die übrigen drei Beispiele.

Die markierungslose Aneinanderreihung von Verben und Verbalphrasen scheint auch vor Subjektswechseln wie in Beispiel (2) *kùt sma:n tha: cì:ə slap mɛ̀:n* (sie dachte, er sei wirklich tot) nicht Halt zu machen, so daß offenbar ein neues Subjekt, sofern es aus dem Kontext klar ersichtlich ist, nicht gesetzt zu werden braucht. Zur Einschränkung sei jedoch gesagt, daß unmarkierter Subjektswechsel nur bei der Verbserialisierung im weiteren Sinn (s. unten) möglich ist, nicht jedoch bei der serialen Einheit, wo das Subjekt immer das gleiche bleibt. Werden jedoch mehrere seriale Einheiten aneinandergereiht, kann das Subjekt von der einen zur andern ohne Markierung wechseln, wie das Beispiel (3) zeigt:

(3)   *yɔ̀:k tr̆u sraoc lɤ̆: sa:ha:y nr̆u knoŋ pì:əŋ nùh/slap tr̆u.*
        er goß ihn über den Liebhaber [seiner Frau] im Krug, so daß *dieser* starb.

Am Beispiel (4) schließlich wird das Problem des Satzes sichtbar. Was bewegt den Herausgeber des Märchens nach *co:l tr̆u pù:ən knoŋ prèy vën* (er ging wieder in den Wald zurück, um sich dort zu verstecken) ein unserem Punkt vergleichbares Zeichen – d.h. ein sog. *khan(i)* – zu setzen, bzw. was bewirkt an dieser Stelle eine verhältnismäßig längere Pause beim Vorlesen? – Doch wohl nur der Umstand, daß mit *prùk laəŋ* (wie der Morgen anbrach) eine neue Ereignis- oder Sachverhaltskette beginnt, die auch von einem neuen Subjekt, das erstmals erwähnt wird – dem *mcas sɔmna:p* (Besitzer der Reissetzlinge) – ausgeht. Ansonsten geht die merkmallose Aneinanderreihung munter weiter (zum Thema Satz s. Abschnitt 2.6.).

Die Frage, die man sich angesichts solcher Beispiele bald einmal stellen wird, lautet schlicht und einfach: "Wie analysiert man so etwas?" – "Gibt es bestimmte Sequenzen, die enger zusammengehören?" Mit diesen beiden Fragen ist ein wichtiger Teil des meiner Arbeit zugrunde liegenden Problems bereits umrissen. Es soll das Phänomen der Verbserialisierung in der Gesamtheit seiner Erscheinungsformen vorgestellt werden und es soll gezeigt werden, wie sich gewisse Verben in grössere strukturelle Einheiten, in Maximalparadigmen, einfügen lassen, die die Bildung komplexerer Verbalketten steuern. Diese Maximalstrukturen, die sich mit den Serialisierungsperioden decken, also mit der lexikalischen Juxtaposition (s. S. 49f.), der Resultativ-Konstruktion (s. S. 50f.) und der serialen Einheit (vgl. auch Bisang 1986), betrachte ich als syntaktische Paradigmen, die von mindestens ebenso grosser Bedeutung sind wie die morphologischen Paradigmen in den indoeuropäischen Sprachen. Besonders umfangreich sind die serialen Einheiten, deren Elemente sich teilweise auch um die Resultativ-Konstruktion und die lexikalische Koordination herum anordnen lassen. Da die Maximalstrukturen in allen fünf hier zu beschreibenden Sprachen je etwas anders realisiert werden, sich jedoch mit dem Konzept der Serialisierungsperiode bestens abdecken lassen, bietet sich dieses Konzept – insbesondere die seriale Einheit (vgl. Abschn. 3.2.3.4.) – zudem als idealer Vergleichsrahmen an.

Vor dem Hintergrund der obigen Beispiele soll die Verbserialisierung für diese Arbeit als *unmarkierte Juxtaposition zweier oder mehrerer Verben oder Verbalphrasen* definiert werden, *wovon jede/s auch allein einen Satz bilden kann*. Der Zusatz mit der Satzfähigkeit des Verbs erscheint mir deshalb notwendig zu sein, um Fälle wie etwa dt. "gelaufen kommen" und vieles mehr, die zuweilen auch zur Verbserialisierung gezählt werden, mit dem hier zu besprechenden Phänomen aber wenig zu tun haben, klar auszuschließen. Diese Definition liefert Oberflächenstrukturen, die wir oben in den Beispielen (1) bis (4) praktisch angetroffen haben und sich in der Form (I) darstellen lassen:

(I)   (NP)   V   (NP)   V   (NP)   V   (NP)   V   (NP)   ...

Das Phänomen der Verbserialisierung ist in der afrikanischen Linguistik schon ziemlich lange bekannt, bilden doch die westafrikanischen Kwa-Sprachen, deren erste Beschreibung auf Christaller (1875, zum Twi) und Westermann (1930, zum Ewe) zurückgehen, einen wichtigen Eckpfeiler in der Diskussion zur Verbserialisierung. Zu den moderneren Studien zu diesem Thema zählen – um nur einige mir wichtig erscheinende Arbeiten zu nennen – Ansre (1966), Stahlke (1970), Bamgboṣe (1972, 1973) über Yoruba, Awobuluyi (1973), Lord (1973), Schachter (1974), Givón (1975), George (1976), Bole-Richard (1978), Oyelaran (1982), Ekundayo und Akinnaso (1983), Delplanque (1986), Awoyale (1987, 1988). Außerhalb West-Afrikas ist die Verbserialisierung in verschiedenen Sprachen auf Neu Guinea belegt, wie Foley (1986:113–17, 139–46) zeigt, sowie in mehreren austronesischen Sprachen: Pawley (1973:142–47), Bradshaw (1980, 1982), Bisang (1986) zum Jabêm (Yabem), Crawley (1987) zum Paamese, Durie (1988). Steever (1988) liefert eine Beschreibung der Verbserialisierung in den Drawida-Sprachen. Sebba (1987) schließlich stellt die Verbserialisierung im Sranan vor, einer Kreolsprache in Surinam. Weitere Beschreibungen des Phänomens Verbserialisierung finden wir in Jansen, Koopman und Muysken (1978) und in Déchaine (1986/1988).

In meiner Arbeit werde ich mich jedoch auf die Verbserialisierung in Ost- und Südostasien beschränken, deren erste detailliertere Darstellung möglicherweise von Matisoff (1969) stammt. Später wurde die Verbserialisierung zu einem wichtigen Thema vor allem in der chinesischen Linguistik, in der Li und Thompson (1973, 1974a, 1974b, 1975) die Diskussion anheizten und eine ganze Reihe fruchtbarer Publikationen zur Verbserialisierung im Chinesischen und in anderen Sprachen dieser Weltgegend auslösten. Diese Publikationen sollen im Verlauf dieser Arbeit erwähnt werden.

Zur weiteren Beschreibung der Grundlagen der Verbserialisierung werde ich von der Grammatikalisierung und von den Attraktorpositionen ausgehen, die in den Abschnitten 2.2. bzw. 2.3. vorgestellt werden. Beide Elemente sind nebst dem Phänomen der Verbserialisierung selbst, das mit der markierungslosen Juxtaposition die Grundvoraussetzung dazu liefert, an der Herauskristallisation der serialen Einheiten, die zur Verbserialisierung im engeren Sinn gehören, sehr maßgeblich beteiligt. In einem weiteren Abschnitt, Abschnitt 2.4., möchte ich einige Faktoren aufzählen, die die Verbserialisierung begünstigen und damit auch gleichzeitig einige charakteristische Züge des typologischen Habitus der fünf Sprachen dieser Arbeit vorstellen. Die Unterscheidung zwischen Verbserialisierung im weiteren und Verbserialisierung im engeren Sinn wird in Abschnitt 2.5. eingeführt. Dort wird sich auch zeigen, daß sich bei der Verbserialisierung im engeren Sinn eine Kovariation zwischen Form (Verbserialisierung) und Funktion finden lässt, nicht jedoch bei der Verbserialisierung im weiteren Sinn, bei der vermutlich die Suche nach einer Kovariation ergebnislos bleiben muß. Im gleichen Abschnitt wird schließlich die Problematik Lexikon-Syntax und die besondere Zwischenstellung der serialen Einheit besprochen. Der Frage, bis zu welchem Grad die markierungslose Juxtaposition zweier oder mehrerer Verben einen oder mehrere

Sachverhalte wiederspiegelt, wird im Rahmen der graduellen Entwicklung eines Gedankens in Abschnitt 2.6. nachgegangen. In diesem Zusammenhang wird auch das Konzept "Satz" diskutiert und auf der Basis von Cumming (1984) auf die fünf Sprachen dieser Arbeit übertragen. Abschnitt 2.7. schließlich stellt den Raster vor, mit dem in Abschnitt 3 dieses Kapitels die Verbserialisierung zusammengefaßt werden soll. Daraus wird dann der Raster abgeleitet, der in den Einzelsprachbeschreibungen von Kapitel II bis VI zur Anwendung gelangen wird.

2.2. Grammatikalisierung

Das Konzept der Grammatikalisierung hat in der Sprachwissenschaft eine lange Tradition, obwohl der Begriff "Grammatikalisierung" selbst wohl erst im Jahre 1912 von Meillet (1912:133) eingeführt wurde, der "grammaticalisation" noch zaghaft in Anführungszeichen setzt (vgl. Lehmann 1982:4).

Nach einem kurzen historischen Ueberblick, für den ich mich auf Lehmann (1982:1–8) stütze, möchte ich in diesem Abschnitt das Konzept der Grammatikalisierung in Anlehnung an die heutige Diskussion vorstellen, wie sie von Givón (1971, 1979), Lehmann (1982), Heine und Reh (1984) und Heine und Claudi (1986) geführt wird. Am Schluss werde ich zeigen, wie die Grammatikalisierung in den fünf Sprachen dieser Arbeit zum Tragen kommt.

In seinem Vortrag "Ueber das Entstehen der grammatischen Formen" stellt Wilhelm von Humboldt (1822/1968:305f.) vier Entwicklungsstufen der "grammatischen Bezeichnung" vor, die sich in etwa mit den morphologischen Kriterien der Typologie decken: Stufe I/II für isolierende Sprachen, Stufe III für agglutinierende Sprachen und Stufe IV für flektierende Sprachen:

Stufe I: "grammatische Bezeichnung durch Redensarten, Phrasen, Sätze (Dies Hülfsmittel wird in gewisse Regelmässigkeit gebracht, die Wortstellung wird stetig, die erwähnten Wörter verlieren nach und nach ihren unabhängigen Gebrauch, ihre Sachbedeutung, ihren ursprünglichen Gebrauch.)"

Stufe II: "die grammatische Bezeichnung durch feste Wortstellungen, und zwischen Sach- und Formbedeutung schwankende Wörter"

Stufe III: "grammatische Bezeichnung durch Analoga von Formen"

Stufe IV: "grammatische Bezeichnung durch wahre Formen, durch Beugung, und rein grammatische Wörter"

Diese Theorie, die in der Folge meist unter der Bezeichnung "Agglutinationstheorie" bekannt wurde und ihre Anhänger auch in Franz Bopp und August Schleicher fand, ist nicht – wie dies in der heutigen Typologie der Fall ist – nur synchron zu verstehen, sie enthält auch eine klare historische Dimension. Ein weiterer prominenter Vertreter der Agglutinationstheorie ist Georg von der Gabelentz (1891/1901), der die historische Entwicklung als Spirale darstellt. Da seine Beschreibung die Agglutinationstheorie für seine Zeit kurz und prägnant zusammenfasst und sich auch mit einigen Einschränkungen mit neueren Erkenntnissen deckt, zitiere ich Gabelentz (1891:251, vgl. auch Lehmann 1982:3) hier vollständig:

"Nun bewegt sich die Geschichte der Sprachen in der Diagonale zweier Kräfte: des Bequemlichkeitstriebes, der zur Abnutzung der Laute führt, und des Deutlichkeitstriebes, der jene Abnutzung nicht zur Zerstörung der Sprache ausarten lässt. Die Affixe verschleifen sich, verschwinden am Ende spurlos: ihre Functionen aber oder ähnliche bleiben und drängen wieder nach Ausdruck. Diesen Ausdruck erhalten sie, nach der Methode der isolirenden Sprachen, durch Wortstellung oder durch verdeutlichende Wörter. Letztere unterliegen wiederum mit der Zeit dem Agglutinationsprocesse, dem Verschliffe und Schwunde, und derweile bereitet sich für das Verderbende neuer Ersatz vor: periphrastische Ausdrücke werden bevorzugt; mögen sie syntaktische Gefüge oder wahre Composita sein (englisch: *I shall see*, – lateinisch *videbo = vide-fuo*); immer gilt das Gleiche: die Entwikkelungslinie krümmt sich zurück nach der Seite der Isolation, nicht in die alte Bahn, sondern in eine annähernd parallele. Darum vergleiche ich sie der Spirale."

In seinem 1912 publizierten Artikel "L'évolution des formes grammaticales" führt Meillet die Grammatikalisierung als zweiten "Erneuerungsprozess" neben dem bis zu seiner Zeit viel ausführlicher beschriebenen Erneuerungsprozess der "Analogie" an:

"Sans avoir jamais été perdu de vue, l'autre procédé d'innovation, le passage de mots autonomes au rôle d'agents grammaticaux, a été beaucoup moins étudié durant les quarante dernières années. On commence maintenant à s'y attacher de nouveau. L'importance en est en effet décisive. Tandis que l'analogie peut renouveler le détail des formes, mais laisse le plus souvent intact le plan d'ensemble du système existant, la 'grammaticalisation' de certains mots crée des formes neuves, introduit des catégories qui n'avaient pas d'expression linguistique, transforme l'ensemble du système." (p. 133)

Meillet geht von drei Wortklassen aus (*mots principales*, *mots accessoires*, *mots grammaticales*), zwischen denen graduelle Übergänge bestehen. Die Grammatikalisierung muß man sich dabei etwa wie folgt vorstellen:

"L'affaiblissement du sens et l'affaiblissement de la forme des mots accessoires vont de pair; quand l'un et l'autre sont assez avancés, le mot accessoire peut finir par ne plus être qu'un élément privé de sens propre, joint à un mot principal pour en marquer le rôle grammatical. Le changement d'un mot en élément grammatical est accompli." (p. 139)

Obwohl Meillets Theorie sehr viel mit der Agglutinationstheorie gemein hat, erwähnt er nirgends in seiner Studie einen ihrer Vertreter aus dem deutschsprachigen Raum.

Wenig Beliebtheit erfreute sich das Konzept der Grammatikalisierung im amerikanischen und auch im europäischen Strukturalismus. Lediglich in der Indogermanistik hielt es sich in ungebrochener Tradition, wie wir etwa aus Kuryłowicz (1965) und verschiedenen Beiträgen von Benveniste ersehen, der zwar den Begriff Grammatikalisierung tunlichst zu vermeiden scheint, das Konzept aber durchaus gebraucht. Erst in der 70er und 80er Jahren erlebt die Grammatikalisierung mit den bereits oben genannten Autoren eine neue Blütezeit, wobei sich Givón offenbar seiner Vorgänger in der europäischen Tradition nicht bewußt ist oder es zumindest nicht war. Zudem fand im Februar 1988 eine Parasession über Grammatikalisierung in der Berkeley Linguistics Society statt (s. Axmaker et al. 1988, BSL XIV).

Heine und Reh (1984) beschreiben die Grammatikalisierung wie folgt:

"With the term 'grammaticalization' we refer essentially to an evolution whereby linguistic units lose in semantic complexity, pragmatic significance, syntactic freedom, and phonetic substance, respectively." (p. 15)

Dabei lassen sich die an der Grammatikalisierung beteiligten Prozesse auf drei Ebenen ((1) – (3)) und auf deren Kombination (4) aufteilen (vgl. Heine/Reh 1984:16f.):

(1) *Phonetische Prozesse:* sie verändern die phonetische Substanz einer linguistischen Einheit:
Adaptation
Erosion
Fusion
Verlust

(2) *Morphosyntaktische Prozesse:* sie betreffen den morphologischen und/oder syntaktischen Status dieser Einheiten:
Permutation
Zusammenstellung (compounding)
Klitisierung
Affigierung
Fossilisierung

(3) *Funktionale Prozesse:* sie betreffen die Bedeutung oder grammatikalische Funktion einer linguistischen Einheit:
Entsemantisierung
Expansion
Vereinfachung
Verschmelzung (merger)

(4) *Komplexe Prozesse*, die sich auf mehreren Ebenen abspielen:
Verbalanziehung
Infigierung
Aufspaltung (split) und Ablösung (shift)

Für die ost- und südostasiatischen Sprachen sind nicht alle Prozesse von gleicher Bedeutung. Auf der *phonetischen Ebene* treffen wir praktisch nur die *Erosion*, die bei einem Zeichen zusehends phonetische Substanz abträgt. Erosion bedeutet für die untersuchten Sprachen meistens Verlust des Tones. Auf der *morphosyntaktischen Ebene* treffen wir vor allem die *Permutation* und die *Zusammenstellung*. Die Permutation ist ein Prozess, der die Grundanordnung sprachlicher Einheiten ändert. Von den die Permutation auslösenden Faktoren ist die *Analogie* der wichtigste. Dabei wird Analogie als die Tendenz verstanden, Konstituenten aus dem gleichen funktionalen Bereich in die gleiche strukturelle Position zu stellen. Die Analogie ist meist mit der *Entsemantisierung* verknüpft, bei der ein Lexem, das zu einem Funktionswort entsemantisiert und damit grammatikalisiert wurde, seine Position in Übereinstimmung mit seiner neuen Funktion wechselt. Dieser Prozess ist in unseren fünf Sprachen absolut grundlegend, wenn ein Hauptverb grammatikalisiert wird und so mit seiner neuen Funktion auch automatisch eine neue bzw. eine weitere Position innerhalb einer größeren Maximalstruktur einnehmen kann. Die Attraktorpositionen (vgl. Abschn. 2.3.) spielen in diesem Zusammenhang eine wichtige Rolle. Die *Zusammenstellung* spielt bei der lexikalischen Juxtaposition eine sehr wichtige Rolle: dabei werden zwei Verben zu einem Verb, dessen genaue Bedeutung sich möglicherweise nicht mehr aus seinen Einzelteilen herleiten lässt, zusammengeschmolzen. Marginal finden wir auch Ansätze zur Klitisierung, ev. zur *Affigierung*. Hier sind etwa die chinesischen TAM-Zeichen *-guo*, *-zhe* und *-le* (vgl. S. 53f.) zu nennen, die sich unmittelbar ans Hauptverb anfügen. Da alle drei Zeichen ihren Ton verloren haben und *-zhe* und *-le* sogar noch einen Teil der Vokalsubstanz abgestossen haben, lassen sie sich auch als Beispiel für die *Erosion* anführen.

Unter den *funktionalen Prozessen* ist die bereits oben genannte *Entsemantisierung* von grosser Bedeutung, die es einem Vollverb ermöglicht, grammatikalische Funktionen zu übernehmen. Eng mit der Entsemantisierung im Zusammenhang steht die *Expansion*, wobei erstere sich als ein Sonderfall der zweiteren sehen lässt. Während die Entsemantisierung jedoch einer lexikalischen Einheit eine nicht-lexikalische Funktion zuweist, umfasst die Expansion grammatikalische Einheiten, die eine weitere, zusätzliche Funktion erhalten (vgl. Heine/Reh 1984:39). Beispiele für die Expansion gibt es sehr viele. So können Co-Verben weiter konjunktionale Funktionen übernehmen (vgl. Abschn. 3.1.3.4., S. 45ff.), Kausativ-Verben wie Chin. *ràng* (lassen) oder *jiào* (rufen, lassen) dringen in den Co-Verb-Bereich vor (vgl. S. 65) oder Resultativ-Verben werden zu TAM-Zeichen (vgl. Abschn. 2.5., S. 27).

Bei den *komplexen Prozessen* ist die *Aufspaltung (split)* von besonderer Relevanz für die Sprachen dieser Arbeit. Die Aufspaltung bezieht sich wie Heine/Reh (1984:57) sehr schön beschreiben, auf den folgenden Sachverhalt:

> "A characteristic of virtually all developments is that when a given linguistic unit undergoes a certain process then it does not do so in all its uses; it tends rather to be retained in its former status as well, so that there are two coexisting forms of that unit: one that still represents the old status and another that marks the new status resulting from grammaticalization."

Diese Konstellation ist beispielsweise die Grundbedingung für Co-Verben, die sich ja gerade als Verben definieren, die nicht nur in der Funktion als Hauptverb, sondern auch in der Funktion als Adposition vorkommen (vgl. S. 57ff.). Beispiele für *Ablösung (shift)* dagegen, in der ein Element nur noch in seiner neuen, grammatikalisierten Funktion vorkommt, also seine frühere volle lexikalische Bedeutung abgelegt hat, lassen sich in unseren fünf Sprachen kaum finden.

Während die Grammatikalisierung nach Heine/Reh (1984:82) in drei Funktionsbereichen zum Ausdruck kommt:

(1) in der *ideationalen Funktion*, die den sprachlichen Ausdruck der Welterfahrung des Sprechers/die Abbildung von Sachverhalten in der Sprache zur Aufgabe hat,
(2) in der *interpersonalen Funktion*, derzufolge Sprachen der Schaffung und Wahrung sozialer Beziehungen zu dienen haben, und
(3) in der *textuellen Funktion*, die die sprachliche Äußerung vom Kontext abhängig macht,

beachtet Givón (1979:207) praktisch nur den dritten, textuellen Funktionsbereich der Diskurspragmatik und vernachlässigt damit wichtige Aspekte der Sprache. Insbesondere im Bereich der ideationalen Funktion, wo sich die meisten Prozesse der Entsemantisierung abspielen, vernachläßigt Givón damit einen wesentlichen Teilaspekt der Grammatikalisierung. Der Bereich der interpersonalen Funktion dürfte für unsere Sprachen aus der Sicht der Grammatikalisierung etwas weniger wichtig sein. Als Beispiel ließen sich hier die Personalpronomina anführen, die sich aus Nomina ableiten; man betrachte z.B. Khmer *khɲom* (der Sklave/ich). Mit seinem diskurspragmatischen Ansatz steigt Givón mitten in die Diskussion, ob Syntax ohne Diskurs möglich sei. Dabei lehnt Givón den traditionellen transformationellen Ansatz der "unabhängigen Syntax" ab, entfernt sich aber auch von García's (1979) extremem Standpunkt "discourse without syntax", dem früher seine Sympathien galten, um die Wahrheit demzufolge irgendwo zwischen diesen beiden Extremen anzusiedeln. Viele Fakten bestätigen zwar die Existenz einer strukturellen Ebene der Syntax, aber um die formalen Eigenschaften dieser Syntax zu erklären, bedarf es eines Rückgriffs auf funktional motivierte Erklärungsparameter. Syntax ist damit abhängig, wobei die hauptsächlichen Erklärungsparameter vom Diskurs geliefert werden. Givón spricht daher von der *"syntacticization"*, einem Prozess der Grammatikalisierung also, wo freiere pragmatische Fügungen in engere, syntaktische Fügungen überführt werden. Von der Syntax aus geht die Entwicklung der Grammatikalisierung weiter; die einmal gewonnenen syntaktischen Strukturen "erodieren" weiter via Prozesse der "Morphologisierung" und der "Lexikalisierung" (Givón 1979:209). Damit gelangt Givón zum folgenden Entwicklungsablauf:

Diskurs → Syntax → Morphologie → Morphophonemik → Null

Lehmann (1982:13) entwickelt dieses Diagramm weiter und kommt zu der folgenden Darstellung, die mit den einzelnen Phasen der Syntaktisierung, Morphologisierung und der Demorphemisierung auch gleichzeitig den Geltungsbereich der Grammatikalisierung definiert:

The phases of grammaticalization

level	Discourse		Syntax		Morphology		Morphophonemics		Zero
technique	isolating	>	analytic	>	synthetic-agglutinating	>	synthetic-flexional	>	
			↑		↑		↑		
phase		syntacticization		morphologization		demorphemicization			
process				grammaticalization					

Dieses Diagramm ist jedoch insofern unvollständig, als es nur zwei Faktoren der Grammatikalisierung, nämlich Kondensation und Koaleszenz (s. unten) abdeckt, alle übrigen Faktoren der Grammatikalisierung dagegen nicht berücksichtigt. Diesen Mangel macht Lehmann mit dem auf der folgenden Seite aufgeführten Schema wett, das meiner Ansicht nach die bisher rigideste Systematisierung des Grammatikalisierungsphänomens ist. Die meisten Prozesse, die ich oben im Zusammenhang mit Heine/Reh (1984) aufgelistet habe, werden in diesem Schema übersichtlich zueinander in Relation gestellt. Wir gewinnen damit ein Mittel zur Messung und Abwägung des Grammatikalisierungsgrades eines Zeichens, der sich aus der *Autonomie eines Zeichens* ergibt. Den Begriff der Autonomie leitet Lehmann (1982:120f.) wie folgt her:

"Language is an activity which consists in the creation of interpersonally available meanings, i.e. signs. This activity can be more free or more regulated; accordingly, the ways in which the signs are formed will either depend more on the actual decision of the language user or more on the social conventions laid down in the grammar. This is the most general way in which we can explain what we mean by saying that a sign may be either less or more grammaticalized, respectively.
The concept of freedom concerns the relation between the language user and the signs he uses. If we abstract from the user, we get a structural analog to this concept, viz. the *autonomy* of the sign: the more freedom with which a sign is used, the more autonomous it is. Therefore the autonomy of a sign is converse to its grammaticality, and grammatica-

lization detracts from its autonomy. Consequently, if we want to measure the degree to which a sign is grammaticalized, we will determine its degree of autonomy."

Die Autonomie eines Zeichens setzt sich aus drei Parametern zusammen: seinem *Gewicht*, mit dem sich das Zeichen von den anderen Elementen seiner Klasse unterscheidet und ihm Prominenz im Syntagma verleiht; seiner *Kohäsion*: je mehr ein Zeichen systematisch bestimmte Relationen mit anderen Zeichen eingeht, desto weniger autonom, d.h. desto grammatikalisierter ist es; und seiner *Variabilität*, also seiner Beweglichkeit im Bezug auf andere Zeichen. Ein Ansteigen der Kohäsion bzw. eine Abnahme des Gewichts und der Variabilität bedeuten eine Zunahme an Grammatikalisiertheit.

Jeder dieser drei Parameter zeigt sich je von einer paradigmatischen und einer syntagmatischen Seite, so daß wir zu der folgenden Tabelle mit sechs Parametern gelangen:

	paradigmatisch	*syntagmatisch*
Gewicht	Integrität	Skopus
Kohäsion	Paradigmatizität	Gebundenheit
Variabilität	paradigmatische Variabilität	syntagmatische Variabilität

Diese Parameter seien im Folgenden kurz charakterisiert (Genaueres s. Lehmann 1982:120–159):

1. *Integrität* (paradigmatisches Gewicht)

    Ein Zeichen braucht eine gewisse Substanz, um seine Identität zu bewahren, um sich von den anderen Zeichen seiner Klasse abzugrenzen. Diese Substanz kommt zum einen in der Phonologie zum Ausdruck, wo die zunehmende Grammatikalisierung in der *phonologischen Attrition* (identisch mit "Erosion" bei Heine/Reh 1984, s. oben) sichtbar wird, und zum anderen in der Semantik, wo die zunehmende Grammatikalisierung durch den Verlust des inhaltlichen Gewichts, durch *Entsemantisierung*, bewirkt wird.

2. *Skopus* (syntagmatisches Gewicht)

    Hier geht es um die Reichweite eines Zeichens: Bezieht sich beispielsweise ein Kasus-Zeichen nur auf das Nomen wie im Lateinischen oder auf die ganze Nominalphrase wie im Türkischen? Je kleiner der Skopus eines Zeichens, desto höher sein Grammatikalisierungsgrad.

3. *Paradigmatizität* (paradigmatische Kohäsion)

    Dieser Parameter bezieht sich auf die Grösse, die Mächtigkeit des Paradigmas. Je kleiner die Anzahl Elemente einer Kategorie, desto grösser die Grammatikalisierung.

4. *Gebundenheit* (syntagmatische Kohäsion)

    Mit diesem Parameter messen wir die Stärke, mit der ein Zeichen an ein anderes gebunden ist, d.h. die *Koaleszenz* (= Ansteigen der Gebundenheit). Zu diesem Parameter gehören Prozesse wie *Klitisierung* (Unterordnung unter einen benachbarten Akzent), *Agglutinierung* (das Zeichen wird zum Affix), *Fusion/Verschmelzung* (das grammatikalisierte Zeichen verliert seinen Morphemcharakter und wird ein integraler Bestandteil eines anderen Morphems).

5. *paradigmatische Variabilität*

    Sie steht für die Freiheit, mit der der Sprachbenützer ein Zeichen wählen kann. Lehmann unterscheidet hier zwischen *intraparadigmatischer Variabilität*, bei der man nach der Wahl von Alternativen im gleichen Paradigma fragt*, und *transparadigmatischer Variabilität*, bei der die Möglichkeit zur Auswahl aus verschiedenen Paradigmen zur Diskussion steht. Der zweite Fall der transparadigmatischen Variabilität deckt sich praktisch mit dem Kriterium der *Obligatorität*, das unten kritisiert werden soll.

6. *syntagmatische Variabilität*

Sie steht für die Leichtigkeit, mit der ein Zeichen in seinem Kontext verschiebbar ist. Wie stark ist die positionale Austauschbarkeit eines grammatikalisierten Zeichens im Verhältnis zu den Konstituenten, mit denen es in Konstruktion tritt?

Wie manifestiert sich nun die Grammatikalisierung in den fünf Sprachen dieser Arbeit? – Diese Frage möchte ich am Schluss dieses Abschnitts kurz beleuchten. Gleichzeitig gibt mir dies die Gelegenheit, einiges aus den folgenden Abschnitten bereits anzudeuten.

Ich beginne mit einer Problematisierung des Kriteriums der *Obligatorität* (paradigmatische Variabilität nach Lehmann), die mir auch die Möglichkeit gibt, einige typologischen Besonderheiten der fünf Sprachen skizzenhaft einzuführen. Mit dem so gewonnenen Hintergrund lassen sich dann die übrigen fünf Grammatikalisierungsparameter auf unsere fünf Sprachen anwenden.

Die Vorstellung, daß Grammatik diejenigen Aspekte einer Erfahrung/eines Sachverhalts festlegt, die ausgedrückt werden *müssen*, geht wohl auf Boas (1938) zurück, der in Jakobson (1959) wie folgt diskutiert wird:

"Grammar, according to Boas, singles out, classifies, and expresses various aspects of experience and, moreover, performs another important function: 'it determines those aspects of each experience that *must* be expressed.' Boas astutely disclosed the obligatoriness of grammatical categories as the specific feature which distinguishes them from lexical meanings:

'When we say, "The man killed the bull", we understand that a definite single man in the past killed a definite single bull. We cannot express this experience in such a way that we remain in doubt whether a definite or indefinite person or bull, one or more persons or bulls, the present or past time are meant. We have to choose between aspects and one or the other must be chosen. The obligatory aspects are expressed by means of grammatical devices.' (1938, p. 132)

The aspects chosen in different groups of languages vary fundamentally. To give an example: while for us definiteness, number, and time are obligatory aspects, we find, in another language, location – near the speaker or somewhere else, source of information – whether seen, heard [i.e. known by hearsay], or inferred – as obligatory aspects. Instead of saying "The man killed the bull," I should have to say, "This man (or men) kill (indefinite tense) as seen by me that bull (or bulls)" (Boas (1938, p. 133))."

In den Sprachen meiner Arbeit ist nun, wie wir in Abschnitt 2.4. im Zusammenhang mit der starken Indeterminiertheit des Verbs sehen werden, keines der sechs Grammatikalisierungsprodukte (vgl. S. 29; Resultativ-Verben, direktionale Verben, TAM-Zeichen, Co-Verben, Kausativ-Verben, konjunktionale Verben) obligatorisch, obwohl zumindest die drei Elemente der serialen Einheit (TAM-Zeichen, Co-Verb, direktionales Verb) und die konjunktionalen Verben einen beträchtlichen Grad an Grammatikalisierung aufweisen – die Resultativ-Verben und die Kausativ-Verben sind geringer bis gar nicht grammatikalisiert (vgl. S. 27 und S. 42f.). Die drei Elemente der serialen

---

* Ein Beispiel hierzu ist der temporäre Gebrauch von Nominalklassifikatoren, wo eine gewisse Auswahlmöglichkeit besteht, im Gegensatz zum inhärenten Gebrauch von Nominalklassifikatoren, wo jedem Nomen genau ein Klassifikator zugewiesen wird (vgl. hierzu Serzisko (1982)).

Einheit sind sogar in ein eigentliches syntaktisches Paradigma eingebettet (vgl. S. 19ff. im Zusammenhang mit Bybee 1985), werden aber wie die übrigen drei Grammatikalisierungsprodukte nur dann aktiviert, wenn dies aus diskurspragmatischen Gründen notwendig ist. In ausgeprägt analytischen Sprachen, in denen zudem die Setzung von grammatikalisierten Elementen stark diskursabhängig ist, ist demzufolge ein hoher Grammatikalisierungsgrad trotz fehlender Obligatorität möglich. Die starke diskurspragmatische Abhängigkeit der Setzung eines Grammatikalisierungsprodukts und der starke analytische Charakter unserer fünf Sprachen führen aber auch dazu, daß sich morphologische Anzeichen der Grammatikalisierung wie die lautliche Integrität (1) oder die Gebundenheit (4) nur sehr marginal und ansatzweise beobachten lassen.

1. *Integrität*

   Das paradigmatische Gewicht lässt sich in unseren fünf analytischen Sprachen vornehmlich an der Entsemantisierung messen. Die Attrition (Erosion) erscheint nur marginal etwa bei den chinesischen TAM-Zeichen *-guo*, *-zhe* und *-le*, die alle den Ton verloren haben; *-zhe* und *-le* erfuhren zudem eine Reduktion des vokalischen Silbenauslauts (vgl. S. 53f.).

2. *Skopus*

   Generell lässt sich sagen, daß sich der Skopus eines grammatikalisierten Verbs im Verhältnis zum Vollverb einschränkt. Wenn wir das Beispiel des Kasuszeichens hier wieder aufnehmen, so fällt auf, daß dieses analog zu seiner Vollverbbedeutung die ganze NP wie z.B. im Türkischen, nicht jedoch allein das Nomen wie z.B. im Lateinischen markiert. Hier spielt der analytische Charakter sicher insofern eine große Rolle, als generell die Tendenz zur morphologischen Anbindung eines Grammatikalisierungsprodukts im Sinne von Punkt (4) fehlt.

3. *Paradigmatizität*

   Grammatikalisierungsprodukte gehören immer zu einer Kategorie mit relativ wenigen möglichen Elementen, die sich mindestens einigermaßen aufzählen lassen. Damit zeigen diese Kategorien eine Tendenz zur Geschlossenheit, obwohl natürlich die Möglichkeit besteht, daß sich einige Elemente aus anderen, meist grösseren Kategorien, neu in diese Kategorien hineinentwickeln, bzw. daß Elemente aus dieser Kategorie in eine andere Kategorie abspringen. Hier spielt der Anziehungscharakter der Attraktorpositionen eine wichtige Rolle. Interessant ist weiter, daß in allen fünf Sprachen immer wieder Lexeme mit der gleichen oder mit ähnlicher Vollverbbedeutung zu einer bestimmten Kategorie von Grammatikalisierungsprodukten gehören (vgl. Abschn. 3.3., S. 77f.).

4. *Gebundenheit*

   In den fünf Sprachen dieser Arbeit mit ihrem stark analytischen Charakter sind Grammatikalisierungskriterien wie Klitisierung, Agglutinierung oder Fusion/Merger nur sehr marginal möglich. Die oben erwähnten chinesischen TAM-Zeichen *-guo*, *-zhe* und *-le* beispielsweise gehören wohl in einen Bereich zwischen Klitisierung und Agglutination. Trotz des Fehlens solcher morphologischer Kriterien lassen sich aber auch in den fünf Sprachen unserer Arbeit unterschiedliche Bindungsstärken parallel zur Morphologie finden (vgl. Abschn. 2.3. im Zusammenhang mit Bybee 1985).

5. *paradigmatische Variabilität*

   Diese wurde oben im Rahmen der Obligatorität als Grammatikalisierungsparameter für unsere Sprachen verworfen.

6. *syntagmatische Variabilität*

Die syntagmatische Variabilität, d.h. die Leichtigkeit, mit der ein Zeichen verschiebbar ist, ist in unseren fünf Sprachen im Kontext der Grammatikalisierung sehr gering. Jedes Grammatikalisierungsprodukt hat in einer genau definierten Position zu stehen. Diese Tatsache geht auf den Einfluss der Attraktorpositionen zurück, die im folgenden Abschnitt beschrieben werden.

2.3. Attraktorpositionen

Die Grundvorstellung, die ich mit den Attraktorpositionen verbinde, basiert auf Matisoff's (1969) Arbeit zur Verbserialisierung im Lahu, derzufolge ein Verb in einer Verbalsequenz mit zunehmender Entfernung vom Hauptverb an semantischem Gehalt verliert und damit zunehmend grammatikalisiert wird. In diesem Sinn scheint es in einer Verbalsequenz so etwas wie einen Grammatikalisierungssog zu geben, der mit zunehmender Entfernung vom Hauptverb an Kraft gewinnt:

```
←─────────────────── V ───────────────────→
zunehmende Grammatikalisierung      zunehmende Grammatikalisierung
```

Auf beiden vom Hauptverb wegführenden Grammatikalisierungsachsen kristallisieren sich verschiedene Positionen oder Slots heraus, die gewisse Verben anziehen und deren Grammatikalisierung fördern: die Attraktorpositionen. Diese überlagern sich mit der Verbserialisierung, die ich auf Seite 10 so dargestellt habe:

(I)   (NP) V (NP) V (NP) V (NP) V (NP) ...

Wenn wir in diesem Strukturmuster ein Verb als Hauptverb erkennen, steht jedes weitere links oder rechts davon auftretende Verb potentiell in einer Attraktorposition. Konkret lassen sich vier Attraktorpositionen unterscheiden. Drei davon fallen mit den drei Grammatikalisierungsprodukten der serialen Einheit – also den TAM-Zeichen, Co-Verben und den direktionalen Verben – zusammen, die vierte zieht konjunktionale Verben an (s. Abschnitt 3.1.3.4., S.45ff.). Die drei Attraktorpositionen der serialen Einheit grammatikalisieren ein Verb zu der entsprechenden Funktion und lassen sich in einem Maximalparadigma, das gleichzeitig die Struktur der serialen Einheit wiedergibt, wie folgt relativ zueinander positionieren:

(II)   TAM CoV N |V|-TAM CoV N CoV/Vd N Vd TAM

Dieses Strukturmuster ist eine vereinfachte Zusammenfassung, ein Kondensat aus den in den fünf Einzelsprachen tatsächlich realisierten Strukturmustern, die in Abschnitt 3.2.3.4. (s.S. 69–72) aufgelistet sind. Es bildet daher nicht alle fünf Sprachen in gleicher Weise adäquat ab. So kommen Co-Verben nur im Chinesischen und im Hmong, marginal im Vietnamesischen, in präverbaler Position vor. Zudem ist die Setzung eines Nomens nach dem Co-Verb nur im Chinesischen obligatorisch. Co-Verben und direktionale Verben werden im Vietnamesischen, Thai und Khmer im Bereich des Lokus durch identische Lexeme, also durch die gleichen Verben, dargestellt, so daß diese Kategorien teilweise zusammenfallen, was durch die Darstellung CoV/Vd zum Ausdruck gebracht werden soll. Obwohl bei einem Hauptverb meistens nur ein Co-Verb in der postverbalen Position erscheint, gibt es auch Fälle mit zwei und mehr Co-Verben. Dieser Tatsache ist durch die Setzung von CoV *und* CoV/Vd Rechnung getragen. Schließlich wird die ganze Konstruktion in allen fünf Sprachen von je einer TAM-Position zu Beginn und am Schluss der serialen Einheit eingerahmt. Ebenfalls in allen fünf Sprachen treffen wir eine TAM-Position unmittelbar hinter dem Hauptverb an.

Dehnen wir die Grammatikalisierungsachse über die TAM-Position weiter nach links und nach rechts aus, gelangen wir an beiden Enden in den Grenzbereich zwischen zwei juxtaponierten Serialisierungsperioden. An dieser Stelle steht die vierte Attraktorposition der konjunktionalen Verben. Diese Position wird in der Tat mit den ihr besonders nahe stehenden TAM-Zeichen, aber auch mit den Kausativ-Verben (vgl. Abschn. 3.1.3.3.) bestückt. Die letzteren Verben sind nur relativ leicht grammatikalisiert und stehen in ihrer Funktion als Regens ausserhalb der serialen Einheit, also vor der TAM-Position. Vom Standpunkt der konjunktionalen Attraktorposition aus stehen sie daher ebenfalls sehr weit vom Hauptverb als Sachverhaltszentrum entfernt, lassen sich also daher relativ leicht in diese letzte Attraktorposition hineinziehen.

Die Reihenfolge der drei Attraktorpositionen der serialen Einheit im Verhältnis zum Hauptverb erscheint mir im Lichte der in Bybee (1985) gewonnenen Resultate nicht zufällig.

Bybee sieht zwei bestimmende Faktoren für die Wahrscheinlichkeit, daß eine Sprache ein semantisches Konzept mit Hilfe der Flexion ausdrückt:

(1) *Relevanz* (relevance)

"a meaning element is *relevant* to another meaning element, *if the semantic content of the first directly affects or modifies the semantic content of the second.*" (p.13)

"relevance depends on cognitive and cultural salience: no matter to what extent an entity, event or quality is decomposable into semantic features, it is perceived as discrete from surrounding entities, events or qualities, it can have a lexical item applied to it. So two semantic elements are highly relevant to one another if the result of their combination names something that has high cultural or cognitive salience." (p.13f.)

(2) *Allgemeinheit* (generality)

Hier geht es um den semantischen Gehalt eines Lexems:

"By definition, an inflectional category must be applicable to all stems of the appropriate semantic and syntactic category and must obligatorily occur in the appropriate syntactic context. In order for a morphological process to be so general, it must have only minimal semantic content." (p.16f.)

Die Relevanz bestimmt die Fusionsstärke, mit der ein Element ans Verb gefügt wird. Die von Bybee vorgeschlagenen Ausdruckseinheiten (expression units) lassen sich dabei wie folgt nach dem Grad ihrer Fusionsstärke ordnen:

lexical – derivational – inflectional – free grammatical – syntactic

←──────────────────────────

greater degree of fusion

(Bybee 1985:12)

Mit den Mitteln von der lexikalischen bis zu den flektionalen Einheiten können nach Bybee (1985:24) die folgenden nach Relevanz und damit nach Fusionsstärke geordneten Kategorien ausgedrückt werden:

	mit Flexion	lexikalisch
Valenz	x	x
Genus Verbi	x	x
Aspekt	x	x
Tempus	x	
Modus	x	
Numeruskongruenz	x	(x)
Personenkongruenz	x	
Genuskongruenz	x	

(RELEVANZ, mit Pfeil nach oben über den ersten fünf Kategorien)

Für unsere Bedürfnisse im Zusammenhang mit den Attraktorpositionen genügen die ersten fünf Kategorien – die übrigen drei Kategorien werden also nicht weiter behandelt. In Zahlen ausgedrückt, die Bybee (p.30f.) aus einer Sammlung von 50 Sprachen gewinnt, benützt der folgende prozentuale Anteil an Sprachen derivationale oder flektionale Mittel zum Ausdruck dieser fünf Kategorien:

	flektional	derivational	Total
Valenz	6%	84%	90%
Genus Verbi	26%	30%	56%
Aspekt	52%	22%	74%
Tempus	48%	2%	50%
Modus	68%	0%	68%

In dieser Tabelle fällt auf, daß diejenigen Kategorien, die am meisten Relevanz aufweisen, nicht nur flektional, sondern zu einem eindrücklichen Teil auch derivational vorgehen. Der Grund dafür liegt im zweiten für die Flexion bestimmenden Faktor der Allgemeinheit (generality). Der semantische Gehalt eines Zeichens muss ziemlich allgemein bleiben, damit es sich mit einer genügend grossen Anzahl von Verbalstämmen verbinden lässt. Diese Allgemeinheit ist bei der Valenz, bei den Genera Verbi und beim Aspekt nicht gewährleistet; hier ist die Bedeutung des angefügten Zeichens oft zu spezifisch.

Natürlich gehören die Sprachen, die in dieser Arbeit beschrieben werden, nicht zum flektierenden Typ. Sie werden im Gegenteil oft und zurecht als Prototypen des isolierenden Sprachbaus zitiert. Betrachtet man jedoch die Distanz, die eine Attraktorposition der einen Kategorie im Verhältnis zu einer Attraktorposition einer anderen Kategorie einnimmt als Mass für die Bindungsstärke oder Kohäsion – je weiter vom Hauptverb entfernt, desto geringer die Kohäsion –, so erkennt man, daß die TAM-Positionen weiter vom Hauptverb entfernt sind als die der Valenz zuzurechnenden CoV-Positionen. Damit scheint die periphrastische Anordnung bei diesen fünf isolierenden Sprachen dem gleichen Ordnungsprinzip zu folgen, das auch in der Morphologie bei den agglutinierenden und den flektierenden Sprachen wirkt. Allerdings fällt die Unterscheidung zwischen Tempus, Aspekt und Modus nicht immer leicht, zumal sich diese ja auf alle Attraktorpositionen für TAM verteilen. Aus diesem Grund habe ich die Bezeichnung TAM nicht weiter aufgeschlüsselt. Andererseits dürfte sich die besonders eng ans Verb geknüpfte TAM-Position unmittelbar hinter dem Hauptverb daraus erklären, daß tatsächlich sehr viele dort auftretende Elemente Aspekt-Funktionen erfüllen. Der Aspekt aber steht, wie wir aus der obigen Tabelle und aus der Diskussion in Bybee (1985:z.B.15) erfahren, in einem besonders starken Relevanzverhältnis zum Hauptverb. Deutlich zeigt sich dies an den drei Zeichen -*guo*, -*zhe* und -*le* im Chinesischen, die in dieser Position ihren Ton und im Falle von -*zhe* und -*le* sogar noch mehr von ihrer phonetischen Substanz aufgeben mußten; sie erfüllen zu einem großen Teil Aspektfunktionen. Zudem dürfte diese Position – wie es sich hier zumindest für das Chinesische abzeichnet – historisch gesehen der Ausgangspunkt für die Entwicklung von postverbalen TAM-Zeichen und von direktionalen Verben gewesen sein (vgl. die Diskussion über die Position der Resultativ-Konstruktion in Abschnitt 2.5., S. 27).

Die Allgemeinheit der direktionalen Verben schließlich ist für eine derart weit verbreitete Verwendung wie die der TAM-Zeichen zu gering. Andererseits ist die Relevanz doch so groß, daß bei den Sprachen Vietnamesisch, Thai und Khmer direktionale Verben und lokale Co-Verben gleichgestellt sind. Im Chinesischen und vor allem im Hmong, wo wir nur die drei Verben *los* (kommen), *tuaj* (kommen) und *mus* (gehen) (vgl. S. 65ff.) in dieser Funktion finden, nehmen sie offenbar eine Zwischenstellung zwischen Co-Verben und TAM-Zeichen ein.

Ein weiterer Faktor zur Festlegung der einzelnen Attraktorpositionen ist der Skopus (vgl. Muysken 1986). Während sich der Skopus der TAM-Zeichen und der direktionalen Verben über die gesamte seriale Einheit erstreckt, umfaßt das Co-Verb nur gerade eine Argumentstelle beim Verb. Bezieht sich TAM nur auf einen Teil der serialen Einheit, das Co-Verb, so kann dieses wenigstens im Chinesischen in reduzierterem Umfang als das Hauptverb ebenfalls zumindest von einigen TAM-Zeichen modifiziert werden.

Damit führt der mit zunehmender Entfernung vom Hauptverb ansteigende Grammatikalisierungssog in Verbindung mit den Prinzipien der Relevanz, der Allgemeinheit und des Skopus folgerichtig zu der spezifischen Anordnung der drei Typen von Attraktorpositionen gemäss Struktur (II), wobei letztlich die Stellen, an denen sich eine Attraktorposition "einhaken" kann, von den Verbstellen im phänomenologischen Strukturmuster (I) der Verbserialisierung prädeterminiert sind.

Damit ist *in nuce* das Zusammenspiel der Grammatikalisierung, der Attraktorpositionen und der grundsätzlichen Möglichkeit der Verbserialisierung zur Bildung von serialen Einheiten beschrieben. Viele Autoren sehen das Phänomen der Verbserialisierung und das Herauskristallisieren von grammatikalisierten Elementen lediglich im Kontext der Juxtaposition, wie z.B. der folgende Passus aus Givón (1979:220) zeigt, den ich als repräsentatives Beispiel *in extenso* zitieren möchte:

> "What is involved diachronically, is a slow process of reanalysis, by which the description of an event – that is a proposition – is first assembled as a concatenation of small propositions in which, roughly, a one-to-one correlation is maintained between verbs and nominal arguments, so that in essence the function of each nominal argument is marked by the verb which precedes or follows it. In the course of time, however, a slow and gradual reanalysis occurs, by which the verbs *except for one* become grammaticalized as casemarkers, eventually becoming bound to their respective nominal arguments. The loosely concatenated, paratactic expression then becomes a single sentence, falling under a single contour, with one complex verb."

Dieses Konzept der reinen Konkatenation ist jedoch stark idealisiert. Es ist sehr unwahrscheinlich, daß der historische und evolutionäre Prozess, der hinter Co-Verben steht, auf die sich Givón hier ausschließlich bezieht, so abgelaufen ist. Für das Chinesische wurde ein solches Konzept in mehreren Aufsätzen von Li und Thompson (1973, 1974a, 1974b, 1975) gefordert; es funktioniert aber bei näherem Hinsehen nur bis zu einem gewissen Punkt, wie in den Kritiken von Huang (1978), Li Ying-che (1980) und Bennett (1981) klar gezeigt wurde. Attraktorpositionen scheinen eine gute Erklärung für Fälle zu liefern, in denen die Konkatenation allein nicht weiterhilft (vgl. Abschn. 3.2.3.2.). Zudem erklären sie, warum ein grammatikalisiertes Verb nicht unbedingt "langsam und schrittweise" ('slow and gradual' bei Givón) als solches neu analysiert werden muss. Im Gegenteil kann die Uminterpretation eines Vollverbs zum TAM-Zeichen, Co-Verb oder direktionalen Verb sehr schnell geschehen, eben gerade weil die entsprechende Attraktorposition die Grammatikalisierung massiv unterstützt. Dies zeigt sich besonders schön am Beispiel des Co-Verbs *gěi* (geben) im Chinesischen (vgl. S.171–175) und des Co-Verbs *bèi* (bedecken) (vgl. S.163–167).

Das Konzept der Attraktorpositionen ist in einem weiteren Sinn produktiv für die Grammatikalisierung bzw. für den Einbezug neuer Elemente in die Kategorie der TAM-Zeichen, Co-Verben und mit einigen Einschränkungen auch der direktionalen Verben. Wenn man in einer Sprache, die sowohl prä- als auch postverbale Attraktorpositionen aufweist, eine Sequenz zweier Verben V_1 und V_2 hat, weiss man rein strukturell nicht, ob man eine präverbale Attraktorposition vor V_2 oder eine postverbale Attraktorposition nach V_1 vor sich hat. Es besteht in der Tat die Möglichkeit, das starre Muster

(III) AP_{TAM} AP_{CoV} V AP_{CoV} AP_{Vd} AP_{TAM}

bis zu einem gewissen Grad beliebig über das phänomenologische Strukturmuster (I) zu legen. In den meisten Fällen wird sich aufgrund der Tatsache, daß die Zahl der in einer Attraktorposition auftretenden Elemente mindestens einigermassen geschlossen ist, so daß nur gelegentlich neue Elemente dorthinein gesogen werden, nur *eine* mögliche, sinnvolle Überlagerung des Attraktorpositionsmusters (III) mit dem Strukturmuster (I) ergeben. Grundsätzlich besteht jedoch die Möglichkeit mehrerer sinnvoller Überlagerungen, so daß durch Uminterpretation neue Elemente in eine bestimmte Attraktorposition hineingezogen werden, zu der sie vorher gar nicht gehörten. Dies geschieht im Chinesischen mit den Kausativ-Verben *jiào* und *ràng*, die in den Bereich der regierenden Verbserialisierung gehören, jetzt aber anfangen, Co-Verb-Funktionen analog zu den Co-Verben *bèi* und *gěi* zu übernehmen (vgl. S.169f.). Die grundsätzliche Verschiebbarkeit des Attraktorpositionsmusters und die Tatsache, daß offenbar mehrere Typen von serialen Verbkonstruktionen (vgl. S.52f. und S.115–118, bzw. S.55f. und S.345f.) in ein und derselben Attraktorposition konvergieren können, sind wichtige Hinweise für die Eigenständigkeit des Konzepts der Attraktorpositionen.

Schließlich finden wir das Phänomen der Attraktorpositionen nicht nur in Sprachen mit Verbserialisierung. Attraktorpositionen lassen sich auch in Sprachen ohne Verbserialisierung postulieren, wo diese z.B. finite Verben oder Verben die als untergeordnet oder nach Switch-reference markiert sind, anziehen und grammatikalisieren. Die Bedeutung der in solchen Sprachen grammatikalisierten Verben ist verblüffend ähnlich mit der Bedeutung der entsprechenden Verben in den hier zu beschreibenden Sprachen. Auch in diesem Sinne scheinen Attraktorpositionen eine eigenständige Erscheinung zu sein. Sie sind eine Art Anziehungspunkt und Schmelztiegel zur Bildung grammatikalisierter Elemente. Das Bild des Schmelztiegels passt deshalb sehr gut, weil in gewissen

Attraktorpositionen mit der Zeit nicht nur verbale Elemente Eingang finden, sondern auch nominale (vgl. hierzu S.55 und S.346). Damit sind Attraktorpositionen allgemein gesprochen ein Ort der Uminterpretation, ein Ort der Dynamik im Entstehen neuer Kategorien.

2.4. Faktoren, die die Verbserialisierung begünstigen; die von der Verbserialisierung betroffenen Bereiche

Huang T.C. (1984) verweist auf eine von Ross (1982)* vorgeschlagene Unterscheidung zwischen "kühlen" und "heissen" Sprachen (cool and hot languages). Diese beiden Ausdrücke gehen auf Kommunikationsprozesse bei den Medien zurück, wo die "heissen" Medien keine oder nur eine geringe Beteiligung des Konsumenten erfordern, während bei "kühlen" Medien der Erfolg der Kommunikation entschieden von der aktiven Teilnahme des Zuhörers/Lesers abhängt. In diesem Sinne – so Huang zurecht – gehört das Chinesische (und auch die übrigen vier Sprachen dieser Arbeit) im Bezug auf die Referenz und auf die Aussetzung von Pronomina klar zu den "kühlen" Sprachen, da der Empfänger die Pronomina praktisch immer, sofern der Kontext eindeutig genug ist, selber ergänzen muss. Unsere fünf Sprachen sind jedoch nicht nur im Bezug auf die Aussetzung von Personalpronomina "kühl"; man ist geneigt, bezüglich des Verbs generell von *Indeterminiertheit* zu sprechen, da dieses im hier zu beschreibenden extremsten Fall unserer fünf Sprachen lediglich eine Handlung oder einen Zustand setzt. Ein einziges Verb, das im übrigen oft aus einer einzigen Silbe besteht, ist deshalb oft schon relevant genug, d.h. es zeigt genug "Relevanz" im Sinne von Sperber und Wilson (1986), da es in einem gegebenen Kontext genügend neue Information zu einer bereits bekannten Information hinzufügt, also einen "contextual effect" bewirkt.

Fassen wir die Indeterminiertheit, die ich in dieser Form als *vis motrix* für das Entstehen von Verbserialisierung in einer Sprache betrachte, genauer, so gelangen wir – basierend auf der Terminologie des Kölner UNITYP Projekts – zu den beiden Bereichen der "Situationsperspektion" (vgl. Lehmann 1989), die die Bereiche von TAM (Tempus, Aspekt, Modus) abedeckt, und der PARTIZIPATION. Beide Bereiche – TAM und PARTIZIPATION – führen zu einer stärkeren Determinierung des Verbs und werden durch eine Operation ausgelöst, die ich ganz allgemein *"Konkretisierung"* nennen möchte. Diese Konkretisierung zeigt sich in Sprachen mit Verbserialisierung in der Setzung eines weiteren Verbs, das sich markierungslos an das zu konkretisierende Verb anschließt.

Während der durch TAM konkretisierte Bereich thematisch kaum Probleme aufwerfen dürfte, bedarf es im Falle der PARTIZIPATION einiger Klärung. Hier werden die folgenden Techniken wenigstens teilweise mit dem Mittel der Verbserialisierung zum Ausdruck gebracht:

(1)*Valenz*   Erhöhung der Valenz eines Verbs durch das Einführen weiterer NPs mit Hilfe von Co-Verben (Verben mit Adpositionalfunktion) und Kausativ-Verben

---

* Ross, J.R. (1982): "Pronoun deleting processes in German, paper presented at the annual meeting of the Linguistic Society of America, San Diego, California.

(2) *Orientierung*:	Die Möglichkeit zur Diathese durch den Einsatz besonderer Verben, die das Agens (oder in dessen Abwesenheit das Verb direkt) markieren. Die Diathese erfolgt in den ost- und südostasiatischen Sprachen jedoch in der Regel nur in den Fällen, in denen ein Ereignis als negativ empfunden wird (vgl. das Co-Verb *bèi* im Chinesischen, S.167f.)
(3) *Transition*:	Sie kommt nur im Chinesischen im Zusammenhang mit der Verbserialisierung vor; Transitivität wird dabei im Sinne von Hopper und Thompson (1980) verstanden und wird durch das Co-Verb *bǎ* markiert (vgl. S.157)
(4) *Rollenzuweisung*:	durch Co-Verben
(5) *Ursache und Wirkung*:	durch Kausativ-Verben und durch *bǎ* (vgl. S.194ff.)
(6) *komplexe Partizipata*:	durch konjunktionale Verben (vgl. Abschn. 3.1.3.4., S.45ff.)

Mit dem Begriff der Indeterminiertheit gewinnen wir eine genauere Charakterisierung der Vorbedingungen für Sprachen mit Verbserialisierung. Bis anhin wurde meist einfach der isolierende Charakter (vgl. etwa Li und Thompson, Givón 1975) als Ursache dafür angegeben, obwohl durchaus auch Sprachen mit einer gewissen Morphologie Verbserialisierung kennen, wie ich in meinem Artikel über das melanesische Jabêm (Yabem) (vgl. Bisang (1986)) zu zeigen versuchte. In dieser Sprache wird dem Verbstamm obligatorisch ein Morphem präfigiert, das TAM (Realis und Imaginativus) und Person markiert.

Die starke Indeterminiertheit des Verbs, die die Einführung weiterer in einem gegebenen Kontext relevanter Information oft durch Setzung eines weiteren Verbs erforderlich macht, führt dazu, daß Konstruktionen mit Verbserialisierung stark analytisch sind. Aus dem gleichen Grund ist die Anwendung der Verbserialisierung zur Konkretisierung stark prädikativ, d.h. ein zusätzlich eingeführtes Verb steuert einen Teil oder gar seinen ganzen semantischen Gehalt zur von ihm ausgedrückten Funktion bei. Damit gelangen wir automatisch zur Grammatikalisierung, die ich in dieser Arbeit graduell verstanden haben möchte.

Von besonderem Interesse in den Sprachen dieser Arbeit ist die *Transitivität* im Sinne von Hopper und Thompson (1980), die mir maßgeblich am Entstehen von Co-Verben beteiligt zu sein scheint. Neben der *bǎ*-Konstruktion im Chinesischen und einigen nicht produktiven morphologischen Mitteln im Khmer, läßt sich Transitivität in den untersuchten Sprachen nur syntaktisch definieren. Transitivität bedeutet dann lediglich, daß ein Verb im Maximum zwei unmarkierte Aktanten bei sich tragen kann (Subjekt und Objekt), wobei beide Aktanten nicht obligatorisch sind. Die semantische Rolle des postverbalen Aktanten ist dabei jedoch nicht auf Aspekte der Transitivität beschränkt – ein postverbales Nomen lässt sich bei einem Verb der Bewegung ohne weiteres lokativisch verstehen. Bei Verben des Mitteilens steht das Ziel der Mitteilung in vielen Sprachen unmarkiert hinter dem Verb. Eine weitere mögliche Relation zwischen Verb und Objekt ist die instrumentale. Die genaueren Einzelheiten sind zu jeder Sprache im Einleitungsabschnitt eingehend beschrieben.

Gerade die Möglichkeit, lokale Objekte bei Verben des Ortes oder der Bewegung unmarkiert hinter dem Verb folgen zu lassen, führt dazu, daß ganz bestimmte Verben wie "sich befinden", "kommen", "gehen", "überqueren", usf. besonders anfällig dafür sind, als Co-Verben einen unmarkiert nachfolgenden Aktanten einzuführen, um gewisse räumliche und zeitliche Konstellationen im Bezug auf das Hauptverb zum Ausdruck zu bringen, die in den indogermanischen Sprachen in der Regel durch Adpositionen markiert werden (vgl. Tabelle S.59f.).

Der grundsätzlich fehlenden Transitivitätsmarkierung gesellt sich die Tendenz hinzu, dreiwertige Verben, also Verben mit maximal drei unmarkierten Aktanten, zu vermeiden, die wir abgesehen vielleicht vom Chinesischen, das doch eine beträchtliche Anzahl von dreiwertigen Verben kennt (vgl. S.87), in allen Sprachen dieser Arbeit beobachten können. Genauere Informationen sind ebenfalls im Einleitungsabschnitt zu den einzelnen Sprachen zu finden.

Beide Tendenzen – die meist nur syntaktisch greifbare Transitivität und die geringe Zahl dreiwertiger Verben – sind der Entstehung von Co-Verben zur Einleitung weiterer Aktanten sehr förderlich. Dies trifft nicht nur für die Sprachen in dieser Arbeit, sondern beispielsweise auch für das Jabêm zu (vgl. Bisang (1986)).

2.5. Verbserialisierung im engeren Sinn, Verbserialisierung im weiteren Sinn; Lexikon – Syntax

Eine weitere Konsequenz des großen Grades an Indeterminiertheit des Verbs ist die Tatsache, daß eine ganze Anzahl der disparatesten Konstruktionen in den Phänomenbereich der Verbserialisierung nach dem oben eingeführten Strukturmuster (I) passen. Damit wird die Suche nach einer Kovariation von Form (Verbserialisierung) und Funktion in dieser Allgemeinheit wenigstens für einen Teilbereich – wie wir gleich sehen werden – problematisch, um nicht zu sagen sinnlos, da die unmarkierte Juxtaposition zweier oder mehrerer Verben oder VPs in praktisch jedem Kontext erlaubt ist, wenn dem nicht eindeutige semantische oder diskurspragmatische Einschränkungen im Wege stehen. Andererseits ist es gerade die Leichtigkeit, mit der sich zwei oder mehrere Verben oder VPs juxtaponieren lassen, die das Entstehen von syntaktischen Paradigmen im Zusammenwirken mit der Grammatikalisierung und den Attraktorpositionen grundsätzlich erst ermöglicht. So zeigt es sich, daß sich in den Sprachen mit Verbserialisierung (Ost- und Südostasien, Kwa-Sprachen in West-Afrika, Jabêm und andere austronesische Sprachen, Kreol-Sprachen) in einem Bereich, der unter dem Begriff *Verbserialisierung im engeren Sinn* zusammengefasst werden soll, überraschend ähnliche Strukturen herausbildeten, so daß sich diese Strukturen im Gegensatz zu den übrigen Formen der Verbserialisierung, die ich unter dem Begriff *Verbserialisierung im weiteren Sinn* zusammenfasse, als von übereinzelsprachlichem Interesse erweisen. Während sich damit bei der Verbserialisierung im engeren Sinn eine Kovariation zwischen Form und Inhalt abzeichnet, lässt sich bei der Verbserialisierung im weiteren Sinn wohl nichts Vergleichbares sagen.

Die Verbserialisierung im engeren Sinn wird von der Serialisierungsperiode abgedeckt, die die drei Elemente der lexikalischen Juxtaposition, der Resultativ-Konstruktion und der serialen Einheit umfasst. Bei diesen drei Konstruktionen bewirkt die Relevanz im Sinne von Bybee (vgl. S.20) eine besonders starke Kohäsion, die diese drei als besonders eng zusammengehörige Fügungen auszeichnet. Die höchste Kohäsion finden wir nach Bybee (s. Kontinuum auf S.20) im Lexikon, die schwächste in der Syntax.

Daß die lexikalische Juxtaposition eindeutig in den Bereich des Lexikons gehört, zeigt sich daran, daß bei ihr die beteiligten Verben von so hoher Relevanz sind, daß sie aufgrund der mangelnden Allgemeinheit (vgl. S.20) kaum produktiv sind. Zudem läßt sich hier nichts zwischen die beiden beteiligten Verben einfügen. Die Grammatikalisierung spielt wegen der hohen Relevanz keine Rolle. Auf der anderen Seite steht die seriale Einheit mit den am stärksten grammatikalisierten serialen Einheiten (TAM-Zeichen, direktionale Verben, Co-Verben), die ihrer grossen Allgemeinheit zufolge mit sehr vielen Hauptverben kombinierbar sind. Sie stehen bereits sehr weit in der Syntax, bilden aber doch zusammen mit dem Hauptverb ein eng zusammengehöriges Ganzes, ein *syntaktisches Paradigma*. Die Resultativ-Konstruktion nimmt sowohl in Bezug auf den Grammatikalisierungsgrad als auch in Bezug auf das Kontinuum Syntax-Lexikon eine Mittelstellung zwischen der lexikalischen Juxtaposition und der serialen Einheit ein. Dies hängt damit zusammen, daß sich einerseits bestimmte Resultativ-Verben (= V_2) nur mit einer geringen Anzahl von lexikalisch festgelegten V_1 kombinieren lassen, während sich andererseits eine andere Gruppe von Resultativ-Verben bereits sehr stark – meist in Richtung zum TAM-Zeichen – grammatikalisiert hat und daher mit recht vielen V_1 syntaktisch in Verbindung tritt. Die Zwischenstellung kann man auch historisch verfolgen, sind doch Resultativ-Konstruktionen zumindest im Chinesischen älter als die sich später oft daraus ableitenden TAM-Zeichen und direktionalen Verben (vgl. S. 134). Wir gelangen damit zur folgenden Darstellung:

Lexikon	lexikalische Juxtaposition	zunehmende Grammatikalisierung
	Resultativ-Konstruktion	
Syntax	seriale Einheit	↓

In dieser Tabelle nimmt die lexikalische Juxtaposition insofern eine Sonderstellung ein, als viele zweisilbige Verben ihrerseits wieder als einheitliches Hauptverb einer serialen Einheit auftreten können. Bei der Resultativ-Konstruktion ist dies in wesentlich eingeschränkterem Masse ebenfalls möglich.

Die *Verbserialisierung im weiteren Sinn* umfaßt die folgenden drei *serialen Konstruktionen*:

1. Juxtaposition
2. modifizierende Verbserialisierung
3. regierende Verbserialisierung

Diese drei serialen Konstruktionen stehen ausserhalb der Grammatikalisierung, bilden aber letztlich den Ausgangspunkt für das Entstehen enger zusammengehöriger Verbalsequenzen bis hin zur serialen Einheit, die sich aus einer Überlagerung dieser drei Konstruktionen mit der Grammatikalisierung und den Attraktorpositionen ergeben. Bevor ich einen Schritt weiter gehe, möchte ich diese drei Konstruktionen kurz vorstellen und gleichzeitig angeben, welche Grammatikalisierungsprodukte aus ihnen erwachsen; am Schluß steht jeweils ein Beispiel (für weitere Beispiele s. Abschn. 3.1. bzw. Kapitel II bis VI).

1. *Juxtaposition*

Diese findet auf der lexikalischen Ebene statt, wo ein oder mehrere monosyllabische Verben ein mehrsilbiges Verb bilden, oder auf der syntaktischen Ebene, wo mehrere Verben, Verbalphrasen oder Serialisierungsperioden frei juxtaponiert werden. Im Zusammenhang mit der Grammatikalisierung ist die Juxtaposition teilweise mit der Bildung von Co-Verben verbunden (vgl. S.62f.). Das folgende Beispiel gehört zur syntaktischen Juxtaposition und zeigt sehr schön, wie vielfältig die Relationen zwischen zwei Verbalphrasen sein können. Welche Relation gemeint ist, lässt sich jeweils nur aus dem Kontext herleiten:

(5) Nǐ guì-xià-lái   qiú   Zhāngsān.
CHI   du knien-runtergehen-kommen bitten Name
      – You knelt down in order to beg Zhangsan. (Purpose)
      – You knelt down and then begged Zhangsan. (Consecutive action)
      – You knelt down begging Zhangsan. (Simultaneous action)
      – You knelt down and begged Zhangsan. (Alternating action)

(Li und Thompson 1973:98)

2. *modifizierende Verbserialisierung*

Dieser Konstruktionstypus beginnt mit Konstruktionen, in denen ein Verb in adverbialer Position zum anderen steht, geht dann über zur Resultativ-Konstruktion, bei der ein Verb ein Resultat zur Verbalhandlung des anderen ausdrückt – diese Konstruktion bildet bereits den Anfangspunkt der Grammatikalisierung –, und endet schließlich bei den weiter grammatikalisierten TAM-Zeichen und den direktionalen Verben. Es folgt ein Beispiel zur adverbialen Konstruktion:

(6a)   Kɔ̀ət criəŋ pì:rùəh.
KHM   er   singen schön (V)
       Er singt schön.

Man beachte auch die zwei Möglichkeiten zur Negation:

(6b)   Kɔ̀ət *mùn* criəŋ pì:rùəh.
       er   Neg   singen schön (V)
       Er singt nicht schön.

(6c)   Kɔ̀ət criəŋ *mùn* pì:rùəh.
       er   singen Neg schön (V)
       Er singt [schon], aber nicht schön.

3. *regierende Verbserialisierung*

Diese umfasst Konstruktionen, in denen das zweite Verb bzw. die zweite VP Objekt des ersten Verbs ist, die Pivotal-Konstruktion*, in der das Objekt des ersten Verbs gleichzeitig Subjekt des zweiten Verbs ist, und die Kausativ-Konstruktion, die Kausativ-Verben als leichte Grammatikalisierungsprodukte hervorbringt. Weitere Grammatikalisierungsprodukte im Bereich der regierenden Verbserialisierung sind die konjunktionalen Verben, einige TAM-Zeichen (vgl. z.B. chin. *yào* (wollen), S.116ff.) sowie einige präverbale Co-Verben im Chinesischen (vgl. *ràng, jiào* auf S.169f.). Zu den ersten beiden Konstruktionen folgen nun Beispiele:

---

*   Der Begriff "Pivotal-Konstruktion" stammt aus Chao (1968:124ff.).

(7)   Muốn *biết* được thua phải đi hỏi. (vgl. IV(167))
VIE   wollen wissen gewinnen verlieren müssen gehen fragen
Wenn [Sie] wissen wollen, ob [Sie] gewonnen oder verloren haben, müssen [Sie] gehen und fragen. (Thompson 1965:231)   (Die 2. VP ist Obj. des ersten Verbs)

(8)   Mas ib hmos lawv *hnov qaib qua*. (vgl. III(447))
HMO   da ein Nacht sie hören Hahn krähen
Da hörten sie eines Nachts den Hahn krähen. (4,75/6) (Pivotal-Konstruktion)

(9)   Tus tswv *txib tus qhev mus ua teb.* (vgl. III(454))
HMO   Kl Meister sagen Kl Diener gehen machen Feld
Der Meister sagt dem Diener, er solle sich zur Feldarbeit
aufmachen. (B.502)   (Pivotal-Konstruktion)

Aus dem bisher Gesagten lassen sich daher in einem nächsten Schritt die folgenden sechs Grammatikalisierungsprodukte unterscheiden, die den folgenden serialen Konstruktionen entwachsen sind:

1. Resultativ-Verben*   modifizierende Verbserialisierung
2. direktionale Verben   modifizierende Verbserialisierung
3. TAM-Zeichen   modifizierende und regierende Verbserialisierung
4. Co-Verben   Juxtaposition und regierende Verbserialisierung
5. Kausativ-Verben*   regierende Verbserialisierung
6. konjunktionale Verben   regierende Verbserialisierung

Drei dieser sechs Grammatikalisierungsprodukte, die gleichzeitig zusammen mit den konjunktionalen Verben den Endpunkt der Grammatikalisierung darstellen, fügen sich zusammen mit dem Hauptverb in das syntaktische Paradigma der serialen Einheit: die TAM-Zeichen, die Co-Verben und die direktionalen Verben. Wie sich diese Elemente in den einzelnen zu beschreibenden Sprachen verteilen, wird in Abschnitt 3.2.3.4. zusammenfassend beschrieben. Die *serialen Einheiten* lassen sich wohl am besten mit Phrasenstrukturregeln vergleichen, die die gesamte Verbalsequenz als *eine* Konstituente betrachten, wie dies in Jansen, Koopman und Muysken (1978) vorgeschlagen wurde. Andere Beschreibungen im Rahmen der Phrasenstrukturanalyse sind z.B. Schachter (1974) und Williams (1976). Eine solche Darstellungsweise scheint mir das Phänomen der Verbserialisierung weitaus adäquater einzufangen als der frühere transformationelle Ansatz, den wir etwa bei Stewart (1963), Stahlke (1970) und Bamgboṣe (1972, 1973) antreffen können.

2.6. Die graduelle Entwicklung eines Gedankens: Sachverhalt und Satz

Jeder Sprecher jeder Sprache hat grundsätzlich die Möglichkeit zur grösseren Explikation oder zur grösseren Kondensierung. Mit der Leichtigkeit der markierungslosen Juxtaposition von potentiell selbständigen, stark indeterminierten Verben geben die hier beschriebenen fünf Sprachen ihren Sprechern ein ausgezeichnetes Mittel zur *graduellen Entwicklung eines Gedankens*, das es ihnen erlaubt, je nach kontextueller Relevanz und ihren Intentionen einen Vorgang sehr genau und explizit oder sehr kurz

---
* Die Kausativ-Verben und die Resultativ-Verben sind weniger stark grammatikalisiert als die übrigen Grammatikalisierungsprodukte.

und skizzenhaft wiederzugeben. Nehmen wir als Beispiel das deutsche Verb "holen", das in dieser Form als einzelnes Lexem in keiner unserer fünf Sprachen vorkommt. Eine mögliche Auflösung besteht aus den drei Verben "gehen – nehmen – kommen" (Ich gehe an einen bestimmten Ort, nehme dort etwas und komme damit zurück). Im Khmer, das hier als Beispiel für alle fünf Sprachen stehen soll, wird ein entsprechender Vorgang etwa wie folgt zum Ausdruck gebraucht:

(10a) Ko:n sɤs(s) tr̀u yɔ̀:k siəvphɤu mɔ̀:k sa:la:rìən vèɲ.
KHM Schüler gehen nehmen Buch kommen Schule zurück
Der Schüler holt das Buch in die Schule.

Dieses Beispiel erinnert uns nicht nur deshalb an die Schulstube, weil es offensichtlich in der Schule stattfindet, sondern weil es sehr vieles explizit zum Ausdruck bringt, was man wahrscheinlich in einem solchen Sprechkontext bereits kennt, also in der Regel nicht auszudrücken braucht. Würde z.B. der Lehrer einen Schüler direkt auffordern, das vergessene Schulbuch zu holen, genügte wohl ein Satz wie (10b) oder (10c) völlig:

(10b) Tr̀u yɔ̀:k.
gehen nehmen
Geh und hol es!

(10c) Yɔ̀:k mɔ̀:k.
nehmen kommen
Bring es!

oder im Extremfall gar:

(10d) Yɔ̀:k.
nehmen
Hol es!

Dabei habe ich Aufforderungspartikel zur stilistischen Milderung des Befehls der Einfachheit halber weggelassen. Der Grundgedanke bleibt in allen Beispielen (10a) bis (10d) der gleiche. (10a) liesse sich noch weiter ausdehnen, indem etwa durch das Anfügen von cù:n lò:k krù:* (geben – Lehrer) die Tatsache explizit zum Ausdruck gebracht würde, daß der Schüler das Buch *dem Lehrer* bringt, während durch Einfügung des Objekts phtɛ̀əh (Haus) nach dem Verb tr̀u (gehen) zusätzlich explizit gesagt würde, daß er das Buch zu Hause holt:

(10e) Ko:n-sɤs(s) tr̀u phtɛ̀əh yɔ̀:k siəvphɤu mɔ̀:k sa:la:rìən cù:n* lò:k-krù:.
Schüler gehen Haus nehmen Buch kommen Schule geben Lehrer
Der Schüler ging nach Hause und brachte** dem Lehrer das Buch in die Schule.

In den Fügungen (10a) bis (10e) haben nicht alle Verben den gleichen Stellenwert. Notieren wir die Beispiele (10a), (10c) und (10e) nochmals unter Angabe der Funktion des Verbs in der zweiten Zeile:

(10a) Ko:n-sɤs(s) tr̀u yɔ̀:k siəvphɤu mɔ̀:k sa:la:rìən vèɲ.
V V CoV

---

* cù:n ist das höflichere Verb für "geben"; das gewöhnliche Verb für "geben" heisst ʔaoy.
** Die Übersetzung mit "holen" ist hier im Deutschen kaum mehr möglich.

(10c)   Yɔ̀:k mɔ̀:k.
        V   Vd

(10e)   Ko:n-sɤs(s) tr̀u phtɛ̀əh yɔ̀:k siəvphɤ̀u mɔ̀:k sa:la:rìən cù:n lò:k-krù:.
        V   V   CoV   CoV

Wie wir dem Maximalparadigma auf S.72 und aus der eingehenden Beschreibung der Verbserialisierung in Kapitel VI (S. 416) entnehmen können, besteht (10a) aus zwei Serialisierungsperioden *V | V – CoV*, (10b) aus nur einer serialen Einheit *V – Vd* und (10e) wiederum aus zwei Serialisierungsperioden *V | V – CoV – CoV*, wobei allerdings die seriale Einheit am Schluss der Fügung aus zwei Co-Verben besteht.

Die Serialisierungsperiode und insbesondere die seriale Einheit führt uns zum zweiten für diesen Abschnitt wichtigen Konzept der "einheitlichen Handlung" (unitary action), demzufolge ein Sachverhalt durch mehrere juxtaponierte Verben wiedergegeben wird. Die einzelnen Verben drücken dann Teilaspekte eines Gesamtereignisses aus, oder wie Lord (1973:269), stellvertretend zitiert für viele Afrikanisten sagt:

> "... in the serial construction the verb phrases necessarily refer to sub-parts or aspects of a single overall event."

In welcher Beziehung nun stehen die beiden Konzepte der graduellen Entwicklung eines Gedankens und des einheitlichen Sachverhalts? Lassen sie sich überhaupt unter einen Hut bringen, wenn doch bei der graduellen Entfaltung eines Gedankens die Juxtaposition potentiell selbständiger Verben im Vordergrund steht, während beim Konzept des einheitlichen Sachverhalts die potentielle Selbständigkeit der beteiligten Verben zugunsten einer zusammengehörigen Einheit gerade aufgegeben wird? – Im Folgenden möchte ich zeigen, daß sich diese beiden Konzepte durchaus vereinen lassen, daß sie sich sogar sehr gut ergänzen. Die beiden grundlegenden Begriffe des "Gedankens" und des "Sachverhalts" sollen am Schluß mit dem Begriff "Satz" verglichen werden. Der "Gedanke", aber auch die Art, wie man einen "Sachverhalt" sehen und sprachlich aufteilen kann, sind beide nicht zuletzt kulturspezifisch geprägt. Mein Ziel wird es sein, ein Modell zu liefern, das die Situation der fünf Sprachen dieser Arbeit so gut wie möglich einfängt und dabei eine allzu eurozentristische Sichtweise vermeidet.

Das Konzept des "einheitlichen Sachverhalts" setze ich mit der Verbserialisierung im engeren Sinn, also mit der Serialisierungsperiode gleich, in welcher sich entweder im Falle der lexikalischen Juxtaposition mehrere Verben zu einem neuen Verb verbinden, oder in welcher im Fall der Resultativ-Konstruktion und der serialen Einheit ein bestimmter Inhalt eines bestimmten Hauptverbs durch zusätzliche Verben genauer determiniert wird. Dabei geben das Strukturmuster (II) der serialen Einheit und die Resultativ-Konstruktion die Richtschnur zur Produktion weiterer Explizitheit und zur linearen Anordnung der dazu verwendeten Elemente ab.

Alle drei Konstruktionen der Verbserialisierung im engeren Sinn zeigen, wie wir in Abschnitt 2.3. angedeutet haben, eine im Verhältnis zur Verbserialisierung im weiteren Sinn entschieden stärkere Kohäsion oder Bindungsenge zwischen ihren Elementen auf. Diese Kohäsion beschränkt sich nicht nur auf das Syntaktische und das Semantische, sondern geht einher mit dem *sozio-kulturellen* Aspekt der *Konventionalisierung*. Nur Inhalte, die sich in einer bestimmten Kultur fraglos und ganz selbstverständlich zusammen sehen lassen, finden in dieser Kombination auch Zugang zu einem Konstruktionstyp der Verbserialisierung im engeren Sinn, lassen sich also zu einem "einheitlichen Sachverhalt" verdichten.

Weit geringer ist die Kohäsion zwischen den Elementen der Verbserialisierung im weiteren Sinn, bei der zwei oder mehr Verben, Verbalphrasen oder Serialisierungsperioden markierungslos aneinandergefügt werden. Hier nun möchte ich den Begriff des *Gedankens* einbringen, den ich weitgehend offen lassen und nur insofern definieren möchte, als daß er sich aus einem oder mehreren durch Serialisierungsperioden ausgedrückten Sachverhalten zusammensetzt. – Was sich letztlich als zusammengehörigen Gedanken begreifen lässt und was nicht, wird im wesentlichen vom sozio-kulturellen Umfeld einer Sprache geprägt, also von Faktoren, die die entsprechende Sprache zwar beeinflussen, letztlich jedoch ausserhalb davon stehen. So kann die Kombination zweier Sachverhalte dem Sprecher des einen sozio-kulturellen Umfeldes als eng zusammengehörig, möglicherweise als Teil ein und desselben Gedankens erscheinen, während die Kombination der gleichen Sachverhalte dem Sprecher aus einem anderen Umfeld völlig abartig und fremd vorkommt. Auf diese Erfahrung stösst man recht bald, wenn man anfängt, Verbalsequenzen ausserhalb der Verbserialisierung im engeren Sinn mit Muttersprachlern auf ihre Akzeptanz durchzutesten. Dabei zeigt sich nämlich, daß eine Sequenz, die der Befrager als durchaus möglich erachtet, aufgrund der unterschiedlichen sozio-kulturellen Sichtweise, aber auch einfach weil der Informant sich keine konkrete Situation vorstellen konnte, in der die Sequenz sinnvoll hätte zur Anwendung kommen können, als unmöglich abgelehnt wird. Im zweiten Fall kann es sein, daß ein zweiter Informant eine konkrete Sprechsituation sieht, die dazu führt, daß auch der erste Informant, nachdem er mit dieser Sprechsituation konfrontiert worden war, die Sequenz akzeptieren kann. Solche Probleme tauchen bei der Verbserialisierung im engeren Sinn nicht auf. Hier scheint es dem Muttersprachler immer sofort klar zu sein, was akzeptabel ist und was nicht.

Kehren wir zurück zu unserem einleitenden Beispiel (10a-e). Hier zeigen sich im Falle von (10a), (10b) und (10e) zwei Sachverhalte, im Falle von (10c) und (10d) ein Sachverhalt. Wir sehen daraus, daß sich ein Vorgang, der im Deutschen zu einem einzigen Lexem "holen" verdichtet wird, durchaus auf zwei Sachverhalte aufteilen lässt. Beide Sachverhalte lassen sich aber wohl aufgrund der zwischen ihnen bestehenden Kohäsion und der Erfahrung, die man sowohl als Sprecher des Deutschen als auch des Khmers machen kann – daß man irgendwohin gehen muss, dort etwas nimmt, um damit an den Ausgangsort zurückzukommen –, als *einen* Gedanken begreifen. Für den sprachlichen Ausdruck solcher Konstellationen bilden sich im Rahmen des Sachverhaltes zuerst relativ kohärente Einheiten, die sich ihrerseits, allerdings in weit freierer Art, zu Gedanken zusammenfügen lassen.

Mit dem Beispiel von "holen" läßt sich zusätzlich die Gefahr des durch die eigene Sprache verursachten Vorurteils verdeutlichen, das bei der Untersuchung einer fremden Sprache immer besteht. Im Falle der Verbserialisierung zeigt sich diese Gefahr darin, daß man das, was in westlichen Sprachen monolexematisch ausgedrückt wird, einfach als geschlossenen Sachverhalt auch in den ost- und südostasiatischen Sprachen dieser Arbeit ansieht, daß man also einen Vergleich von Lexikoneinheiten vornimmt. Ich hoffe, daß ich diesem Vorurteil mit von aus den Sprachen selbst hergeleiteten Struktureinheiten wie den Serialisierungsperioden, die sich als Sachverhalte weiter zu Gedanken fügen lassen, nicht allzu stark auf den Leim gekrochen bin.

Welche Stelle nimmt nun der *Satz* im Verhältnis zum Sachverhalt und zum Gedanken ein? – Linguisten, die mit dem generativen Muster arbeiten, definieren S extensional mit einer Regel, die Sätze erzeugt. Sprache wird dabei als Menge von Sätzen gesehen. Eine andere vor allem im amerikanischen Strukturalismus gängige Formulierung definiert den Satz unter rein formalem Aspekt als größte selbständige syntaktische Einheit. Diese ist somit nicht ihrerseits wieder in eine syntaktische Form eingebettet. Damit spielt die Unterscheidung von Unterordnung und Koordination, von Abhängigkeit und Unabhängigkeit eine wichtige Rolle, die aber gerade im Zusammenhang mit der blossen Juxtaposition von Serialisierungsperioden in den fünf Sprachen dieser Arbeit nicht immer klar und eindeutig auszumachen ist. Eine funktionale Charakterisierung, derzufolge untergeordnete Sätze dazu neigen, Hintergrundinformationen zu liefern, während Vordergrundinformationen im Hauptsatz zu suchen sind, helfen hier auch nicht viel weiter.

Ein diskurspragmatischer Ansatz schließlich, führt offenbar bei vielen Autoren, von denen Givón (1982:53) hier zitiert sei, zur Umgehung des Satzbegriffs. So setzt Givón im folgenden Zitat die "clause" als "grundlegende Informationseinheit", die er offenbar an Stelle des in Klammern und in Anführungsstrichen aufgeführten ('sentence') setzt. Gleichzeitig präsentiert er einige über der "clause" stehende grössere Informationseinheiten:

> "The *clause* ('sentence') is the basic information-processing unit in human communication or 'discourse'. Clauses combine into *thematic paragraphs*, and thematic paragraphs may combine into larger coherence units, such as *chapter* or *story*, which we will simply refer to as *discourse*."

Für die hier zu besprechenden fünf Sprachen erscheint es mir nicht nötig, den Begriff des Satzes auszuschließen. Ich möchte mich hier Himmelmanns Ansichten anschließen:

> "Der Satz ist sicherlich eine zentrale Grösse in der sprachlichen Gliederung des Gedankens ..., aber er ist kein Datum, sondern eine analytische Einheit, die es noch zu etablieren gilt." (Himmelmann 1987:25)

Einen Versuch zur Etablierung dieser Einheit im chinesischen hat Susanna Cumming (1984) unternommen, der mir sehr fruchtbar erscheint und sich auch auf die übrigen vier Sprachen dieser Arbeit übertragen läßt. Im Unterschied zu mir geht Cumming allerdings von der "clause" aus, während meine Basiseinheit sich auf die Elemente der Verbserialisierung im engeren Sinn bezieht. Daß Sprachbenützer diese Einheiten zu grösseren Einheiten zusammenfügen, die in der gesprochenen Sprache durch die Intonation zusammengehalten werden, erscheint unbestritten. Diese grösseren Einheiten sind nun nicht zufällig, wie ich mit Cumming zeigen möchte, sondern hängen mit gewissen Formen der Abhängigkeit zwischen zwei nebeneinanderliegenden Serialisierungsperioden zusammen. Das Mass für die Stärke der Abhängigkeit zwischen den beiden Einheiten ist die *lokale Kohäsion* (local cohesion), die sich nach Cumming anhand dreier Parameter quantifizieren lässt:

1. *the shared argument group* (p.374–76)

> Eine "Gruppe mit gemeinsamem Argument" besteht aus allen aufeinanderfolgenden Serialisierungsperioden, die ein Argument teilen, das nur einmal - in der Regel in der vordersten Einheit – ausgedrückt wird. Dabei kommen nur gerade Subjekte und allenfalls Objekte als

Argumente in Frage. Implizierte, d.h. nicht ausgedrückte Ortsangaben, Zeitangaben, Topics, usf. werden nicht berücksichtigt.

2. *the part-of group* (p.376f.)

Zur "Gruppe, die einen Teil von etwas bildet", gehören Serialisierungsperioden, die explizit als untergeordnet markiert sind. Hierzu zählt Cumming vor allem *-de*-Konstruktionen, die Relativsätze, Nominalisierungen und verbmodifizierende Ausdrücke umfassen. Ebenso gehören hierzu unseren Konjunktionen entsprechende Lexeme wie z.B. *yǐqián* (bevor), *yǐhòu* (nachdem) (vgl. S.202f.), *deshíhou* (während), etc.

3. *the complement-group* (p.377)

Regierende Verben wie z.B. *xiǎng* (denken, glauben, meinen) bilden mit der nachfolgenden Serialisierungsperiode zusammen eine "Komplementgruppe". Zu dieser Gruppe gehören (1) Konstruktionen, deren zweite VP Objekt des ersten Verbs ist, (2) Pivotal-Konstruktionen und (3) Kausativ-Konstruktionen (vgl. Abschn. 3.1.3.1.–3.).

Diese drei Gruppen überschneiden sich. Grenzen, die zwischen zwei aufeinanderfolgende Serialisierungsperioden fallen und die durch keines dieser drei Kohärenzkriterien überbrückt werden, neigen stark dazu, mit Satzgrenzen zusammenzufallen (vgl. Cumming 1984:367). Damit lässt sich das Konzept des Satzes als reale Einheit der Diskurskohäsion retten. In diesem Sinne werden denn auch in unseren fünf ost- und südostasiatischen Sprachen Sachverhalte miteinander zu Sätzen verknüpft. Ebenfalls in diesem Sinne lässt sich das einleitend zitierte Khmer-Beispiel (4) in zwei Sätze aufteilen; der erste Satz dauert solange, bis das Subjekt vom "Hasen" zum "Besitzer der Reissetzlinge" wechselt. Gleichzeitig wechseln damit auch die Zeitumstände – der "Besitzer der R." kommt erst am darauffolgenden Morgen zur Sprache. Im ersten Satz wird als Zeichen der Kohärenz zweimal das konjunktionale Verb *haəy* (vgl. S.411f.) sowie die regierenden Verben *kùt* (denken) und *cɔŋ* (wollen) gesetzt; im zweiten Satz finden wir wieder das regierende Verb *kùt*, sowie das Relativzeichen *dael* zur Kohärenzmarkierung. Im Beispiel (3) wird trotz unmarkiertem Subjektswechsel bei *slap tru* (so daß dieser starb) die Kohäsion dadurch gewährt, daß das neue Subjekt unmittelbar vorher als Lokativ-Phrase erwähnt wurde. Im Beispiel (1) schließlich wird die Kohäsion wiederum durch das allen Serialisierungsperioden gemeinsame Subjektsargument "sie" getragen, das zwar nicht explizit gesetzt wird, aber aus dem Kontext bestens eingeführt ist.

Damit lassen sich für die fünf Sprachen dieser Arbeit die beiden genauer definierten Konstruktionen der Serialisierungsperiode (= Sachverhalt) und des Satzes unterscheiden. Den Begriff des Gedankens lasse ich bewusst offen. Er geht je nach Komplexität in einer Serialisierungsperiode, in einem Satz oder gar in mehreren Sätzen auf.

2.7. Zum weiteren Aufbau dieser Arbeit

An dieser Stelle möchte ich kurz die Strukturierung des folgenden Abschnitts 3. – der Synopse – und der fünf sprachspezifischen Kapitel II bis VI vorstellen, die – abgesehen von einigen Unterschieden, die sich aus der jeweiligen Einzelsprache ergeben – identisch aufgebaut sind.

In der *Synopse* geht es mir um die Unterscheidung zwischen der Verbserialisierung im engeren und der Verbserialisierung im weiteren Sinn, die demzufolge den Titel von Abschnitt 3.1. bzw. 3.2. bilden. Der dritte und letzte Abschnitt 3.3. liefert einen Vergleich der fünf ost- und südostasiatischen Sprachen dieser Arbeit.

Abschnitt 3.1. über die Verbserialisierung im weiteren Sinn umfaßt die folgenden drei serialen Konstruktionen:

    3.1.1. Die syntaktische Juxtaposition
    3.1.2. Die modifizierende Verbserialisierung
    3.1.3. Die regierende Verbserialisierung

Davon zeigt nur die letztere mit den Kausativ-Verben und insbesondere mit den konjunktionalen Verben Grammatikalisierungsphänomene. Der letzte Abschnitt gliedert sich daher als einziger in die vier folgenden Abschnitte:

    3.1.3.1. Die zweite VP ist Objekt des ersten Verbs
    3.1.3.2. Die Pivotal-Konstruktion
    3.1.3.3. Die Kausativ-Konstruktion
    3.1.3.4. Die konjunktionalen Verben

In Abschnitt 3.2. über die Verbserialisierung im engeren Sinn werden die drei Konstruktionen der Serialisierungsperiode vorgestellt:

    3.2.1. Die lexikalische Juxtaposition
    3.2.2. Die Resultativ-Konstruktion
    3.2.3. Die seriale Einheit

Davon wird wieder der letzte Abschnitt in die drei Elemente der serialen Einheit

    3.2.3.1. TAM-Zeichen
    3.2.3.2. Die Co-Verben
    3.2.3.3. Die direktionalen Verben

aufgegliedert, die in einem 4. Abschnitt zur Maximalstruktur der serialen Einheit zusammengefügt werden. Ein fünfter und letzter Abschnitt ist der erweiterten serialen Einheit mit dem Verb "nehmen" gewidmet.

Die *sprachspezifischen Kapitel II bis VI* sind nach den drei serialen Konstruktionen der Juxtaposition, der modifizierenden Verbserialisierung und der regierenden Verbserialisierung in ihrer Gesamtheit geordnet, umfassen also auch die aus ihnen hervorgehenden Grammatikalisierungsprodukte mit ihren jeweiligen Konstruktionen. Die TAM-Zeichen, die sich aus der modifizierenden und der regierenden Verbserialisierung herleiten lassen, wurden gesamthaft unter der Rubrik modifizierende Verbserialisierung behandelt, um das Phänomen TAM an einem Ort zu behandeln. Ein besonderer Abschnitt ist den Co-Verben gewidmet, die zwischen den beiden Serialisierungstypen der modifizierenden und der regierenden Verbserialisierung stehen. Für sie trifft in der Funktion präpositionaler Komplemente die Darstellung von Lehmann (1985:86) zu den Präpositionalphrasen zu:

"... on account of the relationality, the prepositional phrase would have to be, at the same time, modifier and complement to the verb; but government appears to override modification."

Damit ergibt sich die folgende Gliederung:

1. *Einleitung*
    Dieser Teil befaßt sich mit einigen Grundeigenschaften des Verbs in der zu beschreibenden Sprache. Dabei werden insbesondere die Fragen der Transitivität und der Valenz (Tendenz zur Vermeidung dreiwertiger Verben) diskutiert, die auf S.25f. als maßgebliche Voraussetzung für das Vorhandensein von Co-Verben postuliert wurden.

2. *Die Juxtaposition*
   - Koordination
         - lexikalische Koordination
         - syntaktische Koordination
   - Finalität
         - lexikalische Finalität
         - syntaktische Finalität

3. *Die modifizierende Verbserialisierung*
   3.1. Verben als Modifikatoren des Hauptverbs
   3.2. Die Resultativ-Konstruktion
   3.3. Die direktionalen Verben
   3.4. Der Ausdruck von TAM mit entsemantisierten Verben

4. *Die Co-Verben*
   Dieser Abschnitt umfasst in jedem Fall die folgenden Themenkreise:
   - Die lokativisch-destinativischen Co-Verben
   - Der Ausdruck des Dativ/Benefaktiv
   - Der Ausdruck des Instrumentals
   - Die erweiterte seriale Einheit mit "nehmen"

5. *Die regierende Verbserialisierung*
   5.1. Die zweite VP ist Objekt des ersten Verbs
   5.2. Die Pivotal-Konstruktion
   5.3. Die Kausativ-Konstruktion
   5.4. Die konjunktionalen Verben
   Dieser letzte Abschnitt ist ähnlich aufgebaut wie der Abschnitt 3.1.3. in diesem Kapitel I.

3. Synopse

3.1. Die Verbserialisierung im weiteren Sinn

3.1.1. Die syntaktische Juxtaposition

Das Spektrum der semantischen Relationen zwischen zwei oder mehreren juxtaponierten Verben, Verbalphrasen oder Serialisierungsperioden läßt sich im Rahmen der Begriffe der *Koordination* im konjunktionalen Sinn von "und" und der *Finalität* zum größten Teil abedecken (vgl. jedoch Beispiel (5) auf S. 28). Es ist jedoch notwendig, die lexikalische von der syntaktischen Juxtaposition zu trennen. Während sich die lexikalische Juxtaposition, die in Abschnitt 3.2.1. vorgestellt wird, durch ihre nicht oder kaum vorhandene Produktivität auszeichnet, unterliegt die syntaktische Juxtaposition grundsätzlich keinerlei Einschränkungen; sie ist immer möglich, wenn keine diskurspragmatischen Gründe oder die semantische Unverträglichkeit dem Nebeneinanderstellen zweier Serialisierungsperioden im Wege stehen. Es folgt nun je ein Beispiel für die *syntaktische Koordination* und für die *syntaktische Finalität* in jeder der fünf Sprachen:

1. syntaktische Koordination

(11) Tā tiāntiānr *xiěxìn* *huìkè*. (Chao 1968:326)
CHI er täglich Briefe schreiben Gäste empfangen. (vgl. II(36a))
Er schreibt täglich Briefe und empfängt Gäste.

(12) Nws thiaj li *sau* nra *khiav*. (5,412)
HMO er dann sammeln Besitztum fliehen (vgl. III(69))
Er sammelte sein Hab und Gut und floh.

(13) Giáp *nằm* trên giường *đọc* báo. (Trương 1970:99)
VIE Name liegen auf Bett lesen Zeitung (vgl. IV(20))
Giap liegt im Bett und liest Zeitung.

(14) Nág-rian *nâŋ* kâw-ʔîi *faŋ* ʔoowâad. (Kamchai 1952:329)
THA Student sitzen Stuhl zuhören Unterweisung (vgl. V(48))
Ein/der Student sitzt auf dem Stuhl und hört sich die Unterweisung an.

(15) Vìːə *cèː(r)* vay haːm koːn. (Jacob 1968:145)
KHM er schelten schlagen in die Schranken weisen Kind (vgl. VI(60))
Er schilt und schlägt das Kind und weist es in seine Schranken.

2. syntaktische Finalität

(16) Tā *shàng-lóu* shuìjiào. (Li und Thompson 1981:595)
CHI er/sie raufgehen Treppe schlafen (vgl. II(43))
Er/Sie geht hinauf, um zu schlafen.*

(17) Nej *tuaj* ntawm no *cawm* kuv lod ? (vgl. III(106))
HMO ihr kommen Lok Dem retten ich wirklich
Seid ihr wirklich hierhergekommen, um mich zu retten?

(18) Tôi *lại* thư viện *đọc* sách. (vgl. IV(29))
VIE ich kommen Bibliothek lesen Buch
Ich komme in die Bibliothek, um Bücher zu lesen.

(19) Phûu-yĭŋ khon nán *maa* talàad *sýy* plaa. (vgl. V(53))
THA Frau Kl Dem kommen Markt kaufen Fisch
Diese Frau kommt auf den Markt, um Fisch zu kaufen.

(20) Srʋy nìh *mɔ̀ːk* phsaː(r) *tèɲ* trʋy. (vgl. VI(63))
KHM Frau Dem kommen Markt kaufen Fisch
Diese Frau kommt auf den Markt, um Fisch zu kaufen.

Ein besonderer Typ syntaktischer Koordination schliesslich zeigt sich in Konstruktionen, wo zwei Bewegungsverben, die auch als direktionale Verben verwendet werden können, oder ein Verb des sich Befindens und ein Bewegungsverb zusammengestellt werden, um gemeinsam bestimmte örtliche Konstellationen auszudrücken. Drei Beispiele aus dem Hmong sollen hier genügen:

---

* Das Wort "Treppe" muß in der Übersetzung nicht erscheinen, da *shàng-lóu* normalerweise als Fügung mit der Bedeutung "hin/heraufgehen" verstanden wird.

(21)   *los*   Khoov Teb   *los**   (vgl. III(80))
HMO   kommen Bangkok   kommen
      Ich kam via Bangkok zurück [Ich kam nach Bangkok und dann hierher].

(22)   *mus* Nas *los*   (vgl. III(87))
HMO   gehen Nang kommen
      Ich komme von Nang zurück [Ich ging nach Nang und komme jetzt hierher zurück].

(23)   Koj *nyob*   teb chaws twg   *tuaj**?   (Whitelock 1982:100)
HMO   du   s. befinden Land   welches kommen
      Aus welchem Land bist du ?

3.1.2. Die modifizierende Verbserialisierung

Das Chinesische ist die einzige der in dieser Arbeit zu untersuchenden Sprachen, in der ein unmarkiertes Verb das Hauptverb nicht nur in der postverbalen Position, wie in den übrigen vier Sprachen, sondern auch in der präverbalen Position modifizieren kann. Eine wichtige Rolle in der Wahl der entsprechenden Position dürfte dabei die Ikonizität spielen (vgl. Tai 1988).

Da die Beschreibung der Sprachen, in welchen nur die postverbale Position möglich ist, einfacher und übersichtlicher ist, beginne ich ausnahmsweise mit diesen Sprachen und lasse das Chinesische am Schluß folgen:

1. Hmong, Vietnamesisch, Thai und Khmer

Zuerst zu jeder Sprache ein Beispiel:

(24)   Tej roj ntsha   thiaj *khiav zoo*.   (5,92)
HMO   Pl   Blutkreislauf dann fließen gut (V)   (vgl.III(117))
      Dann fließt der Blutkreislauf gut.

(25)   Bảo *cười lớn*.   (vgl. IV(32))
VIE   Name lachen groß/laut (V)
      Bao lacht laut.

(26)   Kháw *wîŋ   rew*.   (vgl. V(61))
THA   er   rennen schnell (V)
      Er rennt schnell.

(27)   Kɔ̀ət *criəŋ pìːrùəh*.
KHM   er   singen schön (V)
      Er singt schön.

Oft gibt dabei V_2 an, bis zu welchem Grad die Handlung von V_1 fortgeschritten ist, bzw. welchen Grad, welches Ausmass sie erreicht hat; wir reden dann vom *Komplement des Grades*, das bei Bedarf durch ein zusätzliches konjunktionales Verb dem Hauptverb untergeordnet werden kann: *rau* (im Hmong), *cho/đến* (im Vietnamesischen), *hâj* (im Thai) und *ʔaoy* (im Khmer) (vgl. S. 46f.). Hierzu zwei Beispiele aus dem Vietnamesischen:

(28)   Hôm nay trời   *đẹp ghê*.   (Vư 1983:92)
VIE   heute   Himmel schön s.fürchten (vg. IV(34))
      Heute ist das Wetter schrecklich/furchtbar schön.

---

*   Zur genauen Bedeutung von *los* und *tuaj* s.S.67 bzw. S.230.

(29) Trời hôm nay xấu   *(cho/đến) muốn chết.* (vgl. IV(36))
VIE   Himmel heute schlecht daß   wollen sterben
      Das Wetter ist heute miserabel [so daß man am liebsten sterben möchte].

Die Negation erscheint sowohl vor V_1 als auch vor V_2, allerdings mit unterschiedlichem Skopus, wie das folgende Beispiel aus dem Thai zeigt:

(30a) Kháw *mâj* wîŋ   rew.   (vgl. V(61a))
THA   er   Neg rennen schnell (V)
      Er rennt nicht schnell.

(30b) Kháw wîŋ   *mâj* rew.   (vgl. V(61b))
THA   er   rennen Neg schnell (V)
      Er rennt [schon], aber nicht schnell.

In (30a) wird der gesamte Komplex V_1 und V_2 verneint, während in (30b) nur V_2 verneint wird.

2. Chinesisch

Bei der präverbalen Modifikation, die im Vergleich mit der postverbalen Modifikation die unmarkiertere ist, gilt es zwischen ein- und zweisilbigen Modifikanten zu unterscheiden. Die Zahl der einsilbigen, unmarkierten Modifikanten ist – abgesehen von lexikalischen Fällen, in denen sich ein modifizierendes Verb genau mit einem, ev. zwei bis drei Modifikaten kombinieren läßt – auf eine geschlossene Gruppe von Verben beschränkt (vgl. S.96). Die übrigen Verben werden bei der Modifikation redupliziert und wie die zweisilbigen Verben fakultativ mit *de* markiert. Dabei ist anzumerken, dass *de* im Verlaufe der Zeit zunehmend obligatorischer zu werden scheint.

(31) Nǐ *bái*   hē-guo   wǒ duōshao wǎn   chá?
CHI   du weiß/gratis trinken-TAM ich wieviele Schale Tee
      Wieviele Schalen Tee hast du schon gratis bei mir getrunken?
                                    (Alleton 1972:175) (vgl. II(52))

(32) Tā *kuài-kuài (-de)* zǒu.   (vgl.II(55))
CHI   er schnell-Mod   rennen
      Er rannte schnell.

(33) *rèliè-de*   huānyíng   (vgl. II(57))
CHI   herzlich-Mod willkommen heißen
      herzlich willkommen heißen

Die postverbale Modifikation ist mit Ausnahme der lexikalischen Fälle, in denen ein einsilbiges Verb direkt ans Hauptverb angeschlossen wird und der Resultativ-Konstruktion (vgl. S.99ff.) immer mit *de* markiert, das sich in dieser Position aus dem Verb *dé* (erlangen, erreichen) ableiten läßt. Diese Art von Modifikation wird in der chinesischen Linguistik meist als *Komplement des Grades* bezeichnet (vgl. Cartier 1972:35ff.):

(34) Tā pǎo *de*   hěn kuài.   (vgl.II(73))
CHI   er rennen Komp sehr schnell
      Er rennt sehr schnell.

Die Negation ist im Chinesischen etwas komplizierter als bei den anderen vier Sprachen, soll hier aber nicht weiter beschrieben werden, da dies den Rahmen dieser Arbeit sprengen würde.

3.1.3. *Die regierende Verbserialisierung*

3.1.3.1. Die zweite VP ist Objekt des ersten Verbs

Im Titel zu diesem Abschnitt rede ich bewußt von der "zweiten VP" und nicht von einem ganzen Satz mit ausgesetztem Subjekt, da ich auf diese Weise den für alle in dieser Arbeit zu besprechenden Sprachen kleinsten gemeinsamen Nenner abdecke. Tatsächlich sind im Thai und im Khmer nur maximal Verbalphrasen hinter denjenigen V_1 möglich, die in den übrigen drei Sprachen auch einen Satz mit Subjekt unmarkiert nach sich tragen können. Das bedeutet, daß die unmarkierte Juxtaposition im Thai und im Khmer nur bei Subjektsgleichheit erlaubt ist, während bei Subjektsverschiedenheit ein konjunktionales Verb oder eine Konjunktion gesetzt werden muss.

Von den folgenden beiden chinesischen Sätzen (35a) und (35b) erscheint im Thai (und im Khmer) nur (35a) – hier wiedergegeben als (36a) – als markierungslose Juxtaposition, (36b) wird mit Hilfe des konjunktionalen Verbs *hâj* (geben) – *?aoy*(geben) im Khmer – realisiert:

(35a) Wǒ *yào* qù shìchǎng.
CHI ich wollen gehen Markt
Ich will zum Markt gehen.

(35b) Wǒ *yào* tā qù shìchǎng.
CHI ich wollen er gehen Markt
Ich will, daß er zum Markt geht.

(36a) Phǒm *yàag* paj talàad.
THA ich wollen gehen Markt
Ich will zum Markt gehen.

(36b) Phǒm *yàag* hâj kháw paj talàad.
THA ich wollen geben er gehen Markt
Ich will, daß er zum Markt geht.

Allerdings kennt das Hmong eine Alternative zum chinesischen Satz (35b) mit Hilfe des konjunktionalen Verbs *kom* (befehlen, lassen) – hier wiedergegeben als (37b) – und gleicht sich damit dem im Thai und Khmer gängigen Verfahren an:

(37a) Kuv *xav* nws mus kab.
HMO ich wollen er gehen Markt
Ich will, daß er zum Markt geht.

(37b) Kuv *xav* kom nws mus kab.
HMO ich wollen lassen er gehen Markt
Ich will, daß er zum Markt geht.

Die Klasse der Verben, die eine zweite Verbalphrase unmarkiert nach sich tragen können, ist zwar recht groß, trotzdem ist sie letztlich geschlossen. In jedem der Kapitel II bis VI werden einige dieser Verben aufgelistet (s. jeweils Abschn. 5.1.).

3.1.3.2. Die Pivotal-Konstruktion

Die Pivotal-Konstruktion definiert sich durch das zwischen V_1 und V_2 stehende Nomen, das gleichzeitig Objekt von V_1 und Subjekt von V_2 ist. Der Begriff stammt aus Chao (1968:124ff.). Zu dieser Verbkategorie gehören hauptsächlich Verben des Befehlens und Verben des Wahrnehmens. Die Grenze zwischen der Pivotal-Konstruktion und der Konstruktion des vorangehenden Abschnitts (3.1.3.1.) läßt sich jedoch – wie Chao selber zugibt – nicht immer eindeutig ziehen. Besonders die Verben der Wahrnehmung bleiben wohl für beide Interpretationen offen (vgl. S.191f.). Wie schon im vorangegangenen Abschnitt bilden auch hier das Thai und das Khmer eine Sondergruppe, da bei diesen Sprachen die Verben des Befehlens an das konjunktionale Verb *hâj* (geben, Thai) bzw. *ʔaoy* (geben, Khmer) gebunden sind. Damit sind Pivotal-Konstruktionen in diesen beiden Sprachen praktisch nur bei Verben der Wahrnehmung möglich. Man vergleiche hierzu die beiden Sprachen Hmong und Khmer:

(38)   Mas ib hmos lawv *hnov* qaib qua.   (4,75/6)
HMO da ein Nacht sie hören Hahn krähen (vgl. III(447) und (8))
       Da hörten sie eines Nachts den Hahn krähen.

(39)   Tus tswv *txib* tus qhev mus ua teb.   (B.502)
HMO Kl Meister sagen Kl Diener gehen machen Feld (vgl. III(454) und (9))
       Der Meister sagt dem Diener, er solle sich zur Feldarbeit aufmachen.

(40)   Khɲom *lùː* mdaːy criəŋ nɤu phtèəh.
KHM ich hören Mutter singen in Haus
       Ich höre die Mutter zu Hause singen.

(41)   *Prap* tɤu kmeːŋ bəmraə *ʔaoy* yɔ̀ːk tɤu cùːn
KHM sagen gehen jung Diener lassen nehmen gehen geben

      cəmpùəs nèək-srɤy bəndoːl. (B.43) (vgl. VI(333))
      an Fräulein Name
      [Er] sagte der jungen Hausangestellten, sie solle es [das Päckchen] Fräulein Bondol überreichen.

Allerdings läßt sich im Hmong in der Pivotal-Konstruktion auch das konjunktionale Verb *kom* setzen, das dann an zwei Stellen erscheinen kann: (1) hinter der Pivot-Position, wo es die Objektsfunktion des dort erscheinenden Nomens zu V_1 herausstreicht, oder (2) zwischen V_1 und der Pivot-Position, wo es die Subjektsfunktion zu V_2 hervorhebt. Das folgende Beispiel (42) mit dem V_1 *ntuas* (einreden auf jdn., jdn. überreden zu), das zu den Verben des Befehlens gehört, zeigt damit eindrücklich den Doppelcharakter der Pivotal-Konstruktion:

(42a) Kuv *ntuas* Li *kom* mus. (ME.130) (vgl. III(517))
HMO   ich einreden Name daß gehen
        Ich rede auf Li ein, daß er geht.

(42b) Kuv *ntuas* *kom* Lis mus.
HMO   ich einreden daß Li gehen
        Ich rede auf Li ein, daß er [Li] geht.

An dieser Stelle zeigt sich einmal mehr die Zwischenstellung des Hmong zwischen dem Chinesischen im Norden und den Sprachen Thai und Khmer im Süden.

Im klassischen Chinesisch schließlich (s. Kapitel II, 5.3., S.192ff.) unterscheiden wir zwei Arten von Komplementsätzen, von denen der eine durch Nominalisierung des eingebetteten Satzes gebildet wird und an Verben wie *zhī* (wissen), sowie an Verben der Wahrnehmung geknüpft ist, während der andere ohne Markierung auskommt und bei dynamischen Verben, besonders bei solchen des Befehlens wie z.B. *shǐ* (veranlassen, schicken, beordern) zur Anwendung kommt. Im modernen Chinesisch haben sich beide Konstruktionstypen einander stark angenähert, wobei in diesem Annäherungsprozess die Nominalisierung mit der Zeit völlig aufgegeben wurde.

3.1.3.3. Die Kausativ-Konstruktion

Kausativ-Konstruktionen umfassen die Techniken URSACHE UND WIRKUNG und VALENZERHÖHUNG. Kausativ-Verben können zwar einen hohen Grad an Allgemeinheit (generality, Bybee (1985)) erreichen; trotzdem bleibt eine gewisse Bedeutung aus ihrer Funktion als Vollverb erhalten. So gesehen zeigen Kausativ-Verben immer noch einen beträchtlichen Grad an Prädikativität. Dies wird auch daraus ersichtlich, daß Kausativ-Verben ganze Serialisierungsperioden nach sich tragen können, somit also mit Sicherheit nicht mehr zur Verbserialisierung im engeren Sinn zählen. Dazu wäre auch die Relevanz zwischen dem Verb und dem Kausativ-Verb zu gering, so daß sich diese Konstruktion sicher nicht mehr als weiteres Element der Serialisierungsperiode aufführen läßt. Diese Faktoren führen mich dazu, dem Grammatikalisierungsprodukt der Kausativ-Verben einen geringeren Grad an Grammatikalisierung zuzusprechen als den TAM-Zeichen, Co-Verben, direktionalen Verben und den konjunktionalen Verben.

Vor dem Hintergrund der hohen Prädikativität des Kausativ-Verbs ist es kein Wunder, daß Gorgoniev (1966:170–83) in seiner Khmer-Grammatik die "Konstruktion des Veranlassens" (*pobuditel'naja konstrukcija*), in welcher die Kausativität periphrastisch durch ein Kausativ-Verb markiert wird, und das "transitiv-kausative Genus Verbi" (*tranzitivno-kauzativnyj zalog*) unterscheidet, in welchem die Kausativität morphologisch am Verb markiert wird*. Ein weiteres Beispiel für eine Sprache, in der die morphologische und die periphrastische Markierung der Kausativität koexistieren, ist das Lahu, beschrieben in Matisoff (1976b). Im Tibeto-Birmanischen allgemein scheint es ein Präfix **s-* gegeben zu haben, das – unter anderem – Kausativität markierte (vgl. Wolfenden 1929:46f, und Benedict 1972:105–8). Im Chinesischen schließlich dürfte eine Alternation im Silbenauslaut zwischen Verschlußlaut und Nasal entsprechend Kausativität oder Intransitivität markiert haben (vgl. T'sou 1974 über das Kantonesische). Dem Problemkreis kausativ/transitiv/intransitiv im klassischen Chinesisch habe ich in der Einleitung zu Kapitel II (S.89–93) Platz eingeräumt. Dabei wird sich zeigen, daß im klassischen Chinesisch Kausativität in weit größerem Maße ohne jegliche Markierung auskommt als im modernen Chinesisch.

Mit dem Verschwinden der Morphologie, die heute in den hier zu beschreibenden Sprachen nur noch im Khmer* deutlich sichtbar ist, bleibt lediglich die periphrastische Kausativ-Markierung, die allerdings nie den gleichen Grad an Kohäsion mit dem Hauptverb erreicht, wie die morphologische Markierung.

---

* Zur Morphologie des Khmers, die heute praktisch unproduktiv ist, s. Anhang I.

Vom Standpunkt der Kohäsion – die auf jeden Fall geringer ist als bei der Verbserialisierung im engeren Sinn – ist es nicht besonders erstaunlich, daß in allen fünf Sprachen mehrere Verben als Kausativ-Verben in Frage kommen, die je eine bestimmte Nuance von Kausativität bzw. des Veranlassens zum Ausdruck bringen oder nur bei einer bestimmten, allerdings immer sehr umfangreichen Kategorie von Hauptverben zur Anwendung kommen. Die Abgrenzung der Kausativ-Verben von den Verben des Befehlens als V_1 in der Pivotal-Konstruktion ist dabei in den Sprachen Chinesisch, Hmong und Vietnamesisch nicht immer scharf (im Thai und im Khmer zeichnen sich Verben des Befehlens durch die konjunktionalen Verben *hâj* bzw. *?aoy* bei Subjektsverschiedenheit aus). Meist läßt sie sich nur mit der sehr allgemeinen Bedeutung dieser Verben rechtfertigen, die dazu führt, daß sie sich mit vielen Hauptverben verbinden lassen.

Zum Schluß dieses Abschnitts seien die Kausativ-Verben für unsere fünf Sprachen aufgeführt; ebenso sollen einige Beispiele folgen:

1. Chinesisch (vgl. S.194–198)

shǐ (schicken, senden, beordern; gebrauchen, verwenden; veranlassen)
jiào (rufen, nennen; heißen, veranlassen)
ràng (überlassen, verzichten auf; zugeben, einräumen; gewähren, gestatten; lassen)
yào (wollen; vgl. S.126ff.)
bǎ (nehmen; vgl. S.194–196)

An dieser Stelle soll eine Bemerkung zu *shǐ* und *bǎ* genügen:
Die Verwendung von *shǐ* als Kausativ-Verb ist schon im klassischen Chinesisch belegt:

(43) Wáng *shǐ* rén lái yuē (Mencius 2B2)
KCHI König lassen Mensch kommen sagen (vgl. II(473))
      Der König ließ jemanden kommen und sagte: ...

Im modernen Chinesisch erscheint es bei Zustandsverben und einigen Experiencer-Verben:

(44) Zhèi jiàn shì *shǐ* wǒ hěn gāoxìng. (vgl. II(466))
CHI Dem Kl Sache machen ich sehr glücklich
     Diese Sache machte mich sehr glücklich.

Chappell (1991) betrachtet die *bǎ*-Konstruktion allgemein als "conceptually causative", unterscheidet dann aber zwischen zwei Typen der *bǎ*-Konstruktion; dem transitiven Typus, der in Abschnitt 3.2.3.2. als Co-Verb vorgestellt wird (vgl. auch Kapitel II.4.3.), und dem intransitiven Typus, den ich unter der Rubrik der Kausativität behandeln werde (vgl. Kapitel II.5.4., S.194ff.).

2. Hmong (vgl. S.279–285)

In dieser Sprache zeichnen sich vier Verben als Kausativ-Verben ab:

1. *tso* (fallen lassen; verlassen, zurücklassen, liegen lassen; lassen im allgemeinen)

(45) Npawg hlob kuj *tso* nws tus tub noj xwm.
HMO älterer Bruder auch lassen er Kl/Poss Sohn essen Arbeit
     Auch der ältere Bruder ließ den Sohn arbeiten. (3,131) (vgl. III(469))

2. *kom* (befehlen, anordnen)

(46)   Kuv *kom*   nws mus.   (ME.130)
HMO ich befehlen er gehen
        Ich befahl ihm zu gehen.

3. *cia* (bewahren, [liegen] lassen), erscheint bei Aufforderungen:

(47)   *Cia*   kuv qhia   koj.   (1,16)
HMO lassen ich Rat geben du   (vgl. III(487))
        Laß mich dir einen Rat geben!

4. *ua* (machen, tun) (s. S.284f.)

3. Vietnamesisch (vgl. S.320f.)

cho (geben; schicken, zulassen)
để (legen, hinstellen; lassen)
làm (machen, tun)
thả (lassen, machen lassen, überlassen)

4. Thai und Khmer

Das Thai und das Khmer markieren die Kausativität mit sehr ähnlichen Mitteln:

Thai (vgl. S. 379–382)	*Khmer* (vgl. S. 439–441)
tham (machen, tun)	–
hâj (geben)	*ʔaoy* (geben)
thamhâj (machen-geben)	*thvɤ̀:-ʔaoy* (machen-geben)

Wie die obige Tabelle zeigt, verwendet das Thai zusätzlich das Verb *tham* allein als Kausativ-Verb, während das entsprechende *thvɤ̀:* (machen) im Khmer allein nicht als Kausativ-Verb vorkommt. Allerdings zeigt sich *tham* mit nur relativ wenigen Zustandsverben (vgl. S. 379f.) und liegt am nächsten bei der transitiv-kausativen Konstruktion nach Gorgoniev. Wie Salee (1982) nachweist, bildet *tham* mit dem nachfolgenden Verb eine feste Einheit, eine einfache Konstruktion (S. 379f.). Hinter *hâj* steht die weitaus größere Gruppe der dynamischen Verben als mögliche V_2, während *thamhâj* überhaupt keine Einschränkungen in der Auswahl von V_2 kennt. Erscheint *thamhâj* an einer Stelle, an der auch *tham* alleine möglich ist, impliziert es, daß die Handlung von V_2 absichtlich verursacht wurde, während *tham* nur auf eine akzidentielle Ursache verweist (vgl. Vichit-Vadakan (1976) und S.382).

Im Khmer ist *ʔaoy* analog zu Thai *hâj* beschränkt auf dynamische Verben, während *thvɤ̀:-ʔaoy* als allgemeinstes Kausativ-Verb mit jedem beliebigen V_2 vorkommen kann. Im *Dictionnaire Cambodgien* dient *thvɤ̀:-ʔaoy* daher allgemein zur Umschreibung von morphologisch gebildeten Kausativa (vgl. S.440f.). Die im Thai mit *tham* ermöglichte Differenzierung vollzieht das Khmer nicht nach; Verben, die im Thai mit *tham* markiert werden können, werden im Khmer einfach durch *thvɤ̀:-ʔaoy* kausativiert. Es folgen einige Beispiele:

(48a)   *Sǎakhǎa tham*   kràcòg tèɛg   *dooj tâŋcaj*. (Vichit-Vadakan 1976:461f.)
THA   Name   machen Spiegel zerbrochen absichtlich

(48b) Săakhăa *hâj* dèg wîŋ *dooj tâŋcaj*.
THA Name geben Kind rennen absichtlich
Sakha ließ das Kind absichtlich rennen.

(48c) Săakhăa *thamhâj* kâw-ʔîi lóm *dooj tâŋcaj*.
THA Name machen-geben Stuhl fallen absichtlich
Sakha brachte den Stuhl absichtlich zum Fallen.

(48d) Săakhăa *tham* kràcòg tɛ̀ɛg *dooj mâj tâŋcaj*.
THA Name machen Spiegel zerbrochen unabsichtlich
Sakha zerbrach den Spiegel unabsichtlich.

(48e) *Săakhăa *hâj* dèg wîŋ *dooj mâj tâncaj*.
THA Name geben Kind rennen unabsichtlich

(48f) Săakhăa *thamhâj* kâw-ʔîi lóm *dooj mâj tâŋcaj*.
THA Name machen-geben Stuhl fallen unabsichtlich
Sakha brachte den Stuhl unabsichtlich zum Fallen.

(49) Mda:y-mì:ŋ sovaṇ(ṇ) *ʔaoy* sva:mɤy cù:n phɲiəv tɤ̀u phtɛ̀əh.
KHM Tante Name schicken Ehegatte bringen Gast gehen Haus
Die Tante von Sovann schickte ihren Ehemann die Gäste nach Hause zu bringen.
(PTK.77) (vgl. VI(320))

(50) cɔmnoc dael *thvɤ̀:-ʔaoy* bɔndo:l-nì:əŋ khɤŋ mùn
KHM Punkt Rel machen-geben Name-Fräulein wütend Neg

phlɛ̆c nùh kɯ̀: (B.20) (vgl. VI(325))
vergessen Dem ist
Der Punkt, welcher Bandol wütend machte, so daß sie nichts vergessen konnte, war: ...

3.1.3.4. Die konjunktionalen Verben

Verfolgen wir die nach rechts und links vom Verb weggehenden Grammatikalisierungsachsen weiter, gelangen wir schließlich auf beiden Seiten mit den konjunktionalen Verben an die äußerste Peripherie, in den Grenzbereich zwischen zwei nebeneinanderstehende Sachverhalte, an dem diese miteinander verknüpft werden. An dieser Stelle treffen die postverbale Peripherie des ersten Sachverhalts und die präverbale Peripherie des zweiten Sachverhalts zusammen. Dabei können wir beobachten, daß grundsätzlich aus beiden Positionen konjunktionale Verben entstehen.

In der postverbalen Position entwickeln sich, abgesehen vom Chinesischen und vom Hmong, die folgenden TAM-Zeichen, die schon von der Struktur der serialen Einheit her ganz zuäußerst stehen, weiter zu konjunktionalen Verben: Vietnamesisch *rồi* (beenden, vollenden), Thai *lɛɛw* (beenden, abschließen)*, Khmer *haəy* (fertig). In einem nächsten Schritt verlassen diese die postverbale Position, setzen sich an die vorderste Peripherie des zweiten Sachverhaltes und werden zu resumptiven konjunktionalen

---

* *lɛɛw* ist ein Lehnwort aus chin. *liăo* (vollenden), das im Chinesischen zum TAM-Zeichen *-le* grammatikalisiert wurde, sich aber im Unterschied zum Vietnamesischen, Thai und Khmer nie weiter zum konjunktionalen Verb entwickelte. *-le/liăo* finden wir auch in Hmong *lawm* wieder, das dem chinesischen Vorbild entsprechend nicht in konjunktionaler Funktion vorkommt (vgl. S. 357ff. und S. 239, Anm.).

Verben. Hierzu je ein Beispiel aus den drei Sprachen, in denen dieser Sprung stattgefunden hat:

(51) Bố tôi ăn sáng, *rồi* đi phố.
VIE Vater ich essen Morgen dann gehen Stadt
Mein Vater frühstückte, dann ging er in die Stadt. (vgl. IV (81))

(52) Mŷa-khyyn-níi phŏm paj duu năŋ, *lɛ́ɛw* paj kin khâaw.
THA letzte Nacht ich gehen sehen Film dann gehen essen Reis/Essen
Letzte Nacht ging ich ins Kino, dann ging ich etwas essen. (vgl. V(159))

(53) Mìːŋ baːn tèɲ ʔʏyvan nùh, *haəy* trələp mɔ̀ːk.
KHM Tante TAM kaufen Dinge Dem dann zurückkehren kommen
Die Tante kaufte diese Dinge ein/machte diese Besorgungen, dann kam sie (nach Hause) zurück. (Jacob 1968:100) (vgl. VI(140))

Khmer *haəy* hat zudem analog zu der verkürzten Form *lɛ̀ʔ* im Thai die Bedeutung von "und".

In der präverbalen Peripherie finden wir außer im Chinesischen Kausativ-Verben, die offenbar dank ihres hohen Grades an semantischer Allgemeinheit in die noch weiter vor dem Hauptverb anzusetzende Position der konjunktionalen Verben hinüberspringen konnten. Allerdings sind es jeweils nicht alle Kausativ-Verben, die diesen Sprung schaffen. Im Hmong ist *ua* (machen, tun) zwar bis in die Nähe eines konjunktionalen Verbs vorgedrungen, mußte aber offenbar *kom* (befehlen) den Vorrang lassen. Im Vietnamesischen finden wir die drei Verben *cho* (geben), *để* (lassen, stehen lassen, setzen, stellen) und *làm* (machen), die in dieser Funktion vorkommen. Im Thai und im Khmer schließlich ist es das entsprechende Lexem für "geben" – *hâj* bzw. *ʔaoy* –, das die Funktion eines konjunktionalen Verbs übernimmt. In diesem Zusammenhang fällt auf, daß im Vietnamesischen, im Thai und im Khmer, die schon bei der Entwicklung des TAM-Zeichens zum konjunktionalen Verb identisch vorgingen, das Verb für "geben" als konjunktionales Verb ausgewählt wurde. Zum Schluß folgt hierzu aus jeder Sprache ein Beispiel:

(54) Ntuj tsis kheev *kom* nkawd tsav lub teb chaws. (4,302/3)
HMO Himmel Neg zulassen daß sie (Dual) regieren Kl Land
Der Himmel ließ es nicht zu, daß die beiden das Land regierten. (vgl.III(513))

(55) Anh phải nói rõ *cho* họ hiểu. (Dương 1971:93)
VIE du müssen reden klar damit sie (pl) verstehen (vgl. IV(195))
Du mußt klarer reden, damit man dich versteht.

(56) Kháw ʔaw lûug-bɔɔn khwâaŋ *hâj* khoom-tâŋ tòg. (Noss 1964:161)
THA er nehmen Ball werfen um Lampe fallen (vgl. V(305))
Er nahm den Ball und warf ihn, um die Lampe zum herunterfallen zu bringen.

(57) Mɔ̀ːk rɔ̀ːk kɔ̀ət *ʔaoy* tìːəy sɔp(te). (T.5)
KHM kommen suchen er damit deuten Traum (vgl. VI(339))
Sie suchte ihn [den Seher] auf, damit er [ihren] Traum deute.

Im Vietnamesischen, im Thai und im Khmer werden die oben aufgeführten Verben *cho* (geben), *hâj* (geben) und *ʔaoy* (geben) nicht nur als konjunktionale Verben, sondern auch als Co-Verben (vgl. Abschn. 3.2.3.2.) gebraucht. Im Hmong verteilt sich die Funktion von *cho*, *hâj* und *ʔaoy* auf die beiden Lexeme *kom* und *rau*, wovon *kom* aus dem Kausativ-Kontext (vgl. auch Jaisser 1986) und *rau* aus dem Co-Verb-Kontext stammen.

Nun gibt es aber eine Konstellation, in der trotz der Einschränkung, dass *cho*, *hâj* und *ʔaoy* in präverbaler Position konjunktionale Verben und in postverbaler Position Co-Verben sind, für ein und dasselbe Lexem beide Interpretationen möglich sind. Die beiden Beispiele aus dem Hmong und aus dem Thai sollen dies veranschaulichen:

(58) Lawv tsis pub   mov   *rau* peb noj.
HMO   sie Neg geben Reis/Futter geben wir essen
      Sie geben uns kein Futter zu essen. (vgl. III(312))

(59) Khun-phɔ̂ɔ sâaŋ bâan *hâj* lûug jùu.
THA   Vater   bauen Haus geben Kind wohnen, leben
      Der Vater baute den Kindern ein Haus, damit sie dort wohnten. (vgl. V(306))

Soll man hier im Falle von (59) die Trennung nach der Co-Verb-Phrase – *sâaŋ bâan hâj lûug | jùu* – einführen und damit *jùu* als weiteren unmarkiert juxtaponierten Sachverhalt verstehen, oder soll man die Trennung vor *hâj – sâaŋ bâan | hâj lûug jùu* – einführen und damit *lûug* als Subjekt des zweiten Sachverhalts begreifen, der mit dem konjunktionalen Verb *hâj* (damit) an den ersten Sachverhalt *khun-phɔ̂ɔ sâaŋ bâan* angeknüpft wird? – Beide Interpretationen sind möglich. Gerade Konstruktionen wie sie in (58) und (59) zugrunde liegen, dürften wenigstens im Vietnamesischen, Thai und Khmer dazu beigetragen haben, daß das entsprechende Lexem für "geben" sich zu einem konjunktionalen Verb weiterentwickeln konnte, während sich Hmong *rau* wohl aufgrund des chinesischen Einflußes, wo das Lexem *gěi* (geben) weder als Kausativ-Verb noch als konjunktionales Verb vorkommt, nur ansatzweise zum konjunktionalen Verb weiterbildete.

Das Chinesische verwendet das Verb *yào* (wollen, vgl. Abschn. 3.2.3.1., S.53f., S.116ff.), das als TAM-Zeichen die Zukunft markiert, als konjunktionales Verb zur Markierung von Konditionalsätzen (s.S. 205):

(60) Nǐ *yào* bǎ nèi ge huāpíng shuāi   le, tā jiù yào
CHI   du wenn CoV Dem Kl Vase   fallen lassen TAM er/sie dann TAM:Fut

      shēngqì le.   (Alleton 1984:251f.) (vgl. II(515))
      wütend TAM
      Wenn du diese Vase fallen ließest, würde er/sie wütend werden.

Die Herleitung von konjunktionalen Verben beschränkt sich aber bei weitem nicht nur auf das Verb für "geben". Wenn ein Co-Verb statt einer NP einen ganzen Sachverhalt nach sich trägt, wird dieses Co-Verb automatisch an die vordere Peripherie dieses Sachverhalts gedrängt und läßt sich so mit einem weiteren Sachverhalt verbinden. In einer Zwischenphase, die wir im klassischen Chinesisch beobachten können, wird der Sachverhalt, der hinter dem Co-Verb erscheinen soll, als Attribut zu einem Nomen gesetzt:

(61) *yīn* qí bù lái   zhī gù   (Gabelentz 1881:503)
KCHI folgen sein Neg kommen Attr Grund (vgl. II(487))
      Weil er nicht gekommen ist.

(62) yǐ   xué   zhī bù shú gù   (Gabenlentz 1881:286)
KCHI nehmen lernen Attr Neg reif Grund (vgl. II(501))
   wegen der Unreife des Lernens/ weil das Lernen unreif ist

Das Bezugsnomen *gù* (Grund), das von sehr allgemeiner Bedeutung ist, wurde jedoch schon zur Zeit, in der die obigen Beispiele vorkamen, entweder durch *zhě* ersetzt, das als Stützelement bei fehlendem Bezugsnomen und damit praktisch als Nominalisierungszeichen verwendet wurde, oder meistens ersatzlos gestrichen*. Damit hat sich das entsprechende Lexem aus seiner Co-Verb-Funktion in die neue Funktion des konjunktionalen Verbs weiterentwickelt.

Beispiele, in denen die Co-Verb-Funktion und die konjunktionale Funktion durch ein gleiches verbales Lexem ausgedrückt werden, gibt es viele. Einige seien hier angeführt:

1. Chinesisch

– *gēn* (folgen, mit, und) als Ablösung von klassisch Chinesisch *yǔ* (geben, mit, und) (vgl. II.4.6., S.180–184). Das Chinesische leitet sein "und" also nicht wie Thai und Khmer von einem TAM-Zeichen ab.**
– *chúle/chúfēi* (außer)
– im klassischen Chinesisch: *yīn* (folgen), *wèi* (für, zugunsten von),
             yǐ (nehmen), vgl. S.199–203.

2. Hmong

Im Hmong ist das Phänomen Co-Verb = konjunktionales Verb bei *ua* (machen, tun, s.S.289 und 285ff.) und bei *rau* (geben, s.S.254) zu beobachten.

3. Vietnamesisch

Neben *cho* (geben) und *làm* (machen, tun) auch *là* (sein, in Äquationalsätzen, s. S.323; vgl. auch Khmer *cìːə*, S.445) als Zitierform und *đến* (ankommen).

4. Thai

Neben *hâj* auch *thÿŋ* (ankommen), *mỹan* (gleich sein) und *thâw* (gleich sein).

5. Khmer

Neben *ʔaoy* auch *dɔl* (ankommen), *cìːə* (sein, Äquationalverb; vgl. Vietn. *là*), *doːc* (gleich sein) und *daoy* (folgen), das auch als Entlehnung im Thai als *dooj* in der gleichen Funktion vorkommt.

---

* Da sich Konjunktionen nicht nur aus Verben, sondern auch aus Nomina ableiten lassen, die im Chinesischen immer hinter dem Attributsatz stehen, konnte sich auch *am Ende* eines Sachverhalts eine Position für Konjunktionen herausbilden, die mit der Zeit nicht nur für Nomina und relationale Nomina (z.B. *yǐhòu* (nach), *yǐqián* (vor)), sondern auch für Verben zugänglich wurde. Daher finden wir im modernen Chinesisch, wo sich nicht wie im Vietnamesischen, Thai und Khmer aus der postverbalen TAM-Position heraus konjunktionale Verben entwickeln konnten, trotzdem verbale Elemente wie z.B. *yǐlái* (nehmen-kommen = seit) am Ende eines Sachverhaltes in der Funktion eines konjunktionalen Verbs.

** Hmong und Vietnamesisch haben ein eigenes Lexem für "und": Hmong *thiab* und Vietn. *và*. Eine Unterscheidung zwischen "und" bei gleichem und verschiedenem Subjekt – also Switch-reference – wie Ch.N.Li (1989) dies für das Grüne Hmong postuliert hat, existiert im Weißen Hmong jedoch nicht.

Die peripheren Positionen sind jedoch nicht die einzigen Orte, die das Auftreten von konjunktionalen Verben fördern. Dies zeigt sich an den Verben des Sagens, bei denen sich in einer Sequenz $V_1 - V_2$ das zweite Verb zu einem konjunktionalen Verb weiterentwickelt. Diese sogenannte *Zitierform* finden wir im klassischen Chinesisch (*yuē* und *yún*), abgeschwächt im modernen Chinesisch (*shuō*), im Hmong (*tias, hais tias*), im Thai (*wâa*) und im Khmer (*tha:*), nicht jedoch im Vietnamesischen, wo das Äquationalverb *là*, das auch im Khmer in der Form von *cì:ə* als Alternative zu *tha:* auftritt, als Zitierform verwendet wird. Am eindrücklichsten läßt sich die Entwicklung vom Vollverb "sagen" zum konjunktionalen Verb der Zitierform wohl am Beispiel des Hmong illustrieren: Die gebräuchlichste Zitierform lautet dort *tias*, die zuweilen als unabhängiges Verb,

(63) mas Nkauj Ntsuab thiab Nraug Nas ob tug *tias*: ... . (MCL.62)
HMO da Name   und Name   zwei Kl sagen
      da sagten beide, Nkao Nchua und Nrao Na: ... .

meist jedoch als Zitierform vorkommt:

(64) Nws hais *tias* nag   yuav los.   (B.427)
HMO   er   sagen Zit Regen Fut kommen
      Er sagte, es würde regnen.

Die Sequenz *hais tias* nun wird ihrerseits wieder als Ganzes zu einem zusammengesetzten konjunktionalen Verb grammatikalisiert:

(65) Kuv paub *hais tias* nej yuav tuaj.   (B.300)
HMO   ich wissen Zit   ihr Fut kommen (vgl. III(518))
      Ich wußte, daß ihr kommen würdet.

(66) Kuv xav* *hais tias* nej yuav tsis tuaj.   (B.534)
HMO   ich denken Zit   ihr Fut Neg kommen (vgl. III(521))
      Ich dachte, ihr würdet nicht kommen.

Diese Entwicklung verlief verblüffend ähnlich wie im Yoruba, einer afrikanischen Kwa-Sprache (vgl. Lord (1976)).

3.2. Die Verbserialisierung im engeren Sinn

3.2.1. Die lexikalische Juxtaposition

Die lexikalische Juxtaposition definiert sich durch ihre nicht, oder kaum vorhandene Produktivität – immerhin lassen sich mit dieser Konstruktion Neologismen bilden – und durch die Tatsache, daß zwischen V_1 und V_2 nichts eingefügt werden darf. Nur gerade bei der lexikalischen Finalität ist es in den Sprachen, wo sie überhaupt vorkommt, möglich, ein Finalitätszeichen zwischen die beiden Verben zu setzen. Analog zur syntaktischen Juxtaposition unterscheiden wir auch bei der lexikalischen Juxtaposition zwischen *lexikalischer Koordination* und *lexikalischer Finalität*. Für beide Fälle sei pro Sprache je ein Beispiel gegeben. Bei der lexikalischen Finalität fehlt jedoch das Chinesische, da diese Sprache keine solche Konstruktion zu kennen scheint:

---

* Daneben existiert auch *xav tias*. In Kombination mit *(hais) tias* bedeutet *xav* nicht "wollen", sondern "denken, glauben".

1. lexikalische Koordination

(67) CHI *jū-zhù* (wohnen – leben = wohnen, residieren in), *tíng-zhǐ* (stoppen, halten – halten = stoppen, halten), *lái-wǎng* (kommen – gehen = hin und her gehen). (vgl. S.93f.)

(68) HMO *tsawv nkaus* (greifen, packen – id. = id.), *ntsiab nkaus* (greifen, packen – id. = id.), *qhuab qhia* (unterweisen, belehren – lehren, instruieren = lehren, instruieren, unterweisen). (vgl. S.217–220)

(69) VIE *yêu thương* (lieben – id. = id.), *buôn bán* (Handel treiben – verkaufen = Handel treiben), *xinh đẹp* (schön, gutaussehend – id. = id.). (vgl. S.295ff.)

(70) THA *plìan-plɛɛŋ* (s.verändern – id. = id.), *mân-khoŋ* (stark – aushalten, ertragen = standfest, widerstandsfähig, robust), *càd-sâaŋ* (anordnen, arrangieren – bauen = bauen, erbauen, konstruieren). (vgl. S.333f.)

(71) KHM *priəp-thìəp* (vergleichen – id. = id.), *cap-phdaəm* (greifen, packen, anfangen – anfangen = anfangen, beginnen), *rùəs-nr̀u* (leben – wohnen = leben, existieren, wohnen in). (vgl. S.396f.)

2. lexikalische Finalität

(72) HMO *mus xyuas* (gehen – sehen = besuchen), *los – thawj* (kommen – besuchen = zu Besuch kommen), *tuaj – tsham* (kommen – vorbeischauen = mal zu Besuch kommen, reinschauen). (vgl. S.224f.)

(73) VIE *đi xem* (gehen – sehen = zu Besuch gehen), *đi nằm/ngủ* (gehen – liegen/schlafen = zu Bett gehen), *đi ở* (gehen – s.befinden = bei jdm. in Dienst treten). (vgl. S.297)

(74) THA *paj/maa jîam* (gehen/kommen – besuchen = zu Besuch kommen), *paj/maa phóp* (gehen/kommen – treffen = jdn. treffen, zu einer Verabredung gehen), *paj/maa nɔɔn* (gehen/kommen – liegen = zu Bett gehen). (vgl. S.335f.)

(75) KHM *tr̀u/mɔ̀ːk lèːŋ* (gehen/kommen – spielen = jdn. besuchen), *tr̀u/mɔ̀ːk suːə(r)* (gehen/kommen – fragen = zu Besuch kommen), *tr̀u/mɔ̀ːk cùːəp* (gehen/kommen – treffen = jdn. treffen, zu einer Verabredung gehen). (vgl. S.398f.)

3.2.2. Die Resultativ-Konstruktion

Eine Verbalsequenz heißt Resultativ-Konstruktion, wenn V_2 ein Resultat zur Verbalhandlung von V_1 ausdrückt. Dies ist die Minimaldefinition der Resultativ-Konstruktion, die für alle fünf Sprachen dieser Arbeit gilt. Für das Hmong und das Vietnamesische scheint es in der Tat keine weiteren Kriterien mehr zu geben. Die große Kohärenz zwischen V_1 und V_2 ergibt sich dabei aus der zwischen ihnen bestehenden starken Relevanz im Sinne von Bybee (1985, vgl. S. 20). Im Thai und im Khmer kommt für die Resultativ-Konstruktion zusätzlich die Regel zum Tragen, daß die Negation nur vor V_2, nie vor V_1 stehen darf. Zudem impliziert die Resultativ-Konstruktion in diesen beiden Sprachen immer eine potentielle Bedeutung im Sinne von "können, fähig sein zu". Im Chinesischen schließlich wird die Resultativ-Konstruktion seit Cartier (1972) in Kombination mit der Potential-Konstruktion definiert.

Es folgt eine kurze Darstellung der Situation im Chinesischen, gefolgt von einigen Beispielen in den übrigen Sprachen:

1. Chinesisch

Im Chinesischen spricht man erst dann von einer Resultativ-Konstruktion, wenn V_2 nicht nur ein Resultat zu V_1 ausdrückt, sondern wenn sich zwischen V_1 und V_2 auch die beiden Elemente *de* (zum Verb *dé* [erlangen, erreichen]) und *bu* (Negation) einfügen lassen. Durch das Einfügen dieser beiden Elemente entsteht die Potential-Konstruktion, die zum Ausdruck bringt, ob der Inhalt von V_1 auch erreicht werden kann bzw. "achievable" (vgl. Li und Thompson 1981:57) ist. Die ersten Anzeichen zur Resultativ-Konstruktion finden wir in der frühen Han-Dynastie (206 v. – 25 n. Chr.), allerdings ohne Koppelung mit der damals noch inexistenten Potential-Konstruktion. Zum Schluß soll das folgende Beispiel das Verhältnis von Resultativ-Konstruktion und Potential-Konstruktion illustrieren:

(76a) Tā tiào guò-qù le.   (Li und Thompson 1981:55)
CHI   s/he jump cross-go TAM
      S/he jumped accross.

(76b) Tā tiào *de* guò-qù.   (Li und Thompson 1981:56)
      s/he jump Pot cross-go
      S/he can jump accross.

(76c) Tā tiào *bu* guò-qù.   (ibid.) (vgl. II(81a))
      s/he jump Neg/Pot cross-go
      S/he cannot jump accross.

2. Hmong

(77) Ces *ntaus* nyuj *qaug* tas nrho.   (1,127/8)
HMO   dann schlagen Kuh umfallen vollständig fertig   (vgl. III(137))
      Nachdem sie die Kuh fertig geschlachtet hatten ... .

3. Vietnamesisch

(78a) Tôi *tìm* chưa *thấy* nhà ông ấy.   (vgl. IV(44a))
VIE   ich suchen noch nicht sehen Haus er
      Ich habe sein Haus noch nicht gefunden.

(78b) Tôi *chưa* tìm thấy nhà ông ấy.   (vgl. IV(44b))
      wie (78a)

4. Thai

(79a) Phŏm *nɔɔn* mâj *làb*.   (vgl. S. 339)
THA   ich   liegen Neg die Augen schließen
      Ich kann nicht schlafen

(79b) *Phŏm mâj nɔɔn làb.

5. Khmer

(80a) Khɲom *de:k* mùn *lùək*.   (vgl. VI(83))
KHM   ich   liegen Neg schlafen
      ich kann nicht schlafen.

3.2.3. Die seriale Einheit

Dieser Abschnitt gliedert sich in fünf Teile. Zuerst werden die drei Attraktorpositionen der Elemente der serialen Einheit, d.h. die TAM-Zeichen, die Co-Verben und die direktionalen Verben in je einem Teil behandelt. Im vierten Teil präsentiere ich zusammenfassend die Maximalstrukturen der serialen Einheiten, wie ich sie in den Kapiteln II bis VI für jede Sprache einzeln entwickelt habe. Im letzten Teil schließlich möchte ich die erweiterte seriale Einheit vorstellen, die jeweils ein Verb für "nehmen" enthält.

3.2.3.1. TAM-Zeichen

Die TAM-Zeichen stehen entweder ganz an der Peripherie der serialen Einheit – d.h. ganz zu deren Beginn bzw. ganz an deren Ende – oder unmittelbar hinter dem Hauptverb, was auf ihre Affinität zur Resultativ-Konstruktion hindeutet. In der präverbalen Peripherie können wir beobachten, wie die modifizierende und die regierende Verbserialisierung zusammenfallen. Dies möchte ich am Beispiel von chin. *yào* (wollen) und *zài* (sich befinden), bzw. am Beispiel der Partikel *cà?* im Thai demonstrieren. Das Zusammenfallen der modifizierenden und der regierenden Verbserialisierung in ein und derselben Attraktorposition zeigt sich dabei als wichtiges Argument für den Schmelztiegelcharakter der Attraktorpositionen.

Bei der postverbalen Peripherie steht wohl häufig wie bei der TAM-Position unmittelbar hinter dem Hauptverb die Resultativ-Konstruktion im Hintergrund, aus der sich dann die TAM-Zeichen lösen konnten, um endlich den Schluß der serialen Einheit zu bilden. Dies sei in diesem Abschnitt am Beispiel des chinesischen *Le* (bzw. *-le/le*) skizziert.

Im Folgenden wird dem Chinesischen und dem Thai besondere Aufmerksamkeit gewidmet, um das oben Angetönte bereits in diesem Abschnitt der Synopse etwas ausführlicher darzustellen. Beim Hmong und beim Vietnamesischen führe ich nur gerade die zu TAM-Zeichen grammatikalisierten Verben an. Khmer schließlich wird im Zusammenhang mit dem Thai kurz erwähnt, da diese beiden Sprachen gerade im Bereich von TAM aufgrund ihres jahrhundertelangen Kontakts sehr ähnlich vorgehen. Zum Schluß möchte ich anhand der Lexeme für "erlangen, erreichen" und für "vollenden" die verblüffende Ähnlichkeit der Realisierungsmittel zur Markierung bestimmter TAM-Funktionen hervorheben.

1. Chinesisch

Die beiden peripheren Attraktorpositionen für TAM-Zeichen sind bereits im klassischen Chinesisch bestens etabliert und zeugen von der Stabilität des Systems der Attraktorpositionen in dieser Sprache. Bis zu einem gewissen Grad lassen sich somit moderne TAM-Zeichen als Relexifikationen älterer klassischer TAM-Zeichen erklären (vgl. *jiāng* – *yào* als Zeichen des Futurs; *yǐ* – *le* in der Satzendposition; s.S. 114). Die Position unmittelbar hinter dem Hauptverb dagegen ist ein Produkt der Resultativ-Konstruktion, deren Anfänge auf die frühe Han-Dynastie (206 v.Chr. – 25 n.Chr.) zurückgehen.

In der *präverbalen Position* steht *yào* (wollen) als Beispiel für ein TAM-Zeichen aus der regierenden Verbserialisierung, *zhèng* (s. befinden; auch *zhèng* [korrekt, richtig, gerade; vgl. engl. *just*] oder *zhèngzài*) als Beispiel für ein TAM-Zeichen aus der modifizierenden Verbserialisierung. Beide erscheinen in der gleichen Attraktorposition.

yào (vgl. S. 116ff. und vor allem Alleton 1984:245-323)

Dieses Verb erscheint als Vollverb in den Bedeutungen von "wollen, wünschen, müssen", läßt sich weiter als V im Rahmen der Pivotal-Konstruktion bis hin zu einem Kausativ-Verb mit der längeren Alternativform *ràngyào* sehen, zeigt sich sodann als Hilfsverb und schließlich als Zeichen zur Markierung der Zukunft. Damit erstreckt sich sein Funktionsbereich von dem eines regierenden Vollverbs bis hin zu dem eines TAM-Zeichens.

zài (vgl. S. 115f.)

Dieses Lexem bedeutet als Vollverb "sich befinden in, leben, existieren"; im TAM-Kontext erscheint es bei dynamischen Verben als Zeichen des Durativs:

(81) Tā *zài* jiǎng gùshi. (vgl. II(122))
CHI er s. befinden erzählen Geschichte
Er erzählt gerade eine Geschichte.

Im Unterschied zu *yào* läßt sich für *zài* keine direkte Entwicklungslinie vom Vollverb zum TAM-Zeichen aufzeigen. Es scheint, daß *zài* in Analogie zu verbmodifizierenden Elementen wie *yǐjīng* (bereits), *kuài* (schnell, sofort, bald, "Futurum"), *jiù* (bald, darauf), usf. in diese Position hineingesprungen ist.

In einigen Fällen wie in

(82) Tā *jiù yào* qù *le*.
CHI er bald Fut gehen TAM
Er ist gerade am Gehen/ Er wird jeden Moment gehen.

ist es offenbar möglich, mehrere Elemente in die präverbale Peripherie zu setzen, wobei das aus der modifizierenden Verbserialisierung abgeleitete Verb dem aus der regierenden Verbserialisierung abgeleiteten Verb vorangeht. Die vordere Position, die ich *Postsubjektsposition* nennen möchte, faßt nicht nur Verben, sondern auch ein ganzes Sammelsurium von Elementen mit z.T. verbmodifizierender, z.T. sachverhaltsmodifizierender Funktion wie z.B. *zhēn* (wirklich), *cháng* (häufig), *yìzhí* (direkt), *yídìng* (unbedingt), usf. Diese Position führt dann auch über zur Position der konjunktionalen Verben, wie die Beispiele von *yào* (wollen) oder auch von *jiù* (sofort, unmittelbar) zeigen, die beide in Konditionalsätzen als konjunktionale Verben vorkommen (vgl. S. 205).

Wenn jedoch, was meist der Fall ist, nur ein Element in dieser Position auftritt, so steht dieses in einer Position, in der es schwierig ist, um nicht zu sagen irrelevant wird, ob es sich nun aus einer modifizierenden oder einer regierenden Verbserialisierung herleitet. Genau aus dieser Situation ergibt sich die oben angetönte Schmelztiegelsituation der präverbalen TAM-Attraktorposition.

In der *Position unmittelbar hinter dem Hauptverb* finden wir die TAM-Zeichen *-guo*, *-zhe* und *-le*, deren Verlust des Tones und teilweise der vokalischen Substanz für einen hohen Grammatikalisierungsgrad stehen. *-guo* leitet sich aus dem Vollverb *guò* (überschreiten, überqueren) ab (vgl. Iljic 1987a), *-zhe* stammt entweder von *zhǎo* (ergreifen; vgl. Resultativ-Verb Nr.20, S.105) oder von *zhù* (leben, wohnen, stehenbleiben; vgl. Resultativ-Verb Nr. 22, S.105). Dragunov (1952) und Jachontov (1957:78) postulieren *zhǎo* als Ausgangsverb, Rygaloff (1973:189) argumentiert für *zhù*. *-le* schließlich geht auf *liǎo* (vollenden, beenden) zurück (s.S.131ff.), das wie die beiden Ausgangsverben bei *-zhe* auf die Resultativ-Konstruktion zurückgeht. Zur Geschichte von *-le* lese man Pan Weigui und Yang Tiange (1980a, 1980b).

In der *postverbalen Peripherie* schliesslich finden wir das TAM-Zeichen *le*, das wahrscheinlich auf das Verb *lái* (kommen) zurückgeht (vgl. Chao [1968:246f.] und Mei Tsu-lin [1981a,1981b]). Die beiden Lexeme *le* und *-le*, die homophon sind und oft unter der Verschriftung *Le* zusammengefaßt werden (vgl. S.127), verteilen sich positionell wie folgt:

(IV) V_1-*le* NP *le*

(83)   Tā chàng-*le*   gē   *le*.
CHI   er singen-TAM Lied TAM
       Er hat ein Lied gesungen.

Die größere Nähe von *-le* zum Hauptverb läßt sich wohl damit erklären, daß sich dieses aus der Resultativ-Konstruktion ableitet, bei der selbst im modernen Chinesisch nur gerade *bu* und *de* zwischen V_1 und V_2 eingefügt werden dürfen, während andererseits bei der direktionalen Konstruktion, zu der das aus *lái* abgeleitete *le* gehört, problemlos auch ein Nomen oder eine ganze NP zwischen V_1 und V_2 auftreten können. Damit wird *lái* in die Position hinter dem Objekt verschoben. In einem weiteren Schritt der Ablösung und Entfernung vom Hauptverb schließlich springt *le* in die postverbale periphere Attraktorposition, um dort weiter zu einem TAM-Zeichen grammatikalisiert zu werden, das im Sinne von Li et al. (1982) einen "currently relevant state" (vgl. S.149f.) markiert:

(84)   Tā zhīdao nèi   ge xiāoxi   *le*.   (Li und Thompson 1981:245)
CHI   er wissen Dem Kl Nachricht TAM   (vgl. II(168))
       S/he knows about that piece of news now [s/he didn't before].

2. Hmong (vgl. S.236-244)

Ein Teil der TAM-Markierung des Hmong wurde in Clark (1982) beschrieben. Das Hmong kennt vor allem die drei TAM-Zeichen *yuav* (nehmen; wollen, wünschen), *tau* (erlangen, erreichen) und *tsum* (ein Resultat erzielen, sich beschaffen). *tau* tritt in allen drei Attraktorpositionen auf. *yuav* erscheint nur in der präverbalen Peripherie und markiert die Zukunft. Seine Entwicklung verlief wohl ziemlich analog zum Chinesischen; dies vielleicht nicht zuletzt wegen der lautlichen Ähnlichkeit zwischen Chinesisch *yào* und Hmong *yuav*.

tsum schließlich ist weniger stark grammatikalisiert als die übrigen beiden TAM-Zeichen und erscheint in postverbaler Position als Resultativ-Verb; in der präverbalen Position zeigt es sich hauptsächlich in Kombination mit *yuav* als *yuav tsum* in der Bedeutung von "müssen".

3. Vietnamesisch (vgl. S.305-308)

- postverbale TAM-Zeichen:
  hêt (verbrauchen, aufbrauchen, zur Neige gehen, aufhören, verschwinden)
  xong (beenden, abschließen)
  rôi (beenden, abschließen, vollenden)

- präverbale TAM-Zeichen:
  gần (nahe sein, sich nähern)
  mới (neu), *vừa* (passen, sitzen, gerade/richtig sein, angemessen)
  hay (die Gewohnheit haben zu)
  thường (gewöhnlich, alltäglich, durchschnittlich, mittelmässig, banal)

4. Thai und Khmer (vgl. S.343–360 bzw. 406–416)

Im Thai gelangt Salee (1982:42–70) aufgrund verschiedener Kriterien (s.S.343ff.) zu drei Kategorien von Verben/TAM-Zeichen:

(1) *phajaajaam* (versuchen), *jàag* (wollen), *tôŋkaan* (müssen), *rîib* (sich beeilen), *rə̂əm* (anfangen), usf.

(2) *khuan* (müssen, sollte), *tôŋ* (berühren; müssen), *ʔàad* (sollte, müßte eigentlich), *nâa* (sollte), *khəəj* (jemals die Erfahrung gemacht haben; Experientialaspekt), *dâj* (können), usf.

(3) *khoŋ* (wahrscheinlich), *mág* (gewöhnlich), *kỳab* (fast, beinahe), usf.

Die Verben der ersten Kategorie erfüllen alle Eigenschaften eines Verbs und gehören in den Bereich der regierenden Verbserialisierung. Die Verben der übrigen beiden Kategorien erfüllen nicht alle Funktionen eines Vollverbs, wobei die dritte Kategorie überhaupt keinem der von Salee aufgestellten Kriterien entspricht. Trotzdem lassen sich alle diese Lexeme in einem anderen syntaktischen Umfeld mit einem homophonen Vollverb in Verbindung bringen.

Bei den Elementen der Kategorien (2) und (3) stellt sich nun die Frage, ob – und wenn ja, wie weit – das nachfolgende Verb als regiert betrachtet werden kann, oder ob wir es hier vielmehr mit einer verbmodifizierenden Konstruktion zu tun haben. Diese Frage – deren Lösung entscheidend von der Partikel *cà?* abhängt – läßt sich nicht eindeutig klären. Die Partikel *cà?* dient einerseits als Zeichen der Zukunft, andererseits als Kürzung der Konjunktion *thîi-cà?* (daß). Für Verben der Kategorie (1) ergeben sich nun drei Konstruktionsmöglichkeiten:

(85) NP *jàag* paj.
NP *jàag cà?* paj.   ⎤   NP will gehen.
NP *jàag thîi-cà?* paj. ⎦   (vgl. Needleman 1973:29, Dellinger 1975:97)

cà? erscheint nun nicht nur mit den Verben der Kategorie (1), sondern auch zumindest fakultativ mit allen Elementen der Kategorien (2) und (3). Seine Verwendung beschränkt sich nicht einmal nur auf Verben, *cà?* markiert auch Nomina wie z.B. *kamlaŋ-cà?* (progressiver Aspekt), *rim-cà?* (*rim* = Rand; am Rande von etw. stehen, im Begriffe sein zu), ja sogar ein Zahlwort wie *sɛ̌ɛn-cà?* (100 000; sehr, wahnsinnig, unglaublich, u.ä.). In diesem Kontext steht *cà?* analog zu Khmer *cì:ə* und *tae* z.B. in *do:c-cì:ə* (als ob, wie) oder *kəmpùŋ-tae* (progressiver Aspekt) zur Markierung der Verbmodifikation. – Wiederum finden wir die Position der präverbalen Peripherie im Spannungsfeld von modifizierender und regierender Verbserialisierung.

In beiden *postverbalen Positionen* finden wir u.a. die folgenden TAM-Zeichen (Satzbeispiele finden wir in den entsprechenden Abschnitten von Kapitel V und VI zur Genüge, so daß ich mich hier auf je ein abschließendes Beispiel aus dem Thai und dem Khmer beschränke):

Thai (vgl. S.353–359)
1. *dâj* (bekommen, erlangen; können, Vergangenheit)
2. *pen* (lebendig sein; Äquationsverb; "können" i.S. einer erlernten Fähigkeit)
3. *sèd* (vollendet sein, fertig sein; aus Khmer *srăc* [s.unten Nr. 4])
4. *còb* (id., impliziert im Unterschied zu *sèd* eine endgültige Vollendung der Handlung; vgl. Khmer *cɔp* [s. unten Nr. 5])
5. *lɛ́ɛw* (vollenden; aus Chinesisch *liăo*, s. oben)

Khmer (vgl. S.406–412)
1. *ba:n* (bekommen, erlangen, erreichen; können; Vergangenheit)
2. *kaǝt* (zur Welt kommen, geboren werden; können)
3. *rù:ɔc* (entrinnen, von etwas loskommen; können)
4. *srăc* (fertig sein, vollendet sein)
5. *cɔp* (id., impliziert im Unterschied zu *srăc* eine endgültige Vollendung der Handlung)
6. *haǝy* (fertig sein)

(86) Phǒm rian   – naŋsў̌y *sèd/còb*   *lɛ́ɛw*.   (vgl. V(141/143))
THA   ich   studieren Buch   fertig/fertig TAM
    Ich habe [für heute] fertig studiert/
    Ich habe [für immer] fertig studiert = Ich habe mein Studium abgeschlossen.

(87) Khɲom riǝn   *srăc/cɔp*   *haǝy*.   (vgl. VI(129))
KHM   ich   studieren fertig/fertig TAM
    Bedeutung identisch mit (86).

5. Parallele Entwicklungen

5.1. Das Verb für "erlangen, erreichen"

Nur gerade im Chinesischen bleiben die entsprechenden Verben *dé* (erlangen, erreichen) und *dào* (ankommen, erreichen) bei der Resultativ-Konstruktion stecken (s. S.104, Nr. 5 und Nr. 6). In den übrigen vier Sprachen entwickeln sich diese Verben zu TAM-Zeichen, die in allen vier Sprachen beidseits des Hauptverbs auftreten. Dabei markieren sie zum einen die potentiale Funktion des Könnens und zum anderen die Vergangenheit, die sich je nach Sprache ein wenig unterschiedlich auf die prä- oder postverbale Position verteilen. Das entsprechende Lexem leitet sich abgesehen vom Khmer ausgerechnet aus dem Chinesischen ab, das den Schritt zum TAM-Zeichen gerade nicht vollzieht. So geht Hmong *tau* wohl auf Chinesisch *dào* zurück, während Vietnamesisch *được* und Thai *dâj* auf Chinesisch *dé* (japanische Aussprache *toku*) basieren. Im Khmer lautet das entsprechende Lexem *ba:n*.

Zur Illustration seien hier Hmong *tau* und Khmer *ba:n* angeführt, bei denen kaum anzunehmen ist, daß diese Ähnlichkeit durch direkten Sprachkontakt, sehr wohl aber durch indirekten Sprachkontakt via Thai ins Hmong, entstanden ist:

(88) Koj puas *tau* nrog tham.   (vgl. III(213))
HMO   du   Quest TAM mit reden
    Konntest du mit [ihr] reden ?
    Hast du mit [ihr] geredet ?

(89) Koj pab *tau* kuv. (3,39/40)
HMO du helfen TAM ich (vgl. III(228))
Du kannst mir helfen.

(90) Khɲom *ba:n* tɤ̀u phsa:(r). (vgl. VI(145))
KHM ich TAM gehen Markt
Ich kann zum Markt gehen.
Ich bin zum Markt gegangen.

(91) Thŋay-nìh khɲom tɤ̀u phsa:(r) *ba:n*.
KHM heute ich gehen Markt TAM
Heute kann ich zum Markt gehen.

5.2. Das Verb für "vollenden, beenden"

In allen fünf Sprachen außer im Hmong erscheinen ein oder mehrere Verben in dieser Bedeutung. Sie alle erfüllen eine mit dem Aspekt des Perfekts vergleichbare Funktion, erscheinen nur postverbal und stehen damit der Resultativ-Konstruktion nahe. Die folgende Liste, in der nur die bis jetzt nicht erwähnten Lexeme übersetzt sind, liefert eine Übersicht:

Chinesisch: *wán* (vollenden), *liǎo/-le*
Vietnamesisch: *hêt, xong, rôi*
Thai: *sèd, còb, lɛ́ɛw*
Khmer: *rù:ɔc, cɔp, sräc, haəy*

In allen vier Sprachen erfährt jeweils eines dieser Lexeme, das in der obigen Liste jeweils zuletzt aufgeführt ist, einen besonders hohen Grad der Grammatikalisierung, was im Vietnamesischen, Thai und Khmer* dazu führt, daß diese Elemente in den Bereich der konjunktionalen Verben hinüberspringen können. Während Vietnamesisch mit *rôi* und Khmer mit *haəy/rù:ɔc* ein eigenes Lexem hierzu verwenden, wird im Thai ausgerechnet das dem Chinesischen entlehnte *lɛ́ɛw* (aus *liǎo*) zum am stärksten grammatikalisierten Element. Schließlich steht auch das Hmong nicht völlig außerhalb des Kontexts von "vollenden". Immerhin finden wir in dieser Sprache das TAM-Zeichen *lawm*, das zwar im Hmong nicht selber als Vollverb erscheint, jedoch auf das chinesische *liǎo* bzw. auf Thai *lɛ́ɛw* zurückgeht. Beide Sprachen kommen als Basis für Hmong *lawm* in Frage, wobei ich nicht entscheiden kann, welche tatsächlich als Lieferant diente, wenn nicht möglicherweise sogar beide Sprachen an der Entstehung von *lawm* beteiligt waren.

3.2.3.2. Die Co-Verben

Dieser Abschnitt präsentiert zuerst allgemeine Beobachtungen zum Co-Verb in allen fünf Sprachen und endet mit einer Beschreibung des Chinesischen, das als illustratives Beispiel dienen soll.

Der Begriff "Co-Verb" taucht in der westlichen Literatur zum ersten Mal bei Hockett et al. (1945:18) auf (vgl.S.135f.) und entspricht in etwa dem seit Lü Shuxiang (1944) und Zhu Dexi und Lü Shuxiang (1951) in China eingeführten Terminus *fùdòngcí* (*fù* = Stellvertreter, Vize-; *dòngcí* = Verb). Co-Verben lassen sich wie oben bereits

---
* Im Khmer sind es sogar zwei Verben: *haəy* und *rù:ɔc*.

gesagt (s.S. 24) kurz als *Verben in Adpositionalfunktion* definieren. Die Sekundärliteratur zu diesem Verb-Typ beschäftigt sich meistens mit dem Verbal- oder Adpositionalcharakter der Co-Verben und geht dabei in der Regel von einer eindeutigen Zuweisbarkeit entweder zum Verb oder zur Adposition aus. In diesem Sinn arbeiten Li Ying-che (1970), Liang (1971) und Hagège (1975). Viel ergiebiger erscheint es mir jedoch, die Co-Verben in einem Kontinuum zwischen Verb und Adposition anzuordnen, wie dies Paul (1982) für die Co-Verben im Chinesischen vorgeführt hat. Damit kann ein Co-Verb mehr oder weniger verbalen bzw. mehr oder weniger adpositionalen Charakter im Vergleich mit einem anderen Co-Verb zeigen. Dieses Konzept soll auch meiner Beschreibung als Ausgangsbasis dienen.

Heute hat sich der Begriff "Co-Verb" nicht nur fürs Chinesische, sondern für alle fünf Sprachen dieser Arbeit eingebürgert. Man denke in diesem Zusammenhang etwa an Clark (1978) mit ihrer Beschreibung der Co-Verben im Vietnamesischen, die dann hauptsächlich mit den Co-Verben des Chinesischen, Thai und des Khmers verglichen werden.

Die Co-Verben dienen der Valenzerweiterung durch Einführung weiterer, meist peripherer Aktanten und der Kasuszuweisung. Das Chinesische und das Hmong unterscheiden zwei Attraktorpositionen – eine vor und eine nach dem Verb. Im Thai und im Khmer dagegen beschränkt sich die Zahl der Attraktorpositionen auf die Position hinter dem Hauptverb. Im Vietnamesischen erscheinen wenige Co-Verben (*dùng* [verwenden, gebrauchen], *theo* [entlang gehen, folgen]) zuweilen in der präverbalen Position. Dies ist allerdings ein nicht allzu weitverbreitetes Resultat des Sprachkontakts mit dem Chinesischen, so daß es mir nicht gerechtfertigt erscheint, hier eine eigene präverbale Attraktorposition anzusetzen.

Als mögliche Ursachen für das Entstehen von Co-Verben habe ich oben (s.S.25f.) die Tendenz zur Vermeidung dreiwertiger Verben und die abgesehen vom Chinesischen (im Falle von *bă*) fehlende Transitivität erwähnt, die bewirkt, daß ein unmarkiert hinter einem Verb stehendes Nomen nicht nur als Patiens, sondern z.B. auch lokativisch verstanden werden kann. Mit der Möglichkeit zur lokativischen Interpretation bieten sich Verben, die lokale Verhältnisse zum Ausdruck bringen, sehr gut zur Einführung weiterer lokativisch-destinativischer Aktanten an, die sich dem Vorbild der Verbserialisierung entsprechend markierungslos ans Hauptverb fügen (vgl. Bisang (1986)). Es sind aber nicht nur diese Verben, sondern auch eine ganze Reihe anderer Verben wie z.B. "geben" oder "verwenden", die sich in den verschiedensten Sprachen immer wieder als Co-Verben anbieten. Immer sind dies Verben, die schon von ihrer Vollverbbedeutung her eine gewisse Affinität zu einer bestimmten Kasusrolle zeigen. Die folgende Tabelle gibt Auskunft über die wichtigsten Verben, die in den fünf Sprachen dieser Arbeit als Co-Verben funktionieren:

	Chinesisch (S.134ff.)	Hmong (S.244ff.)	Vietnamesisch (S.308ff.)	Thai (S.360ff.)	Khmer (S.416ff.)
(1) Lokativ.-destinativisch	zài (s.befinden)	nyob (s.befinden)	ở (s.bef.)	(jùu) (s.bef.)	nɨ̀u (s.bef.)
			đi (gehen)	paj (gehen)	tɨ̀u (gehen)
			lại (kommen)	maa (kommen)	mɔ̀ːk (kommen)
			ra (rauskommen*)	ʔɔɔg (rauskommen)	cëɲ (rauskommen)
			vào (eintreten)	khâw (eintreten)	coːl (eintreten)
			lên (raufgehen*)	khŷn (raufgehen)	laəŋ (raufgehen)
			xuông (runtergeh.*)	loŋ (runtergeh.)	coh (runtergeh.)
			về (zurückkehr.)	klàb (zurückkehr.)	
			qua/sang (überquer.)	khâam (überqueren)	chlɔːŋ (überqueren)
	dào (ankommen)	txog/nto (ankommen)	đến (ankommen)	thŷŋ (ankommen)	dɔl (ankommen)
	yánzhe/ shùnzhe (entlanggehen)	raws/ taug (entlanggehen)	theo (entlanggehen)	taam (entlanggehen)	taːm (entlanggehen)
	cóng (ausgeh.von, folgen)			càag (weggehen)	
	xiàng (in eine bestimmte Richtung gehen) wǎng (weggehen, sich bewegen nach) cháo (sich hinwenden nach) wàng (in die Ferne schauen) chòng (sich begeben nach)			vgl. Hmong lawm (fortgehen nach)	
(2) Dativ/ Benefaktiv	gěi (geben)	rau (geben)	cho (geben)	hâj (geben)	ʔaoy (geben)
			giúp/giùm (helfen, unterstütz.)	samràb (verwenden)	cùːn (geben, höfl.)
			hộ (helfen, beistehen)		sɔmrap (verwenden)
			hầu (bedienen)		
(3) Instrumental	yòng (brauchen, verwenden)	xuas (brauchen, verwenden)	dùng (brauchen, verwenden)		

* In den Sprachen dieser Arbeit läßt sich das entsprechende Lexem immer mit "hin-" oder "her-" übersetzen, wobei man gezwungen ist, sich für eine der beiden Varianten zu entscheiden. Ich versuche die Situation in den ost- und südostasiatischen Sprachen mit Übersetzungen wie "rauskommen, raufgehen" etc. nachzubilden, bin mir aber natürlich bewußt, daß das "r" in "rauskommen" im Grunde ein verkürztes "her-" ist.

	Chinesisch	Hmong	Vietnamesisch	Thai	Khmer
(5) Komitativ	gēn (folgen)	nrog (sein mit, begleiten)			
(6) Verschiedenes					
– vertreten	tì	this	thay	thεεn	cù:ǝs
– machen, tun	(wèi)	ua	làm		
– gleichen, ähnl. sein	xiàng			mўan	do:c
– Äquationalverb			là	pen	cì:ǝ

In dieser Tabelle fällt auf, daß Vietnamesisch, Thai und Khmer Bewegungsverben wie "gehen", "kommen", usf. als lokativisch-destinativische Co-Verben verwenden, die im Chinesischen und im Hmong ohne direkte Entsprechung bleiben. Dies hängt damit zusammen, daß in diesen drei Sprachen die Bereiche der Co-Verben und der direktionalen Verben teilweise mit den gleichen Verben abgedeckt werden; im Chinesischen und im Hmong dagegen sind diese beiden Bereiche durch die Verwendung verschiedener Lexeme geschieden, so daß Bewegungsverben wie "gehen" und "kommen" nur als direktionale Verben vorkommen (vgl. Abschn. 3.2.3.3.). Dafür kennt das Chinesische eine ganze Reihe von Verben des Gehens in eine bestimmte Richtung wie z.B. *xiàng*, usf., die als Co-Verben die Bewegung zu/auf etwas hin/her ausdrücken und allenfalls noch eine Parallele in Hmong *lawm* (fortgehen; vgl. S.257) finden.

Ein besonders häufig gebrauchtes Co-Verb ist Hmong *rau*, dessen zwei Vollverbbedeutungen von "geben" und "setzen, stellen, legen" sich in seiner Co-Verb-Funktion dadurch wiederspiegeln, daß *rau* nicht nur zur Markierung des Dativ/Benefaktiv gebraucht wird, sondern auch zur Markierung lokativischer und destinativischer Verhältnisse. Die große Allgemeinheit dieses Lexems zeigt sich auch daran, daß *rau* als CoV$_2$ unmittelbar hinter den Co-Verben *nyob* (sich befinden) und *txog/nto* (ankommen) steht (vgl.S.255).

Zum Ausdruck des Instrumentals gebrauchen nur gerade das Chinesische, das Hmong und das Vietnamesische ein Co-Verb. Das Thai und das Khmer dagegen verwenden entweder eine Präposition (Thai: *kàb* bzw. Khmer: *nùŋ*) oder die Konstruktion der erweiterten serialen Einheit mit "nehmen" (s.Abschn. 3.2.3.5.), die auch bei den anderen drei Sprachen möglich ist. Auch andere Verben wie "gebrauchen" (Thai: *cháj* bzw. Khmer: *praǝ*) kommen zur Anwendung, die jedoch analog zu "nehmen" in präverbaler Position stehen.

Der Komitativ wird nur im Chinesischen und im Hmong mit einem Co-Verb ausgedrückt; die übrigen Sprachen gebrauchen eine Präposition. Das Khmer verwendet minimal die Präposition *nùŋ* (mit), maximal die Fügung *cì:ǝ-mù:ǝy-nùŋ* (Äquationalverb-eins-mit).

Schließlich treten einige weitere Verbbedeutungen wie "vertreten", "machen, tun", "sein (Äquationalverb)" oder "gleichen, ähnlich sein wie" immer wieder als Co-Verben in Erscheinung. Besonders auffällig ist das Verb für "vertreten", das als Lehnwort aus Chinesisch *tì* im Hmong und im Vietnamesischen vorkommt.

Oben haben wir die Ursache für das Entstehen von Co-Verben in der fehlenden Transitivitätsmarkierung und in der Tendenz zur Vermeidung dreiwertiger Verben gesehen. Diese Faktoren stehen mit Givón's Möglichkeit zur markierungslosen Juxtaposition ("concatenation", vgl. Zitat auf S.22) in Verbindung, die zusammen mit dem Prozeß der Grammatikalisierung Co-Verben hervorbringen soll. Daß dieses Konzept der reinen Konkatenation kombiniert mit der Grammatikalisierung zu stark idealisiert ist und mit den tatsächlich abgelaufenen historischen Entwicklungsprozessen nicht übereinzustimmen braucht, wurde in Abschnitt 2.3. (s.S. 22f.) postuliert. Dort wurde denn auch als zusätzliche Erklärung die Attraktorposition eingeführt. In diesem Abschnitt nun soll anhand des Chinesischen, das sich mit genügender historischer Tiefe beschreiben läßt, nachgezeichnet werden, wie Co-Verben aus der Verbserialisierung in Kombination mit den Attraktorpositionen und der Grammatikalisierung entstanden sein könnten. Die Attraktorpositionen rechtfertigen sich dabei vor allem dadurch, daß der Entwicklungsprozeß vom Verb zum Co-Verb durchaus nicht immer "langsam und stetig" im Sinne Givón's abgelaufen ist.

Schließlich soll ebenfalls anhand des Chinesischen ganz kurz auf den Unterschied zwischen der präverbalen und der postverbalen Co-Verb-Position eingegangen werden.

CHINESISCH

Wie wir aus der folgenden Liste der Co-Verben sehen, die hier kurz erwähnt werden sollen, erscheinen alle Co-Verben in der *präverbalen Position*, während nur einige in beiden Positionen vorkommen können:

	präverbal	postverbal
zài (s.befinden)	+	+
gěi (geben)	+	+
bǎ (nehmen)	+	–
yòng (gebrauchen)	+	–
bèi (bedecken)	+	–

Der Unterschied zwischen der prä- und der postverbalen Position ist ein oft diskutiertes Thema in der chinesischen Linguistik. Die Einzelheiten für *zài* und *gěi* sind in den Abschnitten 4.2. bzw. 4.5. des Kapitels II beschrieben. Einen sehr überzeugenden Ansatz zur Unterscheidung der beiden Positionen liefert Teng (1975) für den Fall von *zài*, wo er von einem *äußeren* und von einem *inneren Lokativ* spricht. Eine ähnliche Unterscheidung sieht Peyraube (1980:33–35) vor; er spricht aber von "adverbial" für den inneren und "complément" für den äußeren Lokativ. Der äußere Lokativ erscheint nur in der präverbalen Position, der innere Lokativ hauptsächlich in der postverbalen Position, unter bestimmten Bedingungen auch in der präverbalen Position. Der äußere Lokativ kommt mit praktisch allen Verben in Hauptverbfunktion vor, vorausgesetzt, daß keine semantischen Gründe gegen die Setzung einer Lokativ-Phrase sprechen. Der innere Lokativ dagegen beschränkt sich auf bestimmte Verben, die Li und Thompson (1981:398–406) in vier Kategorien aufteilen (vgl. S.140f.).

Für *gěi* liefert Teng (1975:15) eine Unterscheidung nach einem zu *zài* parallelen Muster:

> "unmarked linearization process positions GOAL post-verbally und BENEFACTIVE preverbally; but there is an optional transformation available to GOAL in some cases which prepose GOAL."

Die postverbale Position markiert daher nur GOAL, während die präverbale Position bei Verben, die eine obligatorische Markierung von GOAL durch *gěi* verlangen, mehrdeutig sein kann (Paul 1982):

(92)   Wǒ *gěi*   tā   mǎi   xiāngyān.   (vgl. II(345))
CHI   ich geben er kaufen Zigaretten
       Ich kaufe ihm Zigaretten.
       Ich kaufe für ihn/an seiner Stelle Zigaretten.

Bei trivalenten Verben wird *gěi* in postverbaler Position immer als Dativ/Benefaktiv verstanden, während V-O-Konstruktionen immer GOAL implizieren (vgl. Paul 1982: 62–5; vgl. auch S.176).

    In der postverbalen Position erscheinen die Co-Verben *zài* und *gěi* entweder direkt hinter dem Verb (V-*zài*/*gěi*) oder erst hinter einem Objektsnomen zu V (V N *zài*/*gěi*). Die erste Variante führte in der Literatur zu regen Diskussionen, ob *zài* und *gěi* in dieser Position nicht als Vollverben – möglicherweise in resultativem Verhältnis zum vorangehenden Verb – zu sehen seien. Diese Interpretation wird bestärkt durch die Tatsache, daß das TAM-Zeichen -*le* erst nach *zài* und *gěi*, nicht jedoch nach dem davorstehenden Verb erscheinen darf. Andererseits gibt es triftige Gründe – vgl. Peyraube (1980:226–8, 1988:15f.) – die eine Vollverbinterpretation wenn nicht ausschließen, so doch stark relativieren (s. für *zài* S.143f., für *gěi* S.177f.). Meiner Ansicht nach genügen diese Argumente, um *zài* und *gěi* auch in der Position unmittelbar hinter dem Verb als Co-Verben zu bezeichnen; allerdings zeigen diese beiden Elemente in dieser Position möglicherweise mehr Vollverbcharakter als in den übrigen Positionen. Die Sequenz V-*zài*/*gěi* liefert zudem Material für die Hypothese, daß auch einige Co-Verben aus dem Resultativ-Kontext entstanden sind; die Möglichkeit, ein Nomen zwischen V und *zài*/*gěi* einzufügen, ist dann ein Zeichen für die größere Selbständigkeit und Allgemeinheit, die diese beiden Lexeme im Verlaufe der Zeit erlangten.

    Zum Schluß möchte ich die drei Co-Verben *bǎ*, *gěi* und *bèi* in ihrer historischen Entwicklung vorstellen. Dabei läßt sich *bǎ* durchaus im Sinne von Givón als Resultat der Konkatenation und der Grammatikalisierung sehen. Die übrigen beiden Co-Verben dagegen sind ohne die dritte Kraft der Attraktorposition kaum zu erfassen.

1. *bǎ* (vgl. Abschn. 4.3., S.152–163)

    Die *bǎ*-Konstruktion entstand im 7./8. Jh. der Tang-Dynastie, in der das Verb *bǎ* wenigstens teilweise als Nachfolger des Verbs *yǐ* (nehmen) gesehen werden muß. Damals war das auf beiden Seiten des Verbs vorkommende *yǐ* Zeichen des Instrumentals bzw. Zeichen des direkten Objekts (DO) in der präverbalen Position. Damit ebnete *yǐ* dem Verb *bǎ* den Weg zum Objektszeichen im modernen Chinesisch. Zu Beginn jedoch finden wir *bǎ* und sein funktionales Äquivalent *jiāng* (nehmen, halten), das später zugunsten von *bǎ* ausfiel, als Zeichen sowohl des Objekts als auch des Instrumentals. Erst anfangs des 17. Jh., zu Beginn der Qing-Dynastie, markierte *bǎ* vorwiegend das DO, um den Instrumental dem Verb *yòng* (gebrauchen, verwenden) zu überlassen (vgl. II.4.7.). Zudem verließen zu dieser Zeit beide Verben – *bǎ* und *yòng* – die postverbale Position, so daß sie heute nur noch präverbal vorkommen.

    Wie wir Wang Li (1958:412) entnehmen können, läßt sich der Anfang der *bǎ*-Konstruktion durchaus aus dem Konzept der einfachen Juxtaposition (Konkatenation) erklären ("er nahm etwas und dann V"). Der Anfang der *yǐ*-Konstruktion, die die *bǎ*-Konstruktion in ihrer jetzigen Form zusätzlich unterstützte, läßt sich aus dem gleichen Prinzip verstehen.

Synchron ist das Prinzip der Konkatenation jedoch meist nicht mehr sichtbar. Wenn wir von der Beschreibung von *bǎ* als Zeichen der Transitivität im Sinne von Hopper und Thompson (1980:274f.) und Wang Mingquan (1987) oder als Zeichen der Kausativität im Sinne von Chappell (1991) ausgehen (vgl. S.156ff., S.194ff.), ist es unmöglich, die *bǎ*-Konstruktion noch als Sequenz "er nahm etwas und V" zu verstehen. Eine Spur davon bleibt allenfalls noch zurück, wenn man *bǎ* im Rahmen des "information processing" (Li Frances 1971) sieht, wo *bǎ* ein bereits bekanntes Element vor das Hauptverb "nimmt". Tatsächlich zeigt sich in dieser Position das mit *bǎ* eingeleitete Nomen als definit oder zumindest als spezifisch (zur weiteren Diskussion vgl. Li und Thompson 1973, 1974a, 1974b, 1975 und Bisang 1985:23-5).

2. *gěi* (vgl. Abschn. 4.5., S.171–180)

Die Entwicklung des Co-Verbs *gěi* ist hervorragend beschrieben in Peyraube (1988) (vgl. S.171–175). Als Co-Verb ist *gěi* noch sehr jung, ist es doch erst seit dem 17. Jh. der Qing-Dynastie bezeugt, wo es sich als Resultat einer Relexifikation für andere Lexeme mit der gleichen Funktion sehen läßt.

Im klassischen Chinesisch finden wir die Strukturen

(V)   V IO DO

(VI) V DO *yú* IO *(yú ist eine Präposition)*

(VII) *yǐ* DO V IO *(yǐ ist das Verb für "nehmen")*

In der darauffolgenden Han-Dynastie (206 v. – 220 n. Chr.) bleiben diese Konstruktionen erhalten, werden aber durch die folgende ergänzt:

(VIII) V_1 V_2 IO DO,

wobei V_2 den Verben *yǔ* (予, geben), *yǔ* (與, id.) oder *wèi* (遺, id.) entspricht. Seit Nanbeichao (220-589) darf nur noch das erste *yǔ* in der Position V_2 vorkommen. Das Auftreten dieser Konstruktion (VIII) verläuft chronologisch parallel zum Entstehen der Resultativ-Konstruktion (Peyraube 1988:148), obwohl beide Konstruktionen trotz äußerlicher Ähnlichkeit verschiedene Funktionen erfüllen.

Einen weiteren Schritt können wir ebenfalls im *Nanbeichao* an der folgenden Konstruktion beobachten:

(IX) V_1 DO V_2 IO (wobei V_2=*yǔ*)

Die Entstehung dieser Konstruktion wird meist mit zwei Faktoren in Verbindung gebracht, wovon Peyraube (1988:188-92) allerdings nur den zweiten akzeptiert:

(1) Konstruktion (IX) entstand in Analogie zu (VI), in der die Präposition *yú* in der entsprechenden Attraktorposition steht.

(2) Konstruktion (IX) entstand in Analogie zur Resultativ-Konstruktion, in der zu jener Zeit Nomina zwischen V_1 und V_2 erlaubt waren.

Zwischen dem 6. und dem 13. Jh. wurden *yǔ*-Phrasen sporadisch in die präverbale Position verschoben, was zur folgenden Konstruktion führte:

(X) *yǔ* IO V DO.

Konstruktion (X) erreichte ihren Höhepunkt zwischen 1250 und 1400. Zu jener Zeit beschränkte sich der Gebrauch von Struktur (VI) und (VII) auf höchst klassische Texte. Mit den Konstruktionen (V), (VIII) und (X) war andererseits der strukturelle Hintergrund für das Erscheinen von *gěi* gegeben, das seinen Durchbruch zur Zeit von Cao Xueqin's (1715 oder 1724–1763/64) Roman *Hongloumeng* (Der Traum der roten Kammer) erlebte.

Mit *gěi* läßt sich daher zeigen, wie ein Verb – zuerst handelt es sich um *yǔ* als Vorgänger von *gěi* – sich aus einer Konstruktion parallel zur Resultativ-Konstruktion entwickelte. In einem weiteren Schritt gelangte *yǔ* in die postverbale Attraktorposition, wo es seine enge Bindung ans Hauptverb mit der Zeit soweit verlor, daß es schließlich auch in der präverbalen Attraktorposition auftreten durfte.

Die Entstehung der *gěi*-Konstruktion läßt sich damit nicht als Resultat einer simplen Juxtaposition verstehen. Sie ist das Resultat einer Relexifikation von *yǔ*, das sich seinerseits im Verlaufe der Geschichte von der postverbalen zur präverbalen Position weiterentwickelt hatte. In jüngster Zeit schließlich erweiterte *gěi* sein funktionales Einflußgebiet wenigstens in einigen marginalen Fällen auf die Bereiche der KAUSATIVITÄT und der ORIENTIE-RUNG (Passivierung) (vgl. S.178–180), was für eine weitere Zunahme des Grammatikali-sierungsgrades für dieses Verb im modernen Chinesischen spricht.

3. *bèi* (vgl. Abschn. II.4.4., S.163–170)

Dieses Co-Verb wird gemeinhin als Passiv-Zeichen beschrieben, das das Agens (sofern dieses ausgesetzt wird) einleitet. Sein frühester Vorgänger ist einmal mehr die Präposition *yú*. Ihr folgen die Verben *wéi* (machen, tun; sein) und *jiàn* (sehen):

(93) Xīkě shāng   *yú* shǐ.   (Zuozhuan, Chen 2)
KCHI Name verwunden von Pfeil   (vgl. II(303))
    Xike wurde von einem Pfeil verwundet.

(94) bù *wéi* jiǔ   kùn   (Lunyu 9.15)
KCHI Neg von Wein bestricken   (vgl. II(304))
    sich nicht vom Wein bestricken lassen

(95) Pénchéng Kuò *jiàn* shā.   (Mencius 7B29)
KCHI Name   sehen töten   (vgl. II(305))
    Pencheng Kuo wurde getötet.

Im Verlaufe der Zeit verschwand *yú* aus dem Passiv-Kontext und wurde ersetzt durch die *wéi*...N V-Konstruktion bzw. durch die *wéi*... N *suǒ* V-Konstruktion. *bèi* erscheint erstmals im *Nanbeichao*, wo *jiàn*, *wéi*... N (*suǒ*) V und *bèi* bis um ca. 600 n.Chr. koexistieren.

bèi, das "bedecken, zudecken" bedeutet, zeigt sich zuerst in Kontexten, in denen das ihm nachfolgende Element als Verb oder als Nomen interpretierbar ist:

(96) guó yí rì   *bèi* gōng   (vgl. II(310))
KCHI Land ein Tag   angreifen
    sollte das Land eines Tages angegriffen werden/
    sollte das Land eines Tages einen Angriff erleiden/von einem Angriff ereilt werden

In Analogie zur *wéi*-Konstruktion (vgl. Wang Li 1958:427) erhielt *bèi* später gleichfalls die Möglichkeit, ein Nomen nach sich zu tragen, dem manchmal noch das klassisch-chinesische Relativ-Zeichen *suǒ* nachfolgte: *bèi* N (*suǒ*) V. Erst im 10./11. Jh. ersetzte *bèi* schließlich die *wéi*-Konstruktion endgültig.

Wenn wir die Funktion von *bèi* im modernen Chinesisch im Rahmen des Passivs beschreiben, ist jedoch Vorsicht geboten, da *bèi* nur dann zum Zuge kommt, wenn dem auszudrückenden Sachverhalt eine negative Qualität aus der Sicht des Sprechers oder des Patiens eigen ist. Die Verwendung von *bèi* als neutrales Passiv-Zeichen ist dagegen im Sinne von Chao (1968) als "translatese" zu bezeichnen. Auch im zeitgenössischen Chinesisch ist es nicht möglich, jedes englische Passiv mit *bèi* zu übersetzen (vgl. hierzu Chappell 1986).

Heute werden auch andere Verben zur Markierung gewisser Teilaspekte des Passivs herangezogen, die sich aus der Pivotal-Konstruktion herleiten lassen (vgl. Abschn. 3.1.3.2.), in der diese Verben in der gleichen Position stehen wie *bèi* (und andere Co-Verben), das sie wohl mit seiner Passivbedeutung "angesteckt" hat. Zu diesen Verben gehören *ràng* und *jiào*.

Auch *bèi* läßt sich nicht allein aus der Konkatenation und der Grammatikalisierung erklären. Wie sein Vorgänger *wéi* mußte auch *bèi* sich zuerst von seiner Position unmittelbar vor dem Verb durch den Sprung in die präverbale Attraktorposition für Co-Verben lösen, um sich dann als Passivzeichen im obigen Sinn zu etablieren.

3.2.3.3. Die direktionalen Verben

Während im Vietnamesischen, Thai und Khmer die direktionalen Verben teilweise durch die gleichen Lexeme abgedeckt werden wie die Co-Verben, verwenden das Chinesische und das Hmong verschiedene Lexeme. Im Folgenden werde ich daher zuerst das Chinesische und das Hmong in einem ersten Punkt, dann die übrigen Sprachen in einem zweiten Punkt behandeln. Alle fünf Sprachen kennen nur eine postnominale Attraktorposition, wobei allerdings je nach Sprache bloss ein direktionales Verb (Vietnamesisch, Hmong), zwei direktionale Verben (Chinesisch, Thai) oder gar drei direktionale Verben (Khmer) unmarkiert hintereinander stehen dürfen.

1. Chinesisch und Hmong

Im Chinesischen finden wir zwei Kategorien von direktionalen Verben, die nach dem folgenden Muster angeordnet werden:

(XI)   V (N_1) Vd_I (N_2) Vd_{II} (N_3)

Vd_I: *shàng* (raufgehen), *xià* (runtergehen), *jìn* (eintreten), *chū* (rausgehen), *huí* (zurückkehren), *guò* (überqueren), *qǐ* (sich erheben).

Vd_{II}: *lái* (kommen), *qù* (gehen).

Am meisten eingeschränkt ist diese Konstruktion, wenn das Hauptverb keine Bewegung zum Ausdruck bringt. Solche Fälle zeigen die Nähe der Resultativ-Konstruktion zur direktionalen Konstruktion:

(97a)   Tā tīng *jìnqù*.*
CHI   er hören eintreten-gehen
        Er versteht, was gesagt wird.

(97b)   *Tā tīng *jìnlái*.

Verben dagegen, die zum Ausdruck bringen, wie eine Bewegung ausgeführt wird, lassen sich praktisch ohne Einschränkungen mit Vd_I und Vd_{II} kombinieren:

(98a)   Tā pǎo *chū-lái*.
CHI   er rennen rausgehen-kommen
        Er rennt heraus.

(98b)   Tā pǎo *jìn-qù*.
        er rennen reingehen-gehen
        Er rennt hinein.

---

* Die Potential-Konstruktion hierzu lautet:
(97c)   Tā tīng *de/bu jìnqù*. (Er kann/kann nicht verstehen.)
CHI

Die interessantesten Strukturen aber beobachten wir bei Verben des Bringens oder Transportierens, die zeigen, wie direktionale Verben den Bereich der Resultativ-Konstruktion endgültig überschreiten, um eine eigene Kategorie zu bilden:

(99a) Tā *ná* yì běn shū *chū-lái*. (vgl. II(97))
CHI er nehmen ein Kl Buch rausgehen-kommen
Er nimmt ein Buch heraus.

(99b) Tā *ná chū* shū *lái*.
er Buch kommen
Er nimmt ein Buch heraus.

(99c) Tā *ná chū lái* yì běn shū.
er nehmen rausgehen kommen ein Kl Buch
Er nimmt ein Buch heraus.

In den Beispielen (99b) und (99c) scheint die Kohäsion zwischen V, Vd$_I$ und Vd$_{II}$ immer noch stark genug, um die Idee von einem einzigen Sachverhalt zu stützen, während sich Beispiel (99a) auch in einer weiteren Interpretation im Sinne zweier Sachverhalte verstehen läßt: "Er nimmt das Buch und geht". Weiter lassen sich nur (99b) und (99c) in die Potential-Konstruktion überführen (vgl. Lu Zhiwei 1964:80), was wieder auf die Ähnlichkeit zwischen der Resultativ-Konstruktion mit der direktionalen Konstruktion hindeutet:

(99b') Tā ná *de/bu* chū shū lái.
Er kann/kann nicht das Buch herausnehmen.

(99c') Tā ná *de/bu* chū-lái yì běn shū.
Er kann/kann nicht ein Buch herausnehmen.

Verben des Bringens und des Transportierens können zudem zwei Nomina in ein und dieselbe direktionale Konstruktion aufnehmen:

(100) Tā yùn *dōngxi* jìn *chéng* qù. (vgl. II(99))
CHI er transportieren Ding eintreten Stadt gehen
Er transportiert Dinge in die Stadt hinein.

Wenn wir über diese Konstruktion im Beispiel (100), die dem Strukturmuster (XI) maximal entspricht, die Co-Verb-Konstruktion legen, so beobachten wir, daß Co-Verben nicht nur außerhalb der direktionalen Konstruktion, sondern auch innerhalb davon liegen; d.h. vor und/oder nach der Sequenz Vd$_I$ – N. Ein Satz wie der folgende in Beispiel (101) ist zwar schon wegen der vielen beteiligten Aktanten eher problematisch, grundsätzlich aber nicht ausgeschlossen, obwohl zu erwarten wäre, daß die eine oder andere nicht von einem direktionalen Verb eingeleitete NP vor das Hauptverb gestellt würde. Immerhin ist (101) ein Beispiel für eine absolute Maximalstruktur:

(101) Tā yùn dōngxi *yánzhe* dàolù *chū* chéng
CHI er transportieren Ding entlang Weg rausgehen Stadt

 dào X *qù*.
 ankommen Ort X gehen
 Er transportiert Gegenstände entlang der Straße aus der Stadt nach X.

Allerdings bleiben auch im Falle von (101) die direktionalen Verben strikte an die Sequenz V – Vd$_I$ – Vd$_{II}$ gebunden und können sich nicht vor das Verb verschieben; insofern unterscheiden sie sich klar von den Co-Verben.

lái und *qù* schließlich bilden eine Kategorie für sich, da sie als direktionale Verben nie direkt ein Nomen einleiten. Ihre einzige Aufgabe besteht darin, anzugeben, ob die Handlung vom Sprecher bzw. vom Zentrum des Interesses weg (*qù*) oder zu diesem her (*lái*) verläuft. Einmal mehr zeigt sich damit das am weitesten vom Hauptverb entfernte Verb als das am stärksten grammatikalisierte Element, das auch die Endposition für die direktionale Attraktorposition bildet.

Das *Hmong* kennt nur drei direktionale Verben, die analog zum chinesischen *lái* und *qù* kein Nomen nach sich tragen können: *los* (kommen [an einen Ort, wo man sich normalerweise aufhält/ wo man zu Hause ist]), *tuaj* (kommen [an einen Ort, wo man nicht zu Hause ist/ wo man sich gewöhnlich nicht aufhält]), *mus* (gehen). Ein Beispiel sei hier zur Illustration angeführt:

(102) Ces Los Xab txawm muab cov mov *mus* rau nraum zoov.
HMO dann Name dann nehmen Pl Reis gehen zu draußen
Dann brachte Lo Sa den Reis nach draußen. (4,170/1)   (vgl. III(150))

2. Vietnamesisch, Thai und Khmer

Da sich im Khmer maximal drei direktionale Verben in Serie stellen lassen, beginne ich mit der Beschreibung dieser Sprache, um so zuerst zu einem Maximalparadigma zu gelangen, das sich für das Thai auf zwei direktionale Verben in Serie und für das Vietnamesische auf ein direktionales Verb reduzieren läßt.

Das Khmer* kennt drei Paare von direktionalen Verben, deren Reihenfolge in einer Verbalkette wie folgt geregelt ist:

(XII) V   V$_I$ V$_{II}$ V$_{III}$

       coh (runtergehen)   *cëɲ* (rausgehen)   *tɨ̀u* (gehen)
       laəŋ (raufgehen)   *co:l* (reingehen)   *mɔ̀:k* (kommen)

                   RICHTUNGSVERBEN   ORIENTIERUNGSVERBEN
                              DIREKTIONALE VERBEN

(103) Kɔ̀ət lò:t *coh cëɲ mɔ̀:k*.   (vgl. VI(84))
KHM   er   springen runter raus her
      Er springt herunter und heraus.

(104) Kɔ̀ət yɔ̀:k ʔɤyvan *coh cëɲ mɔ̀:k*.   (vgl. VI(85))
KHM   er   nehmen Gepäck runter raus her
      Er bringt das Gepäck herunter und heraus.

Die beiden Verben *tɨ̀u* und *mɔ̀:k* lassen sich mit einer besonders großen Anzahl von Hauptverben verbinden. Aus diesem Grund und im Hinblick auf ihre besondere Funktion der Markierung, ob eine Handlung zum Sprecher bzw. Zentrum des Interesses

---
* vgl. S.403–405.

her (mɔ̀:k) oder von diesem weg (tɤ̀u) verläuft, werden sie von Gorgoniev (1966:192–99) mit Recht als "Orientierungsverben" von den anderen vier Verben, den "Richtungsverben", unterschieden (vgl. S. 403). Die Orientierungsverben entsprechen genau den chinesischen Vd$_{II}$ (lái/qù) und den direktionalen Verben des Hmong (los, tuaj, mus).

Solange diese sechs Verben ohne nachfolgendes Nomen stehen und auch kein aus dem Kontext bekanntes, aber unerwähntes Nomen implizieren, geben sie lediglich die Richtung an, in der die vom Hauptverb geschilderte Handlung verläuft, funktionieren also als direktionale Verben. Ist jedoch ein Objektsnomen involviert, nehmen die gleichen Verben die Funktion eines Co-Verbs wahr (vgl. die Tabelle auf S.59f.).

Das Thai (vgl. S.339–343) verfährt genau gleich wie das Khmer, verteilt aber die Richtungsverben nur auf eine Position. Damit erhalten wir die folgende Struktur:

(XIII) V   V$_I$ V$_{II}$
        loŋ (runtergehen)   paj (gehen)
        khŷn (raufgehen)   maa (kommen)
        ʔɔ̀ɔg (rausgehen)
        khâw (reingehen)

(105)   Kháw wîŋ   khŷn   paj.   (vgl. V(83))
THA   er   rennen raufgehen gehen
        Er rennt hinauf.

(106)   Phûu-jǐŋ khon nán dəən   ʔɔ̀ɔg   maa
THA   Frau   Kl Dem gehen, marschieren rausgehen kommen

        càag   suăn.   (vgl. IV(84))
        verlassen Garten
        Diese Frau kam aus dem Garten heraus.

Das Vietnamesische (vgl. S.301–305) schließlich kennt nur eine Position für direktionale Verben, die von den folgenden Lexemen besetzt wird:

(107)   di (gehen), lại (kommen), lên (raufgehen), xuống (runtergehen), vào (reinge-
VIE   hen), ra (rausgehen), về (zurückkehren), qua/sang (überqueren).

(108)   Mặt trời đã biến   di.   (vgl. IV(64))
VIE   Sonne   TAM verschwinden gehen
        Die Sonne ist schon verschwunden (d.h. untergegangen).

(109)   Độ nhiệt tăng   lên.   (vgl. IV(71))
VIE   Temperatur steigen raufgehen
        Die Temperatur steigt an.

3.2.3.4. Die seriale Einheit in den fünf Sprachen dieser Arbeit

Überlagert man die in den Abschnitten 3.2.3.1. – 3.2.3.3. beschriebenen Positionsmöglichkeiten der TAM-Zeichen, Co-Verben und direktionalen Verben, so erhält man die Maximalstruktur einer serialen Einheit, die hier für jede Sprache separat aufgeführt werden soll:

1. Chinesisch

Die Maximalstruktur für die seriale Einheit im Chinesischen läßt sich wie folgt darstellen:

(XIVa) ohne direktionale Verben:
    TAM CoV N V *-TAM* (N) CoV N TAM
                  -guo
                  -zhe
                  -le

(XIVb) mit direktionalen Verben:
    TAM CoV N V *-TAM* (N) CoV N Vd$_I$ (N) CoV N Vd$_{II}$ TAM
                  -guo
                  -zhe
                  -le

Einige Beispiele (in Beispiel (110) steht zudem eine Co-Verb-Phrase in der Topik-Position):

(110)   *Zài*   Běijīng, wǒ *gēn*   tā *zài*   yuǎndōng fàndiàn *zhù*
CHI   CoV:in Peking   ich CoV:mit er CoV:in Fernost   Hotel   V:wohnen

      zài   yí ge fángjiān-li.   (Fan Jiyan 1982:73)
      CoV:in ein Kl Zimmer-in   (vgl. II(187))
      In Peking, wohne ich mit ihm [zusammen] in einem Zimmer im Hotel "Fernost".

(111)   *Wǒmen jiāng   cóng   guówài yǐnjìn   jìshù.*   (ibid., p.75)
CHI   wir   TAM:Fut CoV:von Ausland V:einführen Technologie
      Wir werden Technologien aus dem Ausland einführen. (vgl. II(188))

(112)   *Tā jiù   yào   bǎ   "kǒu"-zì   xiě   zài*
CHI   er gerade TAM:Fut CoV:Obj "Mund"-Zeichen V:schreiben CoV:auf

      hēibǎn-shang *le.*   (vgl. II(189))
      Wandtafel-auf TAM
      Er wird sogleich das Zeichen "kǒu" (Mund) an die Wandtafel schreiben.

2. Hmong

Die Maximalstruktur für die seriale Einheit läßt sich im Hmong wie folgt darstellen:

(XV)   TAM CoV (N) V *-TAM* (N) Vd CoV (N) TAM
                      -tau   los
                              tuaj
                              mus

Co-Verben erscheinen vor oder nach dem Hauptverb; die folgende Tabelle gibt Auskunft über die Stellungsmöglichkeiten der wichtigsten Co-Verben:

	präverbal	postverbal
nyob (s.befinden in)	*	+
txog (ankommen)	*	+
rau (geben; stellen)	–	+
nrog (begleiten)	+	+
xuas (verwenden)	+	–
raws/taug (entlanggehen)	+	+

Einige Beispiele:

(113) Npawg hlob tus tub txawm *nce* *mus*
HMO älterer Bruder Kl/Poss Sohn dann V:raufgehen Vd:gehen

  nyob saum ntoo. (vgl. III(154))
  CoV:s.befinden Oberseite Baum
  Dann stieg der Sohn des älteren Bruders auf den Baum.

(114) Koj los *nrog* kuv *caij* tus nees no *mus*. (5,44/5)
HMO du kommen CoV:mit ich V:reiten Kl Pferd Dem gehen
  Komm und reite mit mir auf diesem Pferd weg!

Schließlich treten die beiden Co-Verben mit der Bedeutung von "entlang" auch direkt hinter dem Verb auf:

(115) Ib pab ntses *khiav* *taug* dej *los*. (2,25/6)
HMO ein Gruppe Fisch V:rennen, eilen CoV: entlang Wasser Vd:kommen
  Ein Schwarm Fische schwamm dem Fluß entlang [zum Sprecher/Zentrum des Interesses her].

3. Vietnamesisch, Thai und Khmer

Die Maximalstruktur der serialen Einheit läßt sich für diese drei Sprachen wie folgt darstellen:

(XVI) TAM V-TAM (N) $\genfrac{}{}{0pt}{}{\text{CoV}}{\text{Vd}}$ (N) $\genfrac{}{}{0pt}{}{\text{CoV}}{\text{Vd}}$ (N) $\genfrac{}{}{0pt}{}{\text{CoV}}{\text{Vd}}$ (N) TAM

Allerdings ist eine Sequenz mit drei Co-Verben hintereinander, d.h. mit drei gesetzten zusätzlichen Aktanten neben Subjekt und Objekt, eher außergewöhnlich, wenngleich nicht unmöglich. Die Abfolge der Verben in der Co-Verb-Phrase (wenn im Falle der lokativisch-destinativischen Verben ein Nomen gesetzt oder impliziert wird) bzw. der direktionalen Verben (wenn kein Nomen gesetzt oder impliziert wird) wird durch die verschiedenen unten aufgeführten Verbkategorien markiert (V_I – V_{III} im Vietnamesischen, V_I bis V_V im Thai und V_I bis V_{VI} im Khmer), deren Index die relative Position jedes Verbs innerhalb der obigen Struktur wiedergibt. Die Pfeile zwischen den Verbkategorien verweisen auf alternative Stellungsmöglichkeiten:

---

* Wenn *nyob* und *txog* in präverbaler Position erscheinen, sind sie topikalisiert.

Vietnamesisch

(XVII)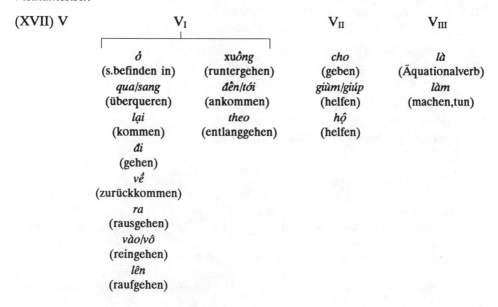

(116) Tôi *cho* hàng *về* nhà.
VIE ich V:transportieren Güter CoV:zurück Haus
Ich transportiere Güter nach Hause.

(117) Ba *cầm* cái lược *lên* gác *cho* mợ.
VIE Name V:bringen Kl Kamm CoV:auf Treppe CoV:für Mutter
Ba brachte der Mutter/für die Mutter/anstatt der Mutter den Kamm die Treppe hinauf. (vgl. IV(144))

(118) Họ *bầu* ông-thư-ký *làm* chủ-tịch. (Nguyên Ð.H. 1976:944)
VIE sie(pl) V:wählen Sekretär CoV:zu Vorsitzender
Sie wählten den Sekretär zum Vorsitzenden. (vgl. IV(157))

Thai

(XVIII)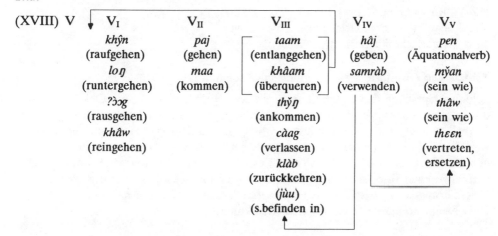

(119) Kháw *sòŋ* còdmăaj *paj hâj* phŷan.
THA er V:schicken Brief Vd:weg CoV:für Freund
     Er schickte einen Brief an [seinen] Freund.

(120) Naaj X *lŷag-tâŋ pen* prathaan kammakaan.
THA Herr X V:wählen CoV:als Präsident Kommission
     Herr X wurde zum Kommissionspräsidenten gewählt. (vgl. V(224))

(121) ʔarunee *thee* náam *khâw* cεεkan. (Clark 1978:158)
THA Name V:giessen Wasser CoV:in Vase
     Arunee goß Wasser in die Vase. (vgl. V(177))

Khmer

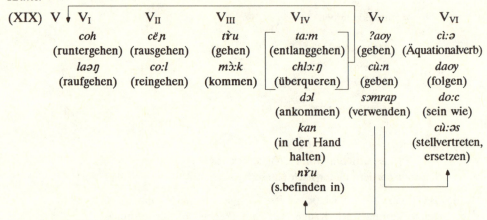

(122) Mùt(r)-sɔmlaɲ khɲom *ba:n* phɲaə sɔmbot(r) *mɔ̀:k* khɲom.
KHM Freund ich TAM:Verg V:schicken Brief CoV:zu ich
     Mein Freund schickte mir einen Brief. (vgl. VI(169))

(123) Lò:k *dëɲ* vì:ə *dɔl* kɔnlaeŋ na: ?
KHM Sie V:verfolgen er CoV:bis Ort welcher
     Bis wohin haben Sie ihn verfolgt? (vgl. VI(188))

(124) Kɔ̀ət *phɲaə* prak *mɔ̀:k ʔaoy* khɲom.
KHM er V:schicken Geld Vd:her CoV:für ich
     Er schickt mir Geld. (vgl. VI(217))

3.2.3.5. Die erweiterte seriale Einheit mit "nehmen"

Alle fünf Sprachen dieser Arbeit verfügen über die Möglichkeit, ein Objekt mit Hilfe des entsprechenden Verbs für "nehmen" vorwegzunehmen, um hernach die eigentliche Verbalhandlung, also das, was mit dem Objekt geschieht, folgen zu lassen. Ein Vorgang wird damit insofern genauer analysiert, als ein bestimmter Gegenstand zuerst einmal genommen werden muß, ehe man damit etwas weiteres unternehmen kann. Fakultativ tritt, abgesehen vom Vietnamesischen, zusätzlich ein direktionales Verb, genauer ein Orientierungsverb, zwischen das Objekt von "nehmen" und das nachfolgende Hauptverb. Damit erhalten wir die folgende Struktur:

(XX)   "nehmen" N (Vd) V ...

In Sätzen wie

(125) Kháw *ʔaw*   naŋsy̆y ʔàan.
THA   er   nehmen Buch   lesen
      Er nimmt ein Buch und liest es./Er liest ein Buch.

(126) Kɔ̀ət *yɔ̀ːk*   khao-ʔaːv *tr̀u* haːl thŋay.
KHM   er   nehmen Kleid   Vd:hin auslegen Sonne
      Er nimmt die Kleider und legt sie an die Sonne./
      Er legt die Kleider an die Sonne.   (vgl. VI(288))

liegt eine Interpretation im Sinne einer Koordination vordergründig durchaus auf der Hand. Ein anderes Beispiel aus Kuhn (1990:263)

(127) ông thư-ký *lấy*   tay thọc vào túi áo.
VIE   Kl Sekretär nehmen Hand stecken CoV:in Jackentasche
      Der Sekretär steckte seine Hand in die Jackentasche. (nach Nguyên Đ.H. 1976:941)

zeigt aber deutlich, daß diese Interpretation nicht greift, da dieses Beispiel nicht bedeutet, "Er nahm seine Hand [möglicherweise nicht einmal seine eigene!] und steckte sie in die Jackentasche".

Sätze mit dieser Konstruktion dienen eher der Frage "was macht der Aktor mit dem Undergoer" (vgl. Kuhn 1990:263f.), wobei vorausgesetzt wird, daß beide Teilnehmer bekannt sind, nicht aber die Handlung. Das daran beteiligte Verb für "nehmen" verliert in diesem Kontext etwas an semantischem Gehalt, obschon der Grammatikalisierungsgrad vergleichsweise gering bleibt, wenn man bedenkt, daß das Gebot der Manipulierbarkeit des Objekts von "nehmen" nach wie vor eingehalten werden muß, wie das folgende Beispiel zeigt:

                  *nhà
(128) bà ấy *lấy* Haus bán   cho ông ta.
VIE   sie nehmen quần áo verkaufen CoV:für er
                  Wäsche
      Sie verkauft ihm die Wäsche [Hose/Hemd]. (vgl. Kuhn 1990:264)

Ähnliches gilt für das verb nach "nehmen"; das folgende Beispiel ist

(129) ?? ông ấy *lấy*   quyển sách viết.
VIE   er   nehmen Kl   Buch schreiben

deshalb kaum möglich, weil das Objekt von "schreiben" zwar produzierbar, nicht aber *manipulierbar* ist (vgl. Kuhn: ibid.).

Damit haben wir es mit einer Konstruktion von relativ geringer Grammatikalisiertheit zu tun, die aber trotzdem als Ganzes, als eine Einheit, als eine "erweiterte seriale Einheit" gesehen werden muß. Der Zusammengehörigkeitscharakter zeigt sich einmal daran, daß Sätze dieser Art von den Sprechern als zusammengehörige Einheit empfunden werden, in der zwar die Setzung einer Konjunktion möglich, aber pragmatisch und stilistisch als ungünstig und unschön empfunden wird. Dies drückt sich auch im Intonationsbogen aus, der beide Verben umfaßt. Zum anderen beziehen sich die TAM-Markierungen immer auf die ganze Fügung, nicht auf eines ihrer beiden Bestandteile.

Schließlich haben wir in Beispiel (127) gesehen, daß eine Interpretation im Sinne einer Koordination nicht notwendig aufgehen muß.

Mit ihrem stark diskurspragmatischen Charakter dringt die erweiterte seriale Einheit in verschiedene Funktionsbereiche ein:

– Die Konstruktion eignet sich sehr gut zum *Ausdruck des Instrumentals*, unterscheidet sich aber von der Co-Verb-Konstruktion, die in allen fünf Sprachen mit einem anderen Verb – "verwenden, gebrauchen" – gebildet wird.
– Die Konstruktion bietet sich generell zur *Entlastung der postverbalen Position* an, sofern dies die Semantik von "nehmen" erlaubt, wie wir besonders dann beobachten können, wenn zu einer festen VO-Fügung ein weiteres Objekt hinzutreten soll.
– Geht man davon aus, daß in dieser Konstruktion die beiden Teilnehmer (Subjekt und Objekt) bekannt sind, nicht jedoch die Verbalhandlung, so ergibt sich aus dieser Konstruktion die Möglichkeit zur *Informationsstrukturierung*. Mit Kuhn (1990:264) gesprochen, ist die erweiterte seriale Einheit somit ein Mittel zur "*Rhematisierung*", d.h. zur Fokussierung der Verbalhandlung unter Ausschluß des Objekts.

Zum Schluß seien die erweiterten serialen Einheiten in jeder Sprache kurz vorgestellt:

1. Chinesisch

Das chinesische Verb für "nehmen" heißt *ná*:

(130) *Ná* zhèi yī diǎn *lái* zuò jiélùn,
CHI nehmen Dem eins Punkt Vd:kommen machen Schlußfolgerung

kǒngpà zhàn bu zhù jiǎo.
fürchten stehen Neg/Pot stillstehen Fuß
Diesen einen Punkt als Schlußfolgerung zu ziehen – [ich] fürchte, das kann nicht auf solidem Boden stehen.

(131) *Ná* lǎo yǎnguāng *lái* guānchá xīn shìwù,
CHI nehmen alt Sichtweise Vd:her sehen neu Dinge

shì bù xíng de.
ist/aeq Neg gehen, funktionieren Nom
Neues in einer alten Sichtweise zu sehen, das geht nicht.

Im klassischen Chinesisch wurde diese Konstruktion mit *yǐ* (nehmen), allenfalls *jiāng* (nehmen) gebildet, also mit den Vorgängern von *bǎ* (vgl. S.160ff.). Auch *bǎ* selber kann man in seinen Anfängen durchaus im Sinne einer erweiterten serialen Einheit sehen, nur konnte es sich im Laufe der Zeit weiter in Richtung Transitivität bzw. Kausativität spezialisieren.

Dabei hat *bǎ* die auch der *ná*-Konstruktion *in nuce* innewohnende Möglichkeit zur Informationsstrukturierung konsequent weiter zu einer "chinesischen Lösung" entwikkelt, die in den anderen vier Sprachen nirgends in dieser Art zu finden ist.

2. Hmong

Im Hmong ist die Situation durch den Umstand komplexer, daß an der Stelle des Vd auch eine ganze direktionale Fügung mit dem Verb *coj* (tragen) erscheinen kann. Die ganze Fügung *coj-Vd* ist stark entsemantisiert und erfüllt in ihrer Gesamtheit kaum eine andere Funktion als ein direktionales Verb allein; man könnte daher von einem erweiterten direktionalen Verb sprechen. Mir jedenfalls gelang es nicht, eine besondere Funktion für *coj-los/tuaj/mus* herauszudestillieren. Das entsprechende Verb für "nehmen" heißt im Hmong *muab*. Es erscheint entweder alleine (132), mit einem direktionalen Verb (133) oder mit einem erweiterten direktionalen Verb (134):

(132) Ib chim tsov *muab* koj tom xwb. (2,43/4)
HMO ein Moment Tiger nehmen du beissen nur (vgl. III(400))
Denn in jedem Moment kann dich der Tiger beissen [=fressen].

(133) Cia kuv *muab* cov nroj paj cai no *mus* tseb
HMO lassen ich nehmen Pl Blume Name Dem gehen säen

thoob plaws lub qab ntuj. (5,569/70)
überall schnell Kl Unterseite Himmel (vgl. III(407))
Laßt mich die Pa Tyai-Blumen sofort überall auf Erden verteilen.

(134) *Muab* cov xob cov leej faj cov thee *coj los*
HMO nehmen Pl Pottasche Pl Schwefel Pl Holzkohle V' Vd

tuav ua tshuaj tua. (5,285-7)
zerstampfen machen zu Pulver schiessen
Er stampfte Pottasche, Schwefel und Holzkohle zu Schießpulver. (vgl. III(410))

3. Vietnamesisch

Im Vietnamesischen haben wir oben bereits das Verb *lấy* (nehmen) vorgestellt, so daß sich hierzu ein Beispiel erübrigt. Das Vietnamesische verwendet jedoch noch ein weiteres Verb im Kontext der erweiterten serialen Einheit, das Verb *đem* (tragen, bringen). Dieses behält seine Semantik des Bewegens auf ein Ziel auch in dieser Konstruktion bei und erscheint damit auch in Kontexten, wo *lấy* aufgrund seiner Semantik nicht auftreten könnte. Wir erkennen also ein weiteres Anzeichen für den geringen Grammatikalisierungsgrad des Verbs in diesem Konstruktionstyp. Mit *đem* ist der Aktor eine andere Person als der Sprecher, die Handlung bewegt das Objekt auf ein Ziel zu:

(135) Giáp *đem* quyển sách bỏ vào giỏ.
VIE Name tragen Kl Buch stecken in Tasche
Giap steckt das Buch in die Tasche [das Buch befand sich zuvor nicht in der Nähe].
(Kuhn 1990:264)

4. Thai

Das Thai gebraucht in der erweiterten serialen Einheit das Verb *ʔaw* (nehmen), das mit (136) oder ohne (125) Orientierungsverb vorkommt:

(136) Phûag-kháw *ʔaw* phǒnlamáaj *maa* cὲεg kan.
THA Pl-er nehmen Frucht her aufteilen reziprok
Sie teilten die Früchte untereinander auf. (vgl. V(251))

5. Khmer

Das Khmer gebraucht in der erweiterten serialen Einheit das Verb *yɔ̀:k* (nehmen), das mit (126) oder ohne (137) Orientierungsverb vorkommt:

(137) Kɔ̀ət *yɔ̀:k* siəvphɤ̀u mɤ̀:l.
KHM er nehmen Buch lesen
 Er nimmt ein Buch und liest es.
 Er liest ein Buch.

3.3. Vergleich der fünf Sprachen dieser Arbeit

Zum Schluß möchte ich die in diesem Abschnitt vorgestellten Möglichkeiten zur Verbserialisierung einander gegenüberstellen und so die Stellung der fünf Sprachen zueinander abwägen. Zu diesem Zweck vergleiche ich in einem ersten Punkt kurz die einzelsprachlichen Maximalstrukturen der serialen Einheit. Ein zweiter Punkt zeigt auf, welche Lexeme überhaupt grammatikalisiert werden. In einem dritten Punkt stelle ich zwei charakteristische Grammatikalisierungswege vor, die dazu führen, daß einzelne Lexeme über mehrere Funktionen expandieren können (vgl. Expansion bei Heine/Reh, in dieser Arbeit auf S.14), so daß ein Verb die Funktionen mehrerer Grammatikalisierungsprodukte wahrnimmt. Vor dem so gewonnenen Hintergrund werden schließlich in einem vierten Punkt die fünf Sprachen zueinander in Relation gesetzt.

1. Betrachtet man die fünf Realisationsformen der serialen Einheit, so zeigt es sich, daß sie im Bereich der Peripherie, also der beiden äußeren TAM-Positionen, sowie in der TAM-Position unmittelbar hinter dem Verb rein strukturell identisch sind. Die Unterschiede liegen bei den Co-Verben und den direktionalen Verben. In den beiden Sprachen Thai und Khmer stehen die Co-Verben nur hinter dem Hauptverb. Das Vietnamesische folgt diesem Prinzip der südlichen Sprachgruppe im wesentlichen, zeigt aber mit bestimmten Co-Verben doch eine gewisse wohl vom Chinesischen beeinflußte Tendenz auch zur präverbalen Position. Im Hmong schließlich sind wie im Chinesischen beide Positionen – die prä- und die postverbale – möglich. Die direktionalen Verben des Vietnamesischen, des Thai und des Khmer fallen mit den Lexemen der lokativisch-destinativischen Co-Verben zusammen, wir erkennen also im Bereich räumlicher und zeitlicher Konstellationen bei den direktionalen Verben und den Co-Verben eine gewisse Überlappung. Im Chinesischen und im Hmong dagegen werden die beiden Kategorien mit verschiedenen Lexemen besetzt. Diese Befunde führen dazu, die fünf Sprachen vorläufig etwa wie folgt zueinander in Beziehung zu setzen:

nördliche Gruppe	südliche Gruppe
Chinesisch	Thai
	Khmer
Hmong →	← Vietnamesisch

Hinzu kommt die Tatsache, daß im Hmong, Vietnamesischen, Thai und Khmer die Setzung eines Nomens hinter einem Co-Verb fakultativ ist, während sie im Chinesischen mit Ausnahme ganz bestimmter Co-Verben wie *gěi* (geben) und *bèi* (bedecken) obligatorisch ist. Dieser Umstand rückt das Hmong näher an die südliche Gruppe.

. Daß lexikalische Resourcen zur Bildung von *TAM-Zeichen* sich auch weltweit gesehen immer in etwa auf Verballexeme mit der gleichen Bedeutung beschränken, ist spätestens seit Bybee und Dahl (1989) bekannt. Von den bei diesen beiden Autoren aufgeführten Verbalbedeutungen (1989:58) sind in unseren fünf Sprachen die folgenden in die Bildung von TAM-Zeichen involviert:

– *beenden, vollenden*:   in allen fünf Sprachen
– *sich befinden*:   im Chinesischen: zài   (vgl. S.115f.)
                          im Thai: jùu   (vgl. S.356f.)
                          im Khmer: nỳu   (vgl. S.414)

Interessanterweise dienen jedoch die Orientierungsverben "kommen" und "gehen" in diesen fünf Sprachen kaum dem Ausdruck von TAM.

– *wollen, wünschen*:   im Chinesischen: yào   (vgl. S.116ff.)
                          im Hmong: yuav   (vgl. S.237ff.)

Zum möglichen Zusammenhang zwischen *yào* und *yuav* vgl. S.238. Die übrigen Sprachen verwenden zur Markierung der Zukunft präverbale Partikel: *sẽ* im Vietnamesischen, *cà?* im Thai (vgl. S.360), *nùŋ* im Khmer (vgl. S.415).

Zu diesen drei Bedeutungen gesellt sich eine vierte bei Bybee und Dahl nicht erwähnte Bedeutung von "erreichen, erlangen", die in allen fünf Sprachen mindestens zur potentialen Modalbedeutung von "können, möglich sein" (vgl. Resultativ-Konstruktion Nr. 6 im Chinesischen, S.104) vorgedrungen ist, in den übrigen vier Sprachen sodann zur Markierung der Vergangenheit gebraucht wird (vgl. Abschn. 3.2.3.1., Pt.5, S.56f.).

Die Konzentration auf ähnliche Lexeme zur Markierung gleicher Funktionen beschränkt sich nun nicht auf die TAM-Zeichen; sie zeigt sich auch bei den übrigen fünf Grammatikalisierungsprodukten:

Bei den *Resultativ-Verben* ist die Zahl der möglichen Lexeme besonders im Chinesischen recht groß. Trotzdem lassen sich einige Bedeutungen immer wieder im Resultativ-Kontext finden:

(1) erlangen, erreichen, können, vermögen, (2) beenden, abschließen, fertig, (3) sehen, hören (Wahrnehmungsverben), (4) sterben, verschwinden, (5) werden, entstehen, (6) fallen, (7) bleiben, (8) gut, (9) korrekt, richtig; treffen/zutreffen.

Zur Bildung der *direktionalen Verben* kommen in allen fünf Sprachen immer die gleichen Bewegungsverben "gehen" und "kommen" sowie die Bewegungsoppositionen "auf/ab" und "ein/aus" in Frage. Diese Analogie in der Markierung des Richtungsverlaufs einer Handlung ist bemerkenswert.

Über die als *Co-Verben* verwendeten Lexeme gibt die Tabelle auf S. 59f. Auskunft, so daß ich hier nur noch einige mir wesentlich erscheinde Aspekte herauszustreichen brauche:

– Mit Ausnahme des Thai (vgl. S.365f.) erscheint in allen fünf Sprachen das Lexem für "sich befinden" zur Markierung des Lokativs.
  Besonders auffällig an dieser Tabelle ist auch die Tatsache, daß die Bewegungsverben im Vietnamesischen, im Thai und im Khmer als Co-Verben vorkommen, nicht jedoch in den anderen beiden Sprachen. Dafür kennen das Chinesische und das Hmong Verben des in eine Richtung Gehens – letzteres allerdings nur das Lexem *lawm* (fortgehen nach)

- die in den anderen drei Sprachen nicht als Co-Verben vertreten sind. Schließlich verwenden alle Sprachen je ein Verb mit der Bedeutung "ankommen" und "entlanggehen, folgen" zur Markierung bestimmter lokaler Gegebenheiten.

- Der Dativ/Benefaktiv wird gleichfalls in allen Sprachen durch ein Verb mit der Bedeutung "geben" ausgedrückt.

- Sowohl Lexeme mit der Bedeutung von "sich befinden" und "ankommen" als auch Lexeme mit der Bedeutung von "geben" werden auch in Sprachen außerhalb Ost- und Südostasiens mit Verbserialisierung oft zur Markierung des Ortes bzw. des Dativ/Benefaktiv herangezogen.

Als *Kausativ-Verben* kommen hauptsächlich Verben mit der Bedeutung "befehlen, anordnen, beordern, schicken" (in allen fünf Sprachen), aber auch Verben mit der Bedeutung "machen, tun" (Vietnamesisch, Thai und Khmer) in Betracht. Besonders auffällig ist die Tatsache, daß in den Sprachen Vietnamesisch, Thai und Khmer das Verb für "geben" und das Verb für "befehlen, etc." identisch sind (*cho, hâj, ?aoy*) und sowohl als Co-Verb, als auch als Kausativ-Verb auftreten.

Die vielleicht in der Literatur am besten bekannte Korrelation *Verb-konjunktionales Verb* zeigt sich bei den Verben des Sagens. Die Entwicklung vom Verb des Sagens zum konjunktionalen Verb beschränkt sich bei weitem nicht auf die fünf Sprachen dieser Arbeit. So beobachten wir im Yoruba (vgl. Lord 1976) – einer westafrikanischen Kwa-Sprache – eine mit dem Hmong weitgehend deckungsgleiche Entwicklung (vgl. S.290f., vgl. auch Jaisser 1986). Weitere Beispiele zu diesem Thema finden wir in Ebert (1991).

Da sich viele konjunktionale Verben aus bereits bestehenden Grammatikalisierungsprodukten ableiten, treffen wir hier teilweise wieder auf die gleichen Lexeme wie oben. Allerdings sind es jeweils nur wenige Lexeme, die diesen nächsten Schritt zum konjunktionalen Verb noch vollziehen. Bemerkenswerterweise sind es immer die gleichen:

- Beim TAM-Zeichen entwickelt sich im Vietnamesischen, im Thai und im Khmer ein Verb mit der Bedeutung "vollenden" zum konjunktionalen Verb weiter.

- Im Hmong, Vietnamesischen, Thai und Khmer entwickelt sich ein Verb mit der Bedeutung "anordnen" zu einem konjunktionalen Verb, das in den drei letzteren Sprachen aufgrund der lexikalischen Identität von "geben" und "anordnen" wieder mit den Verben *cho, hâj* und *?aoy* markiert wird, die gleichzeitig noch als Co-Verb für den Dativ/Benefaktiv auftreten.

Konjunktionale Verben, die auch als Co-Verben vorkommen, leiten sich aus Bedeutungen wie "ankommen" (Vietnamesisch, Thai, Khmer), "sein (Äquationalverb)" (Vietnamesisch, Khmer), "gleich sein wie" (Thai, Khmer), "folgen" (Chinesisch, Thai, Khmer), etc. her.

3. Nun sind es nicht nur häufig die gleichen Lexeme, die jeweils wenigstens in einigen Sprachen zur Markierung einer bestimmten Funktion herangezogen werden, es sind auch oft identische Wege – *Grammatikalisierungswege* –, die diese Lexeme über mehrere Attraktorpositionen durchlaufen, wobei die Richtung immer vom Hauptverb weg zur Peripherie verläuft und beim konjunktionalen Verb endet. Zwei Grammatikalisierungswege fallen besonders auf:

Der erste spielt sich postverbal ab und verläuft wie folgt:

(XXI) Verb → Komplement → Resultativ-Verb ⇄ TAM-Zeichen → konj. Verb
dir. Verb → TAM-Zeichen
Co-Verb

Beim Schritt vom Vollverb via Komplement des Grades (vgl. S.38f.) zum Resultativ-Verb findet im wesentlichen eine zunehmende Einschränkung der als V_2 möglichen Lexeme statt. Dies zeigt sich vielleicht am schönsten im Chinesischen, in dem sowohl bei Komplementen des Grades als auch bei der Überführung der Resultativ-Konstruktion in eine Potential-Konstruktion (vgl. S.100 und S.102) die gleiche Markierung *de* gesetzt wird; allerdings sind bei Komplementen des Grades weit mehr Möglichkeiten gegeben, ja es erscheinen ohne weiteres ganze Sätze in dieser Position, während die Zahl der möglichen Resultativ-Verben beschränkt ist, so daß sich diese in einer Liste aufführen lassen (vgl. S.103ff.).

Beim nächsten Schritt spaltet sich der Weg. Ich skizziere zuerst den Weg über das TAM-Zeichen zum konjunktionalen Verb. Den Schritt vom Resultativ-Verb zum TAM-Zeichen können wir in Chinesisch *liăo* (vollenden) zu *-le* und in Thai/Khmer *còb/cɔp* bzw. *sèd/sräc* (vgl. S.56) beobachten, um nur einige Beispiele zu nennen. Mit den konjunktionalen Verben *rôi* im Vietnamesischen, *lɛɛw* im Thai und *haəy* im Khmer wird der Übergang vom TAM-Zeichen zum konjunktionalen Verb sichtbar (vgl. S.45f.).

Die andere Abzweigung führt vom Resultativ-Verb via das direktionale Verb zum TAM-Zeichen. Die Nähe der Resultativ-Konstruktion zur direktionalen Konstruktion zeigt sich im Chinesischen sehr schön daran, daß die Lexeme für direktionale Verben auch in gewissen Resultativ-Konstruktionen (vgl. S.105f. und S.111, Anm.) auftreten. Der letzte Schritt zum TAM-Zeichen zeigt sich wiederum im Chinesischen, sofern man davon ausgeht, daß sich das TAM-Zeichen *le* aus dem direktionalen Verb *lái* (kommen) ableitet, was mir sehr plausibel erscheint (vgl. S.134).

Schließlich gilt es zu beachten, daß das Co-Verb in der gleichen Position stehen kann wie das Resultativ-Verb. Dies war z.B. im Chinesischen des *Nanbeichao* durchaus der Fall, wo auch in der Resultativ-Position ein Nomen zwischen V_1 und V_2 erlaubt war. Im Verlaufe der Zeit haben sich jedoch beide Konstruktionen im Bezug auf ihre Verbindungsmöglichkeiten auseinanderentwickelt. Die gewisse oberflächenstrukturelle Ähnlichkeit der Resultativ-Konstruktion und der Co-Verb-Konstruktion bringt zwangsläufig Überschneidungen und nicht eindeutig entscheidbare Fälle mit sich, wie sie heute etwa im modernen Chinesisch in der Fügung V-*zài/gěi* durchschimmern (vgl. S.143f. und S.176f.). Ein direkter Miteinbezug der Co-Verben in den oben geschilderten Grammatikalisierungsweg erscheint mir jedoch nicht gerechtfertigt. Da die Co-Verben den Resultativ-Kontext in einigen Bereichen tangieren, wurden sie jedoch in der obigen Skizze mit einer gestrichelten Linie mit den Resultativ-Verben verbunden.

In Fällen schließlich, wo das Verb für "sich befinden" nicht nur Co-Verb-, sondern auch TAM-Funktionen wahrnehmen kann, ließe sich eine Entwicklungslinie Co-Verb zu TAM-Zeichen postulieren. Wie ich auf S.53 u. 115f. im Fall von Chinesisch *zài* zu zeigen versucht habe, verlief hier die Entwicklung wohl direkt über den Einfluß der Attraktorposition, nicht über eine Tilgung des Objekts zum Co-Verb *zài*. Der tatsächliche Verlauf der Entwicklung widersetzt sich also einem solchen Postulat.

Der zweite Grammatikalisierungsweg ist nicht mehr an die prä- oder postverbale Position gebunden, führt jedoch ebenfalls vom Hauptverb an die Peripherie. Die folgende Darstellung, die unten sogleich erläutert wird, soll diesen Weg festhalten:

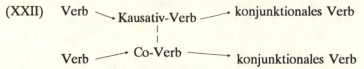

(XXII)   Verb ⟶ Kausativ-Verb ⟶ konjunktionales Verb

          Verb ⟶ Co-Verb ⟶ konjunktionales Verb

Der obere Weg führt vom Hauptverb via Kausativ-Verb zum konjunktionalen Verb und wurde auf S.46f. mit den Lexemen *kom* im Hmong, *cho*, *để*, *làm* im Vietnamesischen, *hâj* im Thai und *ʔaoy* im Khmer vorgestellt. Den unteren Weg via Co-Verb zum konjunktionalen Verb haben wir anhand verschiedener Lexeme auf S. 47ff. beschrieben. Auch die Lexeme *hâj* und *ʔaoy* im Thai bzw. Vietnamesischen lassen sich als Alternative in diesem Kontext betrachten.

Daß sich der Bereich der Kausativ-Verben mit dem der Co-Verben überschneiden kann, hat sich im Chinesischen an den Kausativ-Verben *ràng* und *jiào* gezeigt (vgl. S.178), die auch in mit den Co-Verben *bèi* und *gěi* vergleichbaren Funktionen vorkommen können. Zudem erfüllen die Lexeme *cho*, *hâj* und *ʔaoy* in den Sprachen Vietnamesisch, Thai und Khmer nicht nur die Funktion eines Kausativ-Verbs, sondern auch die Funktion eines Co-Verbs und deuten somit ebenfalls auf die Nähe zwischen diesen beiden Grammatikalisierungsprodukten hin. Diese Nähe wird in der obigen Skizze durch die gestrichelte Verbindung zwischen den näher aneinandergerückten Co-Verben und Kausativ-Verben angedeutet. Von beiden Grammatikalisierungsprodukten aus ist eine Weiterentwicklung hin zum konjunktionalen Verb ohne weiteres möglich.

Im Hmong werden die meisten Funktionen, die im Vietnamesischen, im Thai und im Khmer durch die konjunktionalen Verben *cho*, *hâj* und *ʔaoy* ausgedrückt werden, von *kom* übernommen, das dem Kausativ-Kontext entstammt. Das Co-Verb *rau* (geben), das als Finalitätszeichen auftaucht (vgl. S.254), deckt nur einen relativ kleinen Bereich von *cho*, *hâj* und *ʔaoy* ab, denen es aufgrund seiner identischen Vollverbbedeutung von "geben" die konjunktionale Funktion verdanken dürfte.

Im Chinesischen dagegen, das sich damit von den anderen vier Sprachen abhebt, verlief die Grammatikalisierung zum konjunktionalen Verb nur über das Co-Verb, nicht aber über das Kausativ-Verb.

4. Gerade der letzte Befund über die Verben *cho*, *hâj* und *ʔaoy* und ihren praktisch identischen Funktionsbereich im Rahmen von Co-Verb, Kausativ-Verb und konjunktionalem Verb, den ich in dieser Form in keiner anderen Sprache dieser Welt feststellen konnte, verbindet die drei Sprachen Vietnamesisch, Thai und Khmer sehr eng miteinander (zur großen syntaktischen Ähnlichkeit von Thai und Khmer vgl. z.B. Huffman [1973] und Varasarin [1984]). Auch das Hmong entfernt sich mit *kom* und *rau* in diesem Punkt vom Chinesischen hin zu dieser Dreiergruppe. Diesem Charakteristikum gesellt sich im Hmong das Verb *tau* (erlangen, erreichen) hinzu,

das praktisch identisch funktioniert wie Vietnamesisch *được*, Thai *dâj* und Khmer *ba:n* (vgl. S.56f.). Ebenso fällt als Argument für einen Vergleich mit den drei südlichen Sprachen die Tatsache ins Gewicht, daß Nomina bei Co-Verben nur fakultativ gesetzt werden müssen, während sie im Chinesischen obligatorisch sind. Diese recht wichtigen Befunde entfernen das Hmong aus dem Einflußbereich des Chinesischen, führen aber die drei Sprachen Vietnamesisch, Thai und Khmer enger zusammen. Wir gelangen somit zur folgenden Darstellung unserer fünf Sprachen und ihrer syntaktischen Stellung zueinander:

        Chinesisch   Thai
             Hmong   Khmer
                         Vietnamesisch

Ein Vergleich allein auf der Basis des Verbs ist natürlich unvollständig. Nimmt man die Nominalphrase hinzu, wo im Chinesischen alle Attribute vor dem Nomen und im Thai und im Khmer alle Attribute hinter dem Nomen stehen, so relativiert sich die Position des Vietnamesischen aufgrund der Numerale und der Klassifikatoren, die im Gegensatz zu den restlichen Attributen analog zum Hmong pränominal vorkommen, noch einmal in Richtung Chinesisch. Die Nominalphrase ist aber nicht Thema dieser Arbeit. Ich hoffe hierüber bald eine separate Studie vorlegen zu können.

II. Chinesisch

1. Einleitung

Die Unterscheidung von verschiedenen Subkategorien des Verbs hat in der chinesischen Linguistik bereits eine gewisse Tradition. Schon Li Jinxi (1924) unterscheidet zwischen Verben und Adjektiven und leistet damit wohl wichtige Vorarbeit für die sowjetischen Sprachwissenschaftler Dragunov (1952) und Jachontov (1957), die die gleiche Subkategorisierung vorschlagen. Die Trennung von Verben und Adjektiven genügt jedoch den Bedürfnissen einer genaueren Sprachbeschreibung nicht. Simon (1958) geht in seiner Subkategorisierung von sog. "colligations" aus, d.h. von den verschiedenen möglichen Umgebungen, innerhalb derer ein Verb auftreten kann. Dabei kristallisieren sich vier Verbarten heraus, deren Umgebungen sich anhand von vier Elementen beschreiben lassen. Das erste Element wird mit dem aus heutiger Sicht etwas ungünstigen Terminus "topic" (T) bezeichnet und verweist auf ein Nomen oder Pronomen in der präverbalen Position. Steht ein Nomen oder Pronomen in postverbaler Position, so spricht Simon – dies das zweite Element – von "extension" (E). Bei Verben mit drei Aktanten wird derjenige postverbale Aktant, der sich nicht mit Hilfe des Co-Verbs *bǎ* in die präverbale Position verschieben läßt, d.h. das indirekte Objekt, als "second extension" (SE) bezeichnet. Schließlich kann hinter einem Verb auch ein determinierender Komplex erscheinen, den Simon "measure" (M) nennt. Damit gewinnt man die folgenden vier Verbalklassen:

Klasse I: Verben mit der Struktur [V SE E], [V E SE], d.h. dreiwertige Verben:
          (1) sòng   tā yì běn shū
               schicken er ein Kl Buch
               ihm ein Buch schicken
          (2) jiào   tā bàba
               nennen er Papa
               ihn Papa nennen

Klasse II: Verben der Struktur [V E], also V ohne indirektes Objekt

Klasse III: Verben, die nur mit einem Maß als "colligation" auftreten können:
          (3) gāo yí cùn
               hoch ein Zoll
               höher als ein Zoll

Klasse IV: Verben, die in keiner der obigen Umgebungen vorkommen:
          z.B. *xíng* (ist in Ordnung, es geht)

Von besonderer Wichtigkeit im Zusammenhang mit den "colligations" ist der Begriff der "mooted words/forms", der darauf verweist, daß Nomina und Pronomina meist nur dann gesetzt werden, wenn dies vom Kontext her erforderlich ist. Damit sind die zur Definition der verbalen Subkategorien herangezogenen Umgebungen als Maximalparadigmen zu betrachten, wie dies auch in den übrigen in dieser Arbeit zu beschreibenden Sprachen der Fall ist.

In Wang W.S.C. (1964) finden wir eine erste Subkategorisierung in transitive und intransitive Verben, die wie folgt aussieht:

intr.: Zustandsverben: *téng* (Schmerz empfinden, weh tun), *bìng* (krank sein)
Handlungsverben: *xíng* (gehen), *lái* (kommen), *kū* (weinen), *xiào* (lachen)

tr.: Handlungsverben: *dǎ* (schlagen), *mà* (beschimpfen), *mài* (verkaufen), *mǎi* (kaufen), *pīpíng* (kritisieren)
klassifizierende Verben: *shì* (Äquationsverb), *xìng* (heißen, den Namen X haben)
Wahrnehmungsverben: *kàn* (sehen), *tīng* (hören), *wén* (riechen)
Qualitätsverben: *pà* (fürchten), *xìn* (glauben), *xiàng* (gleichen)
Zitierverben: *zhīdào* (wissen), *shuō* (sagen)
Teleskopverben: *qǐng* (bitten), *ràng* (veranlassen zu), *jiào* (id.)
Verben mit zwei Objekten:
1. *gàosu* (mitteilen, sagen), *gěi* (geben)
2. *jiào* (nennen), *chēnghu* (anreden, nennen)
3. *dàng* (betrachten als)

Auf der gleichen Unterscheidungsbasis von transitiv/intransitiv gelangt Chao (1968:663ff.) anhand verschiedener Kriterien wie dem der Negierbarkeit (mit *bù* oder *méi*), dem der Möglichkeit hinter *hěn* (sehr) oder *bié* (negativer Imperativ) zu stehen, der Möglichkeit, verschiedene Maße im Sinne von Simon nach sich zu tragen, dem der Reduplizierbarkeit und der Kombinierbarkeit mit den enklitischen TAM Zeichen *-zhe*, *-guo*, *-le* (vgl. S.118–34), dem der Möglichkeit einen Imperativ zu bilden und schließlich der Möglichkeit, eine A nicht A Frage (*lái bu lái* [Kommt er ?]) zu bilden, zur folgenden Verbalkategorisierung, die derjenigen von Wang in vielem ähnelt:

intransitive: action: *lái* (kommen)   transitive: action: *chīfàn* (essen)
quality: *dà* (groß)   quality: *àicái* (habgierig)
status: *bìng* (krank sein)   classificatory: *xìng* (heißen)
                                                     shì (Äquationsverb)
                                                     yǒu (haben)
                                                     auxiliary: *huì fēi* (fliegen können)

An der gleichen Stelle führt Chao auch das Kriterium der Negierbarkeit mit *bù* oder *méi(you)* an, das zur Definition der gesamten Kategorie "Verb" herangezogen wird.

Li Ying-che (1971) versucht in seiner Doktorarbeit von der Grundaufteilung in transitiv/intransitiv abzukommen und führt als Grundopposition "action/non-action"* ein. Allerdings gelangt er schließlich zu einer Subkategorisierung, die sich in der Substanz grundsätzlich wenig von Wang und Chao unterscheidet. Ein gewisser Vorteil von Li Ying-che's Subkategorisierung besteht jedoch darin, daß er die markierungslos hinter dem Verb stehenden Objektnomina bezüglich ihrer Kasusfunktion genauer unterscheidet. Wie in allen übrigen hier zu beschreibenden Sprachen erfüllt das in Objektsposition stehende Nomen etwa auch die Funktion eines Lokativs oder eines Instrumentals u.a.m. Allerdings ist es möglich, die Beziehung zwischen dem Verb und dem unmarkiert folgenden Nomen mittels der dazugehörigen Co-Verb-Konstruktion offen zu markieren, indem die Fügung Co-Verb plus Objektsnomen dem Hauptverb vorangestellt wird. Vgl. hierzu die beiden Beispiele aus Cartier (1972:38f.):

---

* Dieser Gegensatz wird in der chinesischen Terminologie durch *dòngzuòdòngcí* (action) vs. *zhuàngtàidòngcí* (state) wiedergegeben, während sich für transitiv/intransitiv die Begriffe *jíwùdòngcí* (tr.) bzw. *bùjíwùdòngcí* (intr.) eingebürgert haben.

(4a)   bàogào   tā
       informieren er
       ihn informieren

(4b)   *xiàng* tā bàogào (id.)
       zu   er informieren

(5a)   huídá   yí ge wēixiào
       antworten ein Kl Lächeln
       mit einem Lächeln antworten

(5b)   *yòng*   wēixiào huídá
       verwenden Lächeln antworten
       id.

Von besonderem Interesse für unsere Zwecke ist in diesem Zusammenhang die Tatsache, daß sich Konstruktionen mit unmarkiertem lokalem Objekt von Konstruktionen mit direktem Objekt durch die *bǎ*-Konstruktion unterscheiden lassen, da diese nur im zweiten Fall erlaubt ist (vgl. 4.3., 5.4.):

(6a)   Dàjiā   pīpíng   tā.
       jedermann kritiseren er
       Jedermann kritisiert ihn.

(6b)   dàjiā *bǎ* tā pīpíng   yíxià.
       jedermann er kritiseren 1 Mal
       Jedermann kritisiert ihn.

dagegen:

(7a)   Tā chū   fángzi.
       er gehen aus Zimmer
       Er geht aus dem Zimmer.

(7b)* Tā *bǎ* fángzi chū.

Damit läßt sich im Chinesischen eine offene Markierung von Transitivität im Sinne von Hopper und Thompson (1980:274f.) und Wang Mingquan (1987) beobachten, die in den übrigen vier Sprachen dieser Arbeit nicht zum Tragen kommt. Dabei ist transitiv in diesem Fall semantisch als Prädikat mit einem Agens in Subjektsposition und einem Patiens in Objektsposition zu verstehen. Während sich also in den anderen vier Sprachen Transitivität nur syntaktisch als die Möglichkeit, maximal zwei unmarkierte Aktanten bei sich zu tragen, definieren läßt, finden wir im Chinesischen ein objektiv faßbares Kriterium zur Messung und Festlegung semantischer Transitivität. Trotzdem bleibt aber auch im Chinesischen, wie in allen übrigen Sprachen dieser Arbeit, die Möglichkeit, etwa ein lokales Objekt unmarkiert hinter dem Verb auszusetzen, die sich als ein wesentlicher Faktor für das Entstehen von Co-Verben – insbesondere von lokativisch-destinativischen Co-Verben – anführen läßt.

Die genauere Analyse der möglichen Funktionen des unmarkiert in Objektsposition stehenden Nomens durch den Co-Verb Test wird auch – wie oben angetönt – von Cartier (1972:38–48) übernommen, deren übersichtliche Kategorisierung ich hier aufnehmen und kurz vorstellen möchte. Allerdings werde ich an dieser Stelle die in

Zwei-Verb-Konstruktionen vorkommenden Hilfsverben (verbes auxiliaires) auslassen. So gelangen wir zur folgenden Übersichtstabelle:

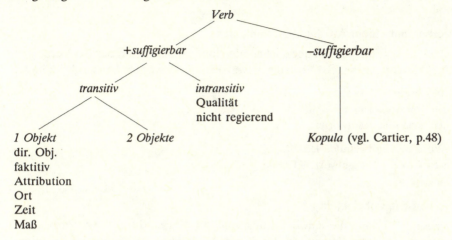

Im folgenden sollen die suffigierbaren Verben kurz beschrieben werden:

1. Transitive Verben

1.1. Transitive Verben mit einem Aktanten in Objektsposition

1.1.1. Verben mit einem direkten Objekt

Zu dieser Kategorie gehören Verben, deren Objekt sich mit *bǎ* in die präverbale Position verschieben läßt. Als Beispiel wurde oben (6a/b) angeführt.

1.1.2. Verben mit einem faktitiven Objekt

Die Postulierung dieser Verbalklasse scheint mir für die Putonghua etwas problematisch, da es sich hier – wie schon Yu Min (1952) bemerkte – teilweise um ein Dialektphänomen handelt. Daher möchte ich an dieser Stelle lediglich einige Fakten vorführen. Faktitive Verben sind eigentlich intransitiv, können jedoch ein Objekt bei sich tragen, welches mit *bǎ* (II), das man wohl vom oben (1.1.1.) beschriebenen *bǎ* (I) unterscheiden muß, in die präverbale Position versetzt werden kann. Die beiden Typen von *bǎ*-Konstruktionen lassen sich mit Chappell (1991:568) wie folgt beschreiben:

> "This leads to the recognition of two related nonetheless distinct types of *bǎ* constructions, which can be described as "transitive" and "intransitive" in nature. In the transitive type of *bǎ* sentence, there is always a grammatical reflex of the direct object (= *bǎ* NP), whereas in the intransitive type, there is none."

Das "intransitive" *bǎ* überschneidet sich teilweise, wie schon Lü Shuxiang (1955) zeigt, mit den Kausativverben *ràng* und *shǐ* (vgl. 5.4.):

(8a) yǐn*   mǎ
      trinken Pferd
      ein Pferd tränken

---

* In Anlehnung an ältere Sprachzustände läßt sich dieses Wort in kausativer Bedeutung auch im 4. Ton aussprechen (vgl. S. 91).

(8b) bǎ/ràng/shǐ mǎ   yǐn
              Pferd trinken
       id.

1.1.3. Verben mit einem Attributionskomplement:

Hier handelt es sich um personenbezeichnende Nomina, die mittels der Co-Verben *gěi* (vgl. S.171ff.) oder *xiàng* (vgl. S. 149) in die präverbale Position verschoben werden können:

(9a)   Wǒ huídá   tā.
       ich antworten er
       Ich habe ihm geantwortet.

(9b)   Wǒ *gěi/xiàng* tā huídá-le.
       ich CoV   er antworten-TAM
       id.

1.1.4. Verben mit Lokalobjekt

Hierzu gehören Verben, die eine Richtung zum Ausdruck bringen, und Verben des sich Befindens. Je nach Bedeutung des Verbs erscheint auch das Objekt in einer anderen semantischen Rolle:

(10)   Wǒ *zài*   Běijīng.
       ich s.befinden in Ort
       Ich bin in Peking.

(11)   Wǒ qù   Běijīng.
       ich gehen Ort
       Ich gehe nach Peking.

(12)   Tā chū/jìn   fángzi.
       er rausgehen/reingehen Zimmer
       Er geht aus dem/ ins Zimmer.

(13)   *shàng shān* (einen Berg besteigen, auf den Berg gehen),
       xià shān (einen Berg hinuntergehen), usf.

Es ist interessant zu sehen, daß sich von diesen Verben nur gerade *zài* zu einem Co-Verb entwickeln konnte, während die übrigen Verben in den Kontext der direktionalen Verben gehören und auf diese Weise ein weiteres Objekt in die Verbalphrase einfügen. In den übrigen hier beschriebenen Sprachen fallen alle diese Verben unter eine Kategorie und dienen sowohl als direktionale Verben wie auch als Co-Verben.

1.1.5. Verben mit einem Zeitausdruck in Objektsposition (vgl. 'Measure' bei Simon)

(14)   Tā huó-le   sānshíyí nián.
       er leben-TAM 31   Jahr
       Er hat 31 Jahre gelebt.

1.1.6. Verben mit einer Maßeinheit in Objektsposition (vgl. "Measure" bei Simon)

(15)   Tā zhǎng-le   yì chǐ.
       er wachsen-TAM ein Fuß
       Er ist um ein Fuß gewachsen.

1.2. Verben mit zwei Aktanten in Objektsposition

Zu dieser Kategorie gehören Verben aus dem semantischen Bereich von "geben" und von "erhalten" (vgl. Peyraube 1988:30ff.). Bei den Verben der ersten Kategorie (geben) drückt das indirekte Objekt den Empfänger des direkten Objekts aus, bei den Verben der zweiten Kategorie (erhalten) dagegen markiert das indirekte Objekt die Quelle, den Ursprung des direkten Objekts.

Einige Verben des Gebens:

sòng (schicken, senden; schenken), *jì* (senden), *huán* (zurückgeben), *zhù* (jdm. etwas wünschen), *péi* (zurückzahlen), *fēng* (jdn. mit etw. belehnen), *fù* (bezahlen), *tuìhuán* (zurückerstatten), *mài* (verkaufen), *dì* (jdm. etw. reichen), *shǎng* (belohnen), *jiāo* (unterrichten, lehren), *chuánrǎn* (anstecken [Krankheit]), *zū* (vermieten), *jiè* (leihen), *gàosu* (mitteilen), usf.

Einige Verben des Erhaltens:

mǎi (kaufen), *tōu* (stehlen), *qǔ* (zur Frau nehmen), *guǎi* (kidnappen), *shòu* (erhalten), *jiè* (ausleihen von jdm.), *zū* (mieten von jdm.), *qiǎng* (an sich reissen, gewaltsam an sich nehmen), *piàn* (jdn. um etw. betrügen), *yíng* (gewinnen), usf.

Verben wie *jiè* (leihen, jdm. oder von jdm.) oder *zū* (mieten, vermieten) kommen sowohl als Verb des Gebens als auch als Verb des Erhaltens vor, so daß ein Satz wie

(16)   Zhāng Sān *jiè*   Lǐ Sì yì běn shū.   (Peyraube 1988:31)
        Name   leihen Name ein Kl Buch

doppeldeutig ist:

(16a)   Zhāng Sān leiht Lǐ Sì ein Buch.

(16b)   Zhāng Sān leiht sich ein Buch von Lǐ Sì.

Eine Desambiguierung ist durch die Setzung der Co-Verben *xiàng* oder *gěi* möglich:

(16a') Zhāng Sān *gěi* Lǐ Sì jiè-le yì běn shū.

(16b') Zhāng Sān *xiàng* Lǐ Sì jiè-le yì běn shū.

Cartier unterscheidet drei Subkategorien von Verben mit zwei Objekten, wovon die erste Kategorie eben gerade aus Verben wie *jiè* und *zū* besteht, die zu beiden Bedeutungsfeldern, dem des Gebens und dem des Erhaltens, gehören können. Zur zweiten Subkategorie zählt sie die Verben des Gebens und zur dritten Kategorie schließlich die Verben des Fragens wie *wèn* (fragen, jdn. etw.), die man wohl aus chinesischer Sicht der Kategorie der Verben des Erhaltens zuordnen muß, in denen das indirekte Objekt die Quelle darstellt, aus der der Frager die Antwort zu beziehen wünscht.

2. Intransitive Verben

2.1. Qualitätsverben (vgl. *xíngróngcí* [Adj] im Chinesischen, *prilagatel'noe* in der russischen Tradition) können mit vorangestelltem *hěn* (sehr)* erscheinen und drük-

---

* wobei sich auch transitive Verben mit quantifiziertem Objekt durch *hěn* modifizieren lassen (vgl. Chao 1968:666, Anm. 3).

ken etwa im Sinne von Chao (1968:665) einen Zustand (status) oder eine Qualität (quality) aus.

Im Zusammenhang mit diesen Verben stößt man immer wieder auf eine Unterscheidung zwischen *skalaren Verben*, deren Qualität als relativ variabel begriffen wird, und *absoluten Verben*, die eine invariable Qualität zum Ausdruck bringen, oder – wie Iljic (1987b:106), der diese Unterscheidung für ungerechtfertigt hält – sagt:

> "il y aurait une relation stable entre le signifiant (l'adjectif absolu) et le signifié (propriété invariable)."

Autoren wie z.B. Dragunov (1952), Paris oder Li und Thompson (1981:141-47) scheinen von dieser Unterscheidung geprägt. Wie Iljic (1987b:109–127) an sehr vielen empirischen Beispielen zeigt, lassen sich jedoch praktisch für jedes sog. absolute Verb passende Kontexte finden, die seinen Gehalt relativieren. Zwei Beispiele sollen hier genügen:

(17)   Tā yǎnjīng yuèlái   yuè xiā.
        er Auge   je länger je blind
        Er wird je länger je blinder/ Er erblindet langsam. (Iljic 1987b:124)

(18)   Zhèi xiāoxi   zài   zhēn bú   guò-le.
        Dem Nachricht noch wahr Neg überschreiten-TAM
        Diese Nachricht kann wahrer nicht sein. (ibid., p.122)

Damit kommt Iljic zurecht zum folgenden Schluß:

> "Pour conclure, nous refusons la division en deux catégories lexicales: les "adjectifs absolus" d'un côté, et les "adjectifs scalaires", de l'autre. Cette division repose uniquement sur les données *statistiques*, au demeurant tout à fait exactes: les adjectifs dits "absolus" sont le plus souvent appréhendés comme des propriétés invariables, les adjectifs "scalaires" comme des propriétés variables. Il est donc simplement plus ou moins improbable que tel ou tel adjectif dit "absolu" soit pris dans une acception intensive." (1987b:127)

2.2.   Verben ohne Objekt, deren Bedeutung nie oder höchst selten zur Aussetzung eines Objekts Anlaß gibt:

Chao (1968:665) spricht in diesem Zusammenhang von "intransitive action verbs". Hierzu gehören Bewegungsverben wie etwa *lái* (kommen), *pǎo* (rennen, laufen), *fēi* (fliegen), *liú* (fließen), *zǒu* (gehen, zu Fuß), *dǎo* (zusammenfallen), *qǐlai* (s. erheben), *shàngqù* (raufgehen), *xiàqù* (runtergehen), aber auch Verben wie z.B. *shuì* (schlafen), *kū* (weinen), *xiào* (lachen), *tiàowǔ* (tanzen), *zuò* (sitzen), *tǎng* (liegen, s. legen), *xiūxi* (s. ausruhen), *chūxiàn* (erscheinen), usf.

3. Verben, die transitiv und intransitiv vorkommen

Solche Verben sind nicht zu verwechseln mit transitiven Verben, bei denen das Objekt aus Kontextgründen nicht offen ausgesetzt wird (vgl. etwa Li und Thompson 1981:158f.):

(19)   Bié   xiào!
        Neg.Imper. lachen
        Lache nicht!

(20) Bié   xiào wǒ!
     Neg. Imper. lachen ich
     Lach mich nicht aus!

(21) Tā hěn tān.
     er/s. sehr gierig
     Er/sie ist sehr gierig.

(22) Tā hěn tān nǐ de qiáncái.
     er/s. sehr gierig du Poss Reichtum
     Er/sie ist sehr gierig auf deinen Reichtum.

Der Schluß dieser Einleitung soll einem *historischen Exkurs* gewidmet sein. Im klassischen Chinesisch ist es ausgesprochen schwierig, einigermaßen konsistent zwischen transitiven und intransitiven Verben zu unterscheiden. Auf den ersten Blick erscheinen Verben wie *shā* (töten), *shí* (essen) klar als transitiv, Verben wie *kū* (weinen) oder *lái* (kommen) dagegen als intransitiv. Dies ist aber nicht viel mehr als ein sprachliches Vorurteil. Alle vier erwähnten Verben haben grundsätzlich in gleicher Weise die Möglichkeit, das Objektspronomen *zhī* (ihn, sie, es) oder ein Objektsnomen nach sich zu tragen. Die Frage der Transitivität ist somit ein statistisches Problem: Bei transitiven Verben wird ein postverbales Objekt als ganz natürlich empfunden, so daß es dementsprechend häufig vorkommt, während bei intransitiven Verben ein ausgesetztes postverbales Nomen eher Seltenheitswert hat. Zuweilen lassen sich daher bei Verben, bei denen ein postverbales Objekt mit relativ geringer Wahrscheinlichkeit zu erwarten ist, durch die überraschende Setzung eines Objekts gewisse stilistische Effekte erzielen. Erscheint ein typischerweise intransitives Verb mit einem Objekt, ruft dieses Verb entweder nach einer kausativen, oder nach einer putativen Interpretation:

1. Kausativ

(23) Gù   yuǎn rén bù fú,   zé xiū   Wén Dé
     daher fern Leute Neg s.unterwerfen dann pflegen Kultur Tugend

     yǐ *lái*   zhī, jì *lái*   zhī, zé ān zhī.
     um zu kommen Pron TAM kommen Pron dann ruhig Pron

     Wenn sich daher ferne Völker nicht unterwerfen lassen, dann pflege Kultur und Tugend, um sie zum Kommen zu veranlassen; hast du sie erst herangezogen, dann besänftige sie. (Lunyu 16.1)

(24) Jūnzǐ *zhèng* qí yī-guān, *zūn*   qí zhānshì
     Edler richtig sein Kleid-Hut würdevoll sein Anblick

     yǎn-rán rén wàng ér wèi zhī.   (Lunyu 20.2)
     wirklich Leute sehen und fürchten er

     Der Edle macht sich seine Kleider und seinen Hut zurecht und verleiht seiner Erscheinung eine solche Würde, daß die Leute, sobald sie ihn sehen, ihn wirklich fürchten/ehren.

2. Putativ

(25) Qí suǒ *shàn* zhě wú zé xíng zhī.　　　(Zuozhuan, Xiang 31)
　　　sein Rel* gut Nom ich dann realisieren Pron
　　　Was er für schön/gut hielt, das habe ich [für ihn] realisiert.

(26) Jiàn Táng Jiāng ér *měi* zhī.
　　　sehen Name Name und schön sie
　　　Er sah Tang Jiang und hielt sie für schön. (Zuozhuan, Xiang 25)

Selbst Nomina, ja sogar Eigennamen können unter Umständen als Verben begriffen werden:

(27) Pín qióng zé fù-mǔ bù *zǐ*. (Zhanguoce, Qince)
　　　arm arm dann Vater-Mutter Neg Sohn
　　　Wenn jemand arm ist, betrachten ihn die Eltern nicht als Sohn.

(28) Ěr yù *Wú wáng* wǒ hū? (Zuozhuan, Ding 10)
　　　du wollen Name König ich Quest
　　　Willst du mich zu einem König Wu machen? (d.h. Willst du mich gleich wie König Wu ermorden?)

Vor einem solchen Hintergrund erstaunt es weiter nicht, daß auch lokale Objekte im klassischen Chinesisch ohne weiteres unmarkiert hinter dem Verb stehen:

(29) Pì rú běichén *jū* qí suǒ.
　　　vergleichen wie Polarstern bleiben/wohnen sein Ort
　　　Er läßt sich mit dem Polarstern vergleichen, der an seinem Ort bleibt (und alle Sterne drehen sich um ihn). (Lunyu 2.1)

(30) Rén *zài* qí zhōng yǐ.
　　　Menschlichkeit s.befinden sein Mitte TAM
　　　Menschlichkeit befindet sich darin. (Lunyu 19.6)

(31) Jūnzǐ sī bù *chū* qí wèi.
　　　Edler denken Neg rausgehen, verlassen sein Platz
　　　Der Edle weicht selbst in Gedanken nicht von seinem Platz. (Lunyu 14.28)

(32) Zǐ *rù* dà miào
　　　Meister eintreten groß Ahnentempel
　　　Als der Meister in den großen Ahnentempel trat.... (Lunyu 3.15)

Die Tendenz, lokale Objekte unmarkiert hinter dem Verb erscheinen zu lassen, verstärkte sich noch in der späten Han-Zeit (um 200 n.Chr., vgl. S. 139f.), als die Präposition *yú*, die im klassischen Chinesisch zur Markierung eines lokalen Objekts herangezogen wurde, meist weggelassen wurde, da sie in der Zwischenzeit die Markierung zu vieler Kasus-Relationen (nebst der des Lokativs auch die Markierung des Dativ/Benefaktivs, des Agens und der Komparation) auf sich vereinigte, so daß ihre Setzung eher zur Mehrdeutigkeit denn zur Eindeutigkeit führte. Gleichzeitig nahm in dieser Zeit die Zahl der Co-Verben zu, was meine These vom Zusammenhang zwischen der großen

---

* *suǒ* markiert Relativsätze mit Objektskoreferenz.

Interpretationsbreite bei unmarkiert in der Objektsposition auftretenden Aktanten einerseits und dem Entstehen von Co-Verben andererseits stark unterstützt (vgl. S.25f.).

Der Unterschied zwischen intransitiv und transitiv/kausativ drückt sich in bestimmten Fällen auch durch eine andere Erscheinungsform des Verbs aus. So erscheint zumindest im klassischen Chinesisch *yǐn* als transitives Verb in der Bedeutung von "trinken" im dritten Ton, als kausatives Verb in der Bedeutung von "tränken" dagegen als *yìn* im sinkenden Ton (vgl. dagegen *yǐn* im modernen Chinesisch). Ähnliches gilt für das Paar *shí* (essen) und *sì* (füttern) oder *hǎo* (gut) und *hào* (lieben). Solche Ausspracheunterschiede finden sich noch heute vor allem in südchinesischen Dialekten wie z.B. im Kantonesischen, wo gewisse zu transitiven Verben gehörige Silben mit Verschluß im Auslaut einer zu einem intransitiven Verb gehörigen Silbe mit Nasal im Auslaut gegenüberstehen (vgl. T'sou 1974):

廣 *kwoŋ* (be wide)　　擴 *kwok* (to widen)
散 *saan* (be dispersed)　　撒 *saat* (to disperse)
堅 *gin* (be solid)　　給 *git* (to tighten)

Den Formen *yǐn/yìn*, *shí/sì*, *hǎo/hào* liegt ein Derivationsprinzip zugrunde, das von Wang Li (1958:213ff.) beschrieben wird, wo aus Basisformen mit den Tönen *pingsheng*, *shangsheng* und *rusheng* durch die Setzung des *qusheng* abgeleitete Formen entstehen. Diese Zusammenhänge wurden schon vorher einzelfallweise von Maspéro (1935) und Haudricourt (1954b:364) festgehalten. Wang Li ist jedoch der erste, der auch eine überzeugende Liste von Beispielen anführt, die von Downer (1959), auf den ich mich hier besonders abstütze, fortgesetzt wurde. Gleichzeitig konnte Downer auch einige theoretische Fragen genauer klären. Unger (1983a,b) zählt drei Arten von Variablen auf, wonach die in seiner Auflistung dritte Variante der Tonänderung den häufigsten Fall ausmacht, während die erste Variante der Veränderung des Vokalismus selten und die zweite Variante der Veränderung des Stammkonsonanten von mittlerer Häufigkeit ist. Die zweite Variante wird auch von Downer (1959:263) vorgestellt; sie läßt sich ohne weiteres mit dem Tonwechsel kombinieren:

糴 *d'iek* (to buy grain)　　糶 *t'ieu°* (to sell grain)
分 *pi̯uən* (to separate)　　份 *b'i̯uən°* (a share)
割 *kât* (to cut)　　害 *γâi°* (to injure)
感 *°kậm* (to move, affect)　　憾 *γậm°* (to be resentful)

---

*　Die Kreise in verschiedenen Positionen um die Silbe markieren entsprechend dem chinesischen Vorbild den Ton:

　　　　　　　shangsheng　o　　　o　*qusheng*
　　　　　　　　　　　　　Silbe
　　　　　　　pingsheng　o

Für den *rusheng* setzen wir kein Zeichen, da sich dieser durch das Vorhandensein eines Verschlußes im Auslaut genügend charakterisieren läßt.

Das Mittel des Tonwechsels bzw. des Anlautwechsels diente, wenn es überhaupt einen Unterschied bewirkte, zur Hauptsache entweder der Ableitung von Verben aus Nomina und *vice versa*, oder der Ableitung von transitiven/kausativen Verben aus intransitiven bzw. transitiven Verben und *vice versa*. Es folgen einige Beispiele zur Ableitung von transitiv/kausativen Verben aus Downer (1959:281f.):

觀	ˌkuân (to look at)	→	kuân° (to show)
近	ˌg'i̯ən (to be near)	→	g'i̯ən° (to approach)
沈	ˌd'i̯əm (to sink)	→	d'i̯əm° (to drown, immerse)
善	ˀzi̯än (to be good)	→	zi̯än° (to repair)

Die Datierung des Tonwechsels verweist uns mit Sicherheit in die Han-Zeit (möglicherweise sogar in die Spätzeit des klassischen Chinesisch; vgl. Downer 1959:265ff.). Zur Sui- und Tang-Zeit (581–907 n.Chr.) waren viele Zeichenlesungen mit Tonwechsel noch geläufig, andere jedoch überlebten nur als besondere Lesarten im Zusammenhang mit älteren Texten. In der darauffolgenden Song-Zeit schließlich empfand man bereits die Notwendigkeit, die *qusheng* Lesung zu bewahren – es wurden Listen mit diesen Lesarten publiziert (vgl. Downer 1959:267), was darauf hindeutet, daß der Tonwechsel spätestens zu dieser Zeit unproduktiv wurde. Es erscheint mir nicht unwahrscheinlich, daß die erste Blütezeit des Co-Verbs *bǎ* in der Tang-Zeit, das u.a. zur Markierung von direkten Objekten in präverbaler Position dient, mit der stetigen Abnahme der Produktivität des Tonwechsels zur Markierung u.a. von intransitiv vs. transitiv/kausativ zusammenhängt (zu *bǎ* vgl. Abschnitt 4.3., 5.4.).

Zum Schluß noch einige Bemerkungen über *dreiwertige Verben*. Wie das moderne Chinesisch kennt auch das klassische Chinesisch eine ganze Reihe von Verben des Gebens, die in einer *N V IO DO*-Konstruktion vorkommen können:

cì (geben, schenken), *xī* (id.), *yǔ* (予 , 与 , id.), *jiāo* (lehren), *chuán* (überliefern), *kuì* (schenken [Eßwaren an einen Höhergestellten]), *shǎng* (belohnen), *wèi* (geben, schenken), *xǔ* (versprechen), *gào* (sagen, berichten, ankünden), *yù* (sagen), *fēn* (verteilen, jdm. einen Teil geben), *chéng* (anbieten, überreichen), usf. (vgl. Peyraube (1988:87))

Damit aber nicht genug. Wie Wang Li (1981:250ff.) mit den folgenden zwei Beispielen zeigt können offenbar auch beliebige andere Verben mit zwei unmarkiert nachgestellten Objekten erscheinen (vgl. auch Peyraube 1988:88):

(33) Zhěn   xiōng   zhī   bì   ér   *duó*   zhī   shí.
krümmen ält.Bruder Poss Arm und stehlen ihm Essen
[Du] krümmst deinem älteren Bruder den Arm, um ihm Essen zu stehlen.

(34) Tiān   shēng   mín   ér   *lì*   zhī   jūn.
Himmel gebären Volk und stellen ihm Edler/Fürst
Der Himmel gebärt das Volk und setzt ihm Fürsten (Herrscher).

(Zuozhuan, Xiang 14)

Wie in Peyraube (1988:89ff.) geschildert, entfesselte diese Tatsache kürzlich in der chinesischen Linguistik eine größere Debatte:

(1) He Leshi (1980) und andere Autoren gehen in einem Beispiel wie (34) von einem direkten und einem indirekten Objekt aus.

(2) Ma Guodong (1980), Liu Baishun (1981) und andere Autoren interpretieren *zhī* als alternative zum Possessivzeichen der 3. Person *qí*.

Die Frage läßt sich, wie man mit Peyraube zugeben muß, nicht schlüssig klären. Immerhin aber zählt er einige Faktoren auf (p. 90f.), die eindeutig für eine IO-DO-Interpretation sprechen. Damit können also im klassischen Chinesisch auch Verben des Erhaltens zwei Objekte nach sich tragen. Zudem sind auch freie Dative wie in (34) möglich. Damit wird im klassischen Chinesisch die Möglichkeit, zwei unmarkierte Objekte in postverbaler Position zu setzen, großzügiger gehandhabt als im modernen Chinesisch, wo ein indirektes Objekt kaum in der Funktion eines freien Dativs auftreten könnte. Im Unterschied zu allen übrigen hier beschriebenen Sprachen sind im Chinesischen dreiwertige Verben als Maximalstruktur weit häufiger anzutreffen. Demzufolge bestätigt sich in dieser Sprache die Hypothese kaum, daß Co-Verben auch das Resultat einer Tendenz zur Vermeidung dreiwertiger Verben sind. Andererseits dürfte es nicht zuletzt der Einfluß des Co-Verbs (zuerst *yǔ*, dann *gěi*, vgl. Abschnitt 4.5.) gewesen sein, der eine Einschränkung der unmarkierten indirekten Objekte auf Verben des Gebens und des Erhaltens bewirkte.

2. Die Juxtaposition

Die möglichen semantischen Relationen zwischen markierungslos juxtaponierten Verben, Verbalphrasen und Serialisierungsperioden sind im Chinesischen recht vielfältig, wie man etwa aus den Arbeiten von Li und Thompson (1973, 1981) ersehen kann. In diesem Abschnitt werde ich versuchen, diese Relationen im Rahmen der Koordination und der Finalität zu besprechen, der auch bei den übrigen vier Sprachen dieser Arbeit zur Anwendung kommt. Die Unterscheidung zwischen einem lexikalischen, nicht oder kaum produktiven Teil, und einem offenen, syntaktischen Teil der Juxtaposition, bei dem im Unterschied zur lexikalischen Juxtaposition bestimmte Elemente zwischen V_1 und V_2 eingefügt werden können, ist im Chinesischen für die Koordination sinnvoll, für die Finalität dagegen fragwürdig, da sich kaum einschlägige Beispiele für die lexikalische Finalität finden lassen.

2.1. Koordination

Die Beispiele *lexikalischer Koordination* sind im Chinesischen ziemlich zahlreich; trotzdem lassen sich solche Komposita nicht frei bilden. Die lexikalische Koordination ist also nicht eigentlich produktiv, obwohl sie zuweilen zur Bildung von Neologismen herangezogen wird. Es folgen einige Beispiele zur lexikalischen Koordination:

chū-xiàn (rauskommen – erscheinen = zum Vorschein kommen, erscheinen, entstehen)
chū-shēng (id. – gebären, zur Welt bringen; wachsen = zur Welt kommen)
chū-mò (id. – versinken, verschwinden = erscheinen und verschwinden, kommen und gehen)
jū-zhù (wohnen, leben – wohnen, leben, bleiben = wohnen, residieren)
jū-liú (id. – bleiben = residieren, permanent wohnen)
shēng-huó (zur Welt kommen, leben – leben = leben)
pái-liè (anordnen, aufreihen – id. = id.)

tíng-zhǐ (aufhören, anhalten – anhalten, stillstehen = aufhören, einstellen)
tíng-liú (id. – bleiben = verweilen, für eine Weile stehen bleiben)
tiào-yuè (springen, hüpfen – id. = id.)
jiàng-luò (fallen, runterkommen – fallen = landen)
wò-dǎo (s.niederlegen – fallen = sich hinlegen)
shēng-cún (zur Welt kommen, leben – existieren = existieren)
fēn-sàn (teilen, aufteilen – verstreuen = verstreuen)
bēn-zǒu (schnell rennen – gehen, laufen = rennen, emsig umherlaufen)
xíng-zǒu (gehen – id. = id.)
yǐn-cáng (versteckt/verborgen sein – verstecken, verbergen = sich verstecken, verbergen)
duǒ-cáng (s.verstecken – id. = s.verstecken)
jiě-fàng (aufteilen, auflösen, öffnen [z.B. Schnürsenkel] – loslassen = befreien)
cāi-xiǎng (vermuten, erraten – denken, überlegen = vermuten)
pò-huài (brechen, zerstören – schlecht = zerstören, Schaden zufügen, verletzen [einen Vertrag])
lái-wǎng (kommen – gehen = kommen und gehen, hin und her gehen)
jìn-chū (eintreten – rausgehen = ein und aus gehen)

Bei der *syntaktischen Koordination* sind mehrere Relationen zwischen V_1 und V_2 denkbar, die allerdings alle mit der zeitlichen Abfolge der einzelnen Handlungen zu tun haben. Oft erscheint die zuerst erfolgende Handlung in der Wortfolge auch zuerst (vgl. hierzu auch Tai 1988):

(35a) Děng yíhuì(r)   qù. (Wait a while before you go!)
warten eine Weile gehen
Warte ein wenig und gehe dann!

(35b) Qù děng   yíhuì(r)! (Go and wait a while!)
gehen warten eine Weile
Gehe und warte dann eine Weile!   (Chao 1968:326)

Andererseits wird die Wortfolge irrelevant, wenn die zeitliche Abfolge zwischen den Handlungen von V_1 und V_2 unwichtig ist; Li und Thompson (1981:595) sprechen in diesem Zusammenhang von "alternating: the subject alternates between two actions". Das folgende, vielzitierte Beispiel, das offenbar von Li Fankuei stammt und in Chao (1968:326) zitiert wird, zeigt dies sehr schön:

(36a) Tā tiāntiānr *xiě*   *xìn huì*   *kè*.
er täglich   schreiben Brief empfangen Gast

(36b) Tā tiāntiānr *huì*   *kè xiě*   *xìn*.
er täglich   empfangen Gast schreiben Brief
Täglich schreibt er Briefe und empfängt Gäste, bzw.
Täglich empfängt er Gäste und schreibt Briefe.

Ebenso:

(37a) Tā *qí*   *mǎ chōu-yān*.
er reiten Pferd ziehen-Rauch

(37b) Tā *chōu-yān*   *qí*   *mǎ*.
er ziehen-Rauch reiten Pferd
Er reitet und raucht, bzw. Er raucht und reitet.

Beispiel (37) führt uns jedoch bereits in eine nächste mögliche Relation zwischen V_1 und V_2, in der V_1 die Umstände beschreibt, unter denen V_2 abläuft*. In einem solchen Fall spielt die Wortfolge eine Rolle, so daß nur noch (37a) in der Bedeutung von "Er raucht beim Reiten" möglich ist. Ein weiteres Beispiel hierzu ist das folgende:

(38) Wǒ dìdi   kāi-chē   chū-shì-le.
      ich jüng.Bruder fahren-Auto erleiden-Unfall-TAM
      Mein jüngerer Bruder erlitt beim Fahren einen Unfall.
                                (Li und Thompson 1981:596)

Einige Fälle wie die folgenden schließlich liegen wohl irgendwo zwischen Lexikon und Syntax:

(39) chī   hē   piáo   dǔ
      essen trinken Prostit.brauch. spielen
      essen, trinken, Prostituierte brauchen und [um Geld] spielen

(40) shēng   lǎo   bìng   sǐ
      geboren werden alt werden krank werden sterben
      zur Welt kommen, altern, krank werden und sterben

(41) chuī   pāi   piàn
      prahlen schmeicheln betrügen
      prahlen, schmeicheln und betrügen

2.2. Finalität

Wie zu Beginn dieses Abschnitts angetönt, beschäftige ich mich hier nur mit dem syntaktischen Teil der finalen Relation. Es ist interessant, daß diese Relation besonders dann auftritt, wenn V_1 eine Bewegungsrichtung zum Ausdruck bringt. Dabei ist die Wortfolge fest: Zuerst erscheint die Ausgangshandlung, dann das Ziel:

(42) Wǒ lái   tiàowǔ.
      ich kommen tanzen
      Ich komme zum Tanzen.

(43) Tā shàng-lóu   shuìjiào.
      er raufgehen-Treppe schlafen
      Er/sie ging hinauf, um zu schlafen. (Li und Thompson 1981:595)

(44) Tā dào Měiguó qù   kàn   péngyou.
      er nach Amerika gehen sehen Freund
      Er ging nach Amerika, um Freunde zu besuchen.

Allerdings ist die finale Relation zwischen V_1 und V_2 nicht an eine Bewegungsrichtung in V_1 gebunden, wie die folgenden Beispiele zeigen:

(45) Wǒmen kāihuì   jiějué zhèi ge wèntí.
      wir   Konferenz halten lösen Dem Kl Problem
      Wir halten eine Konferenz ab, um dieses Problem zu lösen.

---

* nach Li und Thompson (1981:595):
"Circumstance: the first verb phrase describes the circumstances under which the event in the second verb phrase or clause occurs."

(46) Tā xiǎng biān máoyī mài.
er denken nähen Wolljacke verkaufen
Er gedenkt eine Wolljacke zu nähen, um sie zu verkaufen. (Erbaugh 1982:23)

(47) Wǒmen yǎng zhū chī.
wir aufziehen Schwein essen
Wir ziehen Schweine auf, um sie zu essen.

Natürlich braucht der Unterschied zwischen Koordination und Finalität durchaus nicht immer eindeutig zu sein. In den folgenden beiden abschließenden Beispielen sind beide Interpretationen möglich:

(48) Wǒ mǎi piào jìn-qù.
ich kaufen Billett eintreten-gehen
– Ich kaufte ein Billett und ging hinein.
– Ich kaufte ein Billett, um hineinzugehen.

(49) Bàba dài yǎnjīngr kànshū.
Vater tragen Brille lesen
– Vater trägt eine Brille und liest.
– Vater trägt eine Brille, um zu lesen.
– ja sogar: Vater liest mit einer Brille.

3. Die modifizierende Verbserialisierung

3.1. Verben als Modifikatoren des Hauptverbs

Im modernen Chinesischen kommt es nicht allzu häufig vor, daß ein Verb ein zweites ohne Markierung modifiziert. Da die präverbale Verbmodifikation die unmarkierte ist, werde ich diese zuerst beschreiben, um hernach einige Bemerkungen zur postverbalen Modifikation folgen zu lassen. Gleich vorwegnehmend sei noch angefügt, daß ich in diesem Abschnitt nicht gedenke, auf alle möglichen Details einzugehen, die in der chinesischen Linguistik unter der Sammelsurium-Kategorie "Adverb" zusammengefaßt werden; ich werde mich folglich auf den für die Verbserialisierung wesentlichen Teil konzentrieren, bei dem ein Verb das andere modifiziert.

In der *präverbalen Modifikation* möchte ich zuerst mit Zhu Dexi (1961) zwischen einsilbigen und zweisilbigen modifizierenden Verben unterscheiden. Bei den einsilbigen verbalen Modifikanten gilt es weiter, rein lexikalische Konstruktionen, in denen ein bestimmtes Verb nur mit einem – vielleicht mit einigen wenigen – Verben zusammen als Modifikant erscheint, und syntaktische Konstruktionen auseinanderzuhalten, in denen ein bestimmtes Verb grundsätzlich bei allen Verben als Modifikant auftreten kann, sofern dies semantisch zulässig ist. Bei der lexikalischen Modifikation sind nur einsilbige Bezugsverben möglich, so daß daraus neue zweisilbige Wörter entstehen, die immerhin den größten Teil des chinesischen Wortschatzes ausmachen. Hierzu ein Beispiel:

(50) cū kàn yí xià
grob/dick/weit schauen ein Q
einen groben Blick werfen auf etw.

Die für unsere Zwecke interessantere Klasse der autonomen verbalen Modifikanten ist nicht sehr hoch; sie dürfte etwa 20 einsilbige Verben umfassen.
Zur Illustration hierzu zwei Beispiele mit *bái* (weiß; vergeblich, gratis):

(51) Zhèi zhǒng xuè shì *bái* liú de ma?
 Dem Kl Blut ist vergeblich fließen Nom Quest
 Ist dieses Blut *vergeblich* geflossen? (Alleton 1972:174)

(52) Nǐ *bái* hē-guo wǒ duōshao wǎn chá?
 du gratis trinken-TAM ich wieviel Schale Tee
 Wieviele Schalen Tee hast du schon gratis bei mir getrunken? (ibid.,175)

Von den zweisilbigen Verben, die eine Qualität ausdrücken, erscheinen die meisten auch als Modifikanten. Dabei zeigen sich viele mit de (地) – dem Zeichen für verbale Modifikation, das bei einigen Verben sogar obligatorisch zu sein scheint. Offenbar zieht die Sprache zweisilbige Modifikanten vor; dies mag zumindest der Grund dafür sein, weshalb viele einsilbigen Verben erst in reduplizierter Form* (eventuell mit *de*) in der präverbalen Position als Verbmodifikanten auftreten dürfen:

(53) Tā dào xīwàng Hú gūniang *kuàikuài* jìn wū qù.
 er trotzdem hoffen Name Fräulein schnell eintreten Zimmer hin
 Er hoffte trotzdem, daß Fräulein Hu schnell in sein Zimmer hineinginge.
 (Zhu Dexi 1961)

(54) Tā *xìxi* kàn-le kàn.
 er genau schauen-TAM schauen
 Er schaute genau. (ibid.)

(55) Tā *kuàikuài-(de)* zǒu.
 er schnell-Mod gehen
 Er ging schnell.

Mit der Zunahme der Übersetzungsliteratur aus westlichen Sprachen stieg auch die Zahl der als Modifikanten auftretenden zweisilbigen Verben gewaltig an. Diese werden in der Regel mit *de* markiert, das in der Putonghua in zunehmendem Maße obligatorischer zu werden scheint**:

(56) *shuǎng lǎng de xiào* (strahlend lachen)
 wánqiáng de zhàndòu (verbissen kämpfen)

(57) Péngyou-men *rèliè-de* huānyíng wǒmen.
 Freund-Pl warm/herzlich willk.heißen wir
 Die Freunde hießen uns herzlich willkommen.

(58) Dàifu *qīngchu-de* xiě-le liǎng ge zì: shǒu shù.
 Arzt deutlich-Mod schreib-TAM zwei Kl Zeichen Operation
 Der Arzt schrieb klar und deutlich zwei Zeichen: "Operation".

---

* Allerdings werden zuweilen auch zweisilbige Verben nach dem Muster AABB redupliziert: *kuàilè* (glücklich) – *kuàikuailèlè-de*; *shūfu* – *shūshufúfú-de* (angenehm, komfortabel)

** Dies mag auch der Grund dafür sein, weshalb die obigen Beispiele (53) und (54) aus Zhu (1961) noch ohne *de* aufgeführt werden, während bei Li und Thompson (1981:322f.) der Eindruck entsteht, daß das Anfügen von *de* an ein redupliziertes Verb zur Bildung von Modifikanten obligatorisch ist.

(59) Lǎo Wáng *tǎnrán-de* xiào-le.
 alt Name ruhig-Mod lachen-TAM
 Der alte Wang lachte ruhig (vor sich hin).

(60) Māma *wēnhé-de* shuō...
 Mutter sanft/zärtlich sagen
 Sanf/zärtlich sagte die Mutter...

(61) Tā *xīngfèn-de* pǎo jìn lái.
 er begeistert-Mod rennen eintreten her
 Er rannte begeistert/aufgeregt herein.

(62) *xiángxì-de cháwèn* (detailliert untersuchen), *rènzhēn-de yánjiū* (gewissenhaft erforschen), *chèdi-de jiějué* (gründlich lösen), etc.

(63) Wǒmen yào *qièshí-de* bāngzhù tāmen jiějué yìxiē wèntí.
 wir wollen praktisch/realistisch helfen sie lösen einige Problem
 Wir wollen ihnen praktisch/realistisch helfen, einige Probleme zu lösen.

Schließlich können auch komplexere Fügungen einem Verb mittels de zur Modifizierung vorangestellt werden:

(64) Bèi yāpò rénmin *yǒnggǎn jīzhì-de* jìnxíng dòuzhēng.
 Pass unterdrück. Volk mutig widerstandsfähig-Mod realisieren Kampf
 Das unterdrückte Volk geht mutig und widerstandsfähig in den Kampf.

(65) *shuō bu chū-de* gāoxìng
 sagen Neg ausdrücken-Mod glücklich
 unsäglich glücklich

(66) Tā *shēn wéi gǎndòng-de* wò-zhe tā péngyou de shǒu.
 er tief sein bewegt-Mod schütteln-TAM er Freund Attr Hand
 Er schüttelte seinem Freund tiefbewegt die Hand.

(67) Tā *xiàng xiǎo niǎo sì-de* fēi-huí-le jiā.
 er gleichen klein Vogel gleichen-Mod fliegen-zurückkehren-TAM Haus
 Er flog wie ein kleiner Vogel nach Hause.

(68) Yǒu xiē shēngchǎn xiàngmù yào *yǒu jìhuà*
 Es gibt einige Produktion Bereich Fut haben Plan

 yǒu bùzhòu-de fāzhǎn.
 haben Schritt-Mod s.entwickeln
 Einige Produktionsbereiche werden sich planmäßig und Schritt für Schritt entwickeln.

Besonders in der politischen Rhetorik erscheinen auch mehrere mit de markierte Modifikatoren vor einem Verb:

(69) Zhōngguó gémìng de wénxuéjiā, yìshùjiā, ... bìxū
 China Revolution Attr Literat Künstler müssen

 chángqī-de wú tiáojiàn-de quánxīn quányì-de
 lange Zeit-Mod nicht hab Umstände-Mod ganzes Herz ganzer Verstand-Mod

dào gōng-nóng   zhōng qù,   dào huǒrè de dòuzhēng zhōng qù.
zu Arbeiter-Bauer Mitte gehen zu feurig Attr Kampf   Mitte gehen
Die Literaten und Künstler, ... der chinesischen Revolution müssen für längere
Zeit, ohne Umstände, mit Leib und Seele unter die Arbeiter und Bauern gehen, in
den feurigen Kampf gehen.

Auch in unpolitischen Texten dient das Mittel der Mehrfachmodifizierung in neuerer Zeit zur Belebung des Textes:

(70)   Tā gāngcái *méi*   *fēi*   *sè*   *wǔ-de*
        er soeben Augenbrauen fliegen Farbe/Gesichtsausdruck tanzen-Mod

        bǎ shìqing de   jīngguò *xiángxì-de* jiǎng-le   yìbiān.
        CoV Sache   Attr Verlauf genau-Mod   erklären-TAM Part/einmal
        Er hat soeben verzückt und frohlockend den Verlauf der Dinge genauestens erklärt.

Die *postverbale Modifikation* erfolgt außer in lexikalischen Fällen – d.h. bei zweisilbigen Verben – und bei Resultativ-Konstruktionen (s. Abschnitt 3.2.) nie unmarkiert.

In Fällen wie z.B. *gǎi-liáng* (verändern – gut = verbessern) läßt sich nichts zwischen die beiden Verben einfügen, nicht einmal ein *de* oder ein *bu* (Neg) wie bei der Resultativ-Konstruktion; zudem stehen nominale Objekte erst nach diesem Verbtyp:

(71)   *gǎi-liáng*   zhèngzhì zhìdù
        verbessern   Politik System
        das politische System verbessern

Damit bleibt einem nichts anderes übrig, als hier von einem einzigen Verb im lexikalischen Sinne zu sprechen, dessen Elemente historisch gesehen in der Relation Modifikatum-Modifikans stehen.*

Noch etwas komplizierter steht die Sache bei Beispielen wie *tí-gāo* (heben – hoch = erhöhen, s.erheben), *shǎn-kāi* (zurückweichen, ausweichen, aus dem Weg gehen), die sich einerseits zwar als Resultativ-Konstruktion begreifen lassen (Def. s.S.101), andererseits aber selbst wieder als kompaktes Verb Teil einer komplexeren Verb-Konstruktion sein können: *tígāo dào* (s. erheben bis), *shǎnkāi zài* (sich zurückziehen nach) (vgl. Cartier 1972:146). Zudem läßt sich die Resultativ-Konstruktion *tígāo* zusammen mit anderen, ähnlichen Fügungen wie z.B. *juédìng* (beschließen) als Nomen interpretieren, was noch einmal Zeugnis von der größeren Kompaktheit dieser Strukturen ablegt.

Abgesehen von diesen Beispielen – 1. lexikalische Modifikation, 2. Fügungen zwischen Lexikon und Resultativ-Konstruktion, 3. Resultativ-Konstruktion – erscheint ein Modifikant, wie oben bemerkt wurde, nie unmarkiert in der postverbalen Position. Das Zeichen, das zur Markierung dieser sog. "Komplemente des Grades" (vgl. Cartier 1972:35ff.) herangezogen wird, ist einmal mehr *de*, das sich diesmal jedoch vom Verb *dé* (erlangen, erreichen) ableitet und mit dem entsprechenden Zeichen (得) verschriftet wird. Wir werden *dé/de* nochmals in der Resultativ-Konstruktion zum einen als V_2 und zum anderen als tonloses Element zwischen V_1 und V_2 zum Ausdruck des positiven Potentialis (s.S.101ff.) begegnen. Dort werden wir auch die Abgrenzung

---

* Chao (1968:435ff.) spricht von "solid V-R compounds" im Gegensatz zu den "infixable V-R compounds", wo *de* bzw. *bu* zwischen V_1 und V_2 eingefügt werden können (= Resultativ-Konstruktionen in unserem Sinne, vgl. 3.2.), und den "expandable V-R compounds", die im wesentlichen unseren "Komplementen des Grades" entsprechen.

zwischen Konstruktionen des Komplements des Grades und der Resultativ-Konstruktion vornehmen.

Doch nun zum Komplement des Grades. Grundsätzlich läßt sich jeder präverbale Modifikant in die postverbale Position verschieben. Der bedeutungsmäßige Unterschied liegt einmal darin, daß die postverbale Position markierter ist; oft erscheint die postverbale Modifikation ausgesuchter, gewählter, manchmal auch etwas snobistisch. Andererseits schwingen bei diesem Stellungsunterschied auch an die Wortstellung geknüpfte ikonische Gründe mit, wie Tai (1988) gezeigt hat:

(72) Tā *hěn kuài-de* pǎo-le. (He ran away very quickly.)
 er sehr schnell-Mod rennen-TAM

(73) Tā pǎo *de hěn kuài*. (He runs fast.) (Tai 1988:56)
 er rennen Komp sehr schnell

Tai geht davon aus, daß sich die Reihenfolge der Handlungen in der Wortfolge spiegelt, so daß die zuerst erfolgende Handlung auch sprachlich zuerst ausgedrückt wird. Dies führt ihn zur folgenden Interpretation der obigen Beispielsätze:

> "The sentence (72) describes a particular event at a specific time. It can be paraphrased as 'he took a very quick action to run away'. In other words, at a specific point of time and in a quick manner, the actor performed the action of 'running away'. The moment before the action of 'running away' took place, he had to initiate this action quickly. Thus the state of initiating an action quickly precedes the performance of the action. ... Sentence (73) is a general statement regarding the quality of 'run' and need not be bound by a particular event at a specific time." (p.56)

Es folgen drei weitere Beispiele von Komplementen des Grades:

(74) Tā xiě zì xiě *de hěn qīngchu*.
 er schreiben Zeichen schreiben Komp sehr klar
 Er schreibt sehr klar.

(75) Tā bǎ zhèi zhǒng qíngkuàng miáoxiě *de hěn zǐxì*.
 er CoV Dem Kl Zustand beschreiben Komp sehr genau
 Er hat diesen Zustand sehr genau beschrieben.

(76) Tā jué *de bù shūfu*.
 er fühlen Komp Neg wohl/gut
 Er fühlt sich nicht wohl.

Das Komplement des Grades erlaubt jedoch nicht nur einzelne Verben als Modifikanten, sondern auch komplexere Strukturen, wie die folgenden abschließenden Beispiele zeigen:

(77) Tā shuō *de shéi dōu xiào qǐlái*.
 er sagen Komp wer alle lachen anfangen
 Er redete so, daß jedermann anfing zu lachen. (Cartier 1972:35)

(78) Tā lèi *de bù néng shuōhuà* le.
 er müde Komp Neg können reden TAM
 Er ist so müde, daß er nicht mehr reden kann. (Tai 1988:60)

(79) Tā bǎ nǐ xiǎng *de fàn dōu bù kěn chī*.
 sie CoV du vermissen Komp Speise alle Neg wollen essen
 Sie vermißte dich so sehr, daß sie nicht einmal essen wollte. (Li und Thompson 1981:469)

(80) Háizi-men tīng gùshi   tīng de bù xiǎng huí   jiā.
      Kind-Pl   hören Geschichte id. Komp Neg denken zurückgehen Haus
      Die Kinder waren so vertieft ins Geschichten Hören, daß sie nicht mehr daran
      dachten, nach Hause zu gehen.

3.2. Die Resultativ-Konstruktion

Literatur zur Resultativ-Konstruktion finden wir in Chao (1968:435-480), in Li und Thompson (1981:54–68) und in Jachontov's (1957) Abhandlung über das chinesische Verb. An einzelnen Artikeln sind etwa Yu Jianping, Lee (1976), Light (1977) und Lu (1977) zu erwähnen. Die wohl wesentlichste Studie zu diesem Thema ist jedoch zweifellos noch immer Cartier (1972), die mich beim Verfassen dieses Abschnitts stark beeinflußte.

Zu Beginn scheint mir der Begriff der "Resultativ-Verben im weiteren Sinne" (les verbes résultatifs au sens large) erwähnenswert, der die Resultativ-Konstruktion in unserem engeren Sinn und die direktionalen Verben zusammenfaßt*. Wie sich in diesem Abschnitt zeigen wird, reichen einige direktionale Verben in den Bereich der Resultativ-Konstruktion im engeren Sinn. Die übrigen Formen der Resultativ-Konstruktion im weiteren Sinne und die damit verbundenen Unterscheidungskriterien werden erst im nächsten Abschnitt besprochen (s. 3.3.). Die *Resultativ-Konstruktion* läßt sich definieren als eine aus zwei Verben (V_1 und V_2) bestehende Konstruktion, die sich durch das Einfügen von *de* bzw. *bu* (Negation) in eine *Potential-Konstruktion* überführen läßt**. Dabei drückt V_2 ein Resultat zur Verbalhandlung von V_1 aus, daher die Bezeichnung "resultativ". Die Wechselbeziehung zwischen Resultativ- und Potential-Konstruktion wurde vor Cartier nicht allgemein anerkannt, scheint sich aber seither als notwendig aufzudrängen***.

Die Potential-Konstruktion liefert in ihrer positiven Form mit *de* die zusätzliche Information der Möglichkeit, in ihrer negativen Form mit *bu* (nicht), die Information der Unmöglichkeit. Die Potential-Konstruktion unterscheidet sich bedeutungsmäßig von der Hilfs- oder Modalverb-Konstruktion mit einem Verb wie z.B. *néng* (können) dadurch, daß die Potential-Konstruktion darauf verweist, ob das in V_2 ausgedrückte Resultat erreicht werden bzw. eintreten kann oder nicht. Damit läßt sich die Potential-Konstruktion wohl am genauesten mit den Begriffen "erreichbar, nicht erreichbar" eingrenzen.

(81a) Tā tiào   bu guòqù.   (Li und Thompson 1981:56)
       er springen Neg überqueren-gehen
       Er/sie kann nicht darüber springen.

---

* Diese Zusammenfassung ist jedoch nicht so neu; vgl. etwa Jachontov (1957:159f.). Chao (1968:435–480) behandelt die Resultativ-Konstruktion in unserem engeren Sinne, die Potential-Konstruktion und die direktionalen Verben unter dem gleichen Oberbegriff "verb-complement compounds".
** "On appelle verbes résultatifs l'ensemble de formes à deux éléments susceptibles de se transformer en verbes potentiels par l'insertion de *de* ou *bu*." (Cartier 1972:33)
*** Cartier verweist hier auf Jimmy Wang Pengling (1962), The resultative construction type in Chinese, Master of Arts Thesis, Cornell University, unpublished, die mir leider nicht zugänglich war, und Simon (1958), die beide diesen Zusammenhang schon vor ihr gesehen hatten. Eine Gegenposition hierzu vertritt etwa Lu (1977), der nur mit semantischen Kriterien argumentiert, bei denen V_2 ein Resultat zu V_1 ausdrückt.

(81b) Tā bù néng tiào guòqù.
er Neg können springen überqueren-gehen
Er/sie kann nicht darüber springen (weil er/sie z.B. das Bein gebrochen hat).

(81a) unterscheidet sich dadurch von (81b), daß in (81a) die Verbalhandlung von V_1 bereits angefangen wurde, jedoch nicht zum in V_2 ausgedrückten Resultat gelangen konnte, während in (81b) die ganze Handlung V_1 als solche unmöglich ist bzw. nicht realisiert werden kann (vgl. Light 1977). Die Silbe *de* wird mit (得) verschriftet, also mit dem gleichen Zeichen wie das Komplement des Grades. Diese Ableitung von *de* aus *dé* (erlangen, erreichen) fügt sich bestens in die Bedeutung des Erreichbaren, die der Potential-Konstruktion eigen ist. Da sich bei den Resultativ-Konstruktionen im Unterschied zu den direktionalen Verben (vgl. 3.3.) außer den beiden potentialen Elementen *de* und *bu* nichts einfügen läßt, werden diese bei gewissen Grammatikern wie etwa bei Chao (1968:437f.) auch als Infixe bezeichnet. Allfällige zusätzliche Aktanten werden bereits mittels eines Co-Verbs vorangestellt. Aus diesem Grunde spricht Cartier auch von "verbes indissociables".

Der Unterschied zwischen *de* in der Potential-Konstruktion und *de* bei Komplementen des Grades zeigt sich in der Negation auch formal, wenn bei der Resultativ-Konstruktion nur *bu*, beim Komplement des Grades dagegen *de bu* steht:

(82) Tā zhǎo bu zháo.
er suchen Neg finden
Er kann [es] nicht finden.

(83) Tā zǒu de bú kuài.
er gehen Komp Neg schnell
Er geht nicht schnell.

Abgesehen davon erlaubt *de* bei Komplementen des Grades komplexere Modifikanten als nur gerade ein V_2 im Falle der Resultativ-Konstruktion. Man könnte sich somit *de* bei Komplementen des Grades als Funktionserweiterung von *de* bei Potential-Konstruktionen vorstellen. Dies nicht zuletzt deshalb, weil es in der positiven Form durchaus doppeldeutige Fälle gibt, die erst in der Negation desambiguiert werden:

(84) Tā zǒu de kuài. – Er rennt schnell.
er rennen schnell – Er kann schnell rennen.

Bevor ich nun in meinen Darstellungen zur Resultativ-Konstruktion fortfahre, möchte ich hier ein Beispiel für den Zusammenhang zwischen der Resultativ- und der Potential-Konstruktion vorführen:

(85a) Tā *kàn - pò*.
Er sehen - brechen
Er ist desillusioniert. [Resultativ]

(85b) Tā *kàn de pò*.
er sehen brechen
Man kann ihn desillusionieren. [Potential]

(85c) Tā *kàn bu pò*.
er sehen Neg brechen
Man kann ihn nicht desillusionieren [Potential]

Die Resultativ-Konstruktion nimmt zudem eine interessante Zwischenstellung zwischen Lexikon und Syntax ein. Die Zahl der möglichen V_2 ist zwar beschränkt – insgesamt handelt es sich wohl um ca. 100 – und auch die Kombinationsmöglichkeiten von V_1 mit V_2 sind nicht beliebig, wobei sich gewisse V_2 mit recht vielen V_1 verbinden lassen, andere dagegen nur mit sehr wenigen.* Damit ist die Zahl der möglichen Resultativ-Konstruktionen recht eindrücklich, jedoch letztlich nicht offen.** Es ist somit nicht erstaunlich, wenn die meisten Lehrbücher darauf bestehen, daß Resultativ-Konstruktionen zumindest von Anfängern einzelfallweise als lexikalische Einheiten zu lernen seien. Während allerdings Chao (1968:435ff.) und Li und Thompson (1981:54ff.) diese Konstruktion unter der Rubrik "verbal compounds" aufführen, erscheint mir Cartier mit dem Vorschlag einer Zwischenposition wesentlich zutreffender:

> "Tel est donc la situation en chinois: il existe entre les véritables synthèmes (verbes unitaires composés) et les syntagmes libres une classe de verbes qui possèdent à la fois les traits de synthèmes et de syntagmes." (Cartier 1972:149)

Immerhin scheinen sich alle in der westlichen Tradition stehende Autoren darin einig zu sein, daß Resultativ-Konstruktionen eine zusammengehörige Einheit bilden, während andererseits die chinesischen Linguisten V_2 als Komplemente (*bǔyǔ*) bezeichnen. Als ein Beispiel von vielen sei hier Liu Yuehua (1983:329ff.) erwähnt, bei dem von einem *jiéguǒ bǔyǔ* (Komplement des Resultats) die Rede ist. Auch Chao geht mit seiner Bezeichnung "verb-complement compounds" diesen Weg. Einer der wenigen chinesischen Autoren, der diesen Weg nicht geht, scheint Lü Shuxiang (1979:75) zu sein, der die Resultativ-Konstruktionen *dòngcí duǎnyǔ* (Verbalphrasen) nennt.

Zum Schluß dieses Abschnitts möchte ich einige V_2 in alphabetischer Reihenfolge vorstellen, die in Resultativ-Konstruktionen auftreten können. Diese Liste erhebt jedoch in keiner Art und Weise den Anspruch auf Vollständigkeit; im Gegenteil, es sollen nur eine größere Anzahl wesentlicher Beispiele herausgegriffen werden. Alle Beispiele gehören in der Terminologie von Cartier zur Kategorie der "formes indissociables"***.

1. *bǎo* (gesättigt, satt)
   chī-bǎo (essen – s.satt essen).

2. *chéng* (vollenden, erlangen, erreichen; werden)
   biàn-chéng (verändern – verändern zu), *dǎ-chéng* (schlagen – bilden, formen), *fān-chéng* (übersetzen – übersetzen in), *shēng-chéng* (geboren werden – geboren werden als, zur Welt bringen), *xué-chéng* (lernen – lernen [um einen bestimmten Beruf auszuüben]), *zuò-chéng* (machen, tun – umformen, verändern zu).

3. *dà* (groß)
   fàng-dà (freilassen, ausdehnen – vergrößern), *yǎng-dà* (ernähren, sorgen für – groß ziehen, aufziehen), *zhǎng-dà* (lang – groß werden, wachsen).

---

* *chéng* (vollbringen, gelingen, werden) läßt sich nach Cartiers Liste (1972:183ff.) mit 63 V_1, *dào* (gelangen nach, gelingen) mit 74 V_1, *hǎo* (gut) mit 79 V_1, *zhù* (wohnen, leben, bleiben) mit 85 V_1 und *wán* (vollenden) mit 51 V_1 kobinieren. Auf der anderen Seite erscheinen V_2 wie *dī* (niedrig), *dǒng* (verstehen) nur mit zwei V_1 bzw. *hóng* (rot) gar mit nur einem V_1.

** Li und Thompson's (1981:54) Äußerung "given the appropriate verb, one can freely create new resultative verb compounds" ist zu optimistisch.

*** Die Feinunterscheidung zwischen "formes indissociables non autonomes" und "composés indissociables autonomes" bleibt hier unberücksichtigt. Genaueres zur Ausgrenzung der direktionalen Verben s. im folgenden Abschnitt 3.3.

4. *dǎo* (fallen, umfallen; umwerfen)
   dǎ-dǎo (schlagen – niederschlagen), *diē-dǎo* (stolpern – durch stolpern zu Fall kommen), *kǎn-dǎo* (fällen – fällen), *yūn-dǎo* (schwindlig – das Bewußtsein verlieren, in Ohnmacht fallen), *jiǎng-dǎo* (erklären – überzeugen), *shuō-dǎo* (reden – überzeugen).

5. *dào* (ankommen, gelangen nach):
   dé-dào (erlangen, erreichen – id.), *gù-dào* (s. nach allen Seiten umsehen, s. sorgen um – s.kümmern/sorgen um), *guī-dào* (zurückkehren – zurückkommen), *huà-dào* (malen – zeichnerisch festhalten), *jiàn-dào* (sehen – zu Gesicht bekommen), *kàn-dào* (sehen, ansehen – verstehen, sehen), *mǎi-dào* (kaufen – s. [durch Kauf] verschaffen), *tīng-dào* (hören – zu hören bekommen), *wén-dào* (riechen – zu riechen bekommen), *xún-dào* (suchen – finden), *pèng/yù-dào* (treffen – begegnen).

6. *dé* (erlangen, erreichen)
   chī-dé (essen – eßbar), *dǒng-dé* (verstehen – id.), *jì-dé* (s.erinnern – in den Sinn kommen, s. erinnern können), *jiàn-dé* (sehen – sehen können), *kàn-dé* (anschauen – sehen, erblicken), *qǔ-dé* (nehmen – erlangen [Sieg]), *rèn-dé* (kennen – id.), *tīng-dé* (hören – verstehen), *xiǎo-dé* (klar, begreifen – wissen, begreifen), *yào-dé* (wünschen – wünschbar), *zhí-dé* (wert sein, verdienen – s.lohnen), *zuò-dé* (machen – machbar, zulässig).

7. *diào* (fallen; i.S. von etwas verschwindet/wird unsichtbar durch die Handlung von V_1)
   diū-diào (verlieren – verlieren, verlegen, wegwerfen), *rēng-diào* (werfen, schleudern – wegwerfen), *pǎo-diào* (rennen, laufen – weglaufen), *shā-diào* (töten – id.), *sǐ-diào* (sterben – id.), *yòng-diào* (brauchen, verwenden – aufbrauchen, verbrauchen).

8. *duǎn* (kurz)
   jiǎn-duǎn (schneiden – kurz schneiden).

9. *gān* (trocken, leer)
   cā-gān (wischen, reinigen – abtrocknen, trocken wischen), *hē-gān* (trinken – leer trinken).

10. *guāng* (hell, leuchtend; leer)
    chī-guāng (essen – aufessen, alles essen), *mài-guāng* (verkaufen – völlig ausverkaufen), *shā-guāng* (töten – alles umbringen), *yòng-guāng* (brauchen – alles aufbrauchen).

11. *hǎo* (gut)
    bǎi-hǎo (aufstellen, anordnen, arrangieren – gut arrangieren), *chī-hǎo* (essen – fertig essen), *chuān-hǎo* (s.kleiden – s.gut kleiden), *jiāo-hǎo* (lehren, unterrichten – gut/fertig unterrichten), *shuì-hǎo* (schlafen – eingeschlafen sein, gut schlafen), *tǎo-hǎo* (zureden – schmeicheln), *xiě-hǎo* (schreiben – fertig schreiben), *yùbèi-hǎo* (s. vorbereiten – s. gut vorbereiten).

12. *kāi* (öffnen, s.ausbreiten)
    fàng-kāi (loslassen, legen – öffnen; loslassen, im Stich lassen), *pī-kāi* (spalten – gespalten), *zhēng-kāi* (die Augen aufreißen – id.), *mà-kāi* (schimpfen – heftig schimpfen), *shuō-kāi* (reden – offen sprechen), *wèn-kāi* (fragen – anfangen, sich zu fragen).

13. *mǎn* (voll)
diǎn-mǎn (füllen), *duī-mǎn* (aufhäufen – überall aufhäufen), *sǎn-mǎn* (s. ausbreiten – s.überall ausbreiten).

14. *píng* (flach, eben)
dǎ-píng (schlagen – flach schlagen), *tǎng-píng* (liegen – s.flach hinlegen), *lā-píng* (ziehen – etw. flach ziehen, ziehen, bis etw. glatt ist).

15. *pò* (zerstören, vernichten, brechen)
dǎ-pò (schlagen - zerschlagen), *lā-pò* (ziehen – etwas kaputt ziehen), *sī-pò* (zerreissen – id.), *wán-pò* (spielen – etw. "kaputt spielen", mit etw. spielen, bis es kaputt ist).

16. *sǐ* (sterben)
bìng-sǐ (krank sein – an einer Krankheit sterben), *dǎ-sǐ* (schlagen – totschlagen), *dòng-sǐ* (zufrieren, erstarren – erfrieren), *è-sǐ* (hungern – verhungern).

17. *suì* (zerbrochen)
shuāi-suì (zerschlagen), *sī-suì* (zerreissen), *zá-suì* (zerbrechen).

18. *tòu* (eindringen, durchdringen)
cāi-tòu (raten – erraten, herausfinden), *kàn-tòu* (sehen – bis in die Tiefe verstehen, durch und durch verstehen), *shī-tòu* (naß – völlig durchnäßt).

19. *wán* (beenden)
chī-wán (essen – fertig essen), *dú-wán* (lesen – bis zum Schluß lesen, zuende lesen), *jiǎng-wán* (reden – fertig reden), *kū-wán* (weinen – fertig weinen, aufhören zu weinen), *zuò-wán* (machen – fertig machen, erledigen), *mài-wán* (verkaufen – ausverkaufen), *shōu-wán* (ernten – fertig geerntet), *xiě-wán* (schreiben – fertig schreiben), usf.

20. *zháo* (ergreifen)
cāi-zháo (raten – erraten), *jiàn-zháo* (sehen – erblicken), *jiè-zháo* (borgen – geborgt erhalten), *mǎi-zháo* (kaufen – s.käuflich erwerben), *zhǎo-zháo* (suchen – finden).
zháo (einschlafen)
shuì-zháo (schlafen – einschlafen).

21. *zhèng* (richtig, korrekt)
gǎi-zhèng (ändern – korrigieren, richtigstellen), *lì-zhèng* (stehen – aufrecht stehen), *zuò-zhèng* (s.setzen – s. korrekt/gerade hinsetzen), *fàng-zhèng* (legen – korrekt hinlegen).

22. *zhù* (leben, wohnen, stehenbleiben)
ná-zhù (nehmen – festhalten, ergreifen), *zhàn-zhù* (stehen – stehenbleiben).

23. *zú* (genug)
chī-zú (essen – genug essen), *shuì-zú* (schlafen – genug schlafen), *zhī-zú* wissen – genug wissen), *zuò-zú* (tun – genügend tun).

Direktionale Verben in der Resultativ-Konstruktion:

24. *guò-lái* (vorbeigehen – kommen = bewußt werden, zum Bewußtsein kommen)
míng-guòlái (verstehen – erwachen, s.bewußt werden), *qīngxǐng-guòlái* (wach sein – erwachen), *yúkuài-guòlái* (fröhlich – fröhlich werden).

25. *guò-qù* (vorbeigehen – gehen = das Bewußtsein verlieren)
    sǐ-guòqù (sterben – id.), *yùn-guòqù* (schwindlig – in Ohnmacht fallen, wegtaumeln).

26. *lái* (kommen: erhalten, erlangen [für sich])
    dé-lái (erhalten, erlangen), *jiè-lái* (leihen – geliehen bekommen), *mǎi-lái* (s.kaufen, gekauft bekommen), *tīng-lái* (hören – erfahren [eine Nachricht]), *xué-lái* (lernen – für sich lernen), *xún-lái* (suchen - finden), *zhǎo* (suchen – finden).

27. *qǐ* (sich erheben)
    duī-qǐ (aufhäufen), *hēi-qǐ* (schwarz – s.verdüstern [Gesichtsausdruck]), *sǒng-qǐ* (ansteigen, s.erheben – id.), *měng-qǐ* (wild – sich ein Herz fassen).

28. *qǐlái* (s.erheben, anheben zu, anfangen zu, werden)
    dà-qǐlái (groß – groß werden, wachsen), *duō-qǐlái* (viel – viel werden, ansteigen), *gāo-qǐlái* (hoch – s.erheben, höher werden), *hóng-qǐlái* (rot – erröten), *mà-qǐlái* (schimpfen – zu schimpfen anfangen), *tánhuà-qǐlái* (reden – zu reden anfangen), *xiào-qǐlái* (lachen – zu lachen anfangen).

29. *qù* (gehen; verschwinden)
    shěng-qù (s.ersparen), *yòng-qù* (ausgeben, verbrauchen).

30. *shàng* (hinaufgehen; erscheint in verschiedenen Bedeutungsschattierungen. Hier nur einige Beispiele)
    chuān-shàng (s.kleiden in), *kǔn-shàng* (fesseln – an/festbinden), *qī-shàng* (lackieren – Lack auftragen), *kǎo-shàng* (prüfen – eine Prüfung bestehen), *lā-shàng* (ziehen – s.bemächtigen), *xuǎn-shàng* (auslesen – id.), *ài-shàng* (lieben – s.verlieben in), *tǎng-shàng* (liegen – s.hinlegen), *kàn-shàng* (sehen – auf etw./jdn. ein Auge geworfen haben, s.interessieren für, auswählen).

31. *shànglái* (s.erinnern)
    (86) Tā xiě -shànglái nèi ge zì.
    er/s. schreiben Dem Kl Zeichen
    Er/sie hat sich daran erinnert, wie man jenes Zeichen schreibt.

32. *xià* (hinuntergehen; erscheint in verschiedenen Bedeutungsschattierungen. Hier nur einige Beispiele)
    fàng-xià (legen – liegen lassen [eine Tätigkeit]), *piě-xià* (jdn. verstoßen), *shōu-xià* (ernten – id.), *shí-xià* (sammeln – auflesen, einsammeln), *dìng-xià* (festsetzen, fixieren – festsetzen, etablieren), *gōng-xià* (angreifen – besiegen), *shuì-xià* (schlafen – einschlafen).

33. *xiàlái* (eingehen auf)
    dānrèn-xiàlái (ein Amt ausüben – ein Amt annehmen), *huídá-xiàlái* (antworten – antworten).

34. *xiàqù* (a. geringer werden; b. fortfahren zu)
    a. *dīchén-xiàqù* (senken [Lärm]), *xiāoqì-xiàqù* (wütend – sich legen [Wut]).
    b. *chī-xiàqù* (essen – weiteressen), *huó-xiàqù* (leben – weiterleben), *shuō-xiàqù* (reden – weiterreden), *zuò-xiàqù* (machen – weitermachen).

3.3. Die direktionalen Verben

Die direktionalen Verben* bilden eine geschlossene Klasse von 9 Verben, die sich in zwei Kategorien aufteilen lassen:

Vd$_I$: *shàng* (raufgehen), *xià* (runtergehen), *jìn* (reingehen), *chū* (rausgehen), *huí* (zurückkehren), *guò* (vorbeigehen, überqueren), *qǐ* (sich erheben).**

Vd$_{II}$: *lái* (kommen), *qù* (gehen).

Die direktionalen Verben der Kategorie I lassen sich nach folgendem Muster mit den direktionalen Verben der Kategorie II kombinieren, so daß insgesamt 14 mögliche Fügungen – mit *kāi* 16 – entstehen, wobei *kāi-lái* nur selten vorkommt:

(I)   Vd$_I$ – Vd$_{II}$

Die besondere Funktion der Vd$_{II}$ besteht darin, die Richtung der Handlung des Hauptverbs im Bezug auf den Sprecher oder das Zentrum des Interesses auszudrücken: *lái* zum Sprecher her, *qù* vom Sprecher weg. Die Vd$_{II}$ zeichnen sich zudem durch einige Besonderheiten aus. So brauchen sie zum einen nicht gesetzt zu werden, wenn die Information des Verlaufs zum Sprecher her oder vom Sprecher weg nicht relevant ist:

(87a)   *Tā zǒu-jìn.* (Er ging hinein.)   (87b)   *Tā zǒu-jìn-lái.* (Er kam herein.)

Zum anderen stehen sie entweder unmittelbar hinter dem Verb oder sind durch ein Objekt davon abgetrennt (genaueres s. weiter unten):

(88a)   *Tā zǒu-jìn chéng lái.* (Er kam in die Stadt herein.)

(88b)   *Tā zǒu-jìn-lái.* (Er kam herein.)

Diese Möglichkeit der Abtrennung führt Cartier als Hauptunterscheidungskriterium zu der im vorangegangenen Abschnitt (3.2.) beschriebenen Resultativ-Konstruktion (im engeren Sinne) an, die sie zu den "nicht-abtrennbaren Formen" (formes indissociables) zählt, während die hier zu besprechenden direktionalen Verben zu den "abtrennbaren Formen" (formes dissociables) gehören:

> "Les formes dissociables sont les formes résultatives qui peuvent être complétées par un indicateur de direction (à l'exception de celles dont l'élément B [= V$_2$, W.B.] est lui-même *lái* ou *qù*) tandis que les formes indissociables ne possèdent pas cette faculté."
>
> (Cartier 1972:51)

Eine gute Vorarbeit zu dieser Erkenntnis findet sich in Jachontov (1957:58,159ff.) der die Vd$_I$ in ihrer Funktion als Hilfsverben zur Resultativ-Konstruktion*** zählt, die Vd$_{II}$ dagegen als besondere Klasse heraushebt, die sich zwar durchaus als zweites Resultativ-Verb finden läßt, dies aber nicht in ihrer Hauptfunktion. Gewöhnlich bilden die Vd$_{II}$ eine unabhängige Klasse, die mit verschiedenen Vollverben erscheint, sich

---

* Chao (1968:458) spricht von "directional complements", Li und Thompson (1981:58ff.) von "directional verbs", Cartier (1972:49) von "verbes directifs", Jachontov (1957:58, 159ff.) von "glagoly napravlenija dviženija".

** Li und Thompson (1981:59) zählen auch *kāi* (öffnen) zu den direktionalen Verben. Chao (1968:458) führt zudem noch *lǒng* (zusammenkommen, nahekommen) auf, das aber nur in einigen Ausdrücken vorkommt. Ich beschränke mich hier auf die angeführten 7 Verben.

*** V služebnom značenii oni [die Vd$_I$], prisoedinjajutsja k drugim glagolam, obrazuja rezul'tativnye glagoly. (p.58)

jedoch nicht mit ihnen verbindet*. Daß sich die Vd$_{II}$ nicht mit dem Hauptverb verbinden, zeigt sich vor allem daran, daß ein nominales Element zwischen V und Vd$_{II}$ auftreten kann**. Cartier (1972:50) bezieht sich jedoch auf Halliday (1959:99), der aufgrund dieser Fakten zur Unterscheidung von unauflöslichen und diskontinuierlichen Formen gelangt, die natürlich einen sehr günstigen Anknüpfungspunkt für ihre Arbeit bildet.

Die Maximalstruktur für direktionale Verben, die gleichzeitig auch die Abtrennungsmöglichkeiten durch die Positionierung eines Nomens zum Ausdruck bringt, lautet wie folgt:

(II)   V   (N)   Vd$_I$ (N)   Vd$_{II}$ (N)

Zur genaueren Beschreibung der Realisierungsmöglichkeiten dieser Struktur drängt sich eine Spezifizierung des ersten Verbs (V) auf. Wie sich zeigen wird, erscheinen bei Konstruktionen mit direktionalen Verben nicht nur Bewegungsverben an der Stelle V, sondern auch Verben mit anderen Bedeutungen. Diese Zweiteilung ist für den weiteren Verlauf dieses Abschnitts bestimmend; Cartier unterscheidet zwischen "direktiven abtrennbaren Verben" (verbes dissociables directifs) und "nicht-direktiven abtrennbaren Verben" (verbes dissociables non-directifs). Zuerst werde ich mich den direktiven Verben widmen und dabei in einem ersten Anlauf eine Subkategorisierung der Bewegungsverben liefern, mit deren Hilfe sich hernach genauere Aussagen zur obigen Maximalformel treffen lassen. An zweiter Stelle folgt schließlich die Beschreibung der nicht-direktiven Verben und deren Strukturmöglichkeiten.

Zuerst also zu den *Bewegungsverben*, die sich sinnvollerweise wie folgt aufteilen lassen:

1. Vd$_I$ in der Funktion als Vollverben
2. Verben, die die Art der Bewegung ausdrücken
   2a) Verben des Bringens/Transportierens
       yùn (transportieren), *bān* (befördern, versetzen, umsiedeln, umziehen), *fàng* (setzen, stellen), *sòng* (senden, schicken), *jì* (senden), *ná* (nehmen, bringen), *lǐng* (führen), *gǎn* (treiben [Tiere]), *tuī* (stoßen), *dài* (tragen, bringen), usf.
   2b) Verben, die die Qualität der Bewegung zum Ausdruck bringen
       zǒu (gehen, laufen), *pǎo* (rennen), *tiào* (springen), *pá* (klettern), *liú* (fließen), *fēi* (fliegen), *gǔn* (rollen), *yóuyǒng* (schwimmen), *táo* (fliehen), usf.
3. Verben, die eine Richtung enthalten
   diào (fallen), *jǔ* (heben), usf.

Die obige Maximalstruktur (II) läßt sich insgesamt in den folgenden Strukturen realisieren:

---

* Eti glagoly v služebnom značenii takže mogut byt' upotrebleny kak vtoraja čast' rezul'tativnogo glagola, no eta funkcija dlja nich ne charakterna; obyčno oni ostajutsja samostojatel'nami služebnymi slovami sočetajas' s različnymi znamenatel'nami glagolami, no ne slivajas' s nimi. (ibid.)

** ... pomeščajutsa oni [die Vd$_{II}$], kak pravilo, v samom konce gruppy skazuemogo i *mogut byt' otdeleny ot glavnogo glagola* dopolneniem, obstojatel'stvom mesta ili posle glagol'nym podležaščim. (p.159)

(III) (a) V Vd_I/Vd_{II}
      (b) V N Vd_{II} ⎫
      (c) V Vd_I/Vd_{II} N   ⎬ mit zwei Verben
                                       ⎭

(A) V Vd_I Vd_{II} ⎫
(B) V N Vd_I Vd_{II} ⎪
(C) V Vd_I N Vd_{II} ⎬ mit drei Verben
(D) V Vd_I Vd_{II} N   ⎪
(E) V N_1 Vd_I N_2 Vd_{II} ⎭

Ich bespreche zuerst die *Strukturen mit zwei Verben*, bei denen das zweite Verb ein Vd_{II} (*lái* oder *qù*) ist. Bei Verben der Kategorie (1) sind die Strukturen (a) und (b) möglich, nicht jedoch (c):

(89a) Tā *jìn* *qù/lái*.
      er eintreten gehen/kommen
      Er kommt hin/herein.

(89b) Tā *jìn* chéng *qù/lái*.
      er eintreten Stadt gehen/kommen
      Er kommt/geht in die Stadt hin/herein.

(89c) *Tā *jìn qù/lái* chéng.

Bei Verben der Kategorie (2a) sind alle drei Strukturen möglich:

(90a) Tā *ná* *lái* -le.
      er nehmen kommen TAM
      Er hat [es] gebracht.

(90b) Tā *ná* shū *lái* -le.
      er nehmen Buch kommen TAM
      Er hat ein Buch/Bücher gebracht.

(90c) Tā *ná* *lái* yì běn shū.
      er nehmen kommen ein Kl Buch
      Er hat ein Buch gebracht.

Dabei fordert die Struktur (b) eher kürzere, unmarkierte Nomina, möglicherweise, um Vd_{II} nicht allzu weit von V abzutrennen. Gleichzeitig spielen Aspekte der Referenz eine Rolle, sofern der Aktant nicht ein Ortsnomen ist (vgl. Alleton 1973:86). Es soll hier jedoch nicht der Versuch unternommen werden, zu untersuchen, auf welche Weise sich diese beiden Faktoren beeinflußen. Hinzu kommt, daß das Objektsnomen in der Struktur (c) nie als Objekt zu Vd_{II}, sondern immer als Objekt des ganzen zu V gehörigen Komplexes erscheint. Dies unterstreicht noch einmal die Sonderstellung der Vd_{II}, wie sie oben von Jachontov hervorgehoben wurde. Im Unterschied dazu können Vd_I sehr wohl ein Objekt nach sich tragen (s. unten).

Verben der Kategorie (2b) erlauben nur gerade Struktur (a),

(91)   Tā *zǒu   lái*.   (Er kommt her.)   Tā *pǎo   qù*.   (Er rennt hin.)
       er gehen kommen   er rennen gehen

sofern der Aktant nicht ein Ortsnomen ist:

(92)   Tā *fēi   dōngfāng qù*.
       er fliegen Osten   gehen
       Er fliegt in den Osten.

Die Verben der Kategorie (3) schließlich erscheinen in einer Konstruktion mit zwei Verben nie mit *lái* oder *qù*. Kombinationen mit Vd_I als zweitem Verb sind dagegen möglich:

(93)   Tā *diào   xià*   -le.
       er fallen runtergeh-TAM
       Er fiel runter.

Endlich finden wir auch Verben der Kategorie (2a) mit einem Vd_I als zweitem Verb. Tritt ein solches Verb der Kategorie (2a) mit einem Objekt auf, erscheint dieses jedoch nur am Schluß der Verbalfügung; Struktur (b) ist also im Unterschied zum Fall V – Vd_{II} nicht möglich:

(94)   Tā *ná   chū*   yì běn shū.
       er nehmen Buch ein Kl Buch
       Er nimmt ein Buch raus.

Bei den *Strukturen mit drei Verben* sind zuerst einmal die Verben der Kategorie (1) auszuschließen, da sie per definitionen als Vd_I nur mit maximal einem weiteren Verb – *lái* oder *qù* – kombiniert werden können. Die Verben der Kategorie (2b) sind meist intransitiv, treten also nur mit Struktur (A) auf:

(95)   Tā *pǎo   shàng   qù*.
       er rennen raufgehen gehen
       Er rennt hinauf.

Das gleiche gilt für verben der Kategorie (3):

(96)   Tā *diào xià   qù*.
       er fallen runtergehen gehen
       Er fiel hinunter.

Allfällige weitere Aktanten müssen bei beiden Verbkategorien mit Co-Verben oder Präpositionen eingeführt werden.

Wesentlich interessanter sind die Fälle, in denen ein Verb der Kategorie (2a) an der Stelle V erscheint, da diese Verben alle fünf Strukturen abzudecken vermögen. Da sich ein Beispiel zur Struktur (A) wohl erübrigt, betrachten wir zuerst die Fälle, in denen nur ein Aktant in einem drei-Verb-Gefüge untergebracht werden muß, also die Fälle (B) bis (D):

(97a) Tā *ná   yì běn shū chū   lái*.
       er nehmen ein Kl Buch rausgehen kommen
       Er nimmt ein Buch heraus.

(97b) Tā *ná   chū   shū lái*.
       er nehmen rausgehen Buch kommen
       Er nimmt ein Buch/Bücher heraus.

(97c) Tā *ná* *chū* *lái* yì běn shū.*
er nehmen rausgehen kommen ein Kl Buch
Er nimmt ein Buch heraus.

Satz (97a) ist doppeldeutig. Einerseits läßt er sich als *eine* Verbalfügung im Sinne von "Er nimmt ein Buch heraus" verstehen; er könnte andererseits aber auch als koordinierende Juxtaposition *zweier* Verbalphrasen im Sinne von "Er nimmt ein Buch und geht heraus" gedeutet werden (vgl. Alleton 1973:86, von der auch Bsp (97) stammt). Diese Deutung ließe sich formal durch die Setzung des enklitischen TAM-Zeichens *-zhe* (s.S.123ff.) markieren:

(97d) Tā ná-*zhe* yì běn shū chū lái. (Er nimmt ein Buch und geht hinaus.)

Damit zeichnet sich bei der Struktur (B) eine Bruchstelle zwischen V und Vd_I/Vd_{II} ab, die in den Bereich anderer syntaktischer Strukturen verweist. Diese Bruchstelle zeigt sich auch in der Struktur (E), wo zwei nominale Aktanten ausgesetzt sind. Hier finden wir nebst der koordinierenden Juxtaposition, in der N_1 häufig unbelebt ist, auch den Bereich der Kausativität (vgl. Abschn. 5.4.), in der N_1 in der Regel belebt ist. Zur Illustration zitiere ich die beiden in Cartier (1972:105) angeführten Beispiele:

(99) yùn dōngxi *jìn* chéng *qù*
transportieren Dinge eintreten Stadt gehen
Dinge in die Stadt hinein transportieren
Dinge transportieren und in die Stadt hineingehen

(100) dài tā *shàng* shān *qù***
tragen er raufgehen Berg gehen
ihn auf den Berg hinauf tragen/nehmen

Erscheint ein nicht-direktives Verb an der Stelle V, reduziert sich die Zahl der realisierbaren Strukturen. Bevor ich auf diese näher eingehe, möchte ich jedoch mit einer kurzen allgemeinen Charakterisierung dieser Verbfügungen beginnen.

Direktionale Verben hinter Verben, die keine Bewegung zum Ausdruck bringen, stehen meist in einem semantisch abstrakten Verhältnis zu ihrem Bezugsverb. Es ist daher nicht erstaunlich, daß in Vd_I-Vd_{II}-Konstruktionen das zweite Element Vd_{II} nur

---

* Natürlich ließe sich das Objekt auch durch *bǎ* in die präverbale Position verschieben:
(97e) Tā *bǎ* shū ná chū lái.
er CoV Buch nehmen rausgehen kommen
Er nimmt das Buch heraus.
Zu (97b) läßt sich das gleiche sagen wie zu (90b).
Lu Zhiwei (1964,II:80) zitiert das folgende Beispiel, das zudem zeigt, daß die Potential-Konstruktion nur bei den Strukturen (C) und (D) möglich ist:
(98a) pài yí ge rén *chū* *qù* (jemanden entsenden) (B)
senden ein Kl Mensch rausgehen gehen
(98b) pài *chū* yí ge rén *qù* (C)
(98b') pài *de* chū yí ge rén qù (jdn. entsenden können)
(98b") pài *bu* chū yí ge rén qù (jdn. nicht entsenden können)
(98c) pài *chū* *qù* yí ge rén (D)
(98c') pài *de* chū qù yí ge rén (jdn. entsenden können)
(98c") pài *bu* chū qù yí ge rén (jdn. nicht entsenden können)
** Allerdings unterscheidet sich eine solche zweifach interpretierbare Konstruktion dadurch von einer eindeutigen Kausativ-Konstruktion, daß bei der ersteren N_1 durch *bǎ* in die präverbale Position gerückt werden kann, was bei der zweiten (Bsp (100)) unmöglich ist. (vgl. Cartier:ibid.)

entweder *lái* oder *qù* sein kann. So gibt es zu *tīng-jìnqù* (hören – hören und verstehen; verstehen, was man hört) keine entsprechende Form **tīng-jìnlái*. Das Umgekehrte gilt für *tīng-chūlái* mit praktisch der gleichen Bedeutung wie *tīng-jìnqù*, wo lái nicht mit *qù* ausgetauscht werden darf. Damit sind diese Konstruktionen in ihrer Produktivität eingeschränkter. Sie sind es aber nicht nur in dieser Hinsicht; auch in Bezug auf die realisierbaren Strukturen können wir eine eindeutige Reduktion feststellen.

So ist bei Fügungen mit zwei Verben nur gerade (a) und (c), bei Fügungen mit drei Verben (A), (C) und mit Einschränkungen (B) möglich:

zu (a): (101) Tā kàn-*chū*   wèntí zài   nǎli.
er   sehen-rausgehen Problem s.befinden wo
Er sieht/bekommt heraus, wo das Problem liegt.

zu (c): (102) Tā *xiǎng*   *chū*-le   shémme yúntī.
er   denken rausgehen-TAM welche   Sturmleiter
Er hat sich eine Art Sturmleiter ausgedacht. (Cartier 1972:71)

zu (A): (103) *tīng-jìnqù*, *tīng-chūlái* (s.oben)

(104) Wùqì zhújiàn   xiāoshī   chóngdié   de shānluán
Nebel allmählich verschwinden übereinandergelegen Attr Bergketten

yìcéng   yìcéng   de *xiǎnxiàn*   *chūlái*.
ein-Stufe ein-Stufe Mod erscheinen rausgehen-kommen
Wie der Nebel allmählich verschwunden war, tauchten die
übereinandergelegenen Bergketten Stufe um Stufe hervor.

zu (B): (105) Tā *shuō* yí jù huà   *chūlái*.
er   sagen ein Kl Wort rausgehen-kommen
Er hat etwas gesagt. (Cartier 1972:103)

zu (C): (106) Tā *shuō chū* yí jù huà *lái*. (wie (105))

Die Struktur (B) scheint sich auf einige Beispiele wie etwa (105) zu beschränken. Zudem ist (B) wie schon in den Fällen, in denen V ein Bewegungsverb ist, insofern doppeldeutig, als es auch als koordinierende Juxtaposition verstanden werden kann. Struktur (C) dagegen spiegelt die übliche Stellung wieder, was in der Tat mit der Direktionalität in Zusammenhang zu stehen scheint. Während man sich im Falle von *shuō*, wo die Struktur (B) möglich ist (vgl. (105)), eine gewisse Gerichtetheit der Handlung vorstellen kann, ist dies bei *tīng* (hören) nicht mehr möglich. Je abstrakter also die Vd_I–Vd_{II} in einer dreigliedrigen Verbalfügung gebraucht werden, desto unwahrscheinlicher wird Struktur (B).

Wie wir gesehen haben, sind direktionale Verb-Konstruktionen mit Verben der Bewegung an der Stelle V am variantenreichsten, gefolgt von den direktionalen Konstruktionen mit anderen Verben an der Stelle V. Letztere wiederum erlauben mehr Varianten als die Resultativ-Verben im engeren Sinn. Alle drei Konstruktionstypen gehören sicherlich in ein klares Paradigma. Allerdings nimmt der Grad der Kohäsion von der Resultativ-Konstruktion, in der nur *de* und *bu* zwischen V_1 und V_2 treten dürfen, bis hin zu den direktionalen Konstruktionen mit einem Bewegungsverb an der Stelle V allmählich ab. Besonders leicht abtrennbar sind offenbar die Vd_{II} (*lái* und *qù*). Sie sind auch die einzigen Verben in direktionalen Fügungen, die nie ein eigenes Objekt nach sich tragen.

3.4. Der Ausdruck von TAM mit entsemantisierten Verben
3.4.1. Einleitung

Die TAM-Zeichen erscheinen im Chinesischen vor oder hinter dem Hauptverb. Die wichtigsten präverbalen TAM-Zeichen *zài* und *yào*, sowie die wichtigsten postverbalen TAM-Zeichen *-guo*, *-zhe* und *-le* sollen in diesem Abschnitt eingehender behandelt werden. In der präverbalen Position werden wir sehen, daß die beiden Hauptverfahren der regierenden und der modifizierenden Konstruktion letztlich im TAM-Zeichen konvergieren, so daß es unmöglich wird, zwischen dem einen oder dem anderen Verfahren zu unterscheiden; damit entsteht durch dieses Zusammenfließen eine neue Wortkategorie. Die postverbalen TAM-Zeichen lassen sich entweder als Weiterentwicklung der Resultativ-Konstruktion im Zusammenhang mit *-guo*, *-zhe* und *-le* oder als Weiterentwicklung des direktionalen Verbs *lái* (kommen) im Falle von *le* sehen, das mit *ne*, *ma* und anderen Elementen als Satzendpartikel erscheint.

Bevor ich jedoch zur Darstellung der einzelnen TAM-Zeichen komme, werfe ich kurz einen Blick auf die Situation im klassischen Chinesisch, wo – abgesehen von der Resultativ-Position, die zu jener Zeit kaum entwickelt war – die gleichen Positionen für den Ausdruck von TAM vorgesehen sind wie im modernen Chinesisch. So finden wir in der präverbalen Position TAM-Zeichen wie *yǐ*, *jì*, *cháng*, *jiāng*:

1. *yǐ* (已) für eine zu Ende gehende Handlung*

    (107) *yǐ*   shā   Kǒng-fū,   ér   shā   Shāng gōng.
    TAM töten Konfuzius dann töten Name Graf
    Nachdem er Kongfu getötet hatte, tötete er Graf Shang.

2. *jì* (既) Vergangenheit, ev. mit Fortdauer in der Gegenwart

    (108) jīng-jiè *jì*   zhèng, ...
    Grenze TAM korrekt
    Wenn die Landesgrenzen einmal geregelt sind, ... (Mencius 3A3)

    (109) Shèng-rén *jì*   jié   mù   lì   yān, ...
    Heiliger   TAM aufbrauchen Auge Kraft darauf
    Nachdem der Heilige die Kraft seiner Augen darauf aufgebraucht hatte, ...
    (Mencius 4A1)

3. *cháng* (嘗) Gewohnheit in der Vergangenheit**

    (111) xīzhě Mèng-zǐ   *cháng* yǔ   wǒ yán   yú Sòng.
    früher Name-Meister TAM geben ich reden in Ort
    Früher redete Mencius mit mir in Song. (Mencius 3A2)

---

* Als Vollverb bedeutet *yǐ* etwa "aufhören, stoppen":
   (110) Wéi   jī   zhī sāng   yóu yù   yú *yǐ*   hū ?
   machen 1 Jahr Attr Trauer wie besser als aufhören Quest
   Ist es nicht besser, (wenigstens) ein Jahr lang Trauer zu üben, als (überhaupt) damit aufzuhören?
   (Mencius 7A39)

** Als Vollverb finden wir *cháng* in der Bedeutung von "probieren, die Erfahrung von etw. machen, erfahren".

(112) Wú *cháng* wén zhī yǐ.
     ich TAM hören es TAM
     Ich habe es bereits vernommen. (Mencius 3A2)

4. *jiāng* (將) vorhaben, im Begriffe sein zu; markiert das Futur*

(113) Jìn *jiāng* shī zhūhóu.
     Ort TAM verlieren alle Fürsten
     Jin wird alle seine Fürsten verlieren. (Gabelentz 1881:460)

Am Satzende finden wir das TAM-Zeichen *yǐ*:

5. *yǐ* (矣) läßt sich wohl am ehesten als Perfekt-Zeichen charakterisieren:

(114) Zǐ guò yǐ. (Mencius 3B1)
     Meister/Sie s.irren/Fehler m. TAM
     und schon haben Sie sich geirrt/einen Fehler gemacht.

(115) Shì xīn zú yǐ, wáng yǐ. (Mencius 1A7)
     Dem Herz genügen TAM König s. TAM
     Ein solches Herz/Eine solche Haltung genügt, und schon ist man König.

Dieses *yǐ* erscheint in Kombination mit allen vier präverbalen TAM-Zeichen; als Beispiel genüge (112) und das folgende:

(116) ér Shùn *jì* wéi tiān-zǐ yǐ.
     und Name TAM sein Himmel-Sohn TAM
     und schon war Shun Himmelssohn geworden. (Mencius 5A4)

Besonders häufig treffen wir am Satzende die Kombination *ér-yǐ-yǐ* (而已矣), die sich etwa mit "und damit hat es sich, endgültig", u.ä. übersetzen läßt. In diesem Ausdruck schimmert manchmal noch der Vollverbgehalt des ersten *yǐ* (stoppen, aufhören, anhalten) wie in Beispiel (117) durch; meist ist dies jedoch nicht mehr der Fall:

(117) rán zhōng yú cǐ *ér yǐ* yǐ. (Mencius 5B3)
     jedoch aufhören Präp Dem und aufhören TAM
     Hier hörte er jedoch endgültig auf/blieb er endgültig stehen.

(118) Xué wèn zhī dào wú tā: qiú qí fàng
     lernen fragen Attr Weg nicht haben anderes suchen sein verloren

     xīn *ér yǐ* yǐ. (Mencius 6A11)
     Herz und aufhören TAM
     Das Ziel des Lernens hat nichts anderes (zum Inhalt) als die Suche nach seinem verlorenen Herz, das ist alles.

Natürlich ist das oben Gesagte nicht viel mehr als eine erste Skizze; eine eingehendere Studie zum Ausdruck von TAM im klassischen Chinesisch ist aber nach meinem Wissen immer noch ein Desiderat. Immerhin geht jedoch schon aus diesen wenigen Beispielen hervor, daß das Konzept, TAM-Zeichen in präverbaler Position oder in der Satzendposition zu setzen, eine sehr lange Tradition hat. Bis zu einem gewissen Grade könnte man durchaus von einem lexikalischen Austausch sprechen; dies zumindest im Falle von *jiāng/yào* und *yǐ/le*, erfüllt doch das inchoative *le* wenigstens teilweise mit *yǐ* vergleichbare Funktionen.

---

* Als Vollverb bedeutet *jiāng* "nehmen, ergreifen".

3.4.2. zài

Als Vollverb bedeutet *zài* "sich befinden, leben":

(119) Tā *zài* jiā.
 er s.befinden Haus
 Er ist zu Hause.

(120) Tā *zài* túshūguǎn.
 er s.befinden Bibliothek.
 Er ist in der Bibliothek.

In dieser Bedeutung finden wir *zài* auch in Komposita wie etwa *cún-zài* (existieren), etc.

Als TAM-Zeichen erscheint *zài* entweder alleine oder in Kombination mit *zhèng* (richtig, korrekt; richtigstellen; gerade. Vgl. Engl. "just") als *zhèngzài*. Schließlich erscheint auch *zhèng* alleine und erfüllt praktisch die gleiche Funktion wie *zài*/ *zhèngzài*. Der Einfachheit halber werde ich immer nur von *zài* reden. Literatur zu *zài*, das meist mit *-zhe* zusammen beschrieben wird, finden wir in Chao (1968:333), Chen (1979), Chan (1980), Li und Thompson (1981:217–226).

In Kombination mit *-zhe* (vgl. Abschnitt 3.4.5.) und der Satzendpartikel *ne* drückt *zài* einen durativen Aspekt aus. Während *ne* als allgemeinstes Durativ-Zeichen bei Zustandsverben und Prozeßverben erscheint, finden wir *zài* bei Verben für dynamische Prozesse und *-zhe* bei Verben, die vorübergehende Zustände ausdrücken. Die Einflußbereiche von *zài* und *-zhe* überschneiden sich teilweise, so daß sie – wie oben angetönt – wenigstens bei gewissen Verben auch gleichzeitig vorkommen können. Andere Verben wie z.B. die statischen Verben *pàng* (dick sein), *zhīdao* (wissen) können keines der beiden Elemente bei sich tragen. Das gleiche gilt für Verben, die nicht wiederholbare Ereignisse ausdrücken, wie z.B. *sǐ* (sterben) oder *diào* (herabfallen).

Bei der Konstruktion mit *zài* finden wir zusätzlich fakultativ die Satzendpartikel *ne*. Hier nun einige Beispiele für Prozeß-Verben mit *zài*:

(121) Tā *zài* kàn-shū (ne).
 er TAM sehen-Buch Part
 Er liest gerade ein Buch.

(122) Tā *zài* jiǎng gùshi (ne).
 er TAM erzählen Geschichte Part
 Er erzählt gerade eine Geschichte.

(123) Tā *zài* duì wǒ huīshǒu.
 er TAM CoV:zu ich winken
 Er winkt gerade zu mir rüber.

Für Verben wie z.B. *chuān* (anziehen, tragen), *guà* (aufhängen, hängen) und *ná* (nehmen, halten), die je nach Kontext einen Prozeß oder einen Zustand ausdrücken, hat Teng (1975:128) überzeugend gezeigt, wie diese je nach Bedeutung mit *-zhe* oder *zài* auftreten:

(124a) Tā *chuān-zhe* duǎnkù.
 er/s. tragen-TAM kurze Hosen
 Er/sie trägt kurze Hosen.

(124b) Tā zài chuān duǎnkù.
   er/s. TAM anziehen kurze Hosen
   Er/sie zieht sich gerade kurze Hosen an.

Im Unterschied zu *-zhe* finden wir *zài* in iterativen Situationen, Situationen also, in denen eine Handlung immer wieder ausgeführt wird (vgl. Teng 1975:129):

(125a)*Tā sī-*zhe*   bàozhǐ.
   er zerreißen-TAM Zeitung
   Er/sie zerreißt gerade Zeitungen.

(125b) Tā zài sī   bàozhǐ.
   er/s. TAM zerreißen Zeitung
   S/He is tearing papers.

Schließlich markiert *-zhe*, wie wir in Abschnitt 3.4.5. sehen werden, die Hintergrundinformation (backgrounding) und spielt damit in den Bereich der Unterordnung, wo *zài* nichts verloren hat.

3.4.3. *yào*

Zu *yào* finden wir Angaben in Chao (1968:736f.), Jachontov (1957), Li und Thompson (1981:174–77), Liu Yuehua et al. (1983:105–120) und insbesondere in der Arbeit von Alleton (1984:245–323), die sich weitaus am genauesten mit diesem Lexem auseinandersetzt und einige neue Zusammenhänge sieht.

Das Zeichen *yào* (要) finden wir

1) in der Funktion eines unabhängigen Vollverbs:

   (126) Wǒ *yào*   yí ge píngguǒ. (Li und Thompson 1981:174)
      ich wollen ein Kl Apfel
      Ich will einen Apfel.

2) gefolgt von einem zweiten Verb

   (127) Wǒ *yào*   mǎi   píngguǒ.
      ich wollen kaufen Apfel
      Ich will Äpfel kaufen.

   (128) Wǒ *yào*   tā mǎi   píngguǒ.
      ich wollen er kaufen Apfel
      Ich will, daß er/sie Äpfel kauft.

   (129) Nǐ *yào*   zǎo qǐ.   (Alleton 1984:246)
      du müssen früh aufstehen
      Du mußt früh aufstehen.

   (130) Wǒ *yào* mǎi   píngguǒ le.
      ich Fut kaufen Apfel   TAM
      Ich werde sogleich Äpfel kaufen.

3) als Konjunktion *yào(shi)* (wenn, falls) (vgl. S.205)

4) in Fügungen wie: *yàofàn* (um Essen bitten = betteln), *yào-hǎo* (mit jdm. gut stehen; sein Bestes tun), *yào-dì* (wichtiger Ort), *yào-diǎn* (Hauptpunkt),

yào-jiàn (wichtiges Dokument), *yào-lüè* (Zusammenfassung, das Wichtigste in Kürze), *yào-rén* (wichtige Persönlichkeit), *yào-shì* (wichtige Angelegenheit), *yào-wén* (wichtige Neuigkeit), *yào-jǐn* (wichtig, wesentlich), *zhòng-yào* (wichtig).

5) in der Aussprache *yāo* in den Fügungen:

yāo-qiú (fordern, verlangen, beantragen; vgl. S.192) und *yāo-xié* (zwingen, bedrängen, unter Druck setzen, erpressen, bedrohen).

Mit dieser Aussprache erscheint *yào* jedoch nie als freies Morphem. Sein Gebrauch beschränkt sich heute praktisch auf die angeführten beiden Beispiele.

Für unsere Zwecke sind vor allem die ersten beiden Funktionen von Wichtigkeit, wo *yào* zwischen den Bedeutungen 1. "wollen, wünschen, verlangen", 2. "müssen" und 3. "im Begriffe sein, zu; Futurum" schwankt.

Es ist sehr verdienstvoll von Alleton (1984:261f.) zu zeigen, daß in einer Äußerung nicht immer nur genau eine dieser drei Interpretationen zutrifft. *yào* lebt im Gegenteil gerade von einer gewissen Unbestimmtheit – Alleton (p.262) spricht von einer "zone d'indétermination" –, die es diesem Wort erlaubt, in sehr vielen Kontexten bis hin zur Markierung der nahen Zukunft zu erscheinen. Allerdings gibt es gewisse Kontexte, wo die eine oder die andere Interpretationsmöglichkeit weit wahrscheinlicher ist als die übrigen. Einige davon werde ich zum Schluß kurz vorstellen.

Doch nun zuerst zum Vollverbcharakter von *yào*. Alleton behandelt Sätze wie (126) mit nominalem Objekt als Vollverben. Sätze des Typs (128), in denen das Subjekt von *yào* nicht identisch ist mit dem Subjekt des nachfolgenden Verbs, rückt man wohl am besten in die Nähe der Kausativ-Verben. Alleton selbst (p.275) zählt *yào* in dieser Funktion bereits zu den Hilfsverben, was mir nicht ohne weiteres gerechtfertigt erscheint*. In diesem Zusammenhang ist es interessant zu beobachten, daß *yào* in der Funktion als Kausativ-Verb zwar in der Putonghua durchaus geläufig ist, im Beijing-Dialekt jedoch durch ein Kausativ-Verb wie z.B. *ràng* (vgl. Abschnitt 5.4.) oder aber erst durch die Kombination *yào-ràng* realisiert wird (vgl. Alleton 1984:268). Die übrigen Beispiele (127), (129) und (130) zeigen *yào* als Hilfsverb (auxiliaire). Li und Thompson (1981:174–77) versuchen zu beweisen, daß *yào* nirgends als Hilfsverb fungiert, was ihnen auf so engem Raum nicht überzeugend gelingt. Die Feststellung, daß *yào* in den beiden Sätzen

(131a) Nǐ *yào* bu *yào* xǐzǎo?   (Li und Thompson 1981:175)
du wollen Neg wollen s.waschen
Willst du dich waschen?

(131b) Wǒ *yào*.
ich wollen
Ich will.

nie die Bedeutung der unmittelbaren Zukunft zeigt, beweist tatsächlich im Sinne der beiden Autoren, daß sich *yào* in dieser Bedeutung nicht mehr als Hilfsverb betrachten

---

* Hilfsverben wie z.B. *néng* (können) u.a.m. können keine Struktur des Typs *wǒ néng tā xǐzǎo (*Ich kann, daß er sich wäscht) bilden (vgl. Li und Thompson 1981:175, Bsp.13).

läßt, sondern eben als TAM-Zeichen in unserem Sinne*; sie zeigt aber auch, daß *yào* in der von Li und Thompson einzig und allein berücksichtigen Bedeutung von "wollen" ein Hilfsverb ist, erfüllt es doch genau die ersten beiden Bedingungen – (i) und (ii) – für Hilfsverben bei Li und Thompson (1981:173) (zu den Eigenschaften von Hilfsverben s.S.189).

Damit bewegt sich *yào* seiner "zone d'indétermation" entsprechend im Bereich des Vollverbs (inkl. Kausativ-Verb), des Hilfsverbs und des TAM-Zeichens mit zunehmender Grammatikalisierung hin zum TAM-Zeichen.

Zum Schluß noch einige Beobachtungen zur kontextgebundenen Eingrenzung des Bedeutungsfeldes von *yào*. Als Vollverb mit nachfolgendem Objektsnomen kann *yào* nur voluntativen Charakter haben. Als Hilfsverb dagegen ist es zusätzlich auch für den Ausdruck der übrigen Bedeutungsmöglichkeiten offen. Steht das Subjekt in der ersten Person, so dominiert jedoch eindeutig die voluntative Bedeutung, während sich bei einem Subjekt der zweiten Person die Bedeutung von "müssen" aufdrängt:

(132a) Wǒ *yào* xiàng tā xué.
ich wollen von er lernen
Ich will von ihm lernen.

(132b) Nǐ *yào* xiàng tā xué.
du müssen von er lernen
Du mußt von ihm lernen. (Alleton 1984:277f.)

Bei belebten Subjekten der dritten Person dagegen ist jede Bedeutung von *yào* grundsätzlich gleichberechtigt. Bei unbelebtem Subjekt drängt sich die Voraussage eines Ereignisses in den Vordergrund der Interpretationsmöglichkeiten. Wenn das Ereignis zudem als direkt bevorstehend betrachtet wird, läßt sich dies durch Anfügen von *le* ausdrücken, das das Ereignis direkt an die Bezugszeit anschließt (vgl. S. 128):

(133) Tiān *yào* hēi *le*, hái bù zǒu.
Himmel TAM schwarz TAM noch Neg gehen
Der Himmel wird sich [jede Minute] verfinstern, warum gehst du nicht?
(Alleton 1984:280)

3.4.4. -guo

Es gibt kaum eine Grammatik des modernen Chinesischen, in der sich keine Hinweise zu *-guo* finden ließen: Jachontov (1957:77f.,121), Chao (1968:251f.,450,460f.), Alleton (1973:72–76), Rygaloff (1973:105f.), Lü Shuxiang et al. (1980:216–18), Li und Thompson (1981:226–32), Lin Chin-juong (1979). Weiter haben Ma Jing-heng (1977) und Kong Lingda (1986) zu diesem Thema publiziert. Die einzige mir bekannt Studie, die ausschließlich *-guo* gewidmet ist, ist jedoch Iljic (1987a). Diese Arbeit liefert eine ausgezeichnete, detaillierte Darstellung der Funktionsweisen von *-guo*. Da Iljic – wie schon der Titel seiner Arbeit sagt – von der Vollverbbedeutung von *guò* (= überschreiten) ausgeht, um dann zu zeigen, wie sich dieses Verb zum Ausdruck von TAM-Funktionen "ausbeuten" läßt, ist seine Studie von hohem Wert für die Beschreibung der Grammatikalisierung.

---

* In der Funktion als TAM-Zeichen läßt sich *yào* zudem nicht negieren.

Wie bereits gesagt, bedeutet *guò* als Vollverb "überschreiten, überqueren":

(134) Yěyíng   búduì   yào cóng zánmen cūn *guò*.
kampieren Truppen Fut CoV wir   Dorf durchgehen
Die kampierenden Truppen werden durch unser Dorf ziehen.

Weiter finden wir *guò* in der Bedeutung von "verbringen" oder "etwas begehen":

(135) Jiàqī *guò*   de   zěnyàng ?
Ferien verbringen Komp wie
Wie verbringst du die Ferien ?

(136) Tā *guò*-le   shēngrì   le.
er begehen-TAM Geburtstag TAM
Er hat seinen Geburtstag gefeiert.

(137) *guò-jié* (ein Fest begehen/feiern)
guò-nián (das Neujahr feiern)

Im klassischen Chinesisch finden wir *guò* als Vollverb hauptsächlich in der Bedeutung von "vorbeigehen an etw." und "überschreiten, übersteigen":

(138) Yǒu qiān niú ér *guò*   táng -xià   zhě.
es gibt führen Ochse und vorbeigehen Halle-Unterseite Nom
Es gab jemanden, der einen Ochsen mit sich führte und unter der Halle vorbeiging. (Mencius 1A7)

(139) Sān *guò*   qí mén ér bú rù.
drei vorbeigehen sein Tür und Neg eintreten
Sie gingen dreimal an seiner Tür vorbei ohne einzutreten. (Mencius 4B29)

(140) Kě   shǐ   *guò*   sǎng.
können bewirken übersteigen Stirn
Man kann bewirken, daß es [das Wasser] über die Stirne ansteigt. (Mencius 6A2)

Im übertragenen Sinne finden wir *guò* in folgenden Beispielen aus dem klassischen Chinesisch:

(141) Zé *guò*   rén   yuǎn yǐ.   (Mencius 7A11)
dann übertreffen andere weit TAM
Dann übertrifft er die anderen bei weitem.

(142) Gù shēng-wén *guò*   qíng, jūnzǐ chǐ   zhī.
daher Ruhm   übersteigen Situation Edler s.schämen es
Daher schämt sich der Edle, wenn sein Ruhm das Maß überschreitet [wenn er über die Maße berühmt wird].

(143) Rán zé shèng-rén qiě   yǒu *guò* yú ?
so sein dann Heiliger   überdies haben fehlen Quest
Dann hat er [Guan Shu], obwohl er ein Heiliger ist, einen Fehler begangen ?
(Mencius 2B9)
[Überschreiten i.S. von einen "Fehltritt machen", "das Gesetz/die Normen überschreiten"]

Soweit der Exkurs ins klassische Chinesisch. Im modernen Chinesisch finden wir *guò* in der Position V_2 in der Funktion eines

(a) Resultativ-Verbs in den Kombinationen *guòlái* und *guòqù* (vgl. S.105/106)

(b) eines direktionalen Verbs (vgl. Abschnitt 3.3.):

(144) Gǒu tiào-*guo* wéilán.
Hund springen-überqueren Zaun
Der Hund überspringt den Zaun/springt über den Zaun.

(145) Gǒu yóu-*guo* hé qù.
Hund schwimmen-überqueren Fluß gehen
Der Hund durchschwimmt den Fluß/schwimmt über den Fluß.

Als Simplex ohne -*lái* oder -*qù* erscheint *guò* jedoch nicht in resultativer Funktion. Außerdem findet sich abgesehen von dem in Dragunov (1952:130f.) angeführten Ausdruck *kàn de guò* (es wert sein, daß man etw. anschaut, betrachtenswürdig sein) bzw. *kàn bu guò* (nicht betrachtenswürdig sein) auch kaum ein Beispiel für den potentiellen Gebrauch von *guò* als V_2, den wir auf S.101 als definierenden Bestandteil der Resultativ-Konstruktion eingeführt haben. Nachdem schon diese beiden Fügungen eher selten sind und sich praktisch nur bei der älteren Generation einer gewissen Verbreitung erfreuen (vgl. Iljic 1987a:196, Fußnote 3), ist eine zugehörige Resultativ-Konstruktion des Typs **kàn-guò* im Sinne von "betrachtbar sein, o.ä." überhaupt nicht möglich.

Verfolgen wir den Weg der Entsemantisierung von *guò* weiter, so gelangen wir zu zwei TAM-Funktionen, die Chao (1968:450) als "phase complement" und als "aspect suffix" bezeichnet.

Wie Chao (1968:450, 460f.) sehr schön mit dem folgenden Beispiel zeigt, läßt sich die räumliche Bedeutung des Überschreitens auch ins Zeitliche übertragen.

(146) fēi *guò* Dàxīyáng (p.461f.)
fliegen überqueren Atlantik
- fly over the Atlantic
- have already flown over the Atlantic (phase complement)
- have once flown over the Atlantic before (aspect suffix)

Ebenso:

(147) Nǐ cuò *guò*-le yí ge hǎo jīhuì. (p.450)
du Fehler machen vorbeigehen-TAM 1 Kl gut Gelegenheit
You erred past/missed a good opportunity.

Auf den Unterschied zwischen "phase complement" und "aspect suffix" werde ich unten sogleich kurz eingehen. Für die Beschreibung der Grammatikalisierung soll vorab der Hinweis genügen, daß *guo* als "phase complement" mit oder ohne Ton auftreten kann, während es in der Funktion als Aspektsuffix immer tonlos bleibt. Damit läßt sich eine Entwicklung vom Vollverb über das direktionale Verb und das Resultativ-Verb bis hin zum "phase complement" und zum Aspektsuffix feststellen, die man zumindest hypothetisch als tatsächliche historische Entwicklung postulieren kann. Genauere diachrone Studien sind bis jetzt leider nicht veröffentlicht worden (vgl. besonders Iljic 1987a:50f.). Mit ziemlicher Sicherheit läßt sich jedoch vermuten, daß sich *guò* erst relativ spät zum TAM-Zeichen entwickeln konnte, nachdem sich *liǎo* bereits als TAM-Zeichen in der Form -*le* eingebürgert hatte (vgl. Mei Tsu-lin 1981a,b). Dies gilt nicht nur für -*le*, sondern auch für -*zhe*; beide zeichnen sich durch eine klare Veränderung des lautlichen Erscheinungsbildes aus, was sich bei -*guo* erst ansatzweise im Fall des Aspektsuffixes beobachten läßt, wo wenigstens der Ton ausgefallen ist. Nach Jachontov (1957:77f.) ist zumindest -*guo* in dieser Funktion im *Hongloumeng* (Traum der roten Kammer) des 18. Jh. noch nicht anzutreffen.

Daß sich mit -*guo* grundsätzlich zwei verschiedene TAM-Funktionen ausdrücken lassen, ist spätestens seit Chao (1968) bekannt. So unterscheiden Lü Shuxiang et al. (1980:216–18) zwischen einem -*guo$_1$**, daß sich mit dem vorangestellten Adverb *céngjīng* (früher einmal) verbinden läßt und zum Ausdruck bringt, daß eine Handlung bereits in der Vergangenheit stattgefunden hat bzw. daß das Agens mindestens einmal die Erfahrung von V gemacht hat,

(148) Zhèi běn xiǎoshuō wǒ kàn-*guo*.
       Dem Kl Roman   ich lesen-TAM
       Diesen Roman habe ich mal gelesen.   (Lü Shuxiang et al. (1980:216))

(149) Wǒmen céngjīng tán-*guo* zhèi ge wèntí.
       wir   früher   reden-TAM Dem Kl Frage
       Wir haben diese Frage bereits früher einmal erörtert. (ibid.)

(150) Wǒ zhǎo-*guo* tā bù zhǐ yí cì.
       ich suchen-TAM er Neg nur ein Mal
       Es ist nicht das erste Mal, daß ich ihn gesucht habe. (ibid.)

und einem -*guo$_2$*, daß zum Ausdruck bringt, daß eine Handlung abgeschlossen/vollendet (*wánbì*) ist.

(151) Zǒu dào   nàr, dì   yī chǎng yǐjīng yǎn-*guò-le*.
       gehen ankommen dort Nummer eins Akt bereits aufführen-vorbei-TAM
       Als er dort ankam, war der erste Akt bereits gespielt. (Lü et al. 1980)

In ähnlicher Weise unterscheidet Lin Chin-juong (1979:215), der teilweise auf die Beispiele von Chao zurückgreift, zwischen einer "generic interpretation" (-*guo$_1$*) und einer "specific interpretation" (-*guo$_2$*).

Li und Thompson (1981:226–32) sprechen bei -*guo* von einem "Experiential Aspect" und beschreiben damit in erster Linie -*guo$_1$*, bleiben also in ihrer Beschreibung einseitig:

> "The aspect suffix -*guo* means that an event has been *experienced* with respect to some reference time. When the reference time is left unspecified, then -*guo* signals that the event has been experienced at least once at some indefinite time, which is usually the indefinite past."** (p.226)

(152) Wǒ chī-*guo*   Rìběn-fàn.
       ich essen-TAM Japan-Essen
       Ich habe schon einmal japanisch gegessen. (ibid.)

Die wohl beste Beschreibung von -*guo$_1$*/-*guo$_2$* finden wir in Iljic (1987a), der mit umfassenden Unterscheidungskriterien Erklärungen liefert, die bei anderen Autoren einzelfallweise aufgezählt werden.

---

* In der Indexierung folge ich Iljic (1987a); vgl. jedoch auch Kong Lingda (1986).
** Die Definition als "unbestimmte Vergangenheit" hat Geschichte; vgl. Dragunov (1952:129) oder Chao (1968:251): "indefinite past aspect".

Dies zeigt sich z.B. im Falle der "unbestimmten Vergangenheit". Geht man davon aus, daß -guo_1 ein Ereignis in der Vergangenheit nicht als Prozeß beschreibt, sondern als Faktum, das nur global gesehen interessiert, so daß weder Anfang noch Ende noch der Zwischenbereich von Belang sind, so erklärt sich der dafür verwendete Begriff der "unbestimmten Vergangenheit" wie wir ihn bei vielen Autoren finden, von selber.

Für Iljic ist beiden Funktionen von -*guo* gemeinsam, daß sie einen Bruch zwischen dem eigentlichen Vorgang und dem für die sprachliche Äußerung wesentlichen Ausgangsmoment bilden. Iljic (1987a:5) liefert das folgende sehr einleuchtende Beispiel, das zugleich sehr klar den Unterschied zwischen -*le* (vgl. Abschnitt 3.4.6.) und -*guo* erklärt:

(153a) Tā duàn-*le*   tuǐ.
       er brechen-TAM Bein
       Er hat sich das Bein gebrochen.

(153b) Tā duàn-*guo*   tuǐ.
       er brechen-TAM Bein
       Er hat sich das Bein gebrochen.

Während -*le* in (153a) zum Ausdruck bringt, daß das Bein im Moment der Äußerung noch gebrochen ist, also eine Beziehung zwischen dem eigentlichen Vorgang und dem Ausgangsmoment herstellt, drückt (153b) aus, daß das Bein im Bezug zum Ausgangsmoment nicht mehr gebrochen ist; -*guo* bewirkt also einen Bruch zwischen dem eigentlichen Vorgang und dem Ausgangsmoment der Äußerung. Vgl. auch:

(154) Zhèi ge háizi xiǎo shíhou pàng-*guo*, hòulái shòu-xiàlái-le.
     Dem Kl Kind klein Zeit   dick-TAM später schlank-werden-TAM
     Als dieses Kind klein war, war es dick; später ist es schlank geworden.

So gesehen geht es bei -guo_1 und bei -guo_2 um ein und dieselbe Operation der "Abtrennung" (partition), die man im Bezug auf den Ausgangspunkt "Vergangenheit" (passé) oder "Gegenwart" (présent) nennen kann (Iljic 1987a:206):

> "Ce qui est commun aux deux valeurs aspectuo-temporelles de -*guo*, -guo_1 et -guo_2, c'est, d'une part, qu'elles impliquent la même opération fondamentale de partition de la classe des instants construite par rapport à un repère donné R... en deux sous-classes disjointes, que l'on appellera *passé* et *présent* par rapport à ce repère, et, d'autre part, qu'elles marquent la localisation de la relation prédicative *p* où elles figurent dans le sous-domaine *passé*. Elles représentent en quelque sorte les deux versants de cette localisation: statique (-guo_1) et dynamique (-guo_2)."

Dies führt schließlich zu der folgenden zusammenfassenden Darstellung der Funktionen von -guo_1 und -guo_2, die meiner Ansicht nach die sprachliche Wirklichkeit am adäquatesten wiedergibt:

> "En conclusion, avec -*guo*, on dit, dans tous les cas, qu'un *fait a eu lieu*: soit (-guo_1) que, dans le passé (relatif), il y a au moins une occurrence de ce fait; soit (-guo_2) que, ça y est, un fait déterminé (attendu) a eu lieu.
> En d'autres termes, -guo_1 reflète un point de vue *statique*: il pose, dans le passé (relatif), l'existence d'une ou plusieurs occurrences *indéterminées* d'un fait donné, -guo_2, lui, reflète un point de vue *dynamique*: il fait basculer dans le passé (relatif) un fait *déterminé*."
>
> (Iljic 1987a:222)

3.4.5. -zhe

Im Vergleich zu *-le* und *-guo* erfuhr *-zhe* bis vor kurzem eine wesentlich geringere Beachtung. So gewähren die Grammatiken von Chao (1968:248f., 439, 750) und Li und Thompson (1981:217–26) diesem Suffix nur relativ wenig Raum. Eine recht intensive Besprechung dagegen erfuhr *-zhe* in Jachontov (1957,1988) im Zusammenhang mit dem Aspekt, wo es unter der Rubrik "resultativ" behandelt wird. Erst in neuerer Zeit sind einzelne speziell diesem Suffix gewidmete Artikel wie Li und Thompson (1976), Chu (1976, 1987), Chan (1980), Yu Genyuan (1983), Ma (1985) und Chen (1986) erschienen. Am einleuchtendsten erscheint mir die Darstellung von Chu (1987), der ich mich für meine Beschreibung im wesentlichen anschließe.

Dieser Autor behandelt *-zhe* auf drei Ebenen: als Zeichen für den durativen Aspekt in der Semantik, als Zeichen der Unterordnung in der Syntax und als Instrument des "backgrounding" in der Pragmatik. Ich beginne mit der Beschreibung der Semantik und beschränke mich in diesem Zusammenhang auf einfache Sätze, d.h. Sätze mit nur einem Hauptverb. Zuerst möchte ich jedoch einen Blick in die Literatur werfen: Dort wird *-zhe* als Zeichen für den progressiven Aspekt (Chao 1968:248), als Zeichen des imperfektivischen Durativs (Li und Thompson 1981:217ff.) beschrieben. Chan (1980:61) spricht von "durative aspect" im Zusammenhang mit *-zhe*, *zài* und *ne* (zu diesen TAM-Zeichen s. auch Abschn. 3.4.2.). In der Doktorarbeit von Lin Chin-juong (1979:81) finden wir die Unterscheidung zwischen dem durativen Aspekt mit *-zhe* und dem progressiven Aspekt mit *zài*. Chu (1987:35) betrachtet beide – *-zhe* und *zài* – als durativ, wobei *-zhe* die besondere Interpretation eines subordinierenden Suffixes erfährt, während sich *zài* als Präfix des Hauptverbs betrachten läßt.

In einfachen Sätzen erscheint *-zhe* mit 3 Verb-Kategorien (Ma 1985:25–32, Chu 1987:4-11):

(1) Verben der Bewegung* wie *zǒu* (gehen), *pǎo* (rennen, laufen), *fēi* (fliegen), *liú* (fließen), *tiào* (hüpfen, springen), *pá* (kriechen, krabbeln, klettern), *yóu* (schwimmen), etc. (vgl.S.108)
Diese und ähnliche Verben bilden gewissermaßen das ideale Umfeld für eine durative Interpretation von *-zhe*:

(155)   Hěnduō rén   zài jiē-shang   zǒu-*zhe*.
        sehr viele Leute auf Straße-oben gehen-TAM
        Viele Leute gehen auf der Straße/Many people *are walking* on the street.

(2) Verben der Körperhaltung (Ma 1985:25, Chu (1987:5)** wie *zuò* (sitzen), *zhàn* (stehen), *dūn* (kauern, hocken), *xiē* (ausruhen), *guì* (knien), *tǎng* (liegen), *tíng* (anhalten, stoppen), *shuì* (schlafen) drücken je nach Kontext einen Zustand (stehen) oder eine Handlung (aufstehen, sich erheben) aus, wobei ersteres mit dem Durativ-Zeichen *-zhe*, zweiteres z.B. mit der Resultativ-Konstruktion *qǐlái* oder

---

* Ma (1985:25) spricht von "verbs of motion", Chauncey Chu (1987:4) in erweitertem Sinne von "action verbs", offenbar, um im Zusammenhang mit den komplexen Sätzen Verben wie *xiào* (lachen) und *jiáo* (kauen) mit in diesen Bereich eingliedern zu können.

** Bei diesen Verben kann *zài*, das bei den Bewegungsverben sehr wohl vorkommt, nicht erscheinen:
(159a) Xiǎo gǒu   zài   pǎo.   (The little dog is [in the process of] running.)
       klein Hund TAM rennen
(159b) *Xiao gǒu zài zuò. (*zuò* = sitzen) (Ma 1985:28)

mit *-le* klar und eindeutig markiert wird. *-zhe* streicht also die durative Bedeutung der Verben der Körperhaltung heraus.

(156) Tāmen zài ménkǒu zhàn-*zhe*.
sie bei Türöffnung stehen-TAM
Sie stehen in der Türöffnung/an der Tür. (Ma 1985:27, Chu 1987:6)

(157) Tāmen zhàn-*qǐlái*(-le).
sie s.erheben-aufstehen-TAM
Sie sind aufgestanden, haben sich erhoben.

(3) Verben des Stellens/Legens wie z.B.: *fàng* (stellen, legen), *zhòng* (pflanzen), *huà* (malen, zeichnen), *cáng* (s.verstecken), *xiě* (schreiben), *chāo* (kopieren), *yìn* (drukken), *cún* (einzahlen, sparen), *guà* (hängen), *zhuāng* (installieren, einbauen), *tíng* (anhalten, parkieren), etc.

Auch diese Verben enthalten eine statische (liegen) und eine dynamische (legen) Bedeutung, sind aber im Unterschied zu den Verben der Körperhaltung transitiv:

(158a) Tā zài yínháng-li cún qián.
er auf Bank-in einzahlen Geld
S/He is depositing (the) money in the bank. (Ma 1985:31, Chu 1987:8)

(158b) Qián zài yínháng-li cún-*zhe*.
Geld auf Bank-in einzahlen-TAM
The money is deposited in the bank.

Satz (158b) ist ohne *-zhe* ungrammatisch, d.h. auch bei Verben des Stellens/Legens erfüllt *-zhe* die Markierung des durativen Aspekts, der sich in (158a) nicht aufdrängt. Ein Verb des Stellens/Legens wird also ohne *-zhe* als "action verb" mit einem belebten Subjekt als Agens interpretiert, mit *-zhe* dagegen als statisches Verb (vgl. auch Bsp. [124a/b]).

Der Bereich der komplexen Sätze führt uns zwangsläufig in die Syntax; im Zusammenhang mit *-zhe* läßt sich dieser Bereich wie folgt charakterisieren:

(IV) NP_1 V_1-*zhe* (NP_2) V_2 (NP_3),

wobei NP_1 Subjekt von V_1 und V_2 ist. In dieser Struktur ist V_1 *-zhe* vom Hauptverb abhängig. Li und Thompson (1976) liefern einige Argumente für die unterordnenden Eigenschaften von V_1-*zhe*, wovon mir die folgenden am wichtigsten zu sein scheinen:

(1) Die Koordination wird mit anderen Mitteln offen markiert; z.B.: *yòu...yòu* (nicht nur...sondern auch), *yìbiān...yìbiān* (einerseits...andererseits), usf.

(2) In der Position V_1 erscheinen nur bestimmte Verben (genaueres s. unten)

(3) Das Intonationsmuster des ganzen Satzes verläuft kontinuierlich, während koordinierte Sätze in ungefähr als Summe zweier Hauptsatzintonationen mit einer Pause zwischen Satz 1 und 2 gesprochen werden.

Nach Ma (1985:36) ist V_1-*zhe* ein Adverbial der Art und Weise (manner adverbial), wobei beide Verbalhandlungen gleichzeitig erfolgen. So kommt Ma zum Schluß:

"Semantically, *-zhe* functions in a complex sentence to 1) indicate subordination and 2) transform the verb to which *-zhe* is attached to into a manner adverbial. Contrary to the claims of Li and Thompson [1976,W.B.] *-zhe* does not function primarily as a durative marker in this construction." (p.37)

Chu (1987) ist mit dem Terminus "Unterordnung" völlig einverstanden, ordnet diesen jedoch sinnvollerweise der Syntax – nicht der Semantik – zu. Weiter legt der Autor dar, daß syntaktisch gesehen Handlungen eher als unabhängige Verben auftreten als Prozesse und schließlich Zustände. Damit gelingt es ihm, einen Übergang von der semantischen Funktion des Durativs in den syntaktischen Bereich der Unterordnung zu schaffen:

> "In other words, when both an action and a duration is mentioned in a sentence, the former is normally expressed by the main verb and the latter normally occurs in a subordinate construction. Since, semantically, -zhe is a marker of duration or state, it naturally follows that the verb associated with it is syntactically recognized as a subordinate structure. Thus, we establish that the verbal suffix -zhe has a subordinating function in syntax." (Chu 1987:14)

Dieser Befund liefert gleichzeitig eine Erklärung für Punkt (2) im Zusammenhang mit Li und Thompson (s. oben). Die unterordnende Funktion gepaart mit dem durativen Aspekt läßt sich vielleicht am schönsten im einfachen Imperativ mit -zhe vorführen,

(160) *Děng-zhe* (Warte mal; Wait and ...)
  Zuò-zhe (Setz dich mal, Be seated and ...)
  Tīng-zhe (Hör nur, Listen and ...)

bei dem immer noch eine Erwartungshaltung auf etwas Kommendes mitschwingt.

Bevor ich zum pragmatischen Aspekt von -zhe übergehe, noch einige Beispiele zur Illustration, wovon die ersten drei aus Chen (1986) stammen:

(161) Tā pāi-*zhe* zhuōzi mà rén. (p.2)
  er schlagen-TAM Tisch schimpfen Leute
  Er schlug auf den Tisch und schimpfte mit jdm./ Er schimpfte, indem er ... .

(162) Tā pāi-*zhe* -shǒu chàng-gē.
  er schlagen-TAM Hand singen-Lied
  Er klatschte mit den Händen und sang./Er sang, indem er mit den Händen klatschte.

(163) Wǒmen kàn-*zhe* zhǐhuī chàng. (p.18)
  wir ansehen-TAM Dirigent singen
  Wir singen mit Blick zum Dirigent.

(164) Māma dú-*zhe* xìn liǎn-shàng lùchū gāoxìng de shénsè.
  Mutter lesen-TAM Brief Gesicht-auf s.abzeichnen freudig Attr Ausdruck
  Als Mama den Brief las, zeichnete sich auf ihrem Gesicht ein freudiger Ausdruck ab.
  (Lü Shuxiang (1980:594))

(165a) Tā chī-*zhe* -fàn kàn-bào.
  er essen-TAM Essen lesen-Zeitung
  Er liest Zeitung beim Essen.

(165b) Tā kàn-*zhe* -bào chī-fàn.
  er essen-TAM Zeitung essen-Essen
  Er ist am Essen und liest dabei die Zeitung.

Nun lassen sich jedoch nicht beliebige V_1 und V_2 in das obige Strukturmuster (IV) einfügen. Chen (1986) geht von einer semantischen Zusammengehörigkeit von V_1 und V_2 als Grundvoraussetzung für eine solche Konstruktion aus, so daß die meisten dieser Fügungen nur eine einzige Handlung (active action) umfassen. Wichtig ist ihm hierbei der Begriff der "Gewichtung" (weighting); so soll das erste Verb im Bezug auf das Maß an physischer oder psychischer Involviertheit des Agens von relativ wenig Gewicht sein, so daß das Hauptgewicht beim zweiten Verb liegt. Diese relativ schwerfällige Beschreibung löst Chu (1987:25) damit, daß er zeigt, daß ein muttersprachlicher Sprecher nicht auf sein semantisches Repertoire zurückgreift, um Sätze wie z.B.

(166) Tā cā-*zhe* zhuōzi mà-rén.
er wischen-TAM Tisch schimpfen- jd.
Er reinigt den Tisch und schimpft mit jemandem.

ebenfalls als grammatisch zu akzeptieren, die nach Chen unmöglich wären. Hier sind vielmehr diskurspragmatische Faktoren wie "backgrounding" im Spiel. Somit sind viele von Chen's Beispielen deshalb nicht erlaubt, weil V_1-*zhe* nicht als "background" in Frage kommt oder weil der Autor bzw. der interviewte muttersprachliche Informant sich gerade keinen solchen Hintergrund vorstellen kann:

> "The situations that we have supplied to enhance acceptability for the otherwise less acceptable examples are no more than contexts where foreground and background are made more clearly distinguishable." (Chu 1987:27)

Wenn wir die oben beschriebenen Befunde im Zusammenhang damit sehen, daß sich -*zhe* wohl aus dem Resultativ-Verb *zháo* (berühren, ergreifen; vgl. Nr. 20, S.105) ableitet, wie schon Dragunov (1952) und Jachontov (1957:78f.) bemerkten*, so finden wir in -*zhe* ein eindrückliches Beispiel für die Grammatikalisierung eines Vollverbs via Resultativ-Verb zum TAM-Zeichen, das sich wohl letztlich aufgrund seiner durativen Bedeutung in einer Konstruktion mit zwei Verben bestens auch zur Wiedergabe syntaktischer (d.h. hypotaktischer) und diskurspragmatischer (d.h. backgrounding) Funktionen eignet.

3.4.6. Le (-le, le)

Le ist wohl das mit Abstand am meisten beschriebene TAM-Zeichen im modernen Chinesisch. Ich werde mich daher auf eine Auswahl der meiner Ansicht nach wesentlichsten Arbeiten beschränken. Selbstverständlich wird *Le* in den Grammatiken von Dragunov (1952) und Jachontov (1957), die dieses TAM-Zeichen im Rahmen ihrer Aspekt-Vorstellungen behandeln, sowie in Chao (1968) und in Li und Thompson (1981:185–217,238–300) aufgeführt. Weitere wichtige Diskussionsbeiträge zu *Le* finden wir in Wang William S.-Y. (1965), Teng (1973), Lu (1975), Rohsenow (1978), Spanos (1979), Kwan-Terry (1979), Chan (1980), Lü Shuxiang et al. (1980:314–321), Andreasen (1981), Li et al. (1982), Liu Yuehua et al. (1983:209–228), Cheng (1985/6) und Chu und Chang (1987). Von besonderer Bedeutung für die Entwicklungsgeschichte von *Le* sind schließlich die folgenden chinesischen Arbeiten: Xing Gongfan (1979), Pan Weigui und Liang Tiange (1980a, 1980b) und Mei Tsu-lin (1981a,1981b).

Im Folgenden werde ich zuerst auf die Funktion von *Le* im modernen Chinesisch eingehen, um danach in einem zweiten Teil die Entwicklungsgeschichte dieses wichtigen TAM-Zeichens nachzuvollziehen. Dabei werde ich auf einzelne der oben erwähnten Arbeiten zurückgreifen; eine ausführliche und abwägende Besprechung dieser Arbeiten soll hier jedoch schon aus Platzgründen nicht geliefert werden.

---

* Rygaloff (1973:189) schlägt eine andere Etymologie vor, derzufolge -*zhe* auf *zhù* (s.befinden, wohnen; vgl. Nr.22, S.105) zurückgeht.

Einleitend gilt es zwischen zwei verschiedenen grammatikalischen Morphemen *Le* zu unterscheiden, wie dies spätestens seit Chao (1968) sehr viele Grammatiken des Chinesisch tun. Die Gründe hierfür liegen darin, daß sich für beide Morpheme unterschiedliche Funktionen aufzeigen lassen (s. unten), daß in einem transitiven Satz beide Morpheme gleichzeitig vorkommen können (vgl. das Strukturmuster (V), unten) und daß beide Morpheme in anderen chinesischen Dialekten phonologisch verschieden realisiert werden (vgl. hierzu Chao 1968:246f.).

Das eine Morphem *Le*, hier verschriftet als *le*, erscheint am Satzende und wird in Chao (1968:798–800) als "particle" unter der Bezeichnung "inchoative *le*" aufgeführt. Ebenso erwähnen Li und Thompson (1981:238ff.) *le* unter dem Titel "sentence-final particles". Das andere Morphem *Le*, das als *-le* verschriftet wird, erscheint unmittelbar hinter dem Verb. Es wird von Chao (1968:245ff.) unter dem Titel "verbal suffixes", von Li und Thompson (1981:185ff.) unter der Bezeichnung "verbal aspect suffix *-le*" aufgeführt. Cheng (1985/6) spricht von "verb-*le*". Lü Shuxiang et al. (1980:314) schreibt *-le* als le_1 und *le* als le_2.

Damit sieht die Struktur eines transitiven Satzes mit beiden *Le* wie folgt aus:

(V)   (NP)   V-*le*   NP   *le*.

(167) Tā chī-*le*   fàn   *le*.
       er essen-TAM   Essen TAM
       Er hat gegessen.

Ich möchte hier jedoch nicht den Eindruck erwecken, daß allgemein eine Auftrennung in zwei Morpheme gefordert wird, obwohl ich mich dieser Darstellungsweise anschließe. So geht Spanos (1979) von einer einzigen Grundbedeutung aus, aus der sich die Funktionen von *le* und *-le* herleiten lassen. Auch Rohsenow (1978) gelangt zu einer zusammenfassenden Sichtweise, allerdings vor dem Hintergrund von Sprachvergleichen im Zuge des Zusammenwirkens von höheren Prädikaten. Chan (1980) schließlich faßt *Le* unter dem Oberbegriff "punctual aspect" zusammen, unterscheidet aber dann zwischen dem inchoativen *le* und dem perfektiven *-le*. Dabei erscheint *le* bei einer größeren Anzahl von Verben als *-le*, da letzteres bei Verben, die einen permanenten Zustand bezeichnen, nicht vorkommen darf (vgl. Chan, p.45).

In dem einen Fall schließlich, in dem *le* mit einem am Satzende stehenden intransitiven Verb auftritt, ist die Ambiguität praktisch vorgeplant, da sich hier die drei Interpretationen von *-le*, *le* oder einer Haplologie ergeben. Bei intransitiven Verben sieht das Strukturmuster daher wie folgt aus:

(VI) V (-)*le*,   wobei *V-le le* nicht erlaubt ist.

Daß sich gerade in dieser Situation Überschneidungen der beiden Funktionen ergeben können, die möglicherweise zu einer intuitiven Zusammensicht – nicht nur beim beschreibenden Grammatiker, sondern auch beim einzelnen Sprecher – von *le* und *-le* führen, liegt auf der Hand.

Doch nun zur Funktion von *-le* und *le*. Zur Beschreibung von *le* werde ich mich im wesentlichen an Li und Thompson (1981:238–300) und an Li et al. (1982) halten, da diese in vorbildlicher Art und Weise auch diskurspragmatische Betrachtungen in ihre Darstellungen einbeziehen. Leider setzt sich diese vorbildliche Darstellungsweise bei

-*le* nicht fort. Hier scheinen mir Chu und Chang (1987) sehr Wesentliches gesehen zu haben – ich werde mich dort also an diese beiden Autoren halten.

Dem Morphem *le* spricht Chao (1968:798ff.) insgesamt sieben Funktionen zu (inchoative, command in response to a new situation, progress in story, isolated event in the past, completed action as of the present, consequent clause to indicate situation, obviousness). Es ist das Verdienst von Li und Thompson (1981) und von Li et al. (1982) hier einigermaßen Übersicht und Ordnung geschaffen zu haben. Nach diesen Autoren macht die deiktisch-pragmatische Funktion des "relating events/states to a Reference Time" (Li et al. 1982:19) die eigentliche Essenz dieses auch als Perfekt beschriebenen *le* aus:

> "The basic communicative function of *le* is to signal a Currently Relevant State (=CRS). That is, *le* claims that *a state of affairs has special current relevance to some particular Reference Time*." (Li et al. 1982:22)

Damit ist auch gleich gesagt, daß sich *le* nie in Äußerungen finden läßt, in denen nur eine allgemeine Tatsache, ein anhaltender Zustand oder einfach ein Ereignis/Zustand in der Vergangenheit ausgedrückt werden soll. Weiter ist damit auch klar, daß sich *le* von der Textsorte her kaum in Zeitungsartikeln, Vorlesungen oder wissenschaftlichen Artikeln und in Beschreibungen im Allgemeinen zeigt, weil hier der pragmatisch relevante Kontext des In-Bezug-Setzens zu einem bestimmten Zeitpunkt nur selten von Interesse ist.

Li und Thompson (1981) bzw. Li et al. (1982:28) unterscheiden fünf mögliche Kontexte, wo diese Operation des In-Bezug-Setzens zu einem "Currently Relevant State" zur Anwendung gelangt:

(1) Change of State

Dies ist wohl die häufigste Gebrauchsweise von *le*. Sie entspricht in etwa der Inchoativfunktion bei Chao und wird auch in Lü Shuxiang (1980:314) als Hauptfunktion von *le* gesehen. Die Funktion "Change of State" impliziert, daß der von V ausgedrückte Zustand bzw. das von V ausgedrückte Ereignis eine Veränderung im Verhältnis zu einer früheren Situation darstellt:

(168) Tā zhīdào nèi ge xiāoxi *le*.
er wissen Dem Kl Nachricht TAM
Er kennt diese Nachricht/bekam sie zu wissen (jetzt, früher/vorher hat er sie nicht gekannt.) (Li und Thompson 1981:245, bzw. Li et al. 1982:28)

(169) wǒ tóu téng *le*.
ich Kopf schmerzen TAM
Ich habe Kopfschmerzen [jetzt, vorher noch nicht].

(170) Tā gāo *le*.
er hoch, groß TAM
Er ist groß geworden.

(171) Wǒ huì kāichē *le*.
ich können fahren-Auto TAM
Ich kann Auto fahren [jetzt, früher noch nicht].

(172) Wǒ míngbai *le*.
ich verstehen TAM
[Jetzt] hab' ich's begriffen.

(2) Correcting a Wrong Assumption
Hier ist die Handlung für die Bezugszeit insofern relevant, als sie eine vorangegangene Annahme widerlegt:

(173) Wǒ yào hē jiǔ *le*.
ich wollen trinken Wein TAM
[Als Antwort auf die Annahme, daß ich keinen Wein trinke:]
Sicher will ich Wein trinken./Doch doch, ich will Wein trinken.

(3) Progress So Far
(174) Wǒ zài nàli zhù-le liǎng ge yuè *le*.
ich in dort wohnen-TAM zwei Kl Monat TAM
Ich habe [bis zum jetzigen Zeitpunkt] zwei Monate dort gewohnt.
(Li und Thompson 1981:270, Li et al. 1982:35)

(4) What Happens Next
Der durch V ausgedrückte Zustand wird als Voraussetzung dafür aufgefaßt, daß nun etwas weiteres, etwas Neues geschehen kann; der durch V ausgedrückte Zustand hat Folgen für das, was kommen wird:

(175) Wǒ chī-guo mùguā *le*.
ich essen-TAM Papaya TAM
Ich habe schon eine Papaya-Frucht gegessen [also biete mir nicht dauernd neue an]. (Li und Thompson 1981:279)

(5) Closing a Sentence
Damit bringt der Sprecher zum Ausdruck, daß er zum gegebenen Zeitpunkt nichts weiter zu sagen hat, daß dies sein gesamter Beitrag zu einem Gespräch ist (Li und Thompson 1981:245, Li et al. 1982:28 sprechen von "the speakers total contribution to the conversation at that point"):

(176) Jiéguǒ wǒmen jiù bān huí Zhōngguó *le*.
Resultat wir schließlich umziehen zurückkehren China TAM
Schließlich sind wir wieder nach China zurückgekehrt [Punkt, Schluß, und damit hat's sich]. (Li und Thompson 1981:287, Li et al. 1982:39)

-*le* dagegen wird von den meisten Grammatikern als Zeichen des *perfektiven Aspekts* bezeichnet (Chao 1968:246, perfective aspect, Chan 1980:47ff., Li und Thompson 1981:185ff.). Während Chao (1968:246) unter "perfective aspect" die Vollendung einer Handlung versteht, definieren Li und Thompson Perfektivität allgemeiner: Ein Ereignis wird in seiner Gesamtheit, als ein Ganzes, gesehen ("an event is being viewed in its entirety or as a whole", 1981:185). Um diesem Anspruch der Gesamtheit gerecht zu werden, muß ein Ereignis zeitlich, räumlich oder begrifflich "eingegrenzt" (bounded) sein. Li und Thompson unterscheiden vier Arten der Eingrenzung:
(1) by being a quantified event
(2) by being a definite or specific event
(3) by being inherently bounded because of the meaning of the verb

(4) by being the first event in a sequence (vgl. 1981:185)

Allerdings kritisieren Chu und Chang (1987) mit Recht, daß Li und Thompson zuwenig Kontext zur Festlegung der Funktion von -*le* im Diskurs anführen. Insbesondere wird nie so ganz klar, warum -*le* optional ist. In diesem Zusammenhang ist es sehr eindrücklich zu sehen, wie wenig -*le* in der geschriebenen Sprache vorkommt. Die einzige Ausnahme bilden offenbar Schulbuchtexte für fremdsprachliche Leser, wo -*le* ca. alle 50 Zeichen gesetzt wird, während es im Vergleich hierzu in normalen Texten nur alle 198 Zeichen erscheint (Chu und Chang 1987:313).

Chu und Chang (1987:312f.) schlagen die folgende Hypothese für den Gebrauch von -*le* vor, die wohl mit Abstand die meisten Situationen, wo -*le* auftaucht, abdeckt:

(1) The verbal suffix -le is basically for marking non-continuing factual actions/events.

(2) In terms of discourse, the verbal suffix -le is basically for marking the "peak" in the event line.

(3) In terms of events, the verbal suffix -le serves to explicitly mark anteriority.

zu (1) Mit "factual" ist gemeint, daß die Handlung tatsächlich stattgefunden hat bzw. stattfindet. "non-continuing" verweist darauf, daß die Handlung im Rahmen der relativen Vergangenheit abläuft.

zu (2) Mit dem Ausdruck der Faktualität bietet sich -*le* auch für die Diskursfunktion der Markierung des Höhepunktes (peak) an.

zu (3) "anteriority" bedeutet, daß eine bestimmte Handlung vor einer anderen Handlung geschehen ist.

Der erste Punkt (1) umfaßt in etwa die in Li und Thompson aufgeführten ersten beiden Arten der Eingrenzung; hierzu zwei Beispiele:

(177) Wǒ mǎi-*le* liǎng zhāng piào.
ich kaufen-TAM zwei Kl Billette
Ich habe zwei Billette gekauft.

(178) Tā chàng-*le* zhèi shǒu gē.
er singen-TAM Dem Kl Lied
Er hat dieses Lied gesungen.

Der zweite Punkt (2) drängt sich insbesondere vor dem Hintergrund von Tai (1988) auf, der im Zusammenhang mit der Ikonizität feststellt, daß das Chinesische eine lineare Anreihung der Ereignisse in zeitlicher und/oder logischer Ordnung bevorzugt (vgl. Chu und Chang 1987:317f.); damit wird es notwendig, die Hauptaussage – also das Schwergewicht einer Aussage – besonders zu markieren. Gerade dies geschieht mittels -*le*, das durch seine Funktion des "factual" für diese unterstreichende Funktion sehr geeignet ist. Ein Beispiel hierzu sei aus Chu und Chang (1987:319) zitiert:

(179) Liǎng guó zhèng-dǎng lǐngdǎorén jiāohuàn yìjiàn,
zwei Staat Regierung-Partei Führer austauschen Ansicht

jiāo-liú jīngyàn, jiāshēn-*le* liǎojiě.
austauschen Erfahrung vertiefen-TAM Verständnis
Die beiden Führer von Partei und Staat verglichen ihre Ansichten, tauschten ihre Erfahrungen aus und vertieften [so] ihr [gegenseitiges] Verständnis.

Wenn wir es mit Handlungen zu tun haben, die sich nicht als Nebenhandlungen zu einer Haupthandlung bzw. einem Höhepunkt im obigen Sinne mit *jiāshēn* (vertiefen) als "peak" betrachten lassen, drückt *-le* die Vorzeitigkeit aus. Dabei läßt sich die zeitliche Dimension des vorher /nachher ausweiten auf andere Prinzipien zur Ordnung der Abfolge von Handlungen. Eine besonders wichtige Abfolge ist die Beziehung von Ursache und Wirkung:

(180) Sūnquán bú zuò   diàochá,   jiù tīngxìn-*le*   chányán
       Name   Neg machen Untersuchung dann hören-glauben-TAM Verleumdung

       xiàlìng bǎ   Zhāngxiū dàibǔ   xiàyù.
       befehlen CoV Name   verhaften ins Gefängnis werfen
       Ohne weitere Untersuchungen glaubte Sunquan den Verleumdungen, verhaftete
       Zhangxin und sperrte ihn ins Gefängnis. (Chu und Chang 1987:321)

Schließlich erscheinen einsilbige Aktionsverben wie z.B. *kàn* (ansehen), *xiě* (schreiben) automatisch und ohne Ausnahme mit *-le*. Der Grund dafür liegt wohl darin, daß chinesische Aktionsverben das tatsächliche Erreichen eines Ziels mittels eines zusätzlichen V_2 in der Resultativ-Konstruktion markieren. Damit drängt sich bei solchen einsilbigen Verben, die unmarkiert bloß eine Verbalhandlung nennen, ohne genauere Angaben über deren Verlauf zu liefern, in einem erzählenden Kontext die Setzung von *-le* nachgerade auf, um wenigstens festzuhalten, daß die Handlung tatsächlich abgelaufen ist. *-le* füllt damit eine Lücke, die auch durch Resultativ-Verben abgedeckt werden könnte.

(181) Zhèi ge cūn qù-nián huā-*le*   sānwàn duō yuán.
       Dem Kl Dorf letztes Jahr ausgeben-TAM 30 000 mehr Yüan
       Dieses Dorf hat letztes Jahr über 30 000 Yüan ausgegeben.

Bei einigen Verben, die Lü Shuxiang et al. (1980:316) aufzählen, steht *-le* von der Bedeutung her dem Resultativ-Verb *diào* (fallen; vgl. Nr.7, S.104) besonders nah. Einige dieser Verben sind: *wàng*(vergessen), *diū* verlieren), *hē* (trinken), *chī* (essen), *tūn* (verschlingen), *pō* (ausschütten), *rēng* (werfen), usf.

    Einige Formen wie *wèile* (um...willen, für, wegen), *chúle* (außer) schließlich betrachtet man wohl am besten als erstarrte Fügungen.

    Zum Schluß sei noch angefügt, daß *-le* in Texten, die sich stilistisch ans klassische Chinesisch annähern, nicht gesetzt wird. Diese letzte Bemerkung in Kombination mit der funktionalen Annäherung von *-le* an das Resultativ-Verb *diào* geben bereits wertvolle Hinweise zur Entwicklungsgeschichte von *-le*. Im Folgenden wenden wir uns daher dem *historischen Aspekt* von *Le* zu.

    Die Tatsache, daß *Le* allgemein in Stilrichtungen, die sich am klassischen Chinesisch orientieren, nicht auftritt, deutet schon darauf hin, daß *Le* zu dieser Zeit noch nicht existierte. In der Tat finden wir etwa im *Lunyu* des Konfuzius oder im Mencius keinen einzigen Beleg für das Zeichen 了 *Le**. Die ersten Belege finden wir nach Pan

---
* Nach dem *Shuowen jiezi* (verfaßt um 100 n.Chr. von *Xu Shen*) ist 了 *Le* ein piktographisches Zeichen, das ein stehendes Kind mit an den Körper angelegten Armen und zusammengestellten Füßen abbildet. Allerdings gewinnt man den Eindruck, daß dieses Zeichen zur Verschriftung sehr verschiedener Konzepte und Dialektwörter herangezogen wurde, so daß ein genaueres Eingehen auf diese Bedeutungen des Schriftzeichens keine wesentlichen Erkenntnisse zu *Le* zu Tage fördern kann. Das Zeichen scheint also zur Verschriftung eines in der Sprache neu auftauchenden Wortes herangezogen worden zu sein.

Weigui und Yang Tiange (1980a) erst gegen Ende der Späten Han-Zeit (25–220 n. Chr.) im *houhanshu*, wo das Zeichen dreimal vorkommt, um dann in der Zeit nach Han bis anfangs Tang (220–618) langsam häufiger verwendet zu werden*. Die Epoche zwischen Han und Tang ist nach Pan und Yang (1980a:14) die erste Entwicklungsepoche von *-le*. Die zweite Epoche beginnt in der Tang-Zeit und endet mit dem Beginn der Song-Zeit, dauert also von 618–960 n.Chr., die dritte Epoche umfaßt die Song- und die Yüan-Zeit (960–1367) und die vierte und letzte Epoche schließlich reicht bis in die Moderne und umfaßt insbesondere die Zeit seit dem 18. Jh. bis heute. In diesem Abschnitt möchte ich mich vor allem mit der ersten und der zweiten Epoche beschäftigen.

Von den drei oben erwähnten *Houhanshu*-Stellen ist vor allem die folgende von Bedeutung:

(182) Rén yuǎn zé nán suí, shì zǒng zé nán liǎo.
Leute fern dann schwierig ruhig Sache weitgefaßt dann schwierig regeln
Wenn die Leute zu weit weg sind, ist es schwierig, sie ruhig zu behalten, wenn die [Staats-]geschäfte zu weit gefaßt sind, dann ist es schwierig, sie zu regeln/ihnen gerecht zu werden. (Nach der Ausgabe von *Zhonghuashu juebiao dianben*, 1965, p.1653; vgl. auch Pan und Yang 1980a:15)

In diesem Beispiel treffen wir das Zeichen 了 in seiner Vollverbbedeutung (ich gebe daher die Aussprache *liǎo* an, die dieses Zeichen heute in der Vollverbbedeutung hat) von "passend sein; etw. regeln, einer Sache gerecht werden", was sich durchaus mit der später üblichen Bedeutung von "vollenden, zu Ende führen, erledigen" zur Deckung bringen läßt. Diese Bedeutung ist bei Pan und Wang (1980a:16) als erste von insgesamt vier Möglichkeiten aufgeführt, die offenbar für das gesamte Sprachgebiet identisch sind, wie man aus der unterschiedlichen geographischen Herkunft der untersuchten Werke schließen muß:

(1) "beenden" (*wánchéng*) mit den Bedeutungsnuancen "entsprechend, passend" (*tuǒdàng*) und "vollenden, vervollkommnen" (*wánshàn*).

(2) "vollständig, völlig" in verbmodifizierender Funktion (*quánrán, wánquán*)

(3) "verstehen, begreifen" (*míngbai, lǐngwù*)

(4) "klug, intelligent" (*cōngming, qīngxī*)

Von den insgesamt 165 Stellen mit *liǎo*, die Pan und Yang insgesamt für die erste Epoche gefunden haben, entfallen 62 auf die erste, 59 auf die zweite, 31 auf die dritte und 11 auf die vierte Bedeutung.** Davon können wir die Bedeutungen (3) und (4) aus unseren Betrachtungen ausschließen, da das Zeichen dort als alternative Schreibweise zu 憭 (*liǎo*, intelligent; klar, deutlich) gebraucht wird. Heute finden wir das

---

* Pan und Yang (1980a:15) haben das Zeichen 了 in den folgenden Werken gezählt: *Sanguozhi* (Geschichte der drei Reiche, von Chen Shou [233–297 n.Chr.] mit 8 Eintragungen), *Jinshu* (41 Einträge), *Shishuo Xinyu* (Neue Darstellung von Geschichten aus der Welt, von Liu Yiqing, 1.Hälfte des 5.Jh., 22 Einträge), *Yanchi jiaxun* (7 Einträge), *Songshu* (24 Einträge), *Beiqishu* (6 Einträge), *Nanshi* (46 Einträge), *Suishu* (8 Einträge), die die beiden Autoren alle zur ersten Epoche von *Le* zwischen Han und Tang zählen.

** Dies ergibt erst 163 Stellen; die übrigen beiden Stellen gehen auf eine ältere Gebrauchsweise des Zeichens 了 zurück, die uns hier nicht interessiert.

Zeichen 了 in dieser Bedeutung in erstarrten Formen wie z.B. *liǎojiě* (verstehen, begreifen), *liǎoliǎo* (klar verstehen, klar sehen), *liǎorán* (klar sehen), *míngliǎo* (verstehen, sich klar sein über). Als Beispiele zu (1) und (2) sollen die folgenden genügen:

(183) Shì   yǐ   liǎo.
Angelegenheit bereits erledigen
Die Angelegenheit ist bereits erledigt. (Pan und Yang 1980a:17)

(184) Gē   hū   zìruò   liǎo wú   shèn   róng.
singen rufen selbstbeherrscht   nicht haben ängstlich Gesichtsausdruck
Er sang und rief voller Selbstbeherrschung ohne den geringsten Ausdruck von Besorgnis. (Pan und Yang 1980a:18)

Es ist nun interessant zu sehen, daß *liǎo* in der Bedeutung (1) in weitaus den meisten Fällen als Vollverb erscheint; nur gerade in 2 von 62 Fällen zeigt es sich als V_2 in resultativem Sinn zum Ausdruck der Vollendung der Verbalhandlung (vgl. Pan und Yang 1980a:18). Dies ändert sich in der zweiten Entwicklungsepoche von *liǎo*, wie die beiden Autoren Pan und Yang in ihrem zweiten Artikel (1980b) anhand von *bianwen*-Texten* aus Dunhuang und anhand des *Jingde chuandenglu* (Sammlung über die Weitergabe der Lampe, verfaßt zur *Jingde*-Aera)** zeigen.

Auch für diese zweite Epoche lassen sich die vier Bedeutungen von *liǎo* unterscheiden. Allerdings entfallen von den 254 Stellen mit *liǎo* in den *Bianwen* nur mehr 31 auf (1), 2 auf (2), 19 auf (3) und 8 auf (4). An den übrigen 194 Stellen erfüllt *liǎo* die Funktion eines V_2 – es bildet in chinesischer Terminologie ein Komplement (*bǔyǔ*, vgl. S.103, vgl. auch Pan und Yang 1980b:23f.). Hierzu zwei Beispiele:

(185) Chénzǎo   qǐlái   xǐ   shǒu miàn   guànxǐ   liǎo`
früher Morgen erscheinen waschen Hand Gesicht waschen fertig

chī   chá, chī   chá liǎo   Fó   qián lǐbài.
essen/trinken Tee   trinken Tee fertig Buddha vor dienen
Wenn der frühe Morgen naht, waschen sie sich die Hände und das Gesicht; nachdem sie sich gewaschen haben, trinken sie Tee; nachdem sie Tee getrunken haben, dienen sie Buddha. (*Chuandenglu*, 26; Pan und Yang 1980b:24)

(186) Dà nán   guò   liǎo gèng   yǒu   xiǎo nán,
groß schwierig vorbeigehen fertig noch mehr es gibt klein schwierig

---

* *Bianwen*-Texte sind eine besondere Literaturgattung, die einen guten Einblick in das mittelalterliche gesprochene Chinesisch erlauben. Es handelt sich dabei um eine Art Singfabeln. Demiéville in T'oung Pao (51.4–5,p.373) schlägt die französische Übersetzung "scène" vor. Die Texte, die sich in London, Paris und Peking befinden, wurden von Wang Zhongmin (王重民) et al. in zwei Bänden unter dem Titel *Dunhuang bianwenji* gesammelt, auf die sich Pan und Yang in ihrer Untersuchung stützen. Weitere *Bianwen* befinden sich in Leningrad (vgl. Demiéville: Manuscrits chinois de Touen-houang à Leningrad, in: T'oung Pao 1964:355–376, besonders 372–76). Zur Sprache vgl. Jiang Lihong (将礼鸿), *Dunhuang bianwen ziyi tongshi*, Beijing 1959, *Zhonghua shuju*; Iriya Yoshitaka, *Tonkō hembun shū kugo goi sakuin* (Vokabular der *kugo* im *Dunhuang bianwenji*), 1961.
** Das *Jingde chuandenglu* wurde zur *Jingde*-Aera (1004–1007 n.Chr.) vom Buddhistenmönch Dao Yuan (道元) kompiliert; es enthält 1701 Biographien von *chán*-Mönchen. Das Meiste in diese Sammlung aufgenommene Material stammt aus der Zeit der Tang und der 5 Dynastien (618–960), paßt also in die zweite Entwicklungsepoche von *le*.

rúhé dé   guò?   (*Bianwen* 39, Pan und Yang 1980b:25)
wie erlangen vorbeigehen
Nachdem die großen Schwierigkeiten vorbei waren, waren umso mehr kleine da;
wie bringt man es fertig, diese zu überwinden?

Wie man sieht, drückt *liǎo* in beiden Fällen die Vollendung einer Handlung aus und markiert zudem die Vorzeitigkeit im Sinne von Chu und Chang (1987). Allerdings steht *liǎo* in Bsp. (185) nach dem Objekt – *chī chá liǎo* –, was für das entsprechende *-le* im modernen Chinesisch nicht möglich ist. Hier scheint sich das spätere *-le* aus dem engen Kontext der Resultativ-Konstruktion zu emanzipieren, was sicherlich ein Beweggrund für die ansteigende Häufigkeit der Verwendung von *liǎo* bis hin zum TAM-Zeichen ist.

Während sich *-le* auch von seiner späteren Funktion her offenbar auf das Vollverb *liǎo* (vollenden) zurückführen läßt, scheint sich für *le* ein anderer Ursprung anzubieten. In Chao (1968:246f.) und in Mei Tsu-lin (1980a,b) wird *le* auf *lái* (kommen) zurückgeführt, das dann, nach dem Verlust des Tones und einer Abschwächung des Auslautvokals lautlich mit dem aus *liǎo* hergeleiteten *-le* zusammenfiel und somit mit dem gleichen Zeichen verschriftet wurde. Dieser Zusammenfall wurde noch dadurch gefördert, daß das aus *liǎo* abgeleitete *-le* sich aus seinem Resultativ-Kontext lösen konnte, wie wir soeben gesehen haben. Als Beleg für die Entwicklung *lái* zu *le* führt Chao (1968:246, Anm.31) sogar ein Beispiel aus dem *Jingde chuandenglu* an.

Damit scheint sich die funktionale und die positionale Unterscheidung von *-le* und *le* auch entwicklungsgeschichtlich begründen zu lassen. Beide Morpheme führten im Rahmen der Grammatikalisierung zu einem neuen Strukturmuster, das ich oben als V-*le* O *le* beschrieben habe. Der Grund für die größere Nähe zum Verb bei *-le* könnte dabei im resultativen Ursprung von *-le* liegen, wo ja zwischen V_1 und V_2 nichts – bzw. im modernen Chinesisch nur *de* und *bu* – eingeführt werden darf. Bei direktionalen Verben wie *lái* dagegen ist es durchaus möglich, daß etwa ein Objekt zwischen V_1 und V_2 erscheint. Daraus läßt sich – wie mir scheint – eine einigermaßen plausible Begründung für die jeweilige Position von *-le* bzw. *le* herleiten.

4. Die Co-Verben

4.1. Einleitung

Das Strukturmuster für die Serialisierungsperiode mit Co-Verben sieht im Chinesischen wie folgt aus:

(I)   (N) $\begin{matrix}\text{CoV}\\\text{Präp}\end{matrix}$ N   V   (N) $\begin{matrix}\text{CoV}\\\text{Präp}\end{matrix}$ N

Es fällt dabei auf, daß Präpositionen und Co-Verben die gleichen Positionierungsmöglichkeiten zeigen. Zudem muß jedes Co-Verb mit einem Nomen gesättigt sein*.

Betrachtet man die Positionen unmittelbar vor und hinter dem Verb (V), zeigt es sich, daß die Möglichkeiten zur Einführung zusätzlicher Verbmodifikatoren recht gering

---
* Die einzige Ausnahme bilden wohl Fälle wie *sònggěi* (schicken-geben = ich habe es ihm geschickt) als Antwort auf die Frage "Hast du es ihm geschickt?". Näheres s. S. 176f.

sind. Vor dem Verb erscheinen nur gerade die Elemente *bèi* und *gěi*, die gleichzeitig – mit einem nachfolgenden Nomen – in Co-Verbfunktion vorkommen, ohne Nomen jedoch als Sonderklasse zu betrachten sind, die nicht der Einführung oder der Markierung eines Aktanten, sondern im wesentlichen dem Ausdruck der Orientierung des Verbs dienen (vgl. S.167ff. bzw. 179f.). Hinter dem Verb sind die drei enklitischen TAM-Zeichen *-le*, *-zhe* und *-guo* erlaubt. Somit gelangen wir zum folgenden erweiterten Strukturmuster:

$$\text{(II)} \quad \text{(N)} \quad \begin{matrix}\text{CoV}\\\text{Präp}\end{matrix}\ \text{N} \quad \begin{matrix}\textit{bèi}\\\textit{gěi}\end{matrix} \quad \text{V} \quad \begin{matrix}\text{-}\textit{le}\\\text{-}\textit{zhe}\\\text{-}\textit{guo}\end{matrix} \quad \text{(N)} \quad \begin{matrix}\text{CoV}\\\text{Präp}\end{matrix}\ \text{N}$$

Die übrigen TAM-Zeichen stehen außerhalb des bis jetzt beschriebenen Strukturmusters und bilden den äußeren Rahmen der Serialisierungsperiode:

$$\text{(III)} \quad \text{(N)} \quad \text{TAM} \ \begin{matrix}\text{CoV}\\\text{Präp}\end{matrix}\ \text{N} \quad \begin{matrix}\textit{bèi}\\\textit{gěi}\end{matrix} \quad V\begin{matrix}\textit{TAM}\\\text{-}\textit{le}\\\text{-}\textit{zhe}\\\text{-}\textit{guo}\end{matrix} \quad \text{(N)} \quad \begin{matrix}\text{CoV}\\\text{Präp}\end{matrix}\ \text{N} \quad \text{TAM}$$

Eine weitere, letzte Möglichkeit zur Co-Verb Positionierung, auf die ich jedoch nicht weiter zu sprechen kommen werde, bietet sich mit der Topik-Position vor dem Subjektsnomen an. Im Folgenden seien hier einige Beispiele zum Strukturmuster (III) und zur Topikposition (187) gegeben. Den übrigen – weniger komplexen Strukturen – werden wir später auf Schritt und Tritt begegnen:

(187) Zài Běijīng, wǒ *gēn* tā *zài* yuǎndōng fàndiàn zhù   *zài* yí ge fángjiān -li.
     in Peking   ich mit er in Fernost   Hotel wohnen in ein Kl Zimmer -in
     In Peking wohne ich mit ihm [zusammen] in einem Zimmer im Hotel "Fernost".
(Fan Jiyan 1982:73)

(188) Wǒmen *jiāng cóng* guówài yǐnjìn   jìshù.
     wir   Fut von Ausland einführen Technologie
     Wir werden Technologien aus dem Ausland einführen.

(189) Tā jiù *yào bǎ* "kǒu"-zì   xiě   *zài* hēibǎn-shang *le*.
     er dann Fut CoV "Mund"-Zeichen schreib auf Wandtafel-auf TAM
     Er wird sogleich das Zeichen "kǒu" an die Wandtafel schreiben.

Der Begriff Co-Verb taucht in der westlichen Literatur, wie wir aus Li und Thompson (1974:258) erfahren, zum ersten Mal bei Hockett et al. (1945:18) in folgendem Kontext auf:

> "Coverbs serve to mark nominal referents in a sentence, either connecting the following nominal referent to a proceeding one, or indicating the relation of the following nominal referent to all the rest of the sentence."

In der chinesischen Grammatiktradition zählen diese Verben zu den leeren Wörtern (*xūcí* 虚词), die die verschiedensten Relationen zwischen den vollen Wörtern (*shící* 实词 , hauptsächlich V, N und Pron) auszudrücken haben. Der eigentliche Begründer der modernen chinesischen Grammatik – Ma Jianzhong (1898) – teilt diese Kategorie der leeren Wörter unter anderem in die beiden Subkategorien *jièzì* (介字 , einführende/einleitende Zeichen) und *liánzì* (连字 , verbindende Zeichen) auf*.

---

* Im Chinesischen wird für die einzelne Silbe als das kleinste sinntragende Element parallel zu unserem Begriff Morphem der Begriff *zì* (Zeichen) verwendet; selbständige Wörter, die aus einem oder mehreren *zì* bestehen können, werden *cí* genannt. Da nun Ma die klassische Schriftsprache beschreibt, wo nach

Li Jinxi (1924) überträgt große Teile des von Ma eingeführten Beschreibungsmodus in seine Grammatik des modernen Chinesisch und übernimmt damit die große Schwäche dieser Aufgliederung, die im Einzelnen sehr vage ist und teilweise elementare syntaktische Zusammenhänge übersieht, wenn sie beispielsweise den Attributivmarker *de* (klassisch Chinesisch *zhī*) mit den Co-Verben gleichsetzt.

Erst seit Lü Shuxiang (1944) und Zhu Dexi und Lü Shuxiang (1951) hat sich der Begriff *fùdòngcí* (副动词) als ungefähre Entsprechung zu unserem westlichen Begriff Co-Verb eingebürgert.

Möglicherweise hat der Begriff *jiècí* (einführendes/einleitendes Zeichen) bei den Forschern noch etwas nachgewirkt, die nur die vor dem Hauptverb stehenden Verben als Co-Verben bezeichnen und die dem Hauptverb nachgestellten Verben als "post-verbs" behandeln (Simon 1958:563, Li Ying-che 1970). Immerhin beruht diese Unterscheidung tatsächlich auf gewissen syntaktischen Besonderheiten, die sich jedoch aus der relativen Position zum Hauptverb und deren je unterschiedlichen Funktion ergeben und daher nicht im angefügten Verb selbst liegen. Daher ist Teng's (1975:10) Beschreibung, der für das Verb *zài* (sich befinden in) in Anlehnung an Fillmore (1968:26, Fußnote 34) in präverbaler Position von "äußerem Lokativ" und in postverbaler Position von "innerem Lokativ" spricht, entschieden zutreffender (genaueres s.S.140f.). Zudem kann er damit eine Parallele zum Verb *gěi* (geben) aufdecken, das zwar auf beiden Seiten des Hauptverbs GOAL ausdrücken kann, jedoch nur in präverbaler Position eine benefaktivische Interpretation zuläßt (vgl. S.175).

Der Grund für die Einführung des Begriffs Co-Verb bei Hockett et al. und bei vielen nachfolgenden Publikationen, die vorwiegend praktisch-didaktisch motiviert sind, ist wohl darin zu suchen, daß dieser Terminus einer klaren Stellungnahme zur Frage, welcher Wortklasse die Co-Verben angehören, ausweicht und es damit ermöglicht, mehr oder weniger bewußt ein in der Fachliteratur umstrittenes Phänomen aus der Didaktik auszuklammern. Andere Ausweichmanöver zeigen sich etwa im Begriff des "quasi-verbe" bei Gao Mingkai (1940:32) oder der "Verb-Präposition" (glagol-predlog) bei Dragunov (1952). Auch Chao (1968) muß man wohl bezogen auf das Problem der Co-Verben zu dieser Richtung zählen, da er zwar auf die Schwierigkeiten der Erfassung der Co-Verben hinweist, letztlich jedoch zur Bemerkung gelangt, daß Präpositionen (sic) nur durch Aufzählung (by enumeration, p.749) zu definieren seien.

In der weiteren Literatur konzentriert sich die Fragestellung in den meisten Fällen auf den Verbal- oder Adpositionalcharakter der Co-Verben, wobei automatisch vorausgesetzt wird, daß ein Co-Verb nicht beides zugleich sein könne. So formuliert Liang (1971:51) als ein typischer Vertreter dieser Betrachtungsweise folgendes Ziel für seine Arbeit:

> "we shall be principally concerned with several questions. Firstly, we shall ascertain if the co-verb is actually a verb in the modern language. If yes, we shall determine whether it should be regarded as the main verb of the sentence; if not, we shall determine the syntactic function(s) it may have. In asking this set of questions, we are questioning the validity of postulating a grammatical category of preposition in Chinese. To put it differently, although it is convenient to translate these co-verbs into English as prepositions, such convenience in translation is no basis for postulating this group of morphemes as prepositions as such."

---

traditioneller Auffassung praktisch nur einsilbige Wörter auftreten, verwendet er grundsätzlich nur den Begriff *zì*, dessen Bedeutung "Schriftzeichen" noch einmal die klare Einschränkung auf die klassische Schriftsprache unterstreicht. Erst Zhang Shijian (1907) führt die Unterscheidung zwischen *zì* und *cí* ein.

Hagège (1975) gelangt in seiner umfangreichen Arbeit zu einer eindeutigen Trennung der Kategorien Verb und Präposition, die sich aus der von der entsprechenden Satzstruktur hervorgebrachten Funktion klar ergeben, wobei jedoch viele Co-Verben sowohl in einem verbalen, als auch in einem präpositionalen syntaktischen Kontext vorkommen können (unités à double statut):

> "Dans cette étude des rapports entre prépositions et verbes en chinois moderne, nous avons pu voir que les prépositions sans correspondant verbal sont moins nombreuses que les unités à double statut. Pour identifier celles-ci comme prépositions par opposition à leurs emplois verbaux, nous avons étudié les faits attestés dans trois positions différentes, en dégageant des critères valables pour chacune." (1975:161)

Meistens werden die Co-Verben im Zusammenhang mit Kasus gesehen, besonders in den Jahren unmittelbar nach Fillmore (1968). Vergleiche insbesondere Li Ying-che (1971) und Tang (1972). In diesem Zusammenhang kommen denn auch Li und Thompson zum eindeutigen Schluß, daß Co-Verben keine Verben sind:

> "For a variety of reasons, however, we do not consider the co-verbs to be verbs, but rather prepositions. Semantically, these co-verbs are not functioning as true verbs, but as prepositions, introducing phrases which could be labeled with such case names as Benefactive, Locative, Instrumental, etc." (Li and Thompson 1973). (Vgl. auch Li & Th. 1974a,b.)

Diese "variety of reasons" beschränkt sich jedoch in Tat und Wahrheit wie Paul (1982:44ff.) zeigt, im wesentlichen auf ein rein semantisches Argument, demzufolge eine Co-Verb Phrase keine eigene Handlung ausdrückt, so daß wir es so gesehen nicht mit einer Verb-Serie zu tun haben, sondern mit einer Konstruktion, in der die Co-Verb Phrase das Hauptverb modifiziert.

Meiner Ansicht nach wird man den Co-Verben mit der Suche nach einer eindeutigen Zuordnung zur Kategorie Verb oder Präposition nicht gerecht. Betrachtet man die Co-Verben vor dem Hintergrund der Grammatikalisierung, so ist es weiter nicht verwunderlich, wenn sich die Co-Verben als Produkt verschiedener historischer Ausgangspunkte und Entwicklungen in ihren verbalen und präpositionalen Eigenschaften je spezifisch voneinander unterscheiden und sich somit nicht über einen Leisten schlagen lassen. Eine adäquate Beschreibung der Co-Verben läßt sich folglich nur dann gewinnen, wenn man die einzelnen Co-Verben auf ihre konkreten, synchronen syntaktischen Eigenschaften als Präpositionen und Vollverben untersucht, um sie hernach in einem Kontinuum Verb-Präposition zueinander in Relation zu setzen, wie es Paul (1982) in ihrer Arbeit über das chinesische Co-Verb vorgeführt hat. Dabei geht Paul von den folgenden bereits bei Chang, Roland Chiang-Jen (1977) angewandten Testkriterien für die Verbalhaftigkeit eines Lexems aus:

1. Negierbarkeit
2. Fragestellung in der Form A nicht A
3. Kompatibilität mit den Aspektsuffixen *-le*, *-zhe*, *-guo* (Paul 1982:53)

Auf diese Weise gelangt sie zum folgenden tabellarisch festgehaltenen Befund für die von ihr untersuchten Co-Verben (1982:120):

yòng	dào	zài	gēn	gěi	bǎ	
+	+	+	+	+	+	Negation
+	+	+	+	+	−	A-nicht-A Frage
±	−	−	±	−	−	-zhe (DUR)
+	−	−	−	−	−	-guo (EXP)
±	±	−	−	−	−	-le (PERF)

Dieser Tabelle zufolge liegt *yòng* dem Verb am nächsten, während *bǎ* nur noch geringe Verbeigenschaften vorzuweisen hat. Da *zài* als Vollverb und als Co-Verb kein TAM-Zeichen tragen kann, ist dieses Kriterium für *zài* irrelevant. Sein im Vergleich zu *gēn* stärkerer Verbalcharakter zeigt sich in der Negation, wo *gēn* in der Konstruktion *X gēn Y bù Y (NP)* als konjunktionales Verb begriffen wird, während die analoge Konstruktion *X zài Y bù Y (NP)* als Koordination zweier Vollverben gilt.

Diese Darstellungsweise ist sehr verdienstvoll, da sie über eine erstarrte Betrachtungsweise hinausführt und damit die Grammatikalisierungsdynamik besser einfängt. Vor diesem Hintergrund sollen nun in den folgenden Abschnitten die einzelnen Co-Verben unter Einbezug der historischen Dimension und des Prozesses der Grammatikalisierung genauer untersucht werden, um so ein facettenreicheres Bild über die Co-Verben zu gewinnen.

4.2. Die lokativisch-destinativischen Co-Verben

Die lokativisch-destinativischen Co-Verben bilden grundsätzlich eine geschlossene Klasse und umfassen u.a. die folgenden Lexeme (vollständiger sind die Listen in Chao 1968:768f., Peyraube 1980:103, Li and Thompson 1981:368f., Liu Yuehua et al. 1983: 161–66):

(1) a. *zài* (sich befinden in; in) mit der literarischen Variante *yú* und der Variante *gēn* für den Beijing-Dialekt (vgl. S.182)

b. *dào** (ankommen; bis)

c. *xiàng* (in eine bestimmte Richtung gehen, auf etw. hinsteuern/zugehen; nach, auf etw. zu).
In der gleichen Bedeutung als Co-Verb: *wǎng* (weggehen, sich bewegen nach), *cháo* (sich hinwenden nach), *wàng* (in die Ferne schauen), *chòng* (sich begeben nach, auf etwas abzielen).

(2) d. *cóng* (folgen, befolgen, sich fügen; sich daran machen; von, ausgehend von, seit) mit den literarischen Varianten *yú, zì, zìcóng, yóu*.

e. *lí* (sich trennen; von)

f. *yánzhe* (entlanggehen, folgen; längs, entlang)

g. *shùn(zhe)* (folgen, entlanggehen; längs, entlang)

Davon erscheinen die Co-Verben der Gruppe (1) in prä- und postverbaler Position, während die Co-Verben der Gruppe (2) nur in präverbaler Position zu finden sind.

---

* Wie sich unten zeigen wird (s.S. 148) ist *dào* nach Paul (1982) nur mit nachfolgenden Zeitausdrücken als Co-Verb zu interpretieren

Im Folgenden möchte ich zuerst einen kurzen Blick auf die lokativisch-destinativischen Co-Verben in ihrer historischen Entwicklung werfen; hernach folgt die Darstellung des Unterschieds zwischen der prä- und der postverbalen Position bei den Co-Verben der Gruppe (1). Ein weiterer Punkt ist den Bedingungen der Weglaßbarkeit der Co-Verben *zài, cóng, dào* gewidmet. Zum Schluß sollen die einzelnen Co-Verben mit einigen ihrer Besonderheiten einzeln vorgestellt werden.

1. Im klassischen Chinesisch diente die Präposition *yú* unter anderem auch zur Darstellung praktisch aller lokativisch-destinativischer Möglichkeiten:

(190) Yú sǐ   *yú* dào-lù hū?
      ich sterben auf Straße Quest
      Soll ich auf der Straße sterben? (Lunyu 9.12)

(191) Fūzǐ   zhì   *yú* shì   bāng yě.
      Meister ankommen in Dem Land Part
      Der Meister kommt in diesem Land an.

(192) Zé tiānxià zhī lǚ   jiē yuè   ér yuàn   chū
      dann Welt Attr reisen alle s.freuen und wollen rausgehen

      yú qí lù yǐ.
      auf sein Weg TAM
      Dann freuen sich alle [Handels-]Reisenden [seines] Reiches und wollen auf
      seinen Wegen ausgehen. (Mencius 2A5)

Andererseits kam *zài* schon zur Zeit des früh-archaischen Chinesisch in einer dem Co-Verb vergleichbaren Funktion in prä- und in postverbaler Position vor, wie aus Huang (1978:226) ersichtlich wird:

(193) Wáng *zài* xīn-yì   zhēng.
      König in neu-Stadt Winteropfer darbringen
      Der König brachte das Winteropfer in der neuen Stadt dar.
                    (Shijing; nach Huang 1978:226)

(194) Yú   *zài* *zài* zǎo.
      Fisch leben in Schilf
      Fische leben im Schilf/sind im Schilf. (Shijing, nach Huang, ibid.)

Spätestens in der späten Han-Zeit (um 200 n.Chr.) wurde die Präposition *yú* dort, wo sie im klassischen Chinesisch hätte erscheinen müssen, nicht mehr gesetzt. Dobson (1964:37) verweist hier auf Zhao Qi, einen Autor der Späten Han-Zeit, der in seinem Kommentar die Präposition *yú* im Gegensatz zum Original sehr häufig wegläßt (vgl. auch Huang 1978:232–34). Der Grund hierfür liegt vermutlich in der Tatsache, daß *yú* so viele Kasusrelationen abdeckte, daß die Setzung dieser Präposition schlicht keine Information mehr zu liefern vermochte. Andererseits begann in der Späten Han-Zeit, wie wir Li Ying-che (1980) entnehmen, im Zuge des "refinements" die Zahl der Co-Verben anzusteigen. Dies gilt auch für *zài*, das wieder wie im früh-archaischen Chinesisch zum einen in Anlehnung an *yú** in postverbaler Position und

---
* *yú* ist jedoch noch in der heutigen geschriebenen Sprache durchaus gebräuchlich, wie die Fügungen *duìyú* (in Bezug auf), *yúshì* (darauf, hernach; deshalb), *yóuyú* (aufgrund von), *guānyú* (in Bezug auf) zeigen. Vgl. auch den folgenden Satz:

zum anderen in Anlehnung an andere in der Späten Han-Zeit gebräuchliche Co-Verben wie *yǐ* (nehmen), *yòng* (verwenden), *cóng* (folgen) in präverbaler Position erscheinen konnte. In einem ähnlichen Licht als Ersatz für *yú* muß man auch *dào* (ankommen) sehen, das allerdings erst in der Späten Han-Zeit erstmals in Erscheinung tritt und gleichfalls vor und nach dem Hauptverb zu finden ist.

Ebenso in der späten Han-Zeit begann sich *cóng* gegenüber der Präposition *zì** allmählich durchzusetzen. Da schon *zì* seit dem spät-archaischen Chinesisch vorwiegend in der präverbalen Position steht, ist es kein Wunder, daß sein Nachfolger nur noch in dieser Position erscheint.

2. Nach Chao (1968) kommen nur die lokativisch-destinativischen Co-Verben *zài* und *dào* in der prä- *und* in der postverbalen Position vor. Wie wir aus Wen Lian (1959) und Huang (1978:213) erfahren, gehören auch die allerdings meist nur in geschriebener Sprache benützten Co-Verben *xiàng* und *wǎng* (sowie die Präposition *zì*) zu dieser Klasse. Die übrigen Synonyme zu *xiàng/wǎng* – *wàng, cháo, chòng* – zeigen sich offenbar nicht in der postverbalen Position. An dieser Stelle werde ich mich jedoch auf die Beschreibung von *zài* und *dào* beschränken.

Zu Beginn gilt es festzuhalten, daß die Position der Co-Verb Phrase nicht direkt in Relation zur Silbenzahl des Hauptverbs steht. Huang (1978:239) und Fan Jiyan (1982:76f.) liefern je eine Liste von zweisilbigen Verben (lexikalischen Koordinationen), die durchaus ein *zài* nach sich tragen können. Andererseits gibt es nicht wenige einsilbige Verben, denen *zài* nicht nachgestellt werden darf. Eine Verquikkung der Entwicklung des Chinesischen zur Zwei- oder Mehrsilbigkeit mit der Voranstellung der Präpositional- oder der Co-Verb Phrase im Sinne von Li und Thompson (1974a, 1974b, 1975) ist also fragwürdig.

Teng (1975) trifft im Zusammenhang mit *zài* die Unterscheidung zwischen einem inneren Lokativ für die postverbale und einem äußeren Lokativ für die präverbale Position. Dabei kann ein innerer Lokativ bei Bedarf auch vor das Verb zu stehen kommen, während umgekehrt ein äußerer Lokativ nie in der postverbalen Position auftritt (p.9f.). Wie Teng weiter festhält (p.31), ist der äußere Lokativ praktisch bei allen Aktionsverben möglich, sofern nicht die Bedeutung des betreffenden Hauptverbs den Einbezug einer Lokativphrase verunmöglicht. Beim inneren Lokativ da-

---

(195) Zhōngguó de gémìng lìliang *yú* shù shí nián jiānkǔ zhàndòu
China Attr Revol. Kraft seit einige 10 Jahre beharren Kampf
zhōng zhújiàn zhuàngdà qǐlái.
in allmählich zunehmen zunehmen
Die revolutionäre Kraft Chinas ist im beharrlichen Kampf mehrerer Jahrzehnte allmählich angestiegen.

* Ein Beispiel für *zì*:
(196) *zì* tiānzǐ dá yú shùrén
von Himmelssohn sich erstrecken auf Gewöhnliche
vom Himmelssohn bis hin zu den gewöhnlich Sterblichen (Mencius 2B7, 3A2)
Interessanterweise erscheint *zì* in der modernen Sprache, wo es in Texten durchaus zu finden ist, auch in postverbaler Position:
(197) Tā lái *zì* Fǎguó.
er kommen aus Frankreich
Er kommt aus Frankreich.

gegen drängt sich eine Auftrennung aller Aktionsverben in solche auf, die das Co-Verb *zài* nach sich tragen können, und solche, die dies nicht können. Li und Thompson (1981:398–406) nehmen diesen Gedanken auf und unterscheiden vier Kategorien von Verben, denen *zài* nachgestellt werden darf:

1) Verbs of Displacement

tiào (springen), *rēng* (werfen), *tuī* (stoßen), *diào* (fallen), *dǎo* (id.), usf.

2) Verbs of Posture

zhàn (stehen), *shuì* (schlafen), *pā* (auf dem Bauch liegen, kauern), *dūn* (kauern, hocken), *tíng* (halten, stoppen), *guì* (knien), *zhù* (wohnen), usf.

3) Verbs of Appearing

fāshēng (vorkommen, geschehen), *chūxiàn* (erscheinen), *chūshēng* (zur Welt kommen), *shēngzhǎng* (aufwachsen), *chǎnshēng* (geschehen), *sǐ* (sterben), usf.

4) Verbs of Placement

fàng (stellen, legen), *zhòng* (pflanzen), *huà* (zeichnen, malen), *sǎ* (verschütten), *cáng* (verstecken), *xiě* (schreiben), *chāo* (kopieren), *yìn* (drucken), usf.

Eine wesentlich ausführlichere Liste der Verben mit nachgestelltem *zài* sei hier der Vollständigkeit halber erwähnt; sie steht in Peyraube (1980:253–260) und umfaßt 201 Einträge.

Peyraube (1980:233–35), der im Zusammenhang mit der präverbalen Position von "adverbial" und im Zusammenhang mit der postverbalen Position von "complément" spricht, schlägt vier Satztypen vor:

1) Sätze, in denen nur die präverbale (adverbiale) Position möglich ist:

(198) Tāmen *zài* fànguǎnr-li chīfàn.
 sie in Restaurant-in essen
 Sie essen im Restaurant. (p.233)

2) Sätze, in denen nur die postverbale (complément) Position möglich ist:

(199) zhēn liǎo-bu-dé tā diào *zài* shuǐ-li le.
 wirklich verstehen-Neg-erlangen er fallen in Wasser-in TAM
  schrecklich
 Es ist wirklich schrecklich, er ist ins Wasser gefallen. (p.233)

3) Sätze, in denen beide Positionen mit je anderer Bedeutung möglich sind:

(200) Tā *zài* cāochǎng pǎo.
 er in Stadion rennen
 Er rennt im Stadion.

(201) Tā pǎo *zài* cāochǎng.
 er rennen in Stadion
 Er rennt ins Stadion.

(202) Tā *zài* shuǐ-li rēng-le qiú.
 er in Wasser-in werfen-TAM Ball
 Er hat im Wasser einen Ball geworfen.

(203) Tā bǎ   qiú rēng   zài shuǐ-li.
      er CoV Ball werfen in Wasser-in
      Er hat den Ball ins Wasser geworfen.

4) Sätze, in denen beide Positionen ohne Bedeutungsänderung möglich sind:

(204) Tā zhù   zài Běijīng.   oder: Tā zài Běijīng zhù.
      er wohnen in Peking   er in Peking wohnen
      Er wohnt in Peking.

(205) Tā zài yīyuàn sǐ-le.   oder: Tā sǐ   zài yīyuàn.
      er in Spital sterben-TAM   er sterben in Spital
      Er starb im Spital. (Huang 1978:229)

Tai (1975) sieht die folgende semantische Regel als Basis für das Auftreten in prä- oder postverbaler Position:

> "While the function of a preverbal locative is to denote the location of the action, that of postverbal locative is to denote the location of the participant 'affected' by the action."

In einem ähnlichen Kontext spricht Liang (1971:95) von "location" für die präverbale und von "destination" für die postverbale Position. Diese Regel trifft jedoch, abgesehen davon, daß sie nicht ganz neu ist, gleicht sie doch der Formulierung von Wang Huan (1957:25), in dieser Absolutheit nicht zu. Man betrachte nur die folgenden Beispielsätze aus Fan Jiyan (1982:78), in denen auch die postverbale Position durchaus den Ort anzeigt, an dem die Handlung stattfindet:

(206) yúnr piāo   zài tiān-shang.
      Wolke schweben in Himmel-oben
      Eine Wolke schwebt am Himmel.

(207) Táng   rónghuà zài shuǐ-li.
      Zucker s.auflösen in Wasser-in
      Zucker löst sich in Wasser auf.

Weiter läßt Tai's Regel offenbar außer acht, daß es auch Sätze gibt, in denen nur die eine von beiden Positionen erlaubt ist, so daß die von Tai postulierte Opposition gar nicht zum Tragen kommt. Andererseits zeigt der oben zitierte 4. Fall – und das vielzitierte Beispiel mit *zhù* (wohnen) ist beileibe nicht das einzige* – daß durchaus kein Unterschied zwischen den beiden Verbalpositionen zu bestehen braucht. Ein anderes berühmtes Beispiel ist das folgende aus Chao (1968:353, vgl. auch Chao 1968:338 zum gleichen Thema)

(208) zài chuáng-shang shuì (sleep on the bed)
      in Bett-oben   schlafen

(209) shuì   zài chuáng-shang (sleep in bed)**,
      schlafen in Bett-oben

---

* Cartier (1970:112) erwähnt unter der Rubrik "verbes appelant immédiatement un complément de lieu sans mouvement" Verben wie *zuò* (sitzen), *zhàn* (stehen), *tǎng* (liegen).
** Li und Thompson (1975:181) sehen den Unterschied zwischen (208) und (209) etwas anders. Für sie antwortet (209) auf die Frage "Wo schläft er?", (208) dagegen basiert auf der Frage "Was macht er im Bett?" (bzw. auf dem Fußboden, da die beiden Autoren das Nomen "Fußboden" statt "Bett" verwenden).

das zwar einen Unterschied postuliert, der allerdings nicht allen Informanten zutreffend erscheint. Überhaupt räumt die Sprache hier der Intuition der einzelnen Informanten einen gewissen Spielraum ein.

Trotzdem scheint es, daß das Chinesische potentiell zu einer semantischen Unterscheidung zwischen prä- und postverbaler Position neigt, die sich durchaus im Sinne Tai's einfangen läßt. Daß die beiden Möglichkeiten, die sich aus den beiden oben skizzierten historischen Vorbedingungen (prä- und postverbale Co-Verben zur Späten Han-Zeit, postverbales *yú*) ergeben haben, mit der Zeit zur Markierung semantischer Unterschiede herangezogen werden, scheint nur natürlich. Offenbar ist diese Unterscheidung jedoch nicht mehr als eine Tendenz (vgl. hierzu Huang 1978:229f., der zu einem ähnlichen Schluß kommt).

Damit ist die Situation für *zài* beschrieben. Für *dào* ist die Beschreibung insofern problematischer, als *dào* nur bei nachfolgenden Zeitangaben, nicht jedoch bei Ortsangaben, als Co-Verb gedeutet werden kann (vgl. *dào*, S.148). Immerhin zeigt sich auch im Zeitkontext ein Unterschied zwischen dem Zeitpunkt, an dem eine Handlung einsetzt (in der präverbalen Position), und dem Zeitpunkt, bis zu dem eine Handlung abläuft (in postverbaler Position). Allerdings wird die postverbale *dào*-Phrase bei mehr als zweisilbigen Prädikaten (inkl. VO-Konstruktionen) in die präverbale Position gehoben, so daß sich die unterschiedliche Qualität der Positionen als sehr ephemer erweist.

Vergleicht man die Beziehungen zwischen dem Hauptverb und einem Co-Verb in prä- bzw. postverbaler Position, so scheint zwischen dem postverbalen Co-Verb und dem Hauptverb eine engere Bindung zu bestehen. Dies zeigt sich nicht zuletzt daran, daß – wie oben bereits erwähnt – postverbale Co-Verben nur bei bestimmten Hauptverben vorkommen, während bei der Setzung von präverbalen Co-Verben kaum Einschränkungen bestehen. Dies führte verschiedene Autoren wie z.B. Ding Shengshu (1961:59) dazu, in Sätzen wie

(210) Mǎkèsī shēng   zài 1818 nián.
       Marx zur Welt kommen in 1818 Jahr
       Marx kam im Jahr 1818 zur Welt.

shēngzài als ein Verb mit dem Objekt *1818 nián* zu betrachten. Diese Auffassung ließe sich bestens mit der Tatsache vereinen, daß ein Aspektzeichen wie *-le* unmittelbar hinter dem Co-Verb erscheint, sofern dieses seinerseits unmittelbar ans Hauptverb anschließt (vgl. Cartier 1970:109):

(211) chī-wán   fàn, tā tǎng-zài-*le* kàng-shang.
       essen-fertig Essen er liegen-auf-TAM* oben
       Nach dem Essen legte er sich auf den Kang*.

Die Möglichkeit, in diesem Fall ein enklitisches TAM-Zeichen zu setzen, ist allerdings sehr jung und wird vielerorts als auffällig empfunden. Konservativere Grammatiker, die ein normatives Ziel verfolgen, lehnen diese Konstruktion generell ab, wie Hagège (1975:145) bemerkt. Tatsächlich sprechen gewichtige Befunde entschieden gegen eine Verschmelzung des Hauptverbs mit dem postverbalen Co-Verb, die das relativ junge

---

* Backsteinbett, das man durch ein darunter brennendes Feuer wärmen kann

Faktum der Setzung eines TAM-Zeichens als Argument in den Hintergrund zurückdrängen. Peyraube (1980:226–28) zählt die drei wichtigsten auf:

1) in einer Ja/Nein-Frage sind nur die beiden folgenden Möglichkeiten erlaubt:

(212) Tā zhù   bu zhù   zài Běijīng?
     er wohnen Neg wohn in Peking
     Wohnt er in Peking?

(213) Tā zhù zài Běijīng bu zhù zài Běijīng?

jedoch nicht:

(214)*Tā zhù zài bu zhù zài Běijīng?

2) Die Sequenz V – CoV läßt sich durch das Emphase-Zeichen *shì* (Äquationsverb) unterbrechen:

(215) Tā zhù   shì zài Běijīng. (Là où il habite, c'est Pékin.) (p.227)
     er wohnen ist in Peking

3) In einem Relativsatz verschwindet das Co-Verb automatisch:

(216) Nǐ zhù   de dìfang shì Běijīng ma?
     du wohnen Attr Ort   ist Peking Quest
     Ist der Ort, wo du wohnst, Peking?

Wäre das Co-Verb *zài* Teil des Verbs *zhù*, müßte es auch in den Relativsatz einbezogen werden.

Damit gibt sich das Co-Verb auch in der postverbalen Position als eigenständiges Element zu erkennen, das aber wohl durch die größere rektionale Verbundenheit mit dem Hauptverb in engerem Zusammenhang mit diesem steht und somit bei der Setzung eines TAM-Zeichens mit zum Hauptverb geschlagen wird. Damit kann ich mich der Folgerung von Paul (1982:98)

> "Folgt *zài* in postverbaler Stellung direkt dem Verb, so bildet es mit diesem ein Kompositum und kann nicht mehr als Koverb betrachtet werden."

nicht anschließen. Ganz anders liegt der Fall bei *dào*, wenn dieses als Resultativ-Verb (vgl. S. 104) hinter dem Hauptverb erscheint. Möglicherweise bewirkt aber gerade ein solches Beispiel das nähere Zusammenrücken von V und CoV, so daß ein TAM-Zeichen unmittelbar hinter diese Fügung gesetzt werden kann.

3. In gewissen Kontexten, die nach meinem Wissen bisher am besten in Peyraube (1980:114) beschrieben wurden, sind Co-Verben weglaßbar. Grundsätzlich ist die Weglaßbarkeit zur Hauptsache an die Bedeutung des Hauptverbs geknüpft, die einen Sachverhalt so klar erscheinen läßt, daß kein Co-Verb zur Festlegung der semantischen Rolle eines bestimmten Aktanten nötig ist. Allerdings beschränkt sich die Zahl der weglaßbaren Co-Verben auf drei: *zài, dào* und *cóng*. Diese fallen sowohl in präverbaler wie auch in postverbaler Position aus, wobei es die Sprache allerdings vorzieht, eine co-verblose Phrase in der postverbalen Position auftreten zu lassen; Co-Verben fehlen also entsprechend häufiger in der postverbalen Position. Zudem entspricht die Weglassung eines Co-Verbs dem Stil der gesprochenen Sprache, die weit schneller bereit ist, ein Co-Verb fallen zu lassen, als die Schriftsprache.

Es folgen nun einige Bedingungen für das Weglassen von Co-Verben, geordnet nach Position und Co-Verb, die ich aus Peyraube (1980) beziehe:

1.1. *zài* kann in Relativsätzen

(217) (*zài*) Běijīng chūbǎn de bù duō.
      in   Peking publizieren Attr Neg viel
      Was in Peking publiziert wird, ist nicht viel.

und zuweilen bei Kontrasten fehlen:

(218) Wǒmen lǐtáng-li kāi-huì, tāmen túshūguǎn-li xuéxí.
      wir Auditorium-in abhalten-Versammlung sie Bibliothek-in lernen
      Wir halten im Auditorium eine Versammlung ab, während sie in der Bibliothek lernen.

1.2. Da ich *dào* in präverbaler Position nur mit einer nachfolgenden Zeitangabe als Co-Verb betrachte, mich also in diesem Punkt von Peyraube unterscheide, ist das Phänomen der Weglassung irrelevant, ist doch *dào* bei Zeitangaben obligatorisch.

1.3. *cóng* kann in der emphatischen Konstruktion *shì ... de* fehlen, sofern es sich beim Hauptverb um ein Bewegungsverb wie *lái* (kommen) oder um eine Konstruktion mit *lái* als direktionalem Verb handelt:

(219) Wǒ shì Xiāng-shān lái de (Peyraube 1980: 128)
      ich bin Parfüm-Berg kommen Attr
      Ich komme aus den Parfüm-Bergen.

Ebenso kann *cóng* generell bei Relativsätzen fehlen:

(220) (*cóng*) shù-shang xīn zhāi de hǎo chī.
      von Baum-oben neu pflücken Attr gut essen
      Diejenigen, die man frisch vom Baum pflückt, sind gut zum Essen.

2. Bei der postverbalen Position erübrigt sich die Behandlung von *cóng*, da dieses Co-Verb nicht in dieser Position vorkommt.

2.1. *zài* kann zumindest in der gesprochenen Sprache praktisch bei jedem Verb, wo es überhaupt vorkommt, auch weggelassen werden. Eine Ausnahme bilden zweisilbige Verben, die jedoch sowieso mehr in den schriftsprachlichen Bereich gehören. Ebenso darf *zài* bei einigen Verben wie *shēng* (zur Welt kommen), *sǐ* (sterben), *mái* (begraben, vergraben) nie fehlen, wobei die postverbale Variante hier eher schriftsprachlich ist und man in der Umgangssprache eher die präverbale Variante bevorzugt.

2.2. *dào* kann grundsätzlich bei Verben der Bewegung ausfallen, die ein bestimmtes Ziel anvisieren. Peyraube (1980:139–42) unterscheidet hier drei Fälle, auf die ich jedoch nicht weiter eingehen möchte, da man hier besser gleich von der Rektion eines Verbs sprechen würde, als – wie z.B. bei *qù* (gehen) und *lái* (kommen), die unmarkiert ein lokales Objekt nach sich tragen und eine Setzung von *dào* schlicht verbieten – von einer Tilgung des Co-Verbs auszugehen:

(221) Tāmen qù-le Běijīng.
      sie gehen-TAM Peking
      Sie gingen nach Peking.

(222) *Tāmen qù *dào* Běijīng le.

Die Möglichkeit zur Weglassung von *zài* in postverbaler Position bildet eine interessante Parallele zum Verschwinden von *yú* während der Späten Han-Zeit. Man gewinnt den Eindruck, daß hier das Spannungsfeld zwischen Ökonomie im Ausdruck und eindeutiger Markierung ein weiteres Mal an der gleichen Stelle zur Wirkung kommt.

4. Die einzelnen lokativisch-destinativischen Co-Verben
4.1. *zài*

Wie wir bereits wissen, bedeutet *zài* "existieren, leben, sich befinden in". Die älteste Bedeutung von *zài* ist offenbar – nach Shuowen (100 n.Chr.) – "existieren, vorhanden sein". Bis um ca. 1000 n.Chr. erweiterte sich diese Bedeutung auf "leben". Die verschiedenen klassischen Bedeutung von *zài* als Vollverb haben sich teilweise bis heute gehalten (vgl. Liang 1971:82f.):

(223) Tā māma *zài* de shíhou ...
    er Mutter leben Attr Zeit
    Als seine Mutter noch lebte, ...

(224) Zhèi jiàn shì quán *zài* nǐ le.
    Dem Kl Sache ganz liegen du TAM
    Diese Angelegenheit liegt ganz bei dir.

(225) Tā *zài*-le lǐ.
    er s.entscheiden für Riten
    Er hat sich für die Riten [als Lebensweg] entschieden.

Eine Reihe wesentlicher Eigenschaften von *zài* als Co-Verb, insbesondere bezüglich prä- und postverbaler Position und Weglaßbarkeit, wurden bereits in den vorangehenden Punkten behandelt. Es bleibt damit nur noch zu ergänzen, daß ein einziges Hauptverb durchaus mit einer prä- und einer postverbalen *zài*-Phrase gleichzeitig auftreten kann. Steht dann noch eine *zài*-Phrase in der Topikposition wie im eingangs erwähnten Beispiel (187), so vereinen sich drei *zài*-Phrasen in einem Satz. Dabei steht die postverbale *zài*-Phrase oft im Verhältnis von Teil und Ganzem zur präverbalen *zài*-Phrase, wie dies auch im Beispiel (187) der Fall ist. Zwar läßt sich *zài* nicht mit den obgenannten enklitischen TAM-Zeichen kombinieren, so daß sich von daher keine Rückschlüsse auf den Verbalcharakter des Co-Verbs anstellen lassen. Andererseits widerspiegelt sich dieser Verbalcharakter, wie Paul (1982:84–98) sehr schön zeigt, in der A-nicht-A Frage und in der Negierbarkeit:

(226) Tā *zài* bu *zài* jiā chī wǔfàn?
    er s.befinden Neg id. Haus essen Mittagessen
    Ißt er sein Mittagessen zu Hause ? (p.85)

(227) Tā bú *zài* jiā chī wǔfàn.
    er Neg s.befinden Haus essen Mittagessen
    Er ißt sein Mittagessen nicht zu Hause. oder:
    Er ißt zu Hause nicht zu Mittag (sondern er trinkt in der Universität Kaffee). (p.84)

Beispiel (227) zeigt, daß sich der Skopus der Negation allein auf das Co-Verb oder auf die ganze seriale Einheit beziehen kann. Ein analoges Beispiel finden wir in Peyraube (1980:211f.):

(228) Tā bú *zài* Běidà xué hànyǔ, tā *zài* yǔyán xuéyuàn
 se Neg s.bef Uni B.D. lernen Chines. er an Sprach-Institut
 xué hànyǔ.
 lernen Chinesisch
 Sie studiert nicht an der Beida-Universität Chinesisch, sie studiert es am Sprachinstitut.

(229) Tā bú *zài* Běidà xué hànyǔ, tā *zài* Běidà xué lìshǐ.
 sie Neg an Uni B.D. lernen Chinesisch sie an Uni B.D. lernen Geschichte
 Sie studiert an der Universität Beida nicht Chinesisch, sondern Geschichte.

Aus Peyraube erfahren wir jedoch die zusätzlich sehr aufschlußreiche Information, daß die Negation vor dem 2. Verb genau die gleichen Skopusmöglichkeiten zeigt wie vor dem Co-Verb:

(230) Tā zài Běidà bù xué hànyǔ, tā zài yǔyán xuéyuàn xué hànyǔ. (wie (228))

(231) Tā zài Běidà bù xué hànyǔ, tā zài Běidà xué lìshǐ. (wie (229))

Dieser Befund widerspricht Paul (1982) insofern, als für Sätze wie (230) und (231) nicht zwei Verben (*zài/xué*) angenommen werden müssen, so daß sich eine Interpretation von *zài* als Vollverb nicht aufdrängt. Allerdings weist die Möglichkeit, die Negation an zwei Stellen anzusetzen, durchaus auf den starken Verbalcharakter des Co-Verbs *zài* hin; ein Schluß, zu dem auch Paul (1982:98) gelangt.

Damit finden wir drei Hinweise für den Verbalcharakter von *zài*: die A-nicht-A Frage, die Negierbarkeit des Co-Verbs und die Möglichkeit, die Negation sowohl vor dem Co-Verb als auch vor dem Hauptverb zu setzen.

4.2. *dào*

Es ist das Verdienst von Paul (1982:99–109) im Falle von *dào* Ordnung geschaffen zu haben und die Äußerungen von Chao (1968), Hagège (1975:156–160, 284f.) und Li und Thompson (1981:366) in einen gewissen Zusammenhang gebracht zu haben. Die hier gebotene kurze Skizze bezieht sich daher hauptsächlich auf Pauls Erkenntnisse. Als Vollverb bedeutet *dào* "ankommen, erreichen; gehen/fahren nach" und läßt sich mit *-le* und *-guo* kombinieren.

Paul (1982:100f.) weist zuerst nach, daß in Sätzen des Typs

(232) Ta *dào* Zhōngguó qù-le.
 er ankommen China gehen-TAM
 Er ist nach China gegangen.

dào nicht, wie Hagège (1975:156) oder Li und Thompson (1981:366) annehmen, eine Präposition ist, sondern ein Vollverb, dem das direktionale Verb *qù* nachfolgt. Die Tatsache, daß sich *-le* nur an *qù*, jedoch nicht an *dào* anfügen läßt, ist dabei kein Indiz für den Verbalcharakter von *qù*, worauf sich *dào* als Co-Verb beziehen könnte, sondern kommt dadurch zustande, daß Hauptverben in Kombination mit

den direktionalen Verben *lái* und *qù* kein enklitisches TAM-Zeichen hinter sich tragen dürfen. *dào* zeigt sich somit in diesem Kontext als Vollverb.
Bei der Herausarbeitung des Co-Verb-Charakters von *dào* liegt der Schlüssel in der Unterscheidung von lokalen und zeitlichen Objekten, wobei *dào* vor einem Zeitnomen nur mit *-le* auftreten kann, während das einem Ortsnomen voranstehende *dào* mit zwei TAM-Zeichen – *-le* und *-guo* – vorkommt:

(233) Tā *dào-guo* túshūguǎn kàn-shū.
    er hingehen-TAM Bibliothek sehen-Buch
    Er ist schon einmal in die Bibliothek gegangen und hat dort gelesen.

(234) Tā *dào-le* túshūguǎn kàn-shū.
    er ankommen-TAM Bibliothek sehen-Buch
    Er ist in der Bibliothek angekommen und liest dort.
    Er ist jetzt in der B. und liest.

dagegen:

(235) Tā *dào-le/*guo* wǎn-shang shuì.
    er ankommen-TAM Abend-oben schlafen
    Sobald es Abend ist, schläft er. (Paul 1982:103)

Weiter unterscheidet sich eine *dào* + *Zeitpunkt*-Phrase von einer *dào* + *Ortsangabe*-Phrase dadurch, daß die erstere wie Zeitadverbien vor oder nach dem Subjekt stehen kann, während die zweitere nur unmittelbar vor dem Verb erscheint. Zudem sind mit *dào* eingeleitete Zeitpunkte häufig zweideutig:

(236) Tā *dào* shí-bā suì shàng dàxué.
    er erreichen 10-8 Jahr gehen Universität
    – Mit 18 Jahren geht er auf die Universität.
    – Bis zum Alter von 18 ist er auf die Universität gegangen.

wobei sich durch unterschiedliche Setzung von *-le* im Bedarfsfall Eindeutigkeit erreichen läßt:

(237) Tā *dào-le* shíbā suì shàng dàxué.
    Mit 18 Jahren geht er auf die Universität.

(238) Tā *dào* shíbā suì shàng-*le* dàxué.
    Bis zum Alter von 18 Jahren ist er auf die Universität gegangen.

dào kann damit grundsätzlich "den Zeitpunkt, an dem eine Handlung einsetzt" (Paul 1982:106) ausdrücken (vgl. Bsp. (237)) und läßt sich dann mit *-le* verbinden, oder aber es drückt "den zeitlichen Rahmen" (ibid.), "den Zeitpunkt bis" (time until [Chao 1968:337]) einer Handlung aus und erscheint nicht mit *-le*.
Die Tatsache, daß in (237) und (238) die *dào*-Phrase in beiden Fällen vor dem Verb steht, ist darauf zurückzuführen, daß die Fügung *shàng-dàxué* drei Silben umfaßt und damit als zu lang für die Nachstellung der *dào*-Phrase empfunden wird. Ansonsten gilt die von Chao (1968:337f.) aufgestellte Regel, daß "time until"-Ausdrücke dem Verb nachfolgen. Bei einer kürzeren Fügung wie etwa *shàngxué* (zur Schule gehen) finden wir die *dào*-Phrase mit der Bedeutung "time until" hinter dem Verb:

(239) Tā shàngxué   dào shíbā suì.
       er zur Schule gehen bis 18   Jahre
       Er ist bis 18 zur Schule gegangen. (Paul 1982:108)

Bis hierher läßt sich Paul sehr einfach in dem Sinne zusammenfassen, daß *dào* mit nachfolgender Zeitangabe ein Co-Verb ist, während *dào* mit nachfolgendem Ortsnomen ein Verb ist. Dies gilt für diejenigen Fälle, in denen *dào* als V_1 erscheint. Da sich jedoch das postverbale *dào* aus ähnlichen Gründen wie oben das postverbale *zài* (vgl.S.143f.) mit Objekten beider Art kaum als Vollverb interpretieren läßt, muß man wohl in der postverbalen Position für beide Fälle von einem Co-Verb sprechen.

Damit ergibt sich der interessante Fall, daß sich *dào* in präverbaler Position erst dann als Co-Verb ansprechen läßt, wenn es einen Zeitpunkt als Objekt nach sich trägt, während es mit einem lokalen Objekt Vollverbcharakter zeigt, in der postverbalen Position dagegen durchwegs – wenn auch in einer schwachen – Co-Verb Funktion gesehen werden muß. Generell haftet damit *dào* ein starker Verbalcharakter an.

Paul sieht *dào* in postverbaler Position als Resultativ-Verb. Dies scheint mir jedoch nur schwer möglich, da bei *dào*-Kontruktionen dieses Typs die Potentialität nicht mitschwingt, die bei Resultativ-Konstruktionen unerläßlich ist. Daß es jedoch Fälle geben mag, die sich auf beide Seiten hin interpretieren lassen, scheint mir durchaus plausibel, wenn man von der historischen Nähe der Resultativ-Konstruktion und der Co-Verb-Konstruktion ausgeht (vgl. meine Ausführungen zu *gěi* auf S. 173f.).

4.3. *xiàng*

Wie Huang (1978:230f.) zeigt, kommt *xiàng* schon zur Zeit des *Houhanshu* und des *Sanguozhi* in prä- und postverbaler Position vor. Dieser Zustand gilt bis heute:

(240) Tā *xiàng* dírén kāi-huǒ-le.
       er auf   Feind eröffnen-Feuer-TAM
       Er hat das Feuer auf den Feind eröffnet.

(241) Tā *xiàng* wǒ yáo-yáo   tóu, biǎoshì bù tóngyì   wǒ-de yìjiàn.
       er zu   ich schütteln Kopf zeigen Neg einverstanden ich Ansicht
       Er hat zu mir den Kopf geschüttelt, um zu zeigen, daß er nicht einverstanden sei mit meiner Ansicht.

xiàng erfüllt seine Funktion des Ausdrucks einer Bewegung auf etwas hin nicht nur bei Bewegungsverben, sondern – wie Hagège (1975:384f.) zeigt – auch bei Verben, die eine Richtung des Gebens implizieren; einige seien hier erwähnt:

kētóu (Höflichkeitsbezeugungen machen), *ràng* (jdm. [den Platz] überlassen/freimachen), *bài* (s. vor jdm. verneigen), usf.
shuō (sagen), *jiǎnghuà* (zu jemandem reden), *biǎoshì* (ausdrücken), *xuāngào* (proklamieren), *wèn(dào)* (fragen), *xiěxìn* (einen Brief schreiben), *xiào* (zulächeln), usf.

4.4. *cóng*

Als Vollverb finden wir *cóng* im klassischen Chinesisch in der Bedeutung von "folgen, befolgen, nachfolgen; sich fügen, hören auf":

(242) *cóng* wú suǒ hào (Lunyu 7.12)
 folgen ich Rel lieben
 dem folgen, was ich liebe

(243) *cóng* Xǔ-zǐ zhī dào (Mencius 3A4)
 folgen Name Attr Weg
 Xuzi's Weg befolgen

(244) tiānxià zhī mín *cóng* zhī. (Mencius 5A6)
 Reich Attr Volk gehorchen er
 Das Volk des Reiches gehorchte ihm.

(245) bù néng *cóng* qí yán yě.
 Neg können hören sein Wort Part
 Man kann nicht auf seine Worte hören. (Mencius 6B14)

Im modernen Chinesisch kommt *cóng* alleine praktisch nicht mehr als Vollverb vor. Das einzige Beispiel entdeckte ich in Chao (1968:751):

(246) Nǐ děi *cóng* ge xiānsheng.
 du müssen folgen Kl Lehrer
 Du mußt einem Lehrer folgen.

Als Co-Verb finden wir *cóng* nur in präverbaler Position, wo es den Ausgangspunkt der Verbalhandlung bezeichnet:

(247) Tā shì *cóng* Yīngguó lái de.
 er sein aus England kommen Attr
 Er kommt aus England.

(248) búlùn zuò shémme shì, dōu yào *cóng* shíjì chūfā.
 unabhängig machen was Sache alles müssen von Realität ausgehen
 Was immer man tut, alles muß von der Realität ausgehen.

(249) Wǒmen *cóng* zuótiān kāishǐ fàng shǔjià le.
 wir von morgen anfangen haben Sommerferien TAM
 Von morgen an beginnen wir unsere Sommerferien.

Oft finden wir *cóng* in Kombination mit *dào*:

(250) Niǎo *cóng* shù-shang fēi *dào* dì-shang.
 Vogel von Baum-oben fliegen bis Boden-oben
 Der Vogel flog vom Baum zum Boden. (Teng 1975:148)

(251) Zhànshì-men *cóng* báitiān *dào* hēiyè, *cóng* hēiyè
 Soldat-Pl von früher Morgen bis finstere Nacht von finstere Nacht
 dào báitiān bù-xiēqì-de jíxíng-jūn.
 bis früher Morgen unermüdlich Eilmarsch machen
 Die Soldaten machen vom frühen Morgen bis in die späte Nacht und von der späten Nacht bis in den frühen Morgen unermüdlich einen Eilmarsch.

Schließlich finden wir *cóng* häufig in Kombination mit *yǐlái* (seit) oder *yǐhòu* (nach):

(252) *cóng* qī cì   dàhuì   *yǐlái* (seit dem 7. Kongreß)
von   7 Mal Kongress seit

4.5. *lí*

lí bedeutet als Vollverb "sich trennen von, verlassen, s. entfernen" (vgl. etwa *líbié* (s. trennen von jdm., s. von jdm. verabschieden), *líhūn* (s.scheiden [Ehe]), *líkāi* (verlassen, im Stich lassen), *líjiàn* (trennen, einen gegen den anderen ausspielen, Zwietracht säen), usf.

(253) Zhèi chéng *lí*   wǒ-de gùxiāng bú guò   sānshí lǐ.
Dem Stadt CoV:von ich-Attr Heimat Neg überschreiten 30   Li
Diese Stadt ist nicht mehr als 30 Li [= ca. 15 km] von meiner Heimat entfernt.

(254) Wǒ-de chéngjī *lí*   lǎoshī de yāoqiú   hái yǒu   jùlí.
ich Attr Resultat von Lehrer Attr Anforderung noch haben Distanz
Meine Resultate sind noch weit von den Anforderungen des Lehrers entfernt.

(255) *lí* xiànzài jiāng yǒu   sānshí nián le.
von heute Fut haben 30   Jahre TAM
Bald werden es 30 Jahre seither sein. (Hagège 1975:269)

4.6. *yán (zhe)*

yán bedeutet als Vollverb "entlanggehen". Als Co-Verb erscheint es meistens in Kombination mit dem TAM-Zeichen *-zhe*. Im gesprochenen Chinesisch kommt *yán* praktisch nur noch in Wendungen wie *yánjiē* (entlang der Straße), *yánhǎi* (der Küste entlang), *yánhé* (dem Fluß entlang), *yánlù* (dem Weg entlang), *yánxiàn* (einer Linie/Front entlang), *yán'àn* (der Küste entlang) vor. Sonst finden wir *yánzhe*:

(256) Zánmen *yánzhe* húbiān sànbù   ba !
wir   entlang Seeufer spazieren Hortativ
Laßt uns dem Seeufer entlang spazieren !

4.7. *shùn(zhe)*

Als Vollverb bedeutet *shùn* "folgen, nachgehen; gehorchen, sich fügen; passend, angebracht". In dieser Bedeutung findet sich *shùn* schon im klassischen Chinesisch:

(257) Jīn   zhī jūnzǐ   guò,   zé   *shùn* zhī.
heute Attr Vorgesetzter einen Fehler begehen dann beharren er
Wenn die Vorgesetzten (Edlen) der heutigen Zeit einen Fehler begehen, dann beharren sie darauf. (Mencius 2B9)

(258) Zǐ néng   *shùn* qǐliǔ zhī xìng ér yǐ   wéi   bēiquán   hū ?
Sie können folgen Weide Attr Natur und nehmen machen Tassen/Töpfe Quest
Können Sie – indem Sie ganz der Natur eines Weidenbaumes folgen – daraus Tassen und Töpfe herstellen ? (Mencius 6A1)

Als Co-Verb ist *shùn(zhe)* praktisch synonym zu *yán(zhe)* und erscheint wie dieses in der gesprochenen Sprache praktisch immer mit dem TAM-Zeichen *-zhe**

---

* Fälle ohne *-zhe* sind Fügungen wie: *shùnqiáng* (der Wand entlang), *shùn hébiānr* (dem Flußufer entlang), *shùnshuǐ* (mit dem Wasser = stromabwärts).

(259) Yǔshuǐ   *shùnzhe* tā-de liǎn   wǎng xià   liú.
Regenwasser entlang   er-Attr Gesicht nach unten fließen
Das Regenwasser floß ihm das Gesicht hinunter.

(260) Nǐ děi   *shùnzhe* máor shuā   tā.
du müssen entlang   Haar bürsten er
Du mußt ihm das Haar in der richtigen Richtung bürsten. (Chao 1968:763)

4.3. Das Co-Verb *bǎ*

In diesem Abschnitt sollen nur die in der Einleitung (s.S.85) erwähnten transitiven *bǎ*-Konstruktionen vorgestellt werden – die intransitiven *bǎ*-Konstruktionen werden in Abschnitt 5.4. (S.194–196) gezeigt. Mit dieser Aufteilung basiere ich auf Chappell (1991). Die Literatur zu *bǎ* ist immens, selbst wenn man sich auf den transitiven Teil beschränkt. Deshalb zähle ich hier nur die in der aktuellen Diskussion geläufigsten Arbeiten auf, die mir für die Beschreibung dieses Co-Verbs bedeutsam erscheinen: Wang Li (1958:410–19), Lü Shuxiang (1948/55), Hu Fu und Wen Liang (1955), Frei (1956), Ge Yi (1958), Chao (1968:342–350, sowie 330, 475, 705f.), Liang James J.P. (1971), Li Frances (1971, 1977), Tai James H.Y. (1973), Thompson S.A. (1973), Li und Thompson (1974a, 1974b, 1975, 1981:463–91), Cheung Hung-Nin S. (1973), Hagège (1975, besonders 357–64), So (1976), Li Ying-che (1980), Li Ying-che und Moira Yip (1979), Bennett P.A. (1981), Song Yuzhu (1981), Chen G.T. (1983), Chen Chusheng (1983), Zhan Kaidi (1983), Bisang (1985), Sun C.F. und T. Givón (1985), Peyraube (1985), Wang Huan (1985), Tsao Fengfu (1987), Wang Mingquan (1987).

Ich beginne diesen Abschnitt mit einer synchronen Beschreibung des Co-Verbs *bǎ* im modernen Chinesisch, die am Schluß durch eine diachrone Beschreibung der Entwicklung von *bǎ* als Vollverb bis hin zu *bǎ* als Co-Verb abgerundet wird.

Im modernen Chinesisch finden wir *bǎ* praktisch nicht mehr in seiner alten Bedeutung von "nehmen, halten, ergreifen, packen"*. Lediglich einige lexikalische Koordinationen wie *bǎchí* (kontrollieren, besetzt halten, monopolisieren; *chí* = Synonym zu *bǎ*), *bǎshǒu* (bewachen; *shǒu* = bewachen), *bǎwò* (halten, greifen) verweisen noch auf seine Vollverbfunktion. Wenn *bǎ* selten genug als einsilbiges Verb erscheint, dann in der Bedeutung von "halten i.S. von bewachen, besetzen; behandeln" (vgl. Liang 1971:52 und Paul 1982:55):

(261) Nǐ *bǎ*   tā zěnme-yàng?
du behandeln er welche Art
Wie behandelst du ihn?

(262) *Bǎ*   běimén de bùduì   tóuxiáng-le.
bewachen Nordtor Attr Truppen sich ergeben-TAM
Die Truppen, die das Nordtor bewachten, haben sich ergeben. (Liang 1971:53)

---

* Es sei hier noch angeführt, daß um das 12. Jh.n.Chr. *bǎ* auch die Bedeutung von "geben" hatte:
(264) yǒu   yì hǎo yàn   yì   *bǎ*   yǔ rén.
haben ein gut Tuschestein auch geben an Leute/andere
Wenn man einen guten Tuschestein hat, sollte man ihn auch den anderen geben.
(Peyraube 1988:209)

(263) Nǐ tī,   wǒ *bǎ*   mén.
    du treten ich hüten Tor
    Du trittst [den Ball, d.h. spielst] und ich hüte das Tor. (ibid.)

Synchron gesehen scheint es mir für das moderne Chinesisch am sinnvollsten, *bǎ* von vier sich teilweise überlagernden Seiten genauer einzugrenzen:

1. von der rein syntaktischen Seite der Wortfolge, 2. von der pragmatisch-kommunikativen Funktion im Zusammenhang mit alter/neuer Information bzw. definit, indefinit, spezifisch, 3. von der Seite der Transitivität im semantisch-diskurspragmatischen Sinne von Hopper und Thompson (1980) und 4. von der Seite der Ikonizität.

Bevor ich auf diese vier Seiten näher eingehen kann, gilt es jedoch, eine grundlegende Weichenstellung vorzunehmen und Sätze, in denen *bǎ* bei intransitiven Verben *vor dem Subjekt* erscheint, herauszufiltern:

(265) *Bǎ*   tā diē   bìng-le.
    CoV er Vater krank-TAM (Frei 1956:44)
    Sein Vater ist krank geworden.

(266) *Bǎ*   ge zhū   pǎo-le.
    CoV Kl Schwein rennen-TAM (Frei 1956:43)
    Ein Schwein rennt fort.

Die Tatsache, daß das Subjekt eines intransitiven Satzes gleich behandelt wird wie das Objekt eines transitiven Verbs, das – wie wir sogleich sehen werden – unter bestimmten Bedingungen mit *bǎ* eingeleitet werden kann, führt Frei dazu, *bǎ* in den Kontext der Ergativität zu stellen. Dabei unterscheidet Frei zwischen einer "energetic class", die Subjekte transitiver Verben umfaßt, und einer "inertial class", die Subjekte intransitiver Verben und Objekte transitiver Verben in sich vereinigt (Frei 1956:45f.).

Diese Theorie gibt zu vielerlei Kritik Anlaß. Auf die methodische Unzulänglichkeit, vollständige Sätze und elliptische Sätze unterschiedslos miteinander zu vergleichen, möchte ich hier nicht weiter eingehen; man lese hierzu Wang Mingquan (1987:9f.). Wie Wang (ibid.) sehr zu Recht weiter kritisiert, zieht Frei die Dialektunterschiede nicht in Betracht. Hätte er dies getan, so müßte ihm zweifellos aufgefallen sein, daß Fälle, in denen *bǎ* vor einem Subjekt eines intransitiven Verbs erscheint, im modernen Standardchinesisch höchst selten sind; nur gerade bei den Verben *bìng* (krank sein), *sǐ* (sterben), *pǎo* (rennen) ist ein fakultatives Erscheinen von *bǎ* vor dem Subjekt für einen Teil der Sprecher überhaupt möglich. Zudem gilt *bǎ* oft als stilistisch unschön. Zumindest aber wird das hinter *bǎ* stehende Ereignis als unerfreulich empfunden.

Hagège (1975) nimmt die Idee der Ergativität wieder auf und führt zwei weitere Argumente an, die seiner Ansicht nach für die Typologisierung als Ergativsprache sprechen. Bossong (1980:234–39), der dem Chinesischen nicht nur im Sinne von Wang Mingquan jede Ergativität abspricht, lehnt auch diese beiden neuen Argumente sehr zurecht ab.

In seinem zweiten Argument geht Hagège (1975) vom Beispiel

(267) lái-le   kèrén
    kommen-TAM Gast
    Gäste sind gekommen.

aus, in dem der einzige Aktant eines einwertigen Verbs analog zum Objekt bei bivalenten Verben hinter dem Verb steht, also gleich markiert ist. Damit spricht auf den ersten Blick gesehen nichts gegen die Ergativität. Nur geht es in diesem Beispiel primär um die Anordnung des Aktanten in Abhängigkeit von seinem informationellen Gewicht im Rahmen von Thema-Rhema, das sich – mit Bossong gesprochen – der "propositionellen Struktur" überlagert (p.237); auch die umgekehrte Reihenfolge – *kèrén lái-le* (Die Gäste sind gekommen.) – ist durchaus möglich.

Das dritte Argument beruht auf der Tatsache, daß das Agens zuweilen durch ein Co-Verb (*jiào, ràng, bèi, gěi*) markiert werden kann (vgl. Abschnitt 4.4. und 4.5., S. 163ff., 178ff.). Dies ist jedoch zur Postulierung von Ergativität schlicht nicht hinreichend. Abgesehen davon werden Co-Verben nur unter bestimmten Umständen gesetzt, die einerseits wieder von informationellen Kriterien gesteuert werden und andererseits dadurch ausgelöst werden, daß zwei nominale Aktanten in der präverbalen Position – nicht in der Topik-Position – nach einer eindeutigen Festlegung der semantischen Rollen rufen, so daß zumindest einer der beiden Aktanten markiert werden muß.

Damit löst sich das Postulat der Ergativität für das moderne Chinesisch praktisch in nichts auf. Zudem erübrigt sich die Beschreibung von *bǎ* in der Position vor dem Subjekt, so daß wir nun zur eigentlichen transitiven *bǎ*-Konstruktion entsprechend den obgenannten vier Punkten übergehen können:

1. Wortfolge

Die *bǎ*-Konstruktion spielt eine besonders hervorragende Rolle in der Diskussion um den SOV-Charakter des modernen Chinesisch, der hauptsächlich von Tai (1973) und Li und Thompson (1974a, 1974b, 1975) postuliert wurde. Diese Autoren gehen davon aus, daß zwar gewöhnliche Sätze die Wortfolge SVO beibehielten, daß sich aber andererseits gewisse komplexe Sätze des Typs SVOV unter Entsemantisierung des ersten Verbs zu einfachen Sätzen der Struktur SOV weiterentwickelten:

SVOV → S – [Kasus-Markierung] – 0 – V

Tritt nun *bǎ* an die Stelle des ersten Verbs, so wird es zu einem Objektszeichen, das das Verschieben eines Objekts von der postverbalen in die präverbale Position ermöglicht; Liang (1971:54) spricht in diesem Zusammenhang von einem "marker for the direct object", Li und Thompson (1974b:201) von einem "objective case marker". Mir erscheint es jedoch problematisch, eine eigentliche historisch belegbare Entwicklung SVO zu SOV im Sinne von Li und Thompson zu fordern, da sich die Spannung SVO/SOV – wie ich in Bisang (1985:24f.) zu zeigen versucht habe – bis in die ältesten Schichten der Sprache der Yin-Inschriften (14.–11.Jh.v.Chr.) zurückverfolgen läßt. Hinzu kommt die von Sun Chao-fen und Givón (1985) erarbeitete Tatsache, die Li und Thompson auch grundsätzlich nicht bestreiten (vgl. etwa 1981:19), daß VO wesentlich häufiger als das nur etwa in 10% der Fälle auftretende OV vorkommt. Immerhin bleibt jedoch das Faktum der Objektsvoranstellung bestehen. Bevor ich zur Funktion dieser Objektsvoranstellung komme, möchte ich hier noch einige Bemerkungen zu Fällen obligatorischer und fakultativer *bǎ*-Konstruktionen im Sinne von Wang Mingquan (1987:57–70) anfügen.

Von einer fakultativen *bǎ*-Konstruktion spricht man dann, wenn zu der Struktur S-*bǎ*-O-V ein entsprechendes Simplex SVO besteht, wie etwa in:

(268) Tā *bǎ* bǎngzi zhé-le.
       er CoV Arm brechen-TAM
       Er brach sich den Arm.

(269) Tā zhé-le   bǎngzi.
       er brechen-TAM Arm
       id.

Eine *bǎ*-Konstruktion wird jedoch obligatorisch, wenn dem Verb ein zweites Objekt nachfolgt. In diesem Fall bietet sich die Voranstellung eines Objekts durch *bǎ* als eine mögliche Lösungsstrategie an:

(270) Tā *bǎ* mén tī-le   yí ge dòng.
       er CoV Tür treten-TAM 1 Kl Loch
       Er hat ein Loch in die Tür getreten.

jedoch nicht:

(270') *Tā tī-le yí ge dòng mén* oder (270")*Tā tī-le mén yí ge dòng.*

Das dem Hauptverb nachstehende Objekt – Wang Mingquan (1987:61) spricht von einem "internal object" – bildet mit diesem eine zusammengehörige Einheit, in der die Objektsposition bereits besetzt ist. Als semantische Eigenschaften "interner Objekte" bieten sich etwa der Ausdruck eines Resultats,

(271) Qǐng nǐ *bǎ* zhè shì   xiě   yí ge bàogào.
       bitte Sie CoV Dem Angelegenheit schreiben 1 Kl Rapport
       Bitte schreiben Sie einen Rapport über diese Angelegenheit.
       (Wang Mingquan 1987:64)

eine Teil-Ganzes Relation zum vorangestellten Objekt

(272) Tā *bǎ* mén shàng-le   dà   shuān.
       er CoV Tür anbringen-TAM groß Riegel
       Er verriegelte die Tür mit dem großen Riegel. (ibid.)

oder eine andere Beziehung wie im folgenden Beispiel an:

(273) Qǐng *bǎ* píxié   shàng   diǎn yóu.
       bitte CoV Lederschuhe anbringen etwas Wichse
       Bitte mach etwas Wichse an die Schuhe. (ibid.)

Als syntaktische Eigenschaften führt Wang Mingquan die folgenden vier an: (1) nominalized verb, (2) prepositional object, (3) partitive object, (4) idioms.

Es folgt ein Beispiel zu (2) und (3):

(274) Tā *bǎ* shū fàng zài zhuō-shang.
       er CoV Buch legen CoV Tisch-oben
       Er legt das Buch auf den Tisch.

(275) *Tā fàng shū zài zhuō-shang.

(276) Tā *bǎ* píngguǒ chī-le   sān ge.
       er CoV Apfel essen-TAM drei Kl
       Er aß drei von den Äpfeln.

(277)   *Tā chī-le pínguǒ sān ge.

2. Die pragmatisch-kommunikative Funktion von bǎ

Die wohl erste Arbeit, die *bǎ* in einem pragmatisch-kommunikativen Zusammenhang darstellt, ist die von Li Frances (1971). Diese Arbeit beschreibt *bǎ* im Rahmen der Prager Linguistik und bezieht sich insbesondere auf Mathesius. Sie geht davon aus, daß die Elemente eines Satzes im Chinesischen tendenziell nach zunehmendem Informationsgehalt angeordnet sind (p.165), so daß zuerst das Thema, dann das Rhema gesetzt wird.

Wird nun ein Objekt durch *bǎ*, das nach Li Frances als Patiens-Zeichen funktioniert, in die präverbale Position verschoben, verliert es automatisch an informationellem Gewicht, so daß es als gegeben oder zumindest als spezifisch interpretiert werden muß. Diese Perspektive widerspiegelt die bereits von Chao (1968:343) und später besonders von Li und Thompson (1974a, 1974b, 1975) beschriebene Tatsache, daß die präverbale Position im Chinesischen eine definite oder zumindest eine spezifische Interpretation des Nomens impliziert, während die postverbale Position ein nicht weiter markiertes Nomen als indefinit erscheinen läßt. Ebenfalls von Definiteit im Zusammenhang mit *bǎ* sprechen etwa Lü Shuxiang (1955), Song Yuzhu (1981), Wang Huan (1985) und Wang Mingquan. *bǎ* ist also damit ein Definitzeichen oder zumindest ein Zeichen für Spezifizität*.

Sun Chao-fen und Givón (1985) versuchen in ihrem Aufsatz die Definitfunktion von *bǎ* zu widerlegen. Obwohl ich den beiden Autoren in dem Punkt weitgehend beipflichte, daß *bǎ* keinesfalls eine typologische Umgestaltung des Chinesischen von SVO zu SOV zur Folge hat, scheint mir ihre Argumentation wider den Definitheits- bzw. Spezifizitätscharakter von *bǎ* wenig stichhaltig; man vergleiche hierzu etwa Wang Mingquan (1987:99–120).

3. Transitivität im semantisch-pragmatischen Sinne

In der Diskussion um *bǎ* ist der Begriff der "Verfügbarkeit" ein geflügeltes Wort. Meines Wissens wurde dieser Ausdruck erstmals bei Wang Li (1947:161) in der chinesischen Form *chǔzhì-shì* (*chǔzhì* = behandeln, umgehen mit, verfügen über, *shì* = Form) verwendet und gelangte später in der Übersetzung von "disposal" ins Englische.

> "Die Verfügungsform bringt zum Ausdruck, wie eine Person behandelt, manipuliert oder wie mit ihr umgegangen wird, wie man mit etwas umgeht, oder wie eine Angelegenheit durchgeführt wird." (Wang Li 1947:161)

Wie schon Chao (1968:344) bemerkte, bedarf es allerdings einer ziemlich großzügigen Interpretation des Begriffs "disposal", um alle Fälle abzudecken, in denen *bǎ* auftreten kann:

> "But unless taken in a very broad sense, including disposal in an abstract sense, it will hardly be wide enough to apply to all cases."

Obwohl bereits Lü Shuxiang (1955) massive Kritik am Begriff *chǔzhì-shì* übt, ohne jedoch selber eine vernünftigere Alternative zu bieten, setzte sich dieser Begriff offenbar durch, finden wir ihn doch nicht nur bei Chao, sondern auch bei Autoren wie Wang

---

* Zu einem vergleichbaren Schluß kommt auch Hagège (1975:358f.), der bei der präverbalen Position von 'actuel' und bei der postverbalen Position von 'virtuel' spricht. Leider definiert er diese Termini jedoch viel zu ungenau (vgl. Kritik von Bossong (1980:241)).

Huan (1985), Song Yuzhu (1981) und schließlich auch bei Li und Thompson (1981:466–480, 501–503), die sich alle ebenfalls gezwungen sehen, den Begriff sehr allgemein zu halten:

"roughly, disposal has to do with what *happens* to the direct object"
(Li und Thompson 1981:468)

Damit ist bereits der erste Schwachpunkt des Begriffs "disposal", seine Vagheit nämlich, genannt. Der Begriff der *Affektiertheit* ist demgegenüber präziser und führt aus der einzelsprachlichen Disziplin der chinesischen Linguistik in den Bereich der allgemeinen linguistischen Diskussion.

Zudem neigen alle Autoren, die "disposal" in ihren Darstellungen verwenden, dazu, "disposal" als eine Eigenschaft des Verbs zu sehen, die darüber entscheidet, ob *bǎ* gesetzt werden darf oder nicht. Wir müßten demzufolge eine besondere Klasse von "disposal verbs" ansetzen, die sich von den übrigen Verben durch die Möglichkeit, an einer *bǎ*-Konstruktion beteiligt zu sein, abheben. Gerade das trifft jedoch nicht zu; Verben, die unter bestimmten Bedingungen mit *bǎ* erscheinen, tun dies unter anderen Bedingungen nicht.

Eine alternative Beschreibungsweise schlägt Wang Mingquan (1987:71–98) vor, der *bǎ* im Zusammenhang mit der Transitivität darstellt, wie sie bei Hopper und Thompson (1980) definiert ist als Übergehen einer Handlung von einem Agens auf ein Patiens. Im Sinne dieser beiden Autoren läßt sich die Transitivität in verschiedene Bestandteile aufgliedern, die alle einen bestimmten Aspekt davon unterstreichen und in ihrer Gesamtheit das Phänomen eingrenzen. Transitivität wird dabei als Kontinuum gesehen, das durch die beiden Endpunkte "High" und "Low" eingerahmt wird:

	HIGH	LOW
A. PARTICIPANTS	2 or more participants, A and O	1 participant
B. KINESIS	action	non-action
C. ASPECT	telic	atelic
D. PUNCTUALITY	punctual	non-punctual
E. VOLITIONALITY	volitional	non-volitional
F. AFFIRMATION	affirmative	negative
G. MODE	realis	irrealis
H. AGENCY	A high in potency	A low in potency
I. AFFECTEDNESS of O	O totally affected	O not affected
J. INDIVIDUATION of O	O highly individuated	O non-individuated

Der Vorteil dieser 10 Kriterien von A bis J besteht darin, daß sie nicht unbedingt an das Verb gebunden sind, wie dies der vorher als für die Beschreibung von *bǎ* unzureichende Begriff des "disposal verb" fordert. Ganz im Gegenteil gehören einige Kriterien für Transitivität in den Bereich des Nomens, andere in den Bereich des Verbs. Diese Aufteilung liefert die Erklärung dafür, weshalb einige Verben je nach Umfeld mit oder ohne *bǎ*-Konstruktion vorkommen können. Im Folgenden werde ich einige der Kriterien von A bis J in Abhängigkeit von ihrer Zugehörigkeit zum Nomen oder zum Verb kurz vorstellen. Ich halte mich dabei an Wang Mingquan's (1987:76–90) Darstellung:

3.1. Nomen:

Partizipanten:

Es sind mindestens zwei Partizipanten notwendig, damit die Verbalhandlung von einem auf den anderen im Sinne der Definition von Transitivität übergehen kann.

Agentivität:

Die *bǎ*-Konstruktion kennt keine Einschränkung für das in Subjektsposition stehende Nomen – es sind sowohl menschliche, als auch belebte und unbelebte Nomina erlaubt. Andererseits scheinen unbelebte Partizipanten, die natürlicherweise wenig Agentivität ausdrücken, vor allem deshalb möglich zu sein, weil *bǎ* die Patiensfunktion des anderen Nomens eindeutig festlegt:

(278) Zhèi shì   bǎ   wǒ   xià   sǐ-le.
    Dem Sache CoV ich erschrecken sterben-TAM
    Das hat mich zu Tode erschreckt. (Wang Mingquan 1987:77)

Ebenso erfüllt *bǎ* in der Festlegung der semantischen Rollen eine wesentliche Funktion, wenn beide Partizipanten bezüglich Agentivität gleich sind, wie die folgende Gegenüberstellung einer emphatischen Position mit Objektsvoranstellung und einer *bǎ*-Konstruktion zeigt:

(279) Láng Mary chī-le.
    Wolf Name essen-TAM
    Mary hat den Wolf gegessen.

(280) Láng bǎ   Mary chī-le. (Wang Mingquan 1987:79)
    Wolf CoV Name essen-TAM
    Der Wolf hat Mary gegessen.

Individuation:

Eine Handlung läßt sich mit merklich mehr Wirksamkeit auf einen individualisierten Partizipanten übertragen, als auf einen allgemeinen, nicht weiter unterscheidbaren. Dies führt uns zurück zur oben beschriebenen Definitheit, die sich nun zusätzlich aus der Funktion von *bǎ* als Transitiv-Zeichen herleiten läßt.

3.2. Verb:

Ein Verbum muß in dem Sinne syntaktisch transitiv sein, als es einen zweiten Partizipanten als Objekt mit sich trägt.

Kinesis:

Nur dynamische Verben lassen das Übergehen einer Handlung auf einen zweiten Partizipanten zu. Damit sind Verben wie *shì* (Äquationsverb), *yǒu* (haben) und Bewegungsverben wie *shàng* (hinaufgehen), *xià* (nach unten gehen), *chū* (rausgehen), *jìn* (reingehen), usf. von der *bǎ*-Konstruktion ausgeschlossen. Andererseits gibt es Verben, die in einer dynamischen und in einer statischen Bedeutungsnuance vorkommen wie z.B. *xiǎng* (vermissen, sich sehnen nach/ denken an, nachdenken über):

(281) Wǒ bǎ   zhèi shì   xiǎng-guo le.
    ich CoV Dem Sache nachdenken-TAM TAM
    Ich habe über diese Sache nachgedacht.

(282) *Wǒ bǎ tā xiǎng-le. (Wang Mingquan 1987:85)
  Ich vermißte ihn.

Die Dynamizität eines statischen Verbs kann auch durch bestimmte Zusätze wie etwa ein Resultativ-Verb bewirkt werden:

(283) Tā bǎ Mary ài-shàng le.
  er CoV Name lieben-hinaufgehen TAM
  Er hat sich in Mary verliebt. (Wang Mingquan 1987:85)

Aspekt:
Nicht allein Resultativ-Konstruktionen, sondern auch gewisse TAM-Zeichen können zur Stärkung der Transitivität beitragen und damit die bǎ-Konstruktion ermöglichen. So ist in einer bǎ-Konstruktion das Verb normalerweise perfektiv zu verstehen:

(284a) Wǒ bǎ   tā dǎ-le.
  ich CoV er schlagen-TAM(pf)
  Ich habe ihn geschlagen. (Hopper und Thompson 1980:274

(284b)*Wǒ bǎ tā dǎ-zhe. (-zhe = DUR, vgl. S.123ff.)

(284c)*Wǒ bǎ tā dǎ.

In diesem Zusammenhang drängt sich eine Bemerkung über Li Frances (1977) auf. Wie wir gesehen haben, trägt die Satzendposition die meiste Information. Wird nun ein informationell leichtes Objekt in die präverbale Position verschoben, erscheint das Verb in dieser gewichtigen Position. Offenbar scheint ein einfaches bzw. einsilbiges Verb nicht gewichtig genug, um diese Position alleine zu füllen, so daß es sich dieses Gewicht durch zusätzliche Modifikatoren aneignen muß (vgl. hierzu auch Hagège 1975:358). Diese Begründung erscheint mir wesentlich kohärenter als die in diesem Zusammenhang üblicherweise angeführten euphonischen Argumente, denen zufolge die bǎ-Konstruktion mit einsilbigen Verben unmöglich ist.

Affektiertheit:
Wie wir im einleitenden Abschnitt 1 gesehen haben, erscheinen Bewegungsverben mit einem lokalen Objekt ohne besondere Markierung. Diese "Objekte" werden jedoch durch die Verbalhandlung nicht genügend affiziert, so daß die bǎ-Konstruktion bei diesen Verben nicht erlaubt ist.

Affirmation:
Wie Hopper und Thompson (1980) bemerken, ist ein negativer Satz weniger transitiv als ein positiver. Dies führt dazu, daß nur die bǎ-Konstruktion als Ganzes, jedoch nicht das Hauptverb alleine verneint werden kann:

(285) Tā hái méi   bǎ xìn xiě-hǎo.
  er noch Neg:TAM CoV Brief schreiben-fertig
  Er hat den Brief noch immer nicht fertig geschrieben.

(286) *Tā bǎ xìn hái méi xiě-hǎo.

4. Ikonizität
In bestimmten Fällen liegt der Wahl der bǎ-Konstruktion das ikonische Konzept zugrunde, daß im Chinesischen Handlungen in Übereinstimmung mit ihrer zeitli-

chen Abfolge aneinandergereiht werden. Tai James H.-J. (1988:62f.) verweist hier auf das sehr illustrative Beispiel:

(287) *Tā bǎ   hēibǎn-shang de zì   xiě-le.
      er CoV Wandtafel-oben Attr Zeichen schreiben-TAM

(288) Tā xiě   zì   xiě zài hēibǎn-shang.
      er schreiben Zeichen id. auf Wandtafel-oben
      Er schrieb Zeichen an die Wandtafel.

(289) Tā bǎ   hēibǎn-shang de zì   cā-le.
      er CoV Wandtafel-oben Attr Zeichen auswischen-TAM
      Er wischte die Zeichen an der Wandtafel aus.

(290) *Tā cā zì cā zài hēibǎn-shang.

Die Ungrammatikalität von (287) und (290) rührt daher, daß im Falle von (289) und (290) die Zeichen bereits an der Tafel stehen müssen, bevor man sie auswischen kann, so daß von der zeitlichen Abfolge und der diese wiederspiegelnden Ikonizität in der Wortfolge her nur (289) mit *bǎ* möglich ist, während im Falle von (287f.) die Zeichen zuerst geschrieben werden müssen, ehe sie an der Wandtafel erscheinen können, so daß nur die Konstruktion ohne vorangestelltes *bǎ* (= 288) zum Tragen kommt.

Dieser ikonische Bereich, der im modernen Chinesischen wohl nur marginal zum Durchbruch gelangt, verweist meiner Ansicht nach auf frühere Sprachstufen, wo analog zu *muab* im Hmong, *lấy* im Vietnamesischen, *ʔaw* im Thai und *yɔ̀:k* im Khmer zuerst einmal festgehalten wird, daß ein bestimmter Gegenstand genommen werden muß, ehe sich eine weitere Verbalhandlung damit ausführen läßt. Während diese vier Sprachen an dieser Stelle stehen bleiben, reicht *bǎ* über diese Verwendungsweise hinaus und dient als definites/spezifisches Patiens-Zeichen, wie wir es bis hierher beschrieben haben.

5. Zum Schluß möchte ich untersuchen, wie sich diese besondere Funktion von *bǎ historisch* entwickelte. Dabei werde ich mich auf die folgenden Autoren abstützen: Wang Li (1958:410–19), Ge Yi (1958), So (1976), Bennett P.A. (1981) und Chen Chusheng (1983).

Im klassischen Chinesisch ist es das Verb *yǐ* (nehmen), das in gewissen Konstruktionen stark an *bǎ* erinnert. Seine Vollverbbedeutung von "nehmen" ist in einem sehr weiten Sinne zu verstehen, der von "nehmen und behalten = haben" über "anwenden, gebrauchen" bis hin zu "machen, tun" reicht. Die für unsere Zwecke relevante Funktion von *yǐ* ist die des Instrumentals (vgl. Abschnitt 4.6.).

(291) shā rén   yǐ   tǐng yǔ   rén (Mencius 1A4)
      töten Mensch nehmen Stock und/oder Schwert
      Menschen mit einem Stock oder Schwert töten

(292) Sǎo   nì   zé yuán   zhī yǐ   shǒu hū ?
      Schwägerin ertrinken dann helfen/retten sie nehmen Hand Quest
      Wenn [jemandes] Schwägerin ertrinkt, soll er sie mit seiner Hand retten ?

(Mencius 4A17)

(293) Wén Wáng yǐ   mín lì   wéi   tái wéi zhǎo.
     Name König nehmen Volk Kraft machen Turm machen Teich
     König Wen schuf mit der Kraft des Volkes Türme und Teiche. (Mencius 1A2)

(294) Xiānshēng yǐ   rén   yì   shuì   Qín Chǔ zhī Wáng...
     Sie   nehmen Menschlichkeit Rechtlichkeit beraten Ort Ort Attr König
     Wenn sie die Könige von Qin und Chu mit Menschlichkeit und Rechtlichkeit
     beraten... (Mencius 6B4)

und die der Markierung eines direkten Objekts in den Konstruktionen mit dreiwertigen Verben:

(295) Fēn rén yǐ   cái   wèi zhī huì,
     teilen andere nehmen Reichtum nennen es Großzügigkeit

     jiào rén yǐ   shàn wèi zhī zhōng.
     lehren andere nehmen Gute nennen es Loyalität
     Mit anderen seinen Reichtum teilen, nennt man Großzügigkeit, andere das Gute
     lehren, nennt man Loyalität. (Mencius 3A4)

(296) Chén-zǐ   yǐ   shí-zǐ   zhī yán gào   Mèng-zǐ.
     Name-Meister nehmen Name-M. Attr Wort melden Name-M.
     Chen meldete Mencius die Worte des Shi. (Mencius 2B10)

(297) Kǒngzǐ yǐ   qí xiōng   zhī zǐ qì   zhī.
     Konfuzius nehmen sein älterer Bruder Attr Kind verheiraten es
     Konfuzius gab ihm die Tochter seines älteren Bruders zur Frau. (Lunyu 11.5)

Besonders in den Beispielen (295) bis (297) erfüllt *yǐ* offenbar eine mit *bǎ* vergleichbare Funktion. Allerdings fällt auf, daß *yǐ* in präverbaler und in postverbaler
Position auftaucht, was bei *bǎ* bekanntlich nicht möglich ist. Es scheint, daß die
verschiedenen Positionierungsmöglichkeiten von *yǐ* auf ikonische Gesetzmäßigkei-
ten zurückgehen, bei denen die zuerst stattfindende oder die wesentliche Handlung
auch zuerst gesetzt wird. Allerdings wird man hier weitere Untersuchungen anstellen müssen.

Die oben angeführten Gebrauchsweisen von *yǐ* finden auch in der postklassischen
Zeit ihre Fortsetzung. Bereits hier stellen wir jedoch eine eindeutige Bevorzugung
der präverbalen Position fest. Im *Shishu Xinyu* des 5. Jh.n.Chr. taucht dann, wie
Bennett (1981:63f.) zeigt, eine neue Konstruktion auf, in der das Objekt einem
Verb mit nachfolgender Ortsangabe mit Hilfe von *yǐ* vorangestellt wird:

(298) yǐ   bǎi qián   guà   méitóu.
     nehmen 100 Münze hängen Ast
     Er hängte 100 Münzen an den Ast.

Die erste Blüte der *bǎ*-Konstruktion findet erst später zu Beginn der Tang-Zeit
(618–907 n.Chr.) in der Volkssprache statt, nachdem sich bereits in der Wei-Zeit
anfangs des 3.Jh.n.Chr. und in der Jin-Zeit (3. und 4.Jh.) sporadisch Beispiele zu
bǎ finden lassen (vgl. Ge Yi 1958:117). Hier stehen sich die beiden Verben *bǎ*
und *jiāng* (nehmen) mit damals beinahe identischer Bedeutung gegenüber. Selten
finden wir auch *zhuō* (ergreifen) (vgl. Peyraube 1985). Beide Verben erscheinen
in den gleichen zwei Konstruktionen wie *yǐ*.

Wang Li versucht nun zu zeigen, wie zwei einzelne Verben als koordinierende Juxtaposition langsam zusammenwachsen und eine einzige Fügung bilden, die eine zunehmende Grammatikalisierung von *bǎ* und *jiāng* mit sich bringt:

(299) Zuì   *bǎ*   zhūyú   zǐxì   kàn
         betrunken nehmen zhuyu-Blatt genau ansehen
         Betrunken nahm er das Zhuyu-Blatt und schaute es genau an.

(Wang Li 1958:412)

In diesem Satz lassen sich *bǎ zhūyú* und *kàn* als zwei koordinierte Verben mit je einem Modifikator *zuì* bzw. *zǐxì* sehen*. Andererseits ist aber das Objekt beider Verben *zhūyú*, d.h. es ist identisch. Damit ist die grundlegende Situation zur weiteren Grammatikalisierung von *bǎ* als Patiens-Zeichen geschaffen.

Auf dem Weg der Grammatikalisierung schied *jiāng*, das heute nur noch in der geschriebenen Sprache Verwendung findet, langsam zugunsten von *bǎ* aus, dessen Schwergewicht sich mehr und mehr auf die Patiensmarkierung verlegte, während die Instrumentalfunktion, die bei *bǎ* bis heute nicht ganz ausgeschlossen ist**, immer mehr auf das Verb *yòng* (verwenden (vgl. 4.7.)) überging. Eine klare Auftrennung zwischen Instrumental- und Patiensmarkierung trat jedoch erst zu Beginn der Qing-Dynastie im 17.Jh. ein.***

Damit läßt sich zusammenfassend sagen, daß *bǎ* (anfänglich zusammen mit *jiāng*) zu Beginn der Tang-Zeit im 7. und 8. Jh. die ältere Konstruktion mit *yǐ* ablöste, sich dabei aber vornehmlich auf ein Erscheinen in der präverbalen Position beschränkte, die sich bereits im späteren archaischen Chinesisch durchgesetzt hatte. Im weiteren Verlauf der Sprachgeschichte kristallisierten sich verschiedene Konstruktionen heraus. Die *bǎ*-Konstruktion, die Instrumental-Konstruktion mit *yòng*, die schon immer als Alternative zur *yǐ*-Konstruktion bestand, jedoch wesentlich seltener war, und die Koordination mit *ná* (vgl. unten Anm.* Beispiel (300)). Welches die treibenden Kräfte zu dieser Entwicklung waren, ist beim jetzigen Stand der Forschung sehr schwer zu sagen. Kann man z.B. im Falle der *bǎ*-Konstruktion tatsächlich von einer Altaisierung des Chinesischen im Sinne von Hashimoto (1986) sprechen? Und warum kamen ausgerechnet die Lexeme *yǐ*, *bǎ* und *ná* zum Zuge, während ein anderes Verb wie etwa *chí* (halten, greifen), das ebenso alt ist wie *yǐ*, nie in den Bereich der Grammatikalisierung einbezogen wurde? Solche Fragen harren noch immer der Klärung.

Schließlich muß noch der Vollständigkeit halber hinzufügt werden, daß bei den beiden Verben *jiào* (jdn. etw. nennen) und *rènwéi* (jdn. für etw. halten) das direkte

---

*   Wang Li liefert hierzu die folgende Übersetzung ins moderne Schriftchinesisch:
     (300) ná-zhe   zhūyú ér   zǐxì   guānkàn.
         nehmen-DUR zhuyu und genau anschauen
** Wie aus dem folgenden Satz hervorgeht:
     (301) Gòngchǎndǎng *bǎ*   Mǎlièzhǔyì   wǔzhuāng zìjǐ.
         KP Chinas   CoV Marxismus-Leninismus bewaffnen sich
         Die kommunistische Partei Chinas bewaffnete sich mit dem Marxismus-Leninismus.
     (Hagège 1975:36)
*** Die koordinierende Juxtaposition im Sinne der "erweiterten serialen Einheit" (vgl. S.72ff.) wurde je länger je mehr mit dem Verb *ná* (nehmen) als V_1 gebildet.

Objekt nicht mit *bǎ*, sondern mit dem für diesen Fall funktionsgleichen *guān* (betreffen, angehen) eingeleitet wird.

4.4. Das Co-Verb *bèi*

In diesem Abschnitt soll zuerst die historische Entwicklung, die zur spezifischen Funktion des Co-Verbs *bèi* führte, das meist im Zusammenhang mit dem Passiv gesehen wird, dargestellt werden. In einem zweiten Punkt wird die Funktion von *bèi* im modernen Chinesisch beschrieben, die durch eine Abgrenzung von *bèi* gegen die Kausativ-Verben *jiào, ràng* sowie gegen *gěi* in einem dritten und letzten Punkt abgerundet werden soll.

1. Zum Passiv im allgemeinen und zur Entwicklung des *bèi*-Passivs im besonderen im modernen Chinesisch existieren bereits einige sehr ergiebige Arbeiten, auf die ich mich im Folgenden abstützen werde: Wang Li (1958:419–36), Cikoski (1978), Bennett (1981), Tang Yuming (1987) und Tang Yuming und Zhou Yifu (1985). Die wichtigsten Elemente, die im Verlaufe der Geschichte am Ausdruck eines mit unserem Passiv einigermaßen vergleichbaren Phänomens beteiligt waren, sind einmal mehr die Präposition *yú* zur Markierung des Agens, das Verbum *jiàn* (sehen), das Verbum *wéi* (machen, tun), das häufig mit dem Relativzeichen *suǒ* zusammen in der Konstruktion *N wéi N suǒ V* vorkommt, sowie das sich aus einem Verb mit der Bedeutung "zudecken, sich bedecken; erleiden, unterzogen werden, ereilt werden von" ableitende *bèi*.

Das früheste Element, das bei mit dem Passiv vergleichbaren Strukturen eingesetzt wurde, ist *yú*; für diese Präposition postulieren Tang und Zhou (1985:281) bereits in der westlichen Zhou-Zeit 18 Beispiele, in denen *yú* zur Markierung des Agens eingesetzt wird. Allerdings bleibt hierzu zu bemerken, daß die Entscheidung passiv/nicht-passiv wohl letztlich auf Übertragungen der Passiv-Muster westlicher Sprachen beruht. Zudem sind 18 Beispiele im Verhältnis zur eindrücklichen Menge der untersuchten Texte eine sehr geringe Zahl.*

Ab der Chunqiu-Zeit (722–481 v.Chr.) finden wir, wie Wang Li (1958:420) zeigt, die drei Lexeme *yú, wéi* und *jiàn* an der Markierung des Passivs beteiligt. Hierzu einige Beispiele:

(302) Yù rén yǐ kǒu-jié, lǚ zēng *yú* rén. (Lunyu 5.4)
lenken andere mit Wortgewalt oft hassen von Leute/andere
Wer andere mit Wortgewalt lenkt, wird oft von ihnen gehaßt.

(303) Xìkě shāng *yú* shǐ. (Zuozhuan, Cheng 2)
Name verletzen von Pfeil
Xike wurde von einem Pfeil verletzt.

(304) bù *wéi* jiǔ kùn (Lunyu 9.15)
Neg von Wein umzingeln, matt
sich nicht vom Wein umzingeln/ermatten lassen.

(305) Pénchéng Kuò *jiàn* shā. (Mencius 7B29)
Name sehen töten
Pénchéng Kuò wurde getötet.

---

* aus dem *Shangshu, Shijing* und *Zhouyi*.

(306) Bǎixìng zhī bú *jiàn* bǎo, wéi bù yòng ēn yān.
    Volk   Attr Neg sehen sorgen weil Neg verwenden Gnade Lok:es
    Das Volk wird nicht umsorgt, weil der gute Wille nicht an ihm zur Anwendung kommt. (Mencius 1A7)

Als Übersicht zur Beschreibung der weiteren Entwicklungsgeschichte von *bèi* eignet sich die Tabelle von Tang Yuming (1987:221f.) sehr gut, die das Vorkommen der wesentlichsten Ausdrucksmittel des Passivs in verschiedenen Werken nach Zeitabschnitten geordnet wiedergibt. Ich ziehe hier kurz das Wichtigste zusammen, ohne auf die einzelnen bearbeiteten Texte einzugehen:

	yú	*jiàn*	*wéi*	*wéi...suǒ* V	*bèi*	Total
Westliche Han (206v.–23n.Chr.)	106	79	84	86	7	399
Östl. Han (24–220 n.Chr.)	63	110	39	293	29	599
Liuchao (221–589)	37	703	110	1820	509	3434

Aus dieser Tabelle wird ersichtlich, daß *yú* immer seltener im Passiv-Kontext gebraucht wird; es tritt später hauptsächlich in archaisierendem Stil auf. Dafür beginnt die *wéi*-Konstruktion, die bald entschieden in die *wéi...suǒ*-Konstruktion einmündet, überhand zu nehmen. *bèi* erfreut sich in der Nach-Han-Zeit, insbesondere im *Houhanshu* und im *Weishu*, einer größeren Bedeutung, so daß wir bis etwa um das Jahr 600 n.Chr. ein Nebeneinander der drei Konstruktionen mit *jiàn*, *wéi...suǒ* und *bèi* feststellen. Hierzu vier Bemerkungen:

1. Die *jiàn*-Konstruktion unterscheidet sich dadurch von der *wéi...suǒ*-Konstruktion, daß sie nie einen Aktanten (das Agens) zwischen sich und dem Verb tragen kann.

2. Das Relativzeichen *suǒ*, das in der chinesischen Fachliteratur als Pronomen (!) bezeichnet wird (vgl. Wang Li 1958:424, *dàicí*) und in Relativsätzen mit koreferentem Objekt erscheint, tritt in der *wéi...suǒ*-Konstruktion – wie Wang Li (ibid.) vermutet – wohl deshalb vor das Verb, weil *suǒ*, das mit transitiven Verben vorkommt, die Tendenz hat, dafür zu sorgen, daß keine NP mehr nach dem Verb erscheint. Die Unmöglichkeit einer NP in postverbaler Position scheint für die Passiv-Konstruktion lange Zeit eine Grundvoraussetzung gewesen zu sein.

Es folgen zwei Beispiele zur Konstruktion *wéi...suǒ*:

(307) Bìyì *wéi* dàguó *suǒ* huàn.
    Name   große Staaten   leiden, trauern
    Biyi wurde durch die großen Staaten ins Leid gestürzt.
    (Lüshi chunqiu, nach Tang 1987:216)

(308) Wèi Tài-zǐ *wéi* Jiāngchōng *suǒ* bài.
    Ort Kronprinz   Name   Niederlage erleiden
    Der Kronprinz von Wei wurde von Jiangchong besiegt.
    (Shiji, nach Wang Li 1958:425)

Daß sich die *wéi...suǒ*-Konstruktion je länger je mehr durchgesetzt hatte, zeigt sich auch sehr schön an der folgenden Fügung aus der Chunqiu-Zeit – *wéilù* (verachtet werden), *wéi tiānxià lù* (von der Welt verachtet werden) bzw. *wéi tiānxià xiào* (von der Welt verlacht werden) – die ab der Han-Zeit in der Form *wéi tiānxià suǒ xiào* geläufig wurde.

3. Betrachten wir die Entwicklung von *wéi...suǒ* weiter, stellen wir fest, daß zwar anfänglich tatsächlich keine NP hinter dem Verb auftreten konnte. Schon bald aber finden wir nicht nur Komplemente, sondern eigentliche Objekte hinter dem Verb (vgl. hierzu Tang 1987:219f.):

(309) shí   yú   dào   páng, nǎi *wéi* niǎo *suǒ* dào   ròu.
essen an Weg Rand da von Vogel stehlen Fleisch
Als ich am Wegesrand aß, da wurde mir das Fleisch von Vögeln gestohlen.

(Hanshu)

4. In der Entwicklung von *bèi* stellen wir fest, daß dieses zuerst in Fällen vorkommt, in denen das nachfolgende Element sowohl als Verb, als auch als Nomen gedeutet werden kann; Bennett (1981:75) zitiert hierzu das illustrative Beispiel aus Wang Li (1958:425):

(310) Guó yí rì   *bèi*   gōng. (Zhanguoce)
Land ein Tag erleiden angreifen/Angriff
Sollte das Land eines Tages angegriffen werden/einen A. erleiden

Hier kann man *bèi-gōng* tatsächlich als "einen Angriff erleiden" oder "angegriffen werden" begreifen. In diesem Stadium ist *bèi* zudem unfähig, ein weiteres Objekt nach sich zu tragen und rückt somit in die Nähe von *jiàn*. In der Tat finden wir durchaus Beispiele, in denen beide Lexeme nebeneinander erscheinen:

(311) Xìn   ér   *jiàn* yí,   zhōng ér   *bèi* bàng,
glaubwürdig und zweifeln loyal und verleumden

néng   wú   yuàn hū ?
können nicht haben wütend Quest
Glaubwürdig sein und in Zweifel gezogen zu werden, loyal sein und verleumdet zu werden, ist es da möglich, nicht wütend zu werden ? (Shiji, nach Wang Li 1958:426)

In den Beispielen zur Östlichen Han-Zeit, die von der obigen Tabelle erfaßt wurden, erschien *bèi* immer nur in der Konstruktion *bèi V/N*. Im weiteren Verlauf der Zeit erfuhr *bèi* aber schon bald eine Ausdehnung seines Funktionsbereichs, als es möglich wurde, eine NP – das Agens – zwischen *bèi* und V einzufügen. So erscheinen in der Liuchao-Zeit bereits 35 der 509 Beispiele für *bèi* mit ausgesetztem Agens. Dies geschah wohl, wie Wang Li (1958:24) bemerkt, in Anlehnung an die *wéi...(suǒ)*-Konstruktion. Ein besonderer Hinweis dafür, daß sich *bèi* an *wéi* anlehnte, zeigt sich darin, daß *bèi* zumindest im Anfangsstadium mit *suǒ* – analog zur *wéi...suǒ*-Konstruktion – verbunden wurde*:

---

* Bei einigen Autoren hat sich diese Konstruktion bis heute sporadisch gehalten. So finden wir u.a. die folgende Stelle in Mao Zedong's Werk:

(314) jué   bú *bèi* dírén *suǒ* qūfú.
bestimmt Neg von Feind in die Knie zwingen
Wir werden bestimmt nicht vom Feind in die Knie gezwungen.
(aus: Xiandai Hanyu Xuci Lishi, 1982:71)
Vgl. auch Liu Yuehua et al. (1983:482)

(312) qí dì   *bèi* zéi   *suŏ* shā.
   sein jüngerer Bruder von Räuber   töten
   Sein jüngerer Bruder wurde von Räubern getötet.
   (Dunhuang Bianwen, nach Tang 1987:220)

Erst etwa im 10./11.Jh. schließlich hatte die *bèi*-Konstruktion die *wei...suŏ*-Konstruktion vollständig abgelöst. Bevor dies eintrat, erfuhr die *bèi*-Konstruktion etwa ab der Tang-Zeit (618–907; vgl. Wang Li 1958:429) insofern nochmals eine Erweiterung, als es nun auch möglich wurde, analog zum letzten Entwicklungsstadium bei der *wéi...suŏ*-Konstruktion ein zusätzliches Nomen hinter dem Verb auszusetzen. Bennett (1981:79) zitiert hierzu das folgende Beispiel:

(313) cháng *bèi* lăo Yuán tōu   gélù.
   oft   von alt Name stehlen Metrum
   (I) often had my meters stolen by old Yuan.

Damit lassen sich zusammenfassend im Verlaufe der Zeit zunehmende Valenzmöglichkeiten für die *bèi*-Konstruktion feststellen: Angefangen bei der bloßen *Patiens-bèi-V*-Fügung, über die *Patiens-bèi-Agens-V*-Fügung, bis hin zur *Patiens-bèi-Agens-V-NP*-Fügung. Dabei löst *bèi*, nachdem es anfänglich den Eindruck erweckt hatte, als ob es sich an *jiàn* anschließen würde, die *wéi...suŏ*-Konstruktion ab, und nicht – wie Tai (1976) postulierte – die *V-yú-Agens*-Konstruktion, die ja – wie aus der obigen Tabelle hervorgeht – schon ihrerseits durch die *wéi...suŏ*-Konstruktion ersetzt worden war.

Mit diesen Befunden läßt sich für *bèi* sicherlich keine SVOV Struktur als Ausgangspunkt der Entwicklung annehmen, wie Li und Thompson dies in ihren Arbeiten fordern, haben wir doch oben gesehen, daß *bèi* einer Konstellation entwächst, in der das nachfolgende Lexem sowohl als Verb als auch als Nomen gedeutet werden kann; zudem ist zu jener Zeit ein Objekt zwischen *bèi* und V nachgerade unmöglich. Dagegen gewinnt die Hypothese von Li und Thompson, *bèi* sei das Resultat einer Grammatikalisierung dann wieder an Gewicht, wenn man von der *wéi...suŏ*-Konstruktion ausgeht, die sich oben ja als Vorgängerin der *bèi*-Konstruktion erwiesen hat. Die Tatsache nämlich, daß bei der *bèi*-Konstruktion das Lexem *suŏ* bald in den Hintergrund gerät, deutet einmal darauf hin, daß *suŏ* durch die Möglichkeit der Anfügung einer NP an das Verb in seiner intransitivierenden Funktion überflüssig wird, sie verweist aber auch darauf, daß die Kräfte, die bei der Entstehung anderer Co-Verben wirksam werden – wie etwa *bă* bzw. *yĭ* als erstes Verb einer Verbalreihe – auch begannen, *bèi* von seinem andersartigen Ursprung in ihr Muster des Typs *V–NP–V–NP* → *CoV–NP–V–NP* überzuführen. Möglicherweise wurde diese Überführung noch durch die Tatsache unterstützt, daß *wéi* in seinen Anfängen selbst ohne *suŏ* auftrat. Damit scheint mir Bennetts Kritik an der Hypothese von Li und Thompson für den Anfang der *bèi*-Konstruktion völlig berechtigt. Später scheint mir aber das überlagernde Prinzip der Verb-Serialisierung und der Grammatikalisierung als paradigmenbildendes Element überhand genommen zu haben.

Daß *bèi* aus dem Spannungsfeld zweier Konstruktionen entsprungen sein mußte, zeigt sich noch heute daran, daß *bèi* (neben *gĕi*) das einzige Co-Verb ist, das ohne nachfolgende NP vor dem Hauptverb erscheinen kann.* Synchron gesehen ist der Verbalcharakter von *bèi* sicherlich sehr gering, erscheint *bèi* doch heute nicht mehr als selbständiges Vollverb. Zudem zeigt es sich nie mit enklitischen TAM-Zeichen. Dies mag allerdings seinen Grund darin haben, daß diese TAM-Zeichen erst nach der Etablierung von *bèi* so richtig zum Durchbruch kamen.

2. Das Passiv und die Funktion, die *bèi*, das meistens unter dieser Rubrik aufgeführt wird, tatsächlich erfüllt, lassen sich wohl einleitend am besten mit einem Zitat aus Teng (1975:13) einfangen:

"Passive in Chinese cannot be analyzed as derived from the active counterpart through different topicalizations to do with the discourse structure (cf. Halliday 1968 and Chafe 1970, Chapter 15)**. Passive in chinese conveys the feature 'pejorative' in most cases."

Oft wird dieses Passiv in der englischen Fachliteratur mit dem Begriff "adversity passive" (vgl. etwa Li und Thompson 1981:493ff. und Chappell 1986) bezeichnet, wofür ich im Deutschen den Begriff "negatives Passiv" vorschlagen möchte, bezeichnet *bèi* doch immer ein "unangenehmes oder unglückliches Ereignis", das dem Patiens, sofern eines ausgesetzt wird, widerfährt. Diese Bedeutung liegt schon in der vorangegangenen *wéi...suǒ*-Konstruktion, ist also nicht etwa aus der früheren Vollverbbedeutung von *bèi* abgeleitet. Daß sich ein solcher Passiv-Begriff kaum zur Gänze mit dem Passiv in westlichen Sprachen deckt, liegt wohl auf der Hand.

Eine sehr gängige Ansicht zum *bèi*-Passiv geht davon aus, daß *bèi* ursprünglich in der Tat das negative Passiv zum Ausdruck brachte, daß sich diese Bedeutung jedoch aufgrund von Übersetzungen aus europäischen Sprachen wie Englisch, Französisch, Deutsch, Russisch, u.a. insbesondere seit der 4. Mai Bewegung von 1919 verwässert habe, da *bèi* zunehmends auch in anderen, westlichen Mustern entsprechenden Kontexten Gebrauch fand (vgl. etwa Wang Huan 1957). Chao (1968:155, 703) spricht in diesem Zusammenhang von "translatese".

Hier scheint mir in Anlehnung an Wang Li (1958)*** und andere chinesische Autoren eine Präzisierung angebracht. Wie Chappell (1986) richtig vorausschickt, gilt es zwischen der gesprochenen Umgangssprache und der Schriftsprache zu unterscheiden. In der Umgangssprache hat die "negative" Konnotation des *bèi*-Passivs noch ihre volle Gültigkeit, d.h. ein Ereignis kann nur dann mit der *bèi*-Konstruktion ausgedrückt werden, wenn es als negativ empfunden wird. Damit hängt der Gebrauch von *bèi* – und das ist die zweite wichtige Erkenntnis von Chappell – nicht vom einzelnen Verb ab, sondern von der Qualität, die dem Ereignis vom Standpunkt des Patiens oder des Sprechers aus gesehen eigen ist. Die Aussage Chao's (1968:703), derzufolge "the *bèi* construction is usually limited to disposal verbs", trifft daher nicht den Kern der Sache. Die Regel, daß ein Verb, das mit *bǎ* auftreten kann, auch mit *bèi* vorkommt, muß daher insofern präzisiert werden, als das Umgekehrte nicht notwendig der Fall ist. Nicht jedes Verb, das mit *bèi* erscheint, tritt auch mit

---

*   Rygaloff's (1973:134) Aussage, man dürfe die Konstruktion *bèi-V* nicht als Resultat einer Tilgung von *bèi-NP-V* betrachten, entspricht damit auch den historischen, entwicklungsgeschichtlichen Tatsachen.

**   Halliday, M.A.K. (1968): Notes on transitivity and theme in English, Part 3, in: *Journal of Linguistics* 4.2, 179–215.
     Chafe, Wallace (1970): *Meaning and the structure of language*, University of Chicago Press.

*** Wang Li (1958:432) spricht im Zusammenhang mit der *bèi*-Konstruktion von *bùxìng huò bù yúkuài de shìqing* (einer unmöglichen oder unerfreulichen Ereignis).

bă auf (vgl. Hagège 1975:368). Der Zusammenhang zwischen *bèi* und *bă* wird aber trotzdem auch von Hagège (1975:367), nicht nur von Chao (1968:703) und Li und Thompson (1981:501-3), via "disposal" hergestellt, das ich auf S.156f. kritisiert habe. Ich gehe hier lieber mit Chappell:

"These data show that verbs cannot be classified into 'fortunate' and 'infortunate' ones in order to predict the acceptability of *bèi* sentences." (1986:1030)

Es ist daher auch möglich, ein Verb wie etwa *ài* (lieben), das man gewöhnlich in positivem Kontext zu sehen geneigt ist, dann mit einer *bèi*-Konstruktion zu gebrauchen, wenn diese Liebe von ihrem Objekt aus gesehen als lästig bzw. negativ empfunden wird:

(315) Xiăo Měi *bèi* Zhāngsān ài   de   bùdéliăo.
      Name   von Name   lieben Mod Neg-können-aufhören
      Xiao Mei 'suffered' Zhangsan loving her to the point of desperation.

(Chappell 1986:1029)

Erscheint *shuō* (sagen) in der *bèi*-Konstruktion, verändert sich seine Bedeutung zu "schelten, kritisieren":

(316) Mălì *bèi* rén   shuō-le.
      Name von Leute kritisieren-TAM (Chappell, ibid.)
      Mary wurde von den Leuten kritisiert.

In der geschriebenen Sprache, dem "translatese" im Sinne Chao's, spielt die Qualität des Ereignisses keine Rolle mehr. Hier finden wir oft ganze Formulierungen wie die in der Sprache der Politik gängigen Verben *bèi zànchéng* (gutgeheißen werden), *bèi-jiēshòu* (angenommen/akzeptiert werden), *bèi-biăoyáng* (gelobt werden), *bèi-gŭlì* (ermutigt/angespornt werden), usf. in der mit *bèi* passivierten Form, die in der Umgangssprache durch ganz andere Konstruktionen ersetzt werden müßte (vgl. Chappell 1986:1034).

Wird in der Schriftsprache ein Agens ausgesetzt, so handelt es sich jedoch, wie Chappell (1986:1035) bemerkt, meist um ein Kollektiv, um eine Gesamtheit mit geringer referentieller Kraft. *dàzhòng* (die Massen), *dàjiā* (jedermann), *rénmín* (das Volk, die Öffentlichkeit) sind hierzu besonders geeignet. Nimmt die referentielle Kraft des Agens in der *bèi*-Phrase jedoch zu, so wird die Wahrscheinlichkeit größer, daß die Handlung als negativ zu interpretieren ist, also nicht als "translatese" betrachtet werden darf:

Translatese:

(317) Lăo Sūn Tóngzhì *bèi* shàngií   fēnpèi dào DìLiùQū lái.
      alt Name Genosse von höhere Stelle einteilen nach 6.Distrikt Vd
      Der alte Genosse Sun wurde von den höheren Stellen (der KPCh) in den
      6. Distrikt eingeteilt. (Chappell 1986:1035)

Traditionelles negatives Passiv:

(318) Dí   lăoshī *bèi* xiàozhăng   fēnpèi dào èrniánjí qù le.
      Name Lehrerin von Schulvorsteher einteilen nach 2.Schuljahr Vd TAM
      Lehrerin Di wurde vom Schulvorsteher ins zweite Schuljahr eingeteilt
      (was für sie ungünstig ist, da sie vorher in einer höheren Klasse unterrichtet hat.)
      (Chappell 1986:1036)

Bevor ich im nächsten Punkt zur Abgrenzung von *bèi* gegen *jiào, ràng* (und *gěi*) komme, möchte ich noch einige abschließende Beispiele zu *bèi* anfügen:

Negatives Passiv:

(319) Hūrán,   mén *bèi* zhuàngkāi-le.
plötzlich Tür   aufschlagen-TAM
Plötzlich wurde die Tür aufgeschlagen.

(320) Wǒ *bèi* yí zhèn léishēng   jīngxǐng.
ich   ein Kl Donnergrollen aufwecken
Ich wurde durch ein Donnergrollen aufgeweckt.

(321) Dírén *bèi* zhèi tūrán   xíjī   xiàhuài-le.
Feind   Dem plötzlich Überraschungsangriff erschrecken-TAM
Die Feinde wurden durch diesen plötzlichen Überraschungsangriff erschreckt.

(322) Dírén jìn-le   dìdào, méi   zǒu jǐ   bù,
Feind eintreten-TAM Tunnel Neg:Verg gehen einige Schritt

jiù *bèi* mínbīng   xiāomiè-le.
da   Volksmiliz vernichten-TAM
Kaum war der Feind ein paar Schritte in den Tunnel eingedrungen, da wurde er von der Volksmiliz vernichtet.

Translatese:

(323) Xíngli hěn kuài   de *bèi* zhuāngshàng-le kǎchē.
Gepäck sehr schnell Adv   aufladen-TAM   Lastwagen
Das Gepäck wurde sehr schnell auf den Lastwagen aufgeladen.

(324) Tā *bèi* dàjiā xuǎnwei xiǎozǔzhǎng.
er   alle wählen Gruppenchef
Er wurde von allen zum Gruppenchef gewählt.

(325) Zhèi jùhuà *bèi* rén   wùjiě.
Dem Satz   Mensch/man mißverstehen
Diesen Satz kann man mißverstehen.

(326) Zhèi ge mìmì   hòulái *bèi* rén   fāxiàn-le.
Dem Kl Geheimnis später   jemand entdecken-TAM
Dieses Geheimnis wurde später von jemandem entdeckt.

3. Bei der Abgrenzung zw. *ràng/jiào* und *bèi* werde ich nicht allzuweit ins Detail gehen. Wesentlich erscheint mir, daß diese beiden Lexeme, wenn sie passivisch gebraucht werden, immer "negativ" als "adversative passives" zu verstehen sind. Fragt man sich, weshalb *ràng* und *jiào* nicht ihrerseits analog zu *bèi* eine Funktionserweiterung im Rahmen des "Translatese" erfahren haben, drängt sich als Antwort die Tatsache auf, daß beide Lexeme synchron auch als Vollverben und als Kausativ-Verben (vgl. 5.4) vorkommen, während *bèi* nur als Passiv-Zeichen existiert. Im Unterschied zu *bèi* (und *gěi*) lassen sich *ràng* und *jiào* nie* direkt ans Verb anfügen, stehen also nur vor einem ausgesetzten Agens, was sicherlich auch mit ihrem stärkeren Voll-

---

*   Die einzige Ausnahme wird von Hagège (1975:181) angeführt:
   (327)   *ràng* ná zǒu-le. (Er wurde fortgenommen.),(vgl. Zhongguo Yuwen 1960.12,419)

verbcharakter zusammenhängt. Schließlich gelten Passiva mit *ràng* und *jiào* als umgangssprachlicher.

Obwohl alle drei Lexeme sich in ihrer Funktionsweise überschneiden, besitzt doch jedes seine eigene Bedeutungsnuance, die ich hier für *ràng* und *jiào* in Anlehnung an Chappell (1986:1039ff.) kurz anführen möchte (vgl. auch Hagège 1975:366f.) und Li und Thompson (1981:506–8):

Das *ràng*-Passiv drückt an und für sich vermeidbare negative Ereignisse (avoidable events) aus:

"... the *ràng* passive is used to express that the subject (and undergoer) could have done something to prevent the passive event from happening but failed to do so." (Chappell 1986:1039)

(328) Zhāng Chūnqiáo* *ràng* (? *bèi*) rénjiā kòushàng-le fǎndǎng
Name   jedermann aufsetzen-TAM parteifeindlich
de màozi.
Attr Mütze
Zhang Chunqiao wurde von jedermann die Mütze der Parteifeindlichkeit aufgesetzt/wurde als Parteifeind verschrien. (Er hätte dies aber von sich abwenden können, hätte er anders gehandelt.) (Chappell 1986:1040)

Das *jiào*-Passiv bezieht sich auf neue Ereignisse (passive of 'hot news'):

"Through the use of the *jiào* passive, the speaker encodes the unexpected nature of the passive event, consequently making possible the inference of surprise over its occurrence." (p.1043f.)

(329) X *bèi* xíngxíngduì chǔjué-le.
     jiào Exekutionstruppe hinrichten
     *ràng
– X wurde von Exekutionstruppen hingerichtet.
– X wurde *soeben* von Exekutionstruppen hingerichtet.   (Chappell 1986: 1045)

(330) Tā *jiào* xuéxiào kāichú-le.
     er   Schule   verweisen-TAM
Er wurde soeben (unerwarteterweise) von der Schule verwiesen.
                                                                             (Chappell 1986: 1046)

(331) Tā *jiào* Mǎlì ài-shàng-le.
     er   Mary s.verlieben-TAM
He's just had Mary fall madly in love with him.
Dt. besser aktiv: Maria hat sich soeben furchtbar in ihn verliebt.
                                                                       (Chappell 1986:1047)

Im folgenden Beispiel schließlich sind Agens und Patiens markiert:

(332) *jiào* nèi ge gǒuniáng yǎng de *bǎ* wǒ tuī zài dì xià.
           Dem Kl Hündin   aufziehen Attr CoV ich werfen auf Boden unten
Dieser Hundesohn hat mich zu Boden geworfen. (Hagège 1975:50)

---

*   ein Mitglied der Viererbande

4.5. Das Co-Verb *gěi*

gěi bedeutet im modernen Chinesisch als Vollverb "geben" und trägt maximal drei unmarkierte Aktanten bei sich, wobei das indirekte Objekt (IO) vor das direkte Objekt (DO) zu stehen kommt:

(333) Wǒ *gěi*   tā qián.
      ich geben er Geld
      Ich gebe ihm Geld.

Als Vollverb erscheint *gěi* mit allen drei enklitischen TAM-Zeichen (*-guo, -zhe, -le*). Die Funktion des Co-Verbs erfüllt *gěi* – wie wir unten sogleich sehen werden – erst in jüngerer Zeit.

Im Folgenden gliedere ich diesen Abschnitt in zwei Punkte, wovon der erste der historischen Entwicklung der Dativ/Benefaktiv-Markierung gewidmet ist, die schließlich in die verschiedenen *gěi*-Konstruktionen ausferte, die im zweiten Punkt beschrieben werden. Dort wird es sich zeigen, daß *gěi* den Bereich des GOAL und des Dativ/Benefaktiv verläßt und sich auch im Kausativ- und im Passiv-Kontext wiederfindet. Damit gleitet es in neue – seiner Herkunft fremde – Paradigmen über.

In der Co-Verb Funktion drückt *gěi* das Ziel einer Handlung (GOAL) und den Dativ/Benefaktiv aus, wobei man beim Dativ/Benefaktiv wieder zwei Fälle unterscheiden muß:

– im Sinne von "zu jdes Gunsten, in jdes Interesse"
– "an jdes Stelle"

Im zweiten Fall läßt sich *gěi* durch das Co-Verb *tì* (ersetzen, vertreten) oder auch *dàitì* ersetzen:

(334a) Wǒ *gěi*   tā xiě yì fēng xìn.
       ich CoV er schreiben 1 Kl Brief
       Ich schreibe ihm/für ihn/an seiner Stelle einen Brief.

(334b) Wǒ *tì* tā xiě   yì   fēng xìn.
       Ich schreibe an seiner Stelle einen Brief.

Wenn *gěi* ausdrücklich "zum Nutzen von" bedeutet, kann es durch das klassisch chinesische *wèi* ersetzt werden. Das wohl berühmteste Beispiel hierzu, wo *gěi* schlicht falsch ist, lautet wie folgt:

(335) *wèi* rénmín fúwù*   (vgl. Teng 1975:151)
      für Volk   dienen
      dem Volke dienen

1. Die Evolution der Dativ-Konstruktion, die schließlich in die noch junge *gěi*-Konstruktion münden wird, wurde von Peyraube (1988) genau untersucht und soll hier in Kürze wiedergegeben werden. Dabei lasse ich die Zeit der Schildkröteninschriften (14.–11.Jh.v.Chr.) und die Zeit der Bronzeinschriften sowie das *Shujing* und das *Shijing* (11.–6. Jh.v.Chr.) weg und beginne mit der Zeit der Kämpfenden Reiche (475–221 v. Chr.). Zu dieser Zeit finden wir drei Konstruktionen:

---

* vgl. auch: (336) bú yòng   *wèi* wǒ dānxīn!
            Neg brauchen für ich sich Sorgen machen
            Mach dir um mich keine Sorgen !

(I)   V IO DO
(II) V DO *yú* (Präp) IO
(III) *yĭ* (nehmen) DO V IO

Die erste Konstruktion ist sehr häufig und kommt bei Verben des Gebens wie z.B. *cì* (geben, opfern), *xī* (id.), *yŭ* (geben,予), *yŭ* (geben,與), *kuì* (einem Vorgesetzten Speise anbieten), *yí* (geben, 貽), *yì* (id., 詒), *chuán* (überbringen, übermitteln), *shăng* (belohnen), *wèi* (geben, anbieten), usf. vor:

(337) Wén gōng yŭ   zhī chŭ.   (zu I)
      Name Fürst geben ihm Ort/Platz
      Fürst Wen gab ihm einen Platz. (Mencius 3A4)

(338) xiàn   yù   yú   jūn.   (zu II)
      darbringen Edelstein Präp Fürst
      dem Fürsten einen Edelstein darbringen (Unger 1985:69)

(339) Yáo yĭ   tiānxià yú Shùn.   (zu III)
      Name nehmen Welt   geben Name
      Yao übergab Shun die Welt. (Mencius 5A5)

Von diesen drei Konstruktionen ist nur gerade (II) an keine Bedingungen geknüpft. Konstruktion (I) erscheint nur mit Verben, die Peyraube "verbes [+donner]"* nennt, während (II) auch mit "verbes [+recevoir]" und Verben des "datif étendu" vorkommt. Konstruktion (III) schließlich ist nur mit Verben erlaubt, die auch in Konstruktion (I) erscheinen (Peyraube 1988:119).
In (I) ist das DO kein Pronomen, während das IO in den weitaus meisten Fällen durch ein Pronomen vertreten ist. In (III) schließlich ist das DO überhaupt nie ein Pronomen, das IO meistens ein Nomen. Der Unterschied zwischen (I) und (II) läßt sich als Resultat einer unterschiedlichen Informationsstrukturierung beschreiben. In (I) steht die neue Information im DO, während sie in (II) in der *yú*-IO-Phrase liegt, sofern V ein "verbe [+donner]" ist. Weiter unterscheidet sich (II) von (I) dadurch, daß in (II) das IO selten mit einem Pronomen erscheint, während das DO ein Pronomen oder ein Nomen sein kann. Damit läßt sich das Kriterium der informationsspezifischen Anordnung im Satz für (I) und (II) rechtfertigen. Bei (III) umfaßt die neue Information die ganze Fügung V-IO, während im Gegensatz dazu bei (I) das DO die neue Information liefert. Schließlich existiert auch eine Struktur (III') V – IO – *yĭ* – DO, die jedoch wesentlich seltener ist als (III). Hier zeigt sich die neue Information in der *yĭ*-DO-Phrase.
Im darauffolgenden Abschnitt der Han-Dynastie (206 v.–220 n.Chr.) finden wir die gleichen Konstruktionen von (I) – (III), inkl. (III'), in ähnlicher Verteilung. Jedoch zeichnet sich bereits im *Shiji* des Sima Qian (ca. 145–87 v.Chr.) eine neue Konstruktion ab:

(IV) V_1 V_2 IO DO

(340) hòu   fēn   yŭ   qí nŭ   cái yŭ nán děng tóng.
      großzügig verteilen geben sein Tochter Erbe mit Sohn Stufe gleich
      Er verteilte das Erbe großzügig an seine Tochter zum gleichen Anteil wie an seinen Sohn. (Peyraube 1988:145)

---

* plus zusätzlich *wèn* (fragen), *duó* (wegnehmen, rauben, entreißen).

Dabei kommen die drei Verben *yŭ* (geben, 予), *yŭ* (geben, 與) und *wèi* (id., 遺) als V₂ in Frage. Diese Struktur scheint sich im Zuge der allgemeinen Entstehung von zweisilbigen Verben herangebildet zu haben. Ein größerer funktionaler Unterschied zu (I) bis (III) wird auf jeden Fall nicht ersichtlich. Wie in (I) wird auch in (IV) das DO als neue Information betrachtet.

Wohl mit Recht sieht Peyraube (1988:148) diese neue Konstruktion im Zusammenhang mit der zu dieser Zeit aufkommenden Resultativ-Konstruktion (vgl. 3.2.). Allerdings handelt es sich mit Sicherheit um zwei verschiedene Phänomene, in denen V₂ weder die Richtung noch das Resultat zu V₁ ausdrückt. Peyraube (1988:150) sieht hier schlicht und einfach zwei in Serie gestellte Verben, wovon das erstere spezifisch, das zweitere allgemeiner ist. Schließlich weist diese Konstruktion eine gewisse Ähnlichkeit mit der im *jiaguwen* möglichen *V-yú – IO – DO*-Konstruktion auf. In der zweiten Hälfte steigt der Gebrauch der Konstruktion (IV) unter Beibehaltung von (I) – (III) weiter an; allerdings beginnt sich bereits jetzt *yŭ* (geben, 與) als einziges mögliches V₂ abzuzeichnen. In der darauffolgenden Zeit – im *Nanbeichao* (220–589) – bleiben (I) – (III) lebendig, aber auch Konstruktion (IV) tritt erstmals in größerem Maße auf, wobei jetzt praktisch nur noch *yŭ* als V₂ möglich ist.

Damit jedoch noch nicht genug. Zur gleichen Zeit nimmt Konstruktion (V), jetzt noch auf einige Verben wie *jià* (jdm. zum Heiraten geben), *zuò* (machen), *bă* (nehmen), *qì* (zum Heiraten geben), *sòng* (schicken, anbieten), *qŭ* (nehmen), *tuī* (vermachen, zugestehen) beschränkt (vgl. Peyraube 1988:185), ihren Anfang:

(V) V₁ DO V₂ IO, wobei V₂ = *yŭ*

Das Aufkommen dieser Struktur läßt sich auf zwei Arten erklären, wovon Peyraube (1988:188–92) im Unterschied zu mir nur die zweite akzeptiert:

1. Die neue Konstruktion (V) ist in Analogie zur Konstruktion (II) [V-DO-*yú*-IO] entstanden, nachdem diese sowieso allmählich seltener wurde. *yŭ* springt damit an die Stelle von *yú*. Zudem ließe sich hier eine Parallele zu *zài* (vgl. S.139f.) ziehen.
2. Konstruktion (V) ist in Analogie zur Resultativ-Konstruktion entstanden, in der sich seit der Späten Han-Zeit zwischen dem Hauptverb und dem Resultativ-Verb vorübergehend auch ein Nomen aufhalten durfte.

Gerade eine Kombination beider Erklärungen scheint mir für das Entstehen von (V) sehr fruchtbar. Dies insbesondere deshalb, weil – wie Peyraube (1988:191) selber sagt – Konstruktion (V) bei Verben, die nicht zur Kategorie "verbes [+donner]" gehören, weitaus häufiger ist als Konstruktion (IV). Damit zwingt man sich dazu, Konstruktion (IV) als Ausgangsbasis für Beispiele von Konstruktion (V) anzunehmen, obschon Konstruktion (IV) nicht oder kaum im Gebrauch ist. Andererseits ließe sich mit der ersten Erklärung zeigen, daß *yŭ* durch zunehmende Entsemantisierung schließlich die nötige semantische Leere erreichte, um in die Position V₂ in Konstruktion (V) hineinzuspringen. Diese Entsemantisierung gelangte spätestens im 8./9.Jh. zu ihrem Abschluß. Den Beginn der Entsemantisierung von *yŭ* setzt man wahrscheinlich mit Vorteil bereits gegen das Ende der *Nanbeichao* an, da die ersten wirklich greifbaren Ansätze, wo *yŭ* etwa mit einem Verb wie *shuō* (sagen) vorkommt, so daß man bestimmt nicht mehr von zwei in Koordination stehenden Verben sprechen kann,

(341) shuō *yǔ* tā dào
reden mit er Dao
mit ihm über das Dao reden (Peyraube 1988:207)

diesen Anfang ziemlich sicher verpassen.

Aus der Perspektive der Informationsgliederung fügt sich (V) bestens ins Konzept der damals am häufigsten gebrauchten Konstruktionen. Während bei (I) und (IV) das Schwergewicht der neuen Information auf dem DO liegt, enthält in (V) die Fügung V_2-IO die neue Information, wobei diese Konstruktion die Konstruktionen (II) und (III) allmählich ablöst. Klar beobachtbar bleibt die Tatsache, daß sich *yǔ* in der Zeit vom 6. Jh. bis ca. 1250 so stark entsemantisieren konnte, daß es sogar – dies allerdings noch relativ selten – in die präverbale Position rückte und damit die Konstruktion (VI) hervorbrachte:*

(VI) *yǔ* IO V DO

Zur gleichen Zeit entstand als weitere Neuerung die Konstruktion (VII):

(VII) *jiāng/bǎ* DO V (*yǔ*) IO,

in der anfänglich *jiāng* häufiger auftrat als *bǎ*. Dabei ist es im einzelnen – es soll hier einmal daran erinnert werden, daß wir ja nur Texte zur Verfügung haben – oft sehr schwer, zu entscheiden, ob *bǎ/jiāng* bereits als Co-Verb oder noch als Vollverb zu verstehen sind. Immerhin erinnert (VII) sehr stark an die Konstruktion (III) mit *yǐ*. In Konstruktion (VII) wird nicht wie bei (VI) das IO, sondern das DO vor das Verb gestellt und das IO fakultativ mit *yǔ* markiert. In diesem Sinne gehört (VII) eindeutig in den Bereich der in Abschnitt 4.3. beschriebenen *bǎ*-Konstruktion, die sich – wie man eigentlich erwarten konnte – auch bei Verben des Gebens durchzusetzen begann.

In der prämodernen Zeit, die vom Ende der Song-Zeit, über die Yuan-Zeit bis in die erste Hälfte der Ming-Zeit (1250–1400) reicht, blieb von den ersten drei Konstruktionen nur (I) erhalten – die übrigen zwei gelten als höchst klassisch. (IV) – (VII) dagegen vermochten sich weiter durchzusetzen. Konstruktion (IV) beschränkt sich nicht mehr nur auf Verben des Gebens (verbes [+donner]), sondern auch auf Konstruktionen mit erweitertem Dativ. Konstruktion (VI), die bis dahin eher selten war, wird nun geläufig.

Nun tritt zu dieser Zeit das Morphem *kuì* 馈) ins Rampenlicht, das im klassischen Chinesisch des Konfuzius und des Mencius "einem Vorgesetzten Speise als Geschenk darbringen" bedeutete, sich jetzt aber in der erweiterten Bedeutung von "geben" präsentiert. *kuì* fördert zwar keine neuen Konstruktionen zu Tage, aber es beginnt langsam, *yǔ* zu ersetzen. So finden wir *kuì* in den Konstruktionen (IV), (V) und (VI), jedoch nicht in (VII):

(IV') V *kuì* IO DO
(V') V DO *kuì* IO

---

* Diese Konstruktion könnte möglicherweise durch die bereits im klassischen Chinesisch gebräuchliche *wèi*-Konstruktion beeinflußt worden sein, die den Dativ/Benefaktiv markiert und immer präverbal ist:
(342) Wú *wèi* zǐ xiān xíng. (Ich werde für Sie vorangehen.)
ich für Sie voran gehen (Unger 1985:81)

(VI') *kuì* IO V DO

kuì läßt sich als Äquivalent zu *gěi* sehen, das jedoch erst in der Qing-Zeit (1644–1911), erstmals im 17.Jh., als Co-Verb erscheint. Die klassische Aussprache des Zeichens für *gěi* ist *jǐ*. So richtig zum Durchbruch gelangt *gěi* im *Hongloumeng* (Traum der roten Kammer), das von Cao Xueqin (1715 oder 1724 – 1763/64) verfaßt wurde*. Möglicherweise sind einige Beispiele in der Konstruktion (IV), in denen als V_2 neben *cì* (geben, opfern, anbieten), *fù* (geben, bezahlen), *yǔ* (geben, 予) und schließlich auch *gěi* vorkommen, Vorläufer zu der heute gebräuchlichen *gěi*-Konstruktion. Kurz zusammengefaßt läßt sich daher festhalten, daß sich die möglichen Strukturformen, so wie wir sie heute antreffen, etwa im 15./16.Jh. herausgebildet haben; was nachher folgt, ist ein Auswechseln der entsprechenden Co-Verb-Lexeme, das mit *gěi* seinen Abschluß fand. Es ergeben sich damit für das moderne Chinesisch die folgenden Strukturen:

(IV") V *gěi* IO DO
(V") V DO *gěi* IO
(VI") *gěi* IO V DO

Zudem hielt sich natürlich auch die Konstruktion (I), wobei V hier nebst einer stattlichen Anzahl von Verben auch mit *gěi* besetzt werden kann.

2. Die heutige Situation läßt sich vielleicht am prägnantesten mit Teng (1975:15) festhalten:

"Unmarked linearization process positions Goal post-verbally and benefactive pre-verbally, but there is an optional transformation available to Goal in some cases which pre-poses Goal."

Dieser Sachverhalt verläuft genau parallel zum inneren und äußeren Lokativ (vgl. S.140f.), bei dem der äußere Lokativ analog zum Dativ/Benefaktiv nur präverbal, der innere Lokativ dagegen wie beim Goal grundsätzlich postverbal, jedoch auch präverbal verwendet wird. Interessant ist weiter die Beobachtung, daß nur das Eröffnen einer Argumentstelle für Goal entscheidend für die Subkategorisierung von Verben ist, nicht jedoch der Dativ/Benefaktiv. Welche Positionen bei welchen Verben möglich sind und welche Positionen mit welchen semantischen Rollen kompatibel sind, möchte ich im Folgenden eingehender darstellen. Dabei sind die Konstruktionen, in denen *gěi* als Co-Verb vorkommt, von Kausativ-Konstruktionen, Passiv-Konstruktionen und von Konstruktionen, mit *gěi* als Vollverb, dem ein zweites Vollverb folgt, deutlich abzugrenzen, was leider in der Literatur nicht immer geschieht. Vorerst jedoch noch einige Anmerkungen zu den Eigenschaften des Co-Verbs *gěi* nach Paul (1982:61f.):

1. Als Co-Verb kann *gěi* keines der drei enklitischen TAM-Zeichen *-guo*, *-zhe* und *-le* nach sich tragen.
2. In einem Satz wie

(343) Nǐ bù *gěi* tā xiě xìn.
 du Neg geben er schreiben Brief

---

* Daneben finden sich natürlich auch in diesem Werk ältere Konstruktionen; so etwa V-*yú*: *jièyú* (leihen), *dàoyú* (sagen), *dìyú* (überbringen, zuschicken), *shǎngyú* (belohnen). (vgl. Hagège 1975:144)

kann sich der Skopus der Negation entweder auf eines der beiden Verbalelemente – d.h. *gěi* oder *xiě* – oder auf den ganzen Satz beziehen.

3. Die A-nicht-A Frage ist mit *gěi* möglich:

(344) Nǐ *gěi bu gěi* tā xiě xìn ?
 du CoV Neg CoV er schreiben Brief
 Schreibst du ihm einen Brief ?

Wie wir oben angetönt haben, ist die präverbale Position zumindest bei bestimmten Verben ambig, d.h. es ist sowohl eine Interpretation als Goal wie auch als Dativ/Benefaktiv vorstellbar. Zur Darstellung des genauen Sachverhalts drängt sich eine Unterscheidung von drei Verbkategorien auf:

1. Bei den Verben, die Goal obligatorisch mit *gěi* ausdrücken müssen, ist die *gěi*-Phrase in präverbaler Position ambig; Paul (1982:62) illustriert dies mit dem folgenden Beispiel:

(345) Wǒ *gěi* tā mǎi xiāngyān.
 ich CoV er kaufen Zigaretten
 – Ich kaufe ihm Zigaretten.
 – Ich kaufe für ihn/an seiner Stelle Zigaretten [weil er es selbst nicht erledigen kann].

2. Bei den *dreiwertigen Verben* (z.B. *sòng* (schicken), *jiè* (leihen), *mài* (verkaufen), usf.) die drei Aktanten unmarkiert bei sich tragen können, so daß die Setzung der *gěi*-Phrase grundsätzlich fakultativ ist, ist die präverbale *gěi*-Phrase nur im Sinne eines Dativ/Benefaktivs interpretierbar:

(346) Wǒ *gěi* nǐ jiè qián.
 ich CoV du leihen Geld
 Ich leihe für dich [bei jemand anderem] Geld aus.

3. Bei *Verb-Objekt-Komposita* schließlich läßt sich die präverbale *gěi*-Phrase nur als Goal verstehen:

(347) Wǒ *gěi* tā bǎoxiǎn. (Chao 1968:319, Paul 1982:68)
 ich CoV er versichern
 Ich versichere ihn.

Die *gěi*-Phrase unmittelbar hinter dem Verb scheint enger ans Verb gebunden zu sein als die präverbale. Dies zeigt sich einmal in seiner enklitischen Natur, die *gěi* tonlos erscheinen läßt, und zum anderen in der Möglichkeit, das Aspekt-Zeichen direkt hinter *gěi* folgen zu lassen, wie dies etwa bei der Resultativ-Konstruktion der Fall ist (vgl. S.101ff., 143f.).

(348) Tā mài *gěi*-le wǒ ... .
 er verkaufen CoV-TAM ich
 Er hat mir ... verkauft.

(349) *Tā mài-le *gěi* wǒ ... .

Die Konstruktion, in der *gěi* direkt dem Hauptverb nachfolgt, hat in der Literatur verschiedene Interpretationen erfahren. Chao (1968:353) spricht im Falle von *gěi-N* von einer VO-Phrase, die er als Komplement zum Hauptverb versteht. Rygaloff

(1973:126)* und Hagège (1975:40) dagegen sehen *gěi* als Bestandteil einer komplexen Verbfügung. Die enge Zusammengehörigkeit dieser Fügung wird noch dadurch unterstrichen, daß V-*gěi* alleine als Antwort auf eine Frage auftreten kann.

(350) Nǐ yǐjīng *sòng*   *gěi*   tā xìn   ma ? – *sònggěi-le*.
       du schon schicken CoV er Brief Quest
       Hast du ihm diesen Brief schon geschickt ? – Ja.   (vgl. auch Paul 1982:67)

Hinzu kommt die Tatsache, daß die Zahl der in der Position V_1 erlaubten Verben begrenzt ist. Peyraube (1988:25) führt 54 solcher Verben an**. Diese Erkenntnis führt ziemlich nahtlos über zu Rygaloff (1973:126), der im Zusammenhang mit der engen Bindung in *V-gěi* ein lexikalisches Argument anfügt. So verändern Verben wie *zū* (mieten, vermieten, frz. louer), *jiè* (borgen, leihen, frz. emprunter), *sòng* (schicken, senden; anbieten, frz. envoyer, offrir)*** ihre Bedeutung wie folgt: *zūgěi* (vermieten an jdn.), *jiègěi* (jdm. etwas leihen), *sònggěi* (schenken, darbeiten). Alle diese Argumente lassen *gěi* als Vollverb erscheinen. Hierzu nun einige Bemerkungen:

Das direkte Anfügen von *-le* an *gěi* ist eine sehr junge Erscheinung (vgl. auch S. 143), die von Grammatikern der traditionelleren Orientierung noch nicht umfassend akzeptiert wird.

Das lexikalische Argument von Rygaloff, der in diesem Kontext *gěi* als attributives Verb bezeichnet, stellt sich in Wahrheit eher als die Heraushebung einer besonderen Bedeutung heraus, die die entsprechenden Verben auch ohne *gěi* enthalten. Generell kann damit auch die Syntax über die eine oder die andere Bedeutungsnuance entscheiden.

Oft wird *gěi* als *Resultativ-Verb* bezeichnet (vgl. z.B. Paul 1982:67). Gegen diese Betrachtungsweise spricht die fehlende potentiale Konnotation und die Unmöglichkeit *bu* oder *de* zwischen V und *gěi* einzufügen. Nicht umsonst führt Cartier (1972) *gěi* nicht in ihrer Liste der Resultativ-Verben auf. Andererseits sind die *gěi*-Konstruktion bzw. ihr Vorläufer und die Resultativ-Konstruktion beide in der frühen Han-Zeit entstanden, so daß man ihnen eine gewisse strukturelle Nähe nicht absprechen darf.

Schließlich zeigt Peyraube (1980:227, sowie 1988:15f.), daß Fragesätze wie

(351) Tā xiě   bu xiě *gěi*   wǒ ? (Schreibt sie mir ?)
       sie schreiben Neg id. CoV ich

(352) Tā *xiě gěi wǒ* bu *xiě gěi wǒ*?

zwar ohne weiteres möglich sind, daß aber ausgerechnet die Frage

---

*   "Ce qui suggère qu'on a affaire ici à une nouvelle entité verbale, complexe et défective..." (Rygaloff 1973:126). *gěi* ist für Rygaloff ein "verbe attributif".
**   z.B.: *sòng* (schicken), *huán* (zurückgeben), *fù* (bezahlen), *jiǎng* (belohnen), *jiāo* (übertragen, geben), *zèng* (schenken), *chuán* (übertragen, weitergeben), *huì* (überweisen), *jiè* (leihen), *jièshào* (einführen, jdn. bei jdm.), *chuánrǎn* (übertragen [eine Krankheit]), *gàosu* (sagen, mitteilen), *mài* (verkaufen), *jià* (verheiraten; jdm. zur Frau geben), *fēn* (teilen), *cì* (verleihen, schenken), *xiàn* (darbieten, überreichen), *jì* (senden, abliefern), *tī* (einen Fußtritt verpassen), *péi* (zurückerstatten), *zū* (vermieten), *zhǎo* ([Geld] wechseln), *xiě* (schreiben [Brief]), *xǔ* (versprechen), usf.
*** Weitere Fügungen dieser Art sind z.B.: *xiàngěi* (darbieten, darreichen), *fùgěi* (bezahlen an), *fāgěi* (zukommen lassen, ausstellen), *jiāogěi* (zurückbringen), sowie zweisilbige Verben wie z.B. *jiāofu gěi* (bezahlen, abliefern), *fēnfā gěi* (aushändigen), *gòngxiàn gěi* (widmen, beitragen), *zèngsòng gěi* (beschenken, zueignen), *bàogào gěi* (mitteilen), wo es sich fragt, ob man hier noch von lexikalischer Fügung sprechen soll.

(353) *Tā *xiě gěi* bu *xiě gěi* wǒ ?,

die einen schönen Beweis für die enge Zusammengehörigkeit von V und *gěi* liefern würde, unmöglich ist (vgl. hierzu auch S.143f.).

Vor diesem Hintergrund wird man sich die Stärke des Verbalcharakters von *gěi* in der Fügung von *V-gěi* noch einmal überlegen müssen. Mir scheint es nicht unplausibel, *gěi* hier als Co-Verb zu betrachten, das durch seine Nähe zum Verb gewisse Assoziationen mit der Resultativ-Konstruktion, die sich ja auch historisch gleichzeitig etabliert hat, weckt und möglicherweise daher das Anfügen von *-le* erlaubt.

Ganz sicher behält *gěi* seinen Co-Verb-Charakter bei, wenn es in der postverbalen Position nicht unmittelbar hinter dem Verb steht.* Damit ist das syntaktische Umfeld, in dem *gěi* als Co-Verb vorkommt, abgesteckt.

Es ist sehr verdienstvoll von Paul (1982:72f.), darauf verwiesen zu haben, daß *gěi* in Sätzen wie

(354) Wǒ *gěi* nǐ kàn zhèi zhāng túhuà.
ich geben du anschauen Dem Kl Bild
Ich zeige dir dieses Bild.

(355) Tā *gěi* gǒu xǐzǎo.
er geben Hund baden
Er badet den Hund.

ein *Kausativ-Zeichen* ist und somit nach meinem Dafürhalten außerhalb des Co-Verb-Kontexts steht. In Sätzen wie dem von Hagège (1975:83) erwähnten

(356) *gěi* tā yì běn shū kàn
geben er ein Kl Buch lesen
ihm ein Buch zum Lesen geben

sehe ich eine finale Koordination zweier Vollverben, die sich weiter zu einer Kausativ-Konstruktion uminterpretieren läßt. Damit erübrigt sich Hagège's Diskussion um den Status von *gěi* in diesem Beispiel und es wird auch leicht einsichtig, warum *gěi* – ein Vollverb – das TAM-Zeichen *-le* nach sich tragen kann:

(358) *gěi-le* tā yì běn shū kàn. (ihm ein Buch zum Lesen gegeben haben)

Im Kausativ-Kontext erfüllt *gěi* durchaus die Funktion eines Vollverbs, in der Bedeutung von "zulassen, erlauben", das sich auf der gleichen Ebene wie *ràng* oder *jiào* (vgl. S.197) sehen läßt. Über diese Bedeutung rückt *gěi* schließlich in den *Passiv-Kontext* analog zu *ràng/jiào* und *bèi*, wo es eigentlich eine seiner Bedeutung auf den ersten Blick entgegengesetzte Funktion erfüllt:

(359) Wǒ *gěi* tā dǎ-le.
ich Pass er schlagen-TAM
Ich wurde von ihm geschlagen.

(360) *gěi* ài wǒ de rén *bǎ* wǒ kǔ gòule. (Hagège 1975:50)
Pass lieben ich Attr Mensch CoV ich leiden genug-TAM
Ich habe genug unter den Leuten gelitten, von denen ich geliebt wurde.

---

* (357) Wǒ sòng zhèi běn shū *gěi* nǐ.
ich schicken Dem Kl Buch CoV du
Ich schicke dir dieses Buch.

Während der Gebrauch des Lexems "geben" zur Markierung des Dativ/Benefaktivs weiter nicht überrascht, stellt sich die Frage, welche spezifischen Konstellationen dazu führten, daß *gěi* in den Bereich des das Agens markierenden Passiv-Zeichens geriet. Die Lösung von Cheng R. (1974:321f.) überzeugt wenig. Auch Bennett (1981:80f.) weiß keine einleuchtende Antwort. Immerhin dient auch in anderen chinesischen Dialekten wie etwa im Taiwanesischen, Hakka oder Yue das Lexem "geben" zur Passivierung (vgl. Cheng R. (1974:319f.)).

Damit aber noch nicht genug; *gěi* erscheint besonders im Mandarin auch direkt vor dem Verb, wobei die Bedeutung von "geben" bzw. die kausativische Nuance von "zulassen, erlauben" in vielen Fällen durchschimmert:

(361) Wǒ bái *gěi* xiūlǐ.
ich gratis geben reparieren
Ich repariere [es Ihnen] gratis. (Hagège 1975:180)

(362) Dàifu bù *gěi* shuō ge suǒyǐrán.
Arzt Neg geben sagen Kl Grund
Der Arzt gibt keinen Grund an. (ibid.)

(363) Tā *gěi* shuāi zài dì xià.
er geben stürzen auf Boden unten
Er wurde zu Boden gestoßen / Man stieß ihn zu Boden.

Damit erhält *gěi* relativ leicht die Gelegenheit, analog zu *bèi*, ohne ausgesetztes Patiens in den Passiv-Kontext hinüberzugleiten. Allerdings ist dies nur dann möglich, wenn das Patiens gleichzeitig mit *bǎ* markiert wird (vgl. Rygaloff 1973:133f.):

(364) *Bǎ* nèige xuésheng *gěi* dǎ-le.
CoV Dem-Kl Student Pass schlagen-TAM
Jener Student wurde geschlagen.

(365) *Nèige xuéshēng *gěi* dǎ-le.

(366) Fēng *bǎ* chuānghu *gěi* chuī-kāi-le.
Wind CoV Fenster Pass blasen-offen-TAM
Der Wind stieß das Fenster auf. (Hagège 1975:179)

Weiter finden wir *gěi* auch in Konstruktionen mit *bèi* direkt vor dem Verb, wenn zweiteres ein Agens einleitet; diese Ausdrucksweise wird von Liu Yuehua et al. (1983:482) als sehr kolloquial eingestuft:

(367) Háizi *bèi* nǐ *gěi* guàn de yuèlái yuè bù tīnghuà le.
Kind CoV du Pass verwöhnen Mod je länger je weniger gehorchen TAM
Das Kind wird von dir so verwöhnt, daß es je länger je weniger gehorcht.

(368) Wǒ de zìxíngchē *bèi* Xiǎomíng *gěi* qízǒu-le.
ich Attr Fahrrad CoV Name Pass fahren-TAM
Mein Fahrrad wird von Xiaoming gefahren.

Ebenso existiert eine *ràng/jiào...gěi-V*-Konstruktion:

(369) Qíncháo jiào/ràng Hàncháo *gěi* miè-le.
Qin-Dynastie Han-Dyn. Pass vernichten-TAM
Die Qin-Dynastie wurde von der Han-Dynastie vernichtet.
(Li und Thompson 1981:507)

Schließlich finden wir in Chao (1968:193) die Aussage, daß *gěi* in
(370) Zhāngsān *gěi* Lǐsì dǎ-le.
  Name Name schlagen-TAM
  – Lisi wurde von Zhangsan geschlagen.
  – Zhangsan schlug Lisi.

entweder als Passiv-Zeichen für *bèi* oder als Objekts-Zeichen für *bǎ* stehe. Die Sprecher der modernen Standardsprache scheinen sich jedoch darin einig zu sein, daß nur die passivische Interpretation möglich sei. Immerhin gibt es aber offenbar einige Dialekte, in denen das Lexem "geben" die Rolle des Objektvoranstellers analog zu *bǎ* im Standardchinesischen spielt.

4.6. Das Co-Verb *gēn*

Als Verb in der Bedeutung von "folgen, begleiten" ist *gēn* erst seit der Ming-Zeit (1368–1628) bezeugt. Die ältere Bedeutung des Schriftzeichens *gēn* dagegen verweist eindeutig auf ein Nomen mit der Bedeutung "Ferse" (vgl. Liang (1971:122)). Während *gēn* als Vollverb mit allen drei enklitischen TAM-Zeichen vorkommt, ist es als Co-Verb nur mit *-zhe* und *-le* kompatibel und dient in dieser Funktion dem Ausdruck des Komitativs. Die Sequenzen *gēnzhe* und *gēnle* sind praktisch als zweisilbiges Co-Verb, als feste Fügung zu betrachten (vgl. Hagège 1975:95).

In einem ersten Punkt werde ich *gēn* als Co-Verb vorstellen. Ein zweiter Punkt wird sich kurz mit *gēn* im Kontext des Vergleichs beschäftigen. Der dritte und letzte Punkt beschreibt die frappierende Parallele zwischen *gēn* und dem klassisch Chinesischen *yǔ* (geben).

1. Zuerst zwei Beispiele für *gēn* als Vollverb:

(371) Kuài-le, lǎo tàitai *gēn* bu shàng.
  schnell-TAM alte Dame folgen Neg erreichen
  Wenn du so schnell bist, kann dir die alte Dame nicht folgen.
  (Lü Shuxiang et al. 1981:201)

(372) Wǒ jiù *gēn*-le wǒ dà.
  ich dann folgen-TAM ich Vater
  Dann folgte ich meinem Vater. (Hagège 1975:87)

Den Sachverhalt des "Folgens bzw. Zusammenseins" drückt *gēn* jedoch nicht nur in der Funktion als Vollverb und Co-Verb, sondern auch in der Funktion eines konjunktionalen Verbs aus, das hauptsächlich Nominalphrasen verbindet (Teng 1970, 1975:10f., Paul 1982:76f.)*. Beide Fälle können mit *yíkuàir*, *yígòng*, *yìtóng* oder *yìqǐ* (zusammen) erscheinen, so daß ein Satz wie der folgende zwei Bedeutungen hat (Teng 1970:330 bzw. Paul 1982:75):

(373) Xiǎomíng *gēn* Xiǎohuā *yíkuàir* chūqù-le.
  Name mit/und Name zusammen rausgehen-weg-TAM

---

* Nebst NPs sind auch kürzere V und vor allem VO-Fügungen möglich:
  (375) Wǒ xǐhuan kànshū, xiězì, *gēn* dǎqiú.
    ich lieben lesen schreiben und Fußball spielen
    Ich liebe es, zu lesen, zu schreiben und Fußball zu spielen.

= (373a) Xiǎomíng tā *gēn* Xiǎohuā yíkuàir chūqù-le.
    Xiaoming ist mit Xiaohua zusammen ausgegangen.
= (373b) Xiǎomíng *gēn* Xiǎohuā, tāmen yíkuàir chūqù-le.
    Xiaoming und Xiaohua sind zusammen ausgegangen.

Ein eindeutiger Fall dagegen ist der folgende aus Teng (1975:10):

(374) Wǒ *gēn* tā xiǎng   míngtiān *yíkuàir*   chūqù.
    ich und er wollen morgen   zusammen ausgehen
    Ich und er möchten zusammen morgen ausgehen.

(376) Wǒ xiǎng   míngtiān *gēn* tā yíkuàir   chūqù.
    ich wollen morgen   mit   er zusammen ausgehen
    Ich möchte morgen mit ihm zusammen ausgehen.

gēn als konjunktionales Verb unterscheidet sich jedoch in drei Fällen klar von *gēn* als Co-Verb:

1. Mit *dōu* (alle) ist nur eine koordinierende Interpretation möglich:

(377) Nǐ *gēn* tā *dōu* chūqù.
    du und er alle   ausgehen
    Du und er – ihr geht beide aus.

2. Als konjunktionales Verb läßt sich *gēn* nicht negieren:

(378) Wǒ bù   *gēn* tā shàngkè.
    ich Neg mit er zur Schule gehen
    Ich gehe nicht mit ihm zur Schule.

aber:

(379) Wǒ *gēn* tā bú   shàngkè.
    ich und er Neg zur Schule gehen
    Ich und er gehen nicht zur Schule.

3. Als konjunktionales Verb läßt sich *gēn* nicht mit einem klitischen TAM-Zeichen verbinden:

(380a) Nǐ *gēnzhe*   tā chūqù.
    du CoV-TAM er ausgehen
    Du gehst mit ihm aus.

(380b) *Nǐ *gēnzhe* tā *dōu* chūqù. (Paul 1982:76)

Zu einem genaueren Verständnis von *gēn* als Co-Verb drängt es sich auf, zwischen einem Komitativ im engeren Sinn, in dem *gēn* tatsächlich den Umstand des "Begleitens, Mitgehens, Dabeiseins" umschreibt, und einem Komitativ im weiteren Sinn* zu unterscheiden (Paul 1982:77ff.). Zu der zweiten Gruppe gehören vor allem inhärent reziproke Verben, bei denen die "Beziehung zwischen dem Agens und dem anderen Teilnehmer potentiell reversibel ist" (Paul 1982:79):

(381) Tā *gēn* dírén   zuò   dòuzhēng. (Lü Shuxiang et al. 1981:201)
    er mit Gegner machen Kampf
    Er kämpft mit dem Gegner.

---

* Chao (1968:341) und viele andere chinesischen Grammatiker sprechen hier von "association in general".

(382) Wǒ *gēn* tā shuōhuà.
    ich mit er sprechen
    Ich rede mit ihm. (Paul 1982:79)

(383) *gēn* pángrén   shāngliàng
    mit Nebenmensch/Umgebung verhandeln
    mit den Leuten der Umgebung diskutieren/verhandeln   (Hagège 1975:88)

Einige weitere solcher Verben werden in Teng (1975:11) aufgezählt: *dǎjià* (sich prügeln), *tǎolùn* (diskutieren), sowie *tántán* (reden, diskutieren), *chǎo* (streiten), usf. Drückt *gēn* als Co-Verb den Komitativ im weiteren Sinne aus, darf es nicht mit einem enklitischen TAM-Zeichen vorkommen.

Im lokativisch-destinativischen Bereich gibt *gēn* analog zu *cóng* den Anfangspunkt einer Handlung an:

(384) Zhèi běn shū   nǐ *gēn* shuí jiè   de ?
    Dem Kl   Buch du von wer leihen Attr/Quest
    Von wem hast du dieses Buch geliehen ?

(385) Zhāngsān *gēn* Lǐsì   mǎi-le   yì běn shū.
    Name   von Name kaufen-TAM 1 Kl Buch
    Zhangsan hat Lisi ein Buch abgekauft.   (Teng 1975:142)

Im Peking-Dialekt steht *gēn* sehr oft anstelle des Co-Verbs *zài* (vgl. Peyraube 1980:103):

(386) Nǐ bié   zǒu   la,   *gēn* zhèr chīfàn ne !
    du Neg imp gehen Exkl bei hier essen Exkl
    Geh nicht weg, iß doch hier!

2. Schließlich erscheint *gēn* auch bei Vergleichen:

(387) bù gǎn   *gēn* rén   – yi – bǐ.
    Neg wagen mit andere vergleichen-eins-id.
    nicht wagen, sich mit anderen zu vergleichen. (Hagège 1975:73)

(388) Wǒ de   kànfǎ   *gēn* nǐ bù   tóng.
    ich Attr Ansicht mit du Neg gleich
    Meine Ansicht ist nicht gleich wie deine.

Bei Dimensionsadjektiven:

(389) Nǐ *gēn* tā yíyàng gāo.
    du mit er gleich hoch/groß
    Du bist gleich groß wie er.

Zumindest im letzten Fall ist es problematisch, *gēn* als Co-Verb zu bezeichnen (vgl. Paul 1982:81f.).

3. Es ist verblüffend zu sehen, wie genau sich der Gebrauch von *yǔ* (geben) im klassischen Chinesisch des Konfuzius und des Mencius mit den Möglichkeiten des

modernen *gēn* deckt.* So finden wir *yǔ* in komitativer (Bsp. (390)–(392)) und in koordinierender (Bsp. (393) und (394)) Funktion:

(390) bù   *yǔ* mín tóng   lè.
Neg mit Volk zusammen s.freuen
Er [der König] freut sich nicht mit dem Volk zusammen. (Mencius 1B1)

(391) Jiàn qí *yǔ* xiānshēng bìng   xíng.
sehen sein mit Eltern   zusammen gehen
Ich sehe, daß er zusammen [Seite an Seite] mit seinen Eltern geht. (Lunyu 14.47)

(392) zé   kěyǐ   *yǔ* tiān   dì   cān   yǐ.
dann können mit Himmel Erde Dreiheit TAM (schon)
Dann kann er mit Himmel und Erde (zusammen) eine Dreiheit bilden.
(Zhongyong 22)

(393) shā rén   yǐ tǐng *yǔ* rèn
töten Mensch mit Stock und Schwert
einen Menschen mit einem Stock und/oder einem Schwert töten   (Mencius 1A4)

(394) wéi shàng zhī   *yǔ* xià   yú   bù yí.
nur höchste Klugheit und tiefste Dummheit Neg sich verändern
Nur höchste Klugheit und tiefste Dummheit verändern sich nie.   (Lunyu 17.3)

Auch zum Ausdruck des Komitativs im weiteren Sinn bei inhärent reziproken Verben wird *yǔ* gesetzt:

(395) Qí-rén   wú yǐ   rén   yì   *yǔ* wáng yán zhě yě.
Leute von Qi Neg nehmen Humanität Rechtlichkeit mit König reden Nom Aeq**
Die Leute von Qi redeten nicht über Humanität und Rechtlichkeit mit dem König.   (Mencius 2B2)

(396) *Yǔ* guó-rén   jiāo,   zhǐ   yú   xìn.
mit Leute des Landes verkehren bleiben bei Vertrauen
Wenn er mit seinen Untergebenen verkehrt, bleibt er vertrauenswürdig.
(Daxue, III.3)

In dieser Funktion wird das Objektspronomen (*zhī*) zu *yǔ* manchmal weggelassen:

(397) bù rén   zhě kě   *yǔ* yán zāi !
Neg Humanität habend Nom können mit reden Quest/Exkl
Kann man überhaupt mit jemandem, der keine Humanität hat, reden?
(Mencius 4A9)

Zuweilen steht *yǔ* in diesem Kontext auch in der postverbalen Position:

---

* Dies mag damit zusammenhängen, daß bei *yǔ* (geben) die Bedeutung von "folgen" in Schattierungen mitenthalten ist (vgl. Gabelentz 1881:300):

(399) shú néng *yǔ*   zhī ?
wer können geben Pron
Wer kann nachgeben/s. unterwerfen/s.anschließen ?   (Mencius 1A6; vgl. Lunyu 19.3)

(400) Wú *yǔ* rǔ.
ich geben du
Ich pflichte dir bei/gebe dir nach/folge dir.   (Lunyu 5.8)

** *wú* bedeutet genau "nicht haben", *zhě* nominalisiert das vorangehende *yǐ rén yì yǔ wáng yán*, das dann mit *zhě* zusammen als Objekt zu *wú* steht; *yě* ist die Äquationspartikel; damit käme man zu einer wörtlichen Übersetzung: "Es ist so, daß es nicht gibt das Reden über H. und R. mit dem König".

(398) Wǒ néng   wèi jūn yuē   yǔ guó.
      ich können für Fürst s.verbünden mit Staaten
      Wir können für den Fürsten mit (anderen) Staaten Bündnisse schließen.

(Mencius 6B11)

Die vergleichende Funktion von *yǔ* illustrieren die folgenden Beispiele:

(401) Lǐ   yǔ shí   shú zhòng ?
      Riten und Essen was wichtig
      Was ist wichtiger, die Riten oder das Essen ?
      Sind die Riten oder das E. wichtiger ?   (Mencius 6B1)

(402) Yáo Shùn *yǔ* rén   tóng.
      Name Name mit Leute gleich
      Yao und Shun sind gleich wie die anderen Leute.   (Mencius 4B32)

(403) qí   xìng *yǔ* rén   shū
      ihre Natur mit andere verschieden
      Sie sind ihrer Natur nach verschieden von anderen Menschen   (Mencius 6A7)

4.7. Das Co-Verb *yòng*

Die Grundbedeutung von *yòng* als Vollverb ist "benutzen, gebrauchen"; sie läßt sich weiter ausdehnen auf Inhalte wie "jdn. in Dienst nehmen, anstellen", "essen" und "beifügen, dazutun [etwa Gewürz an eine Speise]". In diesen Bedeutungen tritt *yòng* schon im klassischen Chinesisch auf, wie die folgenden zwei Beispiele, die hier genügen sollen, zeigen:

(404) *yòng*   qí   lì
      brauchen sein Kraft
      seine Kräfte einsetzen/brauchen

(405) Wáng rú   *yòng*   yú
      König wenn brauchen ich
      Wenn Sie [der König] mich in Dienst nehmen, ...

Entsprechende Beispiele aus dem modernen Chinesisch lauten:

(406) Wǒ *yòng*   zìdiǎn.
      ich brauchen Wörterbuch
      Ich benutze ein Wörterbuch.

(407) *yòng*   rén
      brauchen Mensch
      Leute anstellen

In der Co-Verb Position vor dem Verb drückt *yòng* den Instrumental aus, der sich allerdings nicht nur gerade auf das Instrument beschränkt, mittels dessen die Verbalhandlung ausgeführt wird:

(408) Tā *yòng*   kuàizi   chīfàn.
      er brauchen Stäbchen essen
      Er ißt mit Stäbchen.

(409) Wǒ *yòng* qiáng bǎ tā tuī dào hé-li.
ich mit Gewalt CoV er stoßen CoV Fluß-Inneres
Ich stieß ihn mit Gewalt in den Fluß. (Liang 1971:105)

(410) Wǒ *yòng* shíjiān zhìliáo zhèi ge chuāngshāng.
ich mit Zeit heilen Dem Kl Wunde
Ich brauche Zeit, um diese Wunde zu heilen.

(411) Wǒ *yòng* tā jiā kāi wǎnhuì.
ich brauchen er Haus abhalten Party
Ich brauche sein Haus für die Party.

(412) Wǒ *yòng* gēge zuò bǎngyàng.
ich brauchen ält.Br.machen Vorbild.
Ich nehme meinen älteren Bruder als Vorbild.

Historisch gesehen erfüllt *yòng* in dieser Position eine ähnliche Funktion wie *yǐ*, das daneben auch andere Funktionen übernimmt (vgl. S. 160ff.). Während zur Tang-Zeit (618–907) *bǎ*, *yòng* und *yǐ* die Funktion der Instrumentalmarkierung abwechselnd und praktisch gleichberechtigt erfüllten, entwickelten sich diese Lexeme offenbar im Verlaufe der Zeit weitgehend auseinander und spezialisierten sich auf verschiedene Funktionen. Diese Unterscheidung spiegelt sich auch in der Diskussion um den Verbalcharakter wieder. Während kaum ein Grammatiker am Co-Verb-Charakter von *bǎ* zweifelt, ist der Fall *yòng* sehr umstritten. Man braucht sich nur die obigen Beispiele (408) bis (412) anzusehen, um sich zu fragen, ob *yòng* hier nicht überhaupt als Vollverb zu verstehen sei: "Er braucht Stäbchen, um zu essen", "Er braucht Kraft, um ihn in den Fluß zu stoßen", usf.

Chao (1968:335), der sich auf Simon (1958:565–7) beruft, führt *yòng* unter der Rubrik "prepositions" (p.764) auf. Ähnlich geht Rygaloff (1973:139f.) vor. Liang (1971:103–121) dagegen kommt zum Schluß, daß *yòng* immer ein Vollverb, also nie eine Präposition im Sinne Chao's oder Rygaloffs sein könne. Dort, wo andere Autoren von Co-Verb-Konstruktionen sprechen, sieht er eine Koordination zweier Vollverben. Wir werden unten auf einige seiner Argumente zurückkommen. In die gleiche Richtung weisen auch Li und Thompson (1981:367).

Betrachtet man den Satz (408), der hier noch einmal als (413) wiedergegeben sei

(413) Tā *yòng* kuàizi chīfàn.
Er ißt mit Stäbchen.

so sieht man, daß *yòng* alle drei enklitischen TAM-Zeichen nach sich tragen kann:

(414a) Tā *yòng-guo* kuàizi chīfàn.
Er hat schon einmal mit Stäbchen gegessen.

(414b) Tā *yòng-zhe* kuàizi chīfàn.
Stäbchen verwendend/unter Verwendung von Stäbchen ißt er.

(414c) Tā *yòng-le* kuàizi chīfàn.
Er hat mit Stäbchen gegessen.

Weiter besteht die Möglichkeit der A-nicht-A-Frage:

(414d) Tā *yòng*   bu   *yòng* kuàizi chīfàn?
        er brauchen Neg id.   Stäbch. essen
        Ißt er mit Stäbchen?

Schließlich steht die Negation nur vor *yòng*:

(414e) Tā *bú yòng* kuàizi chīfàn.
        Er ißt nicht mit Stäbchen.

Bei der Aspektmarkierung ist es interessant zu beobachten, daß offenbar *-guo* mindestens in wesentlich mehr Fällen mit *yòng* erscheinen kann als *-zhe* und *-le* (Genaueres s. Paul 1982:114f.).

Für die Unmöglichkeit *bù* (Neg) vor dem zweiten Verb zu setzen, gibt Liang (1971: 112) eine meiner Ansicht nach sehr plausible Erklärung, die auf der im Grunde außerlinguistischen Tatsache beruht, daß es widersinnig ist, ein Instrument zwar zu benützen, dann aber nichts damit anzufangen. Ein Gesprächskontext, der die Negation des zweiten Verbs erfordert, ist somit nicht denkbar. Erst wenn eine solche Sequenz durch eine weitere Aussage ergänzt wird, läßt sich, sofern dies einen denkbaren Sachverhalt ergibt, das zweite Verb negieren:

(415)   Tā *yòng*   kuàizi   bù   chīfàn, dǎ   háizi.
         er brauchen Stäbchen Neg essen   schlag Kind
         Er brauchte die Stäbchen nicht zum Essen, sondern um die Kinder zu schlagen.

(Liang 1971:112)

Alles, was bisher gesagt wurde, beweist eindeutig den sehr starken Verbalcharakter von *yòng*. Will man daher Indizien finden, die wenigstens teilweise für den Co-Verb-Charakter von *yòng* sprechen, wird man im Sinne von Hagège (1975:114) auch auf andere Kriterien zurückgreifen müssen. Die Situation erweist sich bei *yòng* zusätzlich als besonders schwierig, da der Sinn dieses Lexems sowohl in seiner allfälligen Co-Verb-Funktion als auch in seiner Vollverbfunktion grundsätzlich identisch ist.* Für den Co-Verb-Charakter von *yòng* spricht nach Hagège (1975:113):

1. daß *yòng* zwischen einem verbmodifizierenden Element (im folgenden Beispiel *gěi*) und einem weiteren Verb stehen kann:

(416) Dàyuē   gěi   *yòng* shénme dǔzhù-le   ba.
        möglicherweise Pass mit   etwas   knebeln-TAM Exkl
        [Sie] wurde möglicherweise mit etwas geknebelt.   (Hagège 1975:181)

2. die Tatsache, daß *yòng* sich bestens in die Reihe der "processif"-Zeichen wie *yǐ* oder *ná* (nehmen; dient ebenfalls zur Markierung von Instr.) fügt, und zumindest teilweise mit diesen austauschbar ist (p.393). Ebenso gehören hier marginal *bǎ*/*jiāng* dazu, die wir auf S.162 besprochen haben. Sie beide können sogar im modernen Chinesischen teilweise eine *yòng*-Phrase ersetzen (p.113,361).

---

* "Il est d'autant plus difficile alors, de distinguer un verbe d'une préposition que *yòng*, contrairement à certains des membres de la liste que nous venons d'étudier, ne change pas de sens et signifie toujours 'se servir de' ou 'utiliser' (la traduction par des membres de catégories grammaticales differentes en français ne prouvant évidemment rien)." (Hagège 1975:112)

3. daß sich eine Fügung *yòng-N-V₂* mittels nachfolgendem *-zhe* in Relation zu einem dritten Verb V₃ setzen läßt. Dabei wird die ganze Fügung $V_1 - V_2$ erfaßt, wobei in der Position V_1 üblicherweise Co-Verben auftreten:

(417) yòng shǒubèi   yǎn-zhe   zuǐ xiào dào:
 mit Handrücken verdecken-TAM Lippe lachen sagen
 Sich den Mund mit dem Handrücken verdeckend sagte er lachend:... .

(Hagège 1975:113)

Vor diesem Hintergrund kann man eigentlich nur zu dem Schluß kommen, den auch Paul (1982:118) zieht, daß *yòng* "ein Co-Verb mit starker Verbalhaftigkeit" ist.

5. Die regierende Verbserialisierung

5.1. Die zweite VP ist Objekt des ersten Verbs

Im Chinesischen fehlt wie in allen hier zu beschreibenden Sprachen bei vielen komplexen Sätzen jegliche Relationsmarkierung. Wir haben es an der Oberfläche mit einer bloßen Juxtaposition von Verben nach dem bekannten Muster (NP) V_1 (NP) V_2 (NP) V_3 ... zu tun, bei der sich die passende Interpretation der Beziehung zwischen den einzelnen Verben oder VPen nur durch Inferieren herleiten läßt. Die Basis für dieses Inferieren beziehen wir im wesentlichen aus vier Ebenen, die Li und Thompson (1978:689) wie folgt benennen:

(1) language-dependent knowledge
(2) pragmatic factors
(3) language independent knowledge
(4) universal linguistic principles

Die hier zu behandelnden Verben sind wohl vor allem durch ihre Bedeutung dazu prädestiniert, als V eine Verbalphrase oder einen ganzen Satz als Objekt nach sich zu tragen (vgl. Li und Thompson 1981:598). Diese Verben – deren Zahl recht groß ist – bilden eine geschlossene Kategorie. Die folgende Liste erhebt allerdings keinerlei Anspruch auf Vollständigkeit (vgl. Simon 1958:574–76: "preverbs"; Rygaloff 1973:237f.: "verbes relatifs"; Li und Thompson 1981: 598–602):

xīwàng (hoffen), *pànwàng* (id.) *xiǎng* (denken, beabsichtigen), *jìhuà* (planen), *dǎsuàn* (planen, vorhaben), *xiāngxìn* (glauben), *yùbèi* (vorbereiten), *yào* (wollen), *yuànyì* (wollen, wünschen), *xiǎngyào* (möchte gerne), *juédìng* (entscheiden, beschließen), *ài* (lieben, gerne tun), *xǐhuan* (gerne tun), *qíngyuàn* (gewillt sein zu, lieber wollen, vorziehen), *kǒngpà* (befürchten, fürchten), *zhuāng* (vortäuschen, vorgeben), *yǐwéi** (irrtümlich annehmen), *xíguàn* (gewohnt sein), *jiānchí* (bestehen auf), *jìnzhǐ* (verbieten), *mèngxiǎng* (träumen, etw. vergeblich versuchen), *juéde* (den Eindruck haben; fühlen, daß), *tíyì* (vorschlagen), *shuō* (sagen) *kāishǐ* (anfangen),

---

* *yǐwéi* setzt sich zusammen aus dem Verb *yǐ* (nehmen, vgl. S. 160f.) und *wéi* (machen, tun; halten für, sein). Wie wir aus dem klassischen Chinesisch sehen steckt in dieser Fügung mehr als einfach ein zweisilbiges Verb, das ein Verb, eine VP oder einen Satz nach sich tragen kann (vgl. Unger 1985:II:270–73). Diese Konstruktion läßt sich einmal ganz konkret als Instrumental wie im Falle von (419) und (420) verstehen, zum andern erhält sie bereits die Bedeutung von "halten für, glauben/meinen", wobei im ersten Fall (421) ein nominales Objekt, im zweiten Fall – (422) und (423) – dagegen ein verbales Objekt hinter *wéi* steht:

jìxù (fortfahren), *tíngzhǐ* (aufhören), *fǎnduì* (nicht der Ansicht sein, dagegen sein), *zhīdao* (wissen), usf.

(418) Wǒ *yǐwéi* yǒu rén qiāo mén.
ich irrtümlich glauben es hat Mensch/jd. klopfen Tür
Ich glaubte (irrtümlich), daß jemand an die Tür geklopft habe [in Wirklichkeit war dem aber nicht so].

(427) Tā hěn *xiǎng* shàng dàxué.
er sehr gedenken gehen auf Universität
Er hat fest vor, an die Universität zu gehen.

(428) Tā *dǎsuàn* yí ge rén chéngdān zhèi xiàng gōngzuò.
er rechnen ein Kl Mensch übernehmen Dem Art Arbeit
Er rechnet damit, daß jemand diese Arbeit übernimmt.

---

(419) Wén wáng yǐ mín lì *wéi* tái *wéi* zhǎo.
Name König nehmen Volk Kraft machen Turm machen Teich
König Wen baute Türme und Teiche mit der Kraft des Volkes. (Mencius 1A2)

(420) Tiān jiāng yǐ fūzǐ *wéi* mùduó.
Himmel Fut nehmen Meister machen Warnglocke
Der Himmel wird den Meister zur Warnglocke machen. (Lunyu 3.24)

(421) Jiē yǐ xiūshēn *wéi* běn.
alle nehmen Selbstverkommnung halten für Wurzel
Alle betrachten die Selbstvervollkommnung als Wurzel. (Daxue 6)

(422) Bǎixìng jiē yǐ wáng *wéi* ài.
Volk alle nehmen König/Sie halten für geizig
Die Leute halten Sie alle für geizig. (Mencius 1A7)

(423) Wú yǐ rǔ *wéi* sǐ yǐ.
ich nehmen du halten für sterben TAM
Ich glaubte schon, du seist tot. (Lunyu 11.21)

Wird das Objekt nach *yǐ* nicht ausgedrückt, kommen *yǐ* und *wéi* nebeneinander zu stehen, was an der Oberfläche die gleiche Struktur ergibt wie im modernen Chinesisch:

(424) Rén jiē *yǐwéi* jiàn.
Mensch alle halten für niedrig
Alle Leute hielten das/es für niedrig. (Mencius 2B10)

(425) Tiānxià yǒu shàn yǎng lǎo, zé rén rén
Welt haben gut sein versorgen alt dann Humanität Mensch
yǐwéi jǐ guī yǐ.
in Betracht ziehen s.selbst zurückkehren TAM
Wenn in der Welt jemand [ein Herrscher] gut für die Alten sorgt, dann zieht es einen Menschen mit Humanität in Betracht, (dorthin) zurückzukehren.

Allerdings ist hier stets ein nicht gesetztes Objekt mitzuverstehen. Am ehesten an die moderne Fügung nähert sich wohl das abschließende Beispiel (426) an, für das sich auch aus dem umliegenden Kontext nicht ohne weiteres ein Objekt für *yǐ* finden läßt:

(426) Hé *yǐwéi* Kǒngzǐ?
wie halten für Konfuzius
Wie könnte man ihn [noch] für Konfuzius halten? (Mencius 5A8)

Alle oben aufgeführten Konstruktionsmöglichkeiten mit *yǐ* und *wéi* sind auch heute noch in der geschriebenen Sprache in Anlehnung an das klassische Erbe recht geläufig.

(429) Wǒ *kǒngpà* tā jīntiān bù huí-jiā.
ich fürchten er heute Neg zurückkehren-Haus
Ich fürchte, daß er heute nicht nach Hause kommt.

(430) Nǐ yīnggāi *zhīdao* shémme shìqing kěyǐ shuō, shémme
du sollen wissen welche Angelegenheit können sagen welche

shìqing bù néng shuō.
Angelegenheit Neg können sagen
Du solltest wissen, was man sagen darf und was nicht.

(431) Tā *tíyì* wǒmen dōu qù chī jiǎozi.
er vorschlagen wir alle gehen essen Klößchen
Er schlug vor, daß wir alle Klößchen essen gehen.

Eine besondere Kategorie bilden die Hilfsverben, die bestimmte Eigenschaften (a) mit Vollverben teilen, sich in anderen Eigenschaften (b) jedoch von diesen unterscheiden (vgl. Li und Thompson 1981:172–74):

(a)– Ein Hilfsverb kann als A-Element in einer A-nicht-A Frage vorkommen:

(432) Tā *néng bu néng* chànggē ?
er können Neg können singen
Kann er singen ?

– Ein Hilfsverb kann verneint werden:

(433) Tā *bù néng* chànggē.
er Neg können singen
Er kann nicht singen.

(b)– Ein Hilfsverb erscheint immer mit einem nachfolgenden Verb, das nur dann weggelassen werden darf, wenn es aus dem Kontext ergänzt werden könnte:

(434) Tā *néng*.
er können
Er kann [es].

– Ein Hilfsverb kann nicht mit den drei enklitischen TAM-Zeichen *-zhe, -guo* und *-le* erscheinen.
– Ein Hilfsverb läßt sich nicht durch *hěn* (sehr) modifizieren. Allerdings sind mir aus dem kolloquialen Kontext Fälle wie (435) nicht unvertraut:

(435) Nǐ *hěn yīnggāi* huí-jiā.
du sehr sollen zurückkehren-Haus
Du solltest wirklich nach Hause gehen.

– Ein Hilfsverb erscheint nicht in der *shì...de*-Konstruktion.
– Ein Hilfsverb erscheint nicht allein in der Topikposition vor dem Subjekt.
– Ein Hilfsverb trägt kein nominales Objekt nach sich.

Damit gelangen wir zu den folgenden Hilfsverben (vgl. auch Li und Thompson 1981:182f., sowie Simon 1958:575). Zur genaueren Eingrenzung des modalen Funktionsbereiches von *néng, huì, kěyǐ, yīnggāi, děi* und *yào* informiere man sich bei Alleton (1984):

yīnggāi, yīngdāng, gāi (sollte, müßte)
néng, nénggòu (können)
huì (können)
kěyǐ (können, erlaubt sein)
gǎn (wagen)
kěn (einwilligen, gewillt sein)
děi, bìxū, bìyào, bìděi (müssen)
yào (wollen)*

(436) Wǒmen dōu *néng* tīng-jiàn mǎ pǎo de shēngyīn le.
wir alle können hören-wahrnehmen Pferd rennen Attr Geräusch TAM
Wir konnten alle das Geräusch eines rennenden Pferdes hören.

(437) Méiyǒu wǒ de mìnglìng nǐ bù *néng* dòng.
nicht haben ich Poss Befehl Sie Neg können handeln
Ohne meinen Befehl dürfen Sie nicht handeln.

(438) Tā *kěyǐ* shuō sān zhǒng wàiyǔ.
er können sprechen drei Art/Q Fremdsprache
Er kann drei Fremdsprachen sprechen.

(439) Xiūxīshì-li *kěyǐ* xīyān.
Pausenhalle-in können rauchen
In der Pausenhalle darf man rauchen.

(440) Zhǐ yào nǐ *kěn* bāngmáng, gōngchǎng jiù chéng
nur wenn du willens helfen Fabrik dann mithalten

de qǐlái.
Pot anfangen
Nur wenn du willens bist, dich einzusetzen, wird die Fabrik prosperieren können.

(441) Zài zhèi tiáo dàolù-shang wǒmen yídìng *huì* yùdào
CoV Dem Kl Weg-auf wir bestimmt können antreffen

xǔxǔ duōduō de kùnnán.
sehr viele Attr Problem
Auf diesem Weg werden wir bestimmt [ist die Wahrscheinlichkeit sehr groß, daß wir] sehr viele Schwierigkeiten antreffen.

(442) Míngtiān *huì* xiàxuě ma ?
morgen können schneien Quest
Ob es morgen wohl schneit ?

Eine weitere Sonderklasse bilden die Verben des Sagens/Mitteilens, die fakultativ mit *shuō* (sagen) als konjunktionalem Verb vorkommen können. Die einzige Ausnahme hierzu ist *shuō* selber, das als Vollverb nicht mit sich selber als konjunktionalem Verb erscheint und daher bereits oben aufgelistet wurde**:

wèn (fragen), *gàosu* (mitteilen), *huídá* (antworten).

---

* Li und Thompson zählen *yào* nicht zu den Hilfsverben. Vgl. jedoch die Diskussion auf S.117f.
** *shuō* steht dabei in der gleichen Funktion wie klassisch Chinesisch *yuē* (sagen); vgl. S.204.

(443) Wǒmen *wèn* tā (*shuō*) Jiěfàng-Lù zài nǎr.
wir fragen er sagen Befreiung-Str. s.befinden wo
Wir fragten ihn, wo sich die "Straße der Befreiung" befinde.
(Li und Thompson 1981:602)

Vgl. dagegen:

(444) Zhāngsān duì Lǐsì *shuō* Wángèr juéde tā hěn qíguài.*
Name zu Name sagen Name glauben er sehr merkwürdig
Zhangsan sagte zu Lisi, daß Wanger glaube er/sie sei sehr merkwürdig.
(Li Charles N. 1986:32)

5.2. Die Pivotal-Konstruktion

Der Begriff "Pivotal-Konstruktion" stammt aus Chao (1968:124f., vgl. auch Li und Thompson 1981:607):

> "A pivotal construction consists of a succession of a verbal expression V_1, a nominal expression, and another verbal expression V_2, with the nominal expression serving at once as object of V_1 and subject of V_2, as: *Wǒmen pài tā zuò dàibiǎo* 'We delegate him to be representative', where *tā* is object of *pài* and subject of *zuò dàibiǎo*." (Chao 1968:124f.)

Simon (1958:571–73) bezeichnet diese Verben im Unterschied zu den in Abschnitt 5.1. beschriebenen "preverbs" als "linkverbs". In der chinesischen Terminologie hat sich der dem englischen "Pivotal Construction" zugrunde liegende Ausdruck *jiānyǔshì* eingebürgert (vgl. Wang Li 1958:437).

Zu dieser Verbkategorie werden Verben des Befehlens und Verben des Wahrnehmens gezählt. Beiden Subkategorien ist – wie Chao (1968:125) zeigt – gemeinsam, daß ein in der Pivot-Position vorkommendes Pronomen im Gegensatz zu den Verben mit Verbal- oder Satzobjekt optional tonlos ist. Bei den Verben des Befehlens kommt hinzu, daß sich die Sequenz S/O V_2 NP nicht als Topik heraustrennen läßt:

(445a) Wǒ *qǐng* nǐ jiù zǒu.
ich bitten du gleich gehen
Ich bitte dich, gleich zu gehen.

(445b) *Nǐ jiù zǒu, wǒ qǐng. (Chao 1968:125)

Bei Verben mit Verbal- oder Satzobjekt dagegen ist dies ohne weiteres möglich:

(446a) Wǒ shuō *nǐ jiù zǒu*.
ich sagen du gleich gehen
Ich sage, du sollst gleich gehen.

(446b) Nǐ jiù zǒu, wǒ shuō. (Chao 1968:125)

Weiter wird die gleichzeitige Objektsfunktion des in der Pivot-Position stehenden Elements daraus sehr klar ersichtlich, daß dieses – wenn es in der Topikposition nach obigem Muster erscheint – am Schluß wieder aufgenommen werden muß:

(447) *Nǐ děi zǒu*, wǒ qǐng nǐ.
du müssen gehen ich bitten du
Du mußt gehen, ich bitte dich.

---

* Das Pronomen *tā* kann mit jeder vorangegangenen NP in diesem Satz koreferieren.

Allerdings ist die Grenze zwischen Verben mit Verbal- oder Satzobjekt und Pivotal-Verben nicht absolut, wie Chao (p.126) selber sagt. Insbesondere bei Verben der Wahrnehmung* sind beide Interpretationen möglich, wobei sich dann der Unterschied zwischen den beiden Konstruktionen noch am Vorhandensein bzw. Fehlen des Tones ablesen läßt, falls das in der Pivot-Position stehende Element gerade ein Pronomen und kein Nomen ist:

(448) Wǒ *kànjiàn* tā zài nàr xiě-xìn.
 ich sehen er CoV dort schreiben-Brief
 – I saw that he was writing a letter.
 – I saw him write a letter. (Chao 1968:126)

(449) Wǒ *tīngjiàn* tā chàng de hěn hǎo.
 ich hören er singen Komp sehr schön
 – I hear that he sings very well.
 – I hear him sing very well. (ibid., p.127)

Zum Schluß lasse ich eine Liste mit einigen anschließenden Beispielen für Pivotal-Verben folgen. Auch diese Verben bilden eine geschlossene Kategorie (vgl. Chao's Liste [1968:126] oder Simon 1958:572):

qǐng (bitten, fragen), *qiú* (dringend bitten, ersuchen), *yāoqiú* (fordern, verlangen), *zhǔn, xǔ, zhǔnxǔ* (erlauben, zulassen), *yǔnxǔ, xǔkě* (erlauben), *yào* (wollen), *zhù* (jdm. etw. wünschen), *quàn* (raten), *(mìng)lìng* (befehlen), *pài* (schicken), *cuī* (drängen), *bī* (zwingen), *qiángpò* (drängen, zwingen), *cùshǐ* (antreiben, veranlassen), *pòshǐ* (zwingen), *gǔdòng* (anspornen), *gǔlì* (ermutigen), *yǐn* (veranlassen, bewegen), *lǐng* (anleiten, führen), *dài* (führen, mitnehmen), *zhǎo* (to get someone to).
kànjiàn (sehen), *tīngjiàn* (hören).

(450) Tā *qǐng* wǒmen bǎ zhèi jiàn shì gàosu nǐ.
 er bitten wir CoV Dem Kl Angelegenheit mitteilen du
 Er hat uns gebeten, dir diese Angelegenheit mitzuteilen.

(451) Wǒ yǐjīng *pài*-le liǎng ge rén qù mǎi le.
 ich bereits schicken-TAM 2 Kl Mensch gehen kaufen TAM
 Ich habe schon zwei Leute zum Einkaufen geschickt.

(452) Tā bù *zhǔn* rénjiā fābiǎo xiāngfǎn de yìjiàn.
 er Neg zulassen Leute äußern widersprüchlich Attr Ansicht
 Er läßt es nicht zu, daß Leute widersprüchliche Ansichten äußern.

(453) Tā *bāngzhù* māma xǐ-wǎn.
 er helfen Mama waschen-Geschirr
 Er hilft der Mutter beim Abwasch.**

5.3. Objektsatz- und Pivotal-Konstruktionen des modernen Chinesisch im Vergleich zum klassischen Chinesisch

Im klassischen Chinesisch lassen sich, wie wir aus Gassmann (1980:18ff., 1982) sehen, zwei Arten von Komplementsätzen unterscheiden:

---

* aber auch bei einem Verb wie z.B. *yuànyì* (wollen).
** Allerdings ist hier auch eine Interpretation im Sinne der Koordination möglich: "Er hilft der Mutter und macht den Abwasch.".

(1) Komplemente vom Typ *zhī* (wissen)
(2) Komplemente vom Typ *shǐ* (verursachen)

Im Komplement des ersten Typs wird das Komplement nominalisiert, was dadurch zum Ausdruck kommt, daß dessen Subjekt mittels des Attributivzeichens *zhī* – Gassmann spricht in diesem Zusammenhang von einem Einbettungsmorphem – vom Prädikat abgetrennt wird. Dieses so entstandene nominalisierte Komplement wiederum wird in einen Äquationssatz N_1 N_2 *yě* an der Stelle N_2 eingefügt. Handelt es sich beim Subjekt des Komplements um ein Pronomen, so erscheint entsprechend der Attributiv-Konstruktion mit *zhī* das Possessivpronomen, nicht das Personalpronomen (für die 3. Person lautet dieses *qí* [sein, ihr]).

Verben, die Komplemente des ersten Typs dominieren sind statisch und gehören semantisch in den Bereich der Wahrnehmung, der Gemütsregung und des Beurteilens:

(454) Chén gù *zhī* wáng *zhī* bù rěn yě.
Minister genau wissen König Attr Neg aushalten Äq
Ich [der Minister] weiß genau, daß Sie [der König] es nicht ertragen. (Mencius 1A7)

(455) Jīnrì bù *zhī* qí wáng yě.
heute Neg wissen Poss verschwinden Äq
Heute wissen [Sie] nicht, daß sie verschwunden sind. (Mencius 1B7)

(456) Chǒu jiàn wáng *zhī* jìng zǐ yě:
Name/ich sehen König Attr achten Sie Äq
Ich [Chou] sehe, daß der König Sie achtet. (Mencius 2B2)

Bei Komplementen des zweiten Typs fehlt das Attributivzeichen *zhī* nach dem Subjekt und das Äquationszeichen *yě* am Schluß des Satzes. Ist das Subjekt ein Pronomen, so steht nicht das Possessivpronomen (*qí* in der 3. Pers.), sondern das Objektspronomen (*zhī* in der 3. Pers.). Verben, die Komplemente dieses Typs dominieren, sind ausnahmslos dynamisch und gehören in den Bereich des Kausativs. Im Vergleich mit *zhī* (wissen) tragen nur wenige Verben Komplemente des zweiten Typs nach sich:

(457) Wáng *shǐ* rén lái.
König veranlassen Mensch/jd. kommen
Der König veranlaßt, daß jemand kommt. (vgl. Gassmann 1980:19ff.)

Die Setzung des Objektspronomen in der Pivotal-Position konnte sich jedoch längerfristig nicht halten, offenbar eben gerade weil das Pronomen in dieser Position Objekt von V_1 und zugleich Subjekt von V_2 ist. So finden wir im Mittelchinesischen – wie Wang Li (1958:440) an zwei Tu Fu Zitaten zeigt – stattdessen das Possessivpronomen *qí*, das mittlerweile in Analogie zu den Personalpronomina *yī*, *qú*, *tā/tō* ebenfalls als Personalpronomen interpretiert wurde.

Wahrscheinlich verschwindet mit der Ersetzung der Äquationskonstruktion des Typs N_1 N_2 *yě* durch N_1 *shì* N_2 auch die von Komplementen des Typs *zhī* geforderte Einbettungsstruktur. Damit fallen die Strukturen für Komplemente vom Typ *zhī* und Komplemente vom Typ *shǐ* in der Oberfläche immer mehr zusammen, bis wir zum in den Abschnitten 5.1. und 5.2. dargestellten Zustand im modernen Chinesisch gelangen. Dabei bleibt der Unterschied zwischen den Komplementen des ersten und des zweiten Typs im klassischen Chinesisch in den beiden Konstruktionen von 5.1. und 5.2. in ungefähr erhalten, wobei allerdings die Unterscheidungskriterien in der Oberfläche gewaltig zurückgegangen sind, was zu Überlappungen führt, die besonders bei den Verben der Wahrnehmung auffallen. Hier beschränken sich die Möglichkeiten zur klaren Unterscheidung auf die Tonalität des Pronomens in der Pivotal-Position bzw. der Subjektsposition des Komplements.

5.4. Kausativität

Das Chinesische kennt eine ganze Reihe von Möglichkeiten zum Ausdruck der Kausativität:

(1) Resultativ-Konstruktionen (vgl. Abschnitt 3.2.)
(2) *bǎ*-Konstruktion
(3) analytische Konstruktion mit Kausativ-Verben

In diesem Abschnitt werde ich mich jedoch auf die Beschreibung des in Abschnitt 4.3. ausgesparten intransitiven Aspekts der *bǎ*-Konstruktion wie er in Chappell (1991) beschrieben wird (Punkt 1) und auf die Kausativ-Verben (Punkt 2) beschränken.

1. Die *bǎ*-Konstruktion

Chappell (1991) betrachtet die *bǎ*-Konstruktion allgemein als "conceptually causative", unterscheidet aber zwischen zwei Typen von *bǎ*-Konstruktionen: dem transitiven Typ, der in Abschnitt 4.3. besprochen wurde, und dem intransitiven Typ, auf den ich hier kurz eingehen möchte. Die Kausativnatur (causative nature) der *bǎ*-Konstruktion im allgemeinen beruht nach Chappell darauf, daß die *bǎ* NP immer unabhängig von ihrer semantischen Rolle das affizierte Element (the affected entity; zu "affected/effected" vgl. auch Hopper 1985) darstellt, d.h. diejenige NP, die eine Zustandsänderung erfährt bzw. über die man etwas Neues aussagen kann. Der transitive Charakter der *bǎ*-Konstruktion (im Sinne von Hopper und Thompson 1980, vgl. S. 156ff.) wäre demnach nur eine Konsequenz der übergeordneten kausativen Funktion von *bǎ*.*

Der Unterschied zwischen den beiden Typen liegt darin, daß im transitiven Typ immer ein direktes Objekt nach *bǎ* folgt, während sich im intransitiven Typ kein direktes Objekt finden läßt. Während die transitive *bǎ*-Konstruktion eine zielgerichtete Kausativität zum Ausdruck bringt, bei der das Agens mit einer gewissen Absicht dafür sorgt, daß der im Hauptverb ausgedrückte Sachverhalt an einem mit *bǎ* eingeleiteten Patiens zur Wirkung kommt, drückt die intransitive *bǎ*-Konstruktion gerade im Gegenteil versehentliche, unwillentliche Kausativität aus. Zudem erscheint die intransitive *bǎ*-Konstruktion nur in Fällen, wo das Resultat der Verbalhandlung für irgendeinen Aktanten als negativ empfunden wird, während die transitive *bǎ*-Konstruktion in dieser Hinsicht neutral ist, also sowohl bei guten wie auch bei schlechten Resultaten zur Anwendung kommt.

Mit Chappell (1991) möchte ich im Folgenden drei Subtypen von intransitiven *bǎ*-Konstruktionen vorstellen:

---

* "The intransitive type of *bǎ* sentence serves then as an example of the causativization of intransitive verbs while the transitive type exemplifies causativization of transitive verbs." (Chappell 1991)

1.1. Action causative with reflexive effect
Hier wird ein negatives Gefühl durch die eigene Handlung des Experiencers unwillentlich ausgelöst. Damit funktioniert das hinter *bǎ* stehende Nomen eindeutig nicht als Objekt:

(458) Nǐ zǒng zuò yíyàng de fàn, *bǎ* rén dōu chī-nì le.
du immer machen gleich Attr Essen CoV Leute alle essen-langweilen TAM
Du kochst immer das gleiche Essen, man/die Leute ist/sind es satt, es zu essen. (Chappell 1991)

In dieser Konstruktion erscheinen grundsätzlich transitive Verben, die eine durative Handlung zum Ausdruck bringen und in der Regel ein ihnen spezifisch zugehöriges Objekt wie z.B. *fàn* (Essen) bei *chī* nach sich tragen, wenn dieses Objekt selber für den Gesprächskontext nicht wichtig ist*. Dieses Objekt zeigt sich jedoch nicht offen, weder nach *bǎ* noch sonst an einer Stelle, wo ein Nomen auftreten könnte. Damit werden transitive Verben in diesem Typ der intransitiven *bǎ*-Konstruktion *detransitiviert*.

Als zweite Gruppe kommen in dieser Konstruktion Verben wie *zǒu* (gehen), *zuò* (sitzen), *zhàn* (stehen) vor, die eine durative Handlung oder Position zum Ausdruck bringen, sofern sie in eine Resultativ-Konstruktion eingebunden sind:

(459) Zhěngtiān zuò bànggōngshì, *bǎ* wǒmen zuò-shǎ le.
ganzer Tag sitzen Büro CoV wir sitzen-dumm TAM
Wir sind den ganzen Tag im Büro gesessen, wir haben uns dumm gesessen. (Chappell 1991:577)

1.2. Experiencer causative
Hier geht es um die unwillentliche Auslösung eines Gefühls oder einer Wahrnehmung, die bei einer Person eine vorübergehende Zustandsänderung bewirkt, die als übermäßig empfunden wird. Damit ist eigentlich schon impliziert, daß das Hauptverb in einer solchen Konstruktion nicht alleine auftritt, sondern entweder durch ein einschlägiges Komplement des Grades (s.S. 99ff.) oder durch ein V$_2$ wie z.B. *sǐ* (sterben) begleitet wird. *sǐ* wird in diesem Kontext nicht in seiner Grundbedeutung verstanden, sondern etwa im Sinne der deutschen Adverbien "furchtbar, schrecklich, u.ä.". Solche Ergänzungen sorgen dafür, daß der wahrgenommene Gefühlszustand für das Auftreten der intransitiven *bǎ*-Konstruktion übermäßig und unkontrollierbar genug ist:

(460a) Kě *bǎ* tā lèi-*sǐ* le.
wirklich CoV er müde-sterben TAM
Es machte ihn wirklich totmüde.** (Chappell 1991:579)

(460b) *Bǎ* wǒ xià-*sǐ* le.
CoV ich erschrecken-sterben TAM
Ich war dadurch zu Tode erschreckt. (Chappell 1991:566)

Andere Verben in diesem Kontext sind *qì* (traurig) oder *gāoxìng* (glücklich), wobei das letztere Gefühl durch das angefügte Komplement ein solches Maß an Unkon-

---
* Andere Verben dieser Art sind: *hē* (trinken), *shuō* (reden), *kàn* (anschauen), *xǐ* (waschen).
** Der Satz bedeutet jedoch nicht: "Er starb vor Müdigkeit."

trolliertheit erfährt, daß es zumindest nur noch bedingt als positiv, eher schon als negativ empfunden wird.

1.3. Event causative of displacement
Hier wird ein Ortswechsel für eine Person bewirkt. Als Verben kommen Bewegungsverben in Frage, die (1) ein Verschwinden oder eine Bewegung vom Sprecher weg ausdrücken: *zǒu* (gehen), *pǎo(diào)* (fliehen), oder (2) "fallen" bedeuten:

(461) *Bǎ* yí ge háizi pǎodiào le.
CoV ein Kl Kind davonrennen TAM
[Etwas bewirkte, daß] das Kind davonrannte. (Chappell 1991:581)

(462) *Bǎ* xiǎochǒu shuāi le ge yǎng-bā-chā.
CoV Clown fallen TAM Kl flach auf den Rücken
[Es] ließ den Clown flach auf den Rücken fallen. (Chappell 1990)

2. Kausativ-Verben
Zu dieser Verbalkategorie gehören im Chinesischen *shǐ* (beauftragen, veranlassen; anwenden; benutzen), *ràng* (überlassen, verzichten auf; zugeben, einräumen; gewähren, gestatten; lassen), *jiào* (rufen, nennen, heißen, veranlassen)*. Syntaktisch gesehen funktionieren sie gleich wie die Pivotal-Verben (Abschnitt 5.2.), ihre Ausgrenzung als Sonderkategorie läßt sich daher praktisch nur mit semantischen Gründen rechtfertigen.

(I) (NP) V_{kaus} NP V (NP)
Da diese Struktur genau gleich aussieht wie die Co-Verb-Struktur zur Markierung des Passivs mit *bèi*, das an der Stelle von V_{kaus} steht, ist es nicht verwunderlich, daß wenigstens *jiào* und *ràng* sich in den Co-Verb-Kontext weiterentwickeln konnten (vgl. Abschnitt 4.4., besonders S. 169f.).
Im Folgenden möchte ich zuerst die Verwendungsweise der drei Kausativ-Verben *shǐ*, *ràng* und *jiào* vorstellen, um hernach einen kurzen Blick auf die Entwicklungsgeschichte zu werfen.

2.1. *shǐ* bedeutet "schicken, entsenden, beordern", aber auch "gebrauchen, verwenden":**

(463) *Shǐ* rén qù dǎtīng xiāoxi.
schicken Mensch/jd. gehen erheben, in Erfahrung bringen Neuigkeiten
Jemanden wegschicken, um Neuigkeiten in Erfahrung zu bringen.

(464) Wǒ *shǐ* qiāo, tā *shǐ* chú.
ich verwenden Spaten er verwenden Hacke
Ich verwende einen Spaten, er verwendet eine Hacke.

(465) bǎ jìnr dōu *shǐ*-wán le
CoV Kraft alle brauchen-fertig TAM
[seine] Kraft vollständig aufbrauchen

---

* Weitere Verben, die zuweilen im Zusammenhang mit der Kausativität gesehen werden, sind *lìng* (befehlen, anordnen), *huàn* (rufen, schreien, herbeirufen, auffordern), sogar *yào* (wollen) (vgl. S.117).
** Man betrachte auch Fügungen wie *shǐguǎn* (Gesandtschaft, Botschaft), *shǐmìng* (Mission), *shǐzhě* (Emissär, Abgesandter), *dàshǐ* (Botschafter).

Als Kausativ-Verb erscheint *shǐ* mit Zustandsverben und einigen Verben des Erfahrens (Experiencer Verben), nicht jedoch mit Aktionsverben. Damit markieren *shǐ*-Sätze agenslose oder eher unwillentlich ausgelöste Sachverhalte:

(466) Zhèi jiàn shì *shǐ* wǒ hěn gāoxìng.
Dem Kl Sache machen ich sehr glücklich
Diese Sache machte mich sehr glücklich.

(467) Xūxīn *shǐ* rén jìnbù, jiāo'ào *shǐ*
Bescheidenheit veranlassen jd. vorankommen Arroganz veranlassen
rén luòhòu.
jd. zurückfallen
Bescheidenheit läßt einen vorankommen, Arroganz läßt einen zurückfallen.

(468) Tā de jìshù *shǐ* wǒ pèifu.
er Poss Geschicklichkeit veranlassen ich bewundern
Seine Geschicklichkeit versetzte mich in Bewunderung.

2.2. *ràng* und *jiào* dagegen erscheinen mit Aktionsverben; sie implizieren das bewußte Auslösen eines Sachverhalts mit einem aktiv auslösenden Agens. Während die Auslösung einer Verbalhandlung bei *ràng* keiner direkten Interaktion von Angesicht zu Angesicht bedarf und derjenige, der zur Ausführung der Verbalhandlung gebracht wird, nicht in einer sozialen Position steht, die ihn zur Ausführung dieser Handlung verpflichtet, liegen die Verhältnisse bei *jiào* gerade umgekehrt; hier ist eine Interaktion von Angesicht zu Angesicht notwendig und die in der Pivot-Position auftretende Person ist sozial verpflichtet, die Handlung auszuführen (vgl. Chappell 1991). Die folgenden beiden Beispiele illustrieren das Moment der sozialen Verpflichtung:

(469) Háizi-men *ràng* māma chī táng.
Kind-Pl lassen Mama essen Zucker/Süßes
Die Kinder geben der Mutter Süßes zu essen. (Chappell 1991)

(470) Shūjì *jiào* wǒmen dào Shànghǎi qù.
Parteisekretär lassen wir zu Ort gehen
Der Parteisekretär schickte uns (Untergebene) nach Shanghai. (ibid.)

Das folgende Beispiel zeigt die Wichtigkeit des Kriteriums der Interaktion von Angesicht zu Angesicht:

(471) Tāmen xiě-xìn *ràng* (*jiào*) wǒ huí-qù.
sie schreiben-Brief lassen ich zurückkehren-gehen
Sie schrieben mir einen Brief, um mich zur Rückkehr zu bewegen.

2.3. Der analytische Ausdruck der Kausativität in der Form einer Pivotal-Konstruktion kann im Chinesischen auf eine lange Tradition zurückblicken. Für das klassische Chinesisch führt Wang Li (1958:437ff.) die Verben *shǐ*, das schon damals in kausativer Funktion gebräuchlich war, *lìng* (befehlen, veranlassen) und *qiǎn* (schicken, entsenden) an. Das folgende Beispiel (472) zeigt *shǐ* als Vollverb, die übrigen Beispiele (473)–(475) als Kausativ-Verb:

(472) Zhōu gōng zhī qí jiāng pàn ér *shǐ* zhī yǔ ?
Name Fürst wissen sein Fut rebellieren und einstellen ihn Quest
Fürst Zhou wußte, daß er rebellieren würde – und doch hat er ihn in seine
Dienste genommen ? (Mencius 2B9)

(473) Wáng *shǐ* rén lái yuē: ...
König lassen Leute kommen sagen
Der König ließ jemanden kommen und sagte ... . (Mencius 2B2)

(474) Mín kě *shǐ* fù yě.
Volk können machen reich Äq
Es ist so, daß man das Volk reich machen kann. (Mencius 7A23)

(475) Hé *shǐ* wǒ zhì yú cǐ jí yě ?
warum lassen wir ankommen Präp Dem Äußerstes Äq
Warum läßt er [der König] uns bis zu diesem Äußersten [an Qual] kommen?
(Mencius 1B1)

Die beiden Kausativ-Verben *lìng* und *qiǎn* erscheinen im *Lunyu* und im Mencius kaum, sind aber in anderen Autoren wie z.B. Zhuangzi und Mozi recht beliebt. Ich zitiere hier nur einige Beispiele aus Wang Li (1958:438):

(476) *Lìng* táozhě wéi bó fǒu.
lassen Töpfer machen fein Gefäß
Er ließ den Töpfer ein feines Gefäß herstellen. (Mozi)

(477) *Lìng* Yúqiě huì cháo.
schicken Name treffen Hof
Er schickte Yuqie zu einem Treffen an den Hof. (Zhuangzi)

(478) nǎi *qiǎn* Zǐgòng zhī Qí.
dann schicken Name gehen Ort
dann schickte er Zigong nach Qi. (Mozi)

5.5. Co-Verben und konjunktionale Verben

Das wohl augenfälligste Beispiel für ein Lexem, das als Co-Verb und als konjunktionales Verb im modernen Chinesisch vorkommt, ist das bereits in Abschnitt 4.6. beschriebene *gēn* (folgen; mit; und). Chao (1968:791) spricht in diesem Fall von "prepositional conjunctions". Ein anderes Beispiel ist *chú*, das meist in Kombination mit *-le* als *chúle*, zuweilen auch als *chúqù* oder *chúkāi*, erscheint. Diese Form zeigt sich als Co-Verb – manchmal in Verbindung mit der relationalen Fügung *yǐwài* (außer), die dem Nomen nachgestellt wird:

(479) *Chúle* Xiǎozhāng, méi rén lái-guo.
außer Name nicht haben Mensch kommen-TAM
Außer Xiaozhang war niemand gekommen.

(480) *Chúle* nǐ *yǐwài* méi rén huì.
außer du außer nicht haben Mensch können
Außer dir gibt es niemanden, der das kann.

In der Funktion des konjunktionalen Verbs finden wir *chúle* oder *chúfēi* als gleichwertige Alternativen:

(481) *Chúfēi* nǐ qù qǐng, tā cái huì lái, fǒuzé tā shì
außer du gehen fragen er erst können kommen sonst er ist

bú huì lái de.
Neg können kommen Nom
Außer du gehst fragen/Erst wenn du fragen gehst, kann er kommen; wenn nicht/sonst kann er nicht kommen.

Einige weitere Fälle finden wir im *klassischen Chinesisch* im Zusammenhang mit den Verben *yīn* (folgen, s. stützen auf, s. anpassen, entsprechen), *wèi* (für, zugunsten)* und *yǐ* (nehmen). Von besonderem Interesse sind die beiden Verben *yīn* und *wèi*, die sich im modernen Chinesisch zur Konjunktion *yīnwèi* (weil) zusammenfügen (vgl. Abschnitt 5.6.). Auch *yǐ* finden wir als Bestandteil sehr vieler zweisilbiger Konjunktionen im modernen Chinesisch (zu *suǒyǐ* s. Abschn. 5.6.).

1. *yīn*
   als Verb:
   (482) Wéi zhèng bù *yīn* xiān wáng zhī dào kě wèi
   machen Regierung Neg folgen früher König Attr Weg können nennen

   zhì hū?
   Weisheit Quest
   Regieren ohne dem Weg der früheren Könige zu folgen, kann man das Weisheit nennen? (Mencius 4A1)

   (483) Yīn *yīn* yú Xià lǐ.
   Dynastiename folgen Präp Dynastiename Riten
   Die [Riten der] Yin-Dynastie folgten auf die Riten der Xia-Dynastie.
   (Lunyu 2.23)

   in einer dem Co-Verb vergleichbaren Funktion:
   (484) Qí *yīn* gū guó zhī luàn ér xí pò Yàn.
   Ort wegen mein Staat Attr Unordnung Konj angreifen zerschlagen Ort
   Qi griff Yan an und besiegte es wegen der Unordnung in meinem Staat.
   (Zhanguoce, Yanyi)

   in einer den konjunktionalen Verben vergleichbaren Funktion:
   (a) weil, da:
   (485) *Yīn* mín fú** rěn jù yú hé.
   weil Volk Neg+Obj.Pron.3sg aushalten s.widersetzen Präp Fluß
   Da es das Volk nicht mehr aushielt, widersetzte er sich [der Rückkehr] an den Gelben Fluß. (Shangshu, III.3.2, Legge III.157)

   (b) in der Folge, daraufhin, weiter:

---

* *wèi* im sinkenden Ton gehört zum Verb *wéi* (machen, tun).
** Die Negation *fú* impliziert das Objektspronomen der 3. Person, das bei der "normalen" Negation *bù* nicht eingeschlossen ist; Faustregel: *fú* = *bù* + *zhī*.

(486) Jīn Qín yù gōng Wèi ér Zhào yīn yù
heute Ort wollen angreifen Ort und Ort daraufhin wollen
jiù zhī, cǐ fēi yuē yě.
helfen es dies Neg/gegen Vertrag Äq
Heute wollte Qin Wei angreifen und Zhao wollte daraufhin [Wei] helfen, dies ist wider den Vertrag. (Lüshi chunqiu, Shengyinlan-yinci)

Der Übergang von der Co-Verb-Funktion zur konjunktionalen Funktion läßt sich vielleicht an der Konstruktion mit *(zhī)gù* (Attr – Grund/Ursache) zeigen, in der ein ganzer Satz in einen Relativsatz zum Bezugsnomen *gù* (Grund/Ursache) umgeformt wird:

(487) Yīn qí bù lái zhī gù
wegen sein Neg kommen Attr Grund
weil er nicht gekommen ist (Gabelentz 1881:503)

2. *wèi*

wèi wurde bereits im Abschnitt 4.5. zum Co-Verb *gěi* (S.171) kurz in seiner Funktion als Co-Verb im modernen Chinesisch erwähnt. Es wird mit dem gleichen Schriftzeichen geschrieben wie das dazugehörige Verb *wéi* (machen, tun; sein). In seiner Funktion als Co-Verb im klassischen Chinesisch drückt es einen Grund, einen Zweck oder einen Benefaktiv (zugunsten) aus:

(488) gǔ zhī xué zhě *wèi* jǐ, jīn zhī xué
Altertum Attr studieren Nom wegen s.selber heute Attr studieren
zhě *wèi* rén. (Lunyu 14.24)
Nom wegen Leute
Im Altertum studierte man um seiner selbst willen (wegen sich selber), heute studiert man um der anderen willen (um berühmt zu werden).

(489) Rǎnzǐ *wèi* qí mǔ qǐng sù.
Name für sein Mutter bitten Hirse
Ranzi bat für seine Mutter um Hirse. (Lunyu 6.4)

Die kausale Funktion von *wèi* bleibt auch erhalten, wenn es vor längeren Fügungen steht. Damit entwickelt sich *wèi* zu einem konjunktionalen Verb mit der Bedeutung "weil". Allerdings bleibt an *wèi* ein großes Maß an Präpositionalität haften, wenn es ganze Sätze einleitet, da diese meist analog zu einem Komplement des Typs *zhī* (vgl. Abschn. 5.3., S.192f.) nominalisiert werden, ohne jedoch notwendigerweise nach einer Äquations-Konstruktion mit *yě* zu rufen:

(490) Rán, zé yī yǔ zhī bù jǔ *wèi* bù yòng lì yān.
so sein dann ein Feder Attr Neg aufsteigen weil Neg brauchen Kraft *
Wenn dem so ist, dann steigt eine Feder nicht auf, weil man keine Kraft/Anstrengung dafür aufwendet (d.h. zu faul ist, sie aufzuheben).
(Mencius 1A7)

(491) Zǐ zhī cí Língqiū ér qīng shìshì
Sie Attr verlassen Ort und annehmen Amtsbezeichnung

---

* *yān* ist eine Kontraktion von *yú* (Präp) und dem Objektspronomen der 3. Person: *yān* = *yú* + *zhī*.

sì   yĕ *wèi* qí kĕyĭ   yán   yĕ.
scheinen Äq weil sein können beraten Äq
Daß Sie Lingqiu verlassen haben und sich als *shìshī* beworben haben, erscheint [mir richtig], weil dieser [*qí* bezieht sich auf *shìshī*] [den König] beraten darf. (Mencius 2B5)

(492) yĭn   shí   zhī rén,   zé   rén zéi   zhī
trinken essen Attr Mensch dann Leute als Dieb betrachten ihn

yĭ, *wèi* qí yăng   xiăo yĭ   shī   dà   yĕ.
TAM weil sein ernähren klein um zu verlieren groß Äq
Jemand, der [nur] ißt und trinkt, betrachtet man als Dieb [an sich selbst], weil er Kleines nährt und dadurch Großes verliert/um Großes zu verlieren.
(Mencius 6A14)

Im modernen Chinesisch drückt *wèi* als konjunktionales Verb Finalität aus:

(493) *Wèi* fănbó   tāmen, wŏmen... .
um zu widerlegen sie   wir
Um sie zu widerlegen, werden wir ... .

Meist erscheint *wèi* in dieser Funktion mit dem enklitischen TAM-Zeichen *-le*, das wir auch bei *wèi* in Co-Verb-Funktion antreffen können (vgl. S.131).

3. *yĭ*

yĭ wurde bereits in seiner Vollverbbedeutung und in einigen möglichen Co-Verb-Funktionen in Abschnitt 4.3. (S.160ff.) vorgestellt. Als konjunktionales Verb erscheint *yĭ* im Zusammenhang mit der kausalen Relation, in der der *yĭ* nachfolgende Satz als Komplement des Typs *zhī* auftritt (manchmal ohne *yĕ*), und im Zusammenhang mit der finalen Relation:

(a) kausal

(494) Jìn-hóu Qín-bó   wéi   Zhèng *yĭ* qí   wú
Ort-Graf Ort-Marquis belagern Ort   weil sein nicht haben

lĭ   yú Jìn.   (Zuozhuan, Xi 30)
Riten Präp Ort
Der Graf von Jin und der Marquis von Qin belagerten Zheng, weil sich dieses [*qí* bezieht sich auf Zheng] gegenüber von Jin nicht den Riten entsprechend verhielt.

(495) Mín zhī nán   zhì   *yĭ* qí zhī duō.
Volk Attr schwierig regieren weil sein wissen viel
Das Volk ist schwierig zu regieren, weil es viel weiß. (Mencius 2A2)

(496) niú-shān zhī mù cháng mĕi   yĭ, *yĭ* qí jiāo
Ochsenberg Attr Baum einmal schön TAM weil ihr Außenbezirk

yú dà guó yĕ fŭ jīn fá zhī.
Präp groß Staat Äq Axt Axt fällen sie
Die Bäume des Ochsenbergs waren einmal schön; da sie aber in den Außenbezirken eines großen Staates [gelegen waren], wurden sie mit Äxten gefällt.
(Mencius 6A8)

(b) final

(497) xié   Tài-shān *yǐ* chāo   běi hǎi
unter dem Arm tragen Tai-Berg um überqueren Nord Meer
den Tai-Berg unter den Arm nehmen, um das Meer zu überqueren
(Mencius 1A7)

(498) jié   lì   *yǐ* shì   dà   guó
aufbrauchen Kraft um dienen groß Staat
seine Kraft aufbrauchen, um einem großen Staat zu dienen   (Mencius 1B15)

(499) bù zú   *yǐ* shì   fù-mǔ
Neg genug um dienen Vater-Mutter
[es] genügt nicht, um den Eltern zu dienen   (Mencius 1A7)

Als Übergang von der Funktion als Co-Verb zur Funktion als konjunktionales Verb läßt sich wiederum – wie bei *yīn* – die Konstruktion mit *gù* (Grund/Ursache) plus Relativsatz anführen (vgl. Bsp. (487)):

(500) Liáng Huì wáng *yǐ*   tǔ-dì zhī *gù*   mí-làn
Ort   Name König wegen Land Attr Grund zu Brei machen

qí mín ér zhàn   zhī.
sein Volk und Krieg/in den K. schicken es
König Hui von Liang machte sein Volk zu Brei und schickte es in den Krieg um des Land[-gewinnes] wegen. (Mencius 7B1)

(501) *yǐ* xué zhī bù shú *gù*
weil lernen Attr Neg reif Grund
weil das Lernen unreif ist (Gabelentz 1881:286)

In Verbindung mit *lái* (kommen) bedeutet *yǐ* wie auch im modernen Chinesisch "seit":

(502)   Zì yǒu shēng   mín   *yǐlái* wèi   yǒu
kl Chin seit es gibt zur Welt bringen Menschen seit   nicht mehr es gibt

Kǒngzǐ yě.
Konfuzius Äq
Seit Menschen zur Welt gekommen sind, gab es keinen [zweiten] Konfuzius mehr. (Mencius 2A2)

(503)   Zì Zhōu Qín   *yǐlái*, zhōngguó shì yí ge fēngjiàn shèhuì.
mod   seit Dynastie Dynastie seit   China   sein ein Kl feudal Gesellschaft
Chin   Seit der Zhou- und der Qin-Dynastie ist China eine feudale Gesellschaft.

Weiter verbindet sich *yǐ* im modernen Chinesisch mit einigen zeitlichen und örtlichen relationalen Nomina zu neuen Fügungen analog zu *yǐlái*, die in ihrer Funktion als Konjunktion sehr wichtig sind:

yǐqián (bevor)

(504)   Nǐ qù   Běijīng *yǐqián*, yídìng   yí tàng dào wǒ
du gehen Peking bevor   unbedingt ein Mal zu ich

zhè-li lái   yi.
hier kommen Exkl
Bevor du nach Peking gehst, mußt du unbedingt noch einmal bei mir vorbeikommen.

yǐhòu (nachdem)

(505)   Zhè-li de   gōngchéng wánchéng *yǐhòu,*   wǒmen hái   yào
        hier   Attr Projekt   vollenden nachdem   wir   noch Fut

dào lìng yí ge gōngdì qù.
zu weiter ein Kl Bauplatz gehen

Nachdem dieses Projekt hier abgeschlossen ist, werden wir zu einer weiteren Baustelle gehen.

yǐwài (außer): wird analog zu Beispiel (480) mit *chúle* verwendet.

Drei weitere Fügungen mit *yǐ* in der ersten Position sind *yǐmiǎn* (*miǎn* = vermeiden; um zu vermeiden, damit nicht), *yǐzhì*₁ (*zhì*₁ = senden, verbreiten; resultieren in, verursachen; so daß [mit negativer Konsequenz]) und *yǐzhì*₂ (*zhì*₂ = ankommen; bis daß):

(506)   zǐxì   jiǎnchá   *yǐmiǎn* chū -cuò.
        sorgfältig überprüfen um   vermeiden Fehler
        sorgfältig überprüfen, um Fehler zu vermeiden/auszuschließen

(507)   Tā de tuǐ   shòu-le   zhòngshāng   *yǐzhì*₁
        er Attr Bein erleiden-TAM   schwere Wunde so daß

        jǐ   ge yuè   dōu bù qǐ   bù lái   chuáng.
        einige Kl Monat alle Neg s.erheben Neg kommen Bett

        Ihr Bein wurde so stark verletzt, daß sie einige Monate das Bett nicht verlassen konnte.

(508)   Tā gōngzuò fēicháng   zhuānxīn   *yǐzhì*₂ lián   fàn
        er Arbeit außerordentl s.konzentrieren bis   sogar Essen

        dōu wàng-le   chī.
        alles vergessen-TAM essen

        Er konzentrierte sich so stark auf seine Arbeit, bis er selbst das Essen vergaß.

5.6. Einige weitere Konjunktionen mit verbalem Hintergrund

Im vorangehenden Abschnitt haben wir die Entwicklung vom Co-Verb zum konjunktionalen Verb verfolgt. In diesem Abschnitt gehe ich wieder von den beiden für Lexeme in konjunktionaler Funktion typischen Positionen unmittelbar hinter dem Subjekt oder vor dem Subjekt zu Beginn eines Sachverhalts aus. Dort finden wir eine ganze Reihe von zweisilbigen Fügungen, die zu Konjunktionen grammatikalisiert wurden, ihrer inneren Struktur nach aber auf ganz andere syntaktische Muster älterer Sprachschichten verweisen. Dieser Befund läßt auf eine weitere Attraktorposition schließen, die sich – wie das Beispiel von *yào(shi)* (s. Punkt 2) zeigt – teilweise mit der präverbalen TAM-Position überschneiden kann.

Einige Beispiele, wovon das erste mit dem Verb für "sagen" einsilbig ist, die übrigen aber in der Regel als Zweisilbler vorkommen, die zumindest ein Verb enthalten, möchte ich hier kurz skizzieren. Dabei strebe ich keine Vollständigkeit an; es soll lediglich illustriert werden, wie Fügungen verschiedenster Struktur in diese Attraktorposition hineingezogen werden.

1. *"sagen"*: Klassisch Chinesisch *yuē* oder *yún*, modern Chinesisch *shuō*.

Im *modernen Chinesisch* ist die Zitierform, also das aus dem Verb "sagen" abgeleitete konjunktionale Verb zur Einleitung von Zitaten, nur noch schwach entwickelt, d.h. fakultativ, wie das folgende Beispiel für *shuō* (sagen) zeigt (vgl. auch S.190f.):

(509)   Tā gàosu wǒ (*shuō*) nǐ tóu téng.
        er sagen ich (sagen) du Kopf schmerzen
        Er sagte mir, daß du Kopfschmerzen hast. (Li und Thompson 1981:602)

Im *klassischen Chinesisch* dagegen tritt die Zitierform sehr häufig auf; wir unterscheiden die beiden Lexeme *yuē* und *yún*.

Als Vollverb in der Bedeutung von "sagen" zeigt sich *yuē* im folgenden Beispiel:

(510)   Mèngzǐ *yuē* rén jiē yǒu suǒ bù rěn.
        Name sagen Mensch alle haben Rel Neg ertragen
        Mencius sagt, daß alle Menschen etwas haben, das sie nicht ertragen (können).
        (Mencius 7B31)

Als konjunktionales Verb in der Funktion der Zitierform zeigt sich *yuē* in den folgenden drei Beispielen:

(511)   Mèngzǐ gào Qí Xuān wáng *yuē* jūn zhī shì
        Name   sagen Ort Name König sagen Fürst Attr betrachten
        chén rú shǒu zú, ...
        Minister wie Hand Fuß
        Mencius sagte zu König Xuan von Qi: "Wenn der Fürst seine Minister als seine Hände und Füße betrachtet, ..." (Mencius 4B3)

(512)   Tāng shǐ rén wèn zhī *yuē* hé wèi bú sì.
        Name schicken Mensch fragen ihn Sagen warum Neg opfern
        Tang schickte Leute aus, um ihn zu fragen, warum er nicht opfere.
        (Mencius 3B5)

(513)   Mèngzǐ wèi Dài Bù-shèng *yuē* zǐ yù zǐ zhī wáng
        Name sagen Name   sagen Sie wünschen Sie Attr König
        zhī shàn yú?
        Attr gut/fähig Quest
        Mencius sagte zu Dai Bu-sheng: "Sie wollen doch, daß ihr König gut/fähig sei?
        [wörtl.: Sie wünschen doch die Fähigkeit ihres Königs?]   (Mencius 3B6)

Die zweite Form, die dem Zitieren dient, ist *yún*. Sie wird dann gesetzt, wenn Texte zitiert werden. Als Vollverb ist *yún* allerdings nicht gebräuchlich. Das folgende Beispiel soll daher genügen:

(514)   shī *yún* qǔ qī rú zhī hé, bì gào fù-mǔ.
        * sagen nehmen Frau wie müssen informieren Vater-Mutter
        Das Shijing [Buch der Lieder] sagt: "Um zu heiraten, wie geht man vor? –
        Man muß die Eltern darüber informieren."   (Mencius 5A2)

---

*   *shī* ist die in Zitaten häufig gebrauchte Kurzform für das *shījīng* (vgl.S.6)

2. *yào(shi), zhǐyào*
Das Verbum *yào* zeigt sich nicht nur als TAM-Zeichen für die Zukunft, sondern weiter in der Form *yào* oder *yàoshi* als konjunktionales Verb bei Konditionalsätzen in der Protasis. *yào* alleine ist jedoch nur in der Position nach dem Subjekt erlaubt, nicht jedoch davor. Zudem zeigt sich *yào* nur dann, wenn die Bedingung noch realisierbar ist. Damit ist *yào* im Bereich der Ungewißheit noch erlaubt, nicht jedoch im Bereich des Irrealis der Vergangenheit, wo nur die zweisilbige Form *yàoshi* vorkommt, die als die allgemeinere Form auch in allen anderen Fällen der Konditionalität als Alternative zu *yào* erscheinen kann (vgl. Alleton 1984:250f.). Das folgende Beispiel ist daher mit der einsilbigen Form nur im Sinne der Übersetzungen (a) und (b), nicht jedoch im Sinne der Übersetzung (c) zu verstehen, die nur aus *yàoshi* hervorgehen kann. Selbstverständlich impliziert *yàoshi* auch die Übersetzungen (a) und (b).

(515) Nǐ *yào(shi)* bǎ   nèi ge huāpíng shuāi   le,   tā jiù
       du wenn   CoV Dem Kl Vase   fallen lassen TAM er dann

       yào shēngqì le.   (Alleton 1984:251f.)
       TAM wütend TAM
       (a) Wenn du die Vase fallen läßt, wird er/sie wütend werden.
       (b) Wenn du die Vase fallen ließest, würde er/sie wütend werden.
       (c) Hättest du die Vase fallen gelassen, wäre er/sie wütend geworden.

In der Position am Sachverhaltsanfang ist – wie gesagt – nur *yàoshi* möglich:

(516) *Yàoshi* nǐ bù lái,   wǒ jiù   bù děng nǐ le.
       wenn   du Neg kommen ich dann Neg warten du TAM
       Wenn du nicht kommst, warte ich nicht auf dich.

(517) * *Yào* nǐ bù lái, wǒ jiù bù děng nǐ le. (Alleton 1984:250f., Anm. 1)

Schließlich finden wir *yào* auch in der Form *zhǐyào* (wenn nur; *zhǐ* = nur):

(518) *Zhǐyào* nǐ kěn   yònggōng,   jiù bú pà
       wenn nur du willens sein fleißig studieren dann Neg s.fürchten

       jiānglái bù chénggōng.
       Zukunft Neg Erfolg haben
       Wenn du nur willens bist, fleißig zu sein, brauchst du keine Angst zu haben, daß du in Zukunft keinen Erfolg haben wirst.

3. *suǒyǐ* (daher, deshalb)
Diese resumptive Konjunktion setzt sich aus *suǒ* (Ort, Stelle), das zur Markierung von Relativsätzen mit Objektskoreferenz dient, und *yǐ*, dem Verb für "nehmen", zusammen.
Im klassischen Chinesisch lassen sich die Funktionen dieser Bestandteile von *suǒyǐ* meist gut auseinanderhalten:

(519) Chǒu   jiàn wáng zhī jìng   zǐ yě, wèi
       Name:ich sehen König Attr respektieren Sie Äq noch nicht

       jiàn *suǒ yǐ*   jìng   wáng yě.
       sehen Rel nehmen respektieren König Äq

Ich [Chou] habe gesehen, daß der König Ihnen Respekt zollt, ich habe [aber] noch nicht gesehen, womit/auf welche Weise Sie dem König Respekt zollen. (Mencius 2B2)

(520) Jūnzǐ bù yǐ qí *suǒ yǐ* yǎng
Fürst Neg nehmen:mit sein Rel nehmen ernähren/unterhalten

rén zhě hài rén.
Mensch Nom schaden Mensch
Der Fürst schadet den Menschen nicht mit dem, womit er sie [doch] unterhält. (Mencius 1B15)

Die Fügung *suǒyǐ* erscheint auch im klassischen Chinesisch in resumptiver Funktion:

(521) Cún qí xīn, yǎng qí xìng, *suǒyǐ* shì tiān.
bewahren sein Herz ernähren sein Natur damit dienen Himmel
Sein Herz bewahren [i.S. von sein Herz in seinem von Natur aus guten Zustand bewahren] und seine Natur ernähren [d.h. seine an sich gute Natur fördern], damit/dadurch dient man dem Himmel. (Mencius 7A1)

In dieser resumptiven Funktion löst sich *suǒyǐ* von seinem durch *yǐ* bewirkten instrumentalen Charakter, um auch im kausalen Sinne verwendet zu werden. In dieser letzteren Bedeutung treffen wir *suǒyǐ* im modernen Chinesisch:

(522) Zuótiān wǒ yǒu shì, *suǒyǐ* méi lái.
gestern ich haben Dienst daher Neg:TAM kommen
Gestern hatte ich zu tun, daher bin ich nicht gekommen.

4. *Yīnwèi* (weil), *yīncǐ* (daher, deshalb)

Die Konjunktion *yīnwèi* setzt sich aus den beiden bereits im Abschnitt 5.5. besprochenen Elementen *yīn* (folgen) und *wèi* (Co-Verb für Benefaktiv, usf.) zusammen, die dort auch in ihrer Funktion als aus Co-Verben erweiterte konjunktionale Verben besprochen wurden. *yīnwèi* scheint offenbar zur Verdeutlichung und zur Verstärkung des einsilbigen *yīn* mit *wèi* kombiniert worden zu sein, was einer gewissen Tendenz zur Entwicklung zweisilbiger Konjunktionen bestens entspricht. Beide Elemente *yīn* und *wèi* wurden, wie wir oben gesehen haben, im klassischen Chinesisch in kausaler Funktion gebraucht.

Im modernen Chinesisch ist *yīnwèi* die normalerweise gebrauchte Form zur Markierung der kausalen Relation zwischen zwei Sachverhalten im Sinne von deutsch "weil, da". Ihr resumptives Pendant ist *suǒyǐ* (s. oben Pt. 3), das auch mit *yīnwèi* zusammen in der gleichen kausalen Fügung erscheinen kann (Bsp. (524)):

(523) Tā zuótiān méi lái, *yīnwèi* tóu téng.
er gestern Neg:TAM kommen weil Kopf schmerzen
Er kam gestern nicht, weil er Kopfschmerzen hatte.

(524) *Yīnwèi* māotóuyīng shì yì niǎo, *suǒyǐ* yào hǎohǎo bǎohù tā.
weil Eule ist nützlich Vogel daher müssen sorgfältig schützen sie
Weil die Eule ein nützlicher Vogel ist, müssen wir sie sorgfältig schützen.

Wird hinter *yīn* nicht *wèi*, sondern das klassisch chinesische Demonstrativum *cĭ* (dieser) gesetzt, so entsteht die resumptive Konjunktion *yīncĭ* (deshalb):

(525) Wǒ gēn tā yìqǐ gōngzuò xǔduō nián le, yīncǐ hěn
ich mit er zusamm. arbeiten viel Jahr TAM daher sehr

liǎojiě tā de xìnggé hé zuòfēng.
kennen er Attr Art und Haltung

Ich habe viele Jahre mit ihm zusammen gearbeitet, daher kenne ich seine Art und seine [Arbeits-]haltung sehr gut.

5. *suīrán* (obschon)

Diese Fügung setzt sich aus der schon im klassischen Chinesischen gebräuchlichen Konjunktion *suī* (obschon) und dem klassisch chinesischen Verb *rán* (so sein, so tun) zusammen.

Die folgenden beiden Beispiele zeigen *suī* in seiner Funktion als konzessive Konjunktion im klassischen Chinesisch:

(526) Qí shēn zhèng, bú lìng ér xíng,
sein Körper/Person korrekt Neg befehlen und funktionieren

qí shēn bú zhèng, *suī* lìng bù xíng.
sein Körper/Person Neg korrekt obschon befehlen Neg funktionieren

Wenn seine Person [d.h. die Person des Herrschers selber] korrekt ist, so funktioniert [alles] auch ohne seinen Befehl, ist er selber dagegen nicht korrekt, dann funktioniert nichts, auch wenn er befiehlt. (Lunyü 13.6)

(527) Xián zhě ér-hòu lè cǐ, bú xiàn zhě *suī*
weise Nom dann s.freuen Dem Neg weise Nom obschon

yǒu cǐ, bú lè yě.
haben Dem Neg s.freuen Äq

Wer weise ist, der freut sich daran*, wer nicht weise ist, der freut sich nicht [daran], auch wenn er diese Dinge* besitzt. (Mencius 1A2)

In den folgenden zwei Beispielen aus dem klassischen Chinesisch erscheint *rán* als Verb:

(528) Jīn yě bù *rán*.
heute Äq Neg so sein

Heute [aber] ist es nicht [mehr] so. (Mencius 1B4)

(529) Guó zhī suǒ yǐ fèi xīng cún wáng zhě
Staat Attr Rel nehmen zerfallen aufblühen bestehen untergehen Nom

yì *rán*.
auch so sein

Das, wodurch der Staat zerfällt oder aufblüht, besteht oder untergeht, ist auch so./Mit dem Zerfall und der Blüte, dem Bestehen und dem Untergang eines Staates verhält es sich auch so. (Mencius 4A3)

---

* Mit *cǐ* (Dem) sind Besitztümer eines Königs wie z.B. Teiche, Gänse und Hirsche gemeint, die offenbar zu den königlichen Luxusgütern gehören.

Die Fügung *suīrán* finden wir schon im klassischen Chinesisch nicht allzu selten, allerdings zeigt sie sich wohl immer als resumptives Element etwa in der Bedeutung von "obwohl dem so ist, trotzdem":

(530) Zhūhóu zhī lǐ wú wèi zhī xué yě, *suīrán*
die Fürsten Attr Riten ich noch nicht * lernen Äq trotzdem

wú cháng wén zhī yǐ.
ich TAM** hören es TAM
Die Riten, die die Fürsten zu befolgen haben, habe ich nicht gelernt, trotzdem habe ich oft davon gehört. (Mencius 3A2)

Im modernen Chinesisch ist diese Fügung *suīrán* über ihren resumptiven Charakter hinausgewachsen, wie die folgenden Beispiele zeigen:

(531) *suīrán* wǒ wèn-le tā hǎojǐcì, kěshì tā bù kěn
obschon ich fragen-TAM er einige Male aber er Neg willens sein

shuō shíhuà.
sagen Wahrheit
Obschon ich ihn einige Male gefragt habe, war er nicht gewillt, die Wahrheit zu sagen.

(532) Wǒ *suīrán* hěn xǐhuan, kěshì méi qián.
ich obschon sehr lieben aber nicht haben Geld
Obschon [es] mir sehr gefällt, habe ich kein Geld.

Neben *suīrán* treffen wir auch das umgangssprachlichere *suīshuō* (*shuō* = sagen) an:

(533) Tā *suīshuō* yǒu qián, kěshì tài lìnsè.
er obschon haben Geld aber zu geizig
Obwohl er Geld hat, ist er geizig.

6. *rúguǒ, jiǎrú, jiǎshǐ* (wenn)

Diese drei Konjunktionen erfüllen praktisch die gleiche Funktion wie *yàoshi*, allerdings besteht bei *jiǎrú* und bei *jiǎshǐ* eine Tendenz zu einer irrealen Interpretation des Konditionalgefüges.

rú

Dieses Lexem trifft man im klassischen Chinesisch an einige Stellen in verbaler Funktion in der Bedeutung von "sein wie, gleich sein wie":

(534) Yōu zhī rú hé, *rú* Shùn ér yǐ yǐ.
sich Sorgen machen es wie was sein wie Name und nichts anderes
Wie/Warum macht er sich darüber Sorgen; daß er gleich sei wie [der legendäre weise Herrscher] Shun und nichts weiter. (Mencius 4B28)

Weit häufiger zeigt sich das Verb *rú* jedoch in der Negation als *bùrú* in der Bedeutung von "nicht so gut sein wie, es wäre besser":

---

* Das Objektspronomen der dritten Person steht bei einigen Negationen nicht hinter dem Verb, sondern hinter der Negation.

** *cháng* markiert als TAM-Zeichen die Gewohnheit in der Vergangenheit (vgl. Beispiele (111) und (112)).

(535) Zhī   zhī zhě bù rú   hào   zhī zhě.
      wissen es Nom Neg so sein wie lieben es Nom
      Die, die es wissen, sind nicht so gut wie die, die es lieben. (Lunyü 6.18)

In konjunktionaler Funktion zeigt sich *rú* im klassischen Chinesisch entweder in Vergleichen oder in Konditionalfügungen:

(536) Jūn zhī shì   chén   *rú* shǒu zú, zé chén
      Fürst Attr betrachten Minister wie Hand Fuß dann Minister

      shì   jūn *rú* fù   xīn.
      betrachten Fürst wie Magen Herz
      Wenn der Fürst seine Minister als seine Hände und Füße betrachtet, dann betrachten ihn die Minister als ihren Magen und ihr Herz. (Mencius 4B3)

(537) *Rú* shuǐ yì   shēn, *rú* huǒ yì   rè, yì
      wenn Wasser zunehmen tief wenn Feuer zunehmen heiß auch

      yùn   ér yǐ yǐ.
      umdrehen, wenden und nichts weiter
      Wenn das Wasser zunehmend tiefer wird und das Feuer zunehmend heißer, dann erfolgt auch (zwangsläufig) eine Wende [Revolution, Dynastiewechsel]. (Mencius 1B10)

Im modernen Chinesisch bleibt die konditionale Bedeutung, allerdings erscheint *rú* außer in geschriebener, an das klassische Chinesische anlehnender Sprache nicht mehr als einsilbige Konjunktion, sondern als zweisilbige Fügung in der Form *rúguǒ* oder *jiǎrú*. *guǒ* bedeutet "Frucht", aber auch "Resultat, Konsequenz". Im klassischen Chinesisch erscheint es oft in verbmodifizierender Funktion in der Bedeutung "tatsächlich, wirklich":

(538) Wáng shǐ   rén   xián   fūzǐ *guǒ* yǒu
      König schicken Mensch herausfinden Meister wirklich haben

      yì   yú rén hū.
      verschieden von Mensch Quest
      Der König schickte jemanden aus, um herauszufinden/herauszuspionieren, ob der Meister tatsächlich etwas von den [anderen] Menschen Abweichendes [an sich] habe. (Mencius 4B32)

jiǎ ist ein Verb und bedeutet von der klassischen Zeit bis ins moderne Chinesisch "falsch, unecht, irreal; vorgeben, täuschen". In der Fügung *jiǎrú* erscheint es in verbmodifizierender Position zu *rú*. Schließlich bildet *jiǎ* als Modifikans von *shǐ* (schicken, beordern), das wir oben (s.S.196f.) als Kausativ-Verb beschrieben haben, die konjunktionale Fügung *jiǎshǐ*. Zum Schluß sei für jede der drei Konjunktionen je ein Beispiel aus dem modernen Chinesisch gegeben:

(539) *rúguǒ* Xiǎo Zhāng huí-lái-le,   jiào tā dào wǒ jiā
      wenn Klein Name zurückkehren-kommen-TAM sagen er zu ich Haus

      lái   yí tàng.
      kommen ein Mal
      Wenn klein Zhang zurückgekommen ist, dann sagt ihm, er solle einmal bei mir vorbeikommen.

(540) *Jiǎrú* nǐ tīng-le   wǒ de huà, jiù bú huì
       wenn du hören-TAM ich Attr Wort dann Neg können/würde
       chīkǔ le.
       leiden TAM
       Hättest du auf mich gehört, würdest du (jetzt) nicht leiden.
       (Li und Thompson 1981:650)

(541) *Jiǎshǐ* méi yǒu   fēijī,   lǚxíng jiù bù néng
       wenn   Neg es gibt Flugzeug reisen dann Neg können
       zhème kuài-le.
       so   schnell-TAM
       Wenn es keine Flugzeuge gäbe, könnte das Reisen nicht so schnell von statten gehen.

III. Hmong*

1. Einleitung

In diesem Abschnitt behandle ich zuerst die statischen Verben, um hernach auf die dynamischen Verben und deren Valenz im Zusammenhang mit der Transitivität/Kausativität einzugehen. Ebenfalls erwähnt werden einige der wenigen dreiwertigen Verben.

Die *statischen Verben* sollen hier der Vollständigkeit halber aufgeführt werden, obschon sie später nur noch sporadisch erwähnt werden. Allerdings zähle ich im Folgenden nur einige wenige dieser Verben auf, da Anhang III eine separate Liste dieser Verben mit 192 einigermaßen gesicherten Einträgen liefert, die belegt, daß diese Verbkategorie im Hmong relativ gut vertreten ist.

(1) *loj* (groß), *me* (klein), *zoo* (gut), *phem* (schlecht), *ntev* (lang), *luv* (kurz), *dav* (weit, geräumig), *nqaim* (eng), *siab* (hoch), *deb* (weit entfernt), *hnyiav* (schwer [Gewicht]), *sib*(leicht [Gewicht]), *tsau* (satt), *tshaib* (hungrig), *tshiab*(neu), usf.

(2) Farbadjektiva: *dawb* (weiß), *dub* (schwarz), *liab* (rot), *daj* (gelb), *ntsuab* (grün), *xiav* (blau), *txho* bzw. *txho tshauv* (grau).
Farben des Himmels: *tsaus* (dunkel), *nciab* (schwarz), *nti* (stockfinster).

Die statischen Verben sind meistens einwertig. In einigen Fällen, die sich aufgrund des vorhandenen Materials nicht genauer charakterisieren lassen, können jedoch zumindest einige statische Verben eine Art Objekt nach sich tragen:

(3) nws zoo siab.
er gut Leber
Er ist zufrieden. (B.393)

(4) zoo tswv yim
gut Geist/Intelligenz
gut im Denken sein (1,170)

(5) teb zoo yeeb
Feld gut Tabak-/Opiumanbau
ein Feld gut für Mohn; das Feld ist gut für Tabak-/Opiumanbau. (B.578)

(6) hnav zoo nkauj
sich kleiden gut Frau
sich als Frau schön kleiden (B.578)

(7) hnav zoo nraug
sich kleiden gut junger Mann
sich als Mann gut kleiden (B.578)

(8) kuv chim siab hwv.
ich wütend Leber Exkl
Ich bin so wütend! (1,53), s. auch (5,14)

---

* Da das Hmong wahrscheinlich die unbekannteste unter den fünf Sprachen dieser Arbeit ist, habe ich häufig in der Interlinearversion eine zusätzliche Zeile eingeführt, die die Wortartzugehörigkeit des entsprechenden Lexems anzeigt.

(9)   peb tshaib plab.
      wir hungrig Magen
      Wir sind hungrig. (5,20)

(10) nws mob   plab.
      er krank Magen
      Er hat Magenschmerzen.(B.162)

(11) nws mob   taub hau.
      er krank Kopf
      Er hat Kopfschmerzen.(B.162)

(12) lawv mob siab.
      sie krank Leber
      Sie ärgern sich. (3,228)

Außer beim Verb *zoo* tritt diese Form des statischen Verbs mit nachgestellter zweiter NP nur im Zusammenhang mit der Beschreibung menschlicher Gefühle auf, wobei die zweite NP den Ursprung dieser Gefühle angibt; *siab* (Leber) ist der Quell aller Gefühle (nicht das Herz!) und erscheint daher am häufigsten in dieser postverbalen Position. Alle diese Formen sind jedoch stark idiomatisch und daher nicht sehr produktiv.

Auch die umgekehrte Reihenfolge Nomen – statisches Verb kommt in der Weise vor, daß der ganze Ausdruck als reine Zustandsbeschreibung adjektivisch zu verstehen ist:

(13) nws siab zoo.
      er Leber gut
      Er ist (moralisch) gut. (B.579), vgl. (5,188)

(14) nws siab phem.
      er Leber schlecht
      Er ist (moralisch) schlecht. (B.579), vgl. (5,328)

(15) siab ntev
      Leber lang
      geduldig (B.392)

(16) siab dub
      Leber schwarz
      böse (B.392)

(17) siab huv
      Leber sauber
      sauber, gut, rechtschaffen (B.392)

(18) plab tsau
      Magen satt
      satt, gesättigt (2,80)

Allerdings beschränkt sich auch diese Konstruktion auf Gefühlsbeschreibungen mit entsprechenden Nomina, so daß Ausdrücke wie

(19) tsev zoo
      Haus gut

eindeutig als Nomen mit entsprechendem attributivem statischem Verb als "schönes Haus" gedeutet werden müssen.

Die *dynamischen* Verben des Hmong sind bezüglich *transitiv/intransitiv* nicht markiert. Die Transitivität eines Verbs läßt sich daher nur daraus erschließen, daß einem Verb noch ein Objekt folgt. Dabei gilt strikte die Wortfolgeregel SVO, d.h. ein Objekt kommt normalerweise nicht unmarkiert vor das Verb zu stehen. Es folgen nun einige Beispiele mit Verben, deren Transitivität nur aus dem nachgestellten Objekt hervorgeht:

(20) Kuv *yuav* kuv lub tsho tiv nag. (B.564)
 Pron V Pron Kl/Gen N [V N]A
 ich nehmen ich Mantel abwehren Regen
 Ich nehme meinen Regenmantel.

(21) Lawv yuav *muab* koj li cas ? (3,148)
 Pron TAM V Pron Komp Quest
 sie Fut ergreifen du so wie
 Wie werden sie dich denn mitnehmen ?

(22) Kuv poj niam *tau* ib tug me nyuam. (Clark 1982:133)
 Pron N V Num Kl N
 ich Frau bekommen 1 Kind
 Meine Frau hat ein Kind bekommen.

Subjekte und Objekte brauchen nicht explizit ausgesetzt zu sein, wenn sie aus dem Zusammenhang eindeutig bekannt sind:

– Beispiel für ein fehlendes Subjekt:

(23) Yog lawv muaj ib nthwv rog ces roob twg tuaj,
 Konj Pron V Num Q N Konj N Quest V
 wenn sie haben 1 Stoß Krieg sei es Berg welcher kommen

 Ø hu txog tus Nkauj Mim ntawd. (5,493/4)
 V CoV Kl N Dem
 rufen nach/an Mädchen
 Wenn sie einen kriegerischen Vormarsch unternahmen, ganz gleich in welches Gebirge, dann riefen *sie* das Mädchen Mi an.

– Beispiel für fehlendes Subjekt und Objekt:

(24) Muaj ib zaug, cov Fab Kis thiab Nyab Laj lawv tuaj
 V Num Q Pl N Konj N Pron V
 es gibt 1 Mal Franzose und Vietnamese sie kommen

 peb ceg tuaj. ... Nkauj Mim tau coj cov tub rog
 Num Q V N TAM V Pl N
 3 Einheit kommen Mädchen Verg nehmen Soldaten

 tuaj Ø mus tiv Ø. (5,500–502)
 V | V V
 kommen gehen widerstehen
 Einmal kamen die Franzosen und die Vietnamesen in drei Einheiten. ...
 Das Mädchen Mi nahm ihre Soldaten mit und leistete *ihnen* Widerstand.

Trotzdem werden Subjekt und Objekt im Verhältnis zu anderen ostasiatischen Sprachen häufiger mindestens in Form des Pronomens ausgesetzt:

(25) Nws muab kiag ib daig ntaub maj coj los xaws kiag
     Pron V Adv(Exkl) Num Kl N [N]A V' V Adv(Exkl)
     sie nehmen also 1 Stoff Hanf nähen also

   ua ib tug chij. *Nws* tuav rawv daim ntaub maj ntawd, *nws*
   CoV Num Kl N Pron V Kl N [N]A Pron
   machen 1 Fahne sie festhalten Stoff Hanf sie

   tab meeg mus nyob rau Nyab Laj tua, Fab Kis kuj
   Adv V CoV CoV N V N Adv
   öffentlich gehen sein zu Vietnamesen schießen Franzosen auch

   tua, *nws* tuav rawv nws daim sev, *nws* ntxuaj Ø.
   V Pron V Pron Kl/Gen N Pron V
   schießen sie festhalten sie Schürze sie schwenken (5,495–498)
   Sie nahm also ein Stück Hanfstoff und nähte daraus eine Fahne. Dieses Stück Hanfstoff hielt *sie* fest (ohne es fallen zu lassen) und ging in aller Öffentlichkeit zu den Vietnamesen, um sie zu beschießen; als die Franzosen zurückschossen, hielt *sie* ihre Fahne (ohne sie fallen zu lassen) fest und schwenkte *sie*.

In einigen Fällen wird trotz des explizit als Nomen genannten Subjekts noch ein Subjektspronomen ausgesetzt (vgl. Bsp. (26)), so daß man eventuell von einer Tendenz des Pronomens mit dem Verb zu einem engeren Verbalkomplex zu verschmelzen sprechen könnte, die auch einen plausiblen Grund für die pronominale Aussetzung des Subjekts an den Stellen liefert, wo sie von der Klarheit des Kontextes her gesehen nicht erforderlich wäre. Selbst im Imperativ (vgl. Bsp. (27)–(29)) wird das Subjektspronomen der zweiten Person *koj* (Sg.), *neb* (Dual) und *nej* (Pl.) oft gesetzt:

(26) ua ciav niag ntxhais *nws* nyob hauv nkauj npuas hos !
     Adv Qual N Pron V Lokl N N Exkl
     überraschend groß Mädchen sie sein in Innenseite Stall Schwein tatsächlich
     da wohnte das Mädchen zu ihrer Überraschung (immer noch) in diesem Schweinestall.
     (2,87/8)

(27) *Mus* ! = Geh ! neben *koj* mus ! = (Du) geh ! (ME.86)
     du gehen

(28) *koj* tsis txhob mus ! (ME.86)
     Pron Neg Imp V
     du nicht gehen
     Geh nicht !

(29) *Nej* txav kev, kuv nqa phij xab los. (B.494)
     Pron V N Pron V N Vd
     ihr ausweichen Weg ich tragen Kiste kommen
     Geht mir aus dem Weg, ich bringe eine Kiste.

Nun können gewisse *Verben der Ruhe oder der Bewegung* in einigen Fällen ebenfalls transitiv sein, also ein Objekt nach sich tragen:

los:	(30)	mas	Yawm Saub	tso	kuv	*los*	ntiaj teb.(4,21/2)	
		Konj		V	Pron	V	N	
		nun		schicken	ich	zurückkommen	Erde	
		Nun schickt mich Yau Shao wieder auf die Erde zurück.						

tuaj: (31) Yog Hwb Xeeb tsis *tuaj* txoj kev no, ... (1,62)
 Konj Neg V Kl N Dem
 wenn nicht kommen Weg
 Wenn Hu Seng nicht auf diesem Weg kommt, ...

mus: (32) Nws yuav *mus* tsev. (4,236)
 Pron TAM V N
 er Fut gehen Haus
 Er wird (wieder) nach Hause gehen.

txog: (33) Paj Cai tus nees ntawd *txog* ib nta ntuj, (5,114)
 Kl/Gen N Dem V Num Q N
 Pferd ankommen 1 Hälfte Himmel
 Als Pa Tyai's Pferd auf halber Höhe (zwischen) Himmel (und Erde) ankam, ...

nyob: (34) Nej puas *nyob* tsev ? (B.290)
 Pron Quest V N
 du sein in Haus
 Bist du zu Hause?

 (35) kuv xav *nyob* ib qhov chaw uas tsis muaj neeg *nyob*.
 Pron V V Num Q(N) N Rel [Neg V N V] A
 ich wollen wohnen 1 Ort Platz nicht es hat Mensch wohnen
 Ich möchte an einem Ort leben, wo niemand wohnt. (ME.137)

Einige Verben sind *dreiwertig*, d.h. ihnen folgt ein direktes und ein indirektes Objekt ohne besondere Markierung:

(36) me nyuam *taij* niam – txiv nyiaj. (B.405)
 N V N N N
 Kind fordern Mutter Vater Geld
 Das Kind fordert von den Eltern Geld.

(37) thov nej *qhia* peb kev. (B.358)
 V Pron V Pron N
 bitten ihr erklären wir Weg
 Wir bitten euch, uns den Weg zu zeigen.

(38) Kuv txiv txhiaj muab kuv coj los *them* tsov se.* (2,51/2)
 Pron N Konj V Pron V' V N N
 ich Vater dann nehmen ich bezahlen Tiger Steuer
 Mein Vater bezahlte mich dem Tiger als Steuer.

---

* *them* kommt jedoch häufiger als zweiwertiges Verb mit dem CoV *rau* vor:
 (40) Nws tsis xav *them* nyiaj *rau* peb txiv. (29)
 Pron Neg V V N CoV Pron N
 er nicht wollen bezahlen Geld an wir Vater
 Er will unserem Vater kein Geld bezahlen.

Zuweilen wird das indirekte Objekt als Genitiv an das entsprechende direkte Objekt angeschlossen:

(39) cub *nws txawm* cawv lawm. (5,454/5), ebenso: (4,135)
    V   Pron Q/Gen   N   TAM
    brauen er   Destillierkolben Alkohol
    Sie braute seinen Alkohol/sie braute ihm den Alkohol.

Sowohl die dreiwertigen Verben, als auch die Fälle der direkt an ein Verb der Ruhe oder der Bewegung angeschlossenen Nomina sind relativ selten. Trotzdem ermöglicht erst der unmarkierte Anschluß eines Nomens als Objekt an ein Verb der Ruhe oder der Bewegung die Bildung von spezialisierten Verben – d.h. Co-Verben – im Rahmen der Grammatikalisierung.

Diese Co-Verben rekrutieren sich u.a. aus den in (30) bis (35) erwähnten Verben. Damit ergibt sich die Möglichkeit einer genaueren Beschreibung der lokalen Verhältnisse etwa zur Unterscheidung von Fällen wie "Er geht nach Hause." und "Er geht ins Haus hinein." usf., die entweder mit relationalen Nomina (Bsp. (41) bis (43)), oder mit Co-Verben (Bsp. (44) bis (47)) wahrgenommen wird:

(41) Nws rov   mus *hauv* tsev. (5,22/3)
    Pron PräV V   Lok1 N
    er   zurück gehen Inneres Haus
    Er ging zurück ins Haus.

(42) Yawm txiv   txawm mus *nram* ntug pas dej. (2,105/6)
    N   Konj   V   Lok1 N   N
    Schwiegervater dann   gehen unten Ufer Weiher
    Dann ging der Schwiegervater hinunter ans Ufer des Weihers.

(43) ua ciav   niag ntxhais nws nyob *hauv* nkauj npuas hos. (2,87/8)
    Adv   Qual N   Pron V   Lok1   N   N   Exkl
    überraschend groß Mädchen sie sein in Inneres Stall Schwein tatsächlich
    da wohnte das Mädchen zu ihrer Überraschung (immer noch) im Schweinestall.

(44) lawv mus   mus *rau* ib lub kwj   ha. (2,136)
    Pron V | V CoV Num Kl   N   N
    sie   marschieren gehen in   1   Flüßchen Tal
    Sie marschierten und kamen in ein Tal.

(45) Nws los   *txog* tsev. (5,118)
    Pron V   CoV   N
    er   zurückkehren ankommen Haus
    Als er zu Hause ankam, ...

(46) nws tab meeg mus   *nyob rau* Nyab Laj   tua. (5,496/7)
    Pron Adv   V   CoV CoV N   V
    sie öffentlich gehen sein   zu   Vietnamese schließen
    sie ging in aller Öffentlichkeit zu den Vietnamesen, um sie zu beschießen.

(47) Fab Kis ... tuaj   *txog*   rau tus dej Naj Npoob (5,508/9)
      N   V   CoV   CoV Kl   N
      Franzose kommen ankommen an   Fluß
      Die Franzosen gelangten bis an den Fluß Na Mbong.

So entwickelt sich das Co-Verb zu einer größtenteils unentbehrlichen Markierung bei den Verben der Ruhe und der Bewegung, obwohl es seine Existenz doch letztlich gerade der Tatsache verdankt, daß diese Verben (*nyob* und *txog*) auch unmarkierte Objekte nach sich tragen können. Gleichzeitig entsteht aber daraus ein Mittel, vollwertige Verben der Ruhe und der Bewegung von den entsprechenden homonymen, grammatikalisierten Verben formal zu unterscheiden.

Weiter spielt auch die Tendenz, dreiwertige Verben zu vermeiden, eine große Rolle. Ob jedoch diese Tendenz durch das Vorhandensein der Co-Verben gefördert wird, oder ob vielmehr diese das Entstehen der Co-Verben erst ermöglicht, läßt sich kaum entscheiden; wahrscheinlich bedingen sich beide Strömungen wechselseitig (vgl. S.25f.)

2. Die Juxtaposition

Das recht breite Spektrum an semantischen Relationen markierungslos juxtaponierter Verben, Verbalphrasen und Serialisierungsperioden läßt sich auch im Hmong im Rahmen der Koordination und der Finalität darstellen. Innerhalb dieser beiden Relationen unterscheide ich weiter zwischen der lexikalischen, nicht oder kaum produktiven Juxtaposition, bei der nichts zwischen die beiden Verben V_1 und V_2 eingefügt werden kann, und der syntaktischen Juxtaposition, bei der ganze Verbalphrasen und Serialisierungsperioden aneinandergefügt werden können.

2.1. Koordination

2.1.1. Lexikalische Koordination

Wenn zwei Verben ähnlicher Bedeutung hintereinander stehen, verschmelzen sie zu eigentlichen zweisilbigen Verben, die dem Lexikon zugeordnet werden müssen. Hierzu einige Beispiele:

1. Die Verknüpfung von Verben des "Greifens":
   Zuerst sei die Bedeutung der einzelnen Verben aufgeführt. Danach folgt eine Auflistung der möglichen Kombinationen:

nkaus: ist wohl das allgemeinste Verb für "greifen".

(48) Kuv *nkaus* hlo   phom mus ua   rog. (B.197)
      Pron V   Adv   N   V   V   N
      ich ergreifen entschieden Gewehr gehen machen Krieg
      Ich greife entschieden nach dem Gewehr und ziehe in den Krieg.

khawm (Synonym *qawm*): "mit dem Arm einen Körper umgreifen/umfassen".

(49) sis   *khawm* (B.117)
      Reziprok   V
      einander umarmen/umschlingen

(50)   me   nyuam *qawm*   niam   txiv. (B.344)
       N   V   N   N
       Kind   umarmen   Mutter Vater
       Das Kind umarmt die Eltern.

tuav: "halten, greifen"

(51)   koj   muab   tes   *tuav*   diav   mas! (B.441)
       Pron CoV   N   V   N   Exkl
       du   nehmen Hand halten Löffel gefälligst
       Ergreife den Löffel mit den Händen!

nthos und *tsawv* sind praktisch Synonyme: "etwas heftig an sich nehmen/reißen". Beispiele lassen sich nur in Verbindung mit *nkaus* finden.

ntsiab: "mit gebogenem Daumen und Zeigefinger kneifen; greifen (letztlich wohl alles, was sich mit einer Hand umgreifen läßt)":

(52)   lawv *ntsiab*   kuv   caj npab. (B.265)
       Pron   V   Pron   N
       sie kneifen   ich   Arm
       Sie kneifen meinen Arm.

Bertrais (197) erwähnt die Kombinationen *tuav nkaus*, *nthos nkaus* und *tsawv nkaus*. In meinem Material lassen sich folgende Kombinationen finden:

(53)   Ces   npawg yau   ya   ntxiag *tsawv nkaus*   caj dab.
       Konj   N   [V]A V   Adv   V   V   N
       Dann Bruder jünger fliegen schnell packen ergreifen Hals
       Danach stürzte sich der jüngere Bruder auf ihn und packte ihn am Hals.

(54)   Tus vauv   Xuv Looj txawm   *ntho nkaus*. (MCL.174)
       Kl   N   Konj   V   V
       Schwager   dann   packen ergreifen
       Der Schwager Su Long riß (den Tiger) an sich/ bemächtigte sich (des Tigers).

(55)   Mas tus tsov txawm ya   ceev ceev los   *khawm nkaus* ...
       Konj Kl N   Konj V   Adv   Vd   V   V
       dann   Tiger nun fliegen hastig, eilig kommen umfassen ergreifen
       Dann kam der Tiger eiligst herbeigeflogen und riß (das Schwein) an sich. (2,8/9)

(56)   Ces   txawm *ntsiab nkaus*   ib   tsob ... (4,102/3)
       Konj Konj   V   V   Num   Kl (für Pflanzen)
       da   dann greifen ergreifen 1   Pflanze
       Da ergriff (packte) er eine Pflanze und ...

Die so entstandenen zweisilbigen Verben bestehen alle aus einem allgemeinen Verb für "greifen" und einer näheren Spezifizierung des "Greifvorganges" durch ein zweites, genaueres Verb. Man könnte hier also bereits von modifizierender Verbserialisierung sprechen, wenn nicht das semantisch eingeschränktere Element, das die modifizierende Funktion zu übernehmen hätte, vor dem zu bestimmenden Verb stünde, was sonst nirgends im Hmong der Fall ist.

2. *zaum tsaws*:
   zaum: "sitzen" (B.568)
   tsaws: "sich niederlassen/setzen (von Vögeln und Flugzeugen)"; vgl. hierzu B.464 und 2,185/6.

   (57)   Niaj hnub *zaum tsaws* xwb. (B.464)
          Num Q(N)   V   V   Adv
          ganz Tag sitzen s.setzen nur
          Den ganzen Tag *faul herumsitzen*.

   (58)   tus tsov ... *zaum tsaws*   noj. (2,9)
          Kl   N   V   V | V
          Tiger   sitzen s.niederlassen essen
          Der Tiger *ließ* sich *nieder* und aß.

3. *qhuab qhia*
   qhuab: "ein Kind wegen eines Fehltritts ermahnen (mit Schlägen)". (B.361)
   qhia: "lehren, unterrichten, erklären, erläutern":

      qhia ntawv: lesen lehren

      qhia kev: den Weg erklären (B.358)

   (59)   kom koj coj rov   los   *qhuab qhia* ib   tsoom
          Konj Pron V   PräV Vd | V   V   Num   Q
          damit du bringen zurück kommen mahnen lehren 1 Ganzheit

          laj mej pej xeem sawv daws huv tib si. (5,46/7)
               N   N   Adv
          Untertanen   alle   ganz und gar
          damit du es mitnimmst und alle Untertanen samt und sonders darin *unterweisest*. (vgl. auch 5,197)

4. *mem saib*
   mem: "etwas erraten/herausfinden" (B.156)
   saib: "anschauen" (B.381f.)

   (60)   Koj sim   nrog kuv   *mem saib*. (4,55)
          Pron V   CoV Pron   V   V
          du   bitte! mit ich
          Bitte (hilf mir) etwas aus (den Träumen) *herauszufinden*.

5. *npau taws*
   npau: "sieden" (B.205)
   taws: "anzünden" (B.411)

   (61)   ces Yawg   *npau taws*, hais tias: (3,192/3)
          Konj N   V   V   V
          dann Großvater sieden anzünden sagen
          der Alte *wurde wütend* und sagte: (vgl. auch 4,278)

6. Kombination von statischen Verben mit der Bedeutung "schwarz, dunkel, finster":
tsaus: "finster" (B.462
nciab: "dunkel, schwarz" (B.190)
dub: "schwarz" (das eigentliche Farbadjektiv) (B.45)
nti: "finster, dunkel, stockfinster" (B.246)
hnyoo: "schwarz" (wohl als Resultat der Verbrennung: vgl. *kub hnyiab kub hnyoo* 'vollständig verbrannt' [B.87])

(62)   Ntuj   *tsaus nciab*,   pom uab lag xwb xwb li! (2,116/7)
           N   V   V   V   N   Adv Adv Exkl
           Himmel finster schwarz sehen Rabe   nur   nur   so
           Der Himmel war ganz schwarz vor lauter Raben.

(63)   Tus nees thiaj khiav rag ntws   raws   txoj kev
           Kl   N   Konj V   Adv   CoV   Kl   N/KN
              Pferd dann eilen rasend schnell entlang   Weg

           tsaus ntuj   nti   lawm. (5,55/6)
             V   N   V   TAM
           finster Himmel stockfinster
           Dann eilte das Pferd in Windeseile durch die Finsternis.

(64)   Khej tawv *dub*   *nciab*. (B.45)
           N   N   V   V
           Inder Haut schwarz schwarz
           Die Inder haben eine kohlenschwarze Hautfarbe.

(65)   Ua   qhov muag *dub*   *nciab*. (B.45)
           V   N   V   V
           machen Gesicht   schwarz schwarz
           unzufrieden dreinschauen.

(66)   Ntuj   *dub*   *nciab*, teb   *dub*   *hnyoo*. (B.190)
           N   V   V   N   V   V
           Himmel schwarz schwarz Erde schwarz schwarz
           Himmel und Erde sind ganz schwarz, d.h.: Es ist fürchterliches Wetter.

2.1.2. Syntaktische Koordination

Die unmarkierte Juxtaposition von Hauptverben (ev. mit Objekt) dient in sehr vielen Fällen der Koordination zweier oder mehrerer voneinander unabhängiger Handlungen. Hierzu einige Beispiele (für komplexere Bsp. s. Abschn. 4.6.):

(67)   Paj Cai *zaum tos*. (5,75)
           Name   V | V
                      sitzen warten
           Pa Tyai saß da und wartete.

(68)   Paj Cai tus   txiv ntxawm Xauv Tswb *pw*   *haus*   yeeb. (5,227)
           Name   Kl/Gen   N   V | V   N
                          Onkel   liegen trinken Opium
           Pa Tyai's Onkel Sao Tshu lag da und rauchte Opium.

(69) nws thiaj li *sau* nra *khiav* lawm. (5,412)
     Pron Konj V   N | V   TAM
     er   dann sammeln Besitz flüchten
     Er nahm sein Hab und Gut und flüchtete.

(70) xub nas *tawm* plaws *khiav*. (5,561/2)
     Q   N V   Adv   V
     Familie Ratte herauskommen schnell flüchten
     Die Rattenfamilie kam schnell heraus und machte sich davon.

(71) Nws thiaj *rho* hlo nws rab ntaj *cev* rau
     Pron Konj V   Adv Pron Kl/Gen N | V   CoV
     er   dann herausziehen schnell er   Säbel reichen an

     Nkaj Suab cov   Hmoob Yaj.
       Name   Pl/Gen   Klan-Name
     Er zückte schnell den Säbel und reichte ihn Nka Shua aus dem Klan der Ya.

(72) Tso kuv niag niam hlob *tuav* tw tsho *nce*
     V   Pron Qual/Gen N   [V]A V N   N | V
     lassen ich groß   Frau ältere halten Schwanz Rock hinaufsteigen

     rau saum ntsis ntoo av! (3,61/2)
     CoV Lok1   N   N   Exkl
     auf Oberseite Wipfel Baum
     Laß meine erste Frau sich an deinem Rockzipfel festhalten und steige (mit ihr) auf den Baumwipfel!

(73) Nkauj Mim *txo* cov txaj zeb ntawd *ntog*
     N   V Pl N   N Dem | V
     Mädchen   lösen   Steinhaufen   fallen

     los   mus. (5,514)
     Vd   V
     kommen gehen
     Das Mädchen Mi löste den Steinhaufen auf und (dieser) fiel hinunter.
     (Subjektswechsel!)

(74) Tsov thiab ntshuab txhiaj mus xuas qhov ncauj *tom* rub
     N   Konj   N   Konj V   CoV   N   V | V
     Tiger und Fischotter dann gehen mit Mund   beißen zu s.ziehen

     rau tim ntug. (2,153/4)
     CoV Lok1 N
     an   dort Ufer
     Dann gingen der Tiger und der Fischotter hin, um den (Leichnam) mit dem Mund zu packen und ans Ufer zu ziehen.

(75) Tus dev *dhia* qawm tus tswv. (B.344)
     Kl N   V | V Kl N
          Hund springen packen   Meister
     Der Hund wirft sich auf seinen Meister.

Falls die Beziehung zwischen zwei unmarkiert aneinandergefügten Hauptverben uneindeutig ist, kann die koordinierende Beziehung durch *thiab** (und), das auch einzelne Nomina verbindet, explizit zum Ausdruck gebracht werden. So ist das folgende Beispiel mehrdeutig,

(76) nws *sawv*   *hais* tias: (1,136)
     Pron V | V   Zit
     er   aufstehen sagen
     – er stand auf und sagte:
     – er erhob sich, um zu sagen:
     – aufstehend sagte er:

weil ein zweites Verb hinter einem Verb der gerichteten Bewegung wie *sawv* meist in finaler Beziehung zu ersterem steht, wie Beispiel (77) zeigt (vgl. auch Abschnitt 2.2.2. für *los, tuaj* und *mus*):

(77) Ntshai yuav yog tib neeg tshiab *sawv*   tsav   teb *tsav* chaw.
     N   TAM V N   [V]A V   V N V N
     fürchten Fut sein Mensch neu s.erheben regieren Land id. id.
     Ich habe Angst, daß jemand Neuer sich erhebt, um das Land zu regieren. (4,32)

Im folgenden Satz wird daher durch *thiab* Eindeutigkeit in Richtung Koordination geschaffen:

(78) lawv sawv   *thiab* pom peb tug txiv nees ntawd los   noj   nplej.
     Pron V   Konj V   Num Kl   N   Dem V   V   N
     sie s.erheben und sehen 3   Hengst   kommen essen Reispflanze
     Sie erhoben sich *und* sahen, wie die drei Hengste (ihre) Reispflanzen fraßen.
     (4,76/7)

Ein besonderer Typ von syntaktischer Koordination zeigt sich in den Sätzen *"des an einen Ort Gehens"* oder *"des von einem Ort Kommens"*. Wir unterscheiden drei Richtungsverben:

los (B.139/M.98):   "kommen" (an einen Ort, wo man normalerweise wohnt und lebt oder der zur neuen Heimat wird). Daraus ergibt sich auch die Bedeutung "zurückkommen, zurückkehren".

tuaj (B.442/M.99):   "kommen" (an einen Ort, wo man normalerweise nicht wohnt und lebt, von wo man also wieder zurückkehren muß).

mus (B.164/M.100): "gehen"

Von den 9 theoretisch möglichen Zweier-Kombinationen liefere ich im folgenden für 5 Belege (vgl. auch Owensby 1986:242):

1. *los – los*:

(79) *los*   qhov twg   *los*?   Woher kommst du zurück?
     V   Q/N Quest   V   Das erste *los* bezieht sich auf einen Ort,
     kommen Ort welcher kommen   der schon näher beim Fragenden liegt.
     (M.98)   Eine genaue Übersetzung muß also etwa
                                           folgendermaßen lauten:
                                           "Über welche (schon näher zu Hause liegende) Ortschaft bist du zurückgekommen?"

---

* Im Weißen Hmong existiert nur eine Konjunktion, im Unterschied zum Grünen Hmong, bei dem Li Charles N. (1989) zwei Konjunktionen zur Unterscheidung von gleichem Subjekt und verschiedenem Subjekt (Switch-reference) postuliert.

(80)   *los* Khoov Teb *los*.   Ich kam nach Bangkok (das schon in
            Bangkok   Richtung Heimweg lag) und ging zurück.
            (M.98)   Ich kam über/via Bangkok zurück.

(81)   kuv *los* Khoos Teb *los* Khej Me.   Ich bin via Bangkok nach Khek Noy
            ich   zurückgekommen.
            (M.93)

(82)   *los* ua   teb *los*.   Ich kam zur Feldarbeit und komme jetzt
            machen Feld   zurück. d.h.: Ich komme von der Feldarbeit
            (M.98)   zurück.

2. *tuaj – tuaj*:

(83)   koj *tuaj* qhov twg *tuaj*?   Wohin bist du gekommen, um hierher zu
            du   wo   kommen?
            (M.99/B.442)   Woher (über welche Ortschaft) bist du
                                            gekommen?

(84)   kuv *tuaj* Khoos Thev *tuaj*.   Ich kam nach Bangkok (wo ich nicht lebe)
            (M.99)   und komme nun hierher (wo ich auch nicht
                                            lebe).

dagegen: Ich komme von/via Bangkok hierher.

(85)   kuv *nyob* Khoos Thev *tuaj*.   Ich wohne in Bangkok und komme
            leben,   hierher.
            s.befinden in   Ich komme von Bangkok (wo ich lebe)
                                            hierher.

3. *mus* – mus

(86)   koj *mus* qhov twg *mus* Khej Me?   Du gehst wohin und gehst nach Khek Noy?
            (M.93)   Über welche Ortschaft gehst du nach Khek
                                            Noy?

4. *mus – los*

(87)   *mus* Nas *los*.   nach Nang gehen und zurückkommen.
                                            von Nang zurückkehren.

(88)   nws *mus* ua   teb *los*.   Er ging zur Feldarbeit und kam zurück.
            er   machen Feld   Er kam von der Feldarbeit zurück.

(89)   *mus* kawm   kawm txuj ci   *los*. (4,4/5)
            V   V   V   N   V
            gehen studieren id.   Wissenschaft kommen
            er kam vom Studium zurück.

(90)   Tub tshuaj xwm *mus* tshuaj   *los*   tias: (4,232)
            KN   V   V   V   V   Zit
            S p i o n   gehen spionieren kommen
            Die Spione kamen vom Spionieren zurück und (berichteten):

(91)   Nws *mus*   puas   *los*? (M.93)
            Er   V   Quest   V
            Ging er und kam er zurück ? bzw. Ist er zurückgekommen?

(92)   Lawv xav   *mus los*, ... (5,306)
            Sie   beabsichtigen V   V
            Als sie zurückzukommen beabsichtigten, ...

5. *tuaj – mus*

(93) Koj *tuaj*   *mus* qhov twg? (B.164)
      du V   V   Ort welcher
      Du kommst an einen dir ungewohnten Ort und gehst wohin?
      Wohin gehst du weiter?
      Wohin bist du unterwegs?

(94) Kuv *tuaj mus* Khoos Thev.
      Ich V   V   Bangkok
      Ich komme an einen mir fremden Ort und gehe nach Bangkok.
      Ich gehe nach Bangkok weiter.
      Ich bin nach Bangkok unterwegs.

2.2. Finalität

Erscheinen die drei Verben *los, tuaj, mus* an der Spitze einer Verbalreihe, steht das ihnen nachfolgende Verb in einem koordinierenden, sehr häufig jedoch in einem finalen Verhältnis zum vorangestellten Verb, wobei oft beide Interpretationsmöglichkeiten ineinander verschmelzen, so daß selbst bei einer koordinierenden Interpretation, die zu einer deutschen Übersetzung mit "und" führt, ein Rest Finalität mitschwingt.

2.2.1. Lexikalische Finalität

Einige aus der Voranstellung von *los, tuaj, mus* entstandene Verbalreihen tragen sehr starke lexikalische Züge. So setzen sich die Entsprechungen von deutsch "holen" aus drei verbalen Elementen zusammen:

(95) *mus* *nqa* tau ib qho mov *tuaj* (5,23)
      V   V   TAM Num Q N   Vd
      gehen tragen TAM 1   Topf Reis kommen
      er holte einen Topf Futter herbei

(96) *mus* *nqa* tus dej   ntawd *los* (5,313)
      V   V   Kl N   Dem   Vd
      gehen tragen Wasser   kommen
      sie holten dieses Wasser

Ebenso zu den in Richtung lexikalische Einheit tendierenden Verbalreihen zähle ich Verbindungen mit *xyuas* (nachschauen, besuchen), *cuag* (aufsuchen, vorstellig werden bei, besuchen), *tsham* (besuchen, ohne genauere Absichten; d.h. rein zufällig vorbeischauen), eventuell *thawj* (jdm. entgegengehen, jdn. in einer Sache angehen):

(97) Nws txawm *mus xyuas* Yawm Nyuj Laug hais tias:* (4,20)
      Pron Konj   V   V   N   V   Zit
      er   darauf gehen sehen Großvater   sagen
      Darauf ging er zum altehrwürdigen Nju Lao zu Besuch und berichtete ihm:

---

* *xyuas* kommt aber auch in seiner Bedeutung von "nachsehen" vor; in diesem Falle kann man nicht mehr von lexikalischer Einheit sprechen:

(100) tag kis   cov   kwv tij   *mus xyuas.*   (5,482)
       morgen   Pl   Freund gehen nachschauen
       Am anderen Morgen gingen die Freunde nachschauen.

(98)   Tsis yog tias kuv *tuaj*   tsham   kuv *tsham* tij. (1,88)
       Neg V   Zit Pron V   V   Pron V   N
       nicht sein   ich kommen besuchen ich id.   Bruder
       Es ist nicht so, daß ich meinen Bruder zum Vergnügen besuche.

(99)   ces nws thiaj *los*   *thawj* rau ib tug poj ntsuag. (4,27)
       Konj Pron Konj V   V   CoV Num Kl   N
       dann er also kommen besuchen zu 1   Witwe
       Also ging er zu einer Witwe [in den Bauch, um die Wiedergeburt zu erlangen].

(101) Mas tsuag tsuag *los*   cuag ! (4,259/60)
       Konj Adv   V   V
       daher schnell   kommen besuchen
       Daher komme mich so schnell als möglich besuchen!

(102) Mas kuv *tuaj*   cuag   koj saib: (1,12)
       Konj Pron V   V   Pron V
       also ich kommen aufsuchen du sehen
       also habe ich dich aufgesucht, um zu sehen...

(103) Kuv *mus* cuag Yaj Huab Xeeb saib: (4,46)
       Pron V   V   V
       ich gehen aufsuchen   sehen
       Ich gehe Ya Hua Seng aufsuchen, um zu sehen ...

2.2.2. *Syntaktische Finalität*

In einer Unzahl von Fällen steht ein nachgestelltes Verb eindeutig in finaler Relation zu den Verben *los, tuaj, mus* (für komplexere Bsp. s. 4.6.):

(104) Koj *mus* nrhiav tus poj ntsuag ntawd, (4,60/1)
       Pron V   V   Kl   N   Dem
       du gehen suchen   Witwe
       Geh diese Witwe suchen,

(105) mas kuv *mus* pab ! (4,96)
       Konj Pron V   V
       dann ich gehen helfen
       dann gehe ich ihm helfen.

(106) Nej *tuaj*   cawm kuv lod?
       Pron V   V   Pron Exkl
       ihr kommen retten ich wirklich (freundlich)
       Seid ihr wirklich gekommen, um mich zu retten?

(107) Nws hu   tsoom laus sawv daws *tuaj*   noj. (5,129)
       Pron V   Pl   N(V) N   V   V
       er rufen alle Alte alle   kommen essen
       Er rief alle Alten zum Essen zusammen.

(108) Sawv daws thiaj tau *los*   pw   rau pem Ceeb Tsheej. (5,548/9)
      N   Konj TAM V   V   CoV Lok1   N
      alle   also Verg kommen schlafen in oben Himmelspalast
      Alle kehrten sie also zurück, um oben im Himmelspalast zu schlafen.

(109) mas *tuaj*   qiv   koj tsev pw. (4,131/2)
      Konj V   V   Pron N   V
      aber kommen borgen du   Haus schlafen
      aber ich bin gekommen, um mir dein Haus zum Übernachten zu borgen.

(110) Cov *tuaj*   tua Paj Cai   ntawd .... (5,473)
      Pl [V   V   ]A Dem
          kommen töten
      Die, die kamen, um Pa Tyai umzubringen, ...

(111) Tus npawg hlob txawm   *mus ua*   luam. (3,7)
      Pl N   [V]A Konj V   V   N
          Bruder alt indess gehen machen Handel
      Der ältere Bruder indess war gegangen, um Handel zu treiben.

(112) lawv *mus ua*   phem   rau Moos Hwv (5,344)
      Pron V   V   N(V)   CoV
      sie gehen machen Schlechtes
      sie zogen aus, um den (Leuten von) Mong Hu Böses anzutun.

Das Hmong setzt die drei Verben *los*, *tuaj*, *mus* vor dem Verb weit häufiger als andere Sprachen. Es scheint ein elementares Bedürfnis der Sprache zu sein, die Richtung, die eine Verbalhandlung nimmt, auch an Verben zu markieren, die keine gerichtete Bewegung ausdrücken und daher auch kein direktionales Verb nach sich tragen können. Hier bietet sich die Konstruktion mit *los*, *tuaj*, *mus* in der ersten Position an, die diesem Bedürfnis genau entspricht. In der deutschen Übersetzung lassen sich diese Zusammenhänge nur sehr umständlich wiedergeben:

(113) Npawg hlob txhiaj *los*   kawm tau ob xyoos taw tes. (3,53)
      N   [V]A Konj   V   V   CoV Num Q N   N
      Bruder alt darauf kommen üben für 2   Jahr Fuß Hand
      Der jüngere Bruder trainierte nun zwei Jahre lang.
      [*los* bezieht sich auf die Tatsache, daß der ältere Bruder sein Training zu Hause verrichtet hat, nicht bei seinem jüngeren Bruder.]

(114) Ces nws txawm *los*   ntaus   ob   nkawg kawb loj ! (3,154/5)
      Konj Pron Konj   V   V   Num Q N   [V]A
      dann er   darauf kommen schlagen 2   Paar Haken groß
      Also schmiedete er sich zwei Paar große Waffen (Haken) !
      [*los* bezieht sich wieder auf ein sich Zurückziehen in die Privatsphäre und bekommt in diesem Zusammenhang etwa die Bedeutung eines *Reflexivs*.]

(115) Ib tug toj xeeb sau   neeg *mus* pab nws ua   liaj ua teb.
      Num Kl N   V   N | V   V   Pron V   N   V N
      1   Klanchef versammeln Mensch gehen helfen er   machen Feld id. id.

Ein Klanchef treibt Menschen zusammen, damit sie ihm helfen, die Reisfelder zu bestellen.
[*mus* zeigt hier lediglich, daß die Felder zu allem Übel auch noch weit weg liegen und man zu ihnen "hinausgehen" muß, um sie zu bearbeiten.]

(116) Nws ntxias kuv *tuaj* ntaus ntses. (2,170/1)
Pron V Pron V V N
er verführen ich kommen schlagen Fisch
Er verführte mich zum Fischfangen.
[*tuaj* drückt in diesem Kontext aus, daß sich die Verbalhandlung auf das Subjekt des übergeordneten Satzes bezieht; daher die Übersetzung "zu ihm".]

3. Die modifizierende Verbserialisierung

3.1. Verben als Modifikatoren des Hauptverbs

Im Hmong steht das modifizierende Verb hinter dem zu modifizierenden Verb. Ein statisches Verb, das einem dynamischen Verb nachgestellt ist, wird daher sehr oft adverbial interpretiert:

(117) tej roj ntsha thiaj *khiav zoo*. (5,92)
Pl N N Konj V V
 Fett Blut dann fließen gut
Blutkreislauf
dann fließt der Blutkreislauf gut.

(118) Tus kauv *khawb tob* li ib dos siab (5,484)
Kl N V V Komp Num Q V
 Reh graben tief wie 1 Spanne tief
Das Reh grub eine Spanne tief.

Oft wird das statische Verb in postverbaler Position redupliziert:

(119) Koj yuav *mus deb deb*, (1,119)
Pron TAM V V V
du Fut gehen weit id.
Wenn du so weit gehen mußt, ...

(120) kuv yuav *hais tseeb tseeb* rau koj. (2,48)
Pron TAM V V V CoV Pron
ich Fut sagen klar / deutlich zu du
ich will es dir klar und deutlich sagen.

(121) Muaj ib phau ntawv *pav khov kho* rau saud lub phij xab.
V Num Kl N V V V CoV Lokl Kl N
Es hat 1 Brief binden fest id. auf Oberseite Kiste
Oben auf der Kiste war ein Brief fest angebunden. (5,216/7)

Überhaupt stehen Modifikatoren des Verbs in unmittelbar postverbaler Position. So kennt das Hmong eine Reihe von Wörtern, die nur als Verbmodifikatoren vorkommen (vgl. hierzu auch Heimbach (1979:468–479), Ratliff (1986)):

(122) Noog ya   *plho* lawm. (B.335)
      V   V   Adv   TAM
      Vogel fliegen plötzlich
      Der Vogel war plötzlich davongeflogen.

(123) Niag vauv   txawm ya   *ntxiag* mus. (2,110)
      Qual V   Konj V   Adv   Vd
      groß Schwiegersohn darauf fliegen schnell gehen
      Darauf rannte der Schwiegersohn eiligst weg.

(124) Tus nees thiaj khiav *rag ntws*   raws   txoj kev tsaus ntuj
      Kl N   Konj V   Adv   CoV   Kl   KN [V   N
      Pferd dann rennen rasend schnell entlang, durch   Weg finster Himmel

      nti   lawm. (5,55/6)
      V]A   TAM
      dunkel
      Dann eilte das Pferd in Windeseile durch die Finsternis.

(125) Ces niag tsov txhiaj li nco   *dheev* txog. (2,127/8)
      Konj Qual N   Konj   V V   Adv   CoV
      da   groß Tiger darauf s.erinnern sofort an
      Da erinnerte sich der Tiger sogleich/sofort daran. (vgl. auch 5,457)

(126) poob *nthav*   rau ntawm Paj Cai lub   hauv plag. (5,215)
      V   Adv   CoV Lok1   Kl/Gen   N
      fallen plötzlich in Inneres   Zentrum des Hauses
      und fiel plötzlich mitten in Pa Tyai's Haus.

(127) quaj   *ntsuag qus* (2,140) bzw. *ntsuag qees* (3,10)
      weinen   Adv   Adv
      in großer Zahl weinen

(128) quaj   *dhev* (3,92/3)
      weinen Adv (schluchzend)
      schluchzen

(129) nco *ntsoov* (sich genau erinnern) (2,170)
      ntsia *ntsoov* (sich etwas genau ansehen) (2,198)
      paub *ntsoov* (etwas genau wissen) (B.266)

Auch Onomatopoetika zu Verben erscheinen in postverbaler Position:

(130) Nws muab nyom   nrov *nphoov* qhib   plho   lawm, (5,229/30)
      Pron CoV V   V   Adv   V   Adv   TAM
      er   nehmen aufstoßen tönen   öffnen plötzlich
      Als er damit rums die Kiste aufgestoßen hatte, ...

(131) Lub plab   nrov *pliv ploov*. (B.331)
      Kl N   V   Adv
          Magen tönen
      Der Magen macht [wenn er mit Wasser gefüllt ist] pli-plo [beim Rennen].

(132) Tsoo   taub hau nrov *nkhis nkhoos*. (B.203)
       V   N   V   Adv
     anstoßen Kopf   tönen
     Wenn man sich den Kopf anstößt, dann macht es nkhi-nkhong.

3.2. Die Resultativ-Konstruktion

Im Hmong kann das zweite Verb einer Verbalreihe das Resultat der ersten Verbalhandlung ausdrücken. Da in dieser Konstellation das zweite Verb seine Bedeutung nicht verliert, handelt es sich um eine Modifikation ohne Grammatikalisierung. Trotzdem ist gerade die resultative Beziehung des zweiten Verbs zum ersten als Ausgangspunkt für die Grammatikalisierung sehr geeignet, wie das Beispiel des TAM-Markers *tau* und der direktionalen Verben *los, tuaj, mus* in den folgenden Abschnitten 3.3. und 3.4. zeigen wird. Im Folgenden möchte ich einige Beispiele zur Resultativ-Konstruktion im Hmong anführen:

(133) neb   muab peb tus   Vaj   *tua* *tuag* ! (3,93)
      Pron   V   Pron Kl/Gen N   V   V
      ihr(2) nehmen wir   König töten sterben/tot
      ihr beide habt unseren König umgebracht ! (vgl. auch 2,205)

(134) Txiv Ntxawm muab tshuaj   *lom*   Los Xab *tuag*   tso !
       N   V   N   V   V   Adv
      Onkel   nehmen Medikament, Gift vergiften   sterben, tot zuerst
      der Onkel vergiftete zuerst Lo Sa mit einem Gift. (4,123/4)

(135) Mas Ntuj   tso   dej nag   *nyab*   ob tug *tuag*. (4,295/6)
      Konj N   V   N | V   Num Kl V
      also Himmel loslassen Platzregen überschwemmen 2   sterben, tot
      Also ließ der Himmel einen Platzregen fallen und ertränkte die beiden.

(136) Tab sis niag vauv   yawg twb coj mus *ntaus* *tuag* lawm tiag tiag!
      Konj   Qual N   [N]A Adv V   Vd | V   V   TAM Exkl Exkl
      aber   groß Schwiegersohn Großvater schon tragen gehen schlagen sterben
      Aber hatte er denn den Schwiegersohn nicht schon längst fortgeführt und erschlagen?! (2,183/4)

(137) Ces *ntaus*   nyuj *qaug*   tas nrho (1,127/8)
      Konj V   N   V   TAM
      dann schlagen Kuh umfallen vollständig, fertig
      Nachdem sie die Kuh fertig geschlachtet hatten, ...

(138) yawm txiv xuas tib pob zeb   ua   nws niag   vauv   *tiaj*
       N   CoV Num Q(N)   V   Pron Qual/Gen   N   V
      (Großvater) mit 1   Steinschlag machen er   groß   Schwager   fallen
      hau *tawg*   rhe ! (2,111/2)
       N   V   Adv
      Kopf zerschlagen/spalten rumps!
      der Onkel bewirkte mit einem Steinwurf, daß sein Schwager so auf den Kopf fiel, daß es ihm den Kopf spaltete/zerschmetterte.

(139) koj mus *hais* rau leej txiv Faj Tim Huab Tais *paub*. (4,306/7)
Pron V V CoV N N V
du gehen sagen zu Herr, Vater Kaiser wissen
Geh nun und informiere deinen Vater, den Kaiser.

(140) ntsiab hlua ees *tuav rawv* li lauj ! (1,77/8)
V N V V Komp Exkl
ergreifen Zügel halten bleiben so fest
er ergriff das Zügel und ließ es nicht mehr los.

(141) Nws *ntov* ib tug ntoo *vau* hlo. (57)
Pron V Num Kl N V Adv
er fällen 1 Baum fallen schnell, sofort
Er fällte den einen Baum, so daß er sofort fiel; Er fällte den einen Baum im Nu.

(142) thiaj tawm ib co kooj coob *ya* nrov ntwg *mus*
Konj V Num Pl N [V] V Adv V
dann herauskommen 1 Heuschrecke zahlreich fliegen uiii ! gehen

puv nkaus tsev. (5,230/1)
V Num N
füllen ganz Haus
Dann stürzte im Hui eine (solche Anzahl) Heuschrecken heraus, daß es das ganze Haus füllte.

3.3. Die direktionalen Verben

Die drei Verben *los, tuaj, mus* modifizieren ein vorangestelltes Verb dergestalt, daß sie den Verlauf oder die Richtung angeben, die die Verbalhandlung nimmt. Sie behalten ihre in Abschnitt 2.1.2. (S.222) aufgeführte Bedeutung grundsätzlich bei:

los: Bewegung auf einen Ort, wo die im Blickpunkt des Sprechverlaufs stehende Person oder ein mit ihr in Verbindung stehender Gegenstand für gewöhnlich lebt und wohnt bzw. sich befindet.

tuaj: Bewegung auf einen Ort, wo die im Blickpunkt des Sprechverlaufs stehende Person oder ein mit ihr in Verbindung stehender Gegenstand sich für gewöhnlich nicht aufhält bzw. befindet.

mus: Bewegung von der im Blickpunkt des Sprechverlaufs stehenden Person oder eines mit ihr in Verbindung stehenden Gegenstandes weg.

Während *los* und *tuaj* einen gewissen Bekanntheitsgrad des anvisierten Ziels voraussetzen – eine bereits aus dem Kontex bekannte oder sogar linguistisch eingeführte Person oder den Ort, wo sie sich aufhält –, weist *mus* in eine unbestimmtere Ferne.

Den Verben, die sich mit einem direktionalen Verb zu einer serialen Einheit verbinden können, ist selbstverständlich eine gewisse Gerichtetheit eigen: Es handelt sich also vorwiegend um Bewegungsverben oder Verben des Tragens, die mit dem direktionalen Verb zusammen die Bedeutung "hin- bzw. herbringen" erhalten. So sind denn auch die unten in den Beispielen aufgeführten Verben meist entweder Verben des Tragens (Punkt 1 bis 6), oder Bewegungsverben (Punkt 6 bis 16):

1. *nqa* (tragen):
   - (143) Ces txawm *nqa* tau ib   hwj   cawv *los*. (4,150)
     Konj Konj V   TAM Num Q   N   Vd
     Dann darauf tragen Verg 1   Flasche Wein kommen
     Darauf holten sie eine Flasche Wein herbei.

   - (144) mus *nqa* tau ib qho mov   *tuaj*. (5,23)
     V   V   TAM Num Q   N   Vd
     gehen tragen Verg 1   Napf Fressen kommen
     Er holte ihnen einen Napf Futter herbei.
     [Die Hunde sind von vorher bekannt und stehen in seiner Nähe; daher *tuaj* und nicht *mus*]

   - (145) mas kuv kom   lawv kav tsij zeeg *nqa* tej riam
     Konj Pron V   Pron V   Adv V   Pl N
     dann ich befehlen sie s.beeilen schnell tragen Messer

     phom *mus* rau Xyooj Tuam Xeeb. (5,407/8)
     N   Vd   CoV
     Waffe gehen zu
     ich befehle ihnen, schleunigst Messer und Feuerwaffen zu Sjong Tua Seng zu bringen.
     [Sjong Tua Seng ist erstens recht weit entfernt und zweitens aus dem Kontext nicht bekannt; daher *mus*]

2. *coj* (tragen)
   - (146) Huab Tais nrhiav tau   tus poj ntsuag muaj ib   plab
     N   V   V   Kl N   V   Num Q(N)
     Kaiser   suchen erlangen Witwe   haben 1   Bauch
     me nyuam, mas txawm *coj* poj ntsuag ntawd *los*.
     N   Konj Konj V   N   Dem   Vd
     Kind   dann darauf tragen Witwe   kommen
     Als der Kaiser die Witwe mit ihrem Kind im Bauche gefunden hatte, nahm er sie zu sich.

   - (147) Kuv txiv txhiaj muab kuv *coj* *tuaj*, kaw   rau
     Pron N   Konj   V   Pron V'   Vd   V   CoV
     ich Vater dann   nehmen ich tragen kommen einschließen in
     hauv   nkauj npuas no. (2,52/3)
     Lok1   N   N   Dem
     Inneres Stall Schwein
     Daher brachte mich mein Vater hierher [wo ich sonst nicht bin] und schloß mich in diesen Schweinestall ein.

   - (148) Npawg hlob txawm los   *coj* pej xeem huab hwm *mus* nyob.
     N   [V]A Konj V | V   N   Vd   V
     Bruder älter dann kommen tragen Untertanen/Volk   gehen wohnen
     Der ältere Bruder kam zurück und führte die Untertanen weg [an einen ihnen völlig fremden Ort], damit sie dort lebten.

3. *muab* (nehmen)

(149)   Ces Kws Leej Pov Hwj Txam *muab* nyiaj *muab* rauj,   *muab*
        Konj   V   N   V   N   V
        Dann   nehmen Silber nehmen Hammer nehmen

   kub *muab* thaw   los. (1,93/4)
   N   V   N   Vd
   Gold nehmen Amboß kommen
   Darauf brachte Ku Leng Po Hu Tsa Silber und Hammer, Gold und Amboß
   herbei. [zur im Zentrum der Geschichte stehenden Person und deren Aufenthaltsort]

(150)   Ces Los Xab txawm *muab* cov mov *mus* rau nraum zoov.
        Konj Konj   V   Pl N   Vd   CoV Lok1 N
        dann   darauf nehmen Reis gehen nach außen Wald
                                                        draußen
        Dann brache Lo Sa den Reis nach draußen (4,170/1)
        [unbestimmter Ort, Bewegung von der Bezugsperson weg; daher *mus*]

4. *ris* (auf dem Rücken tragen)

(151)   sawv daws *ris* pob zeb *mus* ua   txaj zeb rau
        N   V   N   Vd | V   N   N   CoV
        alle   tragen Stein   gehen machen Bett Stein bei

   pem ntav toj. (5,511/2)
   Lok1 N   N
   oben Mitte Berg
   Alle trugen Steine hinauf und machten oben mitten auf dem Berg einen Steinhaufen.
   [Die Richtung verläuft vom Blickpunkt der Erzählung weg auf ein neues Ziel
   hin; daher *mus*]

5. *kwv* (auf den Schultern tragen)

(152)   kom lawv tuaj *kwv* kuv *mus*. (5,446/7)
        Konj Pron V   V   Pron Vd
        daß sie kommen tragen ich gehen
        sie sollen kommen und mich forttragen.
        [Die Ich-Person spricht für den Fall, daß sie schon tot ist; dann soll man sie
        vordringlich einmal vom Unglücksort *weg*tragen; daher *mus*]

6. *cab* (führen, indem man etwas hinter sich herzieht)

(153)   Niag neeg kom   kuv *cab* tus nees no *tuaj*   tos   koj.
        Qual N   V   Pron V   Kl N   Dem Vd | V   Pron
        groß Mensch befehlen ich führen Pferd   kommen warten du
        Die Persönlichkeit befahl mir, dieses Pferd hierherzubringen [wo ich mich
        sonst nicht aufhalte] und auf dich zu warten. (5,43/4)

7. *nce* (hinaufsteigen)

(154) npawg hlob tus   tub   txawm *nce*   *mus* nyob saum ntoo.
N   [V]A Kl/Gen N   Konj   V   Vd   CoV Lokl N
Bruder älter   Sohn dann   hinaufsteigen gehen auf   oben Baum
Der Sohn des älteren Bruders stieg auf den Baum. (3,155/6)
[Er bewegt sich vom Betrachter weg in unbestimmte Höhe; daher *mus*]

8. *nqes* (hinabsteigen)

(155) nws *nqes*   saum tus ntoo   *los*. (5,250/1)
Pron V   Lokl Kl   N   Vd
er   hinabsteigen oben   Baum kommen
Er stieg vom Baum herab.
[Er bewegte sich zum Betrachter her und kam gleichzeitig wieder zurück; hier kommt also *los* in seiner vollsten Bedeutung zum tragen]

9. *sawv* (sich erheben)

(156) Nag kis   koj   mam *sawv*   ntxov ntxov *tuaj*. (5,441)
Adv   Pron Konj V   Adv   Vd
übermorgen du   erst s.erheben ganz früh   kommen
Dann sollst du dich erst übermorgen [von dir weg zu mir, wo du dich normalerweise nicht aufhältst] zu mir aufmachen.

(157) Tus ntxhais ntawd *sawv*   *los*   ua   niam toj. (5,492)
Kl   N   Dem V   Vd   V   N   N
    Mädchen   s.erheben kommen machen Frau Berg
Dieses Mädchen erhob sich wie ein Berggeist.
[Reflexivität, die sich ja immer auf das Subjekt *rück*bezieht, wird oft mit *los* ausgedrückt.]

10. *xa* (schicken)

(158) Ces Paj Cai cov   tub rog thiaj *xa*   xov   *los*.
Konj Name Pl/Gen N   Konj V   N   Vd
dann   Soldat   dann schicken Meldung zurückkommen
Darauf schickten Pa Tyai's Soldaten eine Meldung zurück.
[Pa Tyai steht im Zentrum der Geschichte, die Handlung bewegt sich zudem auf das Hauptlager, an das die Soldaten die Meldung *zurück*schicken; daher *los*]

(159) Ces Xeev Laus lawv txawm *xa*   tus   ntxhais *tuaj*. (3,157)
Konj   Pron Konj V   Kl   N   Vd
dann   sie darauf schicken   Tochter kommen
Dann schickten Seng Lao und die Seinen ihre Tochter dorthin. [zu jdm. Bekannten; also an einen Ort, wo sie sich normalerweise nicht aufhält; daher *tuaj*]

(160) Kuv mus   plhis   cev   los   tso, kuv mam *xa*   koj *mus*.
Pron V   V   N   V   Adv Pron Konj V   Pron Vd
ich   gehen verjüngen Körper kommen zuerst ich   dann schicken du   gehen
Sobald ich von der Verjüngungskur zurückkomme, schicke ich dich weg.
[d.h. du bist wieder frei und kannst von mir aus hingehen, wohin du willst; daher *mus*]

11. *ya* (fliegen)

   (161)   Mas tus tsov txawm *ya* ceev ceev *los*. (2,8)
             Konj Kl   N   Konj V   Adv   Vd
             dann   Tiger darauf fliegen eilig   kommen
             Dann kam der Tiger eiligst herbeigeflogen.

12. *khiav* (rennen, schnell davon rennen, fliehen)

   (162)   Mas nws pom ib pab npua teb *khiav khiav los*. (2,6)
             Konj Pron V   Num Q   N   V   V   Vd
             da   er sehen 1   Horde Wildschwein rennen id. kommen
             Da sah er eine Horde Wildschweine an sich vorbeifliegen.
             [Die Tiere fliehen auf ihn zu und nahe an ihm vorbei; daher *los*]

13. *dhia* (springen; rennen)

   (163)   Tsov thiab plis nkawd *dhia dhia mus* ntsib ntshuab.
             N   Konj N   Pron   V   V   Vd   V   N
             Tiger und Wildkatze sie (2) rennen id. gehen antreffen Fischotter
             Der Tiger und die Wildkatze rannten weiter und trafen den Fischotter.
             [Die beiden Tiere rennen ins Unbestimmte weiter; daher *mus*]

14. *tawm* (hinausgehen)

   (164)   Koj *tawm*   *tuaj*   peb tham. (B.410)
             Pron V   Vd   Pron V
             du   hinausgehen kommen wir   reden
             Komm doch (etwas) zu uns heraus, damit wir miteinander reden können.
             [Die Handlung verläuft vom Hause des Angeredeten weg zu einem bekannten
             Ort; daher *tuaj*]

15. *rho* (ausreißen, entwurzeln)

   (165)   Ces txawm ntsiab nkaus ib tsob tig ntiag *rho* *los*.
             Konj Konj   V   V   Num Kl   Num Q(V) V   Vd
             dann darauf packen greifen 1   Pflanze 1   Ruck ausreißen kommen
             Da ergriff er eine Pflanze und entwurzelte sie mit einem Ruck. (4,102/3) [Die
             Bewegung verläuft zum Handelnden hin; daher *los*]

16. *caij* (reiten)

   (166)   Nws *caij* nees qas ntxiag *mus* lauj. (1,69/70)
             Pron V   N   Adv   Vd   Exkl
             er   reiten Pferd schnell   gehen
             Auf seinem Pferd jagte er schnell dahin.
             [Es ist kein Ziel anvisiert; daher *mus*]

Die Verben *los* und *tuaj* haben noch je spezifische Bedeutungen als Vollverben, die auch dann durchscheinen können, wenn sie hinter einem anderen Verb stehen:

los: kann die Bedeutung von "unvermittelt in Erscheinung treten/aufkommen", "an die Oberfläche treten", "durchsickern" u.ä. haben*

(167) Dav hlau tshwm plaws sab roob nraud *los*. (B.492)
  N V Adv Q(N) N Dem(Lok1) Vd
  Flugzeug erscheinen plötzlich Seite Berg hinten kommen
  Das Flugzeug erscheint plötzlich hinter dem Berg hervor.

(168) Me nyuam yug *los* lawm. (ME.98/B.140)
  N V Vd TAM
  Kind geboren werden kommen
  Das Kind ist zur Welt gekommen.

(173) Kua tawm *los*. (B.140)
  N V Vd
  Saft hinausgehen kommen
  Der Saft kommt hervor.

tuaj: tritt als Vollverb oft in der Bedeutung von "werden", "entstehen", "sich entwickeln", "aufblühen, sprießen, wachsen" auf:

(174) hniav *tuaj* die Zähne kommen/stoßen hervor (B.442/ME.99)

(175) *tuaj* plaub die Haare sprießen (B.442/ME.99)

(176) noog *tuaj* tis dem Vogel wachsen die Flügel (B.442)
  Vogel Flügel

(177) txawm *tuaj* ib nthwv cua. (5,34/5)
  Konj V Num Q N
  dann kommen 1 Stoß Wind
  dann kam/erhob sich ein Windstoß

(178) Kuab dev vwm *tuaj* pos. (18)
  N V N
  Pflanzensorte kommen Dorne
  Der Kua De Wu-Pflanze sprießen die Dornen.

(179) Lub pas dej no *tuaj* ntxhuab taws. (61)
  Kl N Dem V N Adv
  Weiher kommen Moos in Fülle
  An diesem Weiher sprießt das Moos in Hülle und Fülle.

Es folgen einige Beispiele für *tuaj* mit seiner besonderen Bedeutung hinter *dynamischen Verben*:

---

* Beispiele:
  (169) *los* nag (kommen – Regen: es regnet), *los* daus (es schneit), *los* lawg (es hagelt), *los* te (es gibt Reif).
  (170) nqaij *los* kua (Saft kommt aus dem Fleisch)
    Fleisch Saft
  (171) *los* ntshav (kommen – Blut: es blutet)
  (172) *los* zis (kommen – Urin: urinieren [unbewußt, unwillentlich])

(180) Ntshai yuav *nyiam* kuv *tuaj*. (ME.99)
 V TAM V Pron Vd
 fürchten Fut lieben ich kommen
 Vielleicht kommt es soweit, daß du/er mich lieb(s)t.

(181) Ntuj tshiab *tawm* *tuaj*. (B.411)
 N [V]A V Vd
 Jahreszeit neu hinausgehen kommen
 Eine neue Jahreszeit bricht an.

Hinter *statischen Verben* bedeutet *tuaj* "werden":

(182) Lub ntuj kaj *tuaj*. (ME.99)
 Kl N V Vd
 Himmel klar kommen
 Der Himmel wird klar.

(183) Kawm ntawv kom *ntse* *tuaj*. (ME.99)
 V N Konj V Vd
 studieren Buch um spitz, klug kommen
 Studieren, um klug zu werden.

(184) me nyuam ⟶ Das Kind ist groß geworden (B.72)
 Kind
          hlob tuaj.
          groß kommen
 dej ⟶ Der Fluß ist angeschwollen (B.72)
 Fluß

(185) lwj *tuaj* (faul werden/verfaulen) (4,192 und 4,264)
 faul

3.4. Der Ausdruck von TAM mit entsemantisierten Verben

Einige Tempus-Aspekt-Modus-Markierungen (TAM) lassen sich direkt aus homonymen Vollverben ableiten. Anhand der unten aufgeführten Beispiele kann man zeigen, daß sowohl dem Bezugsverb vorangestellte, als auch dem Bezugsverb nachgestellte Verben zu TAM-Markern entsemantisiert werden. Bei präverbaler Modifikation entwickelt sich zuerst ein Hilfsverb mit hypotaktischer Funktion, das zunehmend zu einem reinen TAM-Marker grammatikalisiert wird. Im Falle der postverbalen Modifikation, wo das zweite Verbum zum ersten zuerst in einem resultativen Verhältnis steht, bildet sich die TAM-Funktion parallel zum Sinken der konkreten, vollsemantischen Bedeutung des zweiten Verbs heraus.

Diese Zusammenhänge werden an den drei Verben *yuav, tau* und *tsum* untersucht. *Tau* tritt in präverbaler und postverbaler Position auf und unterliegt in beiden Fällen der Grammatikalisierung. *Yuav* kommt nur präverbal vor. *Tsum* schließlich ist ebenfalls dem Verb vorgestellt, unterscheidet sich aber vom Verb *yuav* dadurch, daß es nur die erste Stufe der Grammatikalisierung bis zum Hilfsverb durchläuft. Das TAM-Zeichen *lawm* wird hier nur in einer Anmerkung (s.S.239) behandelt, da die verbalen Eigenschaften dieses wohl aus dem Thai (vgl. *léεw*, S.357) oder dem Chinesischen (vgl. *-le*, S.131ff.) TAM-Zeichens im Hmong nicht eindeutig genug sind.

3.4.1. yuav

Als Vollverb kommt *yuav* mit der Grundbedeutung "nehmen" vor:

(186) kuv *yuav*   kuv lub tsho tiv   nag. (B.564)
Pron V   Pron Kl/Gen V [V   N]A
ich nehmen   ich   Mantel abwehren Regen
Ich nehme meinen Regenmantel.

Mit dem Objekt *txiv* (Mann) und *poj niam* (Frau) und einigen weiteren Personenbezeichnungen erhält *yuav* die Bedeutung von "heiraten":

(187) Nws *yuav* Phes Cas tus   ntxhais. (5,8)
Pron V   Kl/Gen N
er   heiraten   Mädchen/Tochter
Er heiratete die Tochter des Phe Tya.

(188) ces   kuv mus   *yuav*   poj niam. (2,169/70)
Konj Pron V   V   N
dann ich   gehen heiraten Frau
dann heiratete ich meine Frau.

Die zweite Sonderbedeutung von *yuav* läßt sich ebenfalls leicht aus der Grundbedeutung ersehen:

(189)   *yuav* ntaub (B.564)
        V   N
        kaufen Stoff
        Stoff kaufen

Allerdings scheint das chinesische Lehnwort *muas* je länger je mehr die Stelle von *yuav* mit der Bedeutung "kaufen" einzunehmen.*

Im nächsten Satz erhält *yuav* die Bedeutung von "wünschen, wollen". Diese Ableitung ergibt sich leicht aus einem Gesprächskontext folgender Art: "Nimmst du Tee ?" – "Hättest du gerne Tee ?" – "Wünschst/willst du Tee ?".

(190) *Yuav* nyiaj los   *yuav* kub ? (4,239)
       V   N   Konj V   N
       wollen Silber oder   wollen Gold
       Willst du Silber oder Gold?

Diese letzte Bedeutung liefert den sichtbarsten und einleuchtendsten Übergang von einem Vollverb zu einem homonymen TAM-Marker, der das Futurum ausdrückt. Dabei wird *yuav* vorerst zu einer Zwischenstufe zwischen Vollverb und TAM-Marker: zum Hilfsverb (vgl. hierzu Clark 1982:137; sie spricht von "auxiliary verb"), da es nicht mehr

---

*   Es ist interessant zu sehen, daß das Hmong die beiden Verben für "kaufen" und "verkaufen", die sich im Chinesischen nur durch den Ton unterscheiden – *măi* (買 , kaufen) und *mài* (賣 , verkaufen) –, mit dem Tonunterschied als *muas* (kaufen) und *muag* (verkaufen) entlehnt hat.

wie die Hauptverben regierenden Charakters (*pab* "helfen", *paub* "wissen", usf.; s. S.277 und S.275) hinter einem weiteren regierenden Verb in regierter Position stehen kann, d.h. also immer an der Spitze einer Verbalreihe auftreten muß. Zudem vermitteln regierende Verben dem untergeordneten Verb keinerlei modale Bedeutung.

Damit verläuft die Entsemantisierung bei *yuav* vom Hauptverb über das Hilfsverb zum TAM-Marker.

Weiter wird man den Verdacht eines Zusammenhangs zwischen der chinesischen Silbe *yào* (wollen, vgl. S. 116ff.) und Hmong *yuav* nicht los. Tatsächlich erfüllt *yào* von seiner Vollverbbedeutung "wollen" über seine Hilfsverbfunktion bis hin zum TAM-Zeichen die gleichen Funktionen wie *yuav*. Man kann daher vermuten, daß sich das Hmong möglicherweise in Anlehnung an das chinesische Vorbild ein entsprechendes Verb aus dem Lexikon ausgesucht hat, das lautlich dem Chinesischen gleicht und sich bedeutungsmäßig einigermaßen mit dem Vorbild zur Deckung bringen läßt.

Die folgenden Beispiele zeigen *yuav* als Hilfsverb:

(191) Ces luag tsoom zeej tsoom hwm sawv daws leej twg *yuav*
Konj Pron Q Q N Kl Quest V
dann sie Gesamtheit id. alle Mensch welcher wollen
nuv ntses los, (1,29/30)
V N V
fangen Fisch kommen
Da nun alle samt und sonders Fische fangen wollten, ...

(192) Ces kuv *yuav* cuag kuv tij laug Txheeb Kab Xwb saib ... (1,54/5)
Konj Pron V V Pron N V
daher ich wollen besuchen ich ält. Bruder schauen
Daher wollte ich (dich), meinen älteren Bruder Tseng Ka Su, besuchen, um zu sehen...

In anderen Fällen ist *yuav* nur noch futurisch als TAM-Marker zu verstehen:

(193) Kuv sab ntuj *yuav* los nag peb xyoos. (1,41)
Pron Q/Gen N TAM V N Num Q
ich Seite Himmel Fut kommen Regen 3 Jahre
Auf meiner Seite des Himmels wird es drei Jahre lang regnen.

(194) Thaum Nkauj Mim *yuav* tuag, ... (5,528)
Lok[temp] N TAM V
Zeit Mädchen Fut sterben
Als Mi kurz vor dem Sterben war, ...

(195) Mas tsov *yuav* los muab kuv tom mus noj. (2,53/4)
Konj N TAM V V Pron V | V V
dann Tiger Fut kommen nehmen ich beißen gehen fressen
Dann wird der Tiger kommen, wird mich beißen und auffressen.

(196) Koj yog ib tug zoo neeg *yuav* los tuav lub ntuj lub teb.
Pron V Num Kl Qual N TAM V V Kl N Kl N
du sein 1 gut Mensch Fut kommen regieren Himmel Erde
Du bist ein guter Mensch, der kommen wird, um Himmel und Erde zu regieren.

(197) Xyov   yuav tsav   tau   los tsis tau. (4,22/3)
      V   TAM V   TAM   Konj Neg TAM
      nicht wissen Fut regieren können oder nicht können
      (Allerdings) weiß (ich) nicht, ob ich werde regieren können oder nicht.

(198) Kuv yuav yuav   txiv. (MCL.168)
      Pron TAM V   N
      Ich Fut heiraten Mann
      Ich werde (dich) zum Manne nehmen/heiraten.

Ein weiterer deutlicher Hinweis für die Ableitung von *yuav* als TAM-Marker aus dem chinesischen Verb *yào* geht aus der Tatsache hervor, daß *yuav* zusammen mit der TAM-Partikel *lawm* analog dem chinesischen *yào V le* die unmittelbare Zukunft ausdrückt*:

(199) Kuv *yuav* mus   *lawm*. (M.85)
      Pron TAM V   TAM
      ich Fut gehen
      Ich gehe gleich.
      (Vergleiche hierzu die analoge Konstruktion im Chinesischen:

      Wǒ   *yào* qù   le.
      Pron TAM V   TAM
      ich Fut gehen)

Somit besteht kein Zweifel, das *yuav* seine TAM-Funktion einer Entsemantisierung und damit einer Grammatikalisierung vom Hauptverb über das Hilfsverb verdankt, die aber wahrscheinlich erst durch den Einfluß des Vorbilds aus dem Chinesischen in diesem starken Maße entstehen konnte.

3.4.2. tau

tau hat als Vollverb die Bedeutung "erhalten", "erlangen", "erreichen", "Erfolg haben", "etwas wirklich tun können", "das Recht haben zu", "können".

Dieses Verb wurde entweder direkt aus dem Chinesischen (*dé*, erlangen, erreichen; sino-japanisch *toku*; vgl. S. 99f.) oder mittelbar aus dem vietnamesischen *được* (finden;

---

* Zur Funktion von *le* vgl. S. 128f; vgl. ebenso Thai *lέεw* auf S.357ff. Der entsprechende TAM-Marker des Hmong – *lawm* –, der praktisch die gleichen Funktionen erfüllt, läßt sich nicht so leicht mit dem homophonen Verb *lawm* (fortgehen) in Übereinklang bringen und wird deshalb nicht in diesen Abschnitt 3.4.1. aufgenommen. Immerhin scheint *lawm* schon als unmarkiertes Verb vorwiegend in Perfektbedeutung aufzutreten:

(200) nws *lawm*. (B.129)   "Il est parti."
(201) Lawv mus *lawm*. (B.219)   "Ils sont partis."

In (201) ist bereits nicht mehr zu unterscheiden, ob *lawm* nun als Vollverb in resultativer Stellung zu *mus* steht, oder bereits TAM-Funktionen trägt (vgl. auch S.257).
Es wäre also ohne weiteres möglich, daß Hmong analog zum Fall *yuav* aus seinem Verbbestand ein dem chinesischen *le* bzw. Thai *lέεw* lautlich nahestehendes und in einem engen Bereich sogar ähnlich funktionierendes Verb (vgl. Bsp. (201))zur Abdeckung des gesamten Funktionsbereiches des Vorbilds aus dem Chinesischen bzw. aus dem Thai auswählte.
Leider läßt sich diese Entwicklung aber mit dem mir zur Verfügung stehenden Material nicht vollumfänglich nachvollziehen. Es bestehen aber meiner Ansicht nach kaum Zweifel daran, daß *lawm* durch Einflüsse aus dem Chinesischen oder Thai bedingt ist.

erwerben, erlangen; dürfen, können) oder aus dem Thai *dâj* (erwerben, erlangen; dürfen, können) entlehnt. Die TAM Funktionen sind ebenfalls mehr oder weniger aus der Funktion von *dé*, *dược* und *dâj* erklärbar (vgl. S. 56f.).

Zuerst folgen nun einige Beispiele, die *tau* als Vollverb zeigen:

(202) Txhia niaj txhia zaus kuv *tau* ib nyuag txhais se xwb. (2,78/9)
     Num Num Num Q Pron V Num Qual Q V Adv
     alle jedes alle Mal ich erhalten 1 klein Hälfte Steuer nur
     Jedesmal habe ich (bis jetzt) nur ein kleines Stück als Steuer erhalten.

(203) Nag hmo kuv poj niam *tau* ib tug me nyuam. (Clark 1982:133)
     Adv Pron N V Num Kl N
     gestern ich Frau bekommen 1 Kind
     Gestern hat meine Frau ein Kind zur Welt gebracht.

(204) Dev *tau* npluas. (B.408)
     N V N
     Hund bekommen Blutegel
     Der Hund holte sich einen Blutegel.

(205) Ab! Tswv yim tseem tsis *tau* tas! (4,108)
     Exkl N Adv Neg V TAM
     Ach! Fähigkeit noch nicht erreichen ganz
     Meine Fähigkeiten sind noch immer nicht ausgeschöpft!

(206) Koj hais tias: tsis *tau* lawm, los sawv daws yuav tsum
     Pron V Zit Neg V TAM V N TAM
     du sagen nicht gelingen kommen alle müssen
     tso tseg. (5,380/1)
     V V
     lassen aufhören
     Wenn du sagst, es gehe nicht, dann müssen wir alle aufhören.

(207) *tau* kev = den Weg/die Mittel finden zu (ME.102)
     Weg

(208) *tau* tes = die Hände frei haben zu
     Hand

(209) *tau* nyiaj = Geld bekommen
     Geld

Der folgende Satz zeigt, daß *tau* sogar mit einem direktionalen Verb zusammen vorkommt und dabei eine ähnliche Bedeutung wie *muab...los* (vgl. Beispiel (387) bis (389)) annimmt:

(210) Niaj hnub no, tej tib neej txhiaj *tau* tsov niag
     Num Q Dem Pl N Konj V N Qual/Gen
     jeder Tag Menschen nun ergreifen, nehmen Tiger groß

```
        kuam los      ntaus! (3,221/2)
          N   Vd   |   V
```
Horn kommen schlagen
Seither ziehen die Menschen jeden Tag mit den Hörnern der Tiger (Orakel).

Nun steht *tau* in präverbaler und in postverbaler Position. Beide Fälle sollen im Folgenden getrennt untersucht werden:

a) *tau* in präverbaler Position:
In präverbaler Position kann *tau* die Bedeutung, die es als Vollverb in den obigen Beispielen hatte, beibehalten: "erlangen, die Gelegenheit haben zu, können":

(211) Ces nws *tau*   noj   *tau*   haus. (1,28)
      Konj Pron V   V   V   V
      Nun er   bekommen essen bekommen trinken
      Nun bekam er zu Essen und zu Trinken (in Hülle und Fülle)!

(212) Saib   yog leej   twg   *tau* ua   txhaum zoo li cas lawm?
      V   V   Kl   Quest TAM   V   N   TAM
      schauen sein Mensch welcher können machen Fehler so einer
      Wir wollen schauen, wer einen solchen Fehler begehen konnte! (5,364/5)

(213) Koj mus deev   hluas nkauj,   koj puas *tau* nrog tham?
      Pron V   V   N   Pron Quest TAM   CoV V
      du   gehen den Hof machen junges Mädchen du   erlangen mit reden
      Du hast dem jungen Mädchen den Hof gemacht, konntest du mit ihr reden?

(214) Kuv pab nws kom *tau* ua. (ME.130)
      Pron V   Pron Konj TAM   V
      ich helfen er damit erlangen machen
      Ich helfe ihm, damit er es machen kann.

(215) Tuaj   los   kuv tsis *tau* noj lawm. (5,445)
      V   V | Pron Neg TAM   V   TAM
      kommen kommen   ich nicht können essen
      Wenn du dann kommst, kann ich nicht mehr essen.

Auch hier erfüllt *tau* wie oben *yuav* die Funktion eines Hilfsverbs mit der Bedeutung "können", aus der sich schlußendlich die weiter grammatikalisierte Funktion des TAM-Markers für die Vergangenheit herausentwickelt (vgl. Clark (1982)):

(216) Kuv txhiaj *tau* mus   nruab dab ntub (1,173)
      Pron Konj TAM   V   Lok1   N
      ich daher Verg   gehen Mitte   Schlaf
      daher wandelte ich im Schlaf

(217) Mas koj tsis *tau* los   qhia rau ntiaj teb neeg. (5,43)
      Konj Pron Neg TAM   V   V   CoV N   N
      aber du   nicht Verg kommen lehren auf Erde   Mensch
      Aber du bist nicht gekommen und hast die Menschen auf Erden gelehrt.

(218) tab sis luag   tsis *tau* muab ib   lo lus   tseem ceeb kom kuv
      Konj Pron   Neg TAM V Num Kl N   [V]A Konj Pron
      aber er (sie,Pl) nicht Verg 1   Wort wichtig   daß ich
      coj   los   tua lub teb lub chaw Nplog no. (5,192–4)
      V   Vd | V Kl N Kl   N   N   Dem
      tragen kommen töten Land   Land Laote
      aber er hat nicht ein Wort davon gesagt, daß ich euch hierherbringen soll, um die
      Laoten zu töten.

b) *tau* in postverbaler Position

In postverbaler Position steht *tau* in einem resultativen Verhältnis zu seinem vorangestellten Bezugsverb. In vielen Fällen kommt die konkrete Bedeutung von *tau* (erlangen, erreichen) noch deutlich zum Ausdruck:

(219) Huab Tais *nrhiav tau*   tus poj ntsuag ... (4,66)
       N   V   V   Kl N
       Kaiser   suchen erlangen   Witwe
                        finden
       Der Kaiser *fand* die Witwe....

(220) nws tseem *nrhiav tsis tau*   chaw. (5,226)
       Pron Adv   V   Neg V   N
       er   noch suchen nicht erlangen Platz
       er hatte noch keinen Platz gefunden.

(221) Lawv *txhom tau*, ... (4,88)
       Pron V   V
       sie   fangen erlangen
       Nachdem sie sie [die Pferde] gefangen hatten, ...

(222) peb thiaj *yuav tau*   peb tej   av ! (5,190)
       Pron Konj V   V   Pron Pl/Gen N
       wir dann nehmen erlangen wir   Erde
       dann halten wir unser Land!

(223) *ntes tau*   Zaj laug coj   los   rau koj saib: (1,174)
        V   V   N   V   Vd   CoV Pron V
       ergreifen erlangen Drache   führen kommen zu du schauen
       ich ergreife den Drachen, um ihn dir mitzubringen, damit du siehst...

(224) Nws *tua   tau*   npua teb   rau kuv noj. (2,123)
       Pron V   V   N   CoV Pron V
       er   schießen erlangen Wildschwein für ich essen
       Er hatte mir ein Wildschwein zum Essen geschossen/erlegt.

(225) Lawv *huab tau*   nyiaj txiag ntau ntau. (5,332)
       Pron V   V   N   Adv
       sie   rauben erlangen Reichtümer ganz viel
       Sie rissen ungezählte Reichtümer an sich.

(226)   Yawm Nyuj Laug *yug*   tau   ob   tug me tub. (4,1)
        N   V   V   Num Kl   N
        Großvater   gebären erhalten 2   Sohn
        Dem alten Nyu Lao wurden zwei Söhne geboren.

In anderen Fällen dient *tau* nur noch dem Ausdruck des Potentialis:

(227)   Ces Yawm Pus tig   tsis   *tau*   rov   los   tom. (3,71)
        Konj   V   Neg   TAM   PräV   Vd | V
        so   s.wenden nicht können zurück kommen beißen
        So konnte sich Yau Pu nicht wenden, um ihn zu beißen.

(228)   Yog tias muaj txoj hmoov,   koj   pab   *tau*   kuv   ais. (3,39/40)
        Konj Zit V   Kl   N   Pron   V   TAM   Pron   Exkl
        wenn   haben   Glück du   helfen können ich
        Wenn du Glück hast und du mir helfen kannst, ...

(229)   Los   tsev puas   *tau* ? (ME.102)
        V   N   Quest TAM
        kommen   Haus   können
        Darf/kann ich eintreten ?

Schließlich bezeichnet auch *tau* in postverbaler Position die Vergangenheit:

(230)   mas txawm vau   *tau*   ib   tsob pos   rau   hauv plawv kev.
        Konj Konj V   TAM   Num   Kl   N   CoV   Lokl N   N
        sondern   werfen Verg   1   Dorn auf   drauf Herz Weg
        sondern warf einen Dornenbusch mitten auf den Weg. (4,291/2)

(231)   Paj Cai hais   *tau*   li   ntawd rau   sawv daws,... (5,198/9)
                V   TAM   Komp   Dem   CoV   N
                sagen Verg   so   zu   Leute, Volk
        Nachdem Pa Tyai so zu den Leuten gesprochen hatte,...

Damit hat sich gezeigt, daß *tau* in präverbaler und in postverbaler Position in einem recht breiten Spektrum der Entsemantisierung von der resultativen bzw. Hilfsverb-Funktion bis hin zur TAM-Markierung in Erscheinung treten kann. Soweit ich beobachten konnte, hat jedes Verb eine Stellung, in der *tau* normalerweise vorkommt. Zeigt es sich dann aber auf der anderen Seite, so ist die Funktion von *tau* stark betont.

3.4.3. *tsum*

Tsum unterscheidet sich von den anderen in diesem Abschnitt aufgeführten Verben dadurch, daß es nur der ersten Stufe der Entsemantisierung bis zum Hilfsverb unterworfen ist.

Als Hauptverb findet sich *tsum* bei B.475 in der Bedeutung von "ein Resultat erzielen", "sich beschaffen":

(232)   Kuv *tsum*   ib   rab riam. (B.475)
        Pron V   Num   Kl   N
        ich   s.beschaffen 1   Messer
        J'ai acquis un couteau.

(233) Peb mus caum muas lwj *tsum*   ib   tug. (B.475)
      Pron V   V   N   V   Num   Kl
      wir   gehen jagen Hirsch erwischen 1   Stück
      Nous sommes allés chasser le cerf, nous en avons eu un.

(234) mas   peb sawv daws sawv   los   mus *tsum*   lub teb chaws.
      Konj Pron N   V   Vd   V   V   Kl N
      denn wir alle   s.aufmachen kommen gehen einnehmen   Land
      denn wir alle machen uns auf und nehmen das Land ein. (5,259/60)

Tsum kann in dieser Bedeutung dem Hauptverb nachgestellt werden und steht so in resultativer Relation zum vorangehenden Verb:

(235) Nws   mus   coj   poj niam tsis *tsum*. (B.475)
      Pron V   V   N   Neg   V
      er   gehen nehmen Frau   nicht Erfolg haben
      Il est allé chercher femme sans résultat.

Als Hilfsverb kommt *tsum* jedoch nie ohne vorangestelltes *yuav* vor:

(236) *Yuav tsum* ua   teb   txhiaj li   yuav tau   noj. (B.475)
       TAM   V   N   Konj TAM V   V
       müssen   machen Feld dann Fut bekommen essen
       Il est nécessaire de faire les raï pour avoir à manger.

(237) Nej *yuav tsum* txais   kuv txoj   sia ! (5,534)
      Pron TAM   V   Pron Kl/Gen N
      ihr   müssen   aufnehmen   ich   Leben(skraft)
      Ihr müßt meine Lebenskraft aufnehmen!

(238) Vgl. Beispiel (206)

Weitere Angaben zu *tsum* lassen sich leider nicht machen, da das vorhandene Material nicht mehr hergibt.

4. Die Co-Verben

4.1. Einleitung

Die Co-Verben im Hmong können im Gegensatz zu den Sprachen Vietnamesisch, Thai und Khmer, wo sie nur hinter dem Hauptverb stehen, in präverbaler und postverbaler Position auftreten, wobei die beiden Positionen teilweise unterschiedliche syntaktische Funktionen erfüllen. Auch hier ist ein Co-Verb in postverbaler Stellung oft näher mit dem vorangegangenen Hauptverb verknüpft und bildet im Sinne der Ausführungen Teng's (1975:10, vgl. auch S.140f.) eine engere semantische Einheit mit diesem als ein präverbales Co-Verb. Zudem trägt ein postverbales Co-Verb oft noch sehr stark die Züge eines Vollverbs, da diese Konstruktion auch in resultativem Sinn interpretierbar ist (weiteres S. Abschn. 4.2., S.246,249).

Im weiteren Verlauf dieses Abschnitts über Co-Verben möchte ich die folgenden zwei Typen von Co-Verben unterscheiden:

1. Co-Verben mit lokativischer oder destinativischer Funktion: *nyob, txog, nto, rau* (sowie *ti, lawm,* und *ze*, die ich aufgrund des Materials noch nicht völlig erfassen kann) (Abschnitt 4.2.)
2. die übrigen Co-Verben (Abschnitt 4.3.)

Die Co-Verben des ersten Typs lassen Konstruktionen mit zwei Co-Verben hintereinander zu und treten nur postverbal – oder am Satzanfang in der Topik-Position – auf, während von den Co-Verben des zweiten Typs nur *ein* Vertreter prä- und/oder postverbal erscheinen kann.

Die Tatsache, daß beim ersten Typ zwei Co-Verben aneinandergereiht werden können (s.S.255), zwingt zu einer dynamischen Behandlung des Phänomens Co-Verb innerhalb des Kontinuums Verb-Adposition im Sinne von Paul (1982), da eine Beschreibung vom Blickwinkel diskreter grammatikalischer Entitäten uns gar nicht mehr das nötige Rüstzeug zu vermitteln in der Lage wäre, um sämtliche als Resultate der Grammatikalisierung zu betrachtende Elemente innerhalb einer Serialisierungsperiode adäquat zu beschreiben und vor allem deren Reihenfolge schlüssig zu begründen.

In einem nächsten Abschnitt (4.4.) sollen die Kombinationsmöglichkeiten von Co-Verben und direktionalen Verben (vgl. Abschn. 3.3.) in einer serialen Einheit erläutert werden. Abschnitt 4.5. widmet sich der erweiterten serialen Einheit mit "nehmen". Abschnitt 4.6. schließlich präsentiert einige Beispiele zur markierungslosen Juxtaposition komplexerer Serialisierungsperioden.

4.2. Die lokativisch-destinativischen Co-Verben

4.2.1. Die Co-Verben nyob, txog, nto und rau

1. *nyob:* "sein (lokativ)", "sein (existieren)", "sich befinden", "leben/wohnen in", "bleiben".

Als *Vollverb* erscheint *nyob* relativ selten alleinstehend, d.h. ohne Co-Verb oder relationales Nomen:

(239) Nws yuav *nyob* pes tsawg hnub? (B.290)
Pron TAM V Quest Q
er Fut bleiben wieviel Tag
Wieviele Tage wird er bleiben?

(240) Kuv me nyuam tsis *nyob* lawm. (B.290)
Pron N Neg V TAM
ich Kind nicht existieren mehr
Mein Kind ist/lebt nicht mehr.

(241) Kuv txawm *nyob* qhov no. (B.290)
Pron Konj V Q(N) Dem
ich also bleiben Ort
Also bleibe ich hier.

(242) Kuv *nyob* qaum ntuj, (4,13)
Pron V KN/Lok2 N
ich wohnen Oberseite Himmel
Wenn ich im Himmel leben würde, ...

Meistens folgt *nyob* als Hauptverb ein relationales Nomen:

(243) ua ciav niag ntxhais nws *nyob* hauv nkauj npuas hos!
      Adv Qual N Pron V Lok1 N N Exkl
      überraschend groß Mädchen sie wohnen in Stall Schwein tatsächlich
      da wohnte das Mädchen zu ihrer Überraschung (noch immer) im Schweinestall. (2,87/8)

(244) Ob tug me tub ntawd *nyob saum* ntuj. (4,2)
      Num Kl N Dem V Lok1 N
      2 Söhne leben oben Himmel
      Die beiden Söhne lebten im Himmel.

Sehr oft tritt das Co-Verb *nrog* (s.S.258ff.) mit *nyob* zusammen in der Bedeutung von "wohnen", "leben in" auf:

(245) Npawg yau txawm *nrog* npawg hlob *nyob*. (3,27)
      N [V]A Konj CoV N [V]A V
      Bruder jung dann mit Bruder alt leben/bleiben
      Der jüngere Bruder blieb mit dem älteren Bruder zusammen.

(246) Tus Los Xab mus *nrog* tus Txiv Ntxawm *nyob* tau peb xyoos.
      Kl V CoV Kl N V Cov Num Q
      gehen mit Onkel bleiben während 3 Jahr
      Lo Sa ging und blieb drei Jahre bei seinem Onkel.

Als Co-Verb zeigt sich *nyob* in den folgenden beiden Beispielen:

(247) Maiv Mim npaj ib roog qav *nyob* hauv tsev.
      V Num Q(N) N CoV Lok1 N
      bereiten 1 Tisch Speise im Inneres Haus
      Mai Mi bereitet ein Essen im Hause vor. (Clark 1979:6)

(248) *Nyob* Tsheej Maim, teb chaws zoo li cas ? (ME.174)
      CoV N Komp Quest
      in Chiang Mai Feld wie was
      Wie sind die Felder in Chiang Mai ?

Meistens läßt sich jedoch *nyob* gar nicht eindeutig als Co-Verb oder Verb festhalten, da viele Kontexte beide Interpretationsmöglichkeiten erlauben. Hinter den Richtungsverben *los, tuaj, mus* fällt eine solche Entscheidung oft besonders schwer, da ein dahinter stehendes Verb sowohl in finaler Beziehung zu diesen stehen (vgl. S.225f.) als auch als Co-Verb verstanden werden kann. Zudem bekommt das sonst lokativische *nyob* in diesem Kontext destinativische Bedeutung. Hier fördert nur der Kontext eine Interpretation in die eine oder andere Richtung. So verstehe ich *nyob* in den ersten zwei folgenden Beispielen eher als Vollverb, während ich mit den weiteren Beispielen eine allmähliche Entsemantisierung hin zum Co-Verb darzustellen versuche:

(249) Koj coj pej xeem huab hwm me tub me nyuam, koj *mus nyob*
      Pron V N N N Pron V V
      du tragen Untertanen Sohn Kind du gehen wohnen

           ntswj teb ntawd. (3,126/7
             N   Dem
           Land
           Nimm deine Untertanen, Söhne und Kinder mit und gehe, um dieses Land zu
           bewohnen. [Mit *nyob* ist hier eindeutig etwas Dauerhaftes gemeint, im Sinne
           des Vollverbs mit der Bedeutung "wohnen", "bleiben".]
(250)   Mas   kuv   xav   kom   koj   *mus nyob*. (3,33)
        Konj Pron V   Konj Pron V   V
        daher ich   wünschen daß   du   gehen wohnen
        Daher wünsche ich, daß du dorthin gehst und [dort] wohnst.
(251)   Ces   thiaj   muaj   ib   xub   nas   tsuag   los   *nyob*   rau   hauv
        Konj   Konj   V   Num   Q   N   V   V/CoV   CoV   Lok1
        dann   darauf es gibt 1   Familie Hausmaus kommen wohnen/in zu   Inneres
        daim   qab   txiag   pob   zeb ..... . (5,559/60)
        Kl   KN   N   N
              Unterseite Brocken Stein
        dann kam eine Familie Hausmäuse unter den Steinbrocken (zu wohnen).
(252)   Los Xab txawm *mus nyob*   rau   nram   ib   tug
                Konj   V   V/CoV   CoV   Lok1   Num   Kl/Gen
                seinerseits gehen wohnen/zu zu unten 1
        poj   ntsuag tsev. (4,125/6)
        N   N
        Witwe   Haus
        Lo Sa ging seinerseits zum Hause einer Witwe/
        Lo Sa ging seinerseits, um im Hause einer Witwe zu übernachten.
(253)   Nws   tab   meeg   *mus nyob* rau Nyab Laj   tua. (5,496/7)
        Pron Adv   V   CoV   CoV   N   V
        sie   öffentlich gehen in   zu   Vietnamese   schießen
        Sie ging in aller Öffentlichkeit zu den Vietnamesen, um sie zu beschießen.
Ebenfalls nur schwer als Vollverb oder Co-Verb/Präposition interpretierbar ist *nyob*
am Anfang eines Attributs zu einem Nomen, in dem eine Unterscheidung zwischen
einem Relativsatz mit dem Vollverb "wohnen" und einem präpositionalen Attribut
praktisch kaum möglich ist:
(254)   Lawv mus   puav   tau   cov tub rog   Nyab Laj   *nyob*   hauv   lub
        Pron V   V   TAM   Pl N   N   [V/CoV   Lok1   Kl
        sie   gehen einkreisen können   Soldat   Vietnamese wohnen, auf   Inneres
        yeej   ntawd, (5,304/5)
        N   Dem]A
        Festung
        − Sie (die Hmong) konnten zwar die vietnamesischen Soldaten in dieser
          Festung einkreisen, ...
        − Sie konnten zwar die vietnamesischen Soldaten, die in dieser Festung lebten,
          einkreisen, ...

Damit zeigt sich uns *nyob* als relativ starkes Vollverb, das zwar durchaus eine Interpretation i.S. einer Präposition erfahren kann, das jedoch seine Funktion als Vollverb noch stark durchscheinen läßt und somit oft eine eindeutige Interpretation verunmöglicht. Es ist daher nicht weiter erstaunlich, daß ein Verb, das in so vielen syntaktischen Kontexten nicht eindeutig als Präposition bestimmbar ist, als Co-Verb mit relativ starken Verbaleigenschaften ein schwächer verbales Co-Verb wie *rau* nach sich tragen kann.

2. *txog*: "ankommen in/an", "erreichen", "bis zu"

Txog kann als *Vollverb* vorkommen:

(255) Nws *txog* ntawm qhov rooj, (3,195)
Pron V Lok1 N
er ankommen Inneres Tür
Als er unter der Türe ankam, ...

(256) Thaum ntawd yuav *txog* peb caug thiab. (5,127)
Q Dem TAM V N Adv
Zeit Fut ankommen Neujahrsfest auch
Zu dieser Zeit sollte auch das Neujahrsfest näherrücken.

(257) Paj Cai tus nees ntawd *txog* ib nta ntuj, (5,114)
Kl/Gen N Dem V Num Q N
Pferd ankommen 1 Hälfte Himmel
Als Pa Tyai's Pferd auf halber Höhe (zwischen) Himmel (und Erde) ankam, ...

(258) Cas yuav *txog* kuv siav ua luaj no? (1,137)
Quest TAM V Pron N Komp Dem
wie Fut ankommen ich Atem derart
Wie konnte ich nur derart außer Atem kommen?

Eindeutig als *Co-Verb* zeigt sich *txog* in folgenden Beispielen:

(259) Kuv ua hauj lwm *txog* tog, lawv tuaj hu kuv. (B.505)
Pron V N CoV N Pron V V Pron
ich machen Arbeit bis Hälfte sie kommen rufen ich
Als ich bis zur Hälfte gearbeitet hatte, kamen sie, um mich zu rufen.

(260) sawv daws sib tham *txog* ib tag hmo. (5,198/9)
N rezpir V CoV Num Q N
alle reden bis 1 Hälfte Nacht
Mitternacht
sie diskutierten alle bis um Mitternacht miteinander.

(261) Nws ris hlo kawm mus *txog* ib tog kev, (5,459/60)
Pron V Adv N Vd CoV Num Q N
sie auf d. Rücken schnell Krätze gehen bis zu 1 Hälfte Weg
tragen
Wie sie mit der Krätze rasch bis zur Hälfte des Weges gegangen war, ...

249

(262) Mas dhia   mus   *txog* lub qhov taub, ... (4,290)
       Konj V   Vd   CoV   Kl   N
       aber rennen gehen bis zu   Loch
       aber als er bis zum Loch gerannt war, ...

(263) Lawv coj   nws mus   *txog* nraum tus dej Naj Xuam, (5,525)
       Pron V   Pron Vd   CoV   Lok1 Kl   N
       sie tragen sie gehen bis zu hinter   Fluß
       Dann nahmen sie sie auf die andere Seite des Na Sua Flußes mit, ...

In einigen Fällen erscheint *txog* in der Funktion einer streng dem Hauptverb zugeordneten Adposition:

(264) Ces niag tsov txhiaj li *nco*   dheev *txog*. (2,117/8)
       Konj Qual N   Konj   V   Adv   CoV
       da   groß Tiger   darauf s.erinnern sogleich daran
       Da erinnerte sich der Tiger sogleich daran.

(265) *Xav* *txog* luag tej. (ME.82/B.505)
       V   CoV   Pron
       denken an   andere
       an andere denken

(266) Kuv *hais* *txog* qhov ntawd. (ME.82/B.505)
       Pron V   CoV   Q(N) Dem
       ich reden über Sache diese
       Ich rede darüber.

(267) *Tuav* *txog* nws lub   npe ua   (ME.82/B.505)
       V   CoV   Pron Kl/Gen N   V/Konj
       nennen   er   Name um zu
       Sich seines Namens bedienen, um ...

(268) *hu* *txog* nws lub   npe   (ME.82)
       V   CoV   Pron Kl/Gen N
       rufen an   er   Name
       seinen Namen anrufen (vgl. auch 5,14/5)

(269) *ntseeg* *txog* Ntuj (B.263)
       V   CoV   N
       glauben an   Gott
       an Gott glauben

Wie oben im Falle *nyob* läßt sich *txog* nach den Verben *los, tuaj, mus* nicht mehr eindeutig als Co-Verb oder Vollverb ansprechen (vgl. S.246). Im extremsten Fall kann zwischen die beiden Elemente eine Konjunktion (ein konjunktionales Verb) treten, so daß beide Elemente als Vollverben zu deuten sind:

(270) Koj *tuaj*   kom *txog*   kuv. (5,440)
       Pron V   Konj V   Pron
       du   kommen daß ankommen ich
       Mach, daß du zu mir kommst.
       Komm zu mir.

In Beispiel (270) drückt *kom* explizit das finale Verhältnis zwischen den beiden Vollverben aus, das man sonst wegen fehlender Markierung nur vermuten kann. Wenn *txog* ohne Objektsnomen hinter einem Verb der Bewegung steht, läßt es sich zum einen als Co-Verb ohne Objekt, zum anderen jedoch als Vollverb in resultativer Beziehung zum ersten Verb sehen, wie dies in (270) offen markiert dargestellt wurde.

(271) Los Xab *mus* *txog* lawm, ... (4,297)
                V   V/CoV   TAM
           gehen ankommen, dort
           Nachdem Lo Sa *dort* angekommen war, ...

(272) cas   tsis pom Los Tuam thiab Los Lwm ob tug *tuaj*   *txog* ?
      Quest Neg V   Konj   Num Kl V   V/CoV
      warum nicht sehen   und   2   kommen ankommen
      Wie ist es möglich, daß du Lo Tua und Lo Lu nicht hast hierher kommen/ankommen sehen ?

Folgt jedoch nach *txog* ein Nomen, so scheint sich eine Interpretation als Co-Verb eher aufzudrängen und die Möglichkeit, *txog* als resultatives Verb zu sehen, tritt in den Hintergrund:

(273) Koj *mus* *txog*   qhov twg? (B.505)
      Pron V   CoV   Q(N) Quest
      du   gehen ankommen Ort   welcher
      Wohin bist du gegangen?

(274) Peb tug kwv tij *mus* *txog* Faj Tim, (4,125)
      Num Kl   N   V   CoV Titel
      3   Bruder gehen zu   Kaiser
      Während die drei Brüder zum Kaiser gingen, ...

(275) *tuaj*   *txog*   rau tus dej Naj Npoob (5,509)
      V   CoV   CoV Kl   N
      kommen ankommen bei   Fluß
      sie gelangten bis an den Fluß Na Mbong

(276) *Mus* *txog*   rau ntawm ib   lub qab tsuas. (5,54)
      V   CoV   CoV Lok1 Num Kl N
      gehen ankommen bei an   1   Höhle
      Er gelangte zu einer Höhle.

Damit erweist sich auch *txog* als ein relativ starkes Element, dessen Funktion zwischen Co-Verb und Vollverb sich nicht immer eindeutig ausmachen läßt. Immerhin scheint mir eine Abgrenzung in vielen Fällen im Gegensatz zu *nyob* schon erheblich leichter. Trotzdem hat sich aber auch *txog* dank der relativ vielen funktional mehrdeutigen Kontexte seinen verbalen Charakter soweit erhalten, daß es ohne weiteres das schwächer verbale Co-Verb *rau* nach sich tragen kann.

3. *nto*: "ankommen", "erreichen", "ans Ziel gelangen", "bis zu"

Nto ist praktisch ein Synonym zu *txog*, mit der Ausnahme vielleicht, daß es das Moment der Ankunft an einem Ziel etwas stärker betont. Auf jeden Fall kommt es deutlich seltener vor als *txog*.

Es folgen einige Beispiele für *nto* als Vollverb:

(277) So ob chim thiaj *nto* toj. (B.249)
V   Num Q   Konj V   N
s.ausruhen 2   Weile dann ankommen Berg/Gipfel
Zweimal rasten, um den Gipfel des Berges zu erreichen.

(278) Lub hli *nto* tim npoo ntuj. (B.249)
Kl N V Lokl N N
Mond ankommen bei Rand Himmel
                H o r i z o n t
Der Mond erreicht den Horizont.

Als Vollverb steht es auch in einigen idiomatischen Wendungen:

(279) *nto* nkauj (ins Alter eines jungen Mädchens kommen) (B.249)
      Mädchen

(280) *nto* nraug (ins Alter eines jungen Mannes kommen) (B.249)
      junger Mann

(281) *nto* hluas (ins Jünglingsalter kommen) (B.249)

In den folgenden beiden Beispielen erscheint *nto* in resultativer Position als Vollverb:

(282) Kuv suav tsis *nto* pua. (B.249)
Pron V Neg V Num
ich zählen nicht erreichen 100
Ich kann nicht bis 100 zählen.

(283) Dav hlau ya tsis *nto* lub roob siab. (B.249)
N V Neg V Kl N [V]A
Flugzeug fliegen nicht erreichen Berg hoch
Das Flugzeug schafft es nicht, auf der Höhe des Berges zu fliegen.

Schließlich tritt *nto* auch in der Funktion des *Co-Verbs* auf:

(284) Sawv daws tuaj mus *nto* rau pem lub tuam Roob Loj lawm,
N V V CoV CoV Lokl Kl Qual N [V]A TAM
alle kommen gehen ankommen an oben groß Berg groß
Als alle oben am Großen Berg angekommen waren, ... (5,347/8)

Aus den auffindbaren Beispielen läßt sich also gerade soviel sehen, daß *nto* genug Verbalcharakter auch als Co-Verb bewahren konnte, um das schwächer verbale Co-Verb *rau* nach sich zu tragen.

4. *rau* "setzen, stellen, legen", "in, an", "zu...hin", "für", "zugunsten von".

Rau tritt sehr häufig und in sehr vielen Bedeutungen auf. Als Vollverb kommt es meist in der Bedeutung von "setzen, stellen, legen" (Beispiel (285) – (286)) und in vielen idiomatischen Wendungen (Beispiel (287) bis (294)) vor:

(285)   rau   qhov   no   bzw.   rau   ntawm no ! (ME.100)
        V   Q(N)   Dem   V   Lok1   Dem
        stellen Ort   stellen an
        Stell es hierher!

(286)   rau tshuaj   rau qhov muag (B.364)
        V   N   CoV N
        tun Medikament in   Auge
        ein Medikament ins Auge tun.

(287)   kuv rau   tswv yim rau   lawv. (B.364/ME.100)
        Pron V   N   CoV   Pron
        ich geben Rat   an   sie
        Ich gebe ihnen einen Rat.

(288)   mas ho rau   mov los   rau   koj noj; (4,148)
        Konj Konj V   N   Vd   CoV   Pron V
        aber nun auftischen Reis kommen für du   essen
        aber nun tischen wir dir Reis zum Essen auf;

Einige weitere Redewendungen:

(289)   *rau* khau   sich die Schuhe anziehen (ME:100/B.364)
              Schuh

(290)   *rau* ntshoob   sich die Ledergamaschen anziehen (ME.100)
              Ledergamaschen

(291)   *rau* ntsev   salzen (B.364)
              Salz

(292)   *rau* zeb   (Reis) auf den Mühlstein legen (B.364)
              Stein

(293)   *rau* txim   bestrafen (ME.100)
              Strafe

(294)   *rau* siab   sich Mühe geben, sich anstrengen (B.364)
              Leber

Als Co-Verb drück *rau* unter anderem *lokativische* und *destinativische* Verhältnisse aus:

Lokativisch:

(295)   Tag kis ces koj   nuv   rau   hauv pas. (1,17)
        Adv   Konj Pron V   CoV   Lok1 N
        morgen dann du   fischen bei   in   Weiher
        Am Morgen sollst du im Weiher Fische fangen.

(296)   muab Zaj Laug tau coj los   khi   rau   nram ntsa
        V   N   TAM V'   Vd | V   CoV   Lok1 N
        nehmen Drache   können tragen kommen anbinden an unten Mauer
        laj kab cia.
        N   V
        Zaun   lassen
        er konnte den Drachen mitnehmen und an einem Zaun festbinden.

(297) nws muab rab tuam phom khuam *rau* saum nws xub pwg. (5,291/2)
Pron V Kl Qual N V CoV Lok1 Pron N
er nehmen Mg hängen oben er Schulter
er hängte sich das Maschinengewehr an die Schultern.

(298) poob ntsej muag *rau* lub Ntuj lub Teb lawm. (5,363)
V N CoV Kl N Kl N TAM
verlieren Gesicht vor Himmel Erde
wir haben vor Himmel und Erde das Gesicht verloren.

Destinativisch:

(299) ces muab sab ntuj qhuav tig *rau* kuv, muab sab ntuj
Konj V Q N [V]A V CoV Pron V Q N
dann nehmen Seite Himmel trocken drehen zu ich nehmen Seite Himmel
nag tig *rau* nws. (1,165/6)
[N]A V CoV Pron
Regen drehen zu er
er drehte die trockene Seite des Himmels zu mir und drehte die regenreiche
Seite zu sich.

(300) Lawv mus mus *rau* ib lub kwj ha. (2,136)
Pron V | V CoV Num Kl N
sie gehen gehen in 1 Tal
Sie marschierten und gingen in ein Tal.

(301) Ces nws txawm xa tib pob zeb *rau* kuv ais! (2,172)
Konj Pron Konj V Num N CoV Pron Exkl
dann er darauf schicken 1 Stein zu ich
dann schlug er mit einem Stein nach mir.

(302) nce *rau* saum ntsis ntoo av! (3,62)
V CoV Lok1 N N Exkl
hinaufsteigen zu oben Wipfel Baum
steige auf den Baumwipfel!

Die destinativische Funktion von *rau* läßt sich auf eine *dativisch/benefaktivische*
Funktion erweitern:

(303) Txawm muab cov mov uas muab tshuaj *rau* hauv *rau* Los Xab noj.
Konj V Pl N Rel [V N CoV Lok1]A CoV V
dann geben Reis nehmen Gift für Inneres an essen
Dann gaben sie Lo Sa den Reis, wohinein sie Gift getan hatten. (4,163/4)

(304) Ces npawg yau hais *rau* npawg hlob tias: (3,28)
Konj N [V]A V CoV N [V]A Zit
dann Bruder jung sagen zu Bruder alt
Dann sagte der jüngere Bruder zum älteren Bruder:

(305) Plaub tug ntawd thiaj li qhia Paj Cai tej lus *rau*
Num Kl Dem Konj V Pl/Gen N CoV
4 dann lehren Worte an

```
           teb  rau  chaw. (5,157/8)
           N    CoV  N
           Land id.  id.
           Diese vier lehrten dann dem Volke Pa Tyai's Worte.
```

(306)   ces Txiv Ntxawm hliv   tau   ib   ntig rau Los Xab haus.
         Konj N   V   TAM   Num   Q(N) CoV   V
         dann Onkel   eingießen Verg 1 Krug für   trinken
         der Onkel goß Lo Sa einen Krug zum trinken ein.

(307)   faib mov rau sawv daws (B.52)
         V   N   CoV N
         teilen Reis an alle
         Reis mit allen teilen

(308)   Koj phua hauj lwm rau sawv daws. (B.324)
         Pron V   N   CoV N
         du   aufteilen Arbeit an alle
         Teile die Arbeit für alle auf.

(309)   Peb tsab   yeeb rau qhua. (B.462)
         Pron V   N   CoV N
         wir anbieten Opium an   Gast
         Wir bieten dem Gast Opium an.

(310)   Kuv txais   nyiaj rau lawv. (B.495)
         Pron V   N   CoV Pron
         ich   ausleihen Geld an   sie
         Ich leihe ihnen Geld.

(311)   mas thov koj sim   ntaus   nplhaib rau lawv. (1,85/6)
         Konj V   Pron V   V   N   CoV Pron
         daher bitten du   bitte! schlagen Ring   für sie
         Daher bitte ich dich, einen Ring für sie zu schmieden.

Vor einem Verb markiert *rau* als konjunktionales Verb eine *finale Relation*:

(312)   lawv tsis pub mov rau noj. (5,19/20)
         Pron Neg   V   N   Konj V
         sie nicht geben Reis zum essen
         sie geben (uns) kein Futter zu essen.

(313)   kho   ris tsho rau hnav (5,164)
         V   N   Konj V
         pflegen Kleid zum   anziehen
         Pflegt (ihre) Kleider zum Anziehen!

Schließlich ließ sich sogar ein Beispiel finden, wo *rau* einen *adverbialen Ausdruck* (vgl. S.227f.) einleitet:

(314)   tej neeg   tuag   tsis txhob muab   tsiaj tua rau ntau ntau.
         Pl N   [V]A   Neg   Imp   V   N   V   Konj V
             Mensch sterben nicht   nehmen Tier töten zu viel
         Bei Verstorbenen (Todesfällen) dürft ihr die Tiere nicht *in Unmengen* töten. (5,176)

Der weite Funktionsbereich von *rau* zeigt sehr anschaulich, wie stark *rau* seine volle semantische Bedeutung verloren hat und sich so zu *der* Präposition überhaupt im Hmong entwickelte.

5. Schluß:

Mit der stärkeren Entsemantisierung von *rau* im Vergleich zu *nyob, txog, nto* erlebte dieses Co-Verb auch eine stärkere Grammatikalisierung in Richtung zur Präposition. Da *nyob, txog* und *nto* die Semantik ihrer entsprechenden Vollverben hinter den drei Verben *los, tuaj, mus* in Verbindung mit einer möglichen Interpretation als Resultativum auch als Co-Verben besser bewahrten als *rau*, kann dieses ohne weiteres als Präposition hinter die drei anderen stärker verbalen Co-Verben zu stehen kommen, während das Umgekehrte unmöglich ist. Immerhin kann aber auch *rau* im lokativisch-destinativischen Kontext ohne weiteres ein relationales Nomen nach sich tragen, das seinerseits wieder präpositionalen Charakter hat, sich diesmal jedoch von einem Nomen ableitet und sich daher als Objekt zum nach wie vor mit verbalen Eigenschaften ausgestatteten Co-Verb *rau* bestens eignet.

Aus diesen Ergebnissen läßt sich die Regel ableiten, daß serialisierte Verben in diesem Falle im Entsemantisierungs- bzw. Grammatikalisierungsprozeß mit zunehmender Entfernung von den Hauptverben *los, tuaj, mus* an verbalem Charakter verlieren und sich zur Präposition hin entwickeln. Es gilt also folgende Stellungsregel:

V	CoV_1	CoV_2	N_{Rel}
mus	nyob	rau	ntawm
tuaj	txog		saum
los	nto		pem
			hauv
			.
			.
			.

abnehmender Verbalcharakter ⟶

Ein Beispiel hierzu:

(315) mus txog rau ntawm ib lub qab tsuas (5,54)
      V CoV_1 CoV_2 N_{Rel} Num Kl   N
      gehen ankommen bei Inneres 1   Höhle
      Er gelangte in eine Höhle, ...

4.2.2. Die übrigen lokativisch-destinativischen Co-Verben ti, lawm und ze, sowie die Präposition puag

In diesem Abschnitt behandle ich einige Co-Verben/Präpositionen, die sich aufgrund des zur Verfügung stehenden Materials nicht eindeutig in die oben definierte Reihe
V CoV_1 CoV_2 Lok1
einfügen lassen. *Ti* und *lawm* gehören wohl in die Kategorie CoV_1, wobei sich nicht feststellen läßt, ob ihnen ein CoV_2 wie *rau* nachfolgen kann. *Ze* und *puag* schließlich weisen in Richtung CoV_2.

Immerhin haben alle diese Wörter mit Ausnahme von *puag*, das synchron wohl als reine Präposition gesehen werden muß, eine klare verbale Entsprechung.

1. *ti*: "dicht/ nahe bei etwas sein", "dicht, eng"
   Als Vollverb mit der Bedeutung "nahe bei etwas sein" erscheint *ti* in folgenden beiden Beispielen:

(316)   Lub phij xab *ti*   phab ntsa. (B.425)
        Kl   N   V   N
        Koffer   nahe   Mauer
        Der Koffer steht nahe bei der Mauer.

(317)   Ob lub tsev sis   *ti*. (B.425)
        Num Kl N   rezipr V
        2   Haus   nahe
        Die beiden Häuser stehen dicht beieinander.

Als statisches Verb ist *ti* praktisch ein Synonym zu *nqaim* (eng):

(318)   qhov rooj *ti*.   Die Tür ist eng. (B.425)
        Tür

(319)   kev *ti*.   Der Weg ist schmal. (B.425)
        Weg

Ti bildet sogar im Sinne von Seite 211f. mit Nomina zusammen neue statische Ausdrücke:

(320)   siab *ti*   nicht großzügig sein, geizig sein (B.425)
        Leber eng

(321)   *ti* tes   dringend sein (B.425)
        eng   Hand

Ti in resultativer bzw. adverbialer Stellung:

(322)   Peb zaum sis   *ti*.
        Pron V   rezipr V
        wir sitzen   eng
        Wir sitzen dicht beieinander.

Hinter den Verben *los*, *tuaj*, *mus* steht *ti* funktional bereits zwischen einem Vollverb und einem Co-Verb (vgl. z.B. *txog*, S.249f.):

(323)   mus *ti*   nkaus lawv. (B.425)
        V   V/CoV   Adv   Pron
        gehen nah   ganz sie
        ganz nahe zu ihnen herangehen

(324)   Rog tuaj   *ti*   peb. (B.425)
        N   V   V/CoV   Pron
        Krieg kommen nah   wir
        Der Krieg ist nah an uns herangekommen.

Schließlich lassen sich einige eindeutige Fälle aufführen, die *ti* in der Rolle eines Co-Verbs zeigen:

(325) Quav Tuv txhiaj txav   mus *ti* lub nkauj npuas. (2,31)
       Name Konj V   Vd   CoV Kl N   N
       Läusedreck dann ausweichen gehen nahe   Stall Schweinestall
       Läusedreck kam nahe an den Schweinestall heran.

(326) *Ti* caij ntuj nag   tsis khoom ua   tsev. (B.475)
       CoV N   [N]A Neg   V   V   N
       nahe Jahreszeit Regen nicht Zeit haben machen Haus
       Kurz vor der Regenzeit hat man keine Zeit, ein Haus zu bauen.

2. *lawm*: "fortgehen", "dorthin"
   Als Vollverb bedeutet *lawm* "fortgehen":
   (327) Nws *lawm*. Er ist fortgegangen. (B.129) (vgl. S.239, Anm.)
         Er
   Nach einigen Bewegungsverben wie *mus*, *txav*, *khiav* verwandelt sich *lawm* in ein Co-Verb, das jedoch wie im obigen Abschnitt *nyob*, *txob* und *nto* oft gleichzeitig als Resultativum verstanden werden kann und daher recht starke verbale Züge behält:

(328) Yes Xus mus   *lawm*   pem ntuj. (B.130)
                V   CoV   Lokl N
       Jesus   gehen fortgehen oben Himmel
       Jesus stieg in den Himmel empor.

(329) kuv yuav mus *lawm* ntiaj teb. (4,14/5)
       Pron TAM V   CoV   N
       ich Fut gehen fortgehen Erde
       ich werde auf die Erde gehen.

(330) Koj txav   *lawm*   nram hav! (B.130)
       Pron V   CoV   Lokl N
       du   ausweichen fortgehen unten Abhang
       Weiche (mir) nach unten (hangabwärts) aus!

(331) Nws khiav *lawm*   pem Tsheej Maim. (ME.75)
       Pron V   CoV   Lokl
       er   fliehen fortgehen oben Chiang Mai
       Er ist nach Chiang Mai hinauf geflüchtet.

3. *ze*: "kurz", "nahegelegen", "in der Nähe"
   Als Vollverb ist *ze* offensichtlich ein statisches Verb:
   (332) Txoj kev no *ze*   dua txoj tod.   (B.571)
         Kl   N   Dem V   Komp Kl   Dem (Lokl)
                  Weg kurz   als   dort
         Dieser Weg hier ist kürzer als jener Weg dort.

Im Zusammenhang mit *nyob* erscheint *ze* als Co-Verb, wobei die Übersetzung der Beispiele in B.571 nahelegt, *ze* auf der gleichen Stufe wie das CoV_2 *rau* zu sehen, das hinter dem CoV_1 *nyob* steht. Nur reicht das Material nicht für eine genauere Festlegung:

(333) nyob *ze* ntawm no. (B.571)
CoV CoV Lok1 Dem
in nahe hier
près d'ici

(334) nyob *ze* kev (B.571)
CoV CoV N
in nahe Weg
près du chemin

4. *puag*: "weit entfernt"
Puag läßt sich nicht direkt mit einem passenden Vollverb in Verbindung bringen; zumindest scheint *puag* als Vollverb mit der Bedeutung "umfangen, umarmen, umschlingen" keine geeignete verbale Entsprechung für das synchron daher nur noch als Präposition vorkommende *puag* zu sein.

Es fällt jedoch auf, daß *puag* genau gleich wie *ze* oft hinter *nyob* steht, das den Übersetzungen von Mottin (ME.75) und Bertrais (313) zufolge als Co-Verb interpretiert werden muß:

(335) nyob *puag* saum ntsis ntoo (ME.75/B.313)
CoV Präp Lok1 N N
in weit weg oben Wipfel Baum
ganz weit oben im Baumwipfel

4.3. Die übrigen Co-Verben

1. *nrog* "sein mit, begleiten, folgen"
Nrog kommt als alleinstehendes Vollverb praktisch nicht vor. Einen schwachen Anhaltspunkt für eine allfällige frühere Funktion als Vollverb liefert die ins Kapitel der lexikalischen Koordination (vgl. S.217ff.) gehörende Verbalreihe *nrog nraim*:

(336) koj *nrog* nraim peb (B.228)
Pron V V Pron
du begleiten zusammensein wir
Du bist immer bei/mit uns.

Zu dieser Form gesellt sich jedoch die Alternative mit *nrog* als Co-Verb (kuv *nrog* nws *nraim*: ich bleibe immer bei ihm), die darauf hinweist, daß die Sprache *nrog* nur ungern als Vollverb zuläßt. Damit gehört also *nrog* synchron gesehen praktisch zur Kategorie der reinen Präpositionen. Immerhin scheint es mir, daß sich seine verbale Provenienz in seiner Bedeutung als Co-Verb noch klar andeutet; zudem tun Bertrais und Mottin in ihren Beschreibungen (insbesondere in der Übersetzung des Wortes) so, als existierte ein solches Vollverb tatsächlich.

Als Co-Verb kann *nrog* vor und nach dem Hauptverb stehen.
In *präverbaler Position* erfüllt *nrog* ausschließlich *komitative* Funktion und kann nur vor Nomina erscheinen, die menschliche Wesen, eventuell Lebewesen, bezeichnen:

(337) Npawg yau txawm *nrog* npawg hlob nyob. (3,27)
N [V]A Konj CoV N [V]A V
Bruder jung dann mit Bruder alt bleiben
Der jüngere Bruder blieb mit dem älteren Bruder (zusammen).

(338)   kom nws tuaj   *nrog* kuv pw   ib   hmos. (5,421)
        Konj Pron V   CoV Pron V   Num   Q(N)
        daß er kommen mit ich schlafen 1   Nacht
        er solle kommen und eine Nacht mit mir verbringen.

(339)   Paj Cai thiaj li mus   *nrog* lawv zaum ntawm cov rooj
        Name   Konj V | CoV Pron V   Lok1 Pl   N
                dann gehen   mit sie sitzen dort   Tisch
        ntawd ua ke. (5,68/9)
        Dem   Adv
        dieser zusammen
        Darauf setzte sich Pa Tyai mit ihnen zusammen an den Tisch.

(340)   ces cov kwv tij sawv daws thiaj *nrog* Paj Cai poj niam mus
        Konj Pl N   N   Konj CoV   Name   N   V
        dann Freund alle   darauf mit   Frau   gehen
        txog   nram teb. (5,467/8)
        CoV   Lok1 N
        ankommen unten Feld
        Dann gingen die Freunde alle mit Pa Tyai's Frau hinunter aufs Feld.

(341)   Sawv daws thiaj *nrog* Paj Cai ntes cov kooj (5,239)
        N   Konj Cov   Name   V   Pl N
        alle   dann mit   fangen Heuschrecke
        Dann fingen alle mit Pa Tyai die Heuschrecken ein ...

(342)   Npawg hlob *nrog* Yawm Pus kam   kam txog   siav. (3,80/1)
        N   [V]A CoV   Name   V   V   V   N
        Bruder alt mit   kämpfen id. ankommen Atem
        Der ältere Bruder kämpfte mit Yau Pu, bis er außer Atem war.

(343)   nws cia li tawm   los   *nrog* Phes Cas tus   ntxhais tham. (5,5/6)
        Pron Konj V   Vd   CoV   Name   Kl/Gen N   V
        er   dann fortgehen kommen mit   Tochter reden
        er ging aus, um sich mit Pa Tyai's Tochter zu unterhalten.

(344)   Peb xav   *nrog* koj *thov** me ntsis mov noj. (5,21)
        Pron V   CoV Pron   V   Q   N   V
        wir wollen mit du   bitten ein wenig Reis essen
        Wir wollten dich um etwas Futter bitten.

In *postverbaler Position* verliert *nrog* die spezifisch menschenbezogene Funktion von "begleiten" und kann ohne weiteres Nomina jeglicher Art nach sich tragen. Dabei erhält es etwa die Bedeutung von "folgen, entlanggehen":

(345)   Ib tug twm mus   *nrog* kab. (B.232, ME.83)
        Num Kl N   V   CoV   N
        1   Büffel gehen folgen Furche
        Ein Büffel, der der Furche (genau) folgt.

---

* *thov* (jdn. um etw. bitten) verwendet für das direkte Objekt automatisch das Co-Verb *nrog*.

(346) phua ntoo tawg   *nrog* lis (B.232, ME.83)
        V   N   V   CoV   N
        spalten Holz zerschlagen folgen Maserung
        das Holz der Maserung entlang spalten

(347) hu   nkauj *nrog* paj nruag (ME.83)
        V   N   CoV   N
        rufen Lied nach Takt der Trommel
        ein Lied nach dem Trommeltakt singen

2. *xuas*: "sich einer Sache bedienen"

Xuas kommt nicht allzu häufig in der Funktion eines Vollverbs vor. Im folgenden Beispiel (348) nimmt *xuas* die Stelle von *muab* als erstes Element der erweiterten serialen Einheit mit "nehmen" ein:

(348) Lawv *xuas* hneev   los   tua   noog. (32)
        Pron   N   V'   V   N
        sie   mit   Armbrust kommen schießen Vogel
        Sie schießen mit einer Armbrust auf Vögel.

Als Co-Verb drückt *xuas* den Instrumental aus, wie die folgenden Beispiele (349) bis (351) zeigen:

(349) *xuas* pheej tshav tshav   ntoo (B.319)
        CoV   N   V   N
        mit Hobel   hobeln Holz
        mit einem Hobel Holz hobeln

(350) lawv mus   *xuas* qhov ncauj tom   rub   rau tim ntug. (2,153/4)
        Pron V   CoV   N   V   V   CoV Lok1 N
        sie   gehen mit   Mund   beißen herziehen zu   dort Ufer
        sie packten/bißen ihn mit dem Mund und zogen ihn ans Ufer.

(351) yawm txiv *xuas* tib   pob zeb ua   nws niag vauv   tiaj hau
        N   CoV Num Q(N)   V   Pron Qual N   V   N
        Onkel   mit   1   Steinwurf machen er   groß Schwager fallen Kopf
        der Onkel bewirkte mit einem Steinschlag, daß sein Schwager auf den Kopf fiel ... (2,111/2)

3. *ncig*: "umkreisen", "umgeben"

In Beispiel (352) und (353) kommt *ncig* als Vollverb vor. In den übrigen Fällen zeigt sich *ncig* als postverbales Co-Verb:

(352) Peb *ncig*   lub nroog ob   ncig. (B.190)
        Pron V   Kl   N   Num Q(V)
        wir herumgehen   Stadt 2   Umgehung
        Wir sind zweimal um die Stadt gegangen.

(353) mas kuv *ncig*   txhua   tsawg lub teb chaws, *ncig*   txhua tsawg
        Konj Pron V   Adv   Quest Kl   N   V   Adv   Quest
        aber ich   herumgehen insgesamt wieviel   Land   herumgehen id.

lub roob, (3,29/30)
   Kl N
      Berg
aber durch wieviele Länder bin ich gezogen, um wieviele Berge gegangen, ...

(354) xov   laj kab *ncig*   tsev (B.190, ME.82)
     V   N   CoV   N
     schließen Zaun um herum Haus
     einen Zaun um das Haus anlegen

(355) Cov suav rog nyob   *ncig*   lub nroog. (B.190)
     Pl   N   V   CoV   Kl N
        Feind s.befinden um herum   Stadt
     Der Feind lagert sich um die Stadt herum.

(356) mus *ncig*   teb chaws (B.190)
     V   CoV   N
     gehen um herum Land
     im ganzen Land herumgehen

(357) Nej los   *ncig*   kuv! (B.190, ME.82)
     Pron V   CoV   Pron
     ihr   kommen um herum ich
     Versammelt euch um mich herum!

(358) sia   siv *ncig* duav (B.190)
     V   N   CoV N
     gurten Gurt um Taille
     sich einen Gurt um die Taille legen

4. *raws*: "folgen"

Raws kommt als Vollverb (Beispiel (359)) und als Co-Verb (Beispiel (360)) vor:

(359) Dev *raws*   kauv. (B.365)
     N   V   N
     Hund verfolgen Reh
     Der Hund verfolgt das Reh.

(360) *raws* tus dej Naj Xees nce   toj   nqes   hav.
     CoV   Kl N   V   N   V   N
     entlang   Fluß   hinaufgehen Berg hinuntergehen Tal
     entlang dem Na Seng Fluß bergauf und talabwärts.

5. *taug*: "folgen"

Taug ist in der Bedeutung analog zu *raws*. Es kommt ebenfalls als Vollverb (Beispiel (361)) vor und kann ebenso als Co-Verb vor (Beispiel (362)) und nach (Beispiel (363)) dem Bezugswort auftreten:

(361) Dev *taug* ntxhiab kauv. (B.408)
     N   V   N   N
     Hund folgen Geruch Reh
     Der Hund folgt dem Geruch des Rehs.

(362) lawv txhiaj *taug* lub kwj ha ntawd mus naj has (2,137/8)
     Pron Konj CoV Kl N Dem V TAM
     sie dann entlang Tal gehen durativ
     als sie so dem Tal entlang gingen

(363) Ib pab ntses khiav *taug* dej los. (2,25/6)
     Num Q(N) N V CoV N Vd
     1 Gruppe Fisch fliehen entlang Fluß kommen
     Ein Schwarm Fische kam den Fluß entlang geflohen.

6. *this*: "stellvertreten", "an Stelle von"

This ist aus dem chinesischen *tì* (替) entlehnt, das dort ebenfalls die Rolle eines Co-Verbs mit analoger Bedeutung spielt (vgl. S.171, Bsp. (334b), s. auch Tabelle S.60). Im Hmong jedoch ließ sich kein Satz mit *this* als Vollverb finden:

(364) Tus niam *this* tus tub tuag. (B.453)
     Kl N CoV Kl N V
     Mutter anstelle Sohn Sterben
     Die Mutter starb anstelle ihres Sohnes.

(365) Kuv *this* nws txaj muag. (B.453)
     Pron CoV Pron V N
     ich anstelle er verlieren Gesicht
     ich verlor an seiner Stelle das Gesicht.

(366) tus tub *this* tus txiv cev tuaj. (B.453)
     Kl N CoV Kl N N V
     Sohn anstelle Vater Körper kommen
     Der Sohn kam anstelle des Vaters.

7. *ua*:

Dieses Wort ist in seiner Funktion als Vollverb sehr vielseitig. Hier seien die drei wichtigsten Bedeutungen herausgegriffen:

(1) machen, tun, bauen:

(367) thiab *ua* ib lub nkauj hlau ib lub nkauj zeb, (4,89–91)
     Konj V Num Kl N N Num Kl N N
     und bauen 1 Stall Eisen 1 Stall Stein
     und baute einen Stall aus Eisen und einen Stall aus Stein,

(2) den Beruf, die Funktion X ausüben:

(368) Mas kuv txiv *ua* laus neeg. (2,48/9)
     Konj Pron N V N
     nun ich Vater sein Dorfvorsteher
     Nun ist mein Vater Dorfvorsteher.

(3) darstellen, ausmachen, bilden:

(369) Peb *ua* ib lub zos. (ME.96)
     Pron V Num Kl N
     wir bilden 1 Dorf
     Wir bilden ein Dorf.

Aus den Fällen (1) und (2) lassen sich mühelos Co-Verben ableiten: Beispiel (370) und (371) beziehen sich auf die Bedeutung von "den Beruf X ausüben", Beispiel (372) und (373) auf die Bedeutung "machen, tun, bauen":

(370) mas   ntshai   kuv   yuav mus   lawm   ntiaj teb *ua*   tus
       Konj   V   Pron TAM   V   V   N   CoV   Kl
       daher glauben ich   Fut   gehen fortgehen Erde   als

       tib neeg nom   tib neeg tswv,   *ua* tib neeg   vaj ntxwv   lawm   ntia teb.
       N   N   N   N   CoV N   N   V   N
       Mensch   Führer Mensch   Führer als Menschen   König   fortgehen Erde
       daher denke ich, daß ich als Führer der Menschheit auf die Erde gehen werde, daß ich als König der Menschheit auf die Erde gehe. (4,14–16)

(371) nws   hu   lawv *ua* niam txawm   txiv ntxawm. (5,7)
       Pron V   Pron CoV   N   N
       er   rufen   sie   als   Tante   Onkel
       er verkehrte mit ihnen per Tante und Onkel.

(372) Muab   cov xob   cov leej fai   cov thee   coj los
       V   Pl N   Pl N   Pl N   V'   Vd
       nehmen   Pottasche   Schwefel   Holzkohle
       tuav   *ua*   tshuaj tua. (5,285–7)
       V   CoV   N   [V]A
       zerstampfen zu   Pulver schießen
       Er zerstampfte Pottasche, Schwefel und Holzkohle zu Schießpulver.

(373) Ces Paj Cai txawm muab   ib   nyuag thooj xov paj xuav   kauv
       Konj   Konj V   Num   Qual Q   N   V   V
       dann   darauf nehmen 1   klein Knäuel Faden   reiben rollen
       ua   ib   thooj ceev ceev lauj ntiv   tes. (5,129–31)
       CoV   Num   Q   [V]A   Komp N   N
       zu   1   Knäuel winzig   wie   Finger Hand
       Da rollte Pa Tyai einen Knäuel Faden zu einem Knäuel zusammen, der so klein wie ein Finger war.

Schluß

CoV	präverbal	postverbal
nrog	+	+
xuas	+	–
ua	–	+
raws	+	+
taug	+	+
this	+	–
ncig	–	+

Wie aus der obigen Tabelle ersichtlich wird, steht ein großer Teil der in diesem Abschnitt aufgeführten Co-Verben im Gegensatz zu den lokativisch-destinativischen Co-Verben *nyob, txog, nto, rau* (sowie *ti, lawm, ze* und *puag*) vor dem Hauptverb. Besonders diejenigen Co-Verben, die einen eigentlichen Kasus ausdrücken – *nrog* (KOMITATIV), *xuas* (INSTRUMENTAL) – erfüllen ihre Kasusfunktion nur in präverbaler Stellung. In postverbaler Stellung behält *nrog* seine verbale Bedeutung von "folgen" eher bei und steht also im Sinne einer Analogie zur Resultativ-Konstruktion näher bei der Kategorie Verb als *nrog* in präverbaler Stellung, das gerade weil es den KOMITATIV markiert, nur noch menschliche Wesen als Objekte nach sich tragen kann.

Auch für die übrigen Co-Verben mit einer postverbalen Variante – *taug* und *raws* – gilt die gleiche Unterscheidung. Vermutlich liegt überall dort, wo ein Co-Verb präverbal und postverbal auftreten kann, der analoge Fall vor, den Teng (1975:10) für das chinesische Co-Verb *zài* (sich befinden in) mit den Begriffen "innerer LOKATIV" und "äußerer LOKATIV" auseinanderzuhalten versuchte (vgl. S.140f.).

Die lokativisch-destinativischen Co-Verben *nyob, txog, nto, rau* (sowie *ti, lawm, ze* und *puag*) erwachsen alle aus einem finalen oder resultativen syntaktischen Zusammenhang heraus und erscheinen daher in postverbaler Stellung. Besonders deutlich zeigt sich dies für den Fall, daß das Hauptverb einem der drei Bewegungsverben *los, tuaj, mus* entspricht, die sämtlichen unmarkiert angefügten Verben eine finale Bedeutung vermitteln können. In einem anderen syntaktischen Zusammenhang wie etwa im Beispiel (247, S.246) ist von einer finalen Relation zwischen Hauptverb und Co-Verb natürlich nichts mehr zu sehen; das Co-Verb erhält hier voll und ganz adpositionalen Charakter wie die präverbalen Co-Verben, die in adpositionaler Funktion auftreten können. Zu dieser Co-Verb-Gruppe gesellt sich auch *ncig*, das von der Bedeutung her eindeutig zu den lokativisch-destinativischen Co-Verben gehört, jedoch dort nicht aufgeführt wurde, weil es kein zweites schwächer verbales Co-Verb wie *rau* nach sich tragen kann.

Damit ist aber die Unterscheidung Teng's in gewissen Kontexten bei den lokativisch-destinativischen Verben/Co-Verben nicht mehr möglich. Daraus folgt, daß sich im Hmong zwei Grammatikalisierungssysteme in vollem Umfange entwickelt und durchgesetzt haben:

1. das chinesische System, das präverbale und postverbale Co-Verben zuläßt,
2. das System der südostasiatischen Sprachen Thai, Khmer und Vietnamesisch, das Co-Verben nur in postverbaler Position erlaubt.

Das chinesische System konnte sich bei den Co-Verben *nrog, xuas, raws, taug,** durchsetzen, während sich im lokativisch-destinativischen Bereich das Vorbild der anderen drei Sprachen verwirklichte.

4.4. Co-Verben und direktionale Verben in Kombination

Die seriale Einheit setzt sich aus einem Hauptverb, einem oder mehreren Co-Verben, aus einem direktionalen Verb und aus TAM-Markern zusammen. In dieser Form bildet sie eine Maximalstruktur, die in Kapitel I auf S.69f. wiedergegeben ist. In diesem Abschnitt sollen die möglichen Positionen von Co-Verben und direktionalen Verben gegeneinander abgewogen werden, die den Kern der serialen Einheit ausmachen.

Die meisten serialen Einheiten folgen einer der beiden folgenden Regeln:

---

* Es sei hier bemerkt, daß alle diese präverbalen Co-Verben genaue chinesische Entsprechungen haben, wenn sie nicht sogar wie *this* ein chinesisches Lehnwort sind.

(I)   V   Vd   CoV
(II)   CoV   V   Vd

Beispiele zu (I):

(374) Hwb Xeeb txawm *coj*   Zaj Laug *mus* *rau* nws tus tij laug
      Name   Konj V   N   Vd CoV Pron Kl/Gen N
                  darauf tragen Drache   gehen zu er   älterer Bruder
      Darauf nahm der Wahrsager den Drachen zu seinem älteren Bruder mit ... (1,150)

(375) Lawv *coj*   nws *mus* *txog* nraum tus dej Naj Xuam, (5,525)
      Pron V   Pron Vd   CoV   Lokl Kl N
      sie tragen sie gehen bis   hinter   Fluß
      Dann brachten sie sie auf die andere Seite des Na Sua Flußes ...

(376) Koj *muab* lub tais *los* *rau* kuv! (B.168)
      Pron V   Kl N   Vd   CoV Pron
      du nehmen Tasse   kommen zu ich
      Bring mir die Tasse!

(377) Paj Cai cov   kwv tij thiaj tuaj   *kwv* Paj Cai yav cev
      Name   Pl/Gen N   Konj V   V   Name Kl/Gen N
             Freund dann kommen tragen   Rumpf, Leiche

      mus *txog* pem tsev. (5,478/9)
      Vd   CoV Lokl N
      gehen bis   oben Haus
      Pa Tyai's Freunde kamen und trugen Pa Tyai's Leichnam zum Hause hinauf.

(378) Mas *dhia* *mus* *txog* lub qhov taub, ... (4,290)
      Konj V   Vd   CoV   Kl N
      aber rennen gehen bis   Loch
      Aber als er bis zum Loch gerannt war, ...

(379) npawg hlob tus   tub txawm *nce*   *mus* *nyob* saum ntoo. (3,155/6)
      N   [V]A Kl/Gen N   Konj V   Vd   CoV   Lokl N
      Bruder alt   Sohn dann hinaufgehen gehen auf oben Baum
      da bestieg der Sohn des älteren Bruders einen Baum.

Beispiel zu (II):

(380) koj *los*   nrog kuv *caij* tus nees no *mus,* (5,44/5)
      Pron V | CoV Pron V   Kl N   Dem Vd
      du   kommen mit ich reiten Pferd   gehen
      du kommst und reitest mit diesem Pferd hin

Offensichtlich bildet das Hauptverb mit dem direktionalen Verb in den obigen beiden Formeln eine so starke Einheit, daß sich das Co-Verb nicht dazwischen einfügen läßt, also nur vor oder hinter diese seriale Einheit zu stehen kommen kann.

Weiter kennt das Hmong die relativ seltene seriale Einheit der folgenden Struktur:

(III)   V   CoV   Vd

Dazu ein Beispiel:

(381) ib   pab   ntses *khiav taug*   dej *los*. (2,25/6)
      Num   Q(N)   N   V   CoV   N   Vd
      1   Gruppe Fisch fliehen entlang Fluß kommen
      ein Schwarm Fische floh dem Fluß entlang [auf den Beobachter zu].

Diese Struktur scheint nur dann möglich zu sein, wenn das Hauptverb ein Verb der Bewegung ist und das nachfolgende Co-Verb ebenfalls einem homonymen Vollverb der Bewegung entspricht. Ein solcher Fall, der sich praktisch nur bei *taug* und *raws* ergibt, läßt sich wohl daraus erklären, daß *taug* wegen seiner semantischen Ähnlichkeit mit dem Hauptverb die in der Strukturformel (I) und (II) aufgeführte Regel durchbrechen kann, und sich so als Resultativum zum Hauptverb zwischen dieses und das direktionale Verb einfügen läßt. Eine zweite Erklärung ergibt sich, wenn die Verbindung Co-Verb – direktionales Verb als Einheit verstanden wird, die als ganzes das Hauptverb als Resultativum modifiziert.

Als vierten Typus der Serialisierungsperiode betrachte ich den Fall, daß *los, tuaj, mus* als Hauptverben auftreten, so daß ein nochmaliges Erscheinen derselben Verben als direktionale Verben unmöglich ist. Diese Struktur wurde bereits in Abschnitt 4.2.1., Pt. 5 (s.S.255) ausführlich besprochen und wird hier der Vollständigkeit halber nochmals erwähnt:

(IV)   V   CoV$_1$ CoV$_2$

Wie das Chinesische im Gegensatz zu Vietnamesisch, Thai und Khmer klar zwischen der Kategorie der Co-Verben und der Kategorie der direktionalen Verben unterscheidet, sondert auch das Hmong mit den Verben *los, tuaj, mus* klar eine eigene Kategorie aus. Immerhin erscheinen aber auch im Hmong Beispiele, in denen man *los, tuaj, mus* vordergründig nur noch in Anlehnung an Vietnamesisch, Thai und Khmer als Co-Verb betrachten muß.

(382) Niam   thiab txiv neb   *coj*   nws   *mus*   tsev (2,94)
      N   Konj   N   Pron V   Pron CoV   N
      Mutter und   Vater ihr (2) führen er   gehen   Haus
      Vater und Mutter, führt ihn (zu uns) nach Hause.

(383) npawg hlob   tus   tub   txhiaj *coj* Ntxawm rov   *los*   tsev. (3,173)
      N   [V]A   Kl/Gen N   Konj   V   Ntsau PräV   CoV   N
      Bruder alt   Sohn dann   führen   zurück kommen Haus
      der Sohn des älteren Bruders brachte Ntsau nach Hause.

Allerdings gilt es bei diesen Beispielen zu berücksichtigen, daß *mus tsev* und *los tsev* im Hmong zwei stark idiomatische Wendungen sind, da in der Regel hinter *los, tuaj, mus* ein lokales Objekt meist mit einem Co-Verb (oder einem relationalen Nomen) erscheint. Damit hat sich das System der Sprache entschieden, *los, tuaj, mus* im Rahmen der Grammatikalisierung als gesonderte Wortart – als direktionale Verben, die normalerweise kein Objekt nach sich tragen – zu behandeln. Diese Möglichkeit besteht aber nur dann, wenn sich schon eine Reihe anderer Verben zu Co-Verben entsemantisiert hat, die dem Bedürfnis zur Objektmarkierung bei Verben wie *los, tuaj, mus* entgegenkommen. Mit anderen Worten können sich diese drei Verben wohl dank des chinesischen Einflußes aus dem Co-Verb-Bereich heraushalten und werden so für die Funktion als direktionale Verben freigestellt.

Während *los, tuaj, mus* als Vollverben somit der Möglichkeit, ein unmittelbar nachgestelltes Objekt zu tragen, allmählich verlustig gehen, fördert gleichzeitig die in Abschnitt 2.2.2. beschriebene Tatsache, daß ein diesen Verben nachgestelltes Verb meist final interpretiert wird, das Anfügen von Verben, die auf dem Wege zur Entsemantisierung in Richtung Co-Verb sind. Nur aus diesem Zusammenhang läßt sich das Entstehen von Struktur (IV) erklären, die man vor diesem Hintergrund als Eigenleistung des Hmong betrachten darf, deren Anfänge zwar sicherlich durch Einflüsse aus dem Thai, Khmer und Vietnamesischen bedingt sind, die sich dann aber zu einer neuen Struktur weiterentwickelt haben.

Die Sätze (382) und (383) erinnern somit nur noch an eine Alternative aus dem Thai, Khmer und Vietnamesischen, die von der Sprache nicht ins System aufgenommen oder eventuell verdrängt wurde und nur noch in idiomatischen Wendungen weiterlebt.

4.5. Die erweiterte seriale Einheit mit "nehmen"

Die erweiterte seriale Einheit zeigt sich im Hmong in drei verschiedenen Strukturen:

    (V)   *muab* (nehmen)   (N)   V ...

    (VI)   *muab* (nehmen)   (N)   Vd   V ...

    (VII) *muab* (nehmen)   (N)   *coj* (tragen) Vd V ...

Davon sind die beiden ersten Strukturen (V) und (VI) nicht außergewöhnlich, d.h. sie entsprechen den Möglichkeiten in den übrigen vier Sprachen dieser Arbeit. Struktur (VII) dagegen ist insofern außergewöhnlich, als an der Stelle, wo in den übrigen Sprachen maximal ein direktionales Verb steht, eine ganze Fügung *coj-Vd* erscheint, die sich in ihrer Funktion kaum von einem einfachen direktionalen Verb unterscheidet, so daß ich von einem "erweiterten direktionalen Verb" spreche. Als Kopf dieses erweiterten direktionalen Verbs erhält *coj* in der Interlinearversion das Symbol V'.

Im Folgenden möchte ich in einem ersten Punkt das Verb *muab* mit seinen verschiedenen Bedeutungsnuancen vorstellen. Den zweiten Punkt werde ich der Darstellung des erweiterten direktionalen Verbs widmen. Der dritte und letzte Punkt faßt die Ergebnisse aus den ersten beiden Punkten zu den Strukturen (V) bis (VII) zusammen, um diese mit einer Reihe von Beispielen zu illustrieren.

1. *Muab* zeigt sich in sehr vielen Bedeutungen, die sich aus der Kombination mit direktionalen Verben und mit Co-Verben leicht herleiten lassen:
Alleinstehend bedeutet es "nehmen, ergreifen, erwischen":

    (384)   Lawv yuav *muab* koj li   cas? (3,148)
                Pron   TAM   V   Pron Komp Quest
                sie   Fut   nehmen du   wie   was
                Wie werden sie dich denn mitnehmen?

Mit dem Co-Verb *rau* bedeutet es "geben":

(385) neb *muab* kuv *rau* nws ais, (2,94/5)
       Pron V Pron CoV Pron Exkl
       ihr(2) geben ich an er
       gebt mich ihm (zur Frau)

(386) Txawm *muab* cov mov uas *muab* tshuaj *rau* hauv
       Konj V Pl N Rel [V N CoV Lok1]A
       dann geben Reis hinzugeben Gift in Inneres
       rau Los Xab noj. (4,163/4)
       CoV V
       an essen
       Dann gaben sie Lo Sa den Reis, wohinein sie Gift geschüttet hatten, zu essen.

Muab in Verbindung mit einem direktionalen Verb plus eventuell *rau* bekommt die Bedeutung von "bringen":

(387) Nws *muab* tub sab *los* tsis tau. (ME.95)
       Pron V N Vd Neg TAM
       er nehmen Dieb kommen nicht können
       Er konnte den Dieb nicht herbringen.

(388) Koj *muab* lub tais *los* *rau* kuv! (B.168)
       Pron V Kl N Vd CoV Pron
       du nehmen Tasse kommen zu ich
       Bring mir die Tasse!

(389) *Muab* dua ib hwj *los* *rau* kuv haus saib! (4,158)
       V Adv Num Q(N) Vd CoV Pron V V
       nehmen wieder 1 Flasche kommen zu ich trinken sehen, probieren
       Bringt mir erneut eine Flasche her, damit ich trinke und probiere!

Zudem kommt *muab* in einigen idiomatischen Wendungen vor:

(390) *muab* siab   (sich Mühe geben) (B.168)
              Leber

(391) *muab* nplej   (Reis ernten) (B.168)
              Reis

In einigen Fällen rückt *muab* analog zu Vietnamesisch *lấy* (S.317f.), Thai *ʔaw* (S.373f.) oder Khmer *yɔ̀:k* (S.433f.) in den Bereich des Instrumentals, ohne jedoch die Funktion eines Co-Verbs anzunehmen, die im Hmong dem Verb *xuas* (S.260) vorbehalten ist:

(392) *muab* ntoo ua tsev (B.168, ME.95)
       V N V N
       nehmen Holz machen Haus
       ein Haus aus Holz bauen

(393) mas wb hais *rau* Txiv Ntxawm *muab* tshuaj lom
       Konj Pron V CoV N V N V
       dann wir sagen zu Onkel nehmen Gift vergiften

```
              Los Xab tuag    tso. (4,123/4)
                       V      Adv
                     sterben zuerst
           dann sagen wir zuerst unserem Onkel, er solle Lo Sa mit Gift vergiften.
(394)      Ces  npawg hlob txhiaj  muab  daim tsom iav tsom      zoj
           Konj   N    [V]A Konj    V     Kl    N        V       Adv
           dann Bruder alt    darauf nehmen    Spiegel spiegeln schnell
           nws tus       ntsuj       rau tom tsov, (3,83/4)
           Pron Kl/Gen    N          CoV Lok1 N
           er          Lebensgeist   auf dort Tiger
           Da nun spiegelte der ältere Bruder mit einem Spiegel schnell seinen Lebens-
           geist auf den Tiger, ...
```

2. Das *erweiterte direktionale Verb* mit der Struktur *coj-Vd* läßt sich in seiner Funktion – wie oben angetönt – kaum vom einfachen direktionalen Verb unterscheiden. Möglicherweise unterstreicht *coj-Vd* besonders, daß die Handlung von V hin zum Objekt, ja oft zu dessen Gunsten stattfindet. Die folgenden Beispiele sollen das erweiterte direktionale Verb konkret vorstellen:

```
(395)    Tua qaib   coj los    hau     hau siav siav cia. (5,456/7)
          V    N    V' Vd       V       V    V    V   V
         töten Hahn kommen    kochen   id.  gar  gar lassen
         Sie tötete sich einen Hahn und ließ ihn gar kochen.
(396)    Nws  tsa      ib   tug Hmoob Vaj   coj los    ua   Vaj Tuam Thiaj.
         Pron V       Num   Kl    N   Klan  V'  Vd    CoV
         er  aufstellen 1        Hmong         kommen als
         Er stellte einen Hmong aus dem Klan der Va unter (dem neuen Namen) Va
         Tua Thia auf. (5,208)
(397)    kom peb  nrhiav chaw zoo    coj los    teem      tseg. (5,221/2)
         Konj Pron V      N    [V]A  V'  Vd      V          V
         daß wir suchen  Ort  gut   kommen  abstellen  liegen/legen
         wir wollen einen guten Platz suchen, um sie [die Kisten] zu deponieren.
(398)    cia li  hlais   kiag daim tawv xyaw  cov nqaij coj los   ua     noj.
         Konj V          Exkl Kl    N  | V    Pl    N   V' Vd      V      V
         sondern abschneiden doch  Fell  mischen    Fleisch kommen  machen essen
         sondern schneidet das Fell ab, mischt es dem Fleisch *dazu* und eßt (beides zu-
         sammen).
(399)    mas xa     coj    mus   nce       tsov se. (3,135/6)
         Konj V      V'    Vd  |  V         N   N
         dann schicken     gehen bezahlen Tiger Steuer
         um sie dann dem Tiger als Steuer abzugeben.
```

3. Die möglichen drei Formen der *erweiterten serialen Einheit mit "nehmen"* unterscheiden sich in ihrer Funktion wenig voneinander. Ich lasse daher lediglich einige Beispiele zu jedem Strukturmuster folgen:

zu (V):

(400) Ib chim tsov *muab* koj tom xwb! (2,43/4)
Num Q N V Pron V Adv
1 Moment Tiger nehmen du beißen nur
Denn in jedem Moment kann dich der Tiger fressen!

(401) Zaum no, neb *muab* peb tus Vaj tua tuag! (3,93)
Q Dem Pron V Pron Kl/Gen N V V
Mal ihr(2) nehmen wir König töten sterben, tot
Jetzt habt ihr beide unseren König umgebracht!

(402) mas nej *muab* kuv faus qhov ntawd. (5,453)
Konj Pron V Pron V Q Dem
dann ihr nehmen ich begraben Ort
dort sollt ihr mich dann begraben.

(403) Ces lawv *muab* kuv xa rau pem roob. (3,150/1)
Konj Pron V Pron V CoV Lokl N
dann sie nehmen ich schicken zu oben Berg
dann schicken sie mich ins Gebirge hinauf.

(404) Paj Cai *muab* nyeem tas, ... (5,155/6)
Name V V TAM
nehmen lesen fertig
Nachdem Pa Tyai es fertig gelesen hatte, ...

zu (VI):

(405) Nws thiaj *muab* nws tus vuab thauj *los nyom* lub
Pron Konj V Pron Kl/Gen N V' V Kl
er dann nehmen er Opiumspatel aufstoßen

phij xab ntawd. (5,227/8)
N Dem
Kiste
Er stieß mit seinem Opiumspatel die Kiste auf.

(406) Paj Cai *muab* nws *los ua* tus tua rab phom ntawd.
Name V Pron V' V Kl [V Kl N Dem] A
nehmen er machen schießen Waffe
Pa Tyai machte ihn zu dem, der diese Waffen bedient. (5,289/90)

(407) Cia kuv *muab* cov nroj paj cai no *mus tseb* thoob plaws
V Pron V Pl N Dem V' V Adv Adv
lassen ich nehmen Blume säen überall schnell

lub qab ntuj. (5,569/70)
Kl KN N
Unterseite Himmel
Laßt mich die Pa Tyai-Blume sofort überall auf Erden verteilen.

zu (VII):

(408) Kuv txiv txhiaj *muab* kuv *coj los them* tsov se. (2,51/2)
Pron N Konj V Pron V' Vd V N N
ich Vater dann nehmen ich bezahlen Tiger Steuer
Mein Vater bezahlte mich dem Tiger als Steuer.
Mein Vater bezahlte dem Tiger mit mir die Steuern.

(409) Kuv txiv txhiaj *muab* kuv *coj tuaj kaw* rau hauv
Pron N Konj V Pron V' Vd V CoV Lokl
ich Vater dann nehmen ich einschließen zu in

nkauj npuas no. (2,52/3)
N N Dem
Stall Schwein
Mein Vater führte mich hierher und sperrte mich in diesen Schweinestall,
Mein Vater sperrte mich in diesen Schweinestall.

(410) *muab* cov xob cov leej fai cov thee *coj los*
V Pl N Pl N Pl N V' Vd
nehmen Pottasche Schwefel Holzkohle
tuav ua tshuaj tua. (5,285-7)
V CoV N [V]A
zerstampfen zu Pulver schießen
Er brachte Pottasche, Schwefel und Holzkohle herbei und stampfte diese zu Schießpulver.
Er stampfte Pottasche, Schwefel und Holzkohle zu Schießpulver.

(411) ces *muab* cov niag plaub hau *coj los pua* tau
Konj V Pl Qual N V' Vd V CoV
dann nehmen groß Haupthaar ausbreiten zu

tib lub lav thiab. (3,105/6)
Num Kl N Adv
1 Bett auch (noch)
Dann brachte er ihr Haupthaar her und breitete es zu einem Bett (Lager) aus.
Dann breitete er ihr Haupthaar zu einem Bett aus.

(412) Ces *muab* nws *coj mus log* tso. (2,208/9)
Konj V Pron V' Vd V Adv
dann nehmen er begraben zuerst
dann trage ihn zuerst fort und begrabe ihn.
dann begrabe ihn zuerst.

(413) Paj Cai *muab* thooj ntawd *coj los pov* kuj tawg li qub.
Name V Q Dem V' Vd V Adv V Komp Adv.
nehmen Knäuel werfen auch explodieren wie zuvor
Pa Tyai nahm den Knäuel und warf ihn, daß auch dieser wie zuvor explodierte.
Pa Tyai warf den Knäuel, so daß auch dieser wie zuvor explodierte.

(414) Paj Cai niaj hnub *muab* ib teg xyab, ntawv yaj khaum
Name Num Q V Num Kl N N
jeder Tag nehmen 1 Räucherstäbchen Papiergeld

ceeb khaum *coj los txi* lub Ntuj. (5,261/2)
N N V' Vd V Kl N
zum Opfern opfern Himmel
Jeden Tag nahm Pa Tyai ein Räucherstäbchen und Opfergeld und brachte es dem Himmel dar.
Jeden Tag brachte Pa Tyai dem Himmel ein Räucherstäbchen und Opfergeld dar.

(415) Nej *muab* kuv lub cev kwv *coj mus* tso rau pem
Pron V Pron Kl/Gen N V V' Vd V CoV Lok1
ihr nehmen ich Rumpf tragen gehen lassen zu oben

qaum tsev. (5,448/9)
Lok2 N
hinten Haus
Tragt meinen Rumpf fort und legt ihn oben hinter dem Hause ab.

4.6. Beispiele zur Verknüpfbarkeit verschiedener Serialisierungsperioden

(416) Niag neeg kom kuv cab tus nees no tuaj tos koj, (5,43/4)
Qual N V Pron V Kl N Dem Vd | V Pron
groß Mann befehlen ich führen Pferd kommen warten du
Die Persönlichkeit schickte mich mit diesem Pferd hierher, damit ich auf dich warte.
[V – Vd | V]

(417) Sawv daws thiaj nrog Paj Cai ntes cov kooj rov kaw
N Konj CoV V Pl N | PräV V
alle dann mit fangen Heuschrecke zurück einsperren

hauv phij xab. (5,239/40)
Lok1 N
Inneres Kiste
Dann fingen alle mit Pa Tyai die Heuschrecken ein und sperrten sie wieder in die Kiste ein.
[CoV – V | V]

(418) Ua li mas ob tug tub txib tub khai muab cab
V Komp Konj Num Kl KN [V]A KN [V]A V V
machen so dann 2 Mann ausrichten entsenden nehmen führen

mus tua es. (1,179/80)
Vd | V Exkl
gehen töten
Unter diesen Umständen sollen ihn zwei Gerichtsdiener mit sich nehmen und hinrichten.
[V – V – Vd | V]

(419) Ces   lawv muab   Zaj Laug cab coj mus   tua lawm lauj ! (1,182/3)
      Konj Pron V   Name   V   V' Vd | V   TAM Exkl
      dann sie nehmen Drache   führen gehen töten
      Also führten sie den Drachen ab und richteten ihn hin.
      [V – V – coj – Vd | V]

(420) Lawv coj   mus tso rau ntawm thaj chaw ... (5,479/80)
      Pron V   Vd | V   CoV Lok1   Q   N
      sie tragen gehen legen zu an   Stelle Ort
      Sie nahmen ihn mit und legten ihn an der Stelle ab ...
      [V – Vd | V – CoV]

(421) ces nws muab nws rab riam ntaj ntev muaj ib   mev rau nws
      Konj Pron V   Pron Kl/Gen N   [N(V) V   Num Q]A CoV Pron
      dann er geben er   Säbel Länge haben 1   Meter an er

      tus   thawj tub rog txiav   peb riag rau ntawm nws ib sab
      Kl/Gen   Qual N | V   Num Q(N) CoV Lok1 Pron Num Q/Gen
               erster Soldat schneiden 3   Säbel auf an   er 1   Seite

      xub   pwg   tsis to   li. (5,337–40)
      N | Neg V   Exkl
      Schulter   nicht verletzen
      er gab seinen ein Meter langen Säbel an seinen ersten Offizier, damit er ihm drei-
      mal damit auf eine Seite der Schultern Schlage, ohne ihn zu verwunden.
      [V – CoV | V – CoV | V]

(422) Ces Yawg   txawm nqes   loo   los ntsiab nkaus tsov
      Konj N   Konj V   Adv   Vd | V   V   N
      dann Großvater darauf hinabkommen rückwärts kommen klauben packen Tiger

      niag   kuam nqa   dhia dhia li   los lawm. (3,218–20)
      Qual/Gen N | V   Adv   Komp Vd   TAM
      groß   Horn tragen rennen   so   kommen
      Dann stieg der Alte rückwärts vom Baum herunter, sammelte die Hörner der Tiger
      zusammen und nahm sie eiligst mit.
      [V – Vd | V – V | V – Vd]

(423) Kuv txhiaj tau mus nruab dab ntub nrog huab nrog cua mus
      Pron Konj TAM V   Lok1   N | CoV N   CoV N   V |
      ich dann Verg gehen Mitte Schlaf   mit Wolke mit Wind gehen

      ntes   tau   Zaj Laug coj   los   rau koj saib: (1,173/4)
      V   V   N | V   Vd   CoV Pron | V
      fangen bekommen Drache   tragen kommen zu du   schauen
      Ich bin im Schlaf gewandelt, bin mit den Wolken und dem Wind gegangen und ha-
      be den Drachen gefangen und zu dir gebracht, um zu schauen ...
      [V | CoV – V | V V | V – Vd – CoV | V]

(424) Mas tus tsov   txawm ya   ceev ceev los   khawm nkaus
      Konj Kl N   Konj V   Adv   Vd | V   V |
      dann   Tiger darauf fliegen schnell   kommen packen ergreifen

muab	coj	los	zaum tsaws	noj. (2,8/9)
V	V	Vd	V V	V

nehmen tragen kommen sitzen s.niederlassen essen

Dann kam der Tiger eiligst herbeigeflogen, packte das Schwein, nahm es mit, um sich (irgendwo) niederzulassen und es zu essen.

[V – Vd | V – V | V – V – Vd | V – V | V]

Dieser Satz folgt noch zweimal in je etwas abgeänderter Form. Dabei ist interessant, daß die Konjunktion *thiab* gesetzt wird:

(425) | Mas tus plis | txawm | dhia dhia los | khawm nkaus | *thiab* |
|---|---|---|---|---|
| Konj Kl N | Konj | V V Vd | V V | Konj |
| da Wildkatze | dann | springen id. kommen | packen greifen | und |

zaum tsaws	noj. (2,21/2)
V V	V

sitzen s.niederlassen essen

Da kam die Wildkatze herangesprungen, packte [die Beute] und ließ sich nieder, um sie zu essen.

[V – Vd | V – V *thiab* V – V | V]

(426) | Mas tus ntshuab | txawm | caum caum los | khaws | *thiab* |
|---|---|---|---|---|
| Konj Kl N | Konj | V V Vd | V | Konj |
| dann Fischotter | darauf | nachjagen id. kommen | packen | und |

so	noj. (2,27/8)
V	V

ausruhen essen

Da kam der Fischotter hinterhergejagt, packte [den Fisch], ruhte sich aus und fraß ihn.

[V – Vd | V *thiab* V | V]

5. Die regierende Verbserialisierung

5.1. Die zweite VP ist Objekt des ersten Verbs

In diesem Abschnitt werden diejenigen Verben aufgelistet, die an der Spitze einer Verbalreihe stehen und eine Verbalphrase oder einen ganzen Satz mit Subjekt und Prädikat als Objekt regieren können. Es folgt eine Aufzählung einiger dieser Verben mit Beispielen:

1. *xav*: "wollen, denken"

(427) | Sawv daws | *xav* | ntaus | lub teb chaws. (5,242) |
|---|---|---|---|
| N | V | V | Kl N |
| ihr alle | wollen | schlagen | Land |

Ihr alle wollt für euer Land kämpfen.

(428) | Kuv | tsis | *xav* | noj | mov. (B.534) |
|---|---|---|---|---|
| Pron | Neg | V | V | N |
| ich | nicht | wollen | essen | Reis/Speise |

Ich will nicht essen.

2. *paub*: "wissen", "können (i.S. von gelernt haben)"

(429) *paub* xav tswv yim (B.300)
     V   V   N
    können denken Intelligenz
              ü b e r l e g e n
    Er kann (gut) überlegen/nachdenken.

(430) Kuv tsis *paub* puas qab tsis qab. (B.299)
    Pron Neg V   Quest V Neg V
    ich nicht wissen ob gut nicht gut (von Speisen)
    Ich weiß nicht, ob (das Essen) gut ist.

3. *xyov*: "nicht wissen"

(431) *Xyov* yuav tsav tau los tsis tau! (4,22/3)
     V   TAM V   TAM Konj Neg TAM
    nicht wissen Fut regieren können oder nicht können
    (Allerdings) weiß ich nicht, ob ich regieren kann oder nicht.

4. *ntsuas*: "abmessen", "schätzen", "vermuten"

(432) Kuv *ntsuas* teb chaws yuav zoo. (B.267)
    Pron V   N   TAM V
    ich glauben Land   Fut gut:den Frieden haben
    Ich glaube/vermute, daß das Land Frieden haben wird.

5. *ntshai*: "Angst haben vor", "fürchten", "befürchten"

(433) mas *ntshai* Txiv Ntxawm yuav qhuas Los Xab xwb,
    Konj V   N   TAM V   Name Adv
    dann fürchten Onkel   Fut bewundern   nur
    tsis qhuas wb   lauj! (4,121/2)
    Neg V   Pron Exkl
    nicht bewundern wir (2)
    dann fürchte ich, daß der Onkel nur Lo Sa bewundern wird und uns beide nicht!

(434) Ces *ntshai* koj yuav tsis pom kuv lawm! (3,145/6)
    Konj V   Pron TAM Neg V Pron TAM
    daher fürchten du   Fut nicht sehen ich mehr
    Daher fürchte ich, daß du mich nicht mehr sehen wirst!

6. *tsam*: "Angst haben"

(435) *Tsam* koj dag kuv xwb, koj tsis yuav kuv no.
     V   Pron V Pron Adv Pron Neg   V   Pron Dem
    fürchten du lügen ich nur du nicht heiraten ich
    Ich habe Angst, daß du mich nur anlügst und mich nicht heiratest.

7. *txhawj*: "Angst haben", "beunruhigt sein", "befürchten"

   (436)   Kuv tsis *txhawj* ua. (B.516)
            Pron Neg V   V
            ich   nicht fürchten tun
            Ich habe keine Angst, es zu tun.

8. *kam*: "einverstanden sein"

   (437)   Suav Hwb Xeeb txawm tsis *kam* nyob li! (1,121)
            N   Konj Neg V   V   Exkl
            Chinese Wahrsager nun nicht einverstanden bleiben
            Der chinesische Wahrsager war nicht einverstanden, zu bleiben.

9. *yeem/yeej*: "einverstanden sein"

   (438)   mas kuv *yeej* los yuav koj tiag. (2,60)
            Konj Pron V   V   V   Pron Exkl
            dann ich einverstanden kommen heiraten du doch, sicher
            dann bin ich sicher einverstanden, dich zu heiraten.

   (439)   Koj puas *yeem* nrog kuv mus? (B.556)
            Pron Quest V   CoV Pron V
            du   einverstanden mit ich gehen
            Bist du einverstanden, mit mir zu gehen?

10. *saib*: "nachsehen (ob)", "sehen", "schauen"

   (440)   nej *saib* yuav muaj ib tug tsiaj qus los khawb ib lub qhov.
            Pron V   TAM V Num Kl N   [V]A V   V   Num Kl N
            ihr   Fut es hat 1   Tier wild kommen graben 1   Loch
            ihr werdet sehen, daß ein wildes Tier kommen wird und ein Loch gräbt. (5,452/3)

11. *kav tsij*: "sich beeilen"

   (441)   kom lawv *kav tsij* nqa tej riam phom mus (5,413/4)
            Konj Pron V   V Pl   N   N   Vd
            daß sie s.beeilen tragen Messer Waffe gehen
            sie sollten sich beeilen, Messer und Feuerwaffen wegzubringen.

12. *rawm*: "sich beeilen"

   (442)   Nej txhob *rawm* muab kuv los. (5,449)
            Pron Imp V   V   Pron Vd
            ihr nicht s.beeilen nehmen ich kommen
            Ihr sollt euch nicht beeilen, mich zu holen!

13. *pib*: "anfangen"

   (443)   Nyab Laj Fab Kis *pib* nce lub taw roob ntawd txhij vog,
            N   N   V   V   Kl   N   N   Dem   Adv
            Vietnamese Franzose anfangen besteigen Fuß Berg   von allen Seiten
            die Franzosen und die Vietnamesen begannen den Fuß des Berges von allen Seiten zu besteigen.

14. *ywj*: "folgen", "fortfahren"

(444) Mas cov poj niam *ywj* quaj tias: (3,103)
Konj Pl N V V Zit
aber Frau fortfahren weinen
Aber die Frauen weinten weiter:

15. *khwv*: "sich Mühe geben"

(445) *khwv* ua teb (B.123)
V V N
s.Mühe geben machen Feld
sich Mühe geben, das Feld zu bestellen

5.2. Die Pivotal-Konstruktion

Bei einer Pivotal-Konstruktion ist das Objekt des ersten Verbs gleichzeitig das Subjekt des zweiten Verbs. Semantisch gesehen gehören die in der Pivotal-Konstruktion als V_1 erscheinenden Verben zur Kategorie der Verben der Wahrnehmung und des Befehlens/Anordnens.

Es folgen einige Beispiele:

1. *pom* "sehen"

(446) Lawv sawv thiab *pom* peb tug txiv nees ntawd los noj nplej.
Pron V Konj V Num Kl N Dem V V N
sie s.erheben und sehen 3 Hengst kommen essen Reis
Sie erhoben sich und sahen, wie die drei Hengste die Reispflanzen fraßen.

2. *hnov*: "hören"

(447) Mas ib hmos lawv *hnov* qaib qua. (4,75/6)
Konj Num Q(N) Pron V N V
da 1 Nacht sie hören Hahn krähen
Da hörten sie eines Nachts den Hahn krähen.

3. *saib*: "sehen, zuschauen"

(448) Ces *saib* cov tub cov nyab ntaus nyuj. (1,127)
Konj V Pl N Pl N V N
also zuschauen Sohn Schwiegertochter schlagen Kuh
Also schauten sie den Söhnen und Schwiegertöchtern beim Schlachten der Kuh zu.

4. *pab*: "helfen"

(449) Kuv yuav *pab* koj txeeb tau Yawm Pus teb Y.P. chaw.
Pron TAM V Pron V V N N
ich Fut helfen du streitig machen bekommen Land Land
Ich werde dir helfen, Yau Pu das Land streitig zu machen. (3,47/8)

5. *pub*: "geben"; "erlauben", "zulassen"
   (450) lawv *pub* peb mus. (B.311)
        Pron V   Pron V
        sie   erlauben wir   gehen
        Sie erlauben uns zu gehen.

6. *ntxias*: "verlocken", "verführen"
        nws *ntxias* kuv tuaj ntaus ntses. (2,170/1)
        Pron V   Pron V   V   N
        er   verführen ich kommen schlagen Fisch
        Er verführte mich zum Fischfangen.

7. *thov*: "bitten"
   (452) Kuv *thov* koj teb kuv tsab ntawv no. (B.420)
        Pron V   Pron V   Pron Kl/Gen N   Dem
        ich bitten du   antworten ich   Brief
        Ich bitte dich, mir diesen Brief zu beantworten.

   (453) Cia *thov* nws, nws tsis txhob ... (5,397/8)
        V   V   Pron Pron Neg Imp
        lassen bitten er   er   nicht
        Ich möchte ihn bitten, er solle nicht ...

Beispiel (452) zeigt für einmal die Auflösung der pivotalen Konstruktion, so daß das Objekt der ersten VP und das Subjekt der zweiten VP beide ausgesetzt sind.

8. *txib*: "jdm. sagen, er solle"
   (454) Tus tswv *txib* tus qhev mus ua teb. (B.502)
        Kl N   V   Kl N   V   V   N
              Meister sagen   Diener gehen machen Feld
        Der Meister sagt zu seinem Diener, er solle sich zur Feldarbeit aufmachen.

9. *txhib*: "anspornen", "antreiben"
   (455) *txhib* tub zog ua hauj lwm (B.519)
        V   N   V N
        anspornen Arbeiter machen Arbeit
        die Arbeiter zum Arbeiten anspornen/antreiben

10. *quab*: "verpflichten", "zwingen"
    (456) Nkauj Mim *quab* tas ib tsoom Mab Duam thiab Hmoob
         N   V   N   Num   Q   N   Konj   N
         Mädchen zwingen alle   Gesamtheit Fremder   und   Hmong
         ris   pob zeb mus ua   txaj zeb rau pem
         V   N   Vd | V   N   N   CoV Lokl
         auf dem Rücken tragen Stein   gehen machen Bett Stein bei   oben
         ntav   toj. (5,511/2)
         KN/N N
         Mitte Berg
         Mi verpflichtete alle, Fremde und Hmong, dazu, Steine hinaufzutragen und oben, mitten auf dem Berg, Steinhaufen zu errichten.

11. *yuam*: "zwingen"

(457) *yuam* lawv ris peb nra (B.564)
     V   Pron V   Pron N
     zwingen sie tragen wir Sack
     sie zwingen, unsere Säcke zu tragen

5.3. Zum Ausdruck der Kausativität

Im Hmong lassen sich vier Verben anführen, die zum Ausdruck des Kausativs herangezogen werden können: *tso, kom, cia* und *ua*. Diese kommen mit Ausnahme von *kom* alle auch außerhalb des Kausativ-Kontexts als normale Vollverben mit je spezifischen Bedeutungen vor.

Die Tatsache, daß *kom* sich nicht als normales, freistehendes Verb zeigt, hängt sehr stark damit zusammen, daß es als Vollverb die Bedeutung "befehlen, anordnen" hat. Da dieses Vollverb nun in den von mir beigezogenen Quellen praktisch immer im Zusammenhang mit einem Objekt steht, dem eine Verbalhandlung "befohlen" wird, erscheint es nur in der Pivotal-Konstruktion, die sich rein äußerlich-formal nicht von der Kausativ-Konstruktion unterscheidet. Daher steht also *kom* je nach dem Grad der Entsemantisierung im Interpretationsbereich zwischen Pivotal- und Kausativ-Konstruktion und läßt sich teilweise zur Kategorie der an der Pivotal-Konstruktion beteiligten Vollverben *pub, ntxias, thov, txib, quab* und *yaum* zählen, so daß es oft noch mehr semantisches Gewicht in sich trägt als *tso*, das zweifelsfrei das allgemeinste Verb zur Markierung der Kausativität ist. Das semantische Gewicht von *kom* drückt sich vor allem in der Form der voluntativen Bedeutung aus, die sich im Imperativ-Kontext am deutlichsten zeigt, wo *kom* die Entschiedenheit eines Befehls unterstreicht. Immerhin finden wir auch das Verb *tso* in einer Bedeutungsnuance von "erlauben, gestatten" in der Nähe der Pivotal-Konstruktion, nur bleibt *tso* trotzdem meist eindeutig und ausschließlich kausativ zu verstehen.

Die übrigen beiden Verben *cia* und *ua* dagegen lassen sich nicht mit der Pivotal-Konstruktion in Verbindung bringen:

Das Verb *cia* zeigt sich als Kausativ-Verb nur im Imperativ-Kontext und wird oft in höflichen Aufforderungen gebraucht.

Ua schließlich taucht vor allem vor intransitiven Verben (auch statischen Verben bzw. "Adjektiven"), sowie im Zusammenhang mit der inhärenten Possession auf.

Im Folgenden werden diese vier Verben einzeln dargestellt:

1. *tso*
1.1. Als Hauptverb ohne kausale Funktion bedeutet *tso* ganz allgemein "lassen". Insbesondere wird es auch in der Bedeutung von "loslassen" (458), "fahren lassen, fallen lassen" (459) – (461) und "verlassen, zurücklassen, liegenlassen" (462) und (463) gebraucht:

(458) tso   hlua nees (B.472)
     V   N   N
     loslassen Schnur Pferd
     die Pferdeschnur loslassen

(459) tso   kaus (B.472)
     V   N
     fallen lassen (Fall)schirm
     Fallschirme fallen lassen/ abwerfen

(460) tso   paus (B.472)
     V   N
     fahren lassen Furz
     furzen

(461) tso   quav (B.472)
     V   N
     fallen lassen Kot
     sein Bedürfnis (Kot) verrichten.

(462) Nas tso   zes mus nrhiav ncauj. (B.472)
     N   V   N | V   V   N
     Maus verlassen Nest gehen suchen – Mund = Nahrung suchen
     Die Maus verließ das Nest um Nahrung zu suchen.

(463) tso   phau ntawv rau saum   rooj. (B.472)
     V   Kl   N   CoV Lok1   N
     liegenlassen Buch auf Oberseite Tisch
     das Buch auf dem Tisch liegenlassen

Im Zusammenhang mit dem Nomen *lus* (Sprache) bekommt *tso* etwa die Bedeutung von "aussenden":

(464) Ces Vaj Tuam Thaij tso   lus   rau cov tub rog huv tib si
     Konj   V   N   Cov Pl N   Adv
     dann   aussenden Worte an   Soldat ganz u. gar alle
     Dann sagte Wa Tua Thai zu allen Soldaten (5,325)

1.2. Bei *tso* als Kausativ-Verb scheint zuweilen eine Bedeutungskomponente des freistehenden Verbs durch:

(465) mas Ntuj tso   ib   tsob pos los   tsuam   koj kev
     Konj N   V   Num Q/Kl N   V | V   Pron N
     dann Himmel fallen lassen 1 Busch Dorn kommen versperren du Weg
     dann ließ der Himmel einen Dornenbusch fallen, um dir den Weg zu versperren ... (4,304/5)

(466) Mas Ntuj tso   dej   nag nyab   ob tug tuag.
     Konj N   V   N   N   V   Num Kl V
     da   Himmel fallen lassen Wasser Regen überschwemmen 2   tot
     Da ließ der Himmel einen Platzregen fallen, um die beiden zu ertränken. (4,295/6)

In manchen Kontexten erhält *tso* zudem die Bedeutung von "zulassen, erlauben", die sich für das freistehende Verb außerhalb des Kausativ-Kontextes nirgends finden ließ:

(467) ua cas koj yuav tso koj tus tub muab kuv tus
Quest Pron TAM V Pron Kl/Gen N V Pron Kl/Gen
warum du Fut lassen du Sohn nehmen ich
tub tua tuag lawm? (3,179/80)
N V V TAM
Sohn töten tot
Warum ließest du es zu, daß dein Sohn meinen Sohn tötete?
Warum ließt du deinen Sohn meinen Sohn töten?

(468) *Tso* kuv niag niam hlob tuav tw tshe
V Pron Qual/Gen N [V]A V N N
lassen ich Frau ältere halten Schwanz Rock
Laß meine ältere Ehefrau (deinen) Rockzipfel festhalten (3,61/2)

Meist jedoch erfüllt *tso* eine rein kausativische Funktion. Dabei ist es besonders interessant zu sehen, wie gewisse komplexe semantische Einheiten wie "schicken, entsenden" im Hmong in die Bestandteile Kausativ-Verb *tso* plus *mus*, *tuaj*, *los* aufgelöst werden (vgl. Beispiele (472) – (474)):

(469) Npawg hlob kuj *tso* nws tus tub noj xwm. (3,131)
N [V]A Adv V Pron Kl/Gen N V N
Bruder älterer auch lassen er Sohn essen Arbeit
Auch der ältere Bruder ließ den Sohn arbeiten.

(470) *tso* cov phij xab nyiaj pov tseg. (5,503/4)
V Pl N N V V
lassen Kiste Silber werfen liegen
die Kisten mit Silber liegen lassen

(471) *tso* thoob nqes qhov dej (B.472)
V N V N
lassen Eimer hinabgehen Brunnen
den Eimer den Brunnen hinunter lassen

(472) mas Yawm Saub *tso* kuv *los* ntiaj teb (4,21/2)
Konj V Pron V N
nun lassen ich kommen Erde
nun schickt mich Yau Shao auf die Erde zurück

(473) Thov koj *tso* koj ib tug neeg *tuaj* mus hais.
V Pron V Pron Num Kl/Gen N V | V V
bitten du lassen du 1 Mann kommen gehen sagen
Ich bitte dich, schicke einen deiner Männer, damit er gehe und (es) sage. (5,103)

(474) Sim *tso* koj nkawm tub tshuaj xwm *mus* saib.
V V Pron Q/Gen KN N V | V
bitte! lassen du Paar Spion gehen sehen
Schicke bitte deine zwei Spione, um nachzusehen, ... (4,228)

2. *kom*

Wie oben gesagt, kommt *kom* als Vollverb mit der Bedeutung "befehlen, anordnen" nur im Bereich der Pivotal-Konstruktion vor. Die Idee, daß es sich in diesem Fall um einen elliptischen Ausdruck für *qhia kom* (*qhia* = belehren, unterrichten, ermahnen, befehlen) handle, wie Mottin (ME.130) vorschlägt, scheint mir nicht sehr wahrscheinlich. Vielmehr dürfte "befehlen" die eigentliche Bedeutung von *kom* gewesen sein, die aber mit zunehmender Entsemantisierung von *kom* an *qhia* überging, das nun seinerseits *kom* als konjunktionales Verb (vgl. Abschn. 5.4.) annimmt:

(475) nws pov   tas   nws *kom*   sawv daws pw (5,144/5)
       Pron V   TAM Pron V   N   V
       er   werfen fertig er   befehlen   alle   sich niederlegen
       Nachdem er (es) geworfen hatte, befahl er allen, sich niederzulegen.

(476) Paj Cai *kom*   Kaub Chav ntaus tau   ib   rab
       V   Name   V   V   Num Kl
       befehlen   schlagen bekommen 1
       tuam phom. (5,284/5)
       Qual   N
       groß Gewehr
       Pa Tyai befahl Kao Tyha ein Maschinengewehr herzustellen.

Im Zusammenhang mit seinem stark voluntativen Charakter dient *kom* auch als Zeichen für den Imperativ und unterstreicht dabei die Entschiedenheit des Befehls bzw. der Forderung:

(477) *kom*   peb nrhiav chaw zoo coj los teem   tseg.
       V   Pron V   N   [V]A V'   Vd   V   V
       lassen wir suchen Platz gut   deponieren liegen
       Wir wollen einen guten Platz suchen, um (sie) zu deponieren.

Daneben zeigt sich *kom* auch als gewöhnliches Kausativ-Verb:

(478) ces   nws   *kom*   kuv xauj   hauv pas dej. (2,171/2)
       Konj Pron   V   Pron V   Lokl N
       dann er   machen   ich erkunden Inneres Weiher
       Dann brachte er mich dazu, in den Weiher hineinzuschauen.

Analog zu *tso* läßt sich auch *kom* mit den drei Verben *los, tuaj, mus* zu einer semantischen Einheit mit der Bedeutung "schicken, entsenden" verbinden:

(479) Ces   Paj Cai *kom*   sawv daws *mus*   khawb   ib   tug ntoo.
       Konj Name   V   N   V │   V   Num Kl   N
       dann   lassen Volk   gehen   ausgraben 1   Baum
       Dann schickte Pa Tyai das Volk einen Baum ausgraben.

3. *cia*

3.1. Als freistehendes Verb ohne kausative Funktion bedeutet *cia* "lassen, bewahren". Im Unterschied zu *tso*, das eine von einem Punkt her ausgehende Handlung bezeichnen kann ("loslassen, fahren lassen, fallen lassen"), deutet *cia* auf das Resultat des bewegten Vorganges von *tso* hin, ist also ein Verb der Ruhe. Die

Bedeutung des "unabänderlichen Feststehens", des "Ruhens" trifft man sehr häufig, wenn *cia* in resultativer Position steht:

(480) khi   rau nram   ntsa laj kab *cia*.
     V   CoV Lok1   N   N   V
     anbinden an   Unterseite Mauer Umzäunung lassen, bewahren, fest
     an einer Umzäunung festbinden.

Das Statische dieses Verbs drückt sich auch in seiner zweiten Bedeutung von "bewahren, behalten, festhalten" aus, die teilweise auch im obigen Beispiel (480) mitschwingt:

(481) *muab cia*   nehmen-bewahren   = anordnen, aufräumen (B.19)

(482) *khaws cia*   einsammeln-bewahren   = einsammeln (B.19)

(483) *cia caub*   gegen jemanden Rachegefühle hegen (B.19)

(484) *cia txhom*   festhalten-fangen   = einfangen (4,85–88)

(485) koj *cia*   rab riam no   rau koj. (B.19)
     Pron V   Kl   N   Dem Cov Pron
     du   aufbewahren Messer   für du
     Bewahr dir dieses Messer auf.

Schließlich dient *cia* auch zum Ausdruck allgemeingültiger Gegebenheiten und bestätigt damit seine Neigung zum Statischen in einer weiteren Bedeutungsnuance:

(486) Ntawv *cia*   rau   sau ntawv. (B.19)
     N   V   CoV V   N
     Papier dienen zu   Schreiben
     Papier dient zum Schreiben.

3.2. Kausativisch kann *cia* nur im Imperativ-Kontext – oft sogar als direkte Imperativmarkierung – auftreten. Häufig drückt es dabei die Höflichkeit aus. *Cia* zeigt sich als Kausativ-Verb also nur gerade in der auffordernden, direktiven Bedeutung von "lassen":

(487) *Cia*   kuv qhia   koj. (1,16)
     V   Pron V   Pron
     Lassen ich   beraten du
     Laß mich dir einen Rat geben!

(488) mas *cia*   kuv mus pab   koj ntaus. (4,89/90)
     Konj V   Pron V   V   Pron V
     aber lassen ich gehen helfen du   kämpfen
     Aber laß mich dir im Kampfe zu Hilfe gehen.

(489) *Cia*   nws ua kuv txiv. (2,95)
     V   Pron V   Pron N
     lassen er   sein ich   Ehemann
     Laß ihn mein Mann sein!

(490) mas *cia* ntuj tua kuv! (2,68)
      Konj V   N   V   Pron
      dann lassen Himmel töten ich
      dann soll mich der Himmel töten!

(491) *Cia* peb maj mam ua   siab ntev ntev (5,267)
      V   Pron Adv V   N   [V   V]A
      lassen wir allmählich machen Leber lang lang
                                         Geduld üben
      Wir wollen Geduld üben/ Laßt uns Geduld üben!

(492) *Cia* thov nws, nws tsis txhob ... (5,397)
      V   V   Pron Pron Neg Imp
      Lassen bitten er   er   nicht
      Ich möchte ihn bitten/ laßt mich ihn bitten, daß er nicht

Im Extremfall markiert *cia* sogar bei der zweiten Person explizit den Imperativ:

(493) *cia* koj tos ais, (1,109)
      V   Pron V   Exkl
      lassen du   warten
      Warte doch noch etwas, ...

4. **ua**

Ua haben wir bereits in Abschnitt 4.3. (S.262f.) in seiner Funktion als Vollverb und als Co-Verb kennengelernt. Als Kausativ-Verb tritt es vor allem bei intransitiven Verben (inklusive statische Verben bzw. "Adjektive") auf, wobei es im Gegensatz zu *ua kom* (kritische Bemerkungen hierzu s.S.289) das absichtslose Bewirken einer Verbalhandlung bezeichnet:

(494) *ua* nws quaj (ME.97)
      machen er weinen
      ihn zum Weinen bringen.

(495) *ua* fwj poob (ME.97)
      machen Flasche fallen
      eine Flasche zum Fallen bringen

(496) *ua* tes raug (ME.97)
      machen Hand verletzen
      sich die Hand verletzen

(497) *ua* tsev kub hnyiab (ME.97)
      machen Haus verbrennen
      das Haus brennen lassen

Zudem markiert *ua* im Falle der inhärenten Possession den Besitzer, an dessen Besitz sich die Verbalhandlung vollzieht:

(498) Yawm txiv xuas tib pob zeb *ua* nws niag   vauv
      N   CoV Num   N   V   Pron Qual/Gen N
      Onkel   mit 1   Stein   machen er   Schwiegersohn

```
         tiaj    hau   tawg        rhe !  (2,111/2)
         V       N     V           Adv
         fallen  Kopf  zerschlagen rumps
         Der Onkel zerschmetterte seinem Schwiegersohn mit einem Steinschlag den
         Schädel.
```

(499)
```
       Ces    npawg hlob  txhiaj tib    kawb leej ua         Yawm Pus
       Konj   N     [V]A  Konj   Num    Q(N)      V          Name
       dann   Bruder älter       darauf 1         Waffenart machen

       tu     nrho         peb tug tav. (3,86/7)
       V      Adv          Num Kl   N
       brechen vollständig 3        Rippe
       Darauf brach der ältere Bruder dem Yau Pu mit seiner Waffe drei Rippen.
```

5.4. Kausativität und das Entstehen von konjunktionalen Verben

Das Entstehen von konjunktionalen Verben aus Kausativ-Verben oder etwas allgemeiner der Übergang vom Verb zur Konjunktion läßt sich sehr gut am Beispiel von *ua* vorführen. Dieses Verb behält in allen unten zitierten Fällen noch deutlich verbale Züge, ja es ließe sich sogar meist eine rein juxtapositorische Interpretation anführen. Trotzdem steht der mit *ua* eingeleitete Satz zumindest inhaltlich ganz eindeutig in einem mit dem vorangehenden Satz zusammenhängenden, meist finalen oder konsekutiven Verhältnis, so daß sich die Möglichkeit eröffnet, das ursprüngliche Objekt des Kausativ-Verbs *ua* als Subjekt des regierten Satzes zu interpretieren, während *ua* selbst zu einem konjunktionalen Verb grammatikalisiert wird:

(500)
```
       Ces  tso    tig         hlo nrog yawg  sib    kam   sib    kam
       Konj V      V           Adv CoV  N     rezipr V     rezipr V
       aber lassen s.wenden    sofort mit Großvater kämpfen       id.

       ua          ceg xyoob ceg ntoo lov     tas. (3,162/3)
       V/Konj      N   N     N   N    V       Adv
       machen/daß  Ast Bambus Ast Baum abfallen ganz, alle
       Aber der Tiger wandte sich rasch um und sie kämpften miteinander,
       daß die Äste des Bambus und der Bäume abfielen.
```

(501)
```
       cas    nws  poj niam yuav hais ib    lo lus    tsis zoo rau nws
       Konj   Pron N        TAM  V    Num   Kl N      [Neg V]A CoV Pron
       warum  er   Frau     Fut  sagen 1       Wort   nicht gut zu  er

       ua          tu      nws  lub       siab. (5,12/3)
       V/Konj      V       Pron Kl/Gen    N
       machen/daß  brechen er             Leber
       wie nur konnte seine Frau etwas Schlechtes sagen, um sein Herz zu verletzen.
```

(502)
```
       Ces   Siv Yis xa       tib  hnee          mus  ua          nwg
       Konj  Name    V        Num  Q(N)          Vd   V/Konj      V
       da            senden   1    Armbrust(schuß) gehen machen/daß umfallen
```

          niag tsov Vaj   da   luam pem teb. (3,213/4)
          Qual N   N   V   N   Lokl N
          groß Tiger König s.wälzen Boden oben Erde
          Da schoß Shi Yi einmal mit seiner Armbrust, so daß der Tigerkönig umfiel und
          sich am Boden wälzte.

Bei *ua** können wir jedoch nur die Übergangsphase Kausativ-Verb – konjunktionales
Verb beobachten, da es nur in Kontexten vorkommt, die eben beide Interpretationen
zulassen. Dies hängt vor allem damit zusammen, daß *ua* nicht automatisch bei bestimmten Verben zur Markierung der regierten Fügung auftauchen muß, wie dies etwa bei *kom* der Fall ist. *Ua* erscheint also nur im weiteren Sinn als konjunktionales Verb, das ganze Sachverhalte zueinander in Beziehung setzt, nie jedoch im engeren Sinn als einem einzelnen Verb fest zugeordnetes konjunktionales Verb.

Auch bei *kom* erkennen wir etwa in der folgenden Gegenüberstellung den Übergang vom Kausativ-Verb einerseits zum konjunktionalen Verb andererseits.

(503) mas kuv *kom*   lawv kav tsij   zeeg   nqa tej riam   phom
       Konj Pron V   Pron V   Adv   V   Pl N   N
       nun ich befehlen sie s.beeilen schnell tragen Messer Waffe

       mus   rau Xyooj Tuam Xeeb, (5,406–8)
       Vd   CoV
       gehen zu
       nun befehle ich ihnen, schleunigst Messer und Feuerwaffen zu Sjong Tua Seng zu bringen.

(504) Nws tso   lus   rau cov thwj tim *kom* lawv kav tsij
       Pron V   N   Cov Pl   N   Konj   Pron V
       er   senden   Wort an   Schüler   daß   sie s.beeilen

       nqa tej riam   phom mus, (5,413/4)
       V   Pl   N   N   Vd
       tragen Messer Waffe gehen
       Er sagte seinen Schülern, sie sollten Messer und Feuerwaffen schleunigst wegtragen ...

Kom in (504) unterscheidet sich jedoch von *ua* dadurch, daß es dem Ausdruck *tso lus rau N* (jdm. sagen [er solle]), bereits fest als konjunktionales Verb zugeordnet ist (vgl. weiter, 5,325; 5,46; 5,193).

Natürlich läßt sich *kom* auch wie *ua* nur in der Übergangsphase vom Kausativverb zum konjunktionalen Verb im weiteren Sinn antreffen, wie die folgenden Beispiele zeigen:

---

* Beim Betrachten des Satzes

   (506) kuv muaj ib   lo lus   *ua*   rau koj tu   siab   lawm.
          Pron V   Num   Kl N   V/Rel   CoV Pron V   N   TAM
          ich haben 1   Wort machen für du   brechen Leber
          Ich habe etwas gesagt, was dich verletzt hat (5,119/20)

   stellt sich sogar die Frage, ob nicht das Relativzeichen *uas* sich auch aus dem Verb *ua* ableiten ließe. Immerhin stehen die Töne *-Ø* und *-s* in einem engen Zusammenhang miteinander, geht doch *-Ø* hinter *-b* und *-j* über in *-s*. (zum Ton- Sandhi s. Anhang II, S.479).

(505) Kuv pab nws *kom* tau ua. (M.130)
Pron V Pron V/Konj TAM V
ich helfen er daß können machen
Ich helfe ihm, daß er es machen kann.

(507) Muab lub ntuj lub teb tig *kom* luag pej xeem huab hwm
V Kl N Kl N V V/Konj Pron N
nehmen Himmel Erde drehen daß sie Untertanen

tuag tas tau! (1,177/8)
V Adv TAM
sterben alle Verg
Er drehte Himmel und Erde um, so daß die Untertanen alle umkamen.

(508) koj mus muab tshum *kom* ntab los ais! (2,151)
Pron V V V V/Konj V Vd Exkl
du gehen nehmen stoßen daß wiederauftauchen kommen
(also) geh und stoße ihn an, damit er wieder auftaucht!

(509) Rhaub dej los ntxuav lub cev, *kom* tus neeg lub cev
V N Vd | V Kl N V/Konj Kl N Kl/Gen N
wärmen Wasser kommen waschen Körper daß Mensch Körper

nqaij sov, tej roj ntsha thiaj khiav zoo. (5,91/2)
N V Pl N N Konj V V
Fleisch warm Fett Blut dann fließen gut
          Blutkreislauf
Sie sollen den Körper mit warmem Wasser waschen, damit der Körper der Menschen warm bleibt und der Blutkreislauf gut fließt.

(510) mas Yawm Saub tso kuv los ntiaj teb, *kom* kuv tsav ntiaj teb.
Konj V Pron V N V/Konj Pron V N
nun lassen ich kommen Erde damit ich regieren Erde
nun schickt mich Yau Shao auf die Erde zurück, damit ich sie regiere. (4,21/2)

In einem weiteren Kontext jedoch, wo *kom* wie oben angedeutet als einem bestimmten Verb fest zugeordnetes konjunktionales Verb auftritt, gibt es am konjunktionalen Charakter von *kom* nichts mehr zu zweifeln.

Dabei ist *kom* oft für den Fall von Subjektsgleichheit fakultativ, muß aber bei Subjektsverschiedenheit obligatorisch gesetzt werden:

(511) Kuv xav mus. (ME.130)
Pron V V
ich wollen gehen
Ich will gehen.

(512) Kuv xav *kom* nws mus. (ME.130)
Pron V Konj Pron V
ich wollen daß er gehen
Ich will, daß er geht.

Einige weitere Beispiele:

(513) Ntuj tsis kheev *kom* nkawd tsav lub teb chaws. (4,302/3)
      N   Neg V   Konj Pron V   Kl N
      Himmel nicht zulassen daß sie(2) regieren Land
      Der Himmel ließ nicht zu, daß die beiden das Land regierten.

(514) mas kuv qhia *kom* mus nuv   ntses. (1,157)
      Konj Pron V   Konj V   V   N
      und ich raten daß gehen fangen Fisch
      und ich riet ihm, er solle Fische fangen.

(515) Sawv daws thiaj li taij   zom zaws   *kom* Paj Cai rov muab
      N   Konj V   Adv   Konj   PräV V
      alle   darauf bedrängen in großer Zahl daß   wieder nehmen

      thooj ntawd pov saib yuav zoo li cas   tiag. (5,142/3)
      Q   Dem   V   V   TAM Komp Quest Exkl
      Knäuel   werfen sehen Fut wie   was   wirklich/eigentlich
      Darauf bedrängten Pa Tyai alle in großer Zahl, er möge den Knäuel noch einmal
      werfen, damit sie sähen, wie es eigentlich funktioniert.

Im folgenden Satz erscheint *kom* einmal als Kausativ-Verb, einmal als konjunktionales Verb:

(516) Paj Cai thiaj li *kom* hais rau tsoom xov thawj sawv daws
      Name   Konj V V   CoV Q   N   N
              dann   lassen sagen zu alle Anführer alle

      kom nws cov   thwj tim mus qhia rau ib tsoom laj mej pej xeem,
      Konj Pron Pl/Gen   N   V   V   CoV Num Q   N
      daß   er   Schüler gehen lehren zu 1   alle Untertanen

      kom sawv daws tuaj   txua   rooj ntaub rooj ntawv. (5,200-2)
      Konj N   V   V   N   N   N   N
      daß   alle   kommen machen(aus Holz) Tisch Stoff Tisch Papier
                                               Versammlungsraum (bzw. -tisch)
      Darauf ließ Pa Tyai zu allen Anführern insgesamt sagen, seine Schüler sollten alle
      Untertanen unterweisen, einen Versammlungsraum herzustellen.

Falls das Objekt des Hauptsatzes dem Subjekt des Nebensatzes entspricht, kann eines davon ausgelassen werden:

(517) Kuv ntuas   Lis *kom* mus. (ME.130)
      ich einreden auf Name daß gehe

      Kuv ntuas   *kom* Lis mus.
      Ich rede auf Li ein, daß er geht.

ME.131 führt folgende Verben auf, die mit *kom* vorkommen können (vgl. auch Jaisser 1986):

hais	⎤	
qhia	⎬	befehlen, daß
txib	⎦ ○	
thov		fragen/ bitten, daß
xav		wollen, daß
kheev		einverstanden sein, daß
ua		machen (absichtlich), daß
txhib		anspornen
yuam		zwingen
rawm		in Eile sein/sich beeilen, daß

Wie diese Tabelle zeigt, besteht zu vielen Verben, die in einer Pivotal-Konstruktion mit unmarkierter Unterordnung vorkommen, eine explizite Alternative mit der Konjunktion *kom*. Ebenso gibt es zu *xav* und *rawm* (Abschn. 5.1.) eine eindeutig markierte Alternative.

Bei *ua kom* zeigt sich deutlich, daß sich *kom* viel stärker entsemantisiert hat als *ua*, das ja auch als Konjunktion den Verb-Status nie ganz verläßt. Die stärkere Entsemantisierung von *kom* hat aber bewirkt, daß *ua* sich in dieser Richtung nicht weiterentwickeln kann, ja im Zusammenhang mit *ua kom* wieder den vollen Verbalcharakter zurückerhält. Die Unterscheidung zwischen *ua* als Markierung für das absichtslose Verursachen einer Handlung und *ua kom* als Markierung eines voll beabsichtigten Bewirkens einer Handlung scheint mir ein sekundäres Resultat davon zu sein, daß nun eben zwei Ausdrucksmittel bestehen, die eine genauere Beschreibung der Kausativität ermöglichen. Immerhin bleibt diese Unterscheidung im Zusammenhang mit den unter der Rubrik inhärente Possession angeführten Beispielen (498) und (499) irrelevant, da *ua* hier sicher eine berechnete Absicht zum Ausdruck bringt.

Sicherlich läßt sich aufgrund dieser Tabelle sagen, daß sich mit der Grammatikalisierung von *kom* zu einem konjunktionalen Verb eine entscheidende Tendenz zur Markierung der Relationen zwischen zwei oder mehreren Serialisierungsperioden ins Hmong einführen konnte, die das bloße asyndetische Aneinanderfügen von Verben selbst im Fall der drei Verben *los, tuaj, mus* ab und zu konkurrenziert (vgl. Beispiel (270), S.249). Der Pivotal-Konstruktion erwächst mit der Entsemantisierung von *kom* eine ernsthafte Konkurrenz in der Form der markierten Einbettung, die ihr Entstehen letztlich gerade dem Pivotal-Kontext verdankt, dem sie sich nun entgegenstellt.

5.5. Weitere aus Verben abgeleitete Konjunktionen/konjunktionale Verben

Auch außerhalb des Kausativ-Kontexts entstehen konjunktionale Verben. So bilden sich aus der postverbalen Position die beiden konjunktionalen Verben *hais tias* und *tsam*. Das Verb *yog* (sein) erhält seine Funktion als konjunktionales Verb durch chinesischen Einfluß. *Tias* schließlich wurde in diese Liste aufgenommen, da sich *hais tias* ohne seine vorhergehende Erläuterung nicht vollständig hätte erklären lassen. Zudem legt die Tatsache, daß *tias* vereinzelt auch alleine mit der Bedeutung "sagen" vorkommt, die Vermutung nahe, daß auch *tias* einmal aus einem Entsemantisierungsprozeß als konjunktionales Verb hervorgegangen sein könnte.

1. *tias*

Tias dient zur Einführung von Gesprächen und Gedanken; ich nenne es deshalb die *Zitierform* (abgekürzt: Zit). Naturgemäß steht es hinter den Verben des Sprechens und des Denkens, wie die untenstehende Liste zeigt:

hais	sagen, daß
piav	erzählen/berichten/erklären, daß
qhia	unterrichten/informieren, daß
nug	fragen (ob)
teb	antworten, daß
hnov	hören/vernehmen, daß
paub	wissen, daß
xav	denken, daß
xam	schätzen/vermuten, daß
lees	gestehen, daß
pom	sehen, daß
ntshai	fürchten, daß (B.427)
nco tau	sich erinnern, daß (nach ME.127)

2. *hais tias*

Diese Silbenkombination läßt sich im Sinne des obigen Punktes 1. als eine Verbindung des Typs *V – Zit* verstehen. Bei einigen Verben jedoch muß man die ganze Silbenkombination als eine einzige Konjunktion begreifen:

(518)   Kuv paub *hais tias* nej   yuav tuaj. (B.300)
        Pron V   Konj   Pron TAM V
        ich wissen daß   ihr Fut kommen
        Ich wußte, daß ihr gekommen wäret.

(519)   Kuv pom *hais tias* koj ua   zoo. (B.57)
        Pron V   Konj   Pron V   V
        ich sehen daß   du   machen gut
        Ich sehe, daß du es gut gemacht hast.

(520)   Kuv ntsia *hais tias* yuav tau mus. (B.57)
        Pron V   Konj   TAM   V
        ich glauben daß   müssen   gehen
        Ich glaube, (er) wird gehen müssen.

(521)   Kuv xav *hais tias* nej yuav tsis tuaj. (B.534)
        Pron V   Konj   Pron TAM Neg V
        ich denken daß   ihr Fut nicht kommen
        Ich dachte, ihr würdet nicht kommen.

(522)   Kuv xav   ntsia   *hais tias* yuav los   nag,   tiam sis
        Pron V   V   Konj   TAM V   N   Konj
        ich denken glauben daß   Fut kommen   Regen   aber
              nag   tsis los. (B.534)
              N   Neg   V
              Regen nicht kommen
        Ich dachte, es würde regnen, aber es regnete nicht.

(523) Kuv ntsaus *hais tias* ... (B.57)
       Pron V   Konj
       ich vermuten daß
       Ich vermute, daß ...

3. *tsam*
Diese Silbe kennen wir bereits als Vollverb mit der Bedeutung "Angst haben" (vgl. 5.1., S.275). In resultativer Stellung nach anderen Verben des "Fürchtens" und der "Vorsicht" jedoch wird *tsam* zu einer Konjunktion entsemantisiert. *Tsam* kann hinter folgenden Verben stehen:

ntshai   befürchten/fürchten, daß
txhawj   Angst haben/ beunruhigt sein, daß
ceev fai   auf der Hut sein/ sich vorsehen, daß
xyuam xim   vorsichtig sein, daß nicht

4. *yog*
Wie das folgende Beispiel zeigt, bildet *yog* als Vollverb Äquationssätze:

(524) Kuv *yog* ib   tug poj niam ntsuag es!
       Pron V Num Kl N   [V]A   Exkl
       ich sein 1   Frau verwitwet
       Ich bin eine Witwersfrau!

Seine Funktion als konjunktionales Verb zur Markierung der Protasis in Konditionalsätzen läßt sich einerseits aus der Bedeutung als Vollverb mit einer Interpretation wie "wenn dem so ist, daß" erklären, andrerseits wurde die Auswahl ausgerechnet dieses Verbs möglicherweise durch die entsprechende chinesische Konjunktion *yàoshi* beeinflußt (s.S.205), deren erste Silbe *yào* sich in Hmong *yog* widerspiegeln könnte. Mit *yog* würde dann nicht nur ein rein lautlicher Aspekt ins Hmong übertragen, sondern auch ein bedeutungsmäßiger: so enthält nämlich auch *yàoshi* in der zweiten Silbe das Äquationalverb. Somit übertrug sich das Konzept, daß ein Äquationalverb zur Protasismarkierung wird, einmal auf der semantisch-funktionalen Ebene, zum andern aber auch auf der Basis einer falschen lautlichen Entsprechung.

Es folgt nun ein Beispiel mit *yog* als Konjunktion:

(525) *Yog* koj tsis los   pab, mas ntshai yuav tsis yeej lauj!
       Konj Pron Neg V   V   Konj V   TAM Neg V   Exkl
       wenn du   nicht kommen helfen dann fürchten Fut nicht gewinnen
       Wenn du nicht gekommen wärest, dann fürchte ich, würden (könnten) wir
       nicht gewinnen. (4,266/7)

Häufig wird *yog* mit der Zitierform *tias* verbunden:

(526) *Yog tias* muaj txoj hmoov, koj pab   tau kuv ais, ...
       Konj Zit V   Kl   N   Pron V   TAM Pron Exkl
       wenn   es gibt   Glück du   helfen können ich
       Vorausgesetzt wir haben Glück und du kannst mir helfen, ... (3,39/40)

IV. Vietnamesisch

1. Einleitung

In diesem Abschnitt sollen drei für das Verständnis des Verbs und damit für die Verbserialisierung und die Grammatikalisierung im Vietnamesischen unumgängliche Themen behandelt werden. Zuerst wollen wir uns kurz mit der Definition des Verbs und mit möglichen Subkategorien beschäftigen. Ein zweiter Punkt ist der Beschreibung der Transitivität gewidmet. Der dritte Punkt schließlich beschäftigt sich mit den dreiwertigen Verben, die im Vietnamesischen recht zahlreich sind:

1. Die Kategorie Verb läßt sich auch im Vietnamesischen durch ihr Umfeld definieren. Hierzu besonders geeignet sind – wie Nguyên Phu Phong (1976:75ff.) zeigt – die Präverben, wozu er u.a. die Negationspräverben wie z.B. *không, chả, chẳng, đâu* (nicht), *chưa* (noch nicht), *chớ, đừng* (nicht, prohibitiv) und die Zeitpräverbien wie z.B. *đã* (Vergangenheit), *sẽ* (Zukunft), *sắp* (nahe Zukunft), *vừa, mới* (nahe Vergangenheit) zählt. Davon bildet *sẽ* das konstituierende Element, das über die Zuordnung zur Kategorie Verb entscheidet.

    Bei der weiteren Unterscheidung von Verbarten drängt sich auch im Vietnamesischen eine Trennung zwischen statischen und dynamischen Verben auf, wobei sich die statischen Verben dadurch von den dynamischen Verben abgrenzen lassen, daß sie mit dem Präverb *rât* (sehr) zusammen vorkommen können (vgl. z.B. Nguyên Phu Phong 1976:80f). Davon sind weitaus die meisten statischen Verben intransitiv. Daneben zeigen sich jedoch auch einige transitive Verben wie *thương* (lieben), *giận* (s. aufregen, wütend sein über), *ghét* (hassen, verabscheuen) mit *rât* zusammen und gelten deshalb als statische Verben.

2. Der Begriff der Transitivität läßt sich auch im Vietnamesischen in zweierlei Hinsicht modifizieren. Zum einen stellt er eine Maximalformel dar, die besagt, daß ein Verb maximal zwei unmarkierte Aktanten bei sich tragen kann, die jedoch ohne weiteres ausfallen können, wenn es der Kontext erlaubt, ohne dadurch die Transitivität des Verbs aufzuheben; zum anderen belegen die möglichen Relationen zwischen Verb und Objekt ein weiter gefaßtes semantisches Spektrum als wir dies etwa aus den indo-europäischen Sprachen kennen.

    Der erste Aspekt läßt sich sehr schön mit einem Beispiel aus Nguyên Đinh Hoa (1976:926–28) belegen:

    (1) ông thư ký đưa   cái quạt   cho cô y tá.
        Sekretär   reichen Kl Fächer CoV Krankenschwester
        Der Sekretär reichte der Krankenschwester den Fächer.

    (2) ông thư ký đưa cái quạt.
        Der Sekretär reichte ihr den Fächer.

    (3) ông thư ký đưa cho cô y tá.
        Der Sekretär reichte ihn der Krankenschwester.

    (4) ông thư ký đưa.
        Der Sekretär reichte ihn ihr.

Im Zusammenhang mit dem zweiten Aspekt gilt wie in allen übrigen hier beschriebenen Sprachen, daß insbesondere in lokativisch-destinativischer Relation zum Verb stehende Aktanten in der unmarkierten Objektsposition erscheinen. Dabei sind die meisten Verben, die solche Objekte nach sich tragen, nachgerade zur Co-Verb-Funktion prädestiniert. Folgende Verben gehören in diese Kategorie: *đi* (gehen), *ở* (s.befinden in, wohnen/leben in), *qua/sang* (überqueren), *lại* (kommen), *về* (zurückkehren), *ra* (rausgehen), *vô/vào* (reingehen), *lên* (raufgehen), *xuống* (runtergehen), *đến/tới* (ankommen), *theo* (entlanggehen, begleiten, folgen). Hierzu nun einige Beispiele:

(5) *ra sân* (in den Hof hinausgehen), *đi chợ* (zum Markt gehen), oder auch: *ăn tiệm* (im Restaurant essen).

(6) Tôi sẽ *đi* Sài-gòn.
ich Fut gehen Ort
Ich werde nach Saigon gehen.

(7) Tôi sẽ *ở* đó đến cuối năm.
ich Fut bleiben dort bis Ende Jahr
Ich werde bis ende Jahr dort bleiben. (Clark 1978:93)

(8) Tôi sẽ *về* Sài-gòn ăn Tết vào khoảng 30 Tết.
ich Fut zurückkehren Ort essen Neu-J. CoV Intervall Num Neujahr
Ich werde nach Saigon zurückkehren, um das Neujahrsfest um den 30. herum zu feiern. (Clark 1978:95)

(9) Xuân đến nhà bác hai giờ rồi.
Name ankommen Haus Onkel zwei Stunde bereits
Xuân kam vor zwei Stunden beim Haus ihres Onkels an. (Clark 1978:97)

Ebenso lassen sich Beispiele für die instrumentale Relation aufzählen. Für die bei Jacob (1978:100) mit "sphere of action" bezeichnete Relation (vgl. S.394) schließlich mögen die folgenden Beispiele stehen:

(10) *ngắn tay* (kurze Arme haben), *đau bụng* (Magenschmerzen haben), *đau đầu* (Kopfschmerzen haben), *vui tai* (gefällig fürs Ohr), *vắng người* (öde/einsam – Mensch = menschenleer), usf.

(11) Nó giàu của nhưng nghèo con.
er reich Besitz aber arm Kind
Er ist reich an Besitz aber arm an Kindern. (Thompson 1965:223)

3. Das Vietnamesische kennt eine beträchtliche Anzahl von dreiwertigen Verben, bei denen strikte die Reihenfolge V – IO – DO gilt:

(12) ông ấy *cho* bà ấy hai cái nhà.
er geben sie zwei Kl Haus
Er gibt ihr zwei Häuser. (Nguyên Đinh Hoa 1976:923)

(13) ông ấy *biếu* bà ấy hai cái nhà.
er überreichen sie zwei Kl Haus
Er überreicht ihr zwei Häuser. (ibid.)

(14)   ông ấy *tặng*   bà ấy hai cái nhà.
       er   schenken sie   zwei Kl Haus
       Er schenkt ihr zwei Häuser. (ibid.)

(15)   ông ấy *đưa* bà ấy tiền.
       er   reichen sie   Geld
       Er reicht ihr das Geld. (ibid., p. 924)

(16)   ông ấy *bán*   tôi một cái nhà lớn.
       er   verkaufen ich ein Kl Haus groß
       Er verkauft mir ein großes Haus. (Clark 1978:7)

(17)   Em sẽ *gởi*   chị một vật kỷ-niệm.
       ich Fut schicken du ein Andenken
       Ich werde dir ein Andenken schicken. (ibid.)

Lautet die Reihenfolge V – DO – IO, so muß das indirekte Objekt obligatorisch mit einem Co-Verb oder einer Präposition (meist *cho*) eingeleitet werden:

(14a) ông ấy *tặng* hai cái nhà *cho* bà ấy.

Fakultativ ist die Markierung des indirekten Objekts auch bei der Reihenfolge V – IO – DO möglich:

(14b) ông ấy *tặng* (*cho*) bà ấy hai cái nhà.

Verben dieses Typs faßt Nguyên Đinh Hoa (1976:927) unter dem Begriff "Verbs of Giving" zusammen. Seine Liste, die nicht den Anspruch auf Vollständigkeit erhebt, enthält immerhin 31 Verben!

ban (to bestow, grant), *bán* (to sell), *biếu* (to present), *bô-thí* (to give [as alms]), *bồi-thường* (to give as reparations), *bù* (to give to make up for a difference), *cấp* (to award), *chia* (to distribute), *chuyển* (to transmit), *dành* (to reserve, save), *dạy* (to teach), *dâng* (to offer), *đền* (to pay damage), *đóng* (to pay [as dues]), *đút* (*lót*) (to bribe), *đưa* (to hand, transmit), *gả* (to give in marriage), *gửi* (to send), *giả* (*trả*) (to pay), *giao* (*trao*) (to hand over), *hi-sinh* (to sacrifice), *hiến* (to offer [as a tribute]), *hoàn* (to reimburse, refund), *lễ* (to present [as a gift]), *mất* (to lose), *nộp* (to pay, remit), *nhường/nhượng* (to cede), *phát* (to distribute), *tặng* (to present), *thí* (to dole out), *thưởng* (to reward), *ứng* (to advance), etc.

2. Die Juxtaposition

Die beiden wichtigsten semantischen Relationen zwischen markierungslos juxtaponierten Verben sind auch im Vietnamesischen die Koordination und die Finalität. Weiter drängt sich innerhalb dieser beiden Relationstypen je eine Unterscheidung zwischen einer lexikalischen und einer syntaktischen Juxtaposition (vgl. hierzu Thompson's [1965:126] Unterscheidung zwischen "idiom compounds" und "syntactic compounds") auf. Die lexikalische Juxtaposition ist kaum produktiv und gehört in den Bereich der Wortbildung. Während sich bei der lexikalischen Juxtaposition nichts zwischen V_1 und V_2 einfügen läßt, läßt die syntaktische Juxtaposition, die sich als markierungsloses Aneinanderfügen ganzer Verbalphrasen und Serialisierungsperioden versteht, bei denen die einzigen Kriterien für die Kombinierbarkeit von V_1 mit V_2 semantischer und pragmatischer Art sind, naturgemäß eine große Zahl von Elementen zwischen V_1 und V_2 zu.

2.1. Koordination

Bei der *lexikalischen Koordination* nehmen die Verben *làm* (machen, tun), *đánh* (schlagen) und *ăn* (essen) eine besondere Stellung ein. Oft sind diese Verben, die die erste Stelle im Kompositum einnehmen, schon sehr stark entsemantisiert, so daß Verben wie *làm* und *đánh* häufig nur noch die Funktion der Transitiv- oder Kausativmarkierung erfüllen, während *ăn* oft nur noch in irgend einer Weise die Handlung des zweiten Verbs unterstreicht oder verstärkt:

1. *làm*

   làm ăn (essen; seinen Lebensunterhalt verdienen), *làm cao* (hoch; vornehm tun, nörgeln), *làm giả* (falsch, unecht; fälschen), *làm hỏng* (mißlingen, mißraten; etw. vereiteln, beschädigen), *làm khôn* (klug, weise; klug handeln), *làm mê* (in jdn. leidenschaftlich verliebt sein; jdn. bezaubern, bestricken), *làm quen* (kennen, mit jdm. bekannt sein; jdn. kennenlernen, s.bekannt machen mit), *làm tan** (s. auflösen/zerstreuen; zerstreuen, vertreiben, verjagen).

2. *đánh*

   đánh chìm (untergehen, versinken; versenken [ein Schiff]), *đánh đổ* (gießen, ausgießen; [hinab-]stürzen, umwerfen; auch im übertragenen Sinne: eine Regierung stürzen), *đánh ghen* (eifersüchtig sein; id.), *đánh lừa* (betrügen, hintergehen; id.) *đánh sạch* (sauber, rein; reinigen, säubern, alles aufessen), *đánh thức* (nicht schlafen, wachen; aufwecken).

3. *ăn*

   ăn bám (anhaften, kleben; auf Kosten anderer leben), *ăn cắp* (stehlen; id.), *ăn cướp* (rauben, plündern; id.) *ăn trộm* (stehlen; id.), *ăn chơi* (spielen; müßig gehen, faulenzen), *ăn ở* (s. befinden in, leben, wohnen; s. betragen, benehmen, verhalten), *ăn vay* (borgen; auf Kredit leben).

Weitere Verb-Komposita entstehen durch Juxtaponierung von *Synonymen* und *Antonymen*:

bao bọc (einwickeln, umfassen, in s.einschließen – einwickeln, einpacken = umgeben, umfassen, beschützen), *bông đùa* (bông = đùa = scherzen, Spaß treiben; id.) *đụng chạm* (đụng = chạm = aufeinanderstoßen; id.), *yêu thương* (yêu = thương = lieben; id.), *xinh đẹp* (xinh = đẹp = schön, gutaussehend; id.), *gom góp* (ansammeln, anhäufen – beisteuern, einen Beitrag leisten = zusammenlegen, sparen), *buôn bán* (Handel treiben –verkaufen; Handel treiben), *trong trắng* (rein – weiß = rein, sauber, pur), *bé nhỏ* (bé = nhỏ = klein; id.) *béo mập* (dick, fett – wohlbeleibt = id.), *ẩm ướt* (feucht – durchnäßt = id.), *to lớn* (to = lớn = groß; id.), *bồng bế* (bồng = bế = etw. [ein Kind] auf den Armen tragen), *cay đắng* (scharf, schmerzlich – bitter = bitter, schmerzlich, unerträglich)

mua bán (kaufen – verkaufen = Handel treiben), *sốt rét* (warm – kalt = Fieber haben), *rủy may* (glücklos – glücklich = gewagt, gefährlich, risikoreich), *ăn thua* (gewinnen – verlieren = rivalisieren, wetteifern).

Einige Synonymkomposita können auch in umgekehrter Reihenfolge ohne nennenswerte Bedeutungsänderung auftreten:

thương yêu, nhỏ bé, bế bồng.

Zur *syntaktischen Koordination* möchte ich die folgenden Beispiele anführen:

---

* Daneben existiert auch *đánh tan* (zerschmettern, zerschlagen, zerstreuen, vertreiben, vernichten).

(18) Bảo hát nói chuyện.
Name singen | sagen Rede
Bao singt und spricht. (Nguyên Phu Phong 1976:109)

(19) Giáp ra mở cửa.
Name rausgehen | öffnen Tür
Giap geht hinaus und öffnet die Tür. (Trương 1970:98)

(20) Giáp nằm đọc báo trên giường.*
Name liegen | lesen Zeitung auf Bett
Giap liegt auf dem Bett und liest Zeitung. (Trương 1970:99)

(21) Bà ta ngồi im lặng nhai trầu.
sie sitzen ruhig | kauen Betel
Sie sitzt ruhig da und kaut Betel.

(22) Chúng tôi tính ở chơi chừng một tuần lễ.
wir gedenken bleiben | spielen ungefähr 1 Woche
Wir gedenken, zu bleiben und uns etwa eine Woche lang zu amüsieren.
(Emeneau 1951:49)

Im Unterschied zu den oben angeführten lexikalischen Fügungen oder zweisilbigen Verben läßt sich bei diesen Beispielen die Konjunktion *và* (und) einfügen, um die koordinierende Beziehung zwischen den beiden beteiligten Verben offen zum Ausdruck zu bringen.

An dieser syntaktischen Form der Koordination beteiligen sich analog zum Hmong (vgl. S.222ff.) auch die lokativisch-destinativischen Verben, die wir später als direktionale Verben (3.3.,S.301–305) oder als Co-Verben (4.2., S.309–313) wieder antreffen werden:

(23) Anh *ở* đau *đến*?
du s.befinden wo | ankommen
Woher bist du gekommen? (Trân 1975:246)

(24) Mưa *ở* trên trời xuống.
Regen s.befinden oben Himmel | runtergehen
Es regnet vom Himmel. (Martini 1962:103)

(25) Nó *ở* trong Sài-gòn *ra* đây.
er s.befinden in Ort | rausgehen hierher
Er kommt aus Saigon hierher. (Martini: ibid.)

(26) Anh *đi* đâu *về*?
du gehen wo | zurückkommen
Woher kommst du zurück?

(27) Chị ấy *ra* về.
sie rausgehen | zurückkommen
Sie kehrt nach Hause zurück [sie ist zuerst fortgegangen und kommt nun zurück].

---

* Die folgende Wortstellung ist auch möglich:
(20a) Giáp nằm trên giường đọc báo.

(28) Anh *đi*   làm   về.
      du gehen arbeiten | zurückkehren
      Du kommst von der Arbeit zurück.

2.2. Finalität

Eine finale Relation zwischen V_1 und V_2 tritt vor allem dann ein, wenn V_1 ein Verb der Bewegungsrichtung ist (vgl. 4.2.): im Vietnamesischen ist dies besonders im Zusammenhang mit *đi* (gehen) und *lại* (kommen) der Fall.

Auch für die Finalität lassen sich einige *lexikalische* Beispiele anfügen:

đi xem (gehen – sehen = zu Besuch gehen), *đi thăm* (gehen – besuchen, aufsuchen, nachforschen, untersuchen = besuchen, zu Besuch gehen), *đi thăm quan* (gehen – aufsuchen, besuchen = jdn. aufsuchen, besuchen), *đi học* (gehen – lernen = zur Schule gehen), *đi làm* (gehen – arbeiten = zur Arbeit gehen), *đi nằm / ngủ* (gehen – schlafen = ins Bett gehen), *đi thi* (gehen – konkurrieren, wetteifern, an einer Prüfung teilnehmen = ein Examen ablegen) *đi ở* (gehen – bleiben = sich verdingen).

Weitaus häufiger sind jedoch produktive, syntaktische Juxtapositionen mit finaler Relation zwischen V_1 und V_2:

(29) Tôi *lại*   thư viện   đọc sách.
      ich kommen Bibliothek | lesen Buch
      Ich komme in die Bibliothek, um zu lesen.

(30) Tôi *đi* chợ   mua   đồ.
      ich gehen Markt | kaufen Dinge
      Ich gehe auf den Markt, um einzukaufen.

Auch hier läßt sich ohne weiteres ein konjunktionales Verb wie *cho* oder *đến* einfügen (vgl. S.322f., S.46f.).

3. Die modifizierende Verbserialisierung

3.1. Verben als Modifikatoren des Hauptverbs

Auch im Vietnamesischen folgt analog zum Nomen, bei dem das Determinans hinter dem Determinatum steht, das modifizierende Verb dem modifizierten nach. Dabei übernehmen vor allem die statischen Verben die Funktion des modifizierenden Verbs:

(31) *hiểu rõ* ((verstehen – deutlich, klar = klar verstehen)
      bán rẻ (verkaufen – billig = billig verkaufen) (Thompson 1965:224)

(32) Bảo cười *lớn*.
      Name lachen groß, laut
      Bao lacht laut. (Nguyên Phu Phong 1976:105)

(33) Xin thầy   đọc *chậm chậm*. Thầy đọc *nhanh* quá
      bitte Lehrer/Sie lesen langsam   Sie lesen schnell zu sehr

      tôi không chép   kịp.
      ich Neg   notieren rechtzeitig

      Bitte lesen Sie langsamer. Wenn Sie zu schnell lesen, komme ich nicht nach mit Notieren. (Vư 1983:130)

Eine besondere Rolle in der Verbmodifikation spielen die *Komplemente des Grades*, die angeben, bis zu welchem Grad eine Verbalhandlung geschieht. Dazu zähle ich einmal die bei Trân (1975:251) unter den folgenden Bezeichnungen aufgeführten Verben:

1. *quantifying stative verbs*: *ít* (to a small amount), *nhiều* (to a large amount), *vừa* (to the right amount)
2. *qualifying stative verbs*: *giỏi* (to a skillful degree), *dở* (to an unsatisfactory degree), *hay* (to a satisfactory degree)
3. *temporal stative verbs*: *sớm* (early), *trễ/muộn* (late)

Ein weiteres Komplement des Grades ist *ghê* (Angst haben):

(34) Hôm nay trời đẹp *ghê*.
heute Himmel schön s.fürchten
Heute ist das Wetter schrecklich/sehr schön. (Vư 1983:92)

(35) Trời nóng không *ghê*. bzw. Trời không nóng *ghê*.
Himmel heiß Neg s.fürchten
Das Wetter ist nicht so furchtbar heiß. (ibid.)

Ein Komplement des Grades kann sich auch aus mehr als einem Verb zusammensetzen, ja es kann sogar einen ganzen Satz umfassen. Die Verben, die in dieser Konstruktion vorkommen, sind etwa die folgenden: *sợ* (s.fürchten, befürchten), *chết* (sterben), *hết* vor allem in *hết sức* (verbrauchen – Kraft = äußerst):

(36) Trời hôm nay xấu *muốn chết*.
Himmel heute schlecht wollen sterben
Das Wetter ist heute miserabel. (Vư 1983:94)

(37) Đá bóng em thích *hết sức*.
mit den Füßen stoßen Ball ich lieben außerordentlich
Fußball spiele ich außerordentlich gern. (Vư 1983:94)

(38) Đứa trẻ học chăm *tôi không sợ*.
Kind lernen fleißig ich Neg s.fürchten
Das Kind lernt nicht so furchtbar viel. (ibid.)

Die Komplemente des Grades können durch die konjunktionalen Verben *cho* und *đến* besonders markiert werden (s.S.322f.).

Schließlich gehören auch einige Verben, die im Zusammenhang mit dem Ausdruck des Komparativs und des Superlativs gebraucht werden, zu den Komplementen des Grades: *hơn* (überlegen sein, jdn. übertreffen), *kém* (weniger, minder, ungenügend, schwach; z.B. *mắt kém* [schlechte Augen]), *ngang* (horizontal, waagrecht; gleich sein gleichbedeutend sein), *như* (ähnlich, gleich), *thua* (verlieren [z.B. einen Kampf]):

(39) Giáp học *kém* / *thua* Ất.
Name lernen Name
Giap lernt / studiert weniger als At. (Trương 1970:366)

(40) Anh ấy cao *như* tôi.
er groß wie ich
Er ist so groß wie ich.

(41) Anh ấy cao *hơn* tôi.
      er groß überragen ich
      Er ist größer als ich.

Der Superlativ schließlich wird mit *hơn cả, hơn tất cả, hơn hết* gebildet.

3.2. Die Resultativ-Konstruktion

Von besonderer Bedeutung bei dieser Konstruktion ist die Position des zweiten Verbs, das ein Resultat zur Handlung des ersten Verbs ausdrückt. Steht ein statisches Verb in dieser zweiten Position, so läßt sich die daraus entstehende Fügung äußerlich nicht von einem Komplement des Grades unterscheiden, so daß wir in diesem Fall von Überlappung sprechen müssen. Tatsächlich werden auch beide Konstruktionen mit den gleichen konjunktionalen Verben – *cho* und *đến* – markiert (vgl. S.322f.). Ein Beispiel hierzu ist *sạch* (sauber, rein):

(42) *rửa sạch* (sauber waschen), *giặt sạch* ([den Körper] sauber waschen), *quét sạch* (sauber wischen/fegen/kehren), *lau sạch* (sauber putzen, scheuern), *chùi sạch* (sauber trockenwischen/abreiben), usf.

Besonders typisch ist die zweite Position für die folgenden Verben, die man wohl am besten als eigentliche Resultativ-Verben bezeichnet:

thấy (sehen, bemerken, wahrnehmen), *được* ([etw. Positives] erhalten, erreichen, erlangen, erzielen, gewinnen), *phải* ([etw. Negatives] erdulden, erleiden; von etw. Negativem ereilt werden), *mất* (verlieren, abhanden kommen, verloren gehen), *nên* (werden, s. umgestalten, s. ändern), *thành* (werden, s. bilden, entstehen), *ra* (rauskommen).

Hierzu nun einige Beispiele, die ich zumeist Nguyên Đinh Hoa (1972) verdanke:
1. *thấy*
   Dieses Verb kommt in Fügungen mit stark lexikalischem Charakter vor; seine Verwendung beschränkt sich auf Verben der Wahrnehmung und Verben des Suchens:

(43) *nhìn thấy/ trông thấy* (sehen, erblicken), *nom thấy/ ngó thấy* (ausschauen, erblicken), *xem thấy* (sehen), *dòm thấy/ nhòm thấy* (verstohlen anschauen; to peep), *nghe thấy* (hören), *ngửi thấy* (riechen), *sờ thấy* (erfühlen, ertasten), *mò thấy* (durchstöbern, erfühlen, ertasten);
      tìm thấy (finden; *tìm* = suchen) *kiếm thấy* (finden; *kiếm* = suchen).

Die Negation steht zwischen dem ersten und dem zweiten Verb oder vor dem ersten Verb:

(44a) Tôi tìm *chưa* thấy nhà ông ấy.
       ich suchen noch nicht sehen Haus er
       Ich habe sein Haus noch nicht gefunden.

(44b) Tôi *chưa* tìm thấy nhà ông ấy. (Id.)

2. *được*
   Als Resultativ-Verb drückt *được* aus, daß das Resultat positiv, günstig ist; dies im Gegensatz zu *phải* (siehe unten):

(45) Nó tìm *được* vàng ở dưới sông.
      er suchen erlangen Gold CoV unten Fluß
      Er fand unten am Fluß Gold. (Nguyên Đinh Hoa 1972:399)*

---

* Bei Karow (1972:262) erscheint dieser Satz zuerst ohne *tìm* mit der Übersetzung "Ich fand Gold im Fluß"; etwas weiter unten erscheint er mit *tìm* mit der Übersetzung "Es gelang mir, Gold im Fluß zu finden".

(46)   Chị ấy thuê   *được*   một cái nhà thật   rẻ.
       sie   mieten erlangen ein Kl Haus wirklich billig
       Sie erhielt ein wirkliches billiges Haus zur Miete. (Vư 1983:129)

Oft drückt *được* auch die Möglichkeit aus und kann in diesem Fall durch *nổi* oder *xuể* ersetzt werden:

(47)   Tôi ăn   *được*   bốn bát   cơm. = Tôi ăn *nổi* bốn bát cơm.
       ich essen können vier Schale Reis.
       Ich kann vier Schalen Reis essen. (Nguyên Đinh Hoa 1972:400)

(48)   Trọn ngày tôi tìm   từ điển   Việt – Đức   không *được*.
       ganzer Tag ich suchen Wörterbuch Vietn.-Deutsch nicht können
       Ich habe den ganzen Tag das Vietnamesisch-Deutsche Wörterbuch vergeblich gesucht. (Karow 1972:262)

Die Kombination *được* plus Fragewort *không* ist besonders beliebt in Fragen nach der Möglichkeit:

(49)   Anh làm việc   này *được*   *không*?
       du/Sie tun Arbeit/Sache Dem können Quest
       Können Sie diese Arbeit tun? (Emeneau 1951:71)

Wie die Beispiele zeigen, kann *được* in resultativer Position das günstige Resultat einer Handlung und die Möglichkeit ausdrücken, wobei es sich mit dieser zweiten Funktion bereits in Richtung eines TAM-Zeichens bewegt. Im Unterschied etwa zu *tau* im Hmong, *ba:n* im Khmer oder *dây* im Thai entwickelt es sich aber nie ganz bis zu einem bloßen Tempus-Zeichen zur Markierung der Vergangenheit.

3. *phải*

Dieses Verb drückt insofern genau das Gegenteil von *được* aus, als es bezeichnet, daß das Resultat einer Handlung negativ bzw. unglückverheißend ist:

(50)   Chị ấy lấy   *phảy*   anh chồng tay chơi.
       sie   nehmen erwischen Gatte   Playboy
       Sie heiratete einen Playboy/ Sie hatte das Pech, einen Playboy zum Manne zu erwischen. (Nguyen Đinh Hoa 1972:401)

(51)   ăn *phải*   trứng ung.
       essen erwischen Ei   faul
       das Pech haben, ein faules Ei zu essen (ibid.)

4. *mất*

Dieses Verb erscheint hinter Verben wie *tiêu/sài* (ausgeben, verbrauchen; verlieren), *thua* (verlieren [im Spiel/Krieg]), *trốn* (fliehen), *đánh rơi* (fallen lassen, verlieren).

(52)   con voi   đó bể   *mất*   từ lâu rồi.
       Kl Elefant Dem zerbrechen verschwinden seit langem
       Dieser (Keramik-)Elefant ist seit langem zerbrochen. (Nguyên Đin Hoa 1972:402)

5. *nên*

(53)   gây   *nên*   một phong-trào
       veranlassen werden ein Bewegung
       eine Bewegung hervorbringen (auf die Beine stellen) (ibid., p.403)

6. *thành*

(54a) Anh ấy không học *thành* bác-sĩ.
er Neg lernen werden Arzt
Er studierte nicht, um Arzt zu werden = Er studierte nicht Medizin.
(Vu 1983:101)

(54b) Anh ấy học không *thành* bác-sĩ.
er lernen Neg werden Arzt
Er studierte, um Arzt zu werden, ist es aber nicht geworden;
Er hat erfolglos Medizin studiert. (ibid.)

(55) Mẹ của Tý muốn nó học *thành* bác-sĩ
Mutter Gen Name wollen er lernen werden Arzt
và học *nên* người tốt. (Vu 1983:102)
und lernen werden Mensch gut
Die Mutter von Ty will, daß ihr Sohn Medizin studiert und (durch sein Studium) ein guter Mensch wird.

7. *ra*

Dieses Verb erscheint nicht nur als Co-Verb und als direktionales Verb, sondern bei einigen Verben auch als vollwertiges Resultativ-Verb:

kiếm ra (statt *kiếm thấy*; finden), *nghĩ ra* (s. etw. ausdenken; *nghĩ* = denken, überlegen), *doán ra* (etw. rauskriegen, erraten; *doán* = schätzen, raten), usf.

3.3. Die direktionalen Verben

Im Vietnamesischen gilt für die direktionalen Verben grundsätzlich das gleiche wie für das Khmer und das Thai. Allerdings zeigt sich keine weitere Unterteilung der lokativisch-destinativischen Verben in Subkategorien, die eine weitere Aufgliederung dieser Verben auf V_I, V_{II} und V_{III} wie im Thai bzw. V_I, V_{II}, V_{III} und V_{IV} im Khmer nahelegten.

Zu diesen Verben gehören *đi* (gehen), *lại* (kommen), *lên* (hinaufgehen), *xuống* (hinuntergehen), *vô/vào* (hineingehen), *ra* (hinausgehen), *đến/tới* (ankommen), *qua/sang* (überqueren), *về* (zurückkehren), *theo* (entlanggehen, folgen). Außer *đi*, das nur eine Bewegung vom Sprecher weg ausdrücken kann, umfassen alle diese Verben sowohl die Bewegung zum Sprecher her, als auch die Bewegung vom Sprecher weg.

Besonders prädestiniert für das Tragen von direktionalen Verben sind Verben der ungerichteten Bewegung wie z.B. *đi* (gehen), *chạy* (rennen), *bay* (fliegen), usf. und Verben des Tragens bzw. Bringens wie z.B. *đem* (tragen, bringen), *mang* (tragen), *khiêng* (tragen), *đưa* (überreichen, geben, darbieten), usf.:

(56) *đi lên* (hin-/heraufgehen), *đi xuống* (hin-/heruntergehen), *đi vào* (hin-/hereingehen), *đi ra* (hin-/herausgehen), *đi đến/tới* (hingelangen), *đi qua/sang* (hin-/herübergelangen), *đi về* (zurückgehen), *đi theo* (entlanggehen, folgen), *đi lại* (herkommen).

(57) *đem đi* (hinbringen), *đem lại* (herbringen, wiederbringen), *đem lên* (hin-/heraufbringen), *đem xuống* (hin-/herunterbringen), *đem vào* (hin-/hereinbringen), *đem ra* (hin-/herausbringen), *đem đến* (bringen, hin-/herbringen), *đem qua/sang* (hin-/herüberbringen), *đem về* (zurückbringen), *đem theo* (etw. entlang tragen).

(58) Các anh ấy đem bàn *vào*.
    sie   tragen Tisch rein
    Sie bringen den Tisch hinein. (Vư 1983:105)

(59) Anh đem treo cờ *lên*.
    du/ihr tragen hängen Flagge rauf
    Hißt die Flagge ! (Trương 1970:228)

(60) ông ấy chạy *ra*.
    er   rennen raus
    Er rennt raus.

(61) Giáp ngồi *xuống*.
    Name sitzen runter
    Giap setzt sich nieder. (Trương 1970:227)

(62) Giáp chở thuyền *về*.
    Name transportieren Schiff zurück
    Giap bringt das Schiff zurück. (ibid., p. 228)

(63) Xin anh đem cái va-li này *đi*.
    bitte du tragen Kl Koffer Dem weg
    Bitte nehmen sie diesen Koffer weg! (Thompson 1965:343)

Zum Schluß seien die wichtigsten direktionalen Verben mit ihren zum Teil besonderen Funktionen oder ihrem besonderen semantischen Umfeld kurz vorgestellt:

1. *đi*

đi kommt nicht nur im Zusammenhang mit Verben der Bewegung oder des Tragens/Transportierens vor, sondern auch im Zusammenhang mit anderen Verben, die ein Weggehen implizieren:

đổ (gießen), *cắt* (schneiden), *cưa* (sägen, amputieren), *húy* (zerstören, vernichten, ruinieren), *xóa* (abwischen, durchstreichen, ausradieren), *quên* (vergessen), *thiếp* (einschlafen), *mê* (bewußtlos werden), *ngất* (ohnmächtig werden), *chết* (sterben), *mất* (verschwinden, sterben), *thui/còi* (verkümmern, eingehen, verwelken), *tan* (s. zerstreuen, zerfallen, auseinandergehen), *tiêu* (ausgeben), *biến* (verschwinden), usf.

(64) Mặt trời đã biến *đi*.
    Sonne Verg verschwinden weg
    Die Sonne ist schon verschwunden (d.h. untergegangen).

(65) *bán hàng đi* (die Waren ausverkaufen), *tắt đèn đi* (die Lampe auslöschen), *tiêu tiền đi* (Geld ausgeben), *quên bạn đi* (seine Freunde vergessen), usf.

Weiter dient *đi* zum Ausdruck einer Verminderung, einer Quantitäts- oder Qualitätseinbuße oder generell einer Veränderung zum Schlechten:

bót đi (verringern, herabsetzen; s. verringern, abnehmen), *thiếu đi* (fehlen, nicht reichen), *trừ đi* (subtrahieren, abziehen); *bé đi* (kleiner werden), *thấp đi* (niedriger, tiefer werden), *già đi* (älter werden), *xấu đi* (häßlicher werden), *tái đi* (bleicher werden), usf.

Schließlich dient *đi* am Satzende zum Ausdruck des Imperativs:

(66) *đi đi!* (geh!), *ngủ đi!* (Schlaf!) *ăn đi* (Iß!), usf.

lại
Neben seiner Bedeutung von "auf etwas zu" enthält *lại* auch die Bedeutung von "zurück" als Rückverweis auf einen früheren Zustand/eine frühere Handlung:

trả lại (etw. zurückzahlen), *trở lại* (zurückkehren), *đáp lại* (antworten), *quay lại* (s. zurückdrehen/umdrehen), *đánh lại* (zurückschlagen).

Diese Vorstellung des Regresses liegt auch Ausdrücken wie etwa den folgenden zugrunde:

(67)   *thắt nút lại* (einen Knoten machen), *họp bạn lại* (Freunde versammeln), *đóng cửa lại* (die Tür schließen).

Ebenfalls in den Bedeutungsbereich von "zurück" gehört die Bedeutung "wieder, noch einmal", die auch in *lại* enthalten ist:

(68)   Ăn   xong nó viết   búc thư *lại*.
       essen fertig er schreiben Brief   nochmals
       Nach dem Essen schrieb er den Brief noch einmal. (Karow 1972:403)

(69)   Tôi cũng muốn   xem *lại*   cuốn phim ấy.
       ich auch wollen sehen nochmals Kl   Film Dem
       Ich möchte mir diesen Film auch nochmals ansehen. (Vư 1983:108)

Schließlich bewirkt *lại* auch eine Abschwächung der Verbalhandlung, die *lại* letztlich mit *đi* in der Funktion als Zeichen der Verminderung bzw. Quantitäts- oder Qualitätseinbuße zusammenfallen läßt:

dịu lại (sich beruhigen, sich legen), *chậm lại* (sich verlangsamen), *bé lại* (kleiner werden), *thấp lại* (tiefer, niedriger werden).

Bei Verben positiven Inhalts allerdings behält *lại* seine Regreß-Bedeutung:

(70)   cô ấy đẹp   *lại*.
       sie   schön
       Sie ist schöner geworden (im Vergleich zu früher).

3. *lên*

Dieses Verb erscheint generell bei Verben, die ein Anheben, eine Aufwärtsbewegung implizieren:

bốc lên (aufsteigen, sich erheben), *nâng lên* (hochheben), *nghển lên* (strecken [den Hals]), *nổi lên* (auftauchen [aus dem Wasser]), *hiện lên* (erscheinen), *mọc lên* (heranwachsen, gedeihen), *nhân lên* (vergrößern, vermehren, multiplizieren), *thêm lên* (hinzufügen), *tăng lên* (zunehmen, vermehren, vergrößern), *đứng lên* (sich erheben, aufstehen), usf.

(71)   Độ nhiệt tăng   *lên*.
       Temperatur steigen auf
       Die Temperatur steigt an.

(72)   *thắp đèn lên* (die Lampe anzünden), *tăng giá lên* (den Preis erhöhen), *nhân số ấy lên* (diese Zahl multiplizieren), *đỏ mặt lên* (erröten), usf.

Schließlich drückt *lên* generell einen Qualitätsanstieg oder eine Veränderung zum Besseren (im Gegensatz zu *đi* und *lại*) aus:

to lên (größer werden), *cao lên* (höher werden), *nhanh lên* (schneller werden).

(73) Chị   Kim đẹp   lên,   phải không?
    Schwester Name schön werden nicht wahr?
    Kim ist schöner geworden, nicht wahr? (Vu 1983:106)

Ebenfalls in den Bereich von *lên* gehören Veränderungen des psychischen Zustandes: *cáu lên* (zornig, mürrisch, traurig werden), *cuồng lên* (verwirrt, nervös werden), *run lên* (zu beben, zittern anfangen; ins Zittern kommen).

4. *xuống*

Dieses Verb treffen wir bei einigen Verben, die eine Abwärtsbewegung implizieren:

cúi xuống (s. niederbeugen), *gục xuống* (s. niederbeugen, mit dem Kopf nach vorne fallen), *khuyu xuống* (niederknien), *bớt xuống* (verringern, herabsetzen; s. vermindern, abnehmen), *ngồi xuống* (s. niedersetzen), *nằm xuống* (s. niederlegen), *hạ giá xuống* (den Preis verringern).

Bei gewissen Verben drückt *xuống* analog etwa zu *đi* oder *lại* eine Verminderung der Qualität des Verbinhalts aus, impliziert jedoch keine Veränderung zum Schlechten:

(74) Hiện nay sách rẻ   xuống.
    jetzt   Buch billig werden
    Zur Zeit sind Bücher billiger. (Vu 1983:106)

5. *vào*

vào modifiziert nebst den Verben der Bewegung und des Tragens/Bringens auch Verben, die eine Verengung, eine Straffung, ein Zusammenkommen ausdrücken; damit deckt es sich teilweise mit der Verwendungsweise von *lại* und von *lên*:

buộc vào (zusammenbinden, zusammenschnüren), *đóng vào* (schließen), *ghép vào* (zusammenfügen), *họp vào* (s. versammeln, zusammenkommen; s. treffen), *cộng vào* (hinzufügen), *thêm vào* (hinzufügen), *thắt vào* (zusammenbinden, zubinden).

(75) *đóng cửa vào* (die Tür schließen), *mua hàng vào* (Waren lagern; *mua* = kaufen).

Ebenso finden wir *vào* bei Verben des Schlagens:

bắn vào (schießen), *đâm vào* (mit der Faust schlagen), *tát vào* (ohrfeigen).

6. *ra*

ra modifiziert Verben der Ausdehnung, Vergrößerung oder der Entwicklung:

mở ra (öffnen), *tháo ra* (aufbinden, aufschnüren, auflösen), *nới ra* (losbinden, lockern, entspannen), *cởi ra* (ausziehen, ablösen), *phình ra* (aufschwellen, s. aufblasen), *hiện ra* (erscheinen), *mọc ra* (heranwachsen, gedeihen), *tăng ra* (ansteigen, anwachsen), *thừa ra* (überschüssig, überzählig), *kiếm ra* (erwerben, gewinnen), *nhận ra* (anerkennen), *tan ra* (s. zerstreuen, zerfallen, auseinandergehen), *chia ra/phân ra* (teilen, aufteilen), *trừ ra* (subtrahieren, abzählen), *sinh ra/thành ra/hóa ra* (s.verändern).

Nicht nur bei den oben angeführten Verben läßt sich eine teilweise Überlappung der Funktionsbereiche von *ra* und *lên* feststellen; *ra* drückt ebenso wie *lên* einen Quantitäts- bzw. Qualitätsanstieg oder eine Veränderung zum Besseren aus:

to ra (größer werden), *cao ra* (höher werden), *béo/đẫy ra* (dick, fett werden), *trẻ ra* (jünger werden), *khỏe ra* (gesünder, stärker werden), *đẹp ra* (schöner werden).

(76)   Anh ấy không nói ra điều anh ta muốn.
       er   Neg sagen aus KN er   wollen
       Er spricht nicht aus, was er will. (Vư 1983:106)

(77)   mở cửa ra (die Tür öffnen), cởi nút ra (einen Knoten lösen),
       chia số ấy ra (diese Zahl teilen).

7. về

(78)   Giáp mang sách về.
       Name tragen Buch zurück
       Giap trägt das Buch zurück. (Trương 1970:228)

8. qua/sang

(79)   Tôi đã   đọc qua quyển sách ấy.
       ich TAM lesen durch Kl   Buch Dem
       Ich habe das Buch flüchtig gelesen (durchgeblättert). (Vư 1983:106)

3.4. Der Ausdruck von TAM mit entsemantisierten Verben

Im Vietnamesischen werden Tempus, Aspekt und Modus ebenfalls mit in Serie gestellten Verben vor oder nach dem Hauptverb ausgedrückt. In einem ersten Punkt werden wir uns den postverbalen TAM-Zeichen widmen, um in einem zweiten Punkt die präverbalen TAM-Zeichen zu behandeln. Es ist interessant zu sehen, daß dem TAM-Problem im Vietnamesischen besonders von russischer Seite großes Interesse entgegengebracht wird, wie wir aus Publikationen von Glazova (1965), und Panfilov (1979, 1982) u.a.m. ersehen können; vgl. aber auch Trương (1970:371–385).

1. Die postverbalen TAM-Zeichen

Die postverbalen TAM-Zeichen sind wohl dem Resultativ-Kontext entwachsen und erscheinen mit Ausnahme von *xong*, das nur noch sehr marginal als Vollverb verwendet werden dürfte, auch in vollsemantischer Bedeutung: *rồi* (beenden, abschließen, vollenden), *hết* (verbrauchen, aufbrauchen, zur Neige gehen, aufhören, verschwinden).

1.1. *rồi**

Als Vollverb:

(80)   Tôi rồi   việc đó, tôi làm việc khác.
       ich beenden Arbeit Dem ich tun Arbeit andere
       Wenn ich diese Arbeit abgeschlossen/beendet habe, werde ich eine andere tun.
       (Thompson 1965:212)

Als TAM-Zeichen markiert *rồi* den Abschluß einer Handlung:

(81)   Bố tôi ăn   sáng rồi, sẽ   đi   phố.
       Vater ich essen Morgen TAM Fut gehen Stadt
       Wenn mein Vater gefrühstückt hat, wird er in die Stadt gehen. (Vư 1983:84)

---

* Analog zu Khmer *haǝy* (S.411f.) und Thai *lɛ́ɛw* (S.359) erscheint auch *rồi* in der Funktion eines konjunktionalen Verbs:
    (81b) *Bố tôi ăn sáng, rồi đi phố.* (Mein Vater frühstückte, dann ging er in die Stadt.)

1.2. *hết*

Als Vollverb:

(82) Đường *hết* rồi.
Zucker aufbrauchen TAM
Der Zucker ist aufgebraucht. (Thompson 1965:215)

(83) *Hết* mưa.
aufhören regnen
Es hat aufgehört zu regnen.

(84) Tôi *hết* nhức đầu rồi.
ich aufhören schmerzen Kopf TAM
Ich habe keine Kopfschmerzen mehr. (Karow 1972:321)

Als TAM-Zeichen impliziert *hết*, daß eine Handlung vollständig zum Abschluß gekommen ist und daß die Gegenstände, die mit der Verbalhandlung verknüpft sind, ausnahmslos betroffen sind. *hết* läßt sich daher ohne weiteres mit *rồi* kombinieren:

(85) Người về *hết* và tiếng ồn-ào cũng mất.
Mensch zurückkehren fertig und Lärm auch verschwinden
Als alle Leute zurückgegangen waren, hörte der Lärm auch auf.
(Glazova 1965:187)

(86) Đích-thân tôi vô ngay trong rừng tìm-kiếm,
selber ich reingehen direkt in Wald suchen

nhưng không thấy tăm dạng con chó nào *hết*.
aber Neg sehen Spur Gestalt Kl Hund welch alle
Ich ging selber in den Wald auf die Suche, aber ich fand keine Spur von irgend einem Hund. (Thompson 1965:271)

(87) Em ấy ăn *hết* cơm rồi, còn đói.
er essen alles Reis fertig noch immer hungrig
Nachdem er fertiggegessen hatte, war er noch immer hungrig. (Vu 1983:187)

1.3. *xong*

xong drückt wie *rồi* den Aspekt der Vollendung aus und kann auch zusammen mit *rồi* erscheinen:

(88) Ngày ngày sau khi đánh cá *xong*, ...
Tag Tag nachdem schlagen Fisch fertig
jeden Tag, nachdem er mit dem Fischfang fertig war, ... (Thompson 1965:219)

(89) Đồ ăn đã dọn *xong*.
KN essen TAM abräumen fertig
Das Essen ist abgeräumt. (Emeneau 1951:72)

(90) ông Ba làm bài *xong* chưa?
Herr Name machen Hausarbeit fertig schon?
Hat Herr Ba die Hausaufgaben schon fertig gemacht? (Dương 1971:154)

(91) Mua hàng *xong*, Giáp chở *về* thuyền.
kaufen Waren fertig Name transportieren zurück Schiff
Nachdem er die Waren gekauft hatte, brachte Giap sie zu seinem Schiff zurück. (Trương 1970:228)

2. Die präverbalen TAM-Zeichen:

Auch im Vietnamesischen entwickeln sich gewisse präverbale TAM-Zeichen aus Hilfsverben mit regierender Funktion. An dieser Stelle seien daher diejenigen TAM-Zeichen kurz abgehandelt, für die sich ein homonymes Vollverb anführen läßt, wobei auf Beispiele mit dem Vollverb verzichtet werden soll. Die reinen TAM-Zeichen, denen kein homonymes Vollverb zur Seite steht, wie etwa *đã* (Vergangenheit), *sẽ* (Zukunft), *sắp* (nahe Zukunft), *đang** (progressiv) werden hier nicht weiter verfolgt. Damit bleibt noch zu erwähnen, daß die nun folgende Liste im wesentlichen auf Trân (1975:255) basiert:

2.1. *gần*

gần hat als Vollverb die Bedeutung "nahe sein, in der Nähe sein von; nahe kommen, sich nähern". Als TAM-Zeichen bezeichnet es die unmittelbare Zukunft:

(92) Nó *gần* về nhà.
er TAM zurückkehren Haus
Er will gerade (eben) nach Hause gehen. (Karow 1972:272)

2.2. *mới* und *vừa*

Diese beiden Lexeme sind als TAM-Zeichen praktisch austauschbar, ja sie erscheinen sogar oft beide zusammen als *mới vừa* oder *vừa mới*. Als Vollverb bedeutet *mới* "neu" und *vừa* "passen, sitzen, gerade richtig sein, angemessen sein". Beide bezeichnen als TAM-Zeichen die unmittelbare Vergangenheit:

(93) Tôi *mới* biết hôm qua.
ich TAM wissen gestern
Ich habe es gerade gestern erfahren. (Trân 1975:255)

2.3. *hay*

hay bedeutet als Vollverb "die Gewohnheit haben zu" und drückt als TAM-Zeichen den habituellen Aspekt aus:

(94) Tôi *hay* nằm ngủ một giờ sau bữa cơm.
ich TAM liegen schlafen ein Stunde nach Mahlzeit
Ich pflege nach dem Mittagessen eine Stunde zu schlafen. (Karow 1972:315)

2.4. *thường*

Als Vollverb bedeutet *thường* "gewöhnlich, alltäglich, durchschnittlich, mittelmäßig, banal" und stammt aus dem chinesischen *cháng* (常) mit ähnlicher Bedeutung. Als TAM-Zeichen drückt es den habituellen oder den iterativen Aspekt aus:

(95) ông ấy *thường* lắm.
er gewöhnlich sehr
Er ist sehr gewöhnlich. (Thompson 1965:216)

---

* *dang* bzw. *dương* kommt immerhin von chin. *dāng* (當 , folgen entlanggehen, entsprechen, passen) und hat insofern eine gewisse verbale Basis.

(96) ông ấy *thường* ở   nhà buổi chiều.
      er   TAM   s.befinden Haus Nachmittag
      Er ist normalerweise am Nachmittag zu Hause. (Trân 1975:255)

(97) Tôi *thường* đi   Sài-gòn.
      ich TAM   gehen Ort
      Ich gehe oft nach Saigon. (Trân, ibid.)

Zur Unterstreichung der iterativen Handlung kann hinter *thường* noch *hay* stehen: *thường hay*.

4. Die Co-Verben

4.1. Einleitung

Mit dem Phänomen der Co-Verben im Vietnamesischen hat sich Clark (1977, 1978) im Rahmen der lexicase-theory* sehr intensiv auseinandergesetzt. Einen ähnlichen Weg wie Clark geht auch Nguyên Đinh Hoa (1976). Auch in Rußland stößt die Problematik der Co-Verben auf reges Interesse, wie etwa Bystrov (1967), Panfilov (1966, 1979) und Bystrov und Stankevič (1980) zeigen.

Im Vietnamesischen ist die Maximalstruktur oder maximale Serialisierungsperiode etwas weniger komplex als im Khmer (vgl. S. 416f.) oder im Thai (vgl. S. 360), da sich keine weitere Gliederung der lokativisch-destinativischen Co-Verben aufzudrängen scheint. Damit gelangen wir zum folgenden Muster:

V	V_I	V_{II}	V_{III}
	đi	*cho*	*là*
	(gehen)	(geben)	(sein)
	ở	*giùm/giúp*	*làm*
	(s.befinden, leben)	(helfen)	(machen, tun)
	qua/sang	*hộ*	
	(überqueren, kreuzen)	(helfen, beistehen)	
	lại	*hầu*	
	(kommen)	(bedienen, aufwarten)	
	về		
	(zurückkehren)		
	ra		
	(rausgehen)		

---

* Die *lexicase-theory* ging von Starosta aus und wurde erstmals systematisch von Taylor, Harvey M.: *Case in Japanese*, South Orange, N.J.: Seton Hall University Press auf das Japanische angewandt. Die Theorie ordnet Verben als lexikalischen Einheiten bestimmte Kasusrahmen (*case frames*) zu, wobei diese aus durch die Semantik des Hauptverbs bedingten Redundanzregeln gewonnen werden. Die Co-Verben werden in diesem Kontext praktisch zu Kasus-Zeichen. Es ist hier nicht der Raum, auf diese Theorie näher einzugehen, da dies den Rahmen dieser Arbeit sprengen würde. Grundsätzlich erscheint es mir sinnvoll, aus der Semantik des Hauptverbs via Redundanzregeln einen Kasusrahmen zu extrahieren, der es erlaubt, bestimmte Verbgruppen herauszuarbeiten, die mit bestimmten Co-Verben zusammen auftreten können. In diesem Sinne werde ich denn auch vereinfachend von Clarks und Nguyên's Resultaten wo nötig Gebrauch machen.

V_I (Forts.)
vô/vào
(reingehen)
lên
(raufgehen)
xuống
(runtergehen)
đến/tới
(ankommen)
theo
(entlanggehen)

Diese drei Verbkategorien sollen ihrer Reihenfolge entsprechend in den Abschnitten 4.2. bis 4.4. besprochen werden. Abschnitt 4.5. ist den Co-Verben *dùng* (gebrauchen, verwenden), *thay* (ersetzen) und *đi* (gehen) gewidmet, die in präverbaler Position vorkommen, wobei *thay* auch in postverbaler Position anzutreffen ist. Diese Stellung dürfte wohl auf den chinesischen Einfluß zurückgehen. Dies erschiene mir vor allem deshalb nicht besonders verwunderlich, da ausgerechnet diese Co-Verben zur Einführung von Aktanten mit sehr geringer Obligatorität dienen, also für chinesische Stellungseinflüsse besonders empfänglich sind. Die in den Abschnitten 4.2.–4.4. beschriebenen Co-Verben dagegen stehen in einem viel engeren Verhältnis zum Hauptverb und sind daher wohl viel stärker an die ihnen vom Vietnamesischen her gesehen zukommende postverbale Position gebunden. Wenn nun Clark in ihrer Beschreibung der Co-Verben von einem aus der Verbbedeutung mittels Redundanz abgeleiteten Kasusrahmen ausgeht (s. Anm. auf der vorangehenden Seite), ist es klar, daß sie überhaupt nur die näher am Verb liegenden Co-Verben der Kategorie V_I und V_{II} – Nguyên erwähnt noch die Verben der Kategorie III, spricht aber nicht von "Co-Verben" – aufführt, und sich der übrigen Co-Verben gar nicht bewußt werden kann.

Abschnitt 4.6. schließlich widmet sich der erweiterten serialen Einheit mit den Verben *lấy* (nehmen) und *đem* (tragen), die sich analog zur *yɔ̀:k*-Konstruktion im Khmer (vgl. S. 433f.) und zur *ʔaw*-Konstruktion im Thai (vgl. S. 373) in nichts von einer koordinierenden Juxtaposition unterscheiden, jedoch zusammen mit dem nächsten Verb zumindest als semantische Einheit gesehen werden müssen. Sie werden daher als eine einzige Serialisierungsperiode betrachtet.

4.2. Die lokativisch-destinativischen Co-Verben

Bevor ich die einzelnen Co-Verben kurz mit einigen wenigen Beispielen vorstelle, eine Bemerkung zur Wortstellung, genauer zur Positionierung der postverbalen Aktanten:

Das direkte Objekt (O₁) steht hinter dem Hauptverb und vor dem Co-Verb:

(98) Tôi chở   hàng   về   nhà.
ich transportieren Waren zurück Haus
Ich bringe die Waren nach Hause.

Ist der durch das Co-Verb markierte Aktant (O₂) beteiligt, so steht das entsprechende Nomen naturgemäß hinter dem Co-Verb:

(99)   Tôi chạy   ra   sân.
       ich rennen raus Hof
       Ich renne auf den Hof hinaus.

Bei zwei postverbalen Aktanten verfügt das Vietnamesische über zwei Stellungsmöglichkeiten, sofern das Objekt (O_1) mindestens durch ein Numerale oder ein Demonstrativum weiter determiniert ist:

(a)   V   N (=O_1)   CoV   N (=O_2)

(b)   V   CoV   N= (O_2)   N (=O_1)

(100a) Tôi mang *hai quyển sách* về *thư viện.*
       ich bringen 2 Kl   Buch zurück Bibliothek

(100b) Tôi mang về *thư viện hai quyển sách.*
       Ich bringe zwei Bücher zur Bibliothek zurück.

1.1. di

Der Gebrauch von *di* als Co-Verb ist insofern eingeschränkt, als dieses nur bei gewissen Verben des Tragens/Transportierens/Schickens vorkommt, nicht jedoch bei Verben der ungerichteten Bewegung, bei denen es nur als direktionales Verb erscheint.

(101) ông Phong gởi   dụng-cụ *di*   Lào.
       Herr Name schicken Geräte gehen Ort
       Herr Phong schickte Geräte nach Laos. (Clark 1978:98)

Dieser Umstand bewog Clark (1978:98) dazu, *di* nicht unter der Rubrik Co-Verb aufzuführen, was meiner Ansicht nach nicht gerechtfertigt ist.

1.2. ở

(102) Tôi làm việc *ở*   Sài-gòn.
       ich tun Arbeit CoV Ort
       Ich arbeite in Saigon.

(103) ông Nguyễn học   *ở*   Đức.
       Herr Name studieren CoV Deutschland
       Herr Nguyễn studiert in Deutschland.

(104) Tôi nằm *ở* trên giường.
       ich liegen CoV auf Bett
       Ich liege im Bett.

(105) Ai sẽ thay mặt chúng ta *ở*   hội nghị ấy?
       wer Fut vertreten wir   CoV Konferenz Dem
       Wer wird uns an dieser Konferenz vertreten? (Trương 1970:75)

1.3. qua/sang

Diese beiden Verben sind praktisch völlig gleichbedeutend und daher austauschbar.

(106) Hùng liệng sợi giây *qua* sông.
       Name werfen Kl Seil über Fluß
       Hung warf das Seil über den Fluß. (Clark 1978:62)

(107) Lan gởi quà *qua* tôi.
Name schicken Geschenk rüber du
Lan schickte das Geschenk zu mir hinüber. (Clark 1978:53)

1.4. *lại*

(108) Tôi chạy *lại* nhà.
ich rennen kommen Haus
Ich renne zum Haus/nach Hause.

(109) Nó đưa *lại* nhà tôi ba chục cam.
er bringen her Haus ich 3 10 Orangen
Er brachte dreißig Orangen zu meinem Haus. (Clark 1977:22)

1.5. *về*

(110) Tôi đưa chị ấy *về* nhà.
ich bringen sie zurück Haus
Ich bringe sie nach Hause zurück. (Vư 1983:105)

(111) Giáp chở thuyền *về* nhà.
Name transportieren Schiff zurück Haus
Giap brachte das Schiff nach Hause zurück. (Trương 1970:228)

(112) Tôi đi *về* Hà-nội.
ich gehen zurück Ort
Ich gehe nach Hanoi (woher ich ursprünglich gekommen bin).

Bei gewissen Verben wie *bảo* (erzählen, in Kenntnis setzen), *nói* (reden [über]), *thuộc* (gehören [zu]) dient *về* als Präposition:

(113) Bây giờ tôi nói *về* sử-ký.
jetzt ich reden über Geschichte
Jetzt rede ich über Geschichte. (Thompson 1965:234)

(114) Việc ấy thuộc *về* bổn phận của nó.
Arbeit Dem gehören zu Pflicht Gen er
Das gehört zu seinen Aufgaben. (Karow 1972:904)

1.6. *ra*

(115) Nam chèo ghe *ra* khơi.
Name rudern Boot CoV offene See
Nam rudert das Boot auf die offene See hinaus. (Clark 1977:25)

(116) rút tay *ra* khỏi túi.
herausziehen Hand aus weg Tasche
die Hand aus der Tasche nehmen (Karow 1972:653)

1.7. *vào*

(117) ông thư-ký thọc tay *vào* túi-áo.
Sekretär stecken Hand CoV Tasche
Der Sekretär steckt die Hand in die Tasche. (Nguyên Đinh Hoa 1976:935)

(118) ...họ vẽ cành đào *vào* tờ giấy bùa.
 sie zeichnen Ast Pfirsich CoV Kl Papieramulett
 ...sie zeichnen einen Pfirsichzweig auf das Papieramulett. (Thompson 1965:233)

1.8. *lên*

(119) Người ta dọn đồ ăn *lên* bàn-thờ.
 sie legen KN essen auf Tisch-Gott
 Sie legen Speisen auf den Altar. (Clark 1977:24)

(120) Giáp ngửa mặt *lên* trời.
 Name empor blicken Gesicht auf Himmel
 Giap blickte zum Himmel empor. (Trương 1970:228)

(121) Anh đem treo *lên* cột-lá quốc-kỳ mới mua.
 2.Person tragen hängen auf Stange Nationalflagge TAM kaufen
 Hängt die vor kurzem gekaufte Nationalflagge an die (Fahnen-)stange!
 (Trương 1970:227)

1.9. *xuống*

(122) Giáp ngồi *xuống* ghế.
 Name sitzen runter Stuhl
 Giap setzt sich auf den Stuhl nieder. (Trương 1970:227)

(123) Nó ném kẻ thù của nó *xuống* đất.
 er werfen Feind Gen er runter Boden
 Er warf seinen Feind zu Boden. (Clark 1977:20)

1.10. *đến/tới*

(124) Họ dọn nhà *đến* khu đại-học.
 sie umziehen Haus nach Gebiet Universität
 Sie sind ins Universitätsgebiet umgezogen. (Clark 1977:10)

(125) Tôi đã làm việc từ 9 giờ *đến* trưa.
 ich TAM machen Arbeit von Num Stunde bis Mittag
 Ich arbeitete von neun Uhr morgens bis zum Mittag. (Clark 1978:98)

Die beiden Verben *đến* und *tới* sind völlig austauschbar.

1.11. *theo*

(126) Anh làm *theo* mẫu này.
 du tun nach Modell Dem
 Mache [es] nach diesem Modell! (Thompson 1965:233)

(127) Chị ấy đi *theo* bố. ông ấy đi Pháp,
 sie gehen folgen Vater er gehen Frankreich
 đem *theo* con gái.
 nehmen begleiten Tochter
 Sie begleitet ihren Vater. Er (der Vater) geht nach Frankreich und nimmt seine Tochter mit. (Vư 1983:107)

theo erscheint auch in präverbaler Position:
(128) Chúng tôi *theo* sách của ông Khuyên học tiếng Việt.
 wir nach Buch Gen Herr Name lernen Sprache Vietnam
 Wir lernen Vietnamesisch nach dem Buch von Herrn Khuyên. (Vư 1983:76)

Wie wir aus den obigen Beispielen ersehen konnten, steht das Co-Verb – von einigen wenigen Ausnahmen abgesehen – stets in postverbaler Position. Zur Topikalisierung kann jedoch eine postverbale Co-Verb-Phrase an den Satzanfang – d.h. in die Topikposition – gerückt werden:

(129) *ở ngoài hiên* chị ấy giặt áo trong chậu to.
 CoV außen Veranda sie waschen Kleid in Becken groß
 Draußen auf der Veranda wäscht sie Kleider in einem großen Becken.
 (Clark 1977:12)

Die nicht-topikalisierte Variante zu (129) lautet wie folgt:
(130) Chị ấy giặt áo trong chậu to *ở ngoài hiên*.
 Sie wäscht Kleider in einem großen Becken draußen auf der Veranda.

Der Gebrauch von am Satzanfang stehenden Lokativ-Phrasen erfreut sich besonders in der Übersetzung theoretischer Literatur aus indo-europäischen Sprachen einer großen Beliebtheit, wie dies die folgenden Beispiele in marxistischem Sprachduktus veranschaulichen:

(131) *về vân đề này* chúng tôi không có ý kiến.
 zurück Problem Dem wir Neg haben Ansicht
 Zu diesem Problem haben wir keine Ansicht. (Bystrov und Stankevič 1980:9)

(132) *Qua kinh nghiệm* chúng ta hiểu rõ phương pháp này
 durch Erfahrung wir verstehen klar Methode Dem
 lợi ích như thế nào.
 Vorteil wie was
 Aufgrund unserer Erfahrung verstehen wir klar, wie die Vorteile dieser Methode sind. (ibid.)

(133) *Theo học thuyết* Mác – Lê giai cấp vô sản
 nach Lehre Marx – Lenin Klasse proletarisch
 lãnh đạo cách mạng. (ibid., p.10)
 anführen Revolution
 Nach der Lehre des Marxismus-Leninismus führt das Proletariat die Revolution an.

Bis jetzt haben wir nur Fälle beobachtet, bei denen einem Hauptverb lediglich ein Co-Verb nachfolgt; wenn es bei Verben der Bewegung nötig ist, mehrere Aktanten durch Co-Verben zu markieren, können jedoch ohne weiteres zwei, eventuell drei Co-Verben hintereinander auftreten:

(134) Nó chạy *từ* đường Duy Tân *qua* cầu này
 er rennen von Straße Name über Brücke Dem
 đến chợ đó. (Clark 1977:10)
 ankommen Markt Dem
 Er rannte von der Duy-Tân-Straße über die Brücke zum Markt.

4.3. Die Co-Verben *cho, giúp/giùm, hộ; thay; hầu*

Wie wir bereits aus dem einleitenden Abschnitt (S.293f.) wissen, kennt das Vietnamesische eine eindrückliche Anzahl von dreiwertigen Verben, bei denen das indirekte Objekt mit der Wortfolge V–IO–DO fakultativ, mit der Wortfolge V – DO –IO obligatorisch mit einem Co-Verb eingeleitet wird. Das neutralste Co-Verb, das an dieser Stelle erscheinen kann, ist dabei sicherlich *cho*, das dativisch/benefaktivische Funktionen wahrnimmt. Die Gründe für die Umstellung von der unmarkierten Wortfolge V – IO – DO zu V – DO – IO liegen zum einen darin, daß ein indefinites DO im Regelfall vor das indirekte, mit *cho* eingeleitete Objekt zu stehen kommt, zum anderen aber auch im stilistisch-euphonischen Bereich, wo man ein einsilbiges DO in Sätzen des Typs V – IO – DO besonders dann, wenn das indirekte Objekt relativ lang ist, in der Satzendstellung zu vermeiden sucht.

Da ich in der Einleitung bereits genügend Beispiele für *cho* als Dativ-Zeichen angeführt habe, bleiben hier nur noch einige Beispiele für den Benefaktiv zur Illustration offen:

(135) Tôi sẽ làm *cho* ông.
ich Fut tun CoV Sie
Ich werde (es) für Sie tun. (Thompson 1965:232)

(136) Tôi đi chợ *cho* mẹ.
ich gehen Markt CoV Mutter
Ich gehe für die Mutter zum Markt.

(137) ông ấy vừa cho chiếc xe *cho* con gái.*
er TAM geben Kl Auto CoV Tochter
Er hat soeben (jdm.) einen Wagen für (im Auftrag) seiner Tochter gegeben.
(Clark 1977:18)

(138) Tôi mua *cho* Giáp quyển sách này.
ich kaufen CoV Name Kl Buch Dem
Ich kaufe dieses Buch für Giap. (Trương 1970:232)

cho in benefaktivischer Funktion läßt sich auf zwei Arten interpretieren: Erscheint es im Sinne von "zugunsten von ", kann es durch die Co-Verben *giùm/giúp*** ersetzt werden; die Bedeutung von "anstelle von" läßt sich durch das Co-Verb *thay* (ersetzen, vgl. S.317) verdeutlichen:

(139) Tôi mua quyển sách này *giúp/giùm* Giáp. (vgl. Bsp. (138))

bzw.

(140) Tôi mua *giúp/giùm* Giáp quyển sách này.
Ich kaufe dieses Buch für Giap.

(141) Tôi đi chợ *thay* mẹ. (vgl. Bsp. (136))
Ich ging für die Mutter zum Markt.

---

* Das Verbum *cho* (geben) erlaubt das Co-Verb *cho* nur in der Funktion als Benefaktiv-Zeichen, nicht jedoch als Dativ-Zeichen. Daher läßt sich (137) nicht mit "er hat seiner Tochter soeben einen Wagen gekauft" übersetzen.

** *giúp/giùm* bedeutet als Vollverb "helfen, beistehen, unterstützen"; *hộ* bedeutet als Vollverb "helfen, beistehen, Hilfe leisten".

In Fällen, in denen Dativ und Benefaktiv im gleichen Satz vorkommen, wird in der Regel das indirekte Objekt mit *cho*, der Benefaktiv mit *giúp/giùm* oder *hộ* eingeleitet:

(142) Tôi sẽ đưa cái quà này *cho* cô bạn của chị *giúp/giùm* chị.
ich Fut bringen Kl Geschenk Dem CoV Freundin Gen du CoV du
Ich werde dieses Geschenk deiner Freundin für dich abgeben. (Vư 1983:99)

(143) Bà đưa hình tôi *cho* bạn *giùm* tôi.
Sie bringen Foto ich CoV Freund CoV ich
Bitte geben Sie mein Foto [meinem] Freund für mich. (Clark 1977:21)

Erscheint *cho* mit einem Co-Verb der Kategorie I zusammen, so steht dieses immer vor der mit *cho* eingeleiteten Nominalphrase:

(144) Ba cầm cái lược *lên* gác *cho* mợ.
Name bringen Kl Kamm rauf Treppe CoV Mutter
Ba brachte den Kamm die Treppe hinauf zur Mutter/Mama. (Dương 1971:195)

(145) Tôi nhận quà chị gởi *sang* Mỹ *cho* tôi.
ich erhalten Geschenk [du senden rüber Amerika CoV ich]A
Ich habe das Geschenk erhalten, das du mir nach Amerika geschickt hast.
(Clark 1977:19)

Ebenso erscheint ein direktionales Verb der Kategorie V_I vor *cho*:

(146) Quăng cái đó *lên cho* tôi nhé.
werfen Kl Dem rauf CoV ich Exkl
Wirf das rauf zu mir, bitte! (Clark 1977:19)

(147) Họ khiêng cái rương *đến cho* bác rồi.
sie tragen Kl Truhe ankommen CoV Onkel TAM
Sie haben die Truhe schon zum Onkel hin getragen. (Clark 1977:21)

Analog zu den lokativisch-destinativischen Co-Verben finden wir *cho* auch ohne explizit ausgesetztes Nomen, allerdings bleibt in diesem Fall im Unterschied zu den direktionalen Verben immer ein bestimmtes nominales Objekt impliziert:

(148) Ruộng ấy, cha mẹ tôi để lại *cho*.
Feld Dem Eltern ich hinterlassen CoV
Dieses Feld, meine Eltern haben es (mir) hinterlassen. (Trương 1970:234)

(149) Nín đi, kẻo các anh ấy cười *cho*.
s.beherrschen Imp damit nicht sie lachen CoV
Reiß dich zusammen, damit man nicht über (dich) lacht. (ibid.)

Schließlich erscheint *cho* bei einigen Verben als fix zugeordnetes Co-Verb:

(150) *tiếc cho* (Bedauern empfinden für), *tha cho* (jdm. verzeihen, vergeben), *mừng cho* (jdm. gratulieren), *tin cho* (jdn. informieren), usf.

(151) Mày nói xấu *cho* tao.
du reden schlecht über ich
Du hast schlecht über mich geredet. (Trương 1970:232)

cho wird als klassenneutrale Form gegenüber gleichrangigen oder niedrigergestellten Persönlichkeiten gebraucht; im Umgang mit höhergestellten Persönlichkeiten oder mit offiziellen Instanzen bedient man sich des Co-Verbs *hầu*, das als Vollverb "bedienen, aufwarten" bedeutet:

(152)   Tôi viết   *hầu* ông bức thư này   để .... .
            ich schreiben CoV Sie Brief   Dem Konj
            Ich schreibe Ihnen diesen Brief, um ... . (Trương 1970:232)

Bis jetzt haben wir nur Fälle kennengelernt, in denen *cho* in postverbaler Position auftritt. Bei einigen wenigen Verben wie *vay* ([ent]leihen, borgen), *mượn* ([aus]leihen, borgen) und *thuê* (mieten, vermieten) verhält es sich jedoch gerade umgekehrt; hier steht das Co-Verb *cho* vor dem entsprechenden Hauptverb:

(153)   ông Khuyển *cho* tôi vay/mượn hai mươi đồng.
           Herr Name CoV ich leihen   zwei 10   Đồng
           Herr Khuyển leiht mir zwanzig Đồng. (Vư 1983:97)

(154)   Bà ta không muốn *cho* sinh viên *thuê*   cái nhà.
           sie   Neg   wollen CoV Student   vermieten Kl Haus
           Sie will die Wohnung nicht an Studenten vermieten. (ibid.)

Möglicherweise drückt in diesem Zusammenhang bereits die Kausativ-Funktion von *cho* zumindest teilweise durch (vgl. S.320).

4.4. Die Co-Verben *là* und *làm*

là (sein; in Äquationssätzen) und *làm* (machen, tun) kommen nach bestimmten Verben in einer Funktion vor, die sie in nichts von den bisher besprochenen Co-Verben unterscheidet. Trotzdem wurden sie bisher nirgends als solche bezeichnet.

    là erscheint bei Verben des Beurteilens – Nguyên Đinh Hoa (1976:943) spricht von "Verbs of Judging":

cho, coi (to consider), *công-nhận* (to recognize), *chứng-nhận* (to certify), *gọi/kêu* (to call), *nhận* (to recognize), *nhìn nhận, thừa-nhận* (to recognize), *xem* (to consider), etc.

(155)   Cô y-tá   coi   ông thư-ký *là*   thù.
           Krankenschwester betrachten Sekretär   CoV Feind
           Die Krankenschwester betrachtet den Sekretär als Feind.
                                                   (Nguyên Đinh Hoa 1976:942)

(156)   Vua bèn đặt   tên   cho hồ *là*   Hồ Hoàn kiếm.
           König dann festlegen Name CoV Insel CoV Name
           Daraufhin nannte der König den See Hồ Hoàn kiếm. (Nguyên Th. H. 1979:83)

làm finden wir bei Verben des Auslesens – Nguyên Đinh Hoa (1976:944f.) spricht von "Verbs of Choosing":

bầu (to elect), *bổ* (to name), *bổ-nhiệm* (to appoint), *cất* (to promote), *chọn* (to choose, select), *cử* (to elect), *kén* (to select), *lấy* (to choose), *phong* (to name), *tôn* (to elevate), *tuyển* (to recruit), etc.

(157)   Họ bầu   ông thư-ký *làm* chủ-tịch.
           sie wählen Sekretär   CoV Vorsitzender
           Man wählte den Sekretär zum Vorsitzenden. (Nguyên Đinh Hoa 1976:944)

4.5. Die präverbalen Co-Verben

Die Co-Verben *dùng* (verwenden), *đi* (gehen) und *thay* (vertreten, ersetzen) stehen analog zum Chinesischen nicht hinter dem Hauptverb, wie dies bis anhin der Fall war, sondern davor. *dùng* und *đi* dienen zur Bezeichnung des Instrumentals, wobei *dùng* allgemein den Instrumental ausdrückt, während *đi* zur Bezeichnung des Transportmittels herangezogen wird. Neben *dùng* kennt das Vietnamesische weiter die Präposition *bằng*, die dem Verb nachgestellt wird und ebensohäufig wie *dùng* zur Markierung des Instrumentals gebraucht wird. Es scheint, daß *dùng* sich aufgrund chinesischer Einflüsse dem der vietnamesischen Wortfolge gehorchenden *bằng* überlagert hat.*

(158) Chúng tôi *dùng* đũa   ăn   cơm.
      wir   mit Stäbchen essen Reis
      Wir essen mit Stäbchen.   (Ebenso: *Chúng tôi ăn cơm bằng đũa*.)

(159) Sơn Tinh lại   *dùng* sấm sét   đánh   xuống.
      Name   wieder mit Donner und Blitz schlagen runter
      Sơn Tinh schlug wiederum mit Blitz und Donner herunter. (Nguyên Th.H. 1979:111)

(160) Tôi *đi* xe đi học.**
      ich gehen Auto gehen lernen
      Ich fahre mit dem Auto zum Unterricht.

thay schließlich kommt offenbar prä- und postverbal vor:

(161) Hôm nay tôi *thay* mẹ   đi   chợ.
      heute   ich CoV Mutter gehen Markt
      Heute gehe ich an Stelle der Mutter zum Markt. (Vư 1983:76)

(162) Tôi viết   cho em gái   tôi ở Đức   một cái thư
      ich schreiben CoV jüng.Schwester ich in Deutschl. 1 Kl Brief

      thay mẹ   tôi. (Vư 1983:97)
      CoV Mutter ich
      Ich schreibe an Stelle meiner Mutter einen Brief an meine jüngere Schwester in Deutschland.

4.6. Die erweiterte seriale Einheit mit "nehmen"

Sätze mit drei Aktanten wie etwa

(163) ông ấy bán   nhà cho bà ấy.
      er   verkaufen Haus CoV sie
      Er verkauft ihr das Haus.

---

* Nehmen wir noch die *lấy*- bzw. *đem*-Konstruktion im folgenden Punkt hinzu, ergibt sich rein äusserlich eine ähnliche Liste von Möglichkeiten zum Ausdruck des Instrumentals wie im Khmer (vgl. S.434) und im Thai (vgl. S.373ff.):
  (a) N – V – *bang* – N   (b) N – *dùng* – N – V   (c) N – *lấy/đem* – N – V
  Allerdings sind (a) und (b) etwa im gleichen Maße unmarkiert, so daß nur gerade (c) als markierte Form auffällt, die sich von ihrer Funktion und von ihrem Informationsgehalt ziemlich genau mit den entsprechenden Konstruktionen im Khmer und im Thai deckt.
** Der Instrumental des Verkehrsmittels kann auch mit *bang* ausgedrückt werden:
   (160) *Tôi đi bang máy bay.* (Ich gehe mit dem Flugzeug.)

(164) ông ấy đưa   tiền cho bà ấy.
       er   bringen Geld CoV sie
       Er bringt ihr das Geld

lassen sich wie folgt transformieren:

(163') ông ấy *lấy/đem* nhà bán cho bà ấy.
        Er nahm das Haus und verkaufte es ihr.

(164') ông ấy *lấy/đem* tiền đưa cho bà ấy.
        Er nahm das Geld und überbrachte es ihr. (nach Nguyên Đinh Hoa 1976:940f.)

Damit wird das direkte Objekt in Abhängigkeit von *lấy* bzw. *đem* gesetzt und das indirekte Objekt rückt direkt hinter das Verb. Für diese Konstruktion, die gar nicht so selten vorkommt, gilt grundsätzlich das gleiche wie für die yɔ̀:k-Konstruktion im Khmer (vgl. S.433f.) und die ʔaw-Konstruktion im Thai (vgl. S.373): Auch im Vietnamesischen geht es vorerst einmal um eine genauere Analyse eines Vorganges, bei dem es offenbar wichtig ist, daß ein Gegenstand zuerst "genommen werden" muß, ehe man etwas weiteres damit unternehmen kann. Die ganze daraus entstehende Konstruktion wird dabei als zusammengehörige Einheit, also als eine einzige Serialisierungsperiode begriffen.

Die zusätzlichen Funktionen, die in die *lấy*- bzw. *đem*-Konstruktion hineingelegt werden können, sind wie schon beim Khmer und beim Thai (s.S.74):

– die Funktion als Instrumental-Zeichen:

(165) Vua   *lấy*   thanh kiếm   ấy   đánh   thắng giặc.
       König nehmen   Kl   Schwert Dem   schlagen siegen Feind
       Der König nahm dieses Schwert und besiegte den Feind.
       Der König besiegte den Feind mit diesem Schwert.

– die Entlastung der postverbalen Position,
– das Einfangen von Unterschieden zwischen alter und neuer Information.

5. Die regierende Verbserialisierung

5.1. Die zweite VP ist Objekt des ersten Verbs

Zu den Verben, die eine Verbalphrase – oder wie *muốn* einen ganzen Satz – unmarkiert nach sich tragen können, gehören erstens die Modalverben:

có thể (können, fähig sein zu), *biết* (wissen, kennen, können; verstehen, begreifen), *muốn* (wollen), *thích* (gern haben/tun, mögen), *ước* (wünschen, begehren), *định* (wollen, i.S.v. beabsichtigen), *mong* (wünschen, erhoffen), *phải* (müssen), *cần* (müssen, i.S.v. benötigen, nötig haben, bedürfen), *được* (dürfen), *nên* (sollen).

(166a) Nam *muốn* đánh   tôi.
        Name wollen schlagen ich
        Nam will mich schlagen.

(166b) Nam *muốn* tôi đánh   Giáp.
        Name wollen ich schlagen Name
        Nam will, daß ich Giap schlage.

(167) *Muốn* biết được thua *phải* đi hỏi.
wollen wissen gewinnen verlieren müssen gehen fragen
Wenn [Sie] wissen wollen, ob [Sie] gewonnen oder verloren haben, müssen [Sie] gehen und fragen. (Thompson 1965:231)

(168) Anh *biết* bơi không?
du können schwimmen Quest
Kannst du schwimmen?

(169) Tôi không *biết* cô Lan đi đâu?
ich Neg wissen Fräulein Name gehen wo
Ich weiß nicht, wohin Fräulein Lan geht. (Dương 1971:179)

Zur zweiten Gruppe von V, die eine VP oder einen Satz nach sich tragen, gehören:
vội (s.beeilen), *thử* (versuchen), *bắt đầu* (anfangen, beginnen), *thôi, ngừng* (aufhören), *hứa* (versprechen), *cố gắng* (s.bemühen, s. Mühe geben), *chú ý* (Notiz nehmen, beachten; vorsichtig sein; s. interessieren) *chịu* (ertragen, erdulden), *chăm chú* (s. ernsthaft beschäftigen), *dám* (wagen), *nói* (sagen), *hy vọng* (hoffen), *bảo* (erzählen, berichten), *chép* (aufschreiben, notieren), *ngờ* (glauben, verdächtigen, bezweifeln), *quyết* (sich entschließen), *tiếc* (bedauern), *tin* (mitteilen, informieren, benachrichtigen), *tưởng* (glauben), *gọi* (fordern, verlangen), usf.

(170) Anh ấy *vội* về nhà.
er s.beeilen zurück Haus
Er beeilte sich, nach Hause zurückzugehen.

(171) Tôi *tưởng* (là) chị học ở Nữu ước.
ich glauben Konj du studieren in New York
Ich glaubte, daß du in New York studierst. (Dương 1971:178)

(172) Chúng ta nên *cố gắng* học cho giỏi tiếng Việt.
wir sollen s.Mühe geben lernen Konj gut Sprache Vietn.
Wir sollten gut Vietnamesisch lernen. (Vư 1983:114)

(173) Mẹ *nói* tôi đem ghế vào.
Mutter sagen ich tragen Stuhl rein
Meine Mutter hat gesagt, ich solle die Stühle hereinbringen.
(Nguyên Th.H. 1979:80)

Die zwei Verben *xin* (jdn. um etwas bitten) und *mời* (jdn. einladen) gehören ebenfalls in die Gruppe der satzregierenden Verben; sie spielen zudem eine wichtige Rolle in der höflichen Aufforderung:

(174) *Xin* anh đem cái va-ly này đi.
bitte Sie tragen Kl Koffer Dem weg
Bitte nehmen Sie diesen Koffer weg. (Thompson 1965:232)

(175) *mời anh ăn*. (Wollen Sie bitte essen.)
mời anh ngồi. (Bitte nehmen Sie Platz.)
auch: *Xin mời anh ăn*. (Darf ich Sie bitten, zu essen.)

5.2. Die Pivotal-Konstruktion

Im Zusammenhang mit der Pivotal-Konstruktion lassen sich nur etwa die folgenden Verben aufzählen:

thấy (sehen), *xem* (sehen, beobachten), *nghe* (hören), *giúp* (helfen), *sai* (befehlen, beauftragen, heißen), *bắt* (zwingen).

(176) Vua *thấy* một con rùa nổi lên mặt nước.
König sehen ein Kl Schildkröte auftauchen rauf Oberfläche Wasser
Der König sah eine Schildkröte an der Wasseroberfläche auftauchen.
(Nguyên Th.H. 1979:80)

(177) Anh *xem* tôi nhảy.
du schauen ich springen
Schau wie ich springe. (Emeneau 1951:49)

(178) ông Ba *nghe* thấy người ta kêu.
Herr Name hören sehen Leute schreien
Herr Ba hörte die Leute schreien. (Dương 1971:160)

(179) Tôi *giúp* bạn tôi thành đạt.
ich helfen Freund ich erlangen Erfolg
Ich habe meinem Freund zum Erfolg verholfen. (Karow 1972:297)

5.3. Die Kausativ-Konstruktion

Die wichtigsten Verben zur Kausativmarkierung sind *cho* (geben, schicken, lassen), *để* (legen, hinstellen, lassen), *làm* (machen, tun), *thả* (lassen, machen lassen, überlassen):

1. *cho*

Emeneau (1951:69) gibt als Bedeutungsnuance für *cho* "zulassen, erlauben":

(180) Cho tôi hát.
lassen ich singen
Erlaube mir zu singen. (Emeneau 1951:69)

(181) Mẹ *cho* em xem phim này không?
Mutter erlauben du sehen Film Dem Quest
Erlaubt Mutter dir, diesen Film zu sehen? (Nguyên Th.H. 1979:106)

Mit dem Verb *biết* (wissen) hat es jedoch eine etwas abgeschwächte Funktion:

(182) Anh ấy *cho* tôi *biết* là chiều nay có một
er lassen ich wissen Konj Abend Dem es gibt ein
buổi nói chuyện rất hay ở đại học.
KN sagen Rede sehr interessant in Universität
Er hat mir gesagt, daß es heute abend in der Universität einen sehr interessanten Vortrag gibt. (ibid., p.106)

2. *để*

Als Vollverb bedeutet *để* u.a. "lassen, i.S.v. stehen lassen":

(183) Anh *để* hai cái va-ly lớn đấy.
du lassen zwei Kl Koffer groß Dem
Laß diese beiden großen Koffer [dort] stehen! (Emeneau 1951:68)

Im Kausativ-Kontext enthält *để* die Nuance von "laß mich, ich bin gerade im Beginn, etw. zu tun":

(184) Để tôi hát.
   lassen ich singen
   Laß mich singen (ich bin gerade daran, anzufangen; also hindere mich nicht daran). (Emeneau 1951:69)

Die Kombination von *để* und *cho* – also *để cho* – bedeutet "jdn. etwas tun lassen, mit dem er bereits begonnen hat, ohne ihn zu unterbrechen":

(185) Để cho tôi hát.
   lassen ich singen
   Unterbrich mich nicht beim Singen/ Laß mich weitersingen! (Emeneau 1951:69)

3. *làm*

làm enthält im Kausativ-Kontext die Bedeutungsnuance "bewirken, daß":

(186) Gió *làm* tan mây.
   Wind machen s.auflösen Wolken
   Der Wind macht, daß sich die Wolken auflösen/
   Der Wind löst die Wolken auf. (Emeneau 1951:53)

(187) Nó *làm* khổ cha mẹ nó.
   er machen unglücklich Eltern er
   Er macht seine Eltern unglücklich. (Trương 1970:401)

Es ist – wie schon Emeneau (1951:53) bemerkt – auffällig, daß in dieser Konstruktion diejenige Nominalphrase, die Objekt zu *làm* und Subjekt zum zweiten Verb ist, nicht zwischen den beiden Verben, sondern erst danach steht. Dies mag damit zusammenhängen, daß *làm* bereits mit einem Fuß im Bereich der lexikalischen Koordination (vgl. S. 295) steht. Wie Beispiel (196) zeigt, braucht dies aber durchaus nicht der Fall zu sein.

4. *thả*

thả als Kausativ-Verb enthält die Bedeutungsnuance von "machen lassen, freien Lauf lassen":

(188) Tôi *thả* con mèo ra ngoài.
   ich lassen Kl Katze rausgehen draußen
   Ich lasse die Katze nach draußen. (Thompson 1965:223)

5.4. Die konjunktionalen Verben *làm* (*làm cho*) *để* und *cho*

1. *làm*

(189) Anh đến chậm *làm/làm cho* việc hỏng cả.
   du ankommen spät Konj Sache schief gehen
   Du bist zu spät gekommen, so daß die Sache mißlungen ist.
   (Thompson 1965:223)

2. *để*

để leitet als konjunktionales Verb Finalsätze ein:

(190) Tôi đi ngủ sớm *để* dậy sớm được.
   ich gehen schlafen früh Konj aufstehen früh TAM
   Ich gehe früh schlafen, um früh aufstehen zu können. (Nguyễn Th.H. 1979:89)

(191) Nó lấy cuốc *để* cuốc vườn.
 er nehmen Hacke Konj hacken Garten
 Er nimmt die Hacke, um den Garten zu hacken. (Trương 1970:60)

(192) Tôi không có tiền *để* mua xe hơi.
 ich Neg haben Geld Konj kaufen Auto
 Ich habe keine Geld, um mir ein Auto zu kaufen. (Emeneau 1951:69)

3. *cho*

Als konjunktionales Verb dient *cho* zur Markierung von Verbmodifikanten und Komplementen des Grades, sowie zur Markierung von Resultativ-Konstruktionen:

(193) Bây giờ tôi phải về nhà *cho* nhanh.
 jetzt ich müssen zurückkehren Haus Konj schnell
 Jetzt muß ich schnell nach Hause gehen.

(194) Anh phải tìm *cho* ra.
 du müssen suchen Konj rauskommen
 Du mußt es finden. (Nguyên Đinh Hoa 1972:398)

Weiter leitet *cho* auch ganze Sätze ein:

(195) Anh phải nói rõ *cho* họ hiểu.
 du müssen reden klar Konj sie/man verstehen
 Du mußt klarer reden, damit man dich versteht. (Dương 1971:93)

(196) Ai làm gió táp mưa sa *cho* cây anh
 wer machen Wind stürmisch Regen fallen Konj Baum ich
 đổ *cho* hoa anh tàn.
 fallen Konj Blume ich verwelken
 Wer bewirkt, daß der Wind stürmisch wird und der Regen fällt, so daß meine Bäume fallen und meine Blumen welken? (Trương 1970:122)

Eine Kombination von *để* und *cho* in einem Satz finden wir schließlich in:

(197) Anh ấy mua xe hơi *để* đi làm *cho* dễ chịu hơn.
 er kaufen Auto Konj gehen arbeiten Konj angenehm mehr
 Er kauft sich ein Auto, um bequemer zur Arbeit zu gehen. (Vư 1983:172)

5.5. Weitere konjunktionale Verben

1. *đến* (ankommen)

đến bzw. *đến nỗi* dient wie *cho* zur Markierung von Modifikanten, Komplementen des Grades sowie Resultativ-Konstruktionen:

(198) Chị ấy buồn *đến* muốn khóc.
 sie traurig Konj wollen weinen, heulen
 Sie ist furchtbar traurig. (Vư 1983:94)

Bei ganzen Sätzen steht entweder *đến* vor dem Prädikat oder der ganze Satz wird mit *đến nỗi* eingeleitet:

(199a) Chị ấy nói nhanh tôi *đến* sợ.
 sie reden schnell ich Konj s.fürchten
 Sie spricht so furchtbar schnell.

(199b) Chị ấy nói nhanh *đến nỗi* tôi sợ. (Vư 1983:93)

(200)   Tôi vội-vàng chạy   mau ra   *đến nỗi* đụng đầu vào   cửa.
        ich s.beeilen rennen schnell weg Konj stoßen Kopf reingehen Tür
        Ich war derart gerannt, daß ich mit dem Kopf gegen die Tür stieß.
        (Martini 1952:105)

2. *nên* (werden) und *thành ra* (entstehen)

Beide Verben markieren als konjunktionale Verben hauptsächlich Folgesätze:

(201)   Anh mách   thầy nó   *nên* nó phải   mắng.
        du melden, berichten Vater er/sein Konj er erleiden schelten
        Du hast ihn bei seinem Vater verraten, so daß er getadelt wurde.
        (Trương 1970:160)

(202)   Hôm qua trời   mưa   *thành ra* tôi không lại   thăm
        gestern Himmel regnen Konj   ich Neg kommen besuchen
        anh được. (ibid.)
        du TAM
        Gestern hat es geregnet, so daß ich dich nicht besuchen konnte.

3. *là*

là entspricht der Kopula in Äquationssätzen. Als konjunktionales Verb erfüllt es die Funktion der Zitierform (Zit) und erscheint bei einer ganzen Reihe von Verben zur Einleitung von Objektsätzen:

(203)   Cô   Lan   tưởng *là* ông Ba   mới   mua   quyển sách này.
        Fräulein Name glauben Zit Herr Name TAM   kaufen Kl   Buch Dem
        Fräulein Lam glaubte, daß Herr Ba dieses Buch gerade gekauft habe.
        (Dương 1971:178)

V. Thai

1. Einleitung

Dieser Abschnitt ist einigen Vorbemerkungen zum Verbum im Thai gewidmet, die es uns erlauben sollen, hernach zur Verbserialisierung überzugehen. Wir beginnen mit einer kurzen Darstellung der Wortfolge im einfachen Satz, der wir einen Passus über die Definition der Kategorie Verb folgen lassen, die um einiges schwieriger zu definieren ist als im Khmer. In einem dritten Punkt behandeln wir einige Versuche zur Unterscheidung von Subkategorien des Verbs in der einschlägigen Literatur, was uns weiter zu einer eingehenderen Beschäftigung mit dem Problem der statischen Verben in Punkt 4 und mit der Unterscheidung von transitiv/intransitiv in Punkt 5 führen wird. Bei den statischen Verben wird sich zeigen, daß sich diese praktisch nur semantisch von den anderen Verben abgrenzen lassen.

1. Die unemphatische – also normale, unmarkierte – Wortfolge in einem Satz des Thai lautet SVO. Fällt die Emphase auf das Objekt, so kann dieses gleichfalls analog zum Khmer in die Topikposition vor das Subjekt zu stehen kommen:

(1a) khun-phɔɔ phǒm khǎaj plaa tua nán.
Vater ich verkaufen Fisch Kl Dem
Mein Vater verkauft diesen Fisch.

(1b) plaa tua nán khun-phɔɔ phǒm khǎaj.
Fisch Kl Dem Vater ich verkaufen
Diesen Fisch verkauft mein Vater.

Auch das Subjekt kann in die Topikposition verschoben werden, wird aber dann an der entsprechenden Subjektsstelle im Satz durch ein Pronomen wiederaufgenommen:

(1c) khun-phɔɔ phǒm *kháw* khǎaj plaa tua nán.
Vater ich er verkaufen Fisch Kl Dem
Mein Vater verkauft diesen Fisch.

Bei den Zwei-Subjektsätzen wie z.B.

(2) dèg khon nán khun-phɔɔ sǐa. (Salee 1982:35)
Kind Kl Dem Vater sterben
Diesem Kind ist der Vater gestorben.

steht die erste Nominalphrase ebenfalls in der Topikposition; sie kann daher nicht mehr weiter nach links verschoben werden, um hernach wieder durch ein Pronomen aufgenommen zu werden. Dies ganz im Gegensatz zur zweiten Nominalphrase, die sich aus der Subjektsposition mit einem entsprechenden Anaphorikum daselbst in eine weitere Topikposition verschieben läßt:

(3) khun-phɔɔ phǒm bâan-chɔɔŋ *man* jàj-too. (Salee 1982:36)
Vater ich Haus es groß
Was meinen Vater angeht, sein Haus ist sehr groß.

Dabei läßt sich *man* nicht etwa als Genitiv zu *bâan-chɔɔŋ* auffassen, da *khun-phɔɔ* nach anderen Pronomina wie z.B. *kháw* oder *thân* ruft.

Schließlich erscheinen auch durch eine Präposition oder ein Co-Verb eingeleitete Nomina in der Topikposition, nehmen aber die Präposition bzw. das Co-Verb nicht mit, sondern lassen dieses mit einem anaphorischen Pronomen versehen an der ursprünglichen Stelle stehen:

(4) phûag-níi chăn mâj jàag jûŋ   kàb *kháw*.
     Kl   Dem ich Neg wollen verwickeln mit er,sie[Pl]
     Mit diesen Leuten will ich keinen Umgang haben. (Morev 1964:58)

2. Zur Abgrenzung der Wortart Verb im Thai wurden bereits sehr viele Kriterien in Erwägung gezogen. Salee (1982:8–22) liefert eine gute Übersicht über diese Kriterien und deren Stichhaltigkeit. Weitere Versuche zur Definition des Verbs finden wir etwa bei Vichin (1970), Noss (1964:74,114), Tasaniya (1976) und insbesondere Needleman (1973:22–5, 27–32), die folgende Kriterien aufzählt*:

1. Nur Verben können direkt mit *mâj* (nicht) negiert werden.
2. Die Antwort auf eine vorangegangene Ja/Nein-Frage kann nur aus dem Verb allein und allenfalls dessen Negation bestehen.
3. die Möglichkeit, das TAM-Zeichen *cà?* (Fut, vgl. S.360) zu setzen (dies stimmt mit Tasaniya (1976) überein)**
4. die Nominalisierbarkeit durch *kaan* und *khwaam*

Salee zeigt nun, daß alle diese Kriterien nicht ausreichen. So trifft es zwar zu, daß alle Verben mit Ausnahme von *khyy* (vgl. S.368) mit *mâj* negiert werden können, nur beschränkt sich diese Möglichkeit nicht allein auf Verben, wie das folgende Beispiel aus Salee (1982:16) zeigt***:

(5) khun hěn kháw thúg-wan mǎj? – *mâj thúg-wan*.
     du sehen er jeden Tag Quest Neg jeden Tag
     Siehst du ihn jeden Tag? – Nein.

Im gleichen Atemzug erweist sich damit auch Kriterium 2. als nicht zureichend, da entsprechend dem obigen Beispiel (5) auch nicht-verbale Lexeme als minimale Antwort auf Ja/Nein-Fragen auftreten können. Zu Kriterium 3. lassen sich Verben anführen, denen *cà?* nicht vorangestellt werden kann. Bei *kaan* und *khwaam* schließlich (Kriterium 4.) finden wir Beispiele, in denen diese mit nicht-verbalen Lexemen vorkommen. Ich frage mich allerdings, ob man gerade Beispiele mit *kaan* in der Bedeutung von "Arbeit" beiziehen soll, wie dies Salee mit *kaan-bâan* (Hausarbeit) tut; hier scheinen mir nur Fälle wie *kaan khommanaakhom* (Kommunikation) mit *kaan* als Klassennomen brauchbar, das Salee ebenfalls aufführt.

Diesen Kriterien setzt Salee (op.cit.18) das Modal-Zeichen ("the modal") *khoŋ* (vielleicht, möglicherweise) entgegen, das zusammen mit einer ganzen Reihe weiterer nach Salee zur gleichen Klasse gehöriger Modal-Zeichen wie *mág-cà?* (gewöhnlich,

---
*   Salee (1982:10), die diese Punkte für ihre weitere Argumentation verwendet, zitiert ein zusätzliches Kriterium "the ability of a verb to occur in a kernel sentence", das ich allerdings bei Needleman selbst nirgends finden konnte. Da auch Salee hierzu nur eine sehr kurze kritische Würdigung liefert, trete ich hier nicht weiter auf diesen Punkt ein.
** Auch andere TAM-Zeichen wie *kamlaŋ* oder *lɛɛw* wurden als Unterscheidungskriterien herangezogen (vgl. Vichin 1970).
*** Im Khmer wäre *mùn rɔ̀əl thŋay* als wörtliche Übersetzung aus dem Thai nicht erlaubt. Damit bleibt im Khmer die Negation als stichhaltiges Kriterium zur Definition des Verbs erhalten.

üblicherweise), *jɔ̌m-cà?* (wahrscheinlich), *duumўan* (es scheint, als ob), *hěn-cà?* (offenbar, scheinbar), *thâa-cà?* (anscheinend, offenbar) tatsächlich nur mit Verben vorzukommen scheint und sich damit als ausgezeichnetes Kriterium erweist. Vor diesem Hintergrund ist *khoŋ* das wichtigste Kriterium, während die übrigen hier erwähnten Kriterien allerdings von großer Bedeutung bleiben, treten sie doch immerhin bei einer großen Zahl von Verben auf; Salee selber spricht in diesem Zusammenhang von "properties that verbs might possess" (p.19)*. Nebst den oben bereits angeführten Kriterien führt sie zusätzlich noch die beiden folgenden Kriterien an, die hier der Vollständigkeit halber erwähnt seien:

(5) the ability to be associated with a nominal reference as its subject,

(6) the ability to occur in a kernel sentence (vgl. Anm.* auf der vorangehenden Seite).

3. Das Herausarbeiten von verbalen Subkategorien erweist sich im Thai als recht schwierig, da sich naturgemäß keine morphologischen Unterscheidungskriterien anbieten und syntaktische Kriterien zum Aufstellen sehr vieler Subkategorien zwingen, die sich je nach Schwergewicht des Autors mit anderen Subkategorisierungskonzeptionen mehr oder weniger (un)günstig überschneiden können. Trotzdem zeigt eine Grobübersicht über verschiedene Subkategorisierungsversuche, auf die ich im Detail nicht eintreten möchte, einige Gemeinsamkeiten:

1. In der traditionellen Grammatik des Thai, wie wir sie etwa bei Upakit (1948) finden, unterscheidet man 4 Sub-Kategorien:
intransitiv, transitiv, verbindende Verben (z.B. *pen* [Kopula, vgl. S.368f.]), *Hilfsverben.*

2. Noss (1964:114–132) unterscheidet die folgenden Kategorien: *modal verbs* (specific modal verbs, general modal verbs), *adjectives* (specific adjectives, general adjectives), *transitive verbs* und *completive verbs* (general, specific), die zwischen den Adjektiven und den transitiven Verben stehen.

3. Tasaniya (1976:70–80) unterscheidet drei Hauptkategorien von Verben mit folgenden Subkategorien:
   1. *existential verbs* (referential, defining, designating)
   2. *transitive verbs*(experiential, castigative, effective)
   3. *intransitive*(descriptive, active)

4. Needleman (1973:35) spricht von 5 Subkategorien:
   1. *obligatory embedding verbs* (die etwa den Modal-Verben entsprechen)
   2. *transitive verbs*(object deletion is possible)
   3. *intransitive verbs* (active, stative)
   4. *intermediate verbs* (may be both transitive and intransitive-active)
   5. *status verbs*

In allen Subkategorisierungsversuchen außer in Noss finden wir die Begriffe transitiv und intransitiv. Noss läßt die Rubrik des Intransitiv praktisch in der Rubrik Adjektiv aufgehen. Die Aufteilung von Needleman scheint mir bezüglich transitiv/intransitiv

---

* Es soll hier jedoch nicht verschwiegen werden, daß dieses Kriterium ebenfalls einen Schönheitsfehler zumindest für Salees weitere Argumentation im Zusammenhang mit dem Verb-Charakter der TAM-Zeichen aufweist (vgl. S. 343).

am vorteilhaftesten, da hier das Faktum mitberücksichtigt wird, daß gewisse Verben auch bei nicht ausgesetztem Objekt aus Gründen des Kontexts transitiv bleiben, während andere Verben wirklich in transitiver und intransitiver Form erscheinen können (genaueres hierzu s. Pt.5). Bei der Subkategorie der statischen Verben – Needlemans "status verbs" – wird es sich in der Praxis als außerordentlich schwer erweisen, klare definitorische Kriterien zu finden, so daß es mir problematisch erscheint, hier von einer eigenen Subkategorie zu sprechen (genaueres s. Pt.4).

Zu einer besonders interessanten Verbsubkategorisierung gelangt Boonyapatipark (1983:46–62) in ihrer Dissertation "A Study of Aspect in Thai", die den Erfordernissen einer exakten Beschreibung des Aspekts gerecht wird. Dabei zeigt sich, daß die Unterscheidungskriterien meist rein semantisch begründet sind. Signifikanterweise ist eine Unterscheidung nach transitiv/intransitiv bei Boonyapatipark zur Beschreibung des Aspekts von geringer Bedeutung, da die von ihr behandelten TAM-Zeichen nicht von dieser Unterscheidung abhängen; in einer breiter angelegten Studie, die auch syntaktische Zusammenhänge beleuchten soll, erschiene mir eine solche Unterscheidung jedoch unabdingbar:

1. verbs indicating states

   1.1. verbs indicating permanent states

      1.1.1. verbs indicating qualities: *sǔuŋ* (hoch), *tîa* (kurz), *ʔûan* (dick), *phɔ̌ɔm* (schlank), *khláaj* (ähnlich)

      1.1.2. verbs of inert cognition or attitude: *rúu* (wissen), *khâw-caj* (verstehen), *rág* (lieben), *klìad* (hassen), *chŷa* (glauben)

      1.1.3. verbs indicating the state of having and being: *mii* (haben), *pen* (sein), *khrɔ̂ɔb-khrɔɔŋ* (besitzen, haben)

   1.2. verbs indicating temporary states

      1.2.1. verbs of inert perception: *hěn* (sehen), *dâjjin* (hören), *dâjklìn* (riechen)

      1.2.2. verbs of bodily sensation: *rúu-sỳg* (fühlen), *cèb* (weh tun, Schmerz empfinden), *pùad* (id.), *khan* (jucken)

      1.2.3. verbs expressing transitory attitudes and feelings: *hǐw* (hungrig sein), *moohǒo* (böse, wütend) *sǐa-caj* (bedauern), *nỳaj* (müde)

2. verbs indicating dynamic situations

   2.1. verbs indicating processes

      2.1.1. verbs indicating non-accomplishments: *wîŋ* (rennen), *kin* (essen), *duu thoorathád* (fernsehen)

      2.1.2. verbs indicating accomplishments: *tàd-sǐn-caj* (entscheiden), *lŷag* (auswählen)

   2.2. verbs indicating events

      2.2.1. verbs indicating achievements: *taaj* (sterben), *sèd* (beenden), *còb* (beenden), *thy̌ŋ* (erreichen)

      2.2.2. verbs indicating momentary situations: *sadùd* (stolpern), *kradòod* (springen), *khwâaŋ* (werfen)

3. verbs indicating dynamic situations or states arising from such situations

   3.1. verbs that take only animate subjects: *sŭam*, *sàj* (anziehen, tragen), *jyyn* (stehen), *nâŋ* (sitzen)

   3.2. verbs which take either an animate or inanimate subject: *pòad* (offen, öffnen), *pìd* (geschlossen, schließen), *hàg* (brechen), *tòg* (fallen), *com* (sinken)

   3.3. verbs which take only an inanimate subject: *khàad* (zerrissen sein), *tèεg* (gebrochen sein)

4. Im Thai lassen sich die *statischen Verben* nicht durch ein der Khmer-Partikel *nas* (sehr) analoges Lexem von anderen Verben abgrenzen (vgl. S.387), da *mâag** im Thai ein weiteres Anwendungsfeld umfaßt und im Deutschen auf zweierlei Arten übersetzt werden muß:

(6)   kháw wîŋ *màag*.
        Er rennt viel. (Needleman 1973:23)

(7)   kháw dii *mâag*.
        Er ist sehr gut.

Auch die zum Ausdruck der Komparation verwendete Partikel *kwàa*, die auf das chinesische Verb *guò* (überschreiten) zurückgeht, leistet nur sehr bedingt gute Dienste zur Abgrenzung der statischen von den dynamischen Verben:

(9)   kháw sŭuŋ *kwàa* phŏm.
        er   hoch als   ich
        Er ist größer als ich.

Zwar erscheint *kwàa* nicht bei dynamischen Verben, wie dies im Khmer mit *cì:əŋ* zuweilen möglich ist (vgl. S. 388f.)** und böte sich daher einerseits als gutes Kriterium an, andererseits aber läßt sich die durch *kwàa* gewonnene Subkategorie wieder nicht vollständig mit Subkategorien zur Deckung bringen, die aus anderen Kriterien wie z.B. dem der Kombinierbarkeit mit TAM-Zeichen hervorgegangen sind, wie eine Sichtung von Boonyapatiparks Material im Hinblick auf die "verbs indicating qualities" ergibt.

Damit beruhen die Restriktionen, die das Erscheinen eines Verbs in einer bestimmten Konstruktion regeln, in sehr starkem Masse und in erster Linie auf semantischen Kriterien, die eine formale Unterscheidung in statische und dynamische Verben nicht gerade erleichtern. Ein guter semantischer Raster, der allerdings bis jetzt noch nicht gefunden wurde und den Rahmen dieser Arbeit sprengen würde, dürfte hier als einzige Lösung weiterhelfen. Eine Unterscheidung in statische und dynamische

---

*   *mâag* und übrigens auch *nɔ́ɔj* (wenig) haben zudem verbalen Charakter, wie die folgenden Beispiele aus Needleman (1973:49) mit fakultativem *mii* (haben, es gibt) zeigen:

(8a)   (*mii*) khon *mâag*. (Es sind viele Leute da.)
(8b)   (mii) khon *nɔ́ɔj*. (Es sind wenig Leute da.)

** Ein Satz der Art "*kòat lè:ŋ cì:əŋ thvɤ̀:-ka:(r)*" (Er amüsiert sich lieber, als daß er arbeitet., vgl. S.388) muß im Thai mit *mâag-kwàa* und fakultativem *chɔ̂ɔb* (gerne tun) konstruiert werden:

(11)   kháw lên   *mâag- kwàa* tham-ŋaan.
        er   spielen viel   als   arbeiten

Verben mag daher vom didaktischen Standpunkt aus in Anlehnung an die Unterscheidung Verb-Adjektiv in westlichen Sprachen als erste Lernhilfe angebracht sein, zu einem genaueren Erfassen des Verbs im Thai ist sie aber zu schwach und daher wenig dienlich.

5. Zum Begriff der *Transitivität* läßt sich für das Thai genau das gleiche vorausschicken wie beim Khmer: Der Begriff der Transitivität ist erstens eine Maximalformel* und umfaßt zweitens ein viel weiter gefaßtes Spektrum an semantischen Beziehungen zwischen Verb und Objekt als dies etwa in westlichen Sprachen üblich ist.

Wie das mittlerweile schon bald zum Standard gewordene Beispiel mit *pìd* (schließen) zeigt, braucht das Objekt, wenn es aus dem Kontext bekannt ist, nicht gesetzt zu werden, ohne daß dadurch die Transitivität des Verbs erlischt, da das Objekt immer impliziert bleibt:

(10)   khun-phɔ̂ɔ *pìd*   pratuu.
       Vater   schließen   Tür
       Vater schließt die Türe.

(10a)   khun-phɔ̂ɔ *pìd*. (Vater schließt [sie].)

Anders sieht die Sache aus, wenn statt eines belebten ein unbelebter Aktant in der Subjektposition steht:

(12)   pratuu pìd.
       Tür   offen
       Die Tür ist offen.

(13)   bâan lăŋ níi   sâaŋ   pii   thîi-lɛ́ɛw.
       Haus Kl Dem bauen Jahr letzt
       Dieses Haus wurde im letzten Jahr erbaut.

(14)   khâaw níi   hŭŋ   jâag.
       Reis Dem kochen schwierig
       Dieser Reis ist schwierig zu kochen. (Pongsri 1970:14)

Hier impliziert ein belebtes Subjekt analog zum Khmer eine transitiv-aktivische Interpretation, während ein unbelebter Aktant eine intransitiv-passivische Interpretation hervorruft. Ein Satz wie *bâan sâaŋ* wird damit automatisch im Sinne von "das Haus wurde gebaut" verstanden; bei einem Satz wie *kháw sâaŋ* drängt sich ebenso automatisch die Übersetzung "er hat [es] gebaut auf".**

Die Situation im Thai ist jedoch um eine Stufe einfacher als im Khmer, da die Affigierung, die das Thai zwar in Lehnwörtern übernommen hat, kaum bzw. nur eine verschwindend geringe Rolle bei der Unterscheidung von transitiv/intransitiv spielt (vgl. Anhang I, bzw. S.390f.). Dies erlaubt es uns, direkt zum zweiten Aspekt der Transitivität überzugehen:

Wie in allen hier zu beschreibenden Sprachen ist der Begriff der Transitivität weiter gefaßt, so daß auch im Thai in lokativisch-destinativischer Beziehung zum Verb stehende Aktanten unmarkiert in der Objektposition auftreten können:

---

* Eine gute Übersicht liefert die Doktorarbeit von Pongsri (1970:11-16), an die wir uns im Folgenden anlehnen.

** vgl. hierzu auch Boonyapatiparks Verbkategorien 3.1.-3.3. (verbs that take only animate subjects, usf.).

1. *jùu* (leben, wohnen, s.befinden in, sein)
   (15) *jùu myy* (Hand; in der Hand sein von), *jùu faj* (Feuer; am Feuer liegen [besonders ein Kleinkind nach der Geburt])
   (16) khun-mɛ̂ɛ *jùu*   bâan.
        Mutter   s.befinden Haus
        Mutter ist zu Hause.

Wie die obigen Beispiele zeigen, kommt *jùu* sehr häufig in idiomatischen Wendungen mit lokalen Objekten ohne Markierung vor.

2. *maa* (kommen)
   (17) kháw chɔ̂ɔb *maa*   prathêed raw.
        er   gerne   kommen Land   wir
        Er kommt gerne in unser Land.

3. *paj* (gehen)
   (18) kháw *paj*   bâan/ rooŋ-rian.
        er   gehen Haus/ Schulhaus
        Er geht nach Hause/zur Schule.
   (19) khun *paj*   wád   sanùg   măj ?
        du   gehen Tempel angenehm Quest
        Machte es dir Spaß, zum Tempel zugehen? (Noss 1964:119)

4. *loŋ* (hinuntergehen)
   (20) kháw *loŋ*   ródfaj.
        er   runtergehen Zug
        Er verläßt den Zug.
   (21) kháw *loŋ* rya. (Er steigt ins Boot [hinunter].)
   (22) *loŋ klɔɔn* (Riegel; verriegeln), *loŋ khàaw* (Nachricht; abdrucken [eine Nachricht]), *loŋ khanɛɛn* (Stimme; eine Stimme abgeben), *loŋ khwaam-hĕn* (zu einem Schluß kommen), *loŋ thabian* (Liste; einschreiben), *loŋ thun* (Kapital; investieren), *loŋ thôod* (Strafe; bestrafen), *loŋ tháaj* (Ende; am Ende sein, zu einem Ende kommen), *loŋ mátì?* (einen Beschluß fassen), *loŋ naam* (Name; unterschreiben), *loŋ náam* (Wasser; ins Wasser gehen), *loŋ myy* (Hand; in die Hand nehmen, anfangen), *loŋ râag-tỳg* (Fundament; das Fundament legen), *loŋ rɛɛŋ* (Kraft/Energie; Kraft/Energie aufwenden)

5. *khŷn* (hinaufgehen)
   (23) kháw *khŷn*   ródfaj.
        er   hinaufgehen Zug
        Er besteigt den Zug.
   (24) kháw *khŷn*   rya.
        er   hinaufgehen Boot
        Er verläßt das Boot.

(25) *khŷn cháaŋ* (Elefant; er besteigt einen Elefanten), *khŷn chég* (Check; er löst einen Check ein), *khŷn bòg* (Festland; er geht an Land), *khŷn banchii* (eingetragen sein [in eine Liste]), *khŷn pii-màj* (neues Jahr; das neue Jahr beginnen), *khŷn sǎan* (Gericht; vor Gericht gehen), *khŷn nɔ̌ɔn* (Wurm; wurmstichig sein).

6. *khâw* (hineingehen)

(26) khwan kamlaŋ khâw bâan. (Clark 1978:157)
Rauch TAM hineingehen Haus
Der Rauch dringt gerade ins Haus.

(27) *khâw kia* (Gang; den Gang einschalten; einkuppeln), *khâw khâaŋ* (Seite; auf jdes Seite stehen), *khâw khiw* (Schlange; sich in eine Schlange eingliedern, Schlange stehen), *khâw nýa* (Fleisch; ins Fleisch eindringen [von Salben u.ä.]), *khâw myaŋ* (Land/Staat; einwandern), *khâw rûub* (Gestalt, Form; passen [in etw.]).

7. *ʔɔ̀ɔg* (hinausgehen)
Dieses Verb kommt praktisch nur in idiomatischen Wendungen mit einem unmarkiert nachgestellten Objekt vor:

(28) *ʔɔ̀ɔg kòdmǎaj* (Gesetz; ein Gesetz verkünden), *ʔɔ̀ɔg kamlaŋ* (Kraft; sich ertüchtigen, trainieren), *ʔɔ̀ɔg khàj* (Ei; Eier legen), *ʔɔ̀ɔg khwaam-hěn* (Meinung; eine Meinung äußern), *ʔɔ̀ɔg kham-sàŋ* (Befehl; einen Befehl erlassen), *ʔɔ̀ɔg dɔ̀ɔg* (Blüte; Blüten bekommen, erblühen), *ʔɔ̀ɔg bɛ̀ɛb* (skizzieren, entwerfen), *ʔɔ̀ɔg phǒn* (Frucht; Früchte bringen), *ʔɔ̀ɔg ryan* (Haus; das Haus [der Eltern] verlassen [von einer Frau]), *ʔɔ̀ɔg sǐaŋ* (Stimme, Ton; aussprechen), *ʔɔ̀ɔg lûug* (Kind; gebären), *ʔɔ̀ɔg nangsy̌y-phim* (Zeitung; eine Zeitung herausgeben).

8. *klàb* (zurückkehren)

(29) kháw *klàb* bâan.
er zurückkehren Haus
Er kehrt nach Hause zurück.

(30) phǒm jàag *klàb* myaŋ thaj lɛ́ɛw. (Clark 1978:157)
ich wollen zurückkehren Staat Thai TAM
Ich möchte nach Thailand zurückkehren.

(31) *klàb kham* (Wort; auf sein Wort zurückkommen), *klàb caj* (Herz; seine Meinung ändern).

9. *càag* (verlassen)

(32) dɛɛŋ *càag* bâan maa lǎaj pii lɛ́ɛw.
Name verlassen Haus kommen mehrere Jahr TAM
Deng ist seit mehreren Jahren von zu Hause weggegangen.
(Kullavanijaya 1974:62)

10. *thy̌ŋ* (ankommen)
   (33) kháw jaŋ mâj *thy̌ŋ* sathǎanii-ródfaj.
        er   noch Neg ankommen Station-Eisenbahn
        Er ist noch nicht am Bahnhof angekommen.

11. *taam* (folgen, entlanggehen)
   (34) kháw *taam* khun-mɛ̂ɛ.
        er   folgen Mutter
        Er folgt der Mutter.

12. *khâam* (überschreiten)
   (35) khon níi *khâam* thanǒn.
        Mann Dem überqueren Straße
        Dieser Mann überquert die Straße.

Auch hinter anderen Verben steht oft ein unmarkiertes Objekt, das bei Bedarf ohne weiteres durch ein entsprechendes Zeichen genauer umschrieben werden kann:*

(36) kháw *nɔɔn* (bon) tiaŋ.
     er   schlafen in/auf Bett
     Er schläft im Bett.

(37) kháw *nâŋ* (bon) kâw-ʔîi.
     er   sitzen in/auf Stuhl
     Er sitzt auf dem Stuhl.

(38) nóg kɔ̀ʔ (bon) tônmáaj.
     Vogel sitzen auf Baum
     Der Vogel sitzt auf dem Baum.

(39) dèg com   náam taaj.
     Kind versinken Wasser sterben
     Das Kind ertrinkt im Wasser.

Bei *Verben des Sagens und des Mitteilens* steht das Ziel der Mitteilung analog zum Khmer als unmarkiertes Objekt hinter dem Verb:

(40) kháw *bɔ̀ɔg* phǒm wâa...
     er   sagen ich daß
     Er sagte mir, daß...

In einigen Kontexten finden wir das Objekt in der Funktion des *Instrumentals*:

(41) kháw kin *takìab*.
     er   essen Eßstäbchen
     Er ißt mit Eßstäbchen. (Upakit 1955:228)

(42) sŷa pŷaŋ   pɛ̂ɛŋ.**
     Kleid beschmutzt Mehl
     Das Kleid ist mit Mehl beschmutzt. (Pongsri 1970:62)

---

*   Die ersten drei Beispiele stammen aus Upakit (1955:204), das letzte aus Upakit (1955:228).
** Soll der Instrumental mit *dûaj* markiert werden, so erhält das Hauptverb zusätzlich das direktionale Verb *paj*: "sŷa pŷaŋ paj dûaj pɛ̂ɛŋ." (zum Instr. vgl. 373ff.)

Schließlich kennt das Thai die gleiche nur sehr allgemein formulierbare Art der Relation zwischen Verb und Objekt wie das Khmer, bei dem wir mit Jacob (1978:100) von *"sphere of action"* sprechen (vgl. S.394):

(43) pùad hŭa (Schmerz empfinden – Kopf = Kopfschmerzen haben), *pùad thɔ́ɔŋ* (Magen; Magenschmerzen haben), *pùad fan* (Zahn; Zahnschmerzen haben)

(44) phìd   hŭu phìd taa
 anders sein Ohr id.   Auge
 sich äußerlich stark verändert haben, anders aussehen

(45) baw myy (leicht – Hand = sanft/milde sein mit), baw rɛɛŋ (leicht – Kraft, Anstrengung = leicht in der Handhabung)

Sehr oft ist das Nomen caj (Herz) an solchen VO-Fügungen beteiligt:

(46) baw caj (leicht – Herz = leichtherzig, sorglos), nàg caj (schwer; betrübt sein, schwermütig sein), dii caj (gut; glücklich sein, erfreut sein), cèb caj (Schmerz empfinden; verletzt sein, s. verletzt fühlen), *ciŋ caj* (wahr; aufrichtig sein), *phɔɔ caj* (genug; zufrieden sein), *sĭa caj* (bedauern, leid tun)

2. Die Juxtaposition

Hier herrscht praktisch die gleiche Situation wie ich sie in Kap. VI (S.396–399) für das Khmer beschrieben habe, so daß ich mich auf die Darstellungen der Fakten beschränke, die ich auf die beiden Punkte der Koordination und der Finalität aufteile:

2.1. Koordination

Die *lexikalische Koordination* ist – wie die folgende Liste belegt – im Thai recht gut vertreten, jedoch nicht eigentlich produktiv:

plìan-plɛɛŋ	(verändern – verändern = id.)
dàd-plɛɛŋ	(biegen, wenden, formen, ändern – ändern = verändern, modifizieren)
khàd-khwăaŋ	(verhindern, versperren, Widerstand leisten – im Wege liegen, versperren = dazwischen treten, s. in den Weg stellen, verhindern, blockieren)
khàd-jɛ́ɛŋ	(s.oben – widersprechen, einwenden = in Konflikt stehen mit jdm., anderer Meinung sein als, s. gegenseitig widersprechen)
khoŋ-thon	(aushalten, überstehen – aushalten, ertragen = widerstandsfähig/ dauerhaft sein)
mân-khoŋ	(fest, stark – s.oben = fest, sicher, stabil)
tìd-tâŋ	(verbinden, anfügen, haften an – setzen, stellen, aufstellen; s. niederlassen = einrichten, montieren, installieren)
càd-tâŋ	(vorbereiten, arrangieren, einrichten – s.oben = aufstellen, bilden)
càd-sâaŋ	(s.oben – bauen = bauen, konstruieren)
plùug-sâaŋ	(pflanzen, konstruieren – s.oben = bauen, konstruieren)
lŷag-tâŋ	([aus]wählen, auslesen – s.oben = wählen [politisch])
khád-lŷag	(auslesen, herauspicken – s.oben = [aus]wählen, auslesen)

líaŋ-duu	(füttern, ernähren, aufziehen, halten [Tiere] – sehen, sehen nach, sorgen für = aufziehen)
bamruŋ-líaŋ	(pflegen, versorgen, unterstützen – s.oben = füttern, ernähren, gut für jdn. sorgen)
rûab-ruam	(ergreifen, packen, einsammeln – verbinden, zusammenlegen, aufsummieren = sammeln, zusammentragen)
khŏn-sòŋ	(tragen [von einem Ort zum andern] – schicken = transportieren)
hŭŋ-tôm	(kochen [Reis] – sieden = kochen [allgemein])
sûu-rób	(wetteifern mit, kämpfen gegen – kämpfen = kämpfen, streiten)
klìad-chaŋ	(hassen – hassen = id., verabscheuen)
thùug-tɔ́ŋ	(berühren, in Kontakt kommen mit - id. = berühren, ergreifen)
?aasăj-jùu	(leben, wohnen – leben, s.befinden in = wohnen [einen festen Wohnsitz haben in])
jýd-khrɔɔŋ	(ergreifen, packen, konfiszieren, einnehmen – regieren, herrschen über = besetzen, einnehmen)
sŭaj-ŋaam	(schön – schön = id.)
rîab-rɔ́ɔj	(glatt, eben, sauber – spannen, besaiten, aufreihen, einfädeln = sauber, aufgeräumt)
kùad-khăn	(jagen, verfolgen [mit der Absicht, jdn. einzuholen] – durch Drehen und Winden festigen/straffen = streng sein mit jdm.)
cèb-pùad	(krank sein, weh tun, leiden – schmerzen = schmerzhaft sein, weh tun; leiden)
rêŋ-rîib	(drängen, beschleunigen, antreiben – s.beeilen = beschleunigen, ankurbeln, drängen; ebenso *rîib-rêŋ*)
rêŋ-ráw	(s.oben – anstacheln, stimulieren = antreiben, drängen)
wàad-klua	(s. fürchten, Angst haben – s.fürchten = id.)
khêm-khĕŋ	(intensiv, stark, konzentriert – hart, fest, streng, steif = stark, kräftig)
klâa-khĕŋ	(wagen, mutig sein – s.oben = mutig, tapfer; daneben: *khĕŋ-klâa* hart [vom Metall], stark)
phèd-rɔ́ɔn	(scharf [Speisen] – warm, heiß = scharf, bißig)
jàj-too	(groß – groß = groß, hoch, immens, wichtig, von hoher Stellung)

Gegensatzpaare:

paj-maa	(gehen – kommen = kommen und gehen, hin und her gehen)
khŷn-loŋ	(hinaufgehen – hinuntergehen = rauf und runtergehen, steigen und fallen, fluktuieren)
khâw-?ɔ̀ɔg	(hineingehen – hinausgehen = ein- und ausgehen)
lóm-lúg	(fallen, stürzen [aus einer aufrechten Position], umlegen [ein Schiff] – aufstehen, s.erheben = immer wieder auf- und niedergehen, immer wieder stürzen und s.aufrichten)
dâaj-sĭa	(gewinnen – verlieren = gewinnen und verlieren)
prîaw-wăan	(sauer – süß = süß und sauer sein)
sýy-khăaj	(kaufen – verkaufen = Handel treiben)

Bei der *syntaktischen Koordination* möchte ich mich hier auf einige wenige einfache Beispiele beschränken, da komplexere Beispiele sich erst aus der Kenntnis der Strukturmöglichkeiten der Verbserialisierung im engeren Sinn ergeben:

(47) khun-phɔ̂ɔ nâŋ ?àan naŋsy̌yphim.
 Vater sitzen | lesen Zeitung
 Vater sitzt da und liest die Zeitung.

(48) nág-rian nâŋ faŋ ?oowâad. (Kamchai 1952:329)
 Student sitzen | hören Unterweisungen
 Der Student sitzt da und hört die Unterweisungen.

(49) khruu rɔɔ chûaj nág-rian
 Lehrer warten | helfen Student
 Der Lehrer wartete und half den Studenten. (Dellinger 1975:97)

(50) kháw dəən tè? krathǒon lên. (Upakit 1955:243)
 er gehen | mit dem Fuß treten Spucknapf zum Spaß
 Er geht und tritt zum Spaß einen Spucknapf mit dem Fuß.

2.2. Finalität

Analog zum Khmer tritt auch im Thai eine finale Relation zwischen V_1 und V_2 vor allem dann ein, wenn V ein Verb der Bewegungsrichtung ist (vgl. S. 398). Auch im Thai dominieren hierbei vor allem die beiden Verben *paj* (gehen) und *maa* (kommen), während die übrigen Verben der Bewegungsrichtung *khŷn* (hinaufgehen), *loŋ* (hinuntergehen), *khâw* (hineingehen), *?ɔ̀ɔg* (hinausgehen) eher selten sind.

Mit den Verben *maa* und *paj* gibt es *lexikalische* Fälle wie etwa:

paj/maa jîam (gehen/kommen – besuchen; zu Besuch gehen/kommen),
paj/maa hǎa (suchen, aufsuchen; besuchen, einen Besuch abstatten),
paj/maa jyan (besuchen, zu Besuch gehen/kommen [elegant],
paj/maa phób (treffen, begegnen, zu einer Verabredung gehen)
paj/maa thîaw (umherstreifen, wandern; besuchen [einen Ort als Tourist]),
paj/maa ráb (empfangen, erhalten; holen gehen/kommen, jdn. abholen gehen/ kommen),
paj/maa nɔɔn (schlafen; ins Bett gehen/zum Schlafen kommen)
paj/maa rób (kämpfen; in den Kampf gehen/kommen).

Weit häufiger haben wir es jedoch mit einer *syntaktischen* Konstruktion zu tun, bei der die Relation zwischen V_1 und V_2 ohne weiteres durch eine Präposition wie z.B. *phŷa* (um zu) markiert werden kann:

(51) kháw *paj* plìan khrŷaŋ-tὲεŋ-tua.
 er gehen | wechseln KN-ausstaffieren-Körper
 Er geht, um die Kleider zu wechseln/geht die Kleider wechseln.

(52) khun cà? *paj* nâŋ dỳym kaafɛɛ kàb phǒm naj ráan nán mǎj?
 du Fut gehen|sitzen|trinken Kafee mit ich in Restaurant Dem Quest
 Kommst du mit mir einen Kaffee in diesem Restaurant trinken?

(53) phûu-jǐŋ khon nán *maa* talàad sýy plaa.
 Frau Kl Dem kommen Markt | kaufen Fisch
 Diese Frau kommt zum Markt, um Fische zu kaufen.

(54) *maa* thôod phǒm thamaj? (Noss 1964:135)
 kommen | tadeln ich warum
 Warum kommst du, um mich anzuklagen/tadeln?

(55) thahǎan-rya *khŷn* bòg sýy khɔ̌ɔŋ.
 Soldat-Schiff raufgehen Festland | kaufen Dinge
 Der Marinesoldat geht an Land, um einzukaufen.

(56) raw *ʔɔ̀ɔg* dəən thaaŋ.
 wir rausgehen | reisen Weg
 Wir gehen raus, um zu reisen = Wir machen uns auf die Reise.

(57) nóg fǔuŋ nỳŋ *loŋ* kin khâaw naj naa.
 Vogel Schwarm ein runtergehen | essen Reis in Reisfeld
 Ein Schwarm Vögel kam herunter, um Reiskörner auf dem Feld zu essen.
 (Kamchai 1952:261)

Schließlich treffen wir auch andere V₁ in finaler Relation mit V₂, sofern diese durch Anfügen eines oder mehrerer Verben der Bewegungsrichtung als direktionale Verben eine eindeutige Zielrichtung erhalten (direktionale Verben: vgl. 3.3.). Hier nun einige Beispiele mit *maa* und *paj*; Beispiele mit anderen direktionalen Verben konnte ich nicht finden:

(58) kháw *dəən paj* lâa sàd.
 er gehen hin | jagen Tiere
 Er ging fort, um zu jagen.

(59) rádthabaan thaj *sòŋ* khâaw *paj* chûaj chaaw ʔindia.
 Regierung Thai schicken Reis hin | helfen Leute Indien
 Die Thai-Regierung schickte Reis, um den Indern zu helfen.
 (Kamchaj 1952:265)

(60) sùg *ʔaw* máj *maa* sâaŋ tó? hâj bun.
 Name tragen Holz her | bauen Tisch für Name
 Suk brachte Holz, um einen Tisch für Bun zu bauen. (Filbeck 1975:123)

3. Die modifizierende Verbserialisierung

3.1. Verben als Modifikatoren des Hauptverbs

Im Thai steht das Modifizierende hinter dem Modifizierten wie im Khmer. Dem Erscheinen eines Verbs in zweiter Position in der Funktion eines Modifikanten sind im Thai praktisch nur semantische Grenzen gesetzt, so daß diese Konstruktion sehr produktiv ist. Hierzu nun ein paar Beispiele:

(61) kháw wîŋ rew.
 er rennen schnell
 Er rennt schnell.

(62) lam   níi lên   *rew*.
Kl (für Schiffe) Dem schwimmen schnell
Dieses Schiff fährt schnell.

(63) khun-phɔɔ khàb-ród *cháa*.
Vater   fahren-Auto langsam
Vater fährt langsam.

(64) kháw khuan praphrýd *dii*.
er   TAM   s.benehmen gut
Er sollte sich gut benehmen.

(65) phûu-jǐŋ khon nán tὲεŋ-tua *sǔaj*.
Frau   Kl Dem s.kleiden schön
Diese Frau kleidet sich schön.

(66) kháw phûud phaasǎa thaj *kὲŋ*.
er   sprechen Sprache Thai gut
Er spricht gut Thai.

(67) ʔaahǎan níi měn   *bùud*.
Essen   Dem riechen faul, verfault
Dieses Essen riecht faul.

(68) kháw sǔaj *ʔûan*.
sie schön dick
She is pretty in a fat way. (Needleman 1973:128)

Die Negation erscheint vor V_1 oder V_2, wobei sich dabei ihr Skopus ändert: Vor dem ersten Verb bezieht sie sich auf die ganze Verbfügung, während sie sich vor dem zweiten Verb nur gerade auf dieses bezieht:

(61a) kháw *mâj* wîŋ   rew.
er   Neg rennen schnell
Er rennt nicht schnell.

(61b) kháw wîŋ   *mâj* rew.
er   rennen Neg schnell
Er rennt [schon, aber] nicht schnell.

Ebenso in den Bereich der Modifikatoren des Hauptverbs gehören einige Komplemente des Grades wie z.B.:

kəən-paj (überschreiten, übersteigen – gehen = zu sehr), *ʔɔ̀ɔg-cà?-taaj* (rausgehen-Fut-sterben = in unerwünscht hohem Maße, furchtbar, schrecklich), *lýa-kəən* (im Überfluß, übermäßig – übersteigen, überschreiten = übermäßig, schrecklich, fürchterlich, u.ä.), *phɔɔ-cháj* bzw. *phɔɔ* (genügen – benutzen, Gebrauch machen von = genügend), *mâag* (viel sein, in großer Zahl vorhanden sein; sehr), *nɔ́ɔj* (wenig sein; wenig), usf.

(69) ród   khan níi phεεŋ *kəən-paj*.
Auto Kl Dem teuer zu sehr
Dieses Auto ist zu teuer.

(70)   naŋsy̌y lêm nɨ́i   nǎa *?ɔ̌ɔg-cà?-taaj*. (Noss 1964:189)
        Buch   Kl Dem dick rausgeh.-Fut-sterben
        Dieses Buch ist fürchterlich dick!

3.2. Die Resultativ-Konstruktion

Die Resultativ-Konstruktion läßt sich wie im Khmer an den zwei Charakteristika erkennen, daß die Negation nur vor V_2 nicht aber vor V_1 stehen kann und daß sie die Bedeutung des "Könnens, Zustandebringens" erhält. Die in dieser Konstruktion möglichen Verbkombinationen sind beschränkt und zeigen stark lexikalische Züge (vgl. S.401).

Beschreibungen der Resultativ-Konstruktion finden wir bei Noss (1964:127–32), Needleman (1973:95ff.) und Tasaniya (1976:85f.). Der wichtigste Beitrag scheint mir jedoch nach wie vor derjenige von Noss zu sein, da er eine sehr umfassende Liste von Verben liefert, die in der Position von V_2 auftreten können. Da sich schwerlich eine bessere Liste finden läßt, werde ich diese unten wiedergeben. Allerdings zitiere ich nur die Rubrik "specific completive verbs". Die "general completive verbs" erwähne ich deshalb nicht, weil ich einen Teil der an dieser Stelle aufgeführten Lexeme nicht als Verben betrachte. Ein anderer Teil der dort aufgeführten Verben läßt sich mit einer sehr großen Anzahl von V_1 kombinieren und übernimmt eigentliche TAM-Funktionen: *dâj, pen, wǎj, sèd, còb*. Diese Verben werden folglich erst in Abschnitt 3.4. vorgestellt.

Schließlich ist es sehr eindrücklich zu sehen, wie viele der unten aufgelisteten Verben auch im Khmer (vgl. S.401f.) in der Resultativ-Position anzutreffen sind:

1. *khâw* (hineingehen)
   sàj (hineintun), *cɔ̀?* (bohren, durchstechen), *jád* (stopfen), *pìd* (schließen), *klyyn* (verschlucken, verschlingen), *pə̀əd* (öffnen); ebenso: *kin* (essen), *dan* (hineinstoßen).

2. *?ɔ̌ɔg* (hinausgehen)
   thɔ̌ɔn (zurückziehen, wegnehmen), *pə̀əd* (öffnen), *kâaw* (vorangehen), *thɔ̌ɔd* (wegnehmen, entfernen), *dyŋ* (ziehen);
   phûud (sagen), *ný̌g* (denken), *rɔ́ɔŋ* (schreien), *hǔa-rɔ́?* (lachen), *?àan* (lesen), *plɛɛ* (übersetzen), *khíd* (denken).

3. *khy̌n* (hinaufgehen)
   jóg (heben), *jìb* (auflesen, aufnehmen), *?aa-cian* (erbrechen), *pə̀əd* (öffnen).

4. *loŋ* (hinuntergehen)
   thaan/kin (essen), *sý̌y* (kaufen), *pìd* (schließen).

5. *hěn* (sehen)
   duu (sehen, anschauen), *mɔɔŋ* (schauen, zusehen versuchen), *lɛɛ* (beobachten).

6. *dâj-jin* (hören)
   faŋ (hören)

7. *dâj-klìn* (riechen)
   dom (riechen, schnuppern, zu riechen versuchen)

8. *dâj-ród* (den Geschmack von etw. wahrnehmen)
   chim (versuchen, probieren)
9. *thùug* (treffen [ein Ziel])
   jiŋ (schießen), *khwâaŋ/joon* (werfen), *tii* (schlagen), *daw/thaaj/khâad* (vermuten, mutmaßen).
10. *wǎj* (s. bewegen, beben, vibrieren)
    khlŷan (verschieben, verlegen), *thon* (aushalten), *lâag* (ziehen), *khěn* (stoßen).
11. *phób/cəə* (treffen, begegnen)
    hǎa (suchen), *khón* (suchen nach, durchstöbern, durchwühlen), *khwáa* (tasten nach etw., etw. erhaschen).
12. *tòg* (fallen)
    kêɛ (aufknöpfen, aufbinden, auflösen, lösen [Probleme]), *khíd* (s. etw. ausdenken).
13. *than* (einholen)
    lâj (nachjagen, verfolgen), *lâa* (jagen), *taam* (folgen).
14. *phón* (loskommen von etw., s. frei machen von etw.)
    nǐi (fliehen), *lòb* (entrinnen), *lǐig* (ausweichen).
15. *làb* (die Augen schließen, schlafen)
    nɔɔn (liegen, s. niederlegen, schlafen)
16. *lúg* (aufstehen, s. erheben) und *tỳyn* (aufwachen)
    plùg (wecken), *nɔɔn* (liegen).
17. *hǎaj* (gesund werden), *fýyn* (das Bewußtsein wiedererlangen)
    rág-sǎa (pflegen), *kêɛ* (wiederbeleben).
18. *taaj* (sterben)
    tii (schlagen), *chon* (zusammenstoßen mit), *tháb* (überfahren), *khâa* (töten).
19. *tìd* (stecken [bleiben])
    jùu mâj tìd (nicht an seinem Ort bleiben, sich verschieben)
20. *lùd* (abgehen, s. ablösen, loskommen)
    dîn (s.winden [um s. zu befreien]), *dyŋ* (ziehen).

Ebenso kennt das Thai analog zum Khmer die Ausdrücke *sɔ̀ɔb-lâj* (eine Prüfung bestehen) bzw. *sɔ̀ɔb-tòg* (eine Prüfung nicht bestehen, durchfallen) (vgl. S.402).

3.3. Die direktionalen Verben

Für die direktionalen Verben gilt im Thai grundsätzlich das gleiche wie für das Vietnamesische und das Khmer. Auch hier vereinen gewisse Verben – die 6 Verben der Bewegungsrichtung – die Funktion des Co-Verbs und des direktionalen Verbs auf sich, wobei sich die 6 Co-Verben dadurch unterscheiden, daß bei ihnen ein nominales Objekt ausgesetzt ist. Den Verben der Bewegungsrichtung sind wir bereits in Abschnitt 2.2. (S.335) begegnet. In der Funktion als direktionale Verben unterscheiden sie sich dadurch von den übrigen lokativisch-destinativischen Verben, die gleichfalls ohne Objekt erscheinen können, daß bei diesen immer ein konkretes, aus dem inner- oder außersprachlichen Kontext bekanntes Objekt impliziert bleibt, was bei den 6 Verben der

Bewegungsrichtung, die nur den Richtungsverlauf der Handlung angeben können, nicht der Fall ist. Hinzu kommt, daß die direktionalen Verben im Maximalparadigma (vgl. S.360) zur Kategorie V$_I$ oder V$_{II}$ gehören, während die übrigen lokativisch-destinativischen Verben zur Kategorie V$_{III}$ zählen.

Die 6 Verben der Bewegungsrichtung lassen sich analog zu der von Gorgoniev für das Khmer entwickelten Methode (vgl. S.403) in die 4 Richtungsverben *khŷn* (raufgehen), *loŋ* (runtergehen), *ʔɔɔg* (rausgehen) und *khâw* (reingehen) und die zwei Orientierungsverben *maa* (kommen) und *paj* (gehen) aufteilen. Allerdings ist eine weitere Gliederung der Richtungsverben in zwei Gegensatzpaare im Unterschied zum Khmer nicht möglich, so daß im Thai hinter dem Hauptverb nur maximal zwei direktionale Verben erscheinen können:

V	V$_I$	V$_{II}$
	loŋ (runtergehen)	*maa* (kommen)
	khŷn (raufgehen)	*paj* (gehen)
	ʔɔɔg (rausgehen)	
	khâw (reingehen)	
	RICHTUNGSVERBEN	ORIENTIERUNGSVERBEN

Die beiden Verben *maa* und *paj* bezeichnen den Verlauf der Handlung vom Sprecher oder vom Zentrum des Interesses aus gesehen, wobei *paj* vom Zentrum weg und *maa* zum Zentrum hin verweist. Diese beiden Verben kommen bei sehr vielen Hauptverben vor; auch in Kontexten, in denen sie aufgrund der Übersetzung in eine indo-europäische Sprache nie erwartet würden. Die übrigen direktionalen Verben erscheinen etwas seltener. Analog zum Khmer lassen sich auch im Thai die Verben des Tragens /Transportierens und die Verben der ungerichteten Bewegung wie z.B. *wîŋ* (rennen), *dəən* (gehen), *ʔaw* (nehmen, bringen), *bὲɛg* (auf den Schultern tragen), *khǒn* (transportieren), *hàab* (an beiden Enden einer Tragstange tragen), *nam* (führen, leiten), *phaa* (mitnehmen, begleiten [Personen]), usf. mit allen direktionalen Verben kombinieren (S.403):

(71) *wîŋ* – *paj* (hinlaufen/rennen), *wîŋ* – *maa* (herlaufen), *wîŋ* – *khŷn* (hinauflaufen), *wîŋ* – *loŋ* (hinunterlaufen), *wîŋ* – *khâw* (hineinlaufen), *wîŋ* – *ʔɔɔg* (hinauslaufen).

(72) phǒm lyym *paj* lέεw.
ich vergessen weg TAM
Ich habe es vergessen.

(73) kháw cà? taaj *paj*.
er Fut sterben weg
Er wird sterben.

(74) kháw jyyn *khŷn*.
er stehen raufgehen
Er steht auf.

(75) khrŷaŋ-bin bin *khŷn* lέεw.
Flugzeug fliegen raufgehen TAM
Das Flugzeug ist gestartet.

(76) kɤ̀ɤd   ʔàhiwaatàkarôog *khŷn*   thîi chiaŋ-màj. (Upakit 1955:212)
    entstehen Cholera   raufgehen in Chiangmay
    In Chiangmay ist die Cholera ausgebrochen.

(77) jóg   hǔu-thoorasàb *khŷn*
    heben Telefonhörer   raufgehen
    den Telefonhörer abheben

(78) nâa-tàaŋ baan thîi sɔ̌ɔŋ pɤ̀ɤd *ʔɔ̀ɔg*. (Kölver 1984:21)
    Fenster   Kl   Nr. 2   öffnen rausgehen
    Das zweite Fenster ging auf.

(79) phǒm phób khun X *khâw*.
    ich treffen Anrede reingehen
    Ich bin X (zufällig) begegnet (d.h. in ihn/sie hineingelaufen).

Entsprechend dem obigen Strukturmuster können auch zwei Verben der Bewegungsrichtung ein Hauptverb als direktionale Verben modifizieren. Alle 8 Kombinationsmöglichkeiten kommen vor: *khâw-paj* (hineingehen), *khâw-maa* (hereingehen), *ʔɔ̀ɔg-paj* (hinausgehen), *ʔɔ̀ɔg-maa* (herausgehen), *khŷn-paj* (hinaufgehen), *khŷn-maa* (heraufgehen), *loŋ-paj* (hinuntergehen), *loŋ-maa* (heruntergehen):

(80) kháw *khâw*   *paj* naj bâan.
    er   reingehen hin in Haus
    Er geht ins Haus hinein.

(81) dɛɛŋ *khâw*   *maa* myaŋ-thaj.
    Name reingehen her   Thailand
    Deng kommt nach Thailand/wandert in Thailand ein. (Kamchai 1952:267)

(82) khun-phɔ̂ɔ *loŋ*   *maa* khâŋ lâaŋ.
    Vater   runtergehen her   Seite unten
    Vater kommt herunter.

Auch diese Kombinationen finden wir besonders häufig bei Verben des Tragens/Transportierens und der ungerichteten Bewegung:

(83) kháw wîŋ   *khŷn*   *paj*.
    er   rennen raufgehen hin
    Er rennt hinauf.

(84) jǐŋ   khon nán dɤɤn *ʔɔ̀ɔg*   *maa* càag sǔan.
    Frau   Kl   Dem gehen rausgehen her   von Garten
    Diese Frau kam aus dem Garten heraus. (Kamchai 1952:275)

(85) jàa   wâaj-náam *ʔɔ̀ɔg*   *paj* klaj-klaj na.
    Imp Neg schwimmen rausgehen hin   weit   Exkl
    Schwimm nicht zuweit raus! (Noss 1964:184)

(86) kɔ̂ɔn-hǐn tòg   *loŋ*   *paj* naj náam sǐa.
    Stein   fallen runter hin in Wasser verschwinden
    Der Steinklumpen fiel ins Wasser hinunter und verschwand. (Noss 1964:188)

(87) kháw ʔaw maphráaw *loŋ* maa.
   er nehmen Kokosnuß runter her
   Er brachte die Kokosnuß herunter.

(88) sɛ̌ɛŋ sǐi-lỹaŋ sàad-sɔ̀ŋ *khâw* maa.
   Sonnenstrahlen gelb gießen-scheinen reingehen her
   Gelbe Sonnenstrahlen ergossen sich herein. (Kölver 1984:27)

Direktionale Verben lassen sich nicht negieren; es kann nur das Hauptverb negiert werden:

(89a) kháw *mâj* jyyn khŷn   (89b) *kháw jyyn *mâj* khŷn.
   er Neg stehen raufgehen
   Er ist nicht aufgestanden.

Nun haben wir bei der Resultativ-Konstruktion gesehen, daß die auch dort vorkommenden vier Richtungsverb *khŷn, loŋ, khâw* und *ʔɔ̀ɔg* sich in diesem Kontext verneinen lassen, dabei aber gleichzeitig den Faktor des Könnens mitimplizieren. Damit wird die Negierbarkeit bei diesen vier Verben zu einem Unterscheidungskriterium zwischen der Resultativ-Konstruktion und der Konstruktion mit direktionalen Verben; sie ist also nicht wie bei Kölver (1984:24) eine Ausnahme für die grundsätzliche Nicht-Negierbarkeit der direktionalen Verben. Allerdings drängt es sich auf, die Resultativ-Konstruktion als lexikalisches Phänomen zu betrachten, da sich nicht einmal "semantische Verallgemeinerungen" (*semantic generalizations;* Needleman 1973:113) zu deren Abgrenzung finden lassen. Ein sehr interessantes Beispiel ist in diesem Zusammenhang das folgende, das beide Interpretationsmöglichkeiten zuläßt, die sich jedoch durch die unterschiedliche Negierbarkeit auseinanderhalten lassen:

(90a) kháw nâŋ loŋ.
   er sitzen runtergehen
   Er setzt sich nieder/Er kann sitzen.

(90b) kháw *mâj* nâŋ loŋ.
   Er setzt sich nicht nieder.

(90c) kháw nâŋ *mâj* loŋ.
   Er kann sich nicht setzen.

Zum Schluß folgen noch zwei Bemerkungen zu bestimmten Sonderfunktionen von *maa/paj* und *khŷn/loŋ*:

1. *maa/paj*

Wie wir im nächsten Abschnitt sehen werden, erfüllen diese Verben auch TAM-Funktionen (vgl. Abschnitt 3.4., S.356). Diese Funktion läßt sich gut als Ausdehnung der deiktischen Funktion von der räumlichen Ebene im Bereich der direktionalen Verben zur zeitlichen Ebene im Bereich der TAM-Zeichen erklären.

2. *khŷn/loŋ*

Diese beiden direktionalen Verben erhalten bei statischen Verben, die eine Qualität ausdrücken (verbs indicating qualities; Boonyapatipark 1983:49f., vgl. auch S.327), eine besondere Rolle: *khŷn* drückt einen Qualitätsanstieg und *loŋ* einen Qualitätsrückgang aus:

(91)   díi khŷn (gut; besser werden), phɛɛŋ khŷn (teuer; teurer werden), rew khŷn (schnell; schneller werden), rɔ́ɔn khŷn (heiß; heißer werden).

(92)   leew loŋ (schlecht; schlechter werden), thùug loŋ (billig; billiger werden), cháa loŋ (langsam; langsamer werden), jen loŋ (kalt; kälter werden).

3.4. Der Ausdruck von TAM mit entsemantisierten Verben

Die Literatur zum Thema TAM im Thai ist ziemlich beträchtlich, wie die folgende Liste belegt: Noss (1964:133–46), Anthony (1964), Vichin (1970: 130f.), Scovel (1970), Needleman (1973:25–34), Dellinger (1975), Tasaniya (1976:61–69), Peansiri (1979), Warotamasikkhadit (1979), Salee (1982:42–70), Boonyapatipark (1983). Entsprechend unterschiedlich ist auch die Zahl der zur Kategorie TAM-Zeichen gezählten Lexeme. Die weitaus sinnvollste Lösung scheint mir die Aufteilung dieser Lexeme auf ein Kontinuum zwischen Verb und TAM-Zeichen, wie dies bei Needleman, Peansiri und Salee der Fall ist. Dabei wird sich auch zeigen, daß ein beträchtlicher Teil der oft als TAM-Zeichen behandelten Lexeme eigentlich Vollverben aus dem Bereich der regierenden Verbserialisierung sind, die erst in Abschnitt 5.1. beschrieben werden. Dieses Kontinuum wollen wir in einem ersten Punkt besprechen. In einem zweiten Punkt folgt eine historische Bemerkung zur Entlehnung von Khmer-Lexemen zur Markierung von TAM im Thai, verweisen doch einige der TAM-Zeichen deutlich auf ihre Herkunft aus dem Khmer. In den nächsten beiden Punkten endlich werden wir die einzelnen TAM-Zeichen vorstellen, sofern sie synchron noch in ihrem vollen Verbcharakter erscheinen können. Dabei ist Punkt 3 den präverbalen und Punkt 4 den postverbalen TAM-Zeichen gewidmet. In Punkt 5 schließlich werden wir ganz kurz auf die wichtigsten TAM-Zeichen ohne homonymes Vollverb eingehen.

1. Daß zumindest Teile der TAM-Zeichen verbalen Charakter haben, wurde schon relativ früh erkannt, wie etwa Anthonys (1964) "*verboid constructions*" zeigen. Auch Noss (1964) unterscheidet zwischen Modalen (*modals*), die gebunden sind, und modalen Verben (*modal verbs*). Erst Needleman (1973:25–34) und Salee (1982:42–70) nehmen sich jedoch die Mühe, die Verbalität der einzelnen TAM-Zeichen anhand konkreter Kriterien zu untersuchen. Da Salees Arbeit hier besonders gründlich ist, möchte ich ihre Kriterien abrißweise vorstellen. Damit gewinne ich eine Möglichkeit, festzulegen, welche Lexeme in diesem Abschnitt als TAM-Zeichen behandelt werden sollen, und welche Lexeme in den Bereich der regierenden Verbserialisierung in Abschnitt 5.1. gehören.

Salee geht von den oben vorgestellten (s.S. 325f.) Kriterien zur Bestimmung eines Verbs aus, kann jedoch das wichtigste Argument khoŋ in diesem Zusammenhang nicht aufführen, da dieses selber ein TAM-Zeichen ist. Damit kann Salee nur Kriterien verwenden, die vorher als nicht absolut zwingend bezeichnet werden mußten, die zwar alle zusammen ein recht gutes Bild ergeben, aber letztlich vom theoretischen Standpunkt aus nicht völlig stichhaltig sind. Da mir selber auch keine bessere Vorgehensweise vorschwebt, halte ich mich an diese sicher bis jetzt beste Kriterienliste:

Zuerst überprüft Salee die Negierbarkeit durch mâj (nicht) und stellt fest, daß diese Negation den folgenden TAM-Zeichen nicht vorangestellt werden kann, also nur hinter diesen auftritt:

kamlaŋ (Progressiv-Zeichen), *khoŋ* (sicherlich, [sehr] wahrscheinlich), *cuan* (beinahe), *phɔ̂ŋ/phŷŋ* (gerade, soeben), *mág* (gewöhnlich), *kỳab* (beinahe), *cà?* (Fut-Zeichen), *chág* (die Tendenz/Neigung zu etw. zeigen), *jaŋ* (noch), *hĕn-cà?* (scheinen, wahrscheinlich), *jɔ̂m* (geeignet/tauglich sein zu), *thâa-cà?* (scheinen als ob), *rim-cà?* (grenzen an, beinahe [zu: *rim*, der Zaun]), *duu-mў̆an* (scheinen als ob), *thêɛb* (beinahe), *khɔ̌ɔŋ-khâaŋ* (auf etw. hin tendieren).

Bei anderen TAM-Zeichen wie z.B. *tɔ̂ŋ* (müssen), *khəəj* (jemals), *nâa* (sollen) oder *ʔàad* (*) kann die Negation mit teilweiser Bedeutungsänderung der Gesamtaussage mit vorangestellter oder nachgestellter Negation erscheinen.

Als zweites Kriterium führt Salee die Nominalisierung mittels der Klassennomina *kaan* oder *khwaam* an. Hier zeigt sich, daß diejenigen Lexeme, die nicht negiert werden können, auch für die Nominalisierung nicht in Frage kommen.

Ebenso scheiden hier *khəəj*, *tɔ̂ŋ*, *nâa*, *ʔàad* sowie *khuan* (sollen) aus, so daß Salee in diesem Zusammenhang nur gerade *jàag* (wollen), *jɔɔm* (einverstanden sein) und *phajaajaam* (versuchen) aufführen kann.

Als Antwort auf eine Ja/Nein-Frage – dies das dritte Kriterium – können nur die negierbaren und gleichzeitig nominalisierbaren TAM-Zeichen auftreten. Das gleiche gilt auch für das Erscheinen in Kernsätzen (viertes Kriterium).

Ein weiteres wichtiges Kriterium – das fünfte – ist die Fähigkeit der Kontrolle von modifizierenden Elementen:

(94) Kháw *phajaajaam* tham ŋaan lɛ́ɛw (Salee 1982:53)
      er   versuchen   arbeiten TAM
      Er versuchte zu arbeiten.

(95) Kháw khoŋ *tham ŋaan* lɛ́ɛw. (ibid.)
      er   TAM   arbeiten   TAM
      Er hat sicherlich gearbeitet.

Hier zeigt sich, daß *phajaajaam* und ebenso *jàag* (wollen), *rə̂əm* (anfangen) klar die Fähigkeit zur Kontrolle haben, während – wie aus Salee weiter hervorgeht – *khuan* und *tɔ̂ŋ* diese Fähigkeit nur noch eingeschränkt bei Elementen der Zeit und des Aspekts zeigen. Die oben erwähnten nicht negierbaren Lexeme wie *khoŋ*, *mág*, usf. schließlich verfügen überhaupt über keine Kontrollfähigkeiten mehr.

Weiter zeigt sich – Kriterium sechs – daß Modale im Sinne von Noss (s.343) eine feste Stellung einnehmen und generell vor den nachfolgenden Verben stehen, die in ihrer Wortstellung unter sich flexibler sind. In diesem Sinne gehören *khəəj*, *khuan*, *ʔàad* und *nâa* eher zu den Modalen als zu den Verben.

Alle diese Kriterien führen zu einem Kontinuum, an dessen einem Ende Verben des 1. Typs wie *phajaajaam* (versuchen), *jàag* (wollen), *tɔ̂ŋkaan* (müssen), *rûib* (s.beeilen), *rí?* (anfangen, verursachen), *rə̂əm* (anfangen) stehen. In einer Zwischenstellung stehen Lexeme des 2. Typs wie *khuan*, *tɔ̂ŋ*, *ʔàad*, *nâa* und möglicherweise *khəəj*.

---

* *ʔàad* wird durch die Position der Negation semantisch insofern beeinflußt, als es mit präverbaler Negation "fähig sein, in der Lage sein zu, können", mit postverbaler Negation dagegen "wahrscheinlich, möglicherweise, vielleicht, sollte eigentlich" bedeutet:

(93a) *ʔàad* mâj lyym (wird wahrscheinlich nicht vergessen)
       TAM Neg vergessen

(93b) mâj *ʔàad* lyym (kann nicht vergessen/ist unfähig zu vergessen) (Tasaniya 1976:63)

Weiter in Richtung TAM-Zeichen deuten die oben aufgeführten nicht-negierbaren Lexeme des dritten Typs wie z.B. *khoŋ, mág,* usf.

Es ist interessant zu sehen, daß diese letzte Kategorie des dritten Typs sich mit der *mág*-Klasse bei Noss (1964:136–38) weitgehend deckt. Wie Dellinger (1975:93) einleuchtend darstellt, scheint dies überhaupt die einzige von Noss postulierte Modalklasse zu sein, die sich klar und eindeutig herausheben läßt, während die übrigen drei Kategorien bei Noss einen hohen Grad von Vertauschbarkeit aufweisen und sich eigentlich nur als Ganzes als eine Kategorie rechtfertigen lassen.*

Weiter führt Salee ein siebentes und letztes Kriterium an, das uns auf einen neuen, wichtigen Aspekt im Zusammenhang mit der hier zu treffenden Abgrenzung der TAM-Zeichen führen wird:

(96) dɛɛŋ jàag ʔàan naŋsÿy, dam kɔ̂ jàag ʔàan mÿan-kan.
 Name wollen lesen Buch Name Konj wollen lesen auch
 – dam kɔ̂ jàag mÿan-kan.
 – dam kɔ̂ mÿan-kan.
 Deng möchte ein Buch lesen, Dam auch.

(97) dɛɛŋ khoŋ maa phrûŋníi, dam kɔ̂ khoŋ maa mÿan-kan
 Name wahrscheinlich kommen morgen Name Konj wahrscheinlich kommen auch
 – *dam kɔ̂ khoŋ mÿan-kan
 – dam kɔ̂ mÿan-kan
 Deng kommt sehr wahrscheinlich morgen, Dam auch.

Wie aus (96) und (97) hervorgeht, kann *jàag* alleine, ohne das nachfolgende Verb vor *mÿan-kan* (auch, gleichfalls) erscheinen, was bei *khoŋ* nicht der Fall ist. Dies führt Salee zu der Vermutung, daß wir es bei (96) mit einer Einbettungsstruktur zu tun haben, während (97) einen einfachen Satz mit vorangestelltem Modal darstellt. Damit kommen wir zum nach Scovel (1970:35) irritierendsten Problem bei der Analyse von Verbalsätzen:

"Perhaps the most vexing problem facing anyone attempting to analyze verbal phrases in Thai systematically is how to distinguish between those constituents that should be explained as elements of the kernel sentence and those elements that should be analyzed as elements of an embedded sentence." (vgl. auch Needleman 1973:26)

Dieses Problem ist eng verknüpft mit *cà?*, das einmal zur TAM-Markierung dient (vgl.Pt.5) und weiter bei weitaus den meisten hier aufgeführten TAM-Zeichen zumindest fakultativ erscheinen kann; bei *hěn-cà?, thâa-cà?* und *rim-cà?* ist es sogar obligatorisch. So finden wir (98a) – (98c) mit praktisch der gleichen Bedeutung, wobei (98c) sehr formal wirkt:

(98a) NP jàag paj. (NP will gehen.) (vgl. Needleman 1973:29, Dellinger 1975:97)
(98b) NP jàag *cà?* paj.
(98c) NP jàag *thîi-cà?* paj.

Nun ist *cà?* eine Kurzform zu *thîi-cà?* (Konj, daß) (vgl. Needleman 1973:ibid. und Salee 1982:62) und folglich ein Zeichen für die Einbettung.

---
* Noss (1964) unterscheidet zwischen Modalen: 1. *khy̌yn*-Klasse und 2. *mág*-Klasse und Modalverben: 3. spezifische Modalverben (*specific modal verbs*) und 4. allgemeinen Modalverben (*general modal verbs*). Modale sind im Gegensatz zu den freien Modalverben laut Noss gebunden, was allerdings – wie Dellinger (1975) zeigt – nicht immer zutrifft.

Die Tatsache, daß weitaus die meisten der hier zu besprechenden Lexeme mit *cà?* vorkommen können, ist daher ein weiterer Anhaltspunkt für den stark verbalen Charakter der TAM-Markierung im Thai. Allerdings scheint sich *cà?* oft bereits so stark abgeschliffen zu haben, daß es auch im Zusammenhang mit eindeutig aus dem nominalen Bereich stammenden Lexemen wie *kamlaŋ* (vgl. unten Pt.2 und Pt.5, *kamlaŋ-cà?*) und *rim* (Zaun; *rim-cà?*) oder gar einem Numerale wie *sɛ̌ɛn* (100'000; schrecklich, fürchterlich, unglaublich z.B. "groß") anzutreffen ist. *cà?* scheint also bei vielen TAM-Zeichen die Markierung der verbmodifizierenden Funktion analog zu Khmer *tae/cì:ə* (vgl. S.412) übernommen zu haben.

Damit bleibt zumindest synchron gesehen das irritierende Problem von Scovel an *cà?* hängen, so daß dieses wohl nur dort eindeutig als Zeichen der Einbettung begriffen werden kann, wo unmißverständliche Kriterien wie etwa oben Kriterium 7 zur Anwendung kommen. Dieses Kriterium impliziert auch, daß Vollverben in regierender Funktion erscheinen.

Daher werde ich in meiner Arbeit alle am verbalen Ende des Kontinuums Verb – TAM-Zeichen stehenden Lexeme wie *phajaajaam, jàag, tɔ̂ŋkaan, rûib,* usf. nicht als TAM-Zeichen beschreiben und erst in Abschnitt 5.1. (S.376f.) näher behandeln.

Neben den bereits genannten Autoren Needleman und Salee geht auch Peansiri (1979) von einem Kontinuum aus, das mit den folgenden drei Auxiliartypen (auxiliary types) charakterisiert wird:

1. type 1 auxiliaries correspond to verbs which have general and regular usage in the language.
2. type 2 auxiliaries correspond to verbs which either have restricted usage or are found in stylistically archaic language.
3. auxiliaries which have no correspondence to any verb in the language. (Peansiri 1979:58)

Diese Einteilung geht nur davon aus, ob ein im Rahmen von TAM erscheinendes Lexem einem homonymen Vollverb entspricht oder nicht. Damit ist es nicht verwunderlich, daß dieser Ansatz einige TAM-Lexeme innerhalb des Kontinuums anders anordnet als der rein syntaktische Ansatz bei Needleman und Salee. So werden *hěn-cà?* und *duu-mÿan* dem ersten Typ statt dem 3. Typ zugeordnet; *cuan, kỳab, mág* und *khoŋ* finden wir im 2. statt im 3. Typ und *?àad, nâa* im 3. statt im 2. Typ. *khuan, tɔ̂ŋ* und *khəəj* schließlich bleiben bei beiden Systemen dem 2. Typ zugewiesen. Daß die syntaktischen Befunde nicht notwendig mit dem semantischen Befund der Homonymie Vollverb – TAM-Zeichen übereinzustimmen brauchen, sehen auch Needleman und Salee. So verweist Salee ebenfalls darauf (op.cit.,59f.), daß natürlich *hěn* in *hěn-cà?* auch allein als Verb in der Bedeutung von "sehen" vorkommt, oder daß *khoŋ* in Fügungen wie *khoŋ-thon* (dauerhaft, fest, konstant) und *mág* in *mág-mâag* (gierig sein)* und *mág-nɔ́ɔj* (mit wenig zufrieden sein)* auch als Vollverben erscheinen. Peansiri führt sogar noch stilistisch archaische Beispiele an, die diese Lexeme als ungebundene Vollverben zeigen (vgl. unten Pt.3).

Da beide Ansätze in einer optimalen Beschreibung der Entsemantisierung vertreten sein müssen, werde ich in Punkt 3 dieses Abschnitts diejenigen TAM-Zeichen beschreiben, zu denen ein homophones Vollverb existiert, wobei ich zuerst die

---

* *mág* bedeutet "wünschen, begehren"; *mâag* "viel sein" und *nɔ́ɔj* "wenig sein".

syntaktisch dem 2. Typ, dann die syntaktisch dem 3. Typ entsprechenden Lexeme erörtern werde. Auf diese Weise – so scheint mir – läßt sich die Dynamik der Entsemantisierung am besten einfangen:

2. Typ	3. Typ
dâj	khoŋ
khəəj	mág
tɔ̂ŋ	cuan, kỳab, thêɛb
khuan	jaŋ
ʔàad	hěn-cà?
	duu-mỹan

Damit sind die präverbalen Zeichen, sofern sie für die Entsemantisierung von Bedeutung sind, vorgestellt. Es bleiben also die *postverbalen TAM-Zeichen*, die im Unterschied zu den präverbalen TAM-Zeichen alle ein homophones Vollverb aufweisen, mithin also alle dem Entsemantisierungsprozess ausgesetzt sind. Dieser verläuft jedoch nicht überall gleich stark. Es scheint mir daher sinnvoll, zwei Gruppen von postverbalen TAM-Zeichen zu unterscheiden.

In der ersten Gruppe, in der die Entsemantisierung nicht so stark ist wie in der zweiten, konnten die TAM-Zeichen noch gewisse Charakteristika wie insbesondere die Negierbarkeit mit *mâj* beibehalten. Diese Gruppe steht wohl relativ nahe bei der Resultativ-Konstruktion, unterscheidet sich aber von dieser insofern, als nicht automatisch die Modalität des Könnens impliziert wird, sondern vielmehr im Falle von *dâj, pen, wǎj* gerade erst markiert wird. Zudem können die postverbalen TAM-Zeichen der ersten – und der zweiten Gruppe – mit einer weitaus größeren Zahl von Verben auftreten, sind also in ihrem Auftreten weit weniger lexikalisch gebunden als die Resultativ-Verben.

Die Verben der zweiten Gruppe sind derart stark entsemantisiert, daß sie praktisch sämtliche dem Vollverb eigenen Möglichkeiten verlieren, also auch nicht mehr negiert werden können.

Damit verteilen sich die postverbalen TAM-Zeichen wie folgt auf diese zwei Gruppen:

Gruppe 1	Gruppe 2
dâj	maa
pen	paj
wǎj	jùu
sèd	lɛ́ɛw
còb	

2. Einige TAM-Zeichen sind – wie Peansiri (1979:62ff.) zeigt – eindeutige Entlehnungen aus dem Khmer. In diesem Zusammenhang stellt Peansiri u.a. die folgenden in dieser Arbeit behandelten Lexeme zusammen:

jùu	*khoŋ*	*nâa*
kamlaŋ	*ʔàad*	*khuan*

Davon gilt das untere Lexem als formaler und stilistisch höher. So sollen *kamlaŋ* und *khuan* in den nördlichen Dialekten des siamesischen Thai bereits als Entlehnungen aus dem Bangkok-Thai empfunden werden, das der üblicheren oberen Variante entgegensteht. Nun entstammen die unteren, eleganteren Lexeme nicht dem Thai, sondern dem Khmer, von wo sie möglicherweise erst nach der Sukkhothai-Periode und vor der späten Ayudhya-Periode, also etwa zwischen dem 15. und dem 16. Jahrhundert Eingang ins Thai gefunden haben (vgl. Peansiri 1979:64). Allerdings sind die beiden Elemente der obigen Begriffspaare nicht völlig identisch, da sie sich mit der Zeit auch außerhalb des Bereichs von höherem und niedrigerem Stil spezialisieren konnten.

kamlaŋ: gehört zum Khmer-Verb *khlaŋ* (stark, kräftig, hart, robust) und hat im Khmer als mittels Infix abgeleitetes Nomen *kɔmlaŋ* (vgl. S.468) die Bedeutung "Kraft, Stärke, Energie, Vitalität, Autorität, Einfluß". In dieser Bedeutung ist es nebst seiner Funktion als TAM-Zeichen auch im Thai anzutreffen: *kamlaŋ-kaaj* (Körper; physische Kraft, Körperkraft), *kamlaŋ-dan* (drücken; Druck), *kamlaŋ-thahăan* (Soldat; militärische Stärke), *kamlaŋ-fajfáa* (elektrisch; elektrischer Strom, elektrische Kraft), *kamlaŋ-paramaa-nuu* (Atom; Atomenergie), usf.

ʔàad: entspricht Khmer *ʔa:c* (vgl. S.437), das im Khmer ein sehr weites Spektrum umfaßt, wie der hier nochmals zitierte Artikel von Pou (1974) eindrücklich belegt. Daß diese Entlehnung tatsächlich über das Khmer und zudem über die Schriftsprache geschah, zeigt die Tatsache, daß *ʔàad* im Thai im Auslaut mit einem *c* verschriftet wird, das genau dem *c* im Khmer entspricht.

khuan: entspricht Khmer *kù:ə(r)* (vgl. S.437) mit der Bedeutung "korrekt, es ziemt sich, passend, sollen, es wäre gut, wenn man ...". Auch hier zeigt sich der schriftsprachliche Einfluß des Khmers auf das Thai sehr schön, wird doch das auslautende *n* in *khuan* im Thai analog dem Khmer-Vorbild in *kù:ə(r)* mit *r* verschriftet, das in der Auslautposition im Thai als *n* ausgesprochen wird.

Ebenso in den Bereich der Khmer Lehnwörter gehen die von mir als postverbale TAM-Zeichen aufgeführten Lexeme *sèd* und *còb*:

sèd: entspricht genau Khmer *sräc*, das ich in Kap. VI.3.4. (S.410) ebenfalls unter der Rubrik TAM-Zeichen besprechen werde. Dort findet sich auch die morphologische Analyse dieses Lexems. Die Entsprechung zeigt sich sehr schön in der Schrift, in der *sèd* im Thai mit der Konsonantenfolge *s-r* im Anlaut und mit *c* im Auslaut verschriftet wird.

còb: entspricht Khmer *cɔp*, das an der gleichen Stelle wie Khmer *sräc* beschrieben wird (s.S. 409f.); wie wir dort erfahren, ist es bereits im Alt-Khmer und im Alt-Mon belegt.

Diese dem Khmer entlehnten TAM-Zeichen sind – wie Peansiri richtig sagt – erst recht spät ins Thai eingedrungen. Sie zeigen daher, daß die Kategorie der TAM-Zeichen und damit der Ausdruck von TAM mittels entsemantisierter Verben im Thai überhaupt wohl schon einiges früher anzusetzen sind, wobei genauere Zeitangaben leider nicht möglich sind. Es ist bemerkenswert genug, daß diese Entsemantisierung in beiden Sprachen – Thai und Khmer – zu verblüffenden Parallelen geführt hat, die aber höchst selten an die gleichen lexematischen Mittel gebunden sind. Besonders hervorhebenswert scheinen mir hier etwa die folgenden Paare: Thai *dâj* vs. Khmer *ba:n*; Thai *khəəj* vs. Khmer *dael**; Thai *lɛ́ɛw* vs. Khmer *haəy*. Nur gerade *sèd* und *còb* entsprechen auch lexematisch den TAM-Markern *sräc* und *cɔp* im Khmer, wobei hier auffällt, daß diese – wie im Punkt 1 gesagt – weniger entsemantisiert sind als etwa *lɛ́ɛw/haəy*. Damit beruht diese Entlehnung noch stark auf lexikalischen Kriterien, obwohl *sèd/sräc* und *còb/cɔp* eindeutige TAM-Funktionen übernehmen.

3. Dieser Punkt soll der Beschreibung der *präverbalen TAM-Zeichen* dienen. Ich habe hier jedoch nicht die Absicht, die Funktionen der einzelnen TAM-Zeichen bis in jedes Detail zu erläutern; da es mir hauptsächlich um die Beschreibung der Grammatikalisierung geht, soll es genügen, die einzelnen Lexeme als Vollverb und als TAM-Zeichen mit einer allgemeinen Funktionsbeschreibung vorzustellen. Für genauere Informationen konsultiere man Scovel (1970), Warotamasikkhadit (1979) sowie insbesondere Boonyapatipark (1983).

1. *dâj*

   dâj bedeutet als Vollverb analog zu Khmer *ba:n* (vgl. S.413f.) "bekommen, erlangen, erreichen, haben":

   (99) kháw *dâj*   ŋən mâag.
        er   erlangen Geld viel
        Er verdient viel Geld.

   (100) *dâj phǒn* (Frucht; Resultate erzielen), *dâj satì?* (das Bewußtsein wiedererlangen), *dâj ŋaan tham* (Arbeit – machen = Arbeit finden), usf.

   In dieser Bedeutung erscheint *dâj* auch mit nachfolgenden Verben wie z.B. *dâj-khíd* (denken; merken, gewahr werden), *dâj-sâab* (wissen; zu hören bekommen, erfahren), *dâj-ráb* (erhalten; erhalten, empfangen).

   Als TAM-Zeichen schließlich behält *dâj* seine Bedeutung von "erlangen" bei, entwickelt aber daraus in vielen Kontexten die Funktion als Vergangenheitszeichen. Diese Funktion ist aber – wie Scovel (1970:88f.) bemerkt – eher sekundär zur Bedeutung "to get to".

   (101) phǒm *dâj*   paj sɔ̌ɔŋ khráŋ lɛ́ɛw. (Huffman 1973:498)
         ich TAM gehen 2   Mal   TAM
         Ich bin schon zweimal gegangen/ hatte schon zweimal die Gelegenheit zu gehen.

   (102) kháw *dâj*   phûud kàb phǒm thʉ̌ŋ ŋaan-khón-khwáa khɔ̌ɔŋ kháw.
         er   TAM reden mit ich   über Forschungsarbeit Gen er
         Er hat mit mir über seine Forschungsarbeit geredet/ hatte die Gelegenheit, mit mir über seine Forschungsarbeit zu reden.

   Die Negation *mâj dâj* scheint einige besondere Funktionen zu übernehmen, die allerdings noch schlecht untersucht sind und mehr als genug Material für einen ganzen Aufsatz liefern würden. Hier möchte ich mich damit begnügen, auf dieses Faktum hingewiesen zu haben.

---

* Peansiri (1979:63) setzt *khəəj* mit Khmer *thlɔ̀əp* gleich. Kritik hierzu s.S. 350, Anm*.

2. *khəəj*

Als Vollverb zusammen mit der Präpostition *kàb* (mit) bedeutet *khəəj* "sich gewohnt sein an, vertraut sein mit":

(103) kháw *khəəj*   kàb ʔaahăan thaj. (Boonyapatipark 1983:190)
      er vertraut sein mit Speise Thai
      Er ist mit dem Thai-Essen vertraut.

Ebenfalls als Vollverb erscheint *khəəj* in einigen V-O-Fügungen und in einigen Fällen von lexikalischer Koordination:

(104) *khəəj camùug* (Nase; vertraut riechen), *khəəj hŭu* (Ohr; vertraut tönen).

(105) *khún-khəəj* (gewohnt sein, bekannt/vertraut sein mit jdm.; gut bekannt sein mit jdm., etw. gut kennen), *khəəj-chin* (gewohnt sein zu, s. gewöhnen an; vertraut sein mit etw., etw. kennen).

Die beste Beschreibung von *khəəj* als TAM-Zeichen finden wir in Boonyapatipark (1983:196ff.), die von einem Experiential-Zeichen (*experiential marker*) in Anlehnung an Comrie (1976) (vgl. Zitat S.416) spricht.* Diesen Sachverhalt geben wir im Deutschen etwa mit "je", "jemals", "schon einmal" wieder:

(106) kháw *khəəj* khĭan   còdmăaj sìb chabàb naj wan nỳŋ.
      er   TAM   schreiben Brief   10   Kl an Tag 1
      Er hat schon einmal 10 Briefe an einem Tag geschrieben.
                                                              (Boonyapatipark 1983:198)

3. *tɔ̂ŋ*

Als Vollverb bedeutet *tɔ̂ŋ* "berühren, einfangen, erhalten, erlangen":

thùug-tɔ̂ŋ (berühren, in Kontakt kommen mit [vgl. S.334]), *càb-tɔ̂ŋ* (ergreifen, packen; halten, anfassen, berühren [mit der Hand]), *tɔ̂ŋ-kan* (reziprok; s. gegenseitig berühren i.S. von s. einig sein), *tɔ̂ŋ-taa* (Augen; die Augen berührend i.S. von ansprechend), *tɔ̂ŋ-caj* (Herz; das Herz berührend i.S. von gefallen; etw. gern haben), *tɔ̂ŋ lom* (Wind; den Wind auffangen [von einem Segel]).

Oft scheint *tɔ̂ŋ* auch das zu ihm in Objektsposition stehende Nomen in Verbindung mit einem zweiten, nachfolgenden Verb als Undergoer zu markieren; in diesem Fall paraphrasiert man *tɔ̂ŋ* wohl am besten mit "getroffen sein von, berührt sein von":

tɔ̂ŋ-khăŋ (einsperren, festhalten; festgehalten werden, eingesperrt sein), *tɔ̂ŋ-sŏŋsăj* (zweifeln; verdächtig werden, in Verdacht geraten), *tɔ̂ŋ-hăa* (anklagen; unter Anklage stehen); *phûu-tɔ̂ŋ-bàad-cèb* (KN - *tɔ̂ŋ* - verwundet = Verwundeter).

Schließlich erhält *tɔ̂ŋ* als TAM-Zeichen die Bedeutung von "müssen", wobei auch hier teilweise noch die Bedeutung von "berührt sein, getroffen sein von" durchschimmern mag:

---

* Peansiri (1979:63) setzt *khəəj* mit Khmer *thlɔ̀əp* gleich. Zu dieser Gleichsetzung gelangt man nur dann, wenn man Scovels (1970) Beschreibung zugrunde legt, die *khəəj* ausschließlich an die Vergangenheit binden will. Dies wurde aber von Boonyapatipark gründlich widerlegt, so daß *khəəj* ziemlich genau mit Khmer *dael* gleichzusetzen ist.

(107) kháw *tɔ̂ŋ* paj thamŋaan.
   er TAM gehen arbeiten
   Er muß zur Arbeit gehen [er wird vom Zur-Arbeit-Gehen getroffen])

4. **khuan**

khuan erinnert in gewissen Fügungen an seinen Vollverbcharakter:

(108) *sŏm-khuan* (passend, geeignet – korrekt, passend = passend, angemessen; vgl. Khmer *sɔ̲m-kù:ə(r)*, S.397), *hĕn-khuan* (sehen; für passend/richtig erachten), *phɔɔ-khuan* (genügen, genug; angemessen, genügend).

Peansiri (1979:58) zitiert sogar noch ein Beispiel mit *khuan* als alleinstehendem Vollverb in der Bedeutung "to be suitable":

(109) khwan khwaam bɔ̀? khuan khwaam ryy cà? pìd cà? pɔ̂ɔŋ khoŋ.
   smoke affair Neg suitable affair Q will cover will cover on.
   The smoke of the matter which is not suitable cannot be long contained.

Als TAM-Zeichen entspricht *khuan* etwa unserem "sollen" in "er sollte eigentlich", drückt also aus, was man "eigentlich erwarten sollte":

(110) kháw *khuan-cà?* paj rian.
   er TAM gehen lernen
   Er sollte eigentlich zur Schule gehen.

(111) mâj *khuan-cà?* phɛɛŋ kəən-paj.
   Neg TAM teuer allzu
   Es sollte nicht allzu teuer sein.

5. **ʔàad**

Die Bedeutung von Khmer *ʔa:c* (kräftig sein, mutig sein, usf.) finden wir bei *ʔàad* im Thai noch in Fügungen wie:

(112) *ʔoŋ-ʔàad* (tapfer, mutig), *ʔàad-hăan* (wagen; tapfer, mutig), *ʔàad-ʔŷam* (den Mut haben, etw. zu tun, das einem von seinem sozialen Status nicht zustünde), *ʔùg-ʔàad* (kühn, verwegen).

Damit steckt in *ʔàad* wohl noch etwas mehr Verbalcharakter, als Peansiri (1979:56) zugibt, die *ʔàad* zum Auxiliar-Typ 3 zählt.

Als TAM-Zeichen finden wir *ʔàad* in zwei Bedeutungen, die mit der Position der Negation unterschieden werden: 1. "fähig sein, in der Lage sein zu, können", 2. "wahrscheinlich, möglicherweise, vielleicht, sollte eigentlich":

(113) kháw *mâj ʔàad-cà?* paj.
   er Neg TAM gehen
   Er kann nicht gehen. (Noss 1964:115)

(114) kháw *ʔàad-cà? mâj* paj.
   er TAM Neg gehen
   Er geht wahrscheinlich nicht. (Noss, ibid.)

6. **khoŋ**

In einigen lexikalischen Koordinationen (vgl. S. 333) haben wir *khoŋ* in der Bedeutung von "ertragen, aushalten, überstehen" angetroffen. Auch Peansiri (1979:58) präsentiert *khoŋ* in dieser Bedeutung: *khoŋ chîib* (bewahren – Leben = to sustain one's live).

Als TAM-Zeichen bedeutet *khoŋ* "sicherlich, bestimmt, sehr wahrscheinlich, meist":

(115) mŷa hĕn wâa phŏm mâj jùu,   kháw *khoŋ-cà?* klàb   bâan.
      als sehen Zit ich Neg anwesend er TAM zurückkehren Haus
      Als er sah, daß ich nicht da war, ging er sicherlich/sehr wahrscheinlich nach Hause zurück. (Noss 1964:137)

7. *mág*

Als Vollverb bedeutet *mág* "wünschen, begehren", kommt aber heute nur noch sehr selten in dieser Funktion vor:

(116) jàa   *mág*   sáb   thân.
      Neg Imp begehren Besitztum andere
      Begehre nicht nach den Besitztümern anderer. (Peansiri 1979:58)

Als TAM-Zeichen bedeutet *mág* "gewöhnlich, oft, häufig, die Tendenz haben zu":

(117) naj rýduu   níi   fŏn   *mág*   tòg   nàg   chiaw.
      in Jahreszeit Dem Regen TAM fallen stark ziemlich
      Zu dieser Jahreszeit regnet es ziemlich häufig. (Noss 1964:136)

8. *cuan, kỳab, thêɛb*

Als Vollverben bedeuten alle drei Lexeme "nahe bei, in der Nähe von, dicht an":

(118) mɛɛw *thêɛb* tháaw dichán.
      Katze dicht Fuß ich
      Die Katze liegt dicht bei meinen Füßen. (Needleman 1973:33)

(119) weelaa *cuan/kỳab* thîang-khyyn lɛ́ɛw. (Peansiri 1979:58)
      Zeit   dicht   Mitternacht TAM
      Es ist nahe Mitternacht. Es ist bald Mitternacht.

Aus dieser Bedeutung läßt sich die TAM-Bedeutung von "beinahe" leicht ableiten:

(120) kháw *kỳab/cuan/thêɛb* khàad   rian.
      er   TAM   auslassen lernen
      Er hätte beinahe (war nahe daran) die Schule geschwänzt (zu schwänzen).

9. *jaŋ*

Als Vollverb treffen wir *jaŋ* nur gerade in der Wendung *jaŋ-chûib* (seinen Lebensunterhalt bestreiten, überleben). Als Präposition (vgl. S.371) bedeutet *jaŋ* "zu, auf etw. hin", drückt also die Richtung aus. Allerdings gilt diese Verwendung von *jaŋ* als schriftsprachlich, findet sich also in der Umgangssprache eher selten:

(121) kháw paj   *jaŋ*   bâan.
      er   gehen Präp Haus
      Er geht auf [sein] Haus zu.

Als TAM-Zeichen drückt *jaŋ* das Anhalten einer Situation, einer Verbalhandlung aus. Boonyapatipark (1983:133) formuliert dies sehr treffend wie folgt:

"In the present study, *jaŋ* is classified as a marker indicating the persistence of a situation. Generally speaking, *jaŋ* is used to refer to a situation which persists at the time of speech or some other specified time."

In der deutschen Übersetzung geben wir diesen Sachverhalt mit "noch" wieder:

(122) kháw *jaŋ* rian phaasăa thaj.
     er TAM lernen Sprache Thai
     Er lernt noch immer Thai.

(123) kháw *jaŋ* mâj paj rian.
     er TAM Neg gehen lernen
     Er geht noch nicht zur Schule.

10. *hĕn*-cà?

hĕn bedeutet als Vollverb "sehen"; als TAM-Zeichen *hĕn-cà?* "offensichtlich, scheinbar, wie man sieht":

(124) chán *hĕn-cà?* mâj paj kàb kháw.
     ich TAM Neg gehen mit er
     Ich gehe offensichtlich nicht mit ihm. (Kamchai 1952:307)

11. *duu-mÿan*

Dieses TAM-Zeichen setzt sich zusammen aus den beiden Vollverben *duu* (sehen) und *mÿan* (gleich sein); als TAM-Zeichen bedeutet es "offenbar, anscheinend, vermutlich":

(125) kháw *duu-mÿan-cà?* khàad rian.
     er TAM auslassen lernen
     Er schwänzt vermutlich die Schule.

4. Dieser Punkt ist der Beschreibung der *postverbalen TAM-Zeichen* gewidmet. Es geht auch hier – wie schon bei den präverbalen TAM-Zeichen – hauptsächlich um die Darstellung der Grammatikalisierung, so daß das einleitend zu Punkt 3 Gesagte auch hier gilt.

1. *dâj*

Die Funktion dieses TAM-Zeichens deckt sich nicht nur in präverbaler Position, sondern auch in postverbaler Position sehr eindrücklich mit Khmer *ba:n* (vgl. S. 406f.). Somit bringt *dâj* in postverbaler Position die Bedeutungen "können, fähig sein, möglich sein, dürfen, Erfolg haben" zum Ausdruck:

(126) wan-níi phŏm paj mâj *dâj*.
     Tag-Dem ich gehen Neg TAM
     Heute kann ich nicht gehen.

(127) khun phûud kàb kháw *dâj* măj?
     du reden mit er TAM Quest
     Kannst du mit ihm reden?

(128) khon ŋôo-bàd-sób thamŋaan mâj *dâj* dii. (Upakit 1955:202)
KN dumm arbeiten Neg TAM gut
Ein Dummkopf kann nicht gut arbeiten.

(129) wan-níi dam dii khŷn *dâj*. (Tasaniya 1976:68)
Tag-Dem Name gut Vd TAM
Heute geht es Dam möglicherweise besser.

(130) thamaj kháw cyŋ pen khŷn maa *dâj* naj mŷa
warum er dann lebendig werden Vd TAM in Zeit

kháw *dâj* taaj paj sìb-sɔ̌ɔŋ chûamooŋ lɛ́ɛw.
er TAM sterben Vd 12 Stunde TAM
Wie kann er denn wieder lebendig geworden sein, wenn er doch seit 12 Stunden tot ist? (Kamchai 1955:299)

2. *pen*

Als Vollverb hat *pen* recht verschiedene Bedeutungen. So erscheint es bei Äquationssätzen als Kopula (vgl. S.368f.). In der Fügung *pen-jùu* (leben, existieren) und im folgenden Beispiel, das sich weiter als gute Illustration für das postverbale *dâj* eignet, erscheint *pen* in der Bedeutung von "lebendig sein" im Gegensatz zu *taaj* "tot sein":

(131) plaa *pen* wâaj-náam dâj, plaa taaj wâaj-náam mâj *dâj*.
Fisch lebendig schwimmen TAM Fisch tot schwimmen Neg TAM
Ein lebendiger Fisch kann schwimmen, ein toter Fisch kann nicht schwimmen.
(Kamchai 1955:299) (s. auch Bsp. (130) oben)

Schließlich dient *pen* zur Zuweisung einer Krankheit an das Subjekt: *pen wàd* (erkältet sein), *pen phòd* (Hitzepickel haben), *pen khâj* (Fieber haben), *pen khîi-rýan* (Lepra haben), *pen ŋɔ̂j* (lahm sein, hinken), *pen phlɛ̌ɛ* (verwundet sein, eine Wunde haben).

Als TAM-Zeichen jedoch läßt sich *pen* nur schwer direkt mit einer dieser Bedeutungen in Verbindung bringen, drückt es doch "können" als erlernte Fähigkeit aus:

(132) kháw wâaj-náam mâj *pen*.
er schwimmen Neg TAM
Er kann nicht schwimmen.

(133) kháw phûud phaasǎa thaj *pen*.
er reden Sprache Thai TAM
Er kann Thai [hat es gelernt].

(134) khun-phɔ̂ɔ tham ʔaahǎan mâj *pen*.
Vater machen Essen Neg TAM
Vater kann nicht kochen.

3. *wǎj*

Als Vollverb bedeutet *wǎj* "s.leicht bewegen, beben, vibrieren, zittern". Diese Bedeutung läßt sich jedoch in seiner Funktion als TAM-Zeichen nicht mehr finden. Hier bedeutet es "können" im Sinne von "physisch fähig sein zu, die Kraft haben zu":

(135) kháw wâaj-náam tɔ̀ɔ paj mâj wǎj. (vgl. Haas 1964:600)
er schwimmen weiter gehen Neg TAM
Er kann nicht mehr weiter schwimmen.

(136) kin mâj wǎj, phèd kəən-paj. (Noss 1964:127)
essen Neg TAM scharf zu sehr
Ich kann (es) nicht essen, (es) ist zu scharf.

4. sèd

Dieses Lexem kommt nur in relativ wenigen Fällen als Vollverb in der Bedeutung "vollendet sein, fertig sein, bereit sein" vor:

(137) ʔaahǎan sèd lɛ́ɛw.
Essen fertig TAM
Das Essen ist fertig.

(138) raw sèd thúrá?.
wir fertig Geschäft
Wir haben [dieses Geschäft] erledigt.

(139) kháw sèd ŋaan lɛ́ɛw tɔɔn thîaŋ.
er fertig Arbeit TAM Zeit Mittag
Er hat seine Arbeit am Mittag erledigt. (Boonyapatipark 1983:169)

Als TAM-Zeichen markiert *sèd* seiner Vollverbbedeutung entsprechend, daß eine Handlung vollendet/abgeschlossen ist. Im Unterschied zu *còb* impliziert *sèd* die Vollendung einer nicht genau abgegrenzten Handlung/Aufgabe, die vielleicht zu einem späteren Zeitpunkt fortgeführt werden könnte. Oft treffen wir *sèd* in Kombination mit *lɛ́ɛw* (also *sèd-lɛ́ɛw*) an, wo es zum Ausdruck der Vorzeitigkeit verwendet wird.

(140) thamaj jaŋ thamŋaan mâj sèd?
warum TAM arbeiten Neg TAM
Warum haben Sie noch nicht fertig gearbeitet?

(141) phǒm rian-naŋsy̌y sèd lɛ́ɛw. (Noss 1964:128)
ich studieren TAM TAM
Ich habe fertig studiert (für den Moment).

(142) thamŋaan sèd-lɛ́ɛw raw cà? phób kan thîi sǔan-sàd.
arbeiten TAM wir Fut treffen rezipr in Garten-Tier
Nach der Arbeit treffen wir uns im Zoo.

5. còb

còb kommt wie *sèd* nur selten als Vollverb vor. In dieser Funktion bedeutet es "beenden, beendet sein": *còb loŋ* (V–Vd: aufhören, zu einem Ende kommen). Als TAM-Zeichen bringt es wie *sèd* die Vollendung einer Handlung zum Ausdruck, unterscheidet sich aber – wie oben gesagt – dadurch von *sèd*, daß es einen endgültigen Abschluß der Handlung impliziert. Das folgende mit (141) kontrastierende Beispiel (143) aus Noss zeigt diesen Unterschied sehr treffend; zudem sehen wir hier *còb* in Kombination mit *lɛ́ɛw*.

(143) phǒm rian-naŋsў̌y còb lέεw.
　　　ich　studieren　　　TAM TAM
　　　Ich habe mein Studium abgeschlossen (mit einem Titel).

(144) phǒm ʔàan naŋsў̌y lêm nίi　còb.
　　　ich　lesen Buch　　Kl Dem TAM
　　　Ich habe dieses Buch fertig (d.h. durch-)gelesen.

6. maa/paj

Bei diesen Verben handelt es sich um die bereits bekannten Bewegungsverben "kommen" und "gehen", die – wie Scovel (1970:93–96) sehr einleuchtend darstellt – ihre deiktische Funktion auch im Bereich der Zeit wahrnehmen:

> The future postverb *paj* obviously comes from the main verb *paj* 'to go'. In contrast, the past proverb *maa* comes from the main verb *maa* 'to come'. It is thus evident that the relationship between past and future time as viewed from the present is represented deictically by the words 'go' (experiences that will 'go' on into the future) and 'come' (experiences that have 'come' from the past)."　　　(Scovel 1970:95)

(145) mŷa-waan-nίi lyym　　　sў̌y　　maa. (Noss 1964:185)
　　　gestern　　vergessen kaufen TAM
　　　Ich habe gestern vergessen, es zu kaufen (die Handlung hat ihre Konsequenzen bis in die aktuelle Zeit).

(146) raw khɔɔj　maa naan lέεw. (Noss, ibid.)
　　　wir　warten TAM lange TAM
　　　Wir haben schon lange gewartet.

(147) raw tôŋ　　khɔɔj　　paj　ʔìig-naan　mǎj? (Noss, ibid.)
　　　wir　müssen warten　TAM　noch lange　Quest
　　　Müssen wir noch lange warten?

7. jùu

jùu bedeutet als Vollverb "leben, wohnen, s.befinden in, sein". Diese statische Bedeutung kommt auch in seiner Funktion als TAM-Zeichen zum Durchbruch. Am eingehendsten hat sich Boonyapatipark (1983:85–128) mit *jùu** als TAM-Zeichen auseinandergesetzt. Sie hat auch einleuchtend vorgeführt, daß Warotamasikkhadits (1979) Kriterien zur Unterscheidung von *jùu* und *kamlaŋ* (vgl.Pt.5) nicht stichhaltig sind. Obwohl ich *kamlaŋ* später nochmals kurz aufnehmen werde, ist es sinnvoll, dieses TAM-Zeichen zum Zwecke einer vertiefteren kontrastiven Beschreibung hier wenigstens teilweise abzuhandeln. Warotamasikkhadit ging davon aus, daß beiden TAM-Zeichen die Eigenschaft [+progressive] gemein sei, daß sich jedoch *jùu* durch [+definite] von *kamlaŋ*, das [-definite] ist, unterscheide. Demgegenüber beschreibt Boonyapatipark *jùu* als Zeichen des *kontinuativen* (continuative, p.108) und *kamlaŋ* als Zeichen für den *progressiven* (progressive, ibid.) Aspekt. Den kontinuativen Aspekt von *jùu* beschreibt sie wie folgt:

---

*　Es ist interessant zu sehen, daß auch das Khmer das gleiche Lexem *nv̌u* (leben, wohnen, usf.) als TAM-Zeichen verwendet, dieses aber in präverbaler Position erscheinen läßt (s.S.414).

"with the use of *jùu*, the speaker can be said to view a situation as accumulating through time. The situation referred to is normally thought of as starting some time before a particular point in time which will be taken to be the time of speech unless otherwise indicated, and as continuing until some time afterwards. An exception to this generalization would be the case where a specific duration of time is given within which a situation lasts. In such a case the situation will be viewed as continuing through that period of time." (Boonyapatipark 1983:110f.)

Damit betont *jùu* die Fortdauer, den kontinuierlichen Ablauf einer Handlung als solchen in einem bestimmten Zeitabschnitt, während *kamlaŋ* im Unterschied dazu hervorhebt, daß die Handlung zum Zeitpunkt der Betrachtung gerade im Ablauf begriffen (d.h. "in progress") ist. Der Unterschied zeigt sich besonders schön bei Verben, die ein Ereignis von geringer Dauer ausdrücken (vgl. Boonyapatipark 1983:106,115):

(148) kháw *kamlaŋ* pìd pratuu.
 er TAM schließen Tür
 Er schließt gerade (in diesem Moment) die Tür.

(149) kháw pìd pratuu *jùu*.
 er schließen Tür TAM
 1. Er schließt Türen (wiederholte Handlung an verschiedenen Objekten).
 2. Er schließt die Türe (was ihn offenbar aus irgendwelchen Gründen einiges an Zeit kostet).

(150) kháw *kamlaŋ* sàj chúd-nɔɔn.
 er TAM anziehen Schlafanzug
 Er zieht sich gerade den Schlafanzug an. (Boonyapatipark 1983:119)

(151) kháw sàj chúd-nɔɔn *jùu*.
 er anziehen Schlafanzug TAM
 Er trägt einen Schlafanzug. (ibid.)

(152) kháw pen thahǎan *jùu*. (Boonyapatipark 1983:103)
 er sein Soldat TAM
 Er ist Soldat (für eine bestimmte Zeit, nur vorübergehend).*

(153) kháw khuj *jùu*. (Boonyapatipark 1983:100)
 er schwatzen TAM
 Er ist am schwatzen. (Diese Aktivität hat schon vor einiger Zeit angefangen und wird wohl noch eine Weile so fortdauern.)

8. *lɛ́ɛw*

lɛ́ɛw bedeutet als Vollverb "fertig sein" und ist wohl ein Lehnwort aus dem Chinesischen: *liǎo* mit der gleichen Bedeutung (vgl. Prapin 1975:323, Nr.234). Analog zum chinesischen Verb *liǎo*, das sich mit der Entsemantisierung zu *le* verkürzt, erlebt auch *lɛ́ɛw* eine Entwicklung zum TAM-Zeichen, ohne sich jedoch lautlich vom entsprechenden Vollverb zu unterscheiden. Eine vergleichende Studie von *le* und *lɛ́ɛw* finden wir in Xing (1979). Tatsächlich teilen beide TAM-Zeichen gewisse Eigenschaften, wie ein Vergleich des im Folgenden Gesagten

---

* Ohne *jùu* bedeutet der Satz: "Er *ist berufsmäßig* Soldat."

mit dem Chinesischen (s.S.126ff.) ergibt.* Wir wollen uns hier jedoch auf die Beschreibung von *lɛ́ɛw* im Thai beschränken.

In der Funktion eines Vollverbs finden wir *lɛ́ɛw* relativ selten, da Lexeme wie z.B. *sèd* und andere Vollverben mit dieser Bedeutung in diese Rolle geschlüpft sind. Immerhin zeigt sich *lɛ́ɛw* etwa in den folgenden Beispielen als Vollverb:

(154) ŋaan   *lɛ́ɛw* kɔ̌ɔn-kamnòd.
      Arbeit fertig vor-Termin
      Die Arbeit war vor dem Termin fertig. (Boonyapatipark 1983:152)

(155) kháw *lɛ́ɛw* paj.
      er   fertig Vd
      Er hat (es) fertiggestellt. (Needleman 1973:48)

Die ausführlichste Beschreibung zu *lɛ́ɛw* finden wir wieder bei Boonyapatipark (1983:149–185). Diese geht von Scovels (1970) sehr wesentlichen Bemerkung aus, daß sich das *lɛ́ɛw* zugrundeliegenden Konzept auf einen Zeitpunkt, nicht auf einen Zeitraum bezieht und sagt weiter:

"*lɛ́ɛw* indicates that a crucial amount of some activity has been carried out, a crucial point of a situation has been reached (not necessarily the completion point), i.e. a change to or arrival at a new situation has come about, at the time of reference." (p.158f.)

Diese Definition führt je nach inner- oder außersprachlichem Kontext, sowie je nach Kategorie des modifizierten Hauptverbs (daher Boonyapatiparks S.327f. erwähnte detaillierte Verb-Kategorisierung) zu mehreren möglichen Interpretationen, wovon ich in Boonyapatiparks Arbeit insgesamt vier erkennen kann:

    1. Vollendung (completive)
    2. inchoativ (inchoative)
    3. imminent (id.)
    4. neue Situation (new situation)

Die ersten drei Möglichkeiten zeigt Boonyapatipark (1983:157) am folgenden Beispiel:

(156) kháw thamŋaan *lɛ́ɛw*.
      er   arbeiten   TAM
      a. Er hat fertig gearbeitet.
      b. Er hat angefangen zu arbeiten.
      c. Er wird gleich/jeden Moment arbeiten.

Alle drei Interpretationsweisen lassen sich durch besondere Markierungen kennzeichnen:

(156a) kháw thamŋaan *sèd* *lɛ́ɛw*.

(156b) kháw *rə̂əm* thamŋaan *lɛ́ɛw*.

(156c) kháw *cà?* thamŋaan *lɛ́ɛw*.

Die Funktion "neue Situation" impliziert, daß die durch *lɛ́ɛw* modifizierte Verbalhandlung neu eingetreten ist, also vor dem in der entsprechenden Äußerung relevanten Zeitpunkt noch nicht existent war. Diese Interpretation treffen wir

---

  * Allerdings umfaßt *lɛ́ɛw* nicht nur die Funktion des aus *liăo* abgeleiteten *-le*, sondern auch Funktionen des aus *lái* (kommen) abgeleiteten *le*.

sehr häufig – aber nicht ausschließlich – im Zusammenhang mit Zustandsverben (verbs indicating states):

(157) kháw ruaj *lɛ́ɛw*.
er reich TAM
Er ist reich (d.h. früher war er noch arm).

(158) kháw jùu thîi-nîi *lɛ́ɛw*.
er s.befinden hier TAM
Er wohnt jetzt hier (früher wohnte er woanders). (Boonyapatipark 1983:159)

Die dritte Funktion von *lɛ́ɛw* nebst der des Vollverbs und des TAM-Zeichens ist die des konjunktionalen Verbs in der Bedeutung von "dann, und dann", das auf ähnliche Art entstanden ist wie Khmer *haəy* (vgl.S.411f.), nachdem sich die Sprechpause vor *lɛ́ɛw* verschoben hatte. *lɛ̀?*, *lɛ́?* und *lɛ* (und) schließlich lassen sich wohl als lautliche Reduzierungen von *lɛ́ɛw* betrachten:

(159) mŷa-khyyn-níi phǒm paj duu nǎŋ, *lɛ́ɛw* paj kin khâaw.
letzte Nacht ich gehen sehen Film dann gehen essen Reis
Letzte Nacht ging ich ins Kino, dann ging ich etwas essen. (Huffman 1973:502)

5. Dieser letzte Punkt bleibt der Beschreibung der TAM-Zeichen reserviert, die sich in keiner Art und Weise mit einem Vollverb identifizieren lassen. Hierzu gehört *kamlaŋ* mit einem nominalen Homonym und *cà?*:

1. *kamlaŋ*

Oben haben wir die Funktion von *kamlaŋ* im Kontrast zum kontinuativen TAM-Zeichen *jùu* als progressiv bezeichnet. Darunter versteht Boonyapatipark (1983:110) folgendes:

"*kamlaŋ* is normally used to indicate a situation which is going on at the time of speech or some other specified time. With the use of *kamlaŋ*, the speaker is focussing his attention on the actual on-going of a situation at a particular time."

Dieser Funktion entspricht die Tatsache, daß *kamlaŋ* besonders oft mit dynamischen Verben (verbs indicating dynamic situations) erscheint:

(160) kháw *kamlaŋ* wîŋ.
er TAM rennen
Er rennt gerade. (Boonyapatipark 1983:69)

(161) kháw *kamlaŋ* taaj.
er TAM sterben
Er stirbt gerade. (ibid., p.70)

Zum Schluß sehen wir im folgenden Beispiel, wie sich kontinuativ und progressiv in einem Satz kombinieren lassen und durch die beiden TAM-Zeichen *kamlaŋ* und *jùu* zum Ausdruck gebracht werden:

(162) raw *kamlaŋ* phûud thÿŋ khun *jùu* thiaw.
wir TAM sprechen über du TAM einfach so
Wir haben gerade (geraume Zeit) über dich geredet.

2. cà?

Nach Scovel (1970:82f.) ist *cà?* das TAM-Zeichen für die Zukunft, das mit dem englischen *will* die Eigenschaft teilt, nicht in jedem Satz, der auf die Zukunft verweist, obligatorisch auftreten zu müssen. Boonyapatipark (1983:215) spricht dagegen von Aspekt, genauer vom prospektiven Aspekt (*prospective aspect*):

"... *cà?* may be used to specify a state of affairs by reference to a subsequent dynamic situation and also to express a meaning of modality, e.g. intention, plan, decision and supposition. In the present study, *cà?* will be considered to be a marker of 'prospective aspect'."

Hierzu zum Schluß drei Beispiele:

(163) ród   cà?   cɔ̀ɔd.
      Wagen TAM   anhalten
      Der Wagen hält an (The car is about to stop.). (Boonyapatipark 1983:216)

(164) wan-?aathíd kháw *cà?* tỳyn   sǎaj   kwàa   pògkatì?.
      Sonntag   er   TAM   erwachen   spät   als   gewöhnlich
      Am Sonntag erwacht er später als gewöhnlich. (ibid., p.217)

(165) sǎan   níi   *cà?* plìan   pen   sǐi-dɛɛŋ   mŷa   doon   náam.
      Substanz Dem TAM   s.verändern zu   Farbe-rot wenn   berühren Wasser
      Diese Substanz wird rot, wenn sie mit Wasser in Berührung kommt. (ibid., p.218)

4. Die Co-Verben

4.1. Einleitung

Auch für das Thai läßt sich wie für das Khmer ein Maximalparadigma oder eine maximale Serialisierungsperiode postulieren (vgl. S.416), die ich hier einleitend vorstellen möchte. Im Unterschied zum Khmer besteht diese jedoch nur aus fünf Co-Verb-Kategorien, da sich die Richtungsverben in V_I nicht wie im Khmer auf zwei Gegensatzpaare aufteilen lassen:

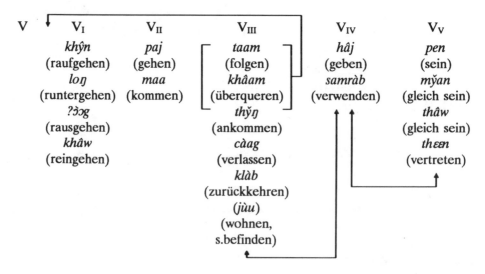

Für diese Maximalstruktur gelten die gleichen Bemerkungen wie für das Khmer, so daß ich auf den entsprechenden Abschnitt VI.4.1. (S.416f.) verweisen kann. Die weitere Aufgliederung dieses Abschnitts lehnt sich ebenfalls sehr stark an dieses Vorbild an. So werden in Abschnitt 4.2. die lokativisch-destinativischen Co-Verben – umfassend V_I, V_{II} und V_{III} – vorgeführt. Die Co-Verben der Kategorie V_{IV} dienen zum Ausdruck des Dativ/Benefaktivs und werden im nächsten Abschnitt 4.3. besprochen. Ein weiterer Abschnitt – 4.4. – ist der Darstellung der Verben der Kategorie V_V gewidmet. Weiter erhalten auch die Präpositionen ihre kurze Beschreibung in Abschnitt 4.5. Der nächste Abschnitt – 4.6. – behandelt die der *yɔ̀·k*-Konstruktion im Khmer sehr ähnliche *ʔaw*-Konstruktion, die ich gleichfalls mit dem nächst folgenden Vollverb als eine einzige Serialisierungsperiode – als erweiterte seriale Einheit mit "nehmen" – betrachte. Schließlich sollen die Möglichkeiten zum Ausdruck des Instrumental, der u.a. mit Hilfe von *ʔaw* gebildet werden kann, in einem letzten Abschnitt (4.7.) besprochen werden.

4.2. Die lokativisch-destinativischen Co-Verben

Aus Gründen der Übersichtlichkeit möchte ich zuerst in einem ersten Punkt die 6 Verben der Bewegungsrichtung – also V_I und V_{II} – besprechen, um in einem zweiten Punkt auf die übrigen lokativisch-destinativischen Verben der Kategorie V_{III} einzugehen:

1. Treten die 6 Verben der Bewegungsrichtung mit einem Nomen als Objekt nach einem Vollverb auf, so erhalten sie Co-Verb-Funktionen. Besonders geeignet für das Vorkommen mit diesen Co-Verben sind die Vollverben des Tragens/Transportierens und der ungerichteten Bewegung, wie *ʔaw* (nehmen) als stellvertretendes Beispiel zeigt:

(166) *ʔaw – paj* (etw. hinbringen), *ʔaw – maa* (etw. herbringen), *ʔaw – khŷn* (etw. raufbringen), *ʔaw – loŋ* (etw. runterbringen), *ʔaw – khâw* (etw. reinbringen), *ʔaw – ʔɔ̀ɔg* (etw. rausbringen).

(167) kháw *ʔaw* máaj *ʔɔ̀ɔg* càag pàa.
er nehmen Holz rausgehen von Wald
Er bringt Holz aus dem Wald.

(168) kháw *ʔaw* khâaw *khŷn* rooŋ-sĭi.
er nehmen Reis raufgehen Mühle
Sie nehmen den Reis die Mühle hinauf [über die Treppe]. (Clark 1978:158)

Es folgt eine Darstellung der einzelnen Co-Verben mit ihren hauptsächlichsten Charakteristika. Wo es weiter nichts zu sagen gibt, lasse ich einfach ein Beispiel folgen:

1. *paj*

Im Unterschied zum Khmer (vgl. S.419) können die Orientierungsverben bei Verben des Mitteilens und Fragens (z.B. *bɔ̀ɔg* [sagen], *lâw* [berichten, erzählen], *thăam* [fragen], usf.) nicht auftreten. Das gleiche gilt für Verben des Gebens im weitesten Sinne wie z.B. *hâj* (geben), *khăaj* (verkaufen), *khĭan* (schreiben). Damit bleibt für *paj* der oben bereits erwähnte Kontext der Verben der ungerichteten Bewegung und der Verben des Tragens/Transportierens:

(169) kháw ?aw phǒnlamáaj *paj* talàad.
       er nehmen Frucht gehen Markt
       Er bringt Früchte zum Markt.

(170) thíŋ còdmǎaj *paj* tûu-prajsanii lɛ́ɛw ryy jaŋ?
       werfen Brief gehen Briefkasten TAM oder (noch) nicht
       Hast du den Brief in den Briefkasten geworfen? (Kölver 1984:22)

2. *maa*

Hier gilt das gleiche wie für *paj*:

(171) kháw ?aw phǒnlamáaj *maa* talàad.
       er nehmen Frucht kommen Markt
       Er bringt Früchte zum Markt (her).

(172) khun khwâaŋ kɔ̂ɔn-hǐn *maa* bâan phǒm máj?
       du werfen Stein kommen Haus ich Quest
       Hast du einen Stein auf mein Haus geworfen?

3. *khŷn*

(173) kháw jóg krapǎw *khŷn* bon tó?
       er heben Tasche raufgehen auf Tisch
       Er hebt die Tasche auf den Tisch.

(174) Sùdaa kradòod *khŷn* ród-mee.
       Name springen raufgehen Bus
       Sudaa springt auf den Bus. (Pongsri 1970:153)

4. *loŋ*

Analog zu Khmer *coh* (runtergehen; vgl. S.420) ist auch *loŋ* nicht terminativ, so daß zum Ausdruck der Bewegung auf ein Ziel hin ein zweites Co-Verb – oft *paj* – oder ein relationales Nomen wie z.B. *bon* gesetzt werden muß:

(175) kháw phaa-kan thíŋ kɔ̂ɔn-hǐn *loŋ* *paj* naj khuu.
       sie zusammen werfen Stein runter gehen in Tümpel
       Sie alle warfen Steine in den Tümpel. (Noss 1964:184)

(176) kháw joon naŋsɯ̌ɯphim *loŋ* bon tó?.
       er werfen Zeitung runter auf Tisch
       er wirft die Zeitung auf den Tisch. (Kölver 1984:26)

5. *khâw*

(177) ?arunee thee náam *khâw* cɛɛkan.
       Name gießen Wasser reingehen Vase
       Arunee goß Wasser in die Vase. (Clark 1978:158)

(178) raw tɔ̂ŋ thód náam *khâw* naa.
       wir müssen * Wasser reingehen Feld
       Wir müssen das Feld bewässern/Wasser in das Feld bringen.

---

* *thód* bedeutet "auf eine höhere Ebene heben (z.B. Wasser mit Hilfe eines Damms)".

6. ʔɔ̌ɔg
Für *ʔɔ̌ɔg* gilt das gleiche wie für Khmer *cëɲ* (vgl. S.419): Es scheint nie ohne eine weitere Markierung mit einem Nomen zusammen vorzukommen, wobei als nachfolgende Markierung die Co-Verben *paj* und *càag* (weggehen, verlassen) in Frage kommen. Auch hier wollen wir *ʔɔ̌ɔg-paj* und *ʔɔ̌ɔg-càag* als festgefügte Co-Verb-Sequenz betrachten, ohne *ʔɔ̌ɔg* den Co-Verb-Charakter abzusprechen:

(179) pùg hàab náam *ʔɔ̌ɔg* paj naa.
Name tragen Wasser rausgehen gehen Feld
Puk trägt das Wasser [mit einer Tragstange] aufs Feld. (Clark 1978:151)

(180) kháw ʔaw máaj *ʔɔ̌ɔg* càag pàa.
er nehmen Holz rausgehen verlassen Wald
Er bringt Holz aus dem Wald.

2. Die übrigen lokativisch-destinativischen Co-Verben sind: *taam* (folgen, entlanggehen), *khâam* (durch etw. hindurch gehen, überqueren), *thɣ̌ŋ* (ankommen), *càag* (weggehen, verlassen), *klàb* (zurückkehren); *jùu* (wohnen, s. befinden in) ist als Co-Verb problematisch und wurde deshalb im Maximalparadigma in Klammern gesetzt.

1. *taam*
Bei *taam* in der Funktion eines Co-Verbs schimmert die Vollverbbedeutung noch stark durch; es entspricht etwa unseren Präpositionen "durch ... hindurch", "entlang", "entsprechend":

(181) kháw dəən paj *taam* thanǒn/mɛ̂ɛ-náam.
er gehen hin entlang Straße/Fluß
Er geht der Straße/dem Fluß entlang.

(182) ród khɔ̂ɔj-khɔ̂ɔj khlaan *taam* lǎŋ fǔuŋ wua.
Auto langsam kriechen entlang hinter Schar Kuh
Das Auto kriecht langsam hinter einer Kuhherde her. (Kölver 1984:27)

(183) rɔ́ɔŋ *taam* caŋwà?
singen entsprechend Rhythmus
im Rhythmus singen (Noss 1964:150)

Wie aus dem einleitenden Maximalparadigma ersichtlich, kann *taam* direkt hinter dem Bezugsnomen – also noch vor V_I erscheinen. Somit besteht zu (181) die praktisch bedeutungsgleiche Alternative:

(184) kháw dəən *taam* thanǒn paj.

Schließlich treffen wir *taam* auch am Satzanfang. Dies insbesondere im Zusammenhang mit *thaan* (Weg) und *thîi* (Rel-Zeichen):

(185) *taam* thaaŋ khón-khwáa càag prawàdsàad ...
CoV Weg forschen von Geschichte
gemäß/entsprechend der historischen Forschung (Haas 1964:201)

(186) *taam* thîi khun wâa maa nán
CoV Rel du sagen TAM Dem
Im Bezug auf das, was Sie gesagt haben (Haas, ibid.)

2. *khâam*

khâam überträgt seine Vollverbbedeutung von "durchgehen, überqueren" auch auf seine Co-Verb-Funktion: "hindurch", "über etw. hin". Wie *taam* erscheint es nicht nur in der Position von V_{III}, sondern auch unmittelbar hinter dem Vollverb:

(187) kháw wâaj-náam *khâam* mêɛ-náam lɛ́ɛw.
er schwimmen über Fluß TAM
Er ist über den Fluß geschwommen.

(188) ráan-tàd-phǒm jùu *khâam* thanǒn.
Laden-schneiden-Haar s.befinden über Straße
Der Friseursalon befindet sich auf der anderen Straßenseite.

Der Ausdruck des Terminativs kann wieder – analog etwa zu *ʔɔ̀ɔg* – nur mit einem weiteren Co-Verb wahrgenommen werden:

(189) pùg hàab náam *khâam* paj fàŋ nóon.
Name tragen Wasser über gehen Seite Dem
Puk trug das Wasser ans andere Ufer. (Clark 1978:152)

3. *thy̌ŋ*

Als Co-Verb bedeutet *thy̌ŋ* "bis", was durchaus mit seiner Vollverbbedeutung von "ankommen" zusammenpaßt:

(190) phǒm dəən- thaaŋ *thy̌ŋ* chiaŋ-màj.
ich gehen - Weg bis Ort
Ich reise bis Chiangmay.

(191) ʔɔ̀ɔg paj *thy̌ŋ* klaaŋ mêɛ-náam.
rausgehen gehen bis Mitte Fluß
Er ging bis zur Flußmitte hinaus. (Noss 1964:149)

thy̌ŋ beschränkt sich jedoch nicht auf die Markierung der Bewegung auf ein Ziel hin; es dient weiter bei gewissen Verben des Gebens/Schickens wie etwa *sòŋ* (schicken), *khǐan* (schreiben), *thoorasàb* (telefonieren), usf. zur Markierung des Dativ/Benefaktivs:

(192) ʔarunee cà? sòŋ khɔ̌ɔŋ *thy̌ŋ* thəə.
Name Fut schicken Dinge zu du
Arunee wird dir die Dinge schicken. (Clark 1978:171)

(193) wan-níi phǒm jàag-cà? khǐan còdmǎaj *thy̌ŋ* phŷan phǒm.
heute ich wollen schreiben Brief zu Freund ich
Heute will ich meinem Freund einen Brief schreiben.

Weiter entspricht *thy̌ŋ* bei gewissen Verben wie *phûud* (sprechen), *khǐan* (schreiben), *bòn* (s.beklagen), *ʔâaŋ* (s.beziehen auf, zitieren), *ʔə̀əj* (erwähnen, sprechen über, zu sprechen kommen auf) etwa unserer Präposition "über"*:

(194) phǒm mâj chɔ̂ɔb phûud *thy̌ŋ* khon nán.
ich Neg lieben reden über Mensch Dem
Ich spreche nicht gerne über diese Person.

---

* Daneben kennt das Khmer *rŷaŋ* (Sache, Angelegenheit) und *kìaw-kàb* in der gleichen Funktion.

(195) kháw cà? khǐan naŋsўy *thў̌ŋ* phaasǎasàad.
        er   Fut schreiben Buch   über Sprachwissenschaft
        Er wird ein Buch über Sprachwissenschaft schreiben.

Schließlich treffen wir *thў̌ŋ* bei Verben wie *khíd* (denken) oder *fǎn* (träumen) in der Funktion als zugehörige Präposition.

thў̌ŋ ist zudem analog zu Khmer *dɔl* (ankommen) das einzige Co-Verb, das sich verneinen läßt. Alle übrigen Co-Verben sind nicht negierbar (vgl. hierzu z.B. Kölver 1984:20). Damit besitzt *thў̌ŋ* eine verbale Eigenschaft, die allen übrigen Co-Verben fehlt (vgl. S.422):

(196) kháw paj   *mâj thў̌ŋ*   chaaj-dɛɛn.
        er   gehen Neg ankommen Grenze
        Er ist nicht bis zur Grenze gegangen (nicht so weit gegangen).

Schließlich finden wir *thў̌ŋ* insbesondere bei Zeitausdrücken auch am Satzanfang:

(197) *thў̌ŋ* wan-níi phǒm jaŋ   mâj phób   kàb khun X.
        bis heute   ich   noch Neg treffen mit Anrede X
        Bis heute habe ich X noch nicht getroffen.

4. *càag*

Es ist bemerkenswert, daß das Thai zum Ausdruck der Bewegung von etwas weg ein Co-Verb benützt, scheint doch die Verwendung einer Präposition weit häufiger zu sein. Dieses Co-Verb kann zudem nie ohne ausgesetztes Objekt erscheinen. Es folgen zwei Beispiele*:

(198) din-sɔ̌ɔ lùd   paj *càag* myy.
        Feder gleiten hin aus Hand
        Der Füllfederhalter glitt (ihm) aus der Hand. (Noss 1964:149)

(199) sùdaa sýy   naŋsўy lêm níi   *càag* dɛɛŋ.
        Name kaufen Buch   Kl Dem von Name
        Sudaa kaufte dieses Buch von Deng. (Pongsri 1970:120)

5. *klàb*

klàb (zurückkehren) bedeutet als Co-Verb "zurück zu/nach":

(200) kháw cà? sòŋ   naŋsўy lêm níi   *klàb* rooŋphim.
        er   Fut schicken Buch   Kl Dem CoV Verlag
        Er wird dieses Buch an den Verlag zurückschicken.

(201) kháw dəən *klàb* bâan thúg-wan.
        er   gehen CoV Haus jeden Tag
        Er geht jeden Tag nach Hause zurück. (Clark 1978:157)

6. *jùu*

jùu (wohnen, leben, s. befinden in, sein) gehört wohl kaum zur Kategorie der Co-Verben, obwohl es immer wieder - z.B. in Clark (1978) - in dieser Rubrik aufgeführt wird; daher die Klammer im einleitenden Maximalparadigma. Auch

---

* Als Co-Verb zur Markierung des Material-Instrumentals finden wir *càag* auf S.375.

Scovel (1970:96) spricht von einer Verwechslungsmöglichkeit zwischen *jùu* als TAM-Zeichen und *jùu* als "main verb", wie er sagt:

(202) kháw kamlaŋ kin ʔaahăan *jùu*   naj myaŋ.
      er   TAM   essen Speise   TAM/CoV in Stadt
      1. "He is eating in the town."
      2. "His eating is (taking place) in town." (Scovel 1970:96)

Die zweite Interpretation mit *jùu* als Lokativ-Zeichen ist jedoch ziemlich unwahrscheinlich. Gething (1975) hat in seinem kurzen Aufsatz "Location in Thai and Lao" gezeigt, daß gerade die Gefahr eines Zusammenfallens von TAM-Funktion und Co-Verb-Funktion dafür gesorgt hat, daß sich *jùu* im Thai nur als TAM-Zeichen, nicht jedoch gleichzeitig auch noch als Co-Verb etablieren konnte. In anderen Tai-Sprachen wie z.B. dem Lao konnte sich *jùu* als Co-Verb bestens einbürgern.

4.3. Der Ausdruck des Dativ/Benefaktiv: Die Co-Verben *hâj* und *samràb*

Das Verb *hâj* (geben) dient wie Khmer *ʔaoy/cù:n* zur Markierung des Dativ/Benefaktivs (vgl. S. 424ff.):

(203) mêɛ   sýy   khanŏm   *hâj* dèg.
      Mutter kaufen Süssigkeiten CoV Kind
      Die Mutter kauft dem Kind Süßigkeiten. (Filbeck 1975:122)

(204) kháw sòŋ   còdmăaj *hâj* phŷan.
      er   schicken Brief   CoV Freund
      Er schickt dem Freund einen Brief.

(205) kháw sɔ̆ɔn phaasăa thaj *hâj* phŏm.
      er   lehren Sprache Thai CoV ich
      Er unterrichtet mich in Thai.

(206) rooŋ-rian ʔɔ̀ɔg   paj sùd   *hâj* nág-rian.
      Schule   herausgeben hin Zertifikat CoV Student
      Die Schule gibt Zertifikate an die Schüler ab. (Kamchai 1952:265)

(207) dɛɛŋ paj   talàad *hâj* sùdaa.
      Name gehen Markt CoV Name
      Deng geht für Sudaa zum Markt. (Pongsri 1970:124)

(208) dɛɛŋ jiŋ   nóg   *hâj* sùdaa.
      Name schießen Vogel CoV Name
      Deng schießt für Sudaa einen Vogel. (Pongsri 1970:49)

Nun betrachtet Kullavanijaya (1974:49) *hâj* als Zeichen des Benefaktivs, nicht jedoch des Dativs, wobei der Dativ trotzdem bei relativ wenigen Verben wie in den oben angeführten Beispielen von (203) – (205) mit *hâj* markiert werde; in den übrigen Fällen dagegen finden wir Ø bzw. *kàb* und *kèɛ* (vgl. 4.5.) für den Dativ. Abgesehen davon, daß ein genaues Auseinanderhalten von Dativ und Benefaktiv wohl kaum möglich sein dürfte, erscheint es mir höchst problematisch, dort, wo Kullavanijaya von Dativ spricht, eine koordinierende Juxtaposition im Unterschied zu allen übrigen Fällen mit Benefaktiv zu postulieren, zumal diese Erklärung beim Verb *sɔ̆ɔn* (unterrichten), bei dem *hâj* den

Dativ markieren soll, – wie Kullavanijaya selber sagt – nicht stichhaltig sein kann: vgl. (205) *Er unterrichtet Thai und gibt es mir.

Es dürfte daher sinnvoller sein, *hâj* allgemein als Dativ/Benefaktiv-Zeichen zu betrachten. Eine gewisse Ambiguität steckt jedoch insofern in *hâj*, als auch die Bedeutung "für i.S. von an Stelle von, anstatt" innerhalb seines Funktionsbereiches liegt, so daß etwa die Sätze (203)–(205) grundsätzlich zweideutig sind. Während man bei (203) aufgrund der beteiligten Aktanten (Mutter/Sohn) eine Interpretation im Sinne von "an Stelle von" eher ausschließen muß, erlauben die übrigen beiden Beispiele durchaus eine solche Deutung: (204) Er verschickte den Brief an Stelle seines Freundes. bzw. (205) Er unterrichtete Thai an meiner Stelle (für mich).

Erscheinen zwei Aktanten mit beiden Funktionen in einem Satz, wie dies mit dem Verb *sɔ̌ɔn* grundsätzlich möglich ist, so werden entweder beide Aktanten mit *hâj* eingeleitet, oder aber der wohl weniger markierte Dativ/Benefaktiv *sùdaa* wird mit der Präposition *kɛ̀ɛ* versehen, so daß *hâj* für die "anstatt"-Phrase übrig bleibt:

(209a) dɛɛŋ sɔ̌ɔn lêeg *kɛ̀ɛ* sùdaa *hâj* phŷan.

(209b) dɛɛŋ sɔ̌ɔn lêeg *hâj* sùdaa *hâj* phŷan.
Name unterrichten Mathematik Name Freund
Deng unterrichtet Sudaa für einen Freund in Mathematik. (Pongsri 1970:123)

Auch das Thai kennt wie das Khmer (vgl. S.424) die Struktur:

V (N) Vd$_{II}$ *hâj* (N)

(210) sùdaa ʔaw mîid *paj hâj* phŷan.
Name nehmen Messer hin CoV Freund
Sudaa nahm das Messer weg und gab es ihrem Freund/
Sudaa brachte das Messer ihrem Freund.

Auch hier kann das Vd$_{II}$ fehlen:

(211) sùdaa ʔaw mîid *hâj* phŷan.
Sudaa nahm das Messer und gab es ihrem Freund/
Sudaa brachte ihrem Freund das Messer.

Schließlich erscheint auch *hâj* ohne ausgesetztes Objektsnomen, wie das entsprechende zum Khmer parallele Beispiel aus Huffman (1973:497; vgl. S.425) zeigt:

(212) phǒm câʔ pìd pratuu *hâj*.
ich Fut schließen Tür CoV
Ich schließe die Tür für ihn.

Zum Schluß dieses Abschnitts möchte ich das im Titel erwähnte *samràb* vorstellen, das als Entlehnung von Khmer *sɔmrap* seinen Eingang ins Thai gefunden hat. Zu seiner Morphologie konsultiere man Anhang I (S.467ff.)*. Auch im Thai bedeutet *samràb* als Vollverb "verwenden, gebraucht werden für, zum Gebrauch dienen als, da sein für". Somit kann *samràb* überall dort an Stelle von und in Kontrast zu *hâj* treten, wo seine Bedeutung im Sinne von "zur Verwendung von jdm." erhalten bleibt:

---

* Es ist zudem interessant zu sehen, daß sich Khm. *sɔmrap* im Thai mit zwei verschiedenen Tönen zeigt: *samràb* in der Funktion als Verb, *samráb* in der Funktion als Quantifikator. Im Khmer werden beide Funktionen durch das gleiche Lexem wahrgenommen.

(213) kháw kèb ?aahăan wáj *samràb* khon-daaj-jâj
       er   sammeln Essen aufbewahren für KN-jäten

thîi sanăam. (Kamchai 1952:340)
Lok Rasen
Er legt das Essen für diejenigen zur Seite, die den Rasen jäten.

Neben *samràb* treffen wir oft auch *phÿa*, das nicht nur in der Funktion einer finalen Konjunktion auftreten kann, sondern auch als Präposition in einer ähnlichen Funktion wie *samràb*:*

(214) maandaa thamŋaan *phÿa* lûug. (Kamchai 1952:275)
       Mutter arbeiten für Kind
       Die Mutter arbeitet für die Kinder.

4.4. Die Co-Verben *pen, mÿan, thâw* und *thɛɛn*

In diesem Abschnitt erscheinen weniger Co-Verben als im entsprechenden Abschnitt zum Khmer. Dies hängt vor allem damit zusammen, daß *dûaj* und *dooj*** im Thai praktisch keine Vollverbfunktionen wahrnehmen. Zudem wird der Instrumental bei Verkehrsmitteln nicht mit einem Khmer *cìh* entsprechenden eigenen Verb ausgedrückt. Die übrigen hier zu besprechenden Co-Verben lassen sich sehr gut mit Khmer *cì:ə, do:c* und *cù:əs* vergleichen (S. 426-29).

1. *pen*

Dieses Lexem haben wir bereits im Abschnitt über die TAM-Zeichen (3.4., S.354) in seinem ganzen Bedeutungsspektrum sowie in seiner TAM-Bedeutung von "können, gelernt haben" vorgestellt. Von entscheidendem Interesse für die Co-Verb-Funktion von *pen* ist seine Funktion als Kopula bei Äquationssätzen***:

(217) kháw *pen* chaaw-naa.
       er   sein Reisbauer
       Er ist Reisbauer.

(218) jîipùn *pen* prathêed ?ùdsăahàkam. (Kuno und Wongkhomthong 1981:66)
       Japan sein Staat Industrie
       Japan ist ein Industriestaat.

---

*   Als Konjunktion erscheint mir *phÿa* jedoch häufiger zu sein:
    (215) kháw khôodsanaa *phÿa* hăa sĭaŋ. (Kamchai 1952:341)
          er   werben   Konj finden Ton/Ruhm/Ruf
          Er macht Werbung, um bekannt zu werden.
    (216) kháw kin *phÿa* jùu. (Kamchai 1952:301)
          er   essen Konj leben
          Er ißt, um am Leben zu bleiben.
** Genaueres zu *dûaj, dooj* und dem Instrumental bei Verkehrsmitteln s. Abschnitt 4.5. und 4.7.
*** Neben *pen* existiert im Thai das mit Khm. *kùː* identische *khyy*. Kuno und Wongkhomthong (1981) untersuchten in ihrer Arbeit den Unterschied zwischen den beiden Kopulaverben und kamen sehr treffend zu folgender Beschreibung: "*pen* is used as a copulative verb for characterizational sentences, while *khyy* is used as a copulative verb for identificational sentences." Diese Charakterisierung deckt sich ziemlich genau mit dem Befund bei *cì:ə* und *kùː* im Khmer, wo wir von "definierend" und "benennend" gesprochen haben (vgl. S.426, Anm.).

Als Co-Verb drückt *pen* analog zu Khm. *cì:ə* aus, welche Funktion der nachfolgende Aktant im Satz ausübt:

(219) kháw thamŋaan *pen* khruu.
 er arbeiten als Lehrer
 Er arbeitet als Lehrer.

(220) kháw ráb-prathaan khanŏmpaŋ *pen* ʔaahăan- cháaw.
 er essen Brot als Speise-Morgen
 Er ißt Brot zum Frühstück.

Viele Verben, insbesondere Verben des sich Veränderns/ Haltens für/ Aufteilens/ Auswählens tragen *pen* als zugehöriges Co-Verb nach sich:

(221) *sy̆a klaaj pen manúd.*
 Tiger s.verwandeln in Mensch
 Der Tiger hat sich in einen Menschen verwandelt.

(222) kháw thɔ̀ɔd/plɛɛ *pen* phaasăa- thaj.
 er übersetzen in Sprache Thai
 Er übersetzt ins Thai.

(223) bɛ̀ŋ ʔɔ̀ɔg *pen* sìi sùan.
 aufteilen rausgehen in 4 Teil
 in vier Teile aufteilen (Haas 1964:323)

(224) naaj X lŷag-tâŋ *pen* prathaan kammakaan.
 Herr wählen zu Vorsitzender Kommission
 Herr X wurde zum Kommissionspräsidenten gewählt.

Weiter treffen wir *pen* in Wendungen wie:

(225) kháw tàd phŏm *pen* ʔaachîib.
 er schneiden Haar als Beruf
 Er ist von Beruf Friseur.

(226) kháw phûud phaasăa-thaj *pen* náam.
 er reden Sprache-Thai wie Wasser
 Er spricht fließend Thai.

(227) *pen krabuan* (Prozession, Linie, Zug; in Prozession, in großer Zahl), *pen kaan-pracam-wan* (Angelegenheit – gewohnt, regelmäßig – Tag = täglich, wie jeden Tag), *pen kaan-jâag* (Angelegenheit – schwierig = unter schwierigen Umständen, schwerlich), *pen khɔ̌ɔ-jàj* (KN – groß = zur Hauptsache, hauptsächlich), *pen khráŋ-rɛ̂ɛg* (Mal – erst = zum ersten Mal), *pen sùan-nɔ́ɔj* (Teil – gering = in wenigen Fällen, selten), *pen thaaŋ-kaan* (Weg – Angelegenheit = offiziell), usf.

(228) nág-rian dəən paj *pen* thɛ̌ɛw.
 Student gehen hin in Reihe, Linie
 Die Studenten gehen reihenweise/ in großer Zahl. (Kamchai 1952:271)

2. *mўan* (gleich sein [qualitativ])

Als Vollverb treffen wir *mўan* – oft zusammen mit der Präposition *kàb* – in Sätzen wie:

(229) rûub-râaŋ khɔ̌ɔŋ laa *mўan* rûub-râaŋ khɔ̌ɔŋ máa.
     Gestalt Gen Esel gleich Gestalt   Gen Pferd
     Der Esel sieht gleich aus wie das Pferd (hat die gleiche Gestalt).
     (Kamchai 1952:298)

(230) kháw *mўan* chán mâag kwàa *mўan* thəə.
     er gleich ich mehr als gleich du
     Er ist mehr wie ich als wie du. (ibid.)

(231) thûaj baj níi sǐi *mўan* kàb baj nán.
     Tasse Kl Dem Farbe gleich Präp Kl Dem
     Diese Tasse hat die gleiche Farbe wie jene.

(232) kháw dǐaw-níi mâj *mўan* kàb kháw tɛ̀ɛ-khɔ̌n.
     er jetzt Neg gleich Präp er früher
     Er ist nicht mehr der selbe wie früher. (Kamchai 1952:332)

Aus dieser Bedeutung leitet sich die Co-Verb-Funktion leicht ab:

(233) kháw phûud *mўan* phûu-chamnaan.
     er sprechen wie KN-Experte
     Er spricht wie ein Experte.

(234) kháw jàag-cà? sýy khɔ̌ɔŋ *mўan* khon-nán, tɛ̀ɛ mâj mii ŋən.
     er wollen kaufen Ding wie Mensch-Dem aber Neg haben Geld
     Er möchte auch gerne einkaufen wie dieser, aber er hat kein Geld.

3. *thâw* (gleich sein [in Größe oder Quantität])

Als Vollverb finden wir *thâw* in Sätzen wie:

(235) lûug *thâw* phɔ̂ɔ. (Kamchai 1952:298)
     Kind gleich Vater
     Der Sohn ist wie der Vater (gleichgroß).

Als Co-Verb:

(236) kháw kin ?aahǎan *thâw* (kàb) phǒm.
     er essen Essen gleich Präp ich
     Er ißt gleich viel wie ich.

4. *thɛɛn*

Als Vollverb bedeutet *thɛɛn* "vertreten, repräsentieren, ersetzen"; in dieser Bedeutung läßt es sich leicht in eine Co-Verb-Funktion überführen, in der *thɛɛn* die Bedeutung von "an Stelle von, anstatt, für" erhält:

(237) kháw thamŋaan *thɛɛn* phǒm.
     er arbeiten statt ich
     Er arbeitet an meiner Stelle/für mich.

4.5. Die Präpositionen

Folgende Lexeme gehören zur Kategorie der Präpositionen:

kàb (mit), kɛ̀ɛ (zu, auf ... hin), tɛ̀ɛ (von ... weg, seit), jaŋ (zu etw. hin, in Richtung auf), sùu (id.), phŷa (für), dûaj (mit), dooj (mit).

Davon wurde phŷa bereits oben besprochen (vgl. S.368), dûaj und dooj werden kurz im nächsten Abschnitt behandelt. Somit bleiben hier vor allem kàb, kɛ̀ɛ und tɛ̀ɛ zu besprechen. sùu und jaŋ finden wir vorwiegend in der Schriftsprache, in der sie zur Markierung der Richtung auf etwas hin herangezogen werden; sie sollen hier jedoch nicht weiter behandelt werden.

1. kàb

Diese Präposition ist sehr vielseitig; so markiert sie je nach Kontext den Komitativ, Dativ/Benefaktiv, Lokativ und Instrumental. Die Häufigkeit ihres Auftretens mag dazu geführt haben, daß wir nebst kàb auch eine reduzierte Form kà? oder ka- vorfinden.

Relativ oft finden wir kàb als Komitativ-Zeichen:

(238) phŏm paj duu nǎŋ kàb phŷan phŏm.
      ich gehen sehen Film mit Freund ich
      Ich gehe mit meinem Freund ins Kino.

Zur Markierung des Dativ/Benefaktivs dient kàb bei gewissen Verben des Gebens, wobei der Gebrauch oder Nicht-Gebrauch von kàb offenbar zum Rektionsbereich eines jeden einzelnen Verbs gehört, also in jedem Fall besonders anzugeben ist:

(239) chán hâj ŋən sìb bàad kàb pùg mŷa-waan-níi.
      ich geben Geld 10 Baht Präp Name gestern
      Ich gab Puk gestern 10 Baht. (Kullavanijaya 1974:91)

(240) níd khǎaj wɛ̌ɛn kàb pâa.
      Name verkaufen Ring Präp Tante
      Nit verkaufte der Tante einen Ring. (Vichin 1970:12)

(241) ʔùad lûugmɛɛw ka-náa.
      zeigen Kind-Katze Präp-Tante
      Sie zeigte der Tante die Kätzchen. (Haas 1964:26)

In lokativer Funktion steht kàb in den folgenden Beispielen:

(242) fàag   naŋsy̌y kàb phŷan
      deponieren Buch   Präp Freund
      Bücher bei Freunden deponieren (Noss 1964:150)

(243) chán jàag   jyym naŋsy̌y kàb* pùg. (Clark 1978:172)
      ich wollen leihen Buch Präp Name
      Ich möchte ein Buch bei/von Puk borgen.

(244) kháw tham taa khǐaw ka-sǎamii lɔ̌ɔn.
      sie machen Auge grün Präp-Gatte sie
      Sie schaute wütend zu ihrem Gatten. (Haas 1964:26)

---

* Eine Alternative zu kàb wäre hier das Co-Verb càag (von).

Ein weiteres und letztes Funktionsfeld von *kàb* ist der Instrumental:

(245)   chán hěn   kàb taa.
        ich sehen Präp Auge
        Ich sehe mit den Augen. (Upakit 1955:228)

Zuweilen treffen wir auch auf ambige Fälle:

(246)   dεεŋ sýy   sŷa   tua níi   kàb pùg.
        Name kaufen Hemd Kl Dem Präp Name
        Deng hat dieses Hemd mit/bei Puk gekauft. (Kullavanijaya 1974:77)

Einige Verben wie die folgenden erscheinen besonders oft mit *kàb*:

mÿan-kàb (gleich sein wie), *klâj-kàb* (in der Nähe von etw. gelegen sein), *thâw-kàb* (gleich [quantitativ]), *thùug-kàb* (in Harmonie sein mit), *phìd-kàb* (s. unterscheiden von), *khláaj-kàb* (jdm. gleichen, ähnlich sein), usf.

2. *kὲε*

Diese Präposition dient dem Ausdruck des Dativ/Benefaktiv und der Richtung auf etwas hin. Damit erscheint *kὲε* in Konkurrenz zu *hâj* und *kàb*. Der Gebrauch von *kὲε* bei Verben des Gebens und des Sendens, usf. ist eine Frage der Rektion des einzelnen Verbs und läßt sich nicht verallgemeinern. Die meisten Verben dieser Kategorie können *kὲε* nach sich tragen, nicht jedoch *sòŋ* (schicken) und *jŷyn* (übergeben, aushändigen), die nur mit *hâj* vorkommen können. *sɔ̌ɔn* (unterrichten) schließlich kommt mit *hâj* oder *kὲε* vor. Auch *kὲε* kann zu *ka-* reduziert werden, so daß es lautlich mit der Kurzform von *kàb* zusammenfällt. Tatsächlich vereinigt *ka-* beide Präpostionen in sich, was möglicherweise zu einem völligen Zusammenfallen der beiden Präpositionen führen könnte.

Zum Schluß einige Beispiele:

(247)   kháw *sɔ̌ɔn*   phaasǎa-thaj *kὲε*/(*hâj*)   khun X.
        er unterrichten Sprache-Thai Präp/(CoV) Herr
        Er unterrichtet Herr X in Thai.

(248)   hǔa-nâa   khrɔ̂ɔb-khrua dâj   *kὲε*   phɔ̂ɔ.
        Oberhaupt Familie   darstellen Präp Vater
        Der Vater ist das Familienoberhaupt. (Haas 1964:179)

Schließlich erscheint *kὲε* in einigen idiomatischen Wendungen wie:

nêε kὲε caj (sicher – Präp – Herz = zuversichtlich sein), *pen?idsarà? kὲε kan* (sein – unabhängig - Präp – reziprok = voneinander unabhängig), *la?aaj kὲε caj* (s.schämen/Scham empfinden – Präp – Herz = s. schämen), *thŷŋ kὲε kam* (ankommen – Präp – Karma=bis zu seinem Karma gelangen, sterben).

3. *tὲε*

Diese Präposition bedeutet "von ... weg, seit", kann also für örtliche und zeitliche Gegebenheiten verwendet werden. Die reduzierte Form lautet *tὲ?* bzw. *tε-*.

(249)   ?ɔ̀ɔg   dəən-thaaŋ *tὲε*   cháaw-mŷyd
        rausgehen gehen-Weg seit früher Morgen
        Er ist seit dem frühen Morgen auf der Reise. (Noss 1964:149)

(250)   daŋ khŷn   *tɛ̀ɛ* lăŋ   pratuu. (ibid.)
Lärm s.erheben von hinten Tür
Ein Lärm erhob sich hinter der Tür.

4.6. Die erweiterte seriale Einheit mit "nehmen": *?aw... maa/paj*

?aw bedeutet "nehmen" bzw. in Kombination mit einem direktionalen Verb "bringen" (vgl. Abschnitt 4.2.). In diesem Abschnitt zeigt sich *?aw* – eventuell mit den direktionalen Verben *maa* oder *paj* – in praktisch der gleichen Funktion wie Khmer *yɔ̀:k* (vgl. S. 433f.): Auch hier wird offenbar ein Vorgang genauer analysiert als dies in den indoeuropäischen Sprachen üblich ist. Dabei ist es in erster Linie wesentlich, zu sagen, daß ein Gegenstand zuerst einmal genommen werden muß, ehe man etwas weiteres damit anfangen kann:

(251)   phûag-kháw *?aw*   phŏnlamáaj *maa* cɛ̀ɛg   kan.
Pl-er   nehmen Frucht   her   verteilen reziprok
Sie teilten die Früchte untereinander auf.

(252)   *?aw*   klûaj   cîm   námtaan.
nehmen Banane tunken Zucker
die Banane nehmen und in den Zucker tunken/ die Banane in den Zucker tunken
(Haas 1964:632)

Auch im Thai scheint mir die Annahme einer Juxtaposition, deren Elemente in koordinierender Relation zueinander stehen, am sinnvollsten, zumal sich zwischen die beiden verbalen Elemente – obwohl stilistisch unschön – eine Konjunktion wie *lɛ̀?* (und) einfügen läßt. Analog zur *yɔ̀:k*-Konstruktion im Khmer drängt es sich jedoch auch im Thai auf, die ganze Fügung *?aw...(maa/paj)* – V als Gesamtheit von starkem paradigmatischem Charakter und somit als einzige seriale Einheit zu betrachten.

Die zusätzlichen Funktionen, die diese seriale Einheit dank ihres starken paradigmatischen Charakters übernehmen kann, sind ebenfalls weitgehend die gleichen wie im Khmer:

– Ausdruck des Instrumentals (vgl. Abschnitt 4.7.)
– Entlastung der postverbalen Position:

(253)   naaj khăaw *?aw*   hŭa   chon   kamphɛɛŋ. (Kamchai 1952:272)
Herr Name   nehmen Kopf stoßen Wand
Herr Khaaw stößt mit dem Kopf gegen die Wand.

– Ein gewisser Bezug zum Ausdruck von alter und neuer Information (vgl. ebenfalls 4.7.).

4.7. Zum Ausdruck des Instrumentals

Stine (1968) hat dieses Thema in seiner Doktorarbeit behandelt. Einen weiteren nennenswerten und zu Stine kritischen Beitrag finden wir in Pongsri (1970:49–79).

Nach Stines Darstellung (1968:30,48) enthalten die folgenden Konstruktionen eine Nominalphrase im Instrumental:

(254)   phŏm *?aw*   mîid   khâa kháw (p.30)
ich   nehmen Messer töten er
Ich töte ihn mit dem Messer.

(255) phǒm *cháj* mîid khâa kháw. (p.30)
ich verwenden Messer töten er
Ich töte ihn mit dem Messer.

(256) phǒm khâa khon khon nán *dûaj* jaa-phíd. (p.48)
ich töten Mensch Kl Dem Präp Gift
Ich töte ihn mit Gift.

Tatsächlich werden diese drei Konstruktionen in ähnlichen Kontexten gebraucht, sie sind jedoch nicht synonym:

Auch im Thai ist Satz (256) mit der Präposition *dûaj* analog zu Khmer *nùŋ* (S.434f.) wohl die unmarkierteste Form, in der das in der Präpositionalphrase stehende Nomen keine neue, unerwartete Information über das Instrument liefert, die nicht schon implizit im Verb vorgegeben ist. Pongsri (1970:73) präsentiert hierzu das folgende Beispiel, in der "Auge" eindeutig das naheliegendste Instrument ist:

(257) sùdaa mɔɔŋ *dûaj* taa.
Name sehen mit Auge
Sudaa betrachtet (etw.) mit den Augen.

Damit ermöglichen mit *dûaj* eingeleitete Nomina den Vorwurf der Redundanz, wie das folgende Beispiel aus Pongsri (1970:74) zeigt, das in muttersprachlichen Sprechern die berechtigte Frage provoziert: "Ja, womit soll sie denn sonst einen Brief tippen?":

(258) sùdaa phim còdmǎaj *dûaj* phimdìid.
Name tippen Brief mit Schreibmaschine
Sudaa tippt einen Brief mit der Schreibmaschine.

Dieser Vorwurf ist bei *cháj* und *ʔaw* nicht möglich, da diese immer eine neue, nicht selbstverständliche Information liefern; damit reicht die Funktion von *cháj* und *ʔaw* einerseits und von *dûaj* andererseits in den Bereich von definit/indefinit:

(259) sùdaa *cháj* phimdìid phim còdmǎaj. (ibid.)
Name verwenden Schreibmaschine tippen Brief
Sudaa brauchte die Schreibmaschine, um zu schreiben.

Es steht also bei allen drei Konstruktionen die neue Information am Beginn des Satzes, bezieht sich allerdings bei *dûaj* auf den Inhalt des Verbs, während sie bei *ʔaw* und *cháj* im Nomen enthalten ist, das durch eines der beiden Verben eingeleitet wird.

Das Beispiel mit *ʔaw* zeigt uns die im vorangegangenen Abschnitt beschriebene erweiterte seriale Einheit mit "nehmen" in ihrer instrumentalen Funktion, wobei auch im Instrumental-Kontext die direktionalen Verben *maa* und *paj* vorkommen können:

(260) sùdaa *ʔaw* mîid *paj* tàd kradàad. (Pongsri 1970:73)
Name nehmen Messer hin schneiden Papier
Sudaa nimmt das Messer weg und schneidet Papier.

Wie wir schon aus der Übersetzung ersehen können, reicht die *ʔaw*-Konstruktion immer über den reinen Instrumental hinaus in Bereiche des inner- oder außersprachlichen Kontexts.

cháj dagegen verweist durch seine Bedeutung von "benutzen, verwenden" eindeutig in den instrumentalen Bereich und betont analog zu Khmer *praə* (S.435) das Moment des "Benutzens" eines Gegenstandes. Zudem kommen nur Nicht-Belebtes und einige Nutztiere als Objekte zu *cháj* in Frage:

(261) kháw *cháj*   khwaaj tham naa.
     er verwenden Büffel machen Feld
     Er bestellt das Feld mit einem Büffel.

Ist das Objekt von *cháj* jedoch menschlich, so gehört die Konstruktion *cháj* – N – V in den dem Kausativ nahe stehenden Teil der Pivotal-Konstruktion (vgl. Abschnitt 5.2., S.378).

Syntaktisch gesehen begreift man die *cháj*-Konstruktion wohl am besten als Juxtaposition, jedoch nicht als koordinierende, wie im Falle von *?aw*, sondern als finale Juxtaposition. Tatsächlich läßt sich die Relation zwischen *cháj* und dem folgenden Verb durch das konjunktionale Verb *hâj* bzw. die Konjunktion *phŷa* offen zum Ausdruck bringen. Zudem gehören in dieser Konstruktion das erste Verb *cháj* und das zweite Verb sehr eng zusammen, so daß sich die Vereinigung unter *einer* Serialisierungsperiode aufdrängt:

Sicherlich haben wir es weder im Falle von *?aw* und *cháj*, noch im Falle von *dûaj* mit Co-Verb-Konstruktionen zu tun.

Zum Schluß dieses Abschnittes möchte ich ganz kurz auf einige semantische Aspekte des Instrumentals hinweisen:

Alle hier erwähnten Konstruktionen drücken im Thai nicht nur das Instrument, sondern auch das Material, also den Material-Instrumental, aus; wir wollen uns jedoch auf ein Beispiel mit *dûaj* beschränken:

(262) dεεŋ tham khɔ̌ɔŋ-lên *dûaj* máaj. (Pongsri 1970:59)
     Name machen Ding-spielen aus Holz
     Deng machte das Spielzeug aus Holz.

Soll der Material-Instrumental klar und deutlich von der anderen Instrumentalfunktion unterschieden werden, so nimmt das Thai das Co-Verb *càag* zur Hilfe:

(263) sùdaa tham túgkataa *càag* phâa. (Pongsri 1970:60)
     Name machen Puppe aus Stoff
     Sudaa machte die Puppe aus Stoff.

Werden Verkehrsmittel im Instrumental gebraucht, so wird das entsprechende Nomen entweder mit *?aw* oder mit *dooj** eingeleitet:

(264) kháw *?aw* ródfaj paj kruŋthêeb.
     er nehmen Zug gehen Bangkok
     Er geht mit dem Zug nach Bangkok.

(265) kháw paj kruŋthêeb *dooj* ródfaj.
     er gehen Bangkok mit Zug
     Er geht mit dem Zug nach Bangkok.

---

* *dooj* markiert nebst dem Instrumental bei Verkehrsmitteln den Urheber in Sätzen wie:

(266) rûub nîi thàaj *dooj* naaj X. (vgl. Haas 1964:177)
     Foto Dem aufnehmen durch Herr
     Dieses Foto wurde von Herr X aufgenommen.

oder bei Verbmodifikation: *dooj chaphɔ́?* (im Besonderen, besonders), *dooj dii* (freundlich, gut gesinnt, ohne zu zögern), *dooj dùan* (dringend, eilig), *dooj troŋ* (direkt), *dooj talɔ̀ɔd* (durch und durch), usf.

5. Die regierende Verbserialisierung

5.1. Die zweite VP ist Objekt des ersten Verbs

Bereits oben (vgl. 3.4., besonders S.344) haben wir gesehen, daß eine Reihe von Lexemen, die am verbalen Ende des Kontinuums Verb-TAM stehen, eine zweite, eingebettete Verbalphrase nach sich tragen kann. An der gleichen Stelle haben wir weiter gesehen, daß Noss (1964) 4 Kategorien (Modale: 1. *khy̆yn*-Klasse [pp.133–36], 2. *mág*-Klasse [pp.136–38]; Modalverben: 3. spezifische Modalverben [pp.115–17], 4. allgemeine Modalverben [117f.]) unterscheidet, wovon sich – wie Dellinger (1975) einleuchtend gezeigt hat – nur gerade die *mág*-Klasse, die wir oben als TAM-Zeichen beschrieben haben, eindeutig von den übrigen drei Klassen abhebt, die wir gesamthaft zu den Verben zählen dürfen*. Da hinter den meisten dieser Verben eine zweite, regierte VP stehen kann, passen sie natürlich bestens in diesen Abschnitt.

Damit kennt auch das Thai eine recht große Anzahl von Verben, die eine VP oder maximal ein Satzobjekt nach sich tragen können**, die – auch wenn wir in der untenstehenden Liste kaum alle erfassen werden – eine geschlossene Kategorie bilden:

jàag (wollen), *jɔɔm* (einverstanden sein, erlauben, zulassen), *tɔ̂ŋkaan* (müssen), *phajaajaam* (versuchen), *lɔɔŋ* (versuchen, experimentieren), *chɔ̂ɔb* (gerne tun, lieben), *rág* (lieben, gerne tun), *raŋkìad* (etw. ungern tun; hassen, etw. zu tun), *săamâad* (können, in der Lage sein zu), *khíd* (denken), *rîib* (s.beeilen), *rə̂əm* (anfangen, beginnen), *tâŋtôn* (id.), *rí?* (anfangen, beginnen, einleiten, in die Wege leiten), *lə̂əg* (aufhören), *jùd* (unterbrechen, aufhören), *tâŋcaj* (beabsichtigen), *klâa* (wagen), *phɔɔcaj* (zufrieden sein), *triam* (vorbereiten), *nâaklua**** (befürchten), *khîikìad**** (faul sein/zu faul sein zu), *khy̆yn* (etw. tun, von dem man weiß, daß es falsch ist), *fy̆yn* (s. zu etw. Unangenehmem zwingen), *mua* (stur fortfahren zu), *klêeŋ* (vortäuschen, tun als ob), *lŏŋ* (falsch handeln, ohne es zu merken), *klàb* (wider Erwarten etw. tun), *?èɛb* (etw. heimlich, verstohlen tun), *phlɔɔj* (mitgehen, begleiten, folgen).

Es folgen einige Beispiele:

(268) khun-phɔ̂ɔ *lə̂əg* sùud burìi.
  Vater aufhören ziehen Zigarette
  Vater hat aufgehört zu rauchen.

(269) khun-phɔ̂ɔ *chɔ̂ɔb* sùud burìi.
  Vater gerne tun ziehen Zigarette
  Vater raucht gerne.

(270) khun-mɛ̂ɛ *rîib* paj talàad.
  Mutter s.beeilen gehen Markt
  Mutter eilt zum Markt.

---

* Dellinger (1975:98) selbst sagt, daß diese drei Kategorien "most similar to verbs" seien.
** Zur Bestätigung des Verbalcharakters dieser Lexeme vgl. auch Salee (1982:122-28). Dieser Beweis bezieht sich allerdings nicht auf die letzten 8 Verben der folgenden Liste, die zu Noss's (1964) *khy̆yn*-Klasse gehören. Doch zählen wohl auch diese zu den in diesem Abschnitt zu behandelnden Verben.
*** Den regierenden Verben auf *nâa* und *khîi* folgt in den allermeisten Fällen eine mit *cà?* eingeleitete Verbalphrase; einmal mehr zeigt sich *cà?* hier als Zeichen der Einbettung und als Zeichen der Zukunft (vgl. S.345f.). Ein Beispiel:
  (267) *nâaklua cà?* paj mâj than.
    befürchten TAM gehen Neg ankommen, einholen, zur Zeit
    Ich fürchte, ich komme nicht rechtzeitig an. (Noss 1964:123)

(271) thâa khruu *khўyn* hâj kaan-bâan mâag-mâag jaɲíi,
wenn Lehrer s.oben geben Hausaufgaben viel so sehr

chán cà? *klêɛŋ* tham sòŋ-dèed. (Noss 1964:134)
ich TAM vortäuschen machen nur noch
Wenn der Lehrer daran festhält, so viel Hausaufgaben zu geben, dann werde ich nur noch so tun, als ob ich sie machte.

Auch im Thai erscheinen oft mehrere Verben völlig natürlich hintereinander. Dellinger (1975:97f.) liefert einige interessante Anhaltspunkte für die Regeln, die hinter der sehr reichen Anzahl von Kombinationsmöglichkeiten stehen; allerdings muß man hier wohl in gleicher Weise wie beim Khmer (vgl. S.437f.) einräumen, daß man noch weit von einem Durchblick entfernt ist. Immerhin gilt aber auch hier die von Matisoff (1969) aufgestellte Regel, daß Verben allgemeineren Inhalts vor Verben spezifischeren Inhalts erscheinen. Zum Abschluß möchte ich hier einige Beispiele zur Illustration folgen lassen:

(272) kháw *jàag* *rɜ̂ǝm* rian. (vgl. Khmer, Bsp. (307))
er wollen anfangen lernen
Er will zu lernen anfangen.

(273) kháw *jàag* *phajaajaam* khĭan naŋsўy.
er wollen versuchen schreiben Buch
Er will versuchen, ein Buch zu schreiben.

(274) kháw *mua* *klêɛŋ* tɛ̀ɛ thĭaŋ. (Dellinger 1975:97)
er stur fortfahren vortäuschen nur streiten
Er blieb dabei, vorzugeben, er streite / Er blieb stur dabei, so zu tun, als ob er streite.

5.2. Die Pivotal-Konstruktion

Wie das Khmer kennt auch das Thai nur eine relativ geringe Anzahl von Verben, die sich an einer Pivotal-Konstruktion beteiligen können. Dieses Faktum hängt gleichfalls damit zusammen, daß die meisten Verben des Befehlens, Anordnens, Sagens zusätzlich mit dem Kausativ-Verb *hâj* (vgl. Khmer *ʔaoy*) verbunden sind, wenn dem Hauptverb ein zur Handlung veranlaßter nominaler Aktant nachfolgt. Die wichtigsten Beispiele zur Pivotal-Konstruktion sind daher nur etwa die folgenden (zum Khmer vgl. S.438f.):

1. *mɔɔŋ* (sehen, anschauen), *hĕn* (sehen)*

(275) phŏm *mɔɔŋ* kháw lên dontrii. (Noss 1964:125)
ich sehen er spielen Musik
Ich sah ihn Musik spielen. (beobachtete ihn)

(276) phŏm *hĕn* kháw lên dontrii. (ibid.)
ich sehen er spielen Musik
Ich sah ihn Musik spielen.

---

* Noss ((1964:125) sagt, daß alle von ihm unter der Rubrik "completive verbs" aufgeführten Verben, wozu auch *mɔɔŋ, hĕn, faŋ* und *dôjjin* gehören, ganze Prädikationen nach sich tragen können. Dies scheint mir aber bei der Durchsicht des Materials kaum zutreffend. Außer den vier hier zitierten Verben dürften wohl keine weiteren in Frage kommen.

2. *faŋ* (hören, zuhören), *dâjjin* (hören)*

(277) phŏm *faŋ* kháw lên   dontrii. (Noss 1964:126)
ich   hören er   spielen Musik
Ich höre ihn Musik spielen. (hörte ihm zu)

(278) phŏm *dâjjin* kháw lên   dontrii. (ibid.)
ich   hören er   spielen Musik
Ich höre ihn Musik spielen.

3. *chûaj* (helfen)

(279) phŏm *chûaj* khun-mêɛ-khun-phɔ̂ɔ tham-naa.
ich   helfen Mutter-Vater   machen-Feld
Ich helfe den Eltern bei der Feldarbeit.

4. *chəən* (einladen), *chuan* (einladen)

(280) raw jàag-cà? *chəən*   khun maa   bâan raw.**
wir wollen einladen du   kommen Haus wir
Wir wollen dich zu uns nach Hause einladen.

(281) raw *chuan* khun ?ɔ̂ɔj lên-phâj.**
wir einladen   Name spielen-Karten
Wir laden Ooy zum Kartenspiel ein.

Das Verb *khɔ̌ɔ* (bitten) gehört im Gegensatz zu seinem Bedeutungsäquivalent *so:m* im Khmer (vgl. S.439) nicht zu den Verben, die eine Pivotal-Konstruktion zulassen. *khɔ̌ɔ* kann zwar als regierendes Verb eine Verbalphrase nach sich tragen, wird aber ein zur Verbalhandlung aufgeforderter Aktant ausgesetzt, so muß dieser mit *hâj* eingeleitet werden:

(282) *khɔ̌ɔ hâj* khun paj   talàad.
bitten daß   du   gehen Markt
Bitte geh zum Markt!

Das folgende Verb reicht bereits in den Bereich der Kausativität:

5. *cháj* (schicken, senden)

cháj mit der Grundbedeutung "verwenden, gebrauchen" kann in der Bedeutung von "schicken, senden" auch in der Pivotal-Konstruktion erscheinen, sofern das nachgestellte Nomen menschlich oder zumindest belebt ist***:

(283) sùdaa *cháj*   dɛɛŋ hŭŋ   khâaw. (Pongsri 1970:80)
Name verwenden Name kochen Reis
Sudaa ließ Deng den Reis kochen.

---

*   s. Anm* auf der vorangehenden Seite.
**   Als synonyme Alternative zu (280) und (281) existiert die Struktur mit *hâj* als konjunktionalem Verb:
     (280a) raw jàag-cà? chəən (khun) *hâj* khun maa bâan raw.
     (281a) raw chuan (khun-?ɔ̂ɔj) *hâj* khun-?ɔ̂ɔj lên-phâj.
*** Mit unbelebten Nomina gelangen wir in den Bereich des Instrumentals (vgl. Abschnitt 4.7.).
     Daneben kann *cháj* praktisch ohne Bedeutungsänderung mit dem konjunktionalen Verb *hâj* vorkommen:
     (283a) sùdaa *cháj hâj* dɛɛŋ hŭŋ khâaw. bzw.
     (283b) sùdaa *cháj* dɛɛŋ *hâj* hŭŋ khâaw.

5.3. *tham, hâj, thamhâj* und die Kausativität

Zum Thema Kausativität finden wir bei Pongsri (1970:79-90), Needleman (1973:63-73) und Salee (1982:103-122, 159-67) nennenswerte Beiträge. Der klarste und differenzierteste Beitrag ist eindeutig der von Salee, dem wir in diesem Abschnitt im wesentlichen folgen werden.

Die hier aufgeführten Konstruktionen richten sich nach den folgenden Mustern:

(I) N_1 V_1 N_2 V_2 (N_3)
            tham
            hâj

(II) N_1 V_1 V_2 N_2 V_3 (N_3)
            tham hâj

Im Unterschied zum Khmer (vgl. S. 439f.), das nur *ʔaoy* und *thvɨ̀:-ʔaoy* kennt, finden wir im Thai drei Verben im Bereich der Kausativität als V_1 bzw. V_1- V_2: *tham, hâj* und *thamhâj*. Diese sollen nun auf ihre Kombinierbarkeit mit möglichen V_2 bzw. V_3, auf ihren kausativischen Charakter und auf ihr syntaktisches Verhältnis zu V_2 bzw. V_3 genauer untersucht werden:

1. *tham*

Dieses Verb erscheint nur bei einer relativ geringen Anzahl von Zustandsverben, die bei belebtem N_2 einen psychischen und bei unbelebtem N_2 einen physikalischen Zustand beschreiben. Diese erscheinen zudem meist nur mit einem Aktanten, so daß insbesondere ein ausgesetztes Agens nur in der *tham*-Konstruktion möglich ist*:

(284)   dεεŋ   *tham*   kɛ̂εw tɛ̀εg. (Salee 1981:103)
        Name machen   Glas brechen
        Deng zerbricht das Glas.

(285)   dεεŋ   *tham*   dèg tòg-caj.
        Name machen Kind erschrocken
        Deng erschreckt das Kind.

Die mit *tham* auftretenden Zustandsverben gehören mit der Terminologie von Boonyapatipark (1983, vgl. oben S.327f.) zu den folgenden drei Kategorien: *verbs expressing transitory attitudes and feelings* (1.2.3.), *verbs which take either an animate or inanimate subject* (3.2.), *verbs which take only an inanimate subject* (3.3.). Salee (1982:211) liefert die folgende ziemlich komplette Liste der möglichen V_2:

tɛ̀εg (gebrochen sein), *lôm* (sinken), *phaŋ* (zusammenfallen, einstürzen), *lɔ́ʔ* (dreckig sein), *prɔ̀ʔ* (bespritzt, beschmutzt), *pŷan* (einen Fleck haben), *róg* (unordentlich, durcheinander), *khàad* (zerrissen sein), *hàg* (gebrochen sein), *sĭa* (defekt sein), *pə̀əd* (offen sein), *pìd* (geschlossen sein), *khlooŋ* (wanken, schaukeln), *pìag* (naß sein), *sògkapròg* (dreckig sein), *dii-caj* (erfreut sein), *sĭa-caj* (Bedauern empfinden), *pralàad-caj* (erstaunt sein), *tòg-caj* (erschrocken sein), *talyŋ* (id.), *sĭa-nâa* (das Gesicht verlieren), *lòn* (herunterfallen [von Blättern, Früchten, etc.]), *hăaj* (fehlen), *ʔaaj* (scheu, schüchtern sein).

---

* Bei Verben wie *pə̀əd* (öffnen), die transitiv und intransitiv sein können, ergeben sich daraus zwei syntaktische Möglichkeiten, deren Bedeutungsunterschied bei Needleman (1973:66f.) dargestellt ist:
  (286)   kháw *pə̀əd* pratuu.
  (287)   Kháw *tham(hâj)* pratuu *pə̀əd*.

Aufgrund verschiedener syntaktischer Tests kann Salee zeigen, daß *tham* mit V_2 eine feste Einheit, eine einfache Konstruktion bildet, daß V_2 also mit anderen Worten nicht regiert ist (ich habe *tham* trotzdem der Vollständigkeit halber hier im Abschnitt über Kausativität aufgeführt):

1. Die Aussetzung des Reflexivums *tua-?eeŋ* (sich selbst) ist bei der Identität von N_1 und N_2 obligatorisch:

    (288) dεεŋ tham   *tua-?eeŋ* sǐa-nâa.
    >Name machen er selbst verlieren-Gesicht
    >Deng hat seinen Gesichtsverlust selber verursacht. (Salee 1982:105)

    Dieser Vorgang, den Salee Reflexivisierung (*reflexivization*) nennt, ist nur bei einfachen Sätzen obligatorisch, nicht jedoch bei komplexen.

2. Das adverbiale Reflexivum *?eeŋ* kann sich nur auf die ganze Konstruktion *tham – V_2* beziehen:

    (289) dεεŋ *tham* dèg tòg náam *?eeŋ*.
    >Name machen Kind fallen Wasser
    >Deng hat selber dafür gesorgt, daß das Kind ins Wasser fiel.
    >jedoch nicht: Deng hat dafür gesorgt, daß das Kind zufälligerweise ins Wasser fiel.

3. Das in 2. Gesagte gilt nicht nur für *?eeŋ*; verbmodifizierende Ausdrücke beziehen sich generell auf die gesamte Konstruktion:

    (290) dεεŋ *tham* kêεw tèεg *mŷa-waan-nǔi*.
    >Name machen Glas brechen gestern
    >Deng hat das Glas gestern zerbrochen.

4. Weiter steht beispielsweise die Negation *mâj* nur vor der ganzen Konstruktion, nie jedoch vor V_2:

    (291) dεεŋ *mâj tham* kêεw tèεg. (Salee 1982:109)
    >Name Neg machen Glas brechen
    >Deng hat das Glas nicht zerbrochen.

    Nicht jedoch: (291')*dεεŋ *tham* kêεw *mâj* tèεg.

5. Schließlich weisen auch die möglichen Antworten auf Ja/Nein-Fragen eindeutig auf *tham - V_2* als zusammengehörige Konstruktion (Salee 1982:111f.).

2. *hâj* (geben; zulassen, erlauben)

Auch im Thai ist die Bedeutung des Vollverbs *hâj* analog zu *?aoy* im Khmer (vgl. S.439f.) zu stark, als daß sich eine rein kausativische Funktion herausgebildet hätte. Dies führte Gorgoniev zurecht dazu, im Khmer von einer "Konstruktion des Veranlassens" (*pobuditel'naja konstrukcija*) zu sprechen. Salee führt aus dem gleichen Grund die Bezeichnung *manipulative construction* ein.

In der Konstruktion mit *hâj* kommen nur dynamische Verben als V_2 in Frage, so daß in dieser Konstruktion ein fakultatives N_3 erscheinen kann. Dabei ist *hâj* im Bereich der dynamischen Verben kaum an Grenzen gebunden, also weitgehend produktiv. Wie die bei *tham* angewandten syntaktischen Kriterien zeigen, unterscheidet sich *hâj* ziemlich stark von *tham*:

1. Wenn $N_1 = N_3$ ist, ist die Setzung des Reflexivums optional, d.h. statt *tua-ʔeeŋ* könnte an der Stelle N_3 auch das Personalpronomen *kháw* (er) stehen:

(292a) dɛɛŋᵢ *hâj* dam chûaj *tua-ʔeeŋᵢ*.
Name lassen Name helfen selber
Deng läßt sich von Dam helfen.

(292b) dɛɛŋᵢ *hâj* dam chûaj *kháwᵢ* .
id.

2. *ʔeeŋ* steht in einem weiten oder einem nahen Skopus, d.h. es bezieht sich entweder auf V_1 oder auf V_2:

(293) dɛɛŋ *hâj* dam thamŋaan *ʔeeŋ*.
Name lassen Name arbeiten
- Deng läßt Dam ohne weiteres arbeiten.
- Deng läßt Dam selber arbeiten. (Salee (1982:115)

3. Analog zu *ʔeeŋ* zeigen auch andere verbmodifizierende Ausdrücke einen nahen und einen fernen Skopus:

(294) dɛɛŋ *hâj* dam paj tɔɔn-bàaj.
Name lassen Name gehen Nachmittag
- Am Nachmittag läßt Deng Dam gehen.
- Deng läßt zu, daß Dam am Nachmittag geht. (Salee 1982:119)

4. Auch die möglichen Antworten auf Ja-/Nein-Fragen zeigen den gleichen Befund wie die Kriterien 1.–3.*

Aus diesen Kriterien wird ersichtlich, daß V_2 vom Verb *hâj* regiert wird, daß also die Konstruktion *hâj* – V_2 im Gegensatz zu der einfachen Konstruktion *tham* – V_2 komplex ist.

3. *thamhâj*

Auch bei *thamhâj* haben wir es – wie Salee (1982:159–67) zeigt – mit einer komplexen Konstruktion zu tun. Ich will jedoch Salees ausführliche Vorgehensweise hier aus Platzgründen nicht weiter verfolgen. Wichtig ist die Tatsache, daß *thamhâj* im Gegensatz zu den anderen beiden hier besprochenen Verben ganz und gar produktiv ist, also jede Kategorie Verb als V_3 nach sich tragen kann:

(295) dɛɛŋ *thamhâj* faj mâj bâan.
Name machen Feuer anzünden Haus
Deng bewirkte, daß das Feuer das Haus anzündete. (Salee 1982:162)

(296) dɛɛŋ *thamhâj* dam tòg tônmáaj.
Name machen Name fallen Baum
Deng machte, daß Dam vom Baum fiel. (Salee 1982:163)

(297) wichaa *thamhâj* kə̀əd panhăa.
Wissenschaft machen entstehen Probleme
Wissenschaft läßt Probleme entstehen.

---

* Die Negation *mâj*, die Salee hier nicht mehr in die Diskussion miteinbezieht, ist bei *hâj* vor V_1 und V_2 mit entsprechender Bedeutungsänderung des Satzes möglich.

(298) khwaam-rág *thamhâj* kháw taa-bɔ̀ɔd.
       Liebe   machen er blind
       Die Liebe macht ihn blind. (Kamchai 1952:289)

(299) săahèed thîi *thamhâj* tônkhâaw mâj carəən   ŋɔ̂ɔg-ŋaam ...
       Grund   Rel machen Reispflanze Neg entwickeln wachsen
       die Ursachen, die bewirkten, daß sich die Reispflanzen nicht gut entwickelt haben (Direkchai 1973:186)

Damit ist *thamhâj* auch bei Verben, die mit *tham* alleine vorkommen können, als Variante zugelassen, wobei *thamhâj* mehr Gewicht auf die bewußte Auslösung der Verbalhandlung von V_3 legt. Dies meint auch Needlemen (1973:67), wenn sie sagt:

"if *hâj* is present the agent may or may not have acted deliberately, but if *hâj* is *not* present, the act must have been the *accidental* cause of the result."

Die Negation *mâj*, die bei *tham* nur gerade vor *tham*, nicht aber vor V_2 auftritt, kann in der Konstruktion mit *thamhâj* an drei Stellen erscheinen, wie Needleman (1973:67f.) zeigt:

(300a) kháw *mâj* thamhâj pratuu pə̀əd.
(300b) kháw tham *mâj* hâj pratuu pə̀əd. (Er öffnete die Tür nicht.)
(300c) kháw thamhâj pratuu *mâj* pə̀əd.

(a) verneint den ganzen Satz, während (b) und (c) nur den Effekt verneinen, d.h. sie besagen zwar, daß das Agens etwas getan hat, dieses jedoch keine Wirkung zeitigte. Schließlich bedeuten (b) und (c) auch, daß die Absicht zur Verhinderung der Handlung von V_3 besteht.

Betrachten wir zum Abschluß die drei Verben noch einmal zusammenfassend. Es scheint, daß sich das Kausativ im engeren Sinne allein mit *tham* ausdrücken läßt. *thamhâj* kann diese Aufgabe wohl auch übernehmen, doch steht es zu V_3 bereits im regierenden Verhältnis und läßt somit einen breiteren Interpretationsbereich zu. Bei *hâj* schließlich schimmert die Bedeutung des homonymen Vollverbs "lassen, zulassen, erlauben" durch. Auch *hâj* ist zudem regierend. Ordnet man die drei Verben nach ihrer Produktivität, so erscheint zuerst *thamhâj*, das sich mit praktisch allen Verben kombinieren läßt, gefolgt von *hâj*, das nur mit dynamischen Verben vorkommt. Am Schluß finden wir *tham*, das nur mit einigen wenigen Verbkategorien vorkommt.

Vergleichen wir diese Verben mit Khmer *ʔaoy* und *thvɤ̀:-ʔaoy*, so fällt auf, daß im Khmer eine Entsprechung für *tham* fehlt; diese Funktion wird von *thvɤ̀:-ʔaoy* übernommen, so daß dieses einerseits den Kausativ im engeren Sinne ausdrückt, andererseits aber auch ein weiteres Funktionsspektrum umfaßt. *ʔaoy* schließlich entspricht ziemlich genau *hâj*.

5.4. *hâj* als konjunktionales Verb

Dieser Abschnitt ist zur Hauptsache von Salee (1982:144–59) inspiriert, fügt aber im Unterschied zu dieser Arbeit das als zentral betrachtete *hâj* mit seiner reichen funktionalen Bandbreite in den Rahmen eines Kontinuums Verb – konjunktionales Verb ein. Gegen das konjunktionale Ende des Kontinuums hin werde ich zudem weiteres, von Salee nicht geliefertes Material heranziehen.

Grundsätzlich handelt dieser Abschnitt von Sätzen der folgenden Struktur:

(N$_1$) V$_1$ (N$_2$) V$_2$ (N$_3$) V$_3$ (N$_4$)
   hâj

Dabei beschränkt sich V$_2$ auf das Verb *hâj*, während V$_1$ Verben des modalen Bereichs, Verben des Sagens/Anordnens/Befehlens und einige weitere Verben umfaßt, die in der folgenden Liste aufgeführt sind:

1. *tɔ̌ŋkaan* (müssen, nötig sein), *jàag* (wollen).

2. *bɔ̀ɔg* (sagen), *tyan* (erinnern, ermahnen), *sàŋ* (befehlen), *baŋkháb* (zwingen), *nɛ́?-naam* (raten, empfehlen, anweisen), *jú?* (drängen, nötigen, antreiben), *waan* (fragen [um einen Dienst]), *khɔ̌ɔ* (fragen, bitten), *khɔ̌ɔ-rɔ́ɔŋ* (fragen [um einen Dienst]), *cháj* (verwenden, schicken; vgl. oben S.378).

3. *chəən* (einladen), *chuan* (einladen).

4. *tham* (machen, tun).

Die drei Verben *jàag*, *tɔ̌ŋkaan* und *bɔ̀ɔg* lassen *hâj* in zweierlei Funktionen erscheinen: einmal läßt sich *hâj* als vollsemantisches V$_2$, das von V$_1$ regiert wird und seinerseits ein regiertes V$_3$ nach sich trägt, interpretieren.

Andererseits läßt sich *hâj* auch als ziemlich stark entsemantisiertes konjunktionales Verb verstehen. Im ersten Fall ist *hâj* lautlich komplett realisiert, während es im zweiten Fall besonders bezüglich Ton reduziert ist:

(301) dɛɛŋ jàag hâj dam paj.
Name wollen Name gehen
— Deng will es zulassen, daß Dam geht.
— Deng will, daß Dam geht. (Salee 1982:151)

(302) dɛɛŋ bɔ̀ɔg hâj dam paj.
Name sagen Name gehen
— Deng sagt Dam, er gebe ihm die Erlaubnis zu gehen.
— Deng sagt Dam, er solle gehen. (ibid.)

Wie wir im vorangegangenen Abschnitt gesehen haben, bestehen bei *hâj* als Zeichen des Veranlassens Restriktionen bei der Selektion von V$_3$, das ein dynamisches Verb sein muß. Diese Restriktion gilt auch bei den meisten oben aufgezählten V$_1$. Ausnahmen sind lediglich *jàag* und das bereits aus dem letzten Abschnitt bekannte *tham* in *thamhâj*, bei denen keinerlei Verben aus der Position V$_3$ ausgeschlossen sind:

(303) dɛɛŋ jàag hâj dam nỳaj.
Name wollen Name müde
Deng will/wünscht, daß Dam müde sei. (Salee 1982:153)

Bei diesen beiden Verben verliert damit *hâj* an semantischem Gehalt, so daß es praktisch die Funktion einer Konjunktion übernimmt.

Aus dem bisher Gesagten läßt sich ein Kontinuum Verb – konjunktionales Verb je nach Kontext von *hâj* herleiten:

Vollverb: mit *jàag*, *tɔ̌ŋkaan*, *bɔ̀ɔg* als V$_1$ in der Bedeutung von "zulassen"

Zeichen des Veranlassens: mit *bɔ̀ɔg*, *tyan*, *sàŋ*, *baŋkháb*, *nɛ́?-naam*, *jú?*, *chəən*, *chuan*, usf. als V$_1$ und dynamischen Verben als V$_3$

konjunktionales mit *jàag* und *tham* als V_1 ohne Restriktionen bezüglich V_3
Verb:

In der Funktion als konjunktionales Verb beschränkt sich *hâj* nun durchaus nicht auf die oben unter V_1 aufgeführten Verben. Dabei bleiben oft die beiden Bedeutungen von "geben" (in Bsp. (306)) bzw. "veranlassen" (in Bsp. (304) und (305)) erhalten:

(304) dεεŋ phûud *hâj* dem kròod.
Name reden Konj Name wütend
Deng spricht, um Dam wütend zu machen. (Salee 1982:255)

(305) kháw ?aw lûug-bɔɔn khwâaŋ *hâj* khoom-tâŋ tòg.
er nehmen Ball werfen Konj Lampe fallen
Er nahm den Ball und warf ihn, um die Lampe zum herunterfallen zu bringen.
(Noss 1964:161)

(306) khun-phɔ̂ɔ sâaŋ bâan *hâj* lûug jùu.
Vater bauen Haus Konj Kind wohnen
Der Vater baut den Kindern ein Haus zum wohnen/...baut ein Haus, damit die Kinder darin wohnen.

Schließlich dient *hâj* zur Einleitung von adverbialen Ausdrücken:

(307) tii man *hâj* rεŋ-rεεŋ nág. (Noss 1964:161)
schlagen es fest sehr
Schlage es fest.

Damit übernimmt *hâj* auch Funktionen von *dooj* (vgl. S.375) und *jàaŋ* (Art und Weise), hebt aber im Unterschied zu diesen das gezielte Bewirken des adverbialen Ausdrucks, den dahinter stehenden Bewußtseinsakt, besonders hervor.

5.5. ?aw als konjunktionales Verb

Bis jetzt haben wir *?aw* bereits in sehr vielen Funktionen angetroffen:

1. als Verb mit der Bedeutung "nehmen"
2. als Verb in Kombination mit einem direktionalen Verb in der Bedeutung von "nehmen, bringen"
3. in der erweiterten serialen Einheit mit "nehmen" (*?aw...maa/paj* – V), hauptsächlich instrumental und zur Voranstellung eines Objekts

Im Unterschied zu *hâj*, das von seiner Vollverbbedeutung "zulassen, veranlassen, erlauben" her eher ausdrückt, daß der ihm untergeordnete Satz bewußt und gezielt erfolgt, betont *?aw* als konjunktionales Verb die Konsequenz der nachfolgenden Handlung aus der vorhergehenden, ohne daß dabei ein bewußter Akt des Bewirkens mitverstand wird:

(308) kháw ?aw lûug-bɔɔn khwâaŋ *?aw* khoom-tâŋ tòg.
er nehmen Ball werfen Konj Lampe fallen
Er warf den Ball und die Lampe fiel herunter. (Noss 1964:161) (vgl. Bsp. (305))

Wie *hâj* kann auch *?aw* adverbiale Ausdrücke markieren, wobei auch hier das Moment des bewußten Tuns entfällt:

(309) man tii   chán ʔaw rɛŋ-rɛɛŋ.
      es schlagen ich   heftig
      Es schlug mich heftig. (Noss: ibid.) (vgl. Bsp. (307))

5.6. Einige weitere konjunktionale Verben

Das Thai verfügt neben den bereits behandelten konjunktionalen Verben *lɛ́ɛw*, *hâj* und *ʔaw* über eine beträchtliche Anzahl weiterer konjunktionaler Verben. Diese seien im Folgenden kurz dargestellt:

1. *wâa*

Als Vollverb bedeutet *wâa* "sagen"; es leitet sich möglicherweise aus chinesisch *huà* (Rede, Sprechen; sagen: vgl. Prapin 1975:353, Nr.579) ab:

(310)   dɛɛŋ *wâa* dam thamŋaan ráan-naŋsy̌y.
        Name sagen Dam arbeiten Laden-Buch
        Deng sagte, daß Dam in einer Buchhandlung arbeitet. (Salee 1982:169)

Zudem zeigt sich *wâa* in vielen Kombinationen mit anderen Verben oder Nomina in verschiedenen Bedeutungsnuancen:

(311)   *wâa-klàaw* (sagen – sagen = ermahnen, tadeln), *wâa-kaan* (sagen – Angelegenheit = etw. verwalten, leiten), *wâa-khwaam* (sagen – Fall [vor Gericht] = etw. vertreten [vor Gericht], als Schiedsrichter in einem Rechtsstreit walten), *wâa-ŋâaj* (sagen – leicht = gehorsam, gefügig), *wâa-câaŋ* (sagen – anstellen = einstellen, engagieren), *wâa-tàaŋ* (sagen – an Stelle von = für jdn. [vor Gericht] reden), *wâa-taam* (sagen – folgen = jdm. nachsprechen), *wâa-mâj-faŋ* (reden – Neg – hören = ungehorsam/ ungezogen), *wâa-jâag* (reden – schwierig = unfolgsam), *wâa-râadchakaan* (sagen – Verwaltungsdienst = Staatsangelegenheiten verwalten), usf.

Als konjunktionales Verb verliert *wâa* jegliche verbale Eigenschaft, wie Salee (1982: 167–77) gezeigt hat. In dieser Funktion dient *wâa* lediglich als *Zitierform* zur Wiedergabe eines festgestellten Sachverhalts; wir finden *wâa* daher besonders bei Verben des Sagens, des Vermutens und des Wahrnehmens*:

phûud (sagen), *bɔ̀ɔg*** (sagen, berichten), *klàaw* (sagen), *lâw* (berichten), *thǎam* (fragen), *tɔ̀ɔb* (antworten), *tyan* (ermahnen, erinnern), *khíd* (denken), *fǎn* (träumen), *rúu/sâab* (wissen), *khâw-caj* (verstehen), *náb* (betrachten als, halten für, glauben daß), *thy̌y* (id.), *praakòd* (es scheint, daß), *rúu-sỳg* (fühlen), *hěn* (sehen), *duu* (sehen), usf.

(312)   kháw bɔ̀ɔg phǒm *wâa* paj mâj dâj.
        er sagen ich   Zit gehen Neg TAM
        Er sagte mir, er könne nicht gehen.

(313)   kháw sǎŋkèed hěn *wâa* pratuu jaŋ mâj pìd.
        er   feststellen sehen Zit Tür   TAM Neg geschlossen
        Er stellte fest, daß die Tür noch nicht geschlossen war.

---

*   Zuweilen erscheint *wâa* auch bei N zum Zwecke des Zitierens: *kham wâa X* – "das Wort X"
** Bei Verben wie *bɔ̀ɔg* leitet *wâa* lediglich eine Feststellung als Zitat ein, während im Unterschied hierzu *hâj* das Moment der Aufforderung mitenthält.

2. *thy̆ŋ*
thy̆ŋ haben wir oben bereits als Vollverb und als Co-Verb (vgl. S.364f.) in der Bedeutung von "ankommen, erreichen; bis zu" kennengelernt. Als konjunktionales Verb erfüllt *thy̆ŋ* zwei Funktionen:
   a. Zu Beginn eines Nebensatzes markiert es den Konzessiv:
   (314) *thy̆ŋ* kháw pen nág-muaj, chán kô   mâj klua   kháw.
         Konj er   sein Boxer   ich Konj Neg fürchten er
         Obschon er Boxer ist, fürchte ich mich nicht vor ihm. (Kamchai 1952:346)

   b. An zweiter Stelle nach der Subjektsposition entspricht *thy̆ŋ* etwa deutsch "dann, folglich, schließlich, also". In diesem Zusammenhang gibt z.B. Haas (1964:120) *cyŋ* als eleganteres Synonym zu *thy̆ŋ*. Es scheint, daß diese Form lautlich aus *thy̆ŋ* hervorgegangen ist.
   (315) mýa hĕn wâa phŷan mâj jùu,   kháw *thy̆ŋ* klàb   bâan.
         als sehen Zit Freund Neg da sein er   also zurückkehren Haus
         Als er sah, daß sein Freund nicht da war, ging er also/folglich nach Hause zurück.
         (Noss 1964:182)
   (316) kháw mii   wăjphríb,   kháw *cyŋ*   plɔ̀ɔd-phaj.
         er   haben Geistesgegenwart er   daher sicher
         Er hat Geistesgegenwart, also kann ihm nichts passieren. (Kamchai 1952:346)

3. *mўan*
Dieses Lexem kennen wir bereits als Vollverb und als Co-Verb (vgl. S.370). Auch in seiner Funktion als konjunktionales Verb schimmert seine Bedeutung von "gleich sein, ähnlich sein; wie" deutlich durch:
   (317) kháw dəən rew   *mўan* máa wîŋ.
         er   gehen schnell wie Pferd rennen
         Er geht so schnell wie ein Pferd läuft. (Kamchai 1952:347)

4. *samràb*
kommt wie *thy̆ŋ* und *mўan* als Vollverb und als Co-Verb vor (vgl. S.367f.). Als konjunktionales Verb finden wir seine Vollverbbedeutung von "gebrauchen für, dienen als" in seiner finalen Funktion wieder:
   (318) kháw plùug   tônmáaj wáj   *samràb* duu   lên.
         er   pflanzen Baum   aufbewahren   sehen spielen
         Er pflanzt Bäume auf, um sie zu seiner Freude zu betrachten. (Kamchai 1952:301)

5. *phɔɔ*
bedeutet als Vollverb "genug sein, genügen". In der Funktion als konjunktionales Verb bedeutet es "sobald":
   (319) *phɔɔ* fŏn   tòg   kô   cà? paj.
         sobald Regen fallen dann Fut gehen
         Sobald es regnet, werde ich gehen. (Upakit 1955:205)
   (320) *phɔɔ* chán khĭan   naŋsŷy lɛ́ɛw kô   nɔɔn.
         sobald ich   schreiben Buch TAM dann schlafen
         Sobald ich fertig geschrieben habe, gehe ich schlafen. (Kamchai 1952:346)

VI. Khmer

1. Einleitung

In diesem Abschnitt sollen einige Charakteristika des Verbs im Khmer erörtert werden, die es uns erlauben sollen, hernach zur Darstellung der Verbserialisierung und der Grammatikalisierung überzugehen. Wir beginnen in einem ersten Punkt mit einer kurzen Besprechung der Wortfolge. Einen zweiten Punkt werden wir der Beschreibung der statischen Verben widmen, die im weiteren Verlauf der Arbeit nur noch sporadisch erwähnt werden, um in einem dritten Punkt auf die dynamischen Verben und deren Valenz im Rahmen von transitiv/intransitiv und kausativ näher einzugehen. Den Abschluß bildet eine kurze Behandlung der dreiwertigen Verben.

1. Die unemphatische – also normale, unmarkierte – Wortfolge in einem Satz des Khmer lautet SVO. Fällt die Emphase auf das Objekt, so kann dieses in die Topikposition vor das Subjekt zu stehen kommen:

(1a) ?o:pùk khɲom lùək trʏy nùh.
Vater ich verkaufen Fisch Dem
Mein Vater verkauft diese Fische.

(1b) trʏy nùh ?o:pùk khɲom lùək.
Fisch Dem Vater ich verkaufen
Diese Fische verkauft mein Vater.

Dabei entsteht zwischen der Topikposition und dem Rest des Satzes eine kurze Pause, wobei die Satzintonation am Ende des in Emphase gesetzten Komplexes hoch ist.

Auch Subjekte lassen sich in die Topikposition setzen, sie werden aber dann von einem entsprechenden Pronomen in der Subjektsposition wiederaufgenommen:

(1c) ?o:pùk khɲom kɔ̀ət lùək trʏy nùh.
Vater ich er verkaufen Fisch Dem
Mein Vater verkauft diese Fische.

2. Auch im Khmer gilt die Unterscheidung von statischen und dynamischen Verben. Ein sehr zweckmäßiges Unterscheidungskriterium führt Huffman (1967:164) an: Während Verben generell im Rahmen von *mùn...tè:* (*mùn* = Negation, *tè:* = negative Satzendpartikel) anzutreffen sind, können nur die statischen Verben die Verstärkungspartikel *nas* (sehr) nach sich tragen. Die Liste der statischen Verben ist im Khmer sehr groß, so daß die folgende Aufzählung nur einige Beispiele zeigen kann:

thom (groß), *to:c* (klein), *l?ɔ:* (gut, schön), *?a:krɔk* (schlecht, böse), *vè:ŋ* (lang), *khlʏy* (kurz), *khpùəs* (hoch), *tì:əp* (niedrig), *chɲa:y* (fern), *cùt* (nahe), *thɲùən* (schwer) *sra:l* (leicht), *thmʏy* (neu), *cas* (alt), *thlay* (teuer), *thaok* (billig), usf.

Statische Verben für Farben:

sɔ: (weiß), *khmau* (schwarz), *krəhɔ:m* (rot), *hùəŋ* (gelb), *baytɔ:ŋ* (grün), *khiəv* (blau), usf.

Statische Verben sind im Gebrauch von TAM-Zeichen eingeschränkter als die meisten dynamischen Verben. So trifft man nur gerade *ba:n*, *nʏu* und *nùŋ* als Modifikatoren an (vgl. Gorgoniev 1966:205-7; zu den TAM-Zeichen s. S.406ff.):

(2) sëckdɤy sok(h)-sa:n(t) rəbɔs khmae(r) dael *ba:n* lbɤy-lba:ɲ
KN friedfertig Gen Khmer Rel TAM berühmt
soh-sa:y nùh
weitherum Dem
Die Friedfertigkeit der Khmer, die weitherum bekannt war.
(Gorgoniev 1966:206)

(3) Sɔkha: daoy cì:ə *nɤ́u* to:c mùən-tɔ̀ən sɔm?a:t khlu:ən...
Name weil sein TAM klein noch nicht waschen sich
Da Sokhaa noch klein ist, wäscht er sich noch nicht selber (ibid.)

(4) Vì:ə nùŋ thom.
er TAM groß
Er wird groß werden. (Gorgoniev 1966:207)

In der reduplizierten Form können die statischen Verben die Pluralität des determinierten Nomens bzw. des Subjekts in einem Satz zum Ausdruck bringen:

(5) kɔ̀ət sliək-pèək tae khao-?a:v *cas-cas*.
er tragen nur Kleid alt
Er trägt nur alte Kleider.

(6) sì:klo: rəbɔs lò:k soɪ̀-tae *thmɤy-thmɤy* tèəŋ-?ɔs.
Fahrrad Gen er alle/ausschließlich neu alle
Seine Fahrräder sind alle ausnahmslos neu. (Gorgoniev 1966:202)

Natürlich kann die Reduplikation jedoch auch bei statischen Verben die bei Verben allgemein übliche Intensivierung des Wortinhalts bewirken, die bis zu einem gewissen, allerdings sekundären Grad auch in den obigen beiden Beispielen mitschwingen mag:

(7) prəsa:t̀ mù:əy *khpùəs-khpùəs* vs. daəm-chɤ̀: *khpùəs-khpùəs*
Tempel ein hoch Baum hoch
ein sehr großer Tempel hohe Bäume (Jacob 1968:193)

In seltenen Fällen wie etwa bei der Reduplikation von *krahɔ:m* (rot) zu *krahɔ:m-krahɔ:m* (rötlich) kann der Wortinhalt auch abgeschwächt werden.
Die Steigerung der statischen Verben erfolgt mittels der Partikel *cì:əŋ*, die dem Verb nachgestellt wird. Wir erhalten also Sätze des folgenden Typs:

(8) kɔ̀ət khpùəs *cì:əŋ* khɲom.
er hoch als ich
Er ist größer als ich.

(9) phtɛ̀əh nìh l?ɔ: *cì:əŋ* phtɛ̀əh nùh.
Haus Dem schön als Haus Dem
Dieses Haus ist schöner als jenes.

cì:əŋ läßt sich jedoch nicht zur Definition von statischen Verben heranziehen, da diese Partikel auch bei dynamischen Verben vorkommt:

(10) vì:ə lè:ŋ *cì:əŋ* thvɤ̀:-ka:(r).
er spielen als arbeiten
Er amüsiert sich lieber, als daß er arbeitet. (Gorgoniev 1966:203)

Die Folge *cì:əŋ-kè:* mit dem unbestimmten Personalpronomen der dritten Person (*kè:* = jemand, man, sie [die anderen], alle, jedermann), die sich etwa mit "mehr als die anderen" übersetzen läßt, wird zum Ausdruck einer Art Superlativ herangezogen*:

(11) phtɛ̀əh thom *cì:əŋ-kè:*
Haus groß als-alles
das größte Haus

Schließlich sei noch erwähnt, daß es nebst den bis jetzt genannten statischen Verben, die attributiv und prädikativ vorkommen können, Sonderfälle gibt, die nur als nominale Attribute erscheinen, wie z.B. *ʔaetìət* (andere), *nìmù:əy* (jeder), *dɔtèy* (anderer, fremd), *dɔdael* (gleich), oder die nur als Modifikatoren von anderen Verben anzutreffen sind: Letztere werden in Abschnitt 3.1. (S.399f.) kurz behandelt.

3. Den Begriff der *Transitivität* müssen wir im Khmer in zweierlei Hinsicht modifizieren: Zum einen stellt dieser Begriff im Khmer nur eine Maximalformel dar, die besagt, daß ein Verb maximal zwei Aktanten bei sich tragen kann, die aber alle nicht gesetzt zu werden brauchen, wenn der Kontext genügend klar ist, und zum andern umfassen die semantischen Beziehungen zwischen dem Verb und dem Objekt ein sehr viel weiter gefaßtes Spektrum als dies etwa in unseren indo-europäischen Sprachen möglich ist. Beide Aspekte sollen im Folgenden eingehender besprochen werden. Es wird sich dabei zeigen, daß die hier aufgeworfenen Probleme sehr komplex sind und eigentlich in einer separaten Studie detaillierter dargestellt werden müßten; wir werden hier also nur eine Skizze liefern. Die Sekundärliteratur zu diesem Thema ist sehr gering. Als gut brauchbar erwies sich Jacob's (1978) skizzenhafter Aufsatz. Bei praktisch allen transitiven Verben braucht das Objekt, wenn es aus dem Kontext bekannt ist, nicht gesetzt zu werden. Trotzdem behält das Verb seine Transitivität bei, da das Objekt immer impliziert bleibt:

(12) kɔ̀ət baək (tvì:ə(r))
er öffnen (Tür)
Er öffnet die Türe. Er öffnet [sie].

Die meisten Verben funktionieren auf diese Weise. Anders verhält es sich allerdings im folgenden Beispiel, wo in (13b) sicherlich kein Objekt impliziert wird; hier haben wir es mit einer transitiven und einer intransitiven Vorkommensweise von *pɛ̀ɲ* (voll sein, füllen) zu tun:

(13a) tùk *pɛ̀ɲ* srae.
Wasser füllen Feld (Jacob 1978:95 u. 102f.)
Das Wasser füllt das Feld.

(13b) pè:ŋ nìh *pɛ̀ɲ* haəy.
Tasse Dem voll TAM
Diese Tasse ist voll.

In vielen Fällen stellt man fest, daß ein belebtes Subjekt bei zwei beteiligten Aktanten eine transitiv-aktivische Übersetzung erfährt, während ein unbelebtes Subjekt als einziger Aktant eine intransitiv-passivische Übersetzung nach sich zieht:

(14a) khɲom baək tvì:ə(r).
Ich öffne die Tür

---

* Weitere Superlativ-Zeichen sind: *lɨ̀:s-kè:* (*lɨ̀:s* = überschreiten), *dac(kè:)* (*dac* = brechen, intr.; abspalten, abgetrennt, separat), *bɔmphot* (jenseits von allen anderen: zu *phot* = aufhören, beenden, frei sein von).

(14b) tvì:ə(r) baək haəy.
Die Tür ist offen.

(15a) lò:k thvɤ̀: la:n   nɤ̀u ʔae na:?
Sie machen Wagen in in Quest
Wo ließen Sie Ihren Wagen reparieren?

(15b) la:n lò:k thvɤ̀: nɤ̀u ʔae na:?
Wo wurde Ihr Wagen repariert? (Ehrman 1972:54)

(16a) ʔo:pùk sɔŋ   phtɛ̀əh.
Vater bauen Haus
Vater baut ein Haus.

(16b) phtɛ̀əh sɔŋ   lɤ̀: cɔntùəl.
Haus   bauen auf Pfahl (Jacob 1978:98)
Das Haus ist auf Pfählen gebaut.

Daher ist ein Satz wie

(17) kɔ̀ət dën   pì: msɤl-mɛ̀ɲ
er vertreiben gestern

mit belebtem Subjekt in formalem Stil nur transitiv und aktivisch im Sinne von "er hat [ihn] gestern fortgejagt" zu verstehen, während die intransitivisch-passivische Interpretationsweise "er wurde gestern fortgejagt" nur in sehr umgangssprachlichem, in keiner Weise zur schriftlichen Fixierung vorgesehenem Khmer erlaubt ist. Somit entsteht aus der Möglichkeit des problemlosen Ausfallens eines nominalen Aktanten von uns aus gesehen eine schwerlich genau abgrenzbare Kombination von aktiv/passiv und transitiv/intransitiv, die bei jedem Verb je nach seiner Semantik, seinem intra- und extralinguistischen Kontext und dem Sprachstil (umgangssprachlich vs. formal) eine gewisse Bandbreite der Interpretation zuläßt.

Beim Khmer gesellt sich nun im Rahmen der Transitivität/Kausativität noch ein weiterer Faktor hinzu, der bei den übrigen hier zu beschreibenden Sprachen entfällt*, der aber im Khmer von einer gewissen Bedeutung ist. Wie wir aus dem Anhang I über die Morphologie des Khmer sehen, verfügt das Khmer über ein reichhaltiges Morpheminventar zur Markierung von transitiv/kausativ. So erhält z.B. das in (13) erwähnte Verb *pɛ̀ɲ* für den Fall, daß ein menschliches Agens die Verbalhandlung bewußt ausführt, das Präfix *bɔm-*:

(18) kɔ̀ət *bɔmpɛ̀ɲ* dɔ:p.
er füllen Krug
Er füllt den Krug. (Jacob 1978:102)

Ein weiteres Beispiel sei hier aus der Fülle der Möglichkeiten herausgegriffen:

(19a) khsae nìh *dac*** haəy.
Seil Dem reißen TAM
Dieses Seil ist gerissen.

---

*   Das Thai hat zwar einige mit Khmer-Affixen versehene Verben entlehnt, doch betrachte ich diese Fälle als zu bedeutungslos, um sie im entsprechenden Abschnitt zum Thai zu behandeln (s.S.329).

** *dac* kommt nur noch in einigen VO-Fügungen als scheinbar transitives Verb vor: *dac cɤt(t)* (*cɤt(t)* = Herz; s. entscheiden), *dac khyɔl* (*khyɔl* = Wind, Atem; vom Atem abgeschnitten werden, sterben), *dac dɔɲhaəm* (*dɔɲhaəm* = Atem; sterben).

(19b) khɲom ba:n *phdac* khsae nìh.
       ich TAM zerreissen Seil Dem
       Ich habe dieses Seil zerrissen.

Läßt man nun – wie dies z.B. als Antwort auf eine Frage ohne weiteres möglich ist – die nominalen Aktanten weg, so erhalten wir:

(14c) ba:t, baək. (Ja, [ich] habe [sie] geöffnet.)
               (Ja, [sie] ist offen/ wurde geöffnet.)
               (Ja, [sie] ist aufgegangen.)

(19c) ba:t, phdac. (Ja, [ich] habe [es] zerrissen.)

Das erste Beispiel erlaubt eine aktivische und eine passivische Interpretation, während (19c) mit der Präfigierung von *p*- eindeutig auch bei nicht gesetztem Patiens nur aktivisch und transitiv begriffen werden kann, da eine intransitive, allenfalls passivisch übersetzbare Interpretation nur bei

(19d) ba:t, *dac*. (Ja, es ist gerissen.)

möglich ist.

Damit zeitigt die morphologische Unterscheidung von transitiv/kausativ und intransitiv zumindest in diesen Fällen gewisse syntaktische Konsequenzen; diese halten sich aber durchaus im Rahmen, da sehr viele Verben keine Affixe annehmen und da selbst die zur Verb-Markierung herangezogenen Affixe sich von ihrer Funktion her nicht nur auf die Transitivität einschränken lassen.

Der zweite sehr wichtige Aspekt der Transitivität ist – wie einleitend gesagt – das sehr viel weiter gefaßte Spektrum der Möglichkeiten von semantischen Beziehungen zwischen Verb und Objekt als wir dies etwa von den indo-europäischen Sprachen kennen. So können auch in lokativisch-destinativischer Beziehung zum Verb stehende Aktanten in unmarkierter Objektsposition erscheinen, wie dies für alle hier zu besprechenden Sprachen gilt. Sehr viele Möglichkeiten scheinen die Verben *mɔ̀:k* (kommen), *tr̀u* (gehen) und *dɔl* (ankommen) zuzulassen, während die übrigen Verben oft schon mit einem Co-Verb oder einer Präposition zusammen auftreten. Immerhin lassen sich überall Beispiele finden:

1. *nr̀u* (leben, wohnen, sich befinden in)

   (20) kɔ̀ət *nr̀u* phtɛ̀əh.
         er sein in Haus
         Er ist zu Hause.

   (21) mda:y *nr̀u* tì:kroŋ.
         Mutter sein Stadt
         Mutter ist in der Stadt.

2. *mɔ̀:k* (kommen)

   (22) vì:ə *mɔ̀:k* phtɛ̀əh.
         er kommen Haus
         Er kommt nach Hause.

   (23) mda:y *mɔ̀:k* phsa:(r).
         Mutter kommen Markt
         Mutter kommt zum Markt.

3. *tɤu* (gehen)

(24) ʔo:pùk *tɤu* phtèəh.
Vater geht nach Hause.

(25) khɲom *tɤu*   srok-khmae(r).
ich   gehen Land-Khmer
Ich gehe nach Kambodscha.

4. *coh* (hinuntergehen)

(26) *coh bɔɲcì:* (Register; registrieren, in ein Register eintragen), *coh chmùəh* (Name; den Namen angeben), *coh hatthəle:kha:* (Unterschrift; unterschreiben), *coh cɤt(t)* (Herz; vollkommen einverstanden sein; sich verlieben), *coh ʔa:c(m)* (Exkrement; Durchfall haben), *coh dɔmlay* (Wert/Preis; den Preis senken).

(27) yɤ̀:ŋ *coh*   tù:k.
wir hinuntergehen Boot
Wir steigen ins Boot. (vgl. unten Bsp. (28))

5. *laəŋ* (hinaufgehen)

(28) *laəŋ kò:k* (Festland; an Land gehen), *laəŋ tù:k* (Boot; das Boot verlassen), *laəŋ phnùm* (Berg; einen Berg besteigen), *laəŋ daəm-chɤ̀:* (einen Baum besteigen), *laəŋ ṭha:n-sù:ə(rk)* (Himmel; in den Himmel gehen). übertragen: *laəŋ rì:əc̀(y)* (Königsamt; das Königsamt antreten), *laəŋ phtèəh* (Haus: umziehen, an einem neuen Ort Wohnung beziehen), *laəŋ kɔmlaŋ* (Kraft/Stärke; Kraft gewinnen).

(29) khɲom tro:v *laəŋ*   cùəndaə(r).
ich   müssen raufgehen Treppe
Ich muß die Treppe hinaufgehen.

6. *co:l* (hineingehen)

(30) *co:l cì:ət(e)* (Nationalität; seine Nationalität wechseln), *co:l day* (Hand; die Hand reichen zu, einwilligen [vor allem zur Hochzeit]), *co:l prəyoì(ìh)* (Krieg; auf einen Krieg eingehen, s. an einem K. beteiligen, in Krieg treten mit), *co:l pùtìhəsa:s(n)* (Buddhismus; dem Buddhismus beitreten, Buddhist werden), *co:l nìp̀(v)ì:ən* (Nirvana; ins Nirvana eintreten), usf.

(31) tùk   *co:l*   prè:k.
Wasser eintreten Fluß
Wasser fließt in den Fluß.

(32) nì:əŋ   kìəŋ   tì:ə ... *co:l*   truŋ   vèɲ. (PT.4)
Mädchen treiben Ente   hineingehen Käfig zurück
Das Mädchen trieb die Enten in den Käfig zurück.

7. *cëɲ* (hinausgehen)
Dieses Verb kommt nur noch in wenigen Wendungen mit einem direkt nachgestellten Objekt vor, sonst muß auf *cëɲ* ein Co-Verb oder eine Präposition folgen (weiteres s. Abschnitt 4.2., S.419):

(33) *cëɲ chmùəh* (Name; einen Namen nennen), *cëɲ pɔ̀ə̯(rɲ)* (Farbe; Farbe verlieren, s. entfärben), *cëɲ sɔmdɤy* (Rede; sprechen), *cëɲ phka:* (Blüte; Blüten treiben, erblühen), *cëɲ chì:əm* (Blut; bluten), *cëɲ dɔmnaə(r)* (Wanderung, Gehen; s. auf den Weg machen), *cëɲ sɔmbol krəhɔ:m* (Hautfarbe – rot; erröten).

8. *dɔl* (ankommen)
   (34) lò:k *dɔl*   phtèəh tè:?
   Sie ankommen Haus Quest
   Sind Sie zu Hause angekommen?

   (35) ʔo:pùk khɲom mùɯn-tɔ̀ən *dɔl*   cɔmnɔ:t-yùə̯n(t)-hɔh tè:.
   Vater ich noch nicht ankommen Halteplatz-Flugzeug Quest
   Mein Vater ist noch nicht am Flughafen angekommen.

9. *ta:m* (folgen)
Als nicht durch eine Präposition markiertes Objekt kommt bei diesem Verb nur ein sich bewegendes Objekt in Frage:
   (36) kme:ŋ-kme:ŋ *ta:m*   ʔo:pùk-mda:y.
   Kinder folgen Vater-Mutter
   Die Kinder gehen mit/folgen den Eltern.

Nicht jedoch (vgl. Clark 1978:133):
   (37) *khɲom *ta:m* phlo:v.
   ich folgen Weg/Straße
   Ich gehe der Straße entlang.

10. *chlɔ:ŋ* (überqueren)
    (38) *chlɔ:ŋ phlo:v* (Straße; die Straße überqueren), *chlɔ:ŋ stùŋ* (einen Fluß überqueren), *chlɔ:ŋ tùənlè:* (Fluß; einen Fluß überqueren; idiomat. für "zur Welt bringen, gebären").

    (39) yɤ̀:ŋ kɔmpùŋ-tae chlɔ:ŋ   khäet(t) X.
    wir gerade durchqueren Provinz
    Wir durchqueren gerade die Provinz X.

Auch bei anderen Verben, die nicht wie die oben erwähnten entsemantisiert werden können, besteht die Möglichkeit, ein unmarkiert nachfolgendes Objekt lokativisch-destinativisch zu interpretieren:

(40) *dak-dɤy* (stellen – Boden = auf den Boden stellen), *dak-kɔmpraoŋ* (Korb; in den Korb legen), *dak-kùk* (Gefängnis; ins Gefängnis stecken, einsperren).

(41) *hael-tùk* (schwimmen – Wasser = [im Wasser] schwimmen),
    tùəŋ tùk (ertränken – Wasser = [im Wasser] ertränken/ersäufen).

Bei Verben des Mitteilens/Berichtens steht das Ziel der Mitteilung als unmarkiertes Objekt hinter dem Verb:

(42) ʔo:pùk prap *khɲom* tha:
   Vater sagen ich daß
   Vater sagte mir, daß...

Eine weitere mögliche Relation zwischen Verb und Objekt ist die *instrumentale*, die sich etwa in folgenden Beispielen zeigt:

(43) pù:ək tì:əhì:ən baɲ   kam-phl ɤ̀:ŋ.
      Pl   Soldat schießen Gewehr
      Die Soldaten schießen mit dem Gewehr.

(44) *ɲù:t-tùuk* (s.waschen – Wasser = s. mit Wasser waschen), *cak-kausu:* (mit Asphalt überziehen [eine Straße]), *prɔk-kbuəŋ* (bedecken – Ziegel = [ein Dach] mit Ziegelsteinen abdecken), *nìyì:əy tù:rəsáp(ì)* (sprechen – Telefon = mit dem Telefon/per Telefon sprechen).

Schließlich kennt das Khmer noch eine sehr lockere, nur sehr allgemein formulierbare Art der Relation zwischen Verb und Objekt, die von Jacob (1978:100) mit dem Stichwort "sphere of action" umschrieben wird, wo sich nur noch sagen läßt, daß ein Verbalinhalt bezüglich dem Objekt stattfindet:

(45) *cok-c ɤ̀:ŋ* (weh tun – Fuß = Schmerzen am Fuß haben), *cok-day* (Hand; Schmerzen an der Hand haben);
      chùu:-kba:l (Schmerz haben – Kopf = Kopfschmerzen haben);
      thŋùən trɔcìək (schwer – Ohr = etwas nur schwer hören können/schwer von Begriff sein);
      tɔ́əl-kùmnùut (arm sein – Gedanke = geistig am Ende sein);

Oft ist dabei *cɤt(t)* (Herz) Objekt:

(46) *prù:əy cɤt(t)* (traurig, unglücklich sein), *p ɛ̌ɲ cɤt(t)* (voll; zufrieden sein), *sɔpba:y cɤt(t)* (glücklich – Herz = erfreut sein), *sok(h) cɤt(t)* (glücklich/zufrieden sein; mit einer Lösung glücklich sein, d.h. einverstanden sein).

In diesem Sinne muß man weiter auch den sogenannten unpersönlichen Gebrauch von Verben sehen (vgl. Martini 1959 und Jacob 1968:108). Hier handelt es sich um die Wiedergabe von Ereignissen, bei denen das Agens unbekannt ist. Besonders in diese Kategorie gehören Naturereignisse wie diese:

(47) *rəŋì:ə nas.* (Es ist sehr kalt.)

(48) *kdau nas.* (Es ist sehr heiß.)

In diesem Zusammenhang finden wir auch Ereignisse, die auf ein Objekt einwirken und ins Kapitel "sphere of action" gehören:

(49) *cheh pht ɛ̀əh* (brennen – Haus = Das Haus brennt.)

(50) *baek p ɛ̀:ŋ* (brechen – Tasse = Die Tasse ist zerbrochen.)
                                    (Jacob 1968:109)

(51) *du:əl dɔ:p* (umfallen – Krug = Der Krug fällt um.)

In weniger lebhafter Erzählung trifft man auch die umgekehrte Reihenfolge – *pht ɛ̀əh cheh*, usf. Dabei geht aber das Moment der Betroffenheit des Aktanten durch den Verbalinhalt durch dessen Subjektsposition unter, so daß der Satz wesentlich weniger spontan und dramatisch wirkt.

Damit ist der Bereich der Transitivität einigermaßen erschöpfend skizziert. Es hat sich gezeigt, daß u.a. auch lokativisch-destinativische Verben ein unmarkiertes Objekt nach sich tragen können, so daß diese für die Entwicklung zu Co-Verben in Frage kommen. Mit den vielseitigen Interpretationsmöglichkeiten der Relation Verb-Objekt entsteht zudem generell das Bedürfnis einer genaueren Markierung und Eingrenzung dieser Beziehung, so daß das weitgefaßte Spektrum der Transitivität die Bildung von Co-Verben in doppelter Hinsicht fördern muß.

4. Nach der Besprechung der Intransitivität und der Transitivität/Kausativität stellt sich im Rahmen der Valenz noch die Frage nach der Existenz von *dreiwertigen Verben*. Tatsächlich kennt das Khmer einige Verben, die mit drei unmarkierten Aktanten vorkommen können. Dabei steht das direkte Objekt immer vor dem indirekten Objekt. Das indirekte Objekt folgt dem Verb nur in den Fällen direkt nach, bei denen der Aktant des direkten Objekts nicht gesetzt wird.

1. *ʔaoy* (geben; im familiären Stil)*

   (52) khɲom *ʔaoy* lùy kɔ̀ət.
   ich   geben Geld er
   Ich gebe ihm Geld.

2. *cù:n* (geben [höflich])*

   (53) kɔ̀ət *cù:n* ʔanùḥsa:vərì:(y) mùt(r). (Gorgoniev 1966:200)
   er   geben Geschenk   Freund
   Er bringt dem Freund ein Geschenk.

3. *bɔŋrìən* (unterrichten)

   (54) lò:k nih *bɔŋrìən* khmae(r) khɲom. (Jacob 1968:78)
   Herr Dem lehren   Khmer   ich
   Dieser Herr lehrt mich Kambodschanisch.

4. *bɔŋha:ɲ* (zeigen)

   (55) mì:ŋ nùŋ *bɔŋha:ɲ* phlo:v nèək. (Jacob 1968, ibid.)
   Tante Fut zeigen   Weg   du
   Die Tante wird dir den Weg zeigen.

5. *phɲaə* (schicken, senden) kann mit zwei unmarkierten Objekten in der Sonderbedeutung von "jdm. etw. anvertrauen" auftreten:

   (56) Sərì: *phɲaə* prak (nùŋ) lò:k-krù:. (Clark 1978:148)
   Name senden Geld Präp Lehrer
   Sari vertraute dem Lehrer das Geld an.

Außer *cɔŋʔol* (mit dem Finger auf jdn./etw. zeigen), das man als semantische Spezialisierung zu *bɔŋha:ɲ* (zeigen) bezeichnen darf, sind mir keine weiteren Beispiele begegnet. Es scheint, daß bei den übrigen Verben, die als Kandidaten für eine dreiwertige Valenz in Frage kämen, die Einführung mindestens eines Aktanten mittels Co-Verb oder Präposition obligatorisch ist. Somit zeigt das Khmer eine ziemlich starke Tendenz zur Vermeidung dreier unmarkierter Aktanten beim Verb, was einer Zuhilfenahme von Co-Verben nur förderlich sein kann.

---

* *ʔaoy* ist die familiäre Form und muß bei der ersten Person obligatorisch gesetzt werden (*ʔaoy* khɲom [für mich]), während *cù:n* als Höflichkeitsform bei der zweiten Person gesetzt werden muß (*cù:n* lò:k [für Sie]).

2. Die Juxtaposition

Auch das Khmer erlaubt ein recht breites Spektrum an semantischen Relationen zwischen den markierungslos juxtaponierten Verben, Verbalphrasen und Serialisierungsperioden. Wir wollen diese im Rahmen der zwei Punkte 1. Koordination und 2. Finalität besprechen. Innerhalb der koordinierenden und der finalen Relation lassen sich zudem eine lexikalische, nicht oder kaum produktive Seite der Juxtaposition, bei der nichts zwischen die Verben V_1 und V_2 eingefügt werden kann, und eine offene, syntaktische Juxtaposition unterscheiden, bei der ganze Verbalphrasen und Serialisierungsperioden aneinander gefügt werden.

2.1. Koordination

Die *lexikalische Koordination* ist im Khmer recht häufig, jedoch nicht eigentlich produktiv, da neue V-V-Fügungen nur im Rahmen der Wortbildung zur Einführung neuer Termini oder zur Verdeutlichung von Einzelverben durch Hinzufügen eines Synonyms oder zumindest eines bedeutungsähnlichen Verbs gebildet werden. Trotzdem ist die Zahl der als lexikalische Koordination zu betrachtenden Fügungen recht eindrücklich:

priəp-thìəp	(vergleichen – vergleichen = vergleichen)
priəp-phtùm	(vergleichen – nebeneinander stellen, vgl. = vergleichen)
proŋ-priəp	(vorausplanen, s.rüsten – vergleichen = (s.) vorbereiten)
cap-phdaəm	(ergreifen, packen – anfangen = anfangen, beginnen)
cap-cɔ:ŋ	(s. oben – anbinden, anknüpfen = gefangen nehmen)
cap-nɔ̀əm	(s.oben – führen, mitnehmen, begleiten = entführen)
dɤk-nɔ̀əm	(führen, leiten, transportieren – s.oben [bei Menschen] = führen, anführen, leiten transportieren)
rùəs-nɤu	(leben, am Leben sein – leben, s. befinden in = leben)
sliək-pèək	(tragen [unter der Gürtellinie] – tragen [über der Gürtellinie] = tragen [Kleider generell])
kùut-sma:n	(denken – denken, vermuten, annehmen = vermuten, annehmen)
lùək-do:(r)	(verkaufen – austauschen = Handel treiben)
thae-rèəksa:	(s.kümmern um, sorgen für – beschützen, verteidigen = s. um jdn. kümmern, sorgen für jdn., jdn. schützen)
tùk-dak	(auf die Seite legen, aufbewahren – stellen, niederlegen = in Funktion bringen, anwenden, plazieren [Kinder in einer guten Heirat])
ch?aəm-khpɤ̀:m	(einen schlechten Geruch im Munde haben, angeödet sein, verachten – verabscheuen, u.ä. = verachten, verabscheuen)
cù:əp-prətèəh	(treffen, antreffen [absichtlich] – begegnen [zufällig] = jdn. antreffen, jdm. begegnen)
pìnùut(y)-mɤ̀:l	(beobachten, untersuchen – anschauen = genau prüfen, untersuchen)
kaot-khla:c	(erstaunt, Ehrfurcht empfinden vor etw./jdm., verehren, ängstlich – fürchten = verehren, in Ehren halten, respektieren)
rɔ̀əp-?a:n	(zählen, numerieren; schätzen [jdn.] – laut lesen; hier wohl etwas ausrufen, verkünden = schätzen, von jdm. eine hohe Meinung haben)

nìyì:əy-prap	(sagen – berichten = berichten)
cat-caeŋ	(schicken [Leute; um etwas zu tun] – berichten, informieren = organisieren)
saok-sda:y	(traurig sein – bedauern = trauern, traurig sein)
baos-sɔm?a:t	(wegwischen, aufputzen – sauber machen = säubern, hinwegwischen)
co:l-lùk	(hineingehen – übertreten, eindringen = eindringen, besetzen [politisch])
rɤ̀:s-rɔ̀:k	(auslesen – suchen = heraussuchen, herausfischen, auswählen)
sɔ:ŋ-cù:əs	(zurückgeben, zurückzahlen, ersetzen – ersetzen, reparieren = ersetzen)

Mit statischen Verben:

kù:ə(r)-sɔ̰m	(passend, annehmbar – anziehend, sauber, passend, richtig = freundlich, angenehm)
sɔ̰m-kù:ə(r)	(s.oben – s.oben = genügend, durchschnittlich, sauber, passend)
sok(h)-sɔpba:y	(glücklich, friedfertig – glücklich = gesund und glücklich)
tɔ́əl-krɔ:	(arm, verarmt – arm, mittellos = arm, mittellos)
thom-tù:lì:əy	(groß – weit, geräumig = geräumig)
?iən-khma:s	(scheu, ängstlich, gehemmt – id. = id.)

Gegensatzpaare:

laəŋ-coh	(hinaufgehen – hinuntergehen = rauf und runter gehen)
tɤu-mɔ̀:k	(gehen – kommen = kommen und gehen)
cëɲ-co:l	(hinausgehen – hineingehen = ein und aus gehen)

(57) nɤu phtèəh – pè:ḭ(y) kè: khɤ̀:ɲ mənùs(s) cëɲ co:l mùn chùp.
    in Haus   Medizin man sehen Leute aus/eingehen Neg aufhören
    In der Klinik sieht man ohne Unterlaß Leute ein und aus gehen. (Headley 1977:186)

Bei der *syntaktischen Koordination*, der außer semantischen und pragmatischen Bedingungen keinerlei Grenzen gesetzt sind, beschränken wir uns auf wenige einfache Beispiele, da wir erst in Abschnitt 4.9. (S.435f.) komplexere Beispiele anführen werden. Bei dieser Konstruktion ist eine offene Markierung durch *haəy (nùŋ)* (und) möglich.

(58) ?o:pùk ?ɔŋkùy mɤ̀:l ka:saet.
    Vater   sitzen | lesen Zeitung
    Vater sitzt da und liest die Zeitung.

(59) kme:ŋ lè:ŋ   saɔc sɔpba:y.
    Kind spielen | lachen glücklich
    Die Kinder spielten und lachten glücklich. (Jacob 1968:145)

(60) vì:ə cè:(r)   vay   ha:m   ko:n. (Jacob 1968:145)
    er schelten | schlagen | verbieten Kind
    Er schilt und schlägt seine Kinder und verbietet ihnen (alles).

(61) nì:əŋ so:ran kan day pù: sɔm laəŋ tɤu lɤ̀: phtèəh.
    Frl. Name halten Hand Onkel Name | hinaufgehen gehen auf Haus
    Fräulein Soran hielt Onkel Som an der Hand und ging mit ihm zum Haus hinauf.
    (Gorgoniev 1966:253)

(62) sovan(ŋ) mɔ̀:k ʔɔŋkùy cam nì:əŋ he:ŋ .... (PTK.19)
Name   kommen s.setzen | warten Frl. Name
Sovann setzte sich hin und wartete auf Fräulein Heng.

2.2. Finalität

Eine finale Relation zwischen V₁ und V₂ tritt vor allem dann ein, wenn V₁ ein Verb der Bewegungsrichtung ist (vgl. 3.3., S.403), wobei hier besonders *mɔ̀:k* (kommen) und *tr̀u* (gehen) herausragen, während die übrigen vier Verben der Bewegungsrichtung (*coh* [hinuntergehen], *laəŋ* [hinaufgehen], *cëɲ* [hinausgehen], *co:l* [hineingehen]) in diesem Zusammenhang seltener erscheinen.

Auch hierzu gibt es einige *lexikalische* Fälle:

tr̀u/mɔ̀:k lè:ŋ (gehen/kommen – spielen = besuchen, zu Besuch gehen/kommen)
tr̀u/mɔ̀:k su:ə(r) (gehen/kommen – fragen [wie es geht] = besuchen, zu Besuch gehen/kommen)
tr̀u/mɔ̀:k rɔ̀:k (gehen/kommen – suchen = jdn. aufsuchen)
tr̀u/mɔ̀:k cù:əp (gehen/kommen – treffen, begegnen = zu einem Treffen, einer Verabredung gehen/kommen)

Weitaus häufiger haben wir es jedoch mit einer produktiven Konstruktion zu tun, bei der die entsprechende Relation im Prinzip ohne weiteres durch eine Konjunktion oder ein konjunktionales Verb wie *ʔaoy* (so daß, um zu), *daəmbr̀y-ʔaoy* (id.) zum Ausdruck gebracht werden kann:

(63) sr̀y nìh mɔ̀:k phsa:(r) tèɲ   tr̀y.
Frau Dem kommen Markt | verkaufen Fisch
Diese Frau kommt zum Markt, um Fische zu verkaufen.

(64) kɔ̀ət tr̀u phtèəh mùt(r)-sɔmlaŋ mr̀:l tì:vì:.
er   gehen Haus Freund | sehen Television
Er geht zum Haus seines Freundes, um fernzusehen.

(65) yr̀:ŋ tro:v   coh   vè:(r)* thom phɔ:ŋ. (PTK.3)
wir müssen hinuntergehen | V*   groß auch
Wir müssen uns auch zur großen Reisernte aufmachen.

(66) kè: laəŋ   daə(r) tr̀u knoŋ prèy. (Jacob 1968:186)
sie hinaufgehen | gehen Weg in Wald
Sie machen sich auf, in den Wald zu gehen.

(67) sdäc co:l ...   phtùm. (T.15)
König hineingehen | schlafen
Der König ging zum Schlafen hinein.

(68) yr̀:ŋ cëɲ   daə(r) -lè:ŋ.
wir hinausgehen | marschieren zum Spaß
Wir gehen hinaus zum Spazieren.

---
* *vè:(r)* umfaßt eine bestimmte Art der Reisernte, wo die Familien sich gegenseitig in einem bestimmten Turnus beim Reisernten helfen.

Es können auch mehrere Verben der Bewegungsrichtung hintereinander als Serialisierungsperiode V_1 eine finale Relation zu V_2 bewirken:

(69) baə pè:l-nìh mì:ən kè: co:l   mɔ̀:k sdɤy dɔndɤŋ ko:n haəy
   wenn Zeit-Dem es gibt jd. hineinkommen kommen | sagen Heirat du TAM
   Wenn nun zu diesem Zeitpunkt jemand hereinkäme, um um deine Hand anzuhalten, ... (B.8)

(70) borɔs nùh kɔ: coh pì: vè:tìka: tɤu su:ə(r) – ka:(r)
   Mann Dem Konj runter von Tribüne weg | fragen Angelegenheit

   nɤu mùəntì:(r)-lùək-bán(ŋ). (B.34)
   bei Schalter-verkaufen-Billett
   Der Mann ging von der Tribüne hinunter, um sich am Billettschalter zu erkundigen.

Schließlich können auch andere Verben als V_1 in eine Relation mit V_2 treten, sofern diese durch das Anfügen eines oder mehrerer Verben der Bewegungsrichtung als direktionale Verben eine eindeutige Ausrichtung erhalten (zu den direktionalen Verben vgl. 3.3.). Allerdings ließen sich hier nur Beispiele mit *tɤu* und *mɔ̀:k* als direktionalen Verben finden:

(71) nɔ̀əm-knì:ə daə(r)   co:l tɤu mɤ̀:l. (RP.66)
   zusammen gehen/wandern rein hin | sehen
   Sie gingen zusammen hinein, um zu sehen.

(72) lò:k-krù tɤ̀:p-nùŋ phlas   mɔ̀:k   bɔŋrìən   nɤu
   Lehrer gerade umziehen kommen | unterrichten in

   srok yɤ̀:ŋ nìh. (PTK.67)
   Distrikt wir Dem
   Der Lehrer ist gerade eben hierhergezogen, um in diesem unserem Distrikt zu unterrichten.

(73) ʔo:pùk ... daə(r) mɔ̀:k | tətù:əl ko:n-krəmom trəlɔp   tɤu phtɛ̀əh. (B.42)
   Vater gehen her abholen Tochter* zurückgehen hin Haus
   Der Vater kam hergelaufen, um seine Tochter abzuholen und nach Hause zurückzukehren.

3. Die modifizierende Verbserialisierung

3.1. Verben als Modifikatoren des Hauptverbs

Analog zum Nomen, bei dem das Determinans hinter dem Determinatum steht, folgt auch beim Verb das Modifizierende dem Modifizierten nach. Die Funktion des zweiten, modifizierenden Verbs übernehmen vor allem – aber nicht ausschließlich – statische Verben. Einige Beispiele aus Jacob (1968:79f.) sollen hier genügen:

(74) vì:ə tɤu *rəhas*.
   er gehen schnell
   Er geht schnell.

---

* *ko:n-krəmom* bezeichnet eine "Tochter im heiratsfähigen Alter".

(75) ca:p yùm *pì:rùəh*.
    Spatz pfeifen schön
    Der Spatz pfeift schön.

(76) chkae prùh *khlaŋ* nas.
    Hund bellen laut sehr
    Der Hund bellt sehr laut.

(77) vì:ə yùəl *cbas*.
    er verstehen klar, deutlich
    Er versteht deutlich.

(78) vì:ə ʔɔŋkùy *sɲiəm*.
    er sitzen ruhig, still
    Er sitzt still da.

Nebst statischen Verben erscheinen zuweilen auch dynamische Verben als Modifikatoren:

(79) kɔ̀ət nìyì:əy *lè:ŋ*.
    er reden spielen
    Er spricht zum Scherz/ Er scherzt.

Im Unterschied zur Resultativ-Konstruktion (vgl. den folgenden Abschnitt) erscheint die Negation vor dem ersten oder dem zweiten Verb, bewirkt aber je einen anderen Sinn. Zudem ist bei der Modifikations-Konstruktion nie die Vorstellung des Könnens impliziert (vgl. Resultativ-Konstruktion).

(80) kɔ̀ət *mùn* criəŋ pì:rùəh.
    er Neg singen schön
    Er singt nicht schön.

(81) kɔ̀ət criəŋ *mùn* pì:rùəh.
    Er singt [schon], aber nicht schön. (Jacob 1968:121)

In der gleichen Position wie die modifizierenden Verben treten weiter sehr viele reduplizierte Formen auf, die meist gebunden sind und daher nicht als Vollverben auftreten können. Oft stehen – wie das schöne Beispiel aus Huffmann (1967:180) eindrücklich zeigt – bis zu drei dieser Formen hintereinander:

(82) kme:ŋ lè:ŋ knì:ə *te:ŋ-ta:ŋ* *rəse:m-rəsa:m*
    Kinder spielen zusammen planlos, mal da mal dort verwirrt, zerstreut

    rəvì:m-rəvì:əm tr̀u.
    unklar, hin und her gehen/weiter
    Die Kinder spielten mal da mal dort, ungestüm und planlos weiter.

3.2. Die Resultativ-Konstruktion

Die Resultativ-Konstruktion zeichnet sich formal dadurch aus, daß die Negation nicht vor dem ersten Verb, sondern nur vor dem zweiten Verb stehen kann. Dies hängt wohl damit zusammen, daß das zweite Verb ein Resultat zur Handlung des ersten Verbs ausdrückt. Da nun im Falle der Negation das Resultat von besonderem Interesse ist, erscheint es plausibel, daß das zweite Verb negiert werden muß.

Als zweites unterscheidendes Charakteristikum impliziert die Resultativ-Konstruktion immer die Bedeutung des Könnens/Vollbringens, was insbesondere auch bei der Negation zum Tragen kommt, bei der das Element des Nicht-Könnens in jedem Fall mitenthalten ist.

Schließlich besteht semantisch gesehen ein enger Zusammenhang zwischen dem ersten und dem zweiten Verb. Dies führt dazu, daß die Zahl der Resultativ-Konstruktionen nicht beliebig groß ist, so daß diese Konstruktion bereits lexikalische Züge trägt. Die Zahl der in zweiter Position vorkommenden Verben scheint geschlossen zu sein, wenngleich die unten aufgeführte Liste möglicherweise nicht ganz vollständig ist.*
Literatur zur Resultativ-Konstruktion finden wir in Gorgoniev (1966:143: *rezultativnyj vid*), Huffman (1967:171–5: *completive verbs*), Jacob (1968:119: *second position main verbs*), Ehrman (1972:21–3: *resultative verbs*).

1. *khr̀:ɲ*   (sehen, wahrnehmen)
   rɔ̀:k -khr̀:ɲ   (suchen – sehen = finden)
   mr̀:l – khr̀:ɲ   (anschauen – sehen = sehen/wahrnehmen können)
   nùk – khr̀:ɲ   (nachdenken über – sehen = gewahr werden, realisieren)
   kùt - khr̀:ɲ   (denken – sehen = verstehen, begreifen, die Lösung finden)

2. *tɔ̀ən*   (zur Zeit sein, einholen)
   tr̀u – tɔ̀ən   (gehen – einholen = einholen)
   dëɲ – tɔ̀ən   (jagen – einholen = jdn. einholen, nachdem man ihn gejagt hat, jdn. erfolgreich verfolgen)
   ta:m – tɔ̀ən   (folgen – einholen = einholen)
   thvr̀: – tɔ̀ən   (machen – zur Zeit sein = etw. rechtzeitig erledigen können)
   rìən-tɔ̀ən   (lernen – zur Zeit sein = sein Studium rechtzeitig beenden)
   daə(r) – tɔ̀ən   (gehen [zu Fuß] – einholen = einholen)

3. *lùː*   (hören)
   sdap – lùː   ([zu-]hören – hören = hören, bewußt hören können)

4. *ceh*   (wissen [was man gelernt hat])
   rìən – ceh   (lernen – wissen = lernen, so daß man es weiß, durch lernen wissen, gelernt haben)

5. *phot*   (frei sein von)
   cìəs – phot   ([einer Sache] entgehen – frei sein = entkommen, s. befreien von)

6. *mùt*   (durchstechen [an der Oberfläche])
   cak – mùt   (auf jdn. einstechen – durchstechen = durchstechen, jdm. eine Stichwunde verpassen)

7. *cak*   (auf jdn. einstechen)
   kap – cak   (spalten, schneiden, [mit einem spitzen Gegenstand: Waffe] schlagen – auf jdn. einstechen = stechen, jdn. mit einem Dolch angreifen und verletzen.)

8. *lùək*   (schlafen)
   de:k – lùək   (liegen – schlafen = schlafen, sich schlafen legen, schlafen können)
   kè:ŋ – lùək   (schlafen – schlafen = schlafen, schlafen können)

---

* Man vergleiche etwa *sìː...chʔaet* (sich satt essen) im einleitenden Beispiel (4) auf S.8.

(83) vì:ə *de:k/kè:ŋ* mùn *lùək*
er liegen/schlafen Neg schlafen
Er kann nicht schlafen.

9. *thùm* (riechen/ duften nach, den Geruch von etwas wahrnehmen)
   hɤt – thùm (an etw. riechen, schnüffeln – riechen = den Geruch von etwas wahrnehmen können)

10. *pùh* (sieden)
    dam tùk pùh (kochen – Wasser – sieden = Wasser bis zum Sieden kochen)

11. *khos* (falsch), *tro:v* (richtig)
    kùt – khos/tro:v (denken – falsch/richtig = falsch/ richtig denken)
    sma:n -khos/tro:v (mutmaßen – falsch/richtig = falsch/richtig vermuten, falsch/richtig liegen)

12. *dac* (brechen)
    mɤ:l – dac (anschauen, lesen – brechen = lesen können)
    lùək – dac (verkaufen – brechen = s. gut verkaufen lassen [ein Produkt])

13. *co:l* (hineingehen)
    rìən mùn co:l (lernen – Neg – hineingehen = nicht lernen können)

14. *cëɲ* (hinausgehen)
    kùt mùn cëɲ (denken – Neg – hinausgehen = an nichts [dergleichen] denken können, nicht in den Sinn kommen)

Die folgenden beiden Verben gehören ebenfalls zu den Resultativ-Verben, sie lassen sich aber nicht verneinen, da sie zueinander in der Beziehung von Gegensatzpaaren stehen:

15. *cɔ̀əp* ([miteinander] verbinden, befestigen, ankleben; bestehen [Prüfungen])
    prəlɔ:ŋ – cɔ̀əp (an einer Prüfung teilnehmen – bestehen = eine Prüfung bestehen)

16. *thlèək* (fallen; durchfallen [bei einer Prüfung])
    prəlɔ:ŋ – thlèək (an einer Prüfung teilnehmen – durchfallen = durch eine Prüfung fallen)
    rùɲ – thlèək (stoßen – fallen = schubsen)

Während die oben zitierten Beispiele nicht produktiv sind, verbinden sich andere Verben wie *ba:n, kaət, rù:əc, cɔp, sräc, srap* und *haəy*, denen allen die Bedeutung des Zustandebringens/Vollendens eigen ist, mit einer großen Anzahl von in der ersten Position stehenden Verben, so daß diese sich aus der Resultativ-Konstruktion zu eigentlichen TAM-Zeichen weiter entwickeln konnten, die wir im Abschnitt 3.4. besprechen wollen.

3.3. Die direktionalen Verben

Wie wir bereits gesehen haben (vgl. 2.2., S.398), unterscheidet das Khmer 6 Verben der Bewegungsrichtung, die sich weiter in 4 Richtungsverben und 2 Orientierungsverben aufteilen lassen. Damit folge ich Gorgoniev (1963:100–108; 1966:192–99), der zwischen Richtungsverben (*glagoly napravlennosti*) und Orientierungsverben (*glagoly orientacii*) unterscheidet. Diese Verben können je als Gegensatzpaar in insgesamt drei Positionen in folgender Reihenfolge nach einem Hauptverb V auftreten:

V	V_I	V_{II}	V_{III}
	coh (runtergehen)	*cēṇ* (rausgehen)	*tr̀u* (gehen)
	laəŋ (raufgehen)	*co:l* (reingehen)	*mɔ̀:k* (kommen)
	Paar I	Paar II	Paar III
	RICHTUNGSVERBEN		ORIENTIERUNGSVERBEN

Diese 6 Verben erscheinen je nach dem mit oder ohne nachfolgendem nominalem Objekt. Treten sie mit einem Objekt auf, so funktionieren sie als Co-Verben (vgl. 4.2.); ohne nachfolgendes Objekt dagegen geben sie lediglich die Verlaufsrichtung der in V ausgedrückten Verbalhandlung an, erfüllen also eine verbmodifizierende Funktion. Huffman (1973) spricht hier von adverbialer Funktion.

Damit fällt die Funktion des Co-Verbs und des direktionalen Verbs auch im Khmer analog zum Vietnamesischen und zum Thai bei gewissen lokativisch-destinativischen Verben zusammen. Nun können nebst diesen 6 Verben der Bewegungsrichtung weitere lokativisch-destinativische Verben ohne ausgesetztes Objekt erscheinen. Diese Fälle unterscheiden sich jedoch von den direktionalen Verben insofern, als hierbei immer ein aus dem inner- oder außersprachlichen Kontext gegebenes, konkretes Objekt impliziert ist, was bei den 6 Verben der Bewegungsrichtung nicht nötig ist, da diese lediglich den Verlauf der Handlung markieren. Zudem erscheinen die übrigen lokativisch-destinativischen Verben im Maximalparadigma (vgl. S. 416f.) an völlig anderer Stelle – nämlich als V_{IV}, einige auch direkt nach V mit nachfolgendem V_I bis V_{III}.

Als Hauptverben V kommen vor allem Verben der Bewegung in Frage, deren Bedeutung jedoch keine genaueren Angaben über die Richtung der Verbalhandlung enthält, wie z.B. *lò:t* (springen), *daə(r)* (gehen [zu Fuß]), *rùət* (laufen, rennen), oder Verben des Tragens/Transportierens wie z.B. *yɔ̀:k* (nehmen; bringen), *dʏk* (führen, transportieren), *tù:l* (auf dem Kopf tragen), *rè:k* (mit der Tragstange tragen), oder etwa *caol* (werfen). Die Aufgabe der direktionalen Verben besteht hier genau darin, den Richtungsverlauf der Handlung zu spezifizieren. Wie die obige Tabelle zeigt, können so folgende Maximalkombinationen entstehen:

	V	Vd_I	Vd_{II}	Vd_{III}
(84)	kɔ̀ət lò:t	*coh*	*cēṇ*	*mɔ̀:k*.
	er springen	runter	raus	her
	Er springt herunter und heraus.			
(85)	kɔ̀ət yɔ̀:k ʔʏyvan	*coh*	*cēṇ*	*mɔ̀:k*.
	er nehmen Gepäck	runter	raus	her
	Er bringt das Gepäck herunter und heraus.			

Daneben treten aber auch alle anderen möglichen Kombinationen mit nur einem Verb der Bewegungsrichtung (z.B. *lò:t coh, lò:t cën, lò:t mɔ̀:k*) und mit zwei Verben der Bewegungsrichtung (*lò:t coh tr̀u* [I – III], *lò:t cën tr̀u* [II – III]) auf. Schließlich kann ein Verb der Bewegungsrichtung die Rolle des Hauptverbs übernehmen und seinerseits die entsprechend mögliche Anzahl der übrigen Verben der Bewegungsrichtung in ihrer Reihenfolge gemäß der obigen Tabelle nach sich tragen.

Mit besonders vielen Verben lassen sich die beiden Orientierungsverben *mɔ̀:k* und *tr̀u* kombinieren, die Gorgoniev nicht umsonst von den anderen Verben der Bewegungsrichtung abgetrennt hat. Sie bezeichnen den Verlauf der Handlung vom Sprecher oder vom Zentrum des Interesses aus gesehen: *mɔ̀:k* zum Zentrum her und *tr̀u* vom Zentrum weg. Damit decken sie den Bereich der direktionalen Verben im Chinesischen und im Hmong ab. Die übrigen Verben der Bewegungsrichtung sind in ihrer Kombinationsfähigkeit mit Hauptverben eingeschränkter, sofern sie nicht eine der unten aufgeführten Sonderfunktionen zum Ausdruck bringen.

Hier nun zum Schluß einige wenige Beispiele zur Illustration, die es uns erlauben sollen, hernach auf gewisse Sonderfunktionen bestimmter direktionaler Verben gesondert einzugehen:

(86) kɔ̀ət trəlɔp   *tr̀u/ mɔ̀:k.*
er   zurückkehren   gehen/kommen
Er geht/ kommt zurück.

(87) kɔ̀ət phɲaə   sɔmbot(r) *tr̀u/ mɔ̀:k.*
er   schicken   Brief   gehen/ kommen
Er hat einen Brief hin/hergeschickt.

(88) kɔ̀ət kraok   *laəŋ.*
er   s.erheben   hinaufgehen
Er hat sich erhoben.

(89) lò:k sɔmret dak   tɔ̀əssəna:vət̪dɤy coh.
Herr Name   legen   Magazin   runter
Herr Somret legte das Magazin nieder. (B.3)

1. *tr̀u* und *coh*

Diese beiden Verben dienen nebst ihrer Funktion als direktionale Verben auch zur Markierung des Imperativs. *tr̀u* drückt generell den Imperativ aus, während *coh* eine etwas sanftere Form der Aufforderung markiert (zu *coh* s. auch S. 439, Bsp. (315), (316)):

(90) lì:əŋ   ca:n   *tr̀u!*
waschen Geschirr Imp
Mach den Abwasch!

(91) lò:k ʔɔŋkùy lɤ̀:   kauʔɤy *tr̀u!*
Sie sitzen auf Stuhl Imp
Nehmen Sie auf dem Stuhl Platz! (Huffman 1970:275)

(92) *tr̀u coh!* (Geh doch!)   *mɔ̀:k coh!* (Komm doch!)
gehen Imp   kommen Imp

(93)　　?aeŋ tr̊u　lèːŋ　　coh!
　　　　du　 gehen spielen Imp
　　　　Geh doch spielen! (Jacob 1968:105)

2. *laəŋ* und *tr̊u*
Bei *laəŋ* als direktionalem Verb haben sich einige besondere Funktionen herauskristallisiert.
So wird es zur Bezeichnung des Beginns einer Handlung herangezogen. Gorgoniev (1966:143ff.) spricht in diesem Zusammenhang von inchoativem Aspekt (*načinatel'nyj vid*), was *laəŋ* durchaus berechtigterweise in den Bereich von TAM rückt:

(94)　　kɔ̀ət nìyìːəy *laəŋ*.
　　　　er　 reden
　　　　Er beginnt zu sprechen.

(95)　　phdaəm　nìyìːəy *laəŋ* tha:
　　　　anfangen　reden　　　　Zit
　　　　Er begann zu sprechen. (B.63)

(96)　　kaː(r)-yùəl-srɔːp　lèc　　　 lr̀ː *laəŋ*. (Gorgoniev 1966:144)
　　　　KN s.verstehen　 auftauchen oben
　　　　Es beginnen (Anzeichen von) gegenseitigem Verständnis aufzutauchen.

Bei statischen Verben stehen *laəŋ* und *tr̊u* in Opposition. Beide drücken eine Qualitätszunahme des Verbinhalts aus, wobei es sich bei *laəŋ* oft um einen positiven Zustand und bei *tr̊u* oft um einen negativen Zustand handelt. Allerdings ist es häufig schwer, hier genau abzugrenzen, zumal es offenbar Ausnahmen gibt:

(97)　　*thom laəŋ* (größer werden), *l?ɔː laəŋ* (schöner werden), *khlaŋ laəŋ* (stärker werden), *cìːə laəŋ* (gesünder werden, sich besser fühlen), *chùː laəŋ* (immer kränker werden), *r̀ìːk-r̀ìːəy laəŋ* (glücklicher werden), usf.

(98)　　ceh-tae　　toːc *tr̊u*.
　　　　gewöhnlich klein gehen
　　　　Sie (die Pakete) werden immer kleiner. (B.44)

(99)　　taː　　　　　　kan-tae　cas　*tr̊u*　haəy.
　　　　ich/Großvater allmählich alt　 gehen TAM
　　　　Ich werde allmählich älter. (PTK.29)

(100)　 kɔmpùŋ-tae thŋùən - cr̊t(t) *tr̊u*. (PTK.69)
　　　　TAM　　　　schwer – Herz　 gehen
　　　　Er ist im Begriff, immer schwermütiger zu werden.

(101)　 kaː(h)veː kɔː　trəcèək *tr̊u*　 tìət. (B.51)
　　　　Kaffee　　Konj　kalt　　 gehen mehr
　　　　Der Kaffee wird nun immer kälter.

Während sich – wie wir oben gesehen haben – *tr̊u* auch allgemein als Imperativzeichen bewährt, kommt *laəŋ* nur gerade im Zusammenhang mit einigen statischen Verben mit der Bedeutung "schnell" in dieser Funktion vor:

(102)　 *chap laəŋ!*, *rəhas laəŋ!*, *lùən laəŋ!*
　　　　Beeil dich!, Schneller!　Schneller!

3.4. Der Ausdruck von TAM mit entsemantisierten Verben

Die TAM-Zeichen können im Khmer vor und nach dem Hauptverb stehen. Für beide Fälle läßt sich eine recht beträchtliche Anzahl von entsemantisierten Verben anführen, so daß wir diesen Abschnitt dementsprechend in zwei Punkte aufteilen werden. Die weitaus beste und kohärenteste Aufarbeitung der TAM-Thematik im Khmer finden wir in Gorgoniev (1963, 1966). Analog zum Vietnamesischen zeigt man also auch beim Khmer für den Problemkreis TAM besonders von russischer Seite großes Interesse (vgl. S.305).

1. *Dem Hauptverb nachgestellte TAM-Zeichen*

Von der Bedeutung her lassen sich eindeutig zwei Gruppen von TAM-Zeichen unterscheiden: So dienen *ba:n*, *kaət* und *rù:ɔc* zum Ausdruck des Modus der Potentialität, also des Könnens, während wir auf der Seite von Tempus und Aspekt die Verben *cɔp*, *sräc*, *srap*, *rù:ɔc*, *haəy* und die Kombinationen *tr̀u-haəy*, *mɔ̀:k-haəy*, *rù:ɔc-haəy*, *rù:ɔc-tr̀u-haəy*, *rù:ɔc-sräc* und *rù:ɔc-sräc-haəy* antreffen. Dabei fällt auf, daß *rù:ɔc* in beiden Gruppen vertreten ist, sich also über das ganze Spektrum von Tempus, Aspekt und Modus erstreckt.

Alle diese TAM-Zeichen lassen sich aus der Resultativ-Konstruktion ableiten, sind aber im Gegensatz zu dieser – wie bereits oben gesagt – weitaus produktiver, so daß die oben aufgeführten Verben als TAM-Zeichen bereits stark entsemantisiert sind.

Eine besonders wichtige und weitverbreitete Stellung unter den TAM-Zeichen nimmt *haəy* ein, was sich nicht zuletzt daran zeigt, daß es alle übrigen Zeichen dieser Kategorie wie *rù:ɔc*, *sräc* sowie *tr̀u* und *mɔ̀:k* modifizieren kann. *sräc* kann seinerseits wieder hinter *rù:ɔc* zu stehen kommen, während *rù:ɔc* kein TAM-Zeichen weiter modifizieren kann.

Im Folgenden wollen wir nun die einzelnen Lexeme in ihren Möglichkeiten vom Vollverb bis zum entsemantisierten TAM-Zeichen detailliert betrachten:

1. *ba:n*

Als Vollverb bedeutet *ba:n* "bekommen, erlangen, erreichen". Sehr gut läßt sich seine Bedeutung mit dem englischen "to get" abdecken. Als Beleg seien die folgenden Beispiele aufgeführt:

(103) nèək *ba:n* prak-khae ponma:n?
 Sie erhalten Geld-Monat wieviel
 Wieviel verdienen Sie im Monat?

(104) chnam-nìh yr̀:ŋ *ba:n* sro:v craən nas.
 Jahr-Dem wir einbringen Reis viel Exkl
 Dieses Jahr haben wir viel Reis eingebracht.

(105) *ba:n* ko:n-pros pì:(r) nèək
 erlangen Kind-männlich zwei Kl
 zwei Kinder haben

(106) *ba:n* tr̀ɔ̀əp̀(y) (erlangen – Reichtum = Wohlstand/Reichtum erlangen),
 ba:n day (erlangen – Hand = die Oberhand gewinnen).

In postverbaler Position drückt *ba:n* – wie bereits gesagt – den Potentialis, also das Können, aus und ist in dieser Funktion weitaus häufiger anzutreffen als die übrigen beiden Zeichen *kaət* und *rù:ɔc*:

(107) thŋay-nìh khɲom thvɤ̀:-ka:(r) mùn *ba:n* tè:.
Tag-Dem ich   arbeiten   Neg TAM Neg
Heute kann ich nicht arbeiten.

(108) pì:ək(y) nìh khɲom sdap   mùn *ba:n* tè:.
Wort   Dem ich   verstehen Neg TAM Neg
Dieses Wort kann ich nicht verstehen.

(109) pontae kmì:ən nèək na: mù:əy nùŋ ʔa:c   thvɤ̀:-ʔaoy
aber nicht geben Mensch welch ein Fut Kraft haben zu bewirken
thmɔ: nùh kəkraək   *ba:n*.
Stein Dem s.verschieben/weggehen können
aber es gab niemanden, der jenen Stein zum Wegrücken bringen konnte.
(Gorgoniev 1963:110)

In gewissen Fällen wie etwa im unten angeführten Beispiel läßt sich noch schön beobachten, wie *ba:n* seine Vollverbbedeutung auch in postverbaler Position bis zu einem gewissen Grade durchschimmern läßt:

(110) (mənùs(s) chaot bu:ən nèək) cap   *ba:n*   ʔɔndaək bu:ən.
die vier Dummen   fangen erlangen/TAM Schildkröte 4
Die vier Dummen konnten vier Schildkröten fangen. (RP.61)

2. *kaət*
Als Vollverb bedeutet *kaət* "zur Welt kommen, geboren werden; aufkommen, entstehen; eine Krankheit auflesen; wachsen (vom Mond)". Es folgen einige Beispiele:

(111) nèək nèəyò:ba:y ʔa:krɔk taeŋ   nɔ̀əm-ʔaoy *kaət*   sɔŋkrì:əm
KN   Politik   schlecht immer führen zu entstehen Krieg
knoŋ lò:k. (Headley 1977:42)
in   Welt.
Schlechte Politiker führen immer zu Krieg in der Welt.

(112) mè:-ʔɔmbau *kaət*   ʔɔmpì: dɔŋko:v. (Headley 1977:42)
Schmetterling entstehen aus   Larve
Der Schmetterling entsteht aus einer Larve.

In postverbaler Position drückt *kaət* ohne nennenswerten Bedeutungsunterschied zu *ba:n* die Potentialität aus; es besteht allerdings eine gewisse Tendenz, im Falle physischer Unfähigkeit *mùn-kaət*, nicht *mùn-ba:n* zu setzen. Zudem ist *kaət* in postverbaler Position zur Hauptsache negativ und nur sehr selten positiv anzutreffen:

(113) thŋay-nìh khɲom thvɤ̀:-ka:(r) mùn *kaət* tè:.
Tag-Dem ich   arbeiten   Neg TAM Neg
Heute kann ich [aus physischen Gründen] nicht arbeiten.

(114) cau   daə(r) mùn *kaət*, pì:-prùəh chù: cɤ̀:ŋ.
er/Enkel gehen Neg TAM weil   krank Fuß
Er kann nicht gehen, weil er Schmerzen am Fuß hat. (Jacob 1968:121)

(115) nì:əŋ he:ŋ rɔ̀:k pì:ək(y) ʔvɤy nìyì:əy mùn *kaət*.
Frl. Name suchen Wort welch sagen Neg TAM
Fräulein Heng konnte keine Worte finden. (PTK.23)

3. *rù:ǝc*

Als Vollverb bedeutet *rù:ǝc* "entrinnen, von etw. loskommen":

(116) vì:ǝ *rù:ǝc* pì: slap.
 er entrinnen von sterben
 Er ist dem Tod entronnen.

(117) *rù:ǝc pì: day* (entrinnen – von – Hand = aus jdes Händen entkommen),
 rù:ǝc pì: tùk(kh) (dem Unglück entrinnen, nicht mehr länger leiden).

Die weiteren in den Wörterbüchern angegebenen Bedeutungen von "beenden, beendet sein, etw. erfolgreich beenden, etw. zustande bringen" treten jedoch nur dann auf, wenn *rù:ǝc* als TAM-Zeichen in postverbaler Position steht. Dabei ist es interessant zu sehen, wie *rù:ǝc* einmal zum Ausdruck von Tempus-Aspekt (ohne Negation, s. unten) gebraucht werden kann und zum anderen im Zusammenhang mit der physischen Fähigkeit im Bereich des Modus erscheint. Der folgende Satz kann daher zwei Bedeutungen haben:

(118) kɔ̀ǝt thvɤ̀:-ka:(r) *rù:ǝc*.
 er arbeiten TAM
 a) Er kann arbeiten.
 b) Er ist mit der Arbeit fertig.

In negierter Form drückt *mùn-rù:ǝc* die Unfähigkeit aus, während *mùn-tɔ̀ǝn-rù:ǝc* den Ausdruck der nicht-vollendeten Handlung übernimmt:

(119) khɲom lɤ̀:k tok nìh *mùn rù:ǝc* tè:.
 ich heben Tisch Dem Neg TAM Neg
 Ich kann diesen Tisch nicht heben. (Huffman 1970:188)

(120) lò:k-krù: mɤ̀:l ka:saet *mùn tɔ̀ǝn rù:ǝc*.
 Lehrer lesen Zeitung Neg noch TAM
 Der Lehrer hat die Zeitung noch nicht fertig gelesen.

Nun finden wir *rù:ǝc* auch in Fällen, in denen zwei oder mehrere Handlungen zueinander in Relation stehen:

(121) ka:l-na: ɲam-ba:y *rù:ǝc*, yɤ̀:ŋ tru laǝŋ phnùm.
 Zeit welch essen-Reis TAM wir gehen besteigen Berg
 Wenn wir fertig gegessen haben, gehen wir zu Berge. (Huffman 1970:266)

(122) lò:k-pù: ʔoc ba:rɤy *rù:ǝc*, tɤ̀:p bɔɲcèǝk.
 Onkel anzünden Zigarette TAM dann erst erklären
 Erst wenn der Onkel eine Zigarette angezündet hat, wird er eine Erklärung abgeben. (Gorgoniev 1966:155)

In Satz (121) steht *rù:ǝc* am Ende eines mit *ka:l-na:* eingeleiteten Nebensatzes, in Satz (122) dagegen steht *rù:ǝc* am Ende eines Hauptsatzes, der mit der koordinierenden Konjunktion *tɤ̀:p* an den folgenden Hauptsatz angeschlossen wird. Nun ist es auch möglich, in Fällen wie (123) die Konjunktion *ka:l-na:* wegzulassen, ohne dabei die zeitliche Relation zwischen der ersten und der zweiten Handlung zu stören, wobei man dann allerdings auf eine gewisse durch die Konjunktion bewirkte Genauigkeit verzichtet.

(123)   ʔo:pùk thvɤ̀:-ka:(r) *rù:ɔc* mɤ̀:l ka:saet.
        Vater   arbeiten   TAM   lesen Zeitung
        Nachdem der Vater seine Arbeit beendet hatte, las er die Zeitung.

In diesem Beispiel läßt sich *rù:ɔc* bei entsprechender Satzintonation eindeutig als TAM-Zeichen zu *thvɤ̀:-ka:(r)* interpretieren. Nun ist aber aus dieser Position der Sprung vom TAM-Zeichen hin zum konjunktionalen Verb sehr gering. Dabei tritt zwischen *thvɤ̀:-ka:(r)* und *rù:ɔc* eine kurze Pause mit der einhergehenden Erhöhung der Satzmelodie auf *ka:(r)*, während *rù:ɔc* entweder separat wieder einen erhöhten Ton mit nachfolgender Pause erhält oder aber durch ein Fallen des Tones in die Satzintonation des nachfolgenden Satzes eingegliedert wird. Somit erscheint *rù:ɔc* hier als konjunktionales Verb im genau gleichen Kontext wie die Konjunktionen *pontae* (aber), *pì:prùəh* (weil) oder das oben erwähnte *tɤ̀:p* (dann, erst dann). In unserer Umschrift drückt sich dies so aus, daß vor *rù:ɔc* ein Komma gesetzt wird:

(124)   khɲom mɤ̀:l, *rù:ɔc* khɲom tɤu.*
        ich   lesen Konj   ich   gehen
        Ich werde lesen, dann werde ich gehen. (Ehrman 1972:79)

(125)   mda:y ba:n thvɤ̀: mho:p, *rù:ɔc* kɔ̀ət cəɲ   tɤu phsa:(r).
        Mutter TAM machen Essen Konj   sie hinausgehen hin Markt
        Nachdem Mutter fertig gekocht hatte, ging sie zum Markt hinaus. (Jacob 1968:101)

4. *cɔp*

cɔp kommt als Vollverb nicht sehr häufig vor; besonders finden wir es noch in folgenden Wendungen:

(126)   *cɔp* haəy! "Es ist vorüber! Fertig!"

(127)   rɯ̀əŋ   nìh *cɔp* tae poɲɲoh.
        Geschichte Dem fertig nur so
        Und so ging diese Geschichte zu Ende. (Entspricht etwa unserem "Finis" am Schluß eines Buches.)

Immerhin ist *cɔp* aber bereits im Alt-Khmer (*cap*, *cāp*) und übrigens auch im Alt-Mon (*cup*, *cip*, *cuip*, *cap*) bezeugt. Seine Bedeutungen dort sind "verbinden; falten, knicken; erreichen (das Ende von), ankommen, beendet sein, erledigt sein" (vgl. Jenner und Pou 1980/81:53).

Als TAM-Zeichen markiert *cɔp* entsprechend seiner Vollverbbedeutung den Abschluß einer Handlung, wobei es insbesondere den endgültigen Abschluß betont. Sehr oft treffen wir *cɔp* im Zusammenhang mit Verben der geistigen Tätigkeit wie "lesen" oder "studieren", die im entsprechenden Kontext zum völligen Abschluß gelangt sind. *cɔp* liegt sicherlich noch recht nahe bei der Resultativ-Konstruktion, erfüllt aber eindeutig TAM-Funktionen:

(128)   ʔo:pùk mɤ̀:l ka:saet mɯ̀n *cɔp* tè:.
        Vater lesen Zeitung Neg fertig Neg
        Vater hat die Zeitung nicht zu Ende gelesen. (Huffman 1970:189)

---

* Das Komma wurde durch mich hinzugefügt; es steht bei Ehrman nicht.

(129) thŋay-nìh kɔ̀ət rìən *cɔp.*
Tag-Dem er lernen TAM
Heute hat er fertig gelernt, i.S. von "Heute hat er sein Studium abgeschlossen".

5. *sräc*

Auch dieses Lexem trifft man wie *cɔp* heute kaum mehr als Vollverb mit der Bedeutung "fertig sein, beendet sein, vollendet sein" an. Immerhin leitet es sich aber von einem Verb *rëc* (am Ende sein von; übertragen: abgetragen [von Kleidern], angeschlagen [Geschirr]) ab, das heute allerdings nur noch in der spezialisierten Bedeutung von "abgetragen, angeschlagen" gebräuchlich ist. Im Thai finden wir *sräc* als Lehnwort in der Form von *sèd* (vgl. S.348) wieder. Häufig treffen wir *sräc* dagegen in Kombination mit der Präposition *nùŋ* in seiner Spezialbedeutung von "abhängen von" an:

(130) *sräc nùŋ lò:k* (es hängt von Ihnen ab),
sräc nùŋ ʔa:ka:s (es hängt vom Wetter ab), usf.

Als TAM-Zeichen drückt *sräc* wie *cɔp* die Vollendung der Verbalhandlung aus, impliziert aber im Unterschied zu *cɔp* keine endgültige Vollendung, sondern besagt einfach, daß die Handlung zumindest für eine bestimmte Zeit zum Abschluß gekommen ist:

(131) kɔ̀ət thvɨ̀:-ka:(r) *sräc.*
er arbeiten TAM
Er hat fertig gearbeitet [z.B. für heute].

(132) kùt *sräc* yɔ̀:k tìən-thù:p ... (T.1)
überlegen TAM tragen Räucherstäbchen
nachdem sie fertig überlegt hatte, holte sie Räucherstäbchen...

6. *srap*

Dieses Verb leitet sich aus *rɔ̀əp* (anordnen, arrangieren) ab, das mit dem Präfix *s-* zu einem statischen Verb wird: "angeordnet sein, vorbereitet sein" (vgl. Jenner und Pou 1980/81:238), wie wir es noch in Beispielen wie *rəbɔs srap* (etwas Vorbereitetes, vorbereitete Gegenstände) oder *mì:ən srap* (erhältlich sein) vorfinden.
Sonst kommt *srap* praktisch nur noch in postverbaler Position als TAM-Zeichen in der Bedeutung von "bereit, erhältlich, greifbar; gemacht, vollendet" vor. Die besondere Konnotation im Ausdruck der Vollendung liegt daher bei diesem TAM-Zeichen in der Tatsache, daß etwas bereit steht bzw. greifbar ist; zudem treffen wir *srap* oft bei Verben des Wissens und Informiertseins:

(133) dɔl pè:l ba:y mì:ən ba:y sì: *srap.* (Gorgoniev 1966:155)
bis Zeit Essen es gibt Essen essen TAM
Bis zur Essenszeit war die Speise schon zum Essen bereit.

(134) do:c nèək crì:əp *srap.*
wie Sie mitteilen TAM
wie Sie bereits wissen / wie man Ihnen bereits gesagt hat

(135) ka:(r) nìh Mvy kɔ: dvŋ *srap haəy.*
Angelegenheit Dem Name Konj wissen TAM TAM
Darüber sind Sie (Mey) schon im Bilde. (Gorgoniev 1966:155)

(136) haəy sova̱ŋ(ŋ) dvŋ   *srap* haəy rɯ̀əŋ... (PTK.23)
       und Name   wissen TAM TAM Geschichte
       und Sovann kannte die Geschichte (über...) bereits.

7. *haəy*

Dieses Verb kommt in seiner Bedeutung von "vollendet sein, fertig sein" als Vollverb praktisch nicht mehr vor; immerhin finden wir aber noch die transitive Form zu *haəy* etwa in *bɔŋhaəy ka:(r)* (eine Arbeit beenden). In postverbaler Position drückt *haəy* als TAM-Zeichen die Vollendung einer Handlung, aber auch eine Zustandsänderung oder den Beginn einer Handlung aus. Es erfüllt damit praktisch die gleichen Funktionen wie Thai *lɛ́ɛw* (vgl. S.357ff.). Eine sehr genaue Beschreibung von *haəy* liefert Gorgoniev (1963:65–72 und 1966:154–159), die wir hier jedoch nicht wiedergeben wollen. Es folgen daher lediglich einige Beispiele

(137) vì:ə slap   haəy.
       er   sterben TAM
       Er ist gestorben.

(138) ko:n yɔ̀:k   kɔɲcɤ̀: nɔ̀əm mdа:y daə(r) tv̌u knoŋ
       Kind nehmen Korb   führen Mutter gehen hin in
       prèy chŋa:y ʔompì: srok* haəy, ko:n kɔ: ... (RP.53)
       Wald fern   von   Stadt TAM Kind dann
       Als der Sohn mit dem Korb seine Mutter in einen Wald fernab von der Stadt geführt hatte, da...

(139) lùh prəpu̱ən(ìh) dam   tɯ̀k   pùh   haəy, pdvy tha: ...
       als Frau   kochen Wasser sieden TAM   Mann sagen
       Als seine Frau das Wasser bis zum Sieden gekocht hatte, sagte der Mann: ... .
       (RP.44)

Analog zu *rù:əc* (s. oben) werden auch bei *haəy* die in (138) und (139) gesetzten Konjunktionen *lùh* und *kɔ:* nicht unbedingt gesetzt, so daß sich *haəy* in gleicher Weise zu einem konjunktionalen Verb entwickeln konnte, das sich zudem einer weiteren Verbreitung erfreut als *rù:əc*:

(140) mì:ŋ ba:n tèɲ ʔvyvan nùh, haəy trəlɔp   mɔ̀:k.
       Tante TAM kaufen Ding   Dem dann zurückkehren her
       Die Tante kaufte die Gegenstände ein/machte Einkäufe und kehrte dann
       (nach Hause) zurück. (Jacob 1968:100)

Die weitere Verbreitung von *haəy* zeigt sich auch in seiner wohl am weitesten entsemantisierten Form von *haəy-(nùŋ)* – ein konjunktionales Verb das im Sinne unseres "und" zwischen Verben und Nomina verwendet wird.

Zwei weitere Besonderheiten von *haəy* gilt es meiner Ansicht nach noch besonders hervorzuheben:

Für den ersten Fall finden wir bei Gorgoniev (1963:65) zwei sehr gute Beispiele. Hier wird *haəy* zur Hervorhebung bestimmter Elemente des Satzes verwendet. Dies geschieht insbesondere dann, wenn eine emphatische Wortstellung gewählt wird wie in Beispiel (141), wo das Prädikat vor das Subjekt zu stehen kommt:

---

* *srok* ist generell ein von Menschen belebtes, "zivilisiertes" Gebiet.

(141)   ?a: mɛ̀:n,   pùt *haəy* rùəŋ   nìh.
        ja   wirklich wahr   Sache Dem
        Ja tatsächlich, das ist sehr wahr!

(142)   khɲom kò:rùp̱   nèək-mì:ŋ nas, pì:-prùəh kùː   nèək-mì:ŋ
        ich   verehren Tante   sehr weil   sein Tante

        nìh ?aeŋ *haəy* dael dɔmna:ŋ nèək-mda:y khɲom dael
        Dem selbst   Rel vertreten Mutter   ich   Rel

        ba:n   ?anìccəka̱m(m) tr̆u.
        erlangen Tod   weg
        Ich verehre dich sehr, Tante, denn schließlich bist du es ja nun, die meine
        Mutter vertritt, die gestorben ist.

Schließlich steht *haəy* obligatorisch bei Zeitangaben ohne entsprechendes Bezugsverb:

(143)   maoŋ   pì:(r) *haəy*.
        Stunde zwei
        Es ist zwei Uhr.

Auf diese Weise wird die getroffene Zeitangabe in die unmittelbare Gegenwart gesetzt.

2. Dem Hauptverb vorangestellte TAM-Zeichen

Zu dieser Gruppe gehören *ba:n*, das auch postverbal vorkommt, *nr̆u* (s. befinden in), *thlɔ̀əp* (gewohnt sein zu) und *mì:ən* (haben; es hat/gibt). Während die im obigen Abschnitt erwähnten postverbalen TAM-Zeichen eine ganze Satzaussage modifizieren konnten, beziehen sich die präverbalen TAM-Zeichen nur gerade auf das unmittelbar hinter ihnen stehende Verb. In diesem Sinne spricht Gorgoniev zu Recht (1966:159) von morphologischen Mitteln (*morfologičeskie sredstva*) im Falle der präverbalen TAM-Zeichen im Gegensatz zu den syntaktischen Mitteln (*sintaksičeskie sredstva*) der postverbalen TAM-Zeichen.

Bisher hat es sich bereits mehrfach gezeigt, daß die postverbale Position zur Modifikation von Verben sehr geeignet ist. In weit geringerem Maße trifft dies auch auf die präverbale Position zu, für die sich die hierfür in Frage kommenden Elemente einigermaßen aufzählen lassen. So finden wir an dieser Stelle *mùn*, *pùm*, *?ɔt* (Neg), *dael* (TAM, jemals, je) plus einige Verbindungen wie *mùn-dael* (nie), *mùn-tɔ̀ən* (noch nicht), *mùn-so:v* (kaum). Bei den übrigen Ausdrücken erscheint am Ende meist – zumindest fakultativ – *tae*, das an dieser Stelle den verbmodifizierenden Charakter markiert, oder *cì:ə*, das als Vollverb in Äquationssätzen auftritt (vgl. S.426). Oft ist das erste Element eines solchen Ausdrucks ein Verb, wie etwa in *ceh-tae* (gewöhnlich, immerzu; zu "wissen"), *craən-tae* (meistens; zu "viel sein"), *do:c-cì:ə* (als ob; zu "gleich sein"), *prəhael-cì:ə* (vielleicht; zu*), *nr̆u-tae* (noch immer; zu "s. befinden in"), *tro:v-tae* (notwendigerweise; zu "müssen, nötig sein"), *taeŋ-tae* (gewöhnlich; zu "die Gewohnheit haben"), *thlɔ̀əp-tae* (gewöhnlich; zu "gewohnt sein").

---

* Jenner und Pou (1980/81:408) geben *prəhael* als Ableitung von *hael* (to rise, float; to swim) wieder mit der verbalen Bedeutung von "to move back and forth; to waver, be undecided; to be indeterminate, approximate".

Wie wir aus den obigen Beispielen ersehen können, gibt es zumindest für zwei der oben angeführten TAM-Zeichen – nämlich *nr̀u* und *thlɔ̀əp* – eine mit *-tae* markierte Form. Die unmarkierte Form scheint mir aber für eine stärkere Entsemantisierung zu stehen, die sich nicht zuletzt in einer engeren Bindung ans Hauptverb ausdrückt.

Die *Funktion* der einzelnen präverbalen TAM-Zeichen läßt sich wohl am besten mit Ehrmans (1972:56f.) sehr handlichem Raster zusammenfassen. Sie unterscheidet zwischen vollendeter Handlung, angefangener aber noch nicht vollendeter Handlung und nicht begonnener Handlung. Diese unterteilt sie weiter nach dem Kriterium ± durativ. So gelangt sie zu der folgenden Übersicht:

vollendete Handlung	(–durativ):	*ba:n/dael*
	(+durativ):	*thlɔ̀əp*
angefangene Handlung	(–durativ):	*nr̀u*
	(+durativ):	*kɔmpùŋ* (N)
nicht angefangene Handlung	(–durativ):	*nùŋ* (*mùn-tɔ̀ən* [noch nicht])
	(+durativ):	keine Form

Zu diesem Raster gesellt sich der Ausdruck der Realität einer Handlung, der mit *mì:ən* markiert wird.

Die Entsemantisierung dieser Lexeme läuft über die Hilfsverbfunktion. Der verbale Hintergrund der TAM-Zeichen offenbart sich zudem dadurch, daß ein TAM-Zeichen dort, wo ein homonymes Vollverb vorhanden ist, allein als Antwort auf eine Ja-/Nein-Frage stehen kann:

(144) lò:k *ba:n* tr̀u mỳ:l kon nìh tè:? – *ba:n./mùn ba:n.*
Sie TAM gehen sehen Film Dem Quest ja nein
Haben Sie sich diesen Film angesehen? Ja./Nein.

Im Folgenden werden nun die einzelnen TAM-Zeichen kurz behandelt. Zum Abschluß werden auch die TAM-Zeichen *nùŋ* (Zukunft), *kɔmpùŋ* (progressive form) und *dael* (jemals, Experiential) der Vollständigkeit halber gestreift.

1. *ba:n*

Als TAM-Zeichen drückt *ba:n* in präverbaler Position die Vollendung einer Handlung aus, die in der Vergangenheit stattgefunden hat. Beispiel (146) zeigt mit *ba:n tətù:əl* zudem sehr schön, wie *ba:n* aus seiner Bedeutung von "erhalten, erlangen" zu seiner TAM-Funktion gelangen konnte:

(145) khɲom *ba:n* tr̀u phsa:(r).
ich TAM gehen Markt
Ich bin zum Markt gegangen.

(146) thŋay-nìh kè: *ba:n* tətù:əl sɔmbot(r) mù:əy cbap pì:
Tag-Dem er TAM erhalten Brief ein Kl von

krəsu:əŋ–məha:phtèy.
Ministerium-inneres
Heute erhielt er einen Brief aus dem Innenministerium. (Gorgoniev 1966:146)

Zuweilen schimmert aber auch die andere Bedeutung von *ba:n* – "können" – durch, so daß *ba:n* auch in präverbaler Position den Potentialis markieren kann:

(147) cu:ən-ka:l nìːəy kɔ: nùk- sɔŋkhùm tha: nùŋ *ba:n* cù:əp
manchmal sie   nun denken-hoffen daß Fut TAM treffen

borɔs nùh tìət,   tae-kɔ: pùm ba:n cù:əp do:c bɔmnɔːŋ. (B.49)
Mann Dem wieder aber Neg TAM treffen wie Wunsch
Manchmal erhoffte sie sich, daß sie jenen Mann wieder treffen könnte, aber sie konnte ihn nicht treffen, wie sie es sich gewünscht hatte.

2. *nɤ̀u*

Dieses Verb überträgt seine Bedeutung als Vollverb von "leben, s. befinden" auch in seine Funktion als TAM-Zeichen, in der es zum Ausdruck bringt, daß eine Handlung noch immer im Gange ist. Hierzu drei Beispiele:

(148) mda:y *nɤ̀u* cam   ko:n ʔae prèy.
Mutter TAM warten Kind in Wald
Die Mutter wartete noch immer auf ihr Kind im Wald. (RP.53)

(149) yɤ̀ːŋ *nɤ̀u* khos   knì:ə bɔntec sɔh.
wir TAM verschieden reziprok etwas Exkl
Wir unterscheiden uns noch immer ein wenig. (Gorgoniev 1966:145)

(150) nì:əŋ he:ŋ *nɤ̀u* cɔŋ   dɤŋ rùəŋ   dael...
Frl. Name TAM wollen wissen Geschichte Rel
Heng wollte noch immer die Sache wissen, welche ... . (PTK.23)

3. *thlɔ̀əp*

thlɔ̀əp überträgt seine Bedeutung als Vollverb von "gewohnt sein zu" auch auf seine TAM-Funktion. Allerdings kommt in dieser Funktion noch dazu, daß *thlɔ̀əp* nur bereits geschehene – also der Vergangenheit angehörende – Tätigkeiten ausdrückt, so daß Gorgoniev (1966:151f.) *thlɔ̀əp* überhaupt unter dem Titel "Vergangenheit" (*prošedšee vremja*) aufführt. *thlɔ̀əp* drückt also die Gewohnheitsmäßigkeit einer Handlung in der Vergangenheit aus und kommt damit dem Englischen *used to* recht nahe:

(151) khɲom *thlɔ̀əp* tɤ̀u hael   tùk rɔ̀əl-thŋay.
ich TAM gehen schwimmen Wasser jeden Tag
Ich ging jeden Tag schwimmen. (Huffman 1970:207)

(152) kɔ̀ət cì:ə mùt(r) cas khɲom dael *thlɔ̀əp* rìən cì:ə-mù:əy
er sein Freund alt ich Rel TAM lernen mit

knì:ə *nɤ̀u* sahaphì:əp-so:vìət. (Headley 1977:435)
rezipr in Sowjetunion
Er ist ein alter Freund von mir, der (gewöhnlich) mit mir in der Sowjetunion studierte.

Zum zeitunabhängigen Ausdruck der Gewohnheit stehen dem Khmer die beiden Verben *taeŋ* (gewohnt sein zu) und *ceh* zur Verfügung, das nicht nur "wissen" bedeutet, sondern auch "sich an etw. gewohnt sein, etw. gewohnheitsmäßig tun". Beide Verben kommen auch in mit *-tae* markierter Form vor: *ceh-tae* bzw. *taeŋ-tae*. Ohne dieses Zeichen sind sie wohl als Hauptverben zu betrachten, die ein weiteres Verb regieren. Daher werden sie in Abschnitt 5.1. (S.436ff.) eingehender behandelt.

4. *mì:ən*
Das Vollverb für "haben, es gibt/hat" drückt in seiner entsemantisierten Form die Realität einer Handlung aus, was besagt, daß wir es mit einer tatsächlichen, wirklich geschehenden Handlung zu tun haben, nicht nur mit einer Möglichkeit oder etwas Zukünftigem. Gorgoniev spricht hier von der "Konstruktion für das Vorhandensein einer Handlung" (*konstrukcija naličnosti dejstvija*). Ehrman (1972:57) zählt noch drei weitere Lexeme zu dieser Kategorie: *dael* (jemals), *thlɔ̀əp*, *nìyum* (etw. gerne tun, bevorzugen, gewohnt sein). Davon scheint mir das letztere im Zusammenhang mit der TAM-Markierung sehr fragwürdig; bei den übrigen beiden Lexemen allerdings trifft der Ausdruck der Realität zu, ist aber von sekundärer Bedeutung, während *mì:ən* in entsemantisierter Form tatsächlich keine andere Funktion hat als eben die des Ausdrucks der Realität einer Verbalhandlung. Heutzutage erfreut sich *mì:ən* besonders in der geschriebenen Sprache etwa in Zeitungen und Romanen, sowie in anderen formalen Texten etwa am Rundfunk einer zunehmenden Verbreitung, so daß sich die Funktion des Realitätsausdruckes zugunsten einer Wichtigmachung der verbreiteten Meldung überhaupt verschieben könnte. Doch nun einige Beispiele:

(153)   yɤ̀:ŋ lùː: tha: *mì:ən* cap   ba:n phnèək-ɲì:ə(r) tɤu-haəy.
      wir hören Zit TAM fangen TAM Agent   TAM
      Wir haben vernommen, daß Agenten gefaßt wurden. (Gorgoniev 1966:188)

(154)   khɲom *mì:ən* ʔaoy sovan̪(n) ʔaeŋ mɔ̀:k   cam   khɲom ʔae na:ʔ
      ich TAM heißen Name selbst kommen warten ich irgendwo
      Habe ich dich (Sovann) *wirklich* geheißen, irgendwo auf mich zu warten? (PTK.19)

(155)   daoy *mì:ən* kaət   ka:(r)-tɔ̀əs-tè:ŋ knì:ə rəvì:əŋ
      da TAM entstehen KN-streiten rezipr zwischen
      ka:rìya:láy-nè̱əyò:ba:y nùəŋ kɔ:ŋ-kɔmlaŋ. (Gorgoniev 1966:188)
      Kabinett   und Armee
      Weil zwischen dem Kabinett und der Armee Uneinigkeiten aufkamen.

mì:ən kann zudem vor dem Pronomen *kè:* auftreten und somit einen ganzen Satz unterordnen:

(156)   *mì:ən kè:* lùək   mho:p nɤu nih tè:ʔ
      stimmen jd. verkaufen Essen Lok Dem Quest
      Stimmt es/Trifft es zu, daß hier jemand Essen verkauft? (Ehrman 1972:58)

5. zu *nùəŋ*, *kɔmpùəŋ* und *dael*
nùəŋ ist ein TAM-Zeichen mit keinerlei vollsemantischem Homonym und drückt die Zukunft aus:

(157)   kɔ̀ət nùəŋ tɤu phtèəh.
      er Fut gehen Haus
      Er wird nach Hause gehen.

kɔmpùəŋ, auch *kɔmpùəŋ-tae*, dient zum Ausdruck des progressiven Aspekts, besagt also, daß eine Handlung gerade im Ablauf begriffen ist. Ein verbaler Hintergrund zu diesem Verb läßt sich möglicherweise postulieren, muß aber Spekulation bleiben*. Hierzu nun ein Beispiel:

(158)   ?o:pùk kɔmpùŋ mỳ:l ka:saet.
         Vater TAM   lesen Zeitung
         Vater liest gerade die Zeitung.

dael dient als TAM-Zeichen zur Wiedergabe des experientialen Perfekts, das Comrie (1976:58) wie folgt definiert:

"The experiential perfect indicates that a given situation has held at least once during some time in the past leading up to the present."

Im Deutschen wird dieser Sachverhalt etwa mit "jemals", "schon einmal" wiedergegeben:

(159)   lò:k *dael* tỳu   srok khmae(r) tè:?
         Sie TAM gehen Land Khmer   Quest
         Sind Sie schon einmal in Kambodscha gewesen?

(160)   khɲom mùn-tɔ̀ən *dael* ba:n rìən   nìyì:əy phì:əsa: cɤn.
         ich   noch-nicht TAM TAM lernen reden Sprache China
         Ich habe noch nie je gelernt, Chinesisch zu sprechen. (Huffman 1967:223)

Für einen gewissen verbalen Charakter von *dael* spricht nebst den Angaben in Jenner und Pou (1980/81) noch ein weiteres Faktum. So lautet die Antwort auf die obige Frage (159) nicht etwa *tỳu* bzw. *mùn tỳu*, sondern *dael* bzw. *mùn dael* analog etwa zu *ba:n* (s.oben). Allerdings kommt *dael* nirgends allein als Vollverb vor.

4. Die Co-Verben

4.1. Einleitung

Das Khmer kennt ein gut ausgebautes und recht komplexes System von Co-Verben, wie dies die folgende Maximalstruktur oder maximale Serialisierungsperiode mit insgesamt sechs beteiligten Verbkategorien zeigt, die ich hier einleitend und als Übersicht über den weiteren Verlauf dieses Abschnitts präsentieren und besprechen möchte. Dabei nimmt die Gebundenheit an das Hauptverb (V) mit zunehmendem Index ab:

V	V_I	V_{II}	V_{III}	V_{IV}	V_V	V_{VI}
	coh	*cëɲ*	*tỳu*	*ta:m*	*?aoy*	*cì:ə*
	(runtergehen)	(rausgehen)	(gehen)	(folgen)	(geben)	(sein)
	laəŋ	*co:l*	*mɔ̀:k*	*chlɔ:ŋ*	*cù:n*	*daoy*
	(raufgehen)	(reingehen)	(kommen)	(überqueren)	(geben)	(folgen)
				dɔl	*sɔmrap*	*do:c*
				(ankommen)	(verwenden)	(gleich sein)
				kan		*cù:əs*
				(festhalten)		(vertreten)
				nỳu		
				(s.befinden)		

---

* Jenner und Pou (1980/81) setzen *kɔmpùŋ* in Relation zu *pùŋ* (O. to bulge, swell; 1. *boḥ buña* [exterior, contour of], belly, abdomen). *kɔmpùŋ* bedeutet dann: "1. (intr.) to be full and distended; to bulge, prostrate, jut out. 2. marker of progressive action. 3. outburst (as of passion), outbreak, fit, attack, bout (of illness, disease)".

In einer konkret realisierten Serialisierungsperiode können einem Hauptverb zwei Co-Verben, eventuell – was aber ziemlich selten ist – drei Co-Verben nachgestellt werden, so daß wir das folgende Paradigma erhalten:

V (N) CoV_1 (N) CoV_2 (N) CoV_3 (N)

Die Verben der Kategorie I bis VI können gemäß der Reihenfolge ihrer Indices zuerst an der Stelle CoV_1, dann an der Stelle CoV_2 (ev. CoV_3) eingesetzt werden.
   Wie wir bereits in Abschnitt 3.3. (S.403ff.) gesehen haben, erscheinen die Verben der Bewegungsrichtung, die hier zu den Kategorien V_I – V_{III} gehören, je nachdem als direktionale Verben oder als Co-Verben. Dies hat jedoch keinen Einfluß auf die Reihenfolge. Wie weiter bereits gesagt, können auch die übrigen lokativisch-destinativischen Co-Verben (V_{IV}), ja auch die Verben der Kategorie V_V, ohne ausgesetztes nominales Objekt stehen, nur bleibt hier im Gegensatz zu den Verben der Bewegungsrichtung (V_I – V_{III}) immer ein konkretes Objekt impliziert.
   Unter den Verben der Kategorie V_{IV} fallen insbesondere *ta:m* und *chlɔ:ŋ* auf, die nicht nur in der Position von V_{IV} auftreten, sondern weiter die Möglichkeit haben – wohl wegen ihres relativen semantischen Gewichts und vielleicht auch in Anlehnung an die Resultativ-Konstruktion –, direkt dem Hauptverb nachgestellt zu werden; daher der Pfeil in der Skizze.
   Der Anfang dieses Abschnitts (4.2.) wird allein der Beschreibung der lokativisch-destinativischen Verben gewidmet sein. In einem zweiten Abschnitt (4.3.) möchte ich die Verben der Kategorie V_V vorstellen, deren Funktion im Bereich des Dativ-Benefaktiv liegt. Die übrigen Verben aus der Kategorie V_{VI} schließlich sollen in einem dritten Abschnitt (4.4.) erläutert werden. In diesem Abschnitt behandle ich auch das Co-Verb *cih* (reiten), das als einziges Co-Verb vorzugsweise vor dem Hauptverb erscheint, da ich hierfür keinen eigenen Abschnitt einrichten wollte.
   Mit dem bis jetzt Gesagten bleibt vorerst einmal die Reihenfolge von V_{IV}, V_V und V_{VI} bezüglich CoV_1 und CoV_2 (allenfalls CoV_2 und CoV_3) genauer zu klären. Erscheinen Verben der Kategorie IV und VI gemeinsam in einer Serialisierungsperiode, so stehen die V_{IV} weit eher an der Stelle CoV_1 und die V_{VI} an der Stelle CoV_2; offenbar sind die V_{IV} enger an das Hauptverb gebunden als die V_{VI}. Zwischen V_V und V_{VI} sind die Verhältnisse insofern etwas undurchsichtiger, als eine solche Konstellation in einem Sprechkontext nicht besonders häufig ist. Es sind wohl beide Verbfolgen möglich (V_V – V_{VI}, V_{VI} – V_V). Ebenso gibt es zwischen V_{IV} und V_V keine allzu sturen Wortfolgeregeln; es kann durchaus vorkommen, daß V_V vor V_{IV} erscheint, wobei diese Reihenfolge möglicherweise etwas markierter ist als die Folge V_{IV} – V_V. Die Pfeile zwischen V_{IV} und V_V bzw. V_V und V_{VI} versuchen diesem Zusammenhang Rechnung zu tragen. Schließlich kann das Co-Verb *nɤu* auch durchaus zweimal erscheinen, wie das Beispiel (207) zeigt.
   In einem vierten Teil (4.5.) wird sich zeigen, daß die Position CoV im Khmer bis zu einem gewissen Grad produktiv ist und einige sonst als Hauptverben auftretende Verben marginal Co-Verb-Funktionen übernehmen können.
   In Abschnitt 4.6. möchte ich kurz auf die Präpositionen eingehen, die keinerlei Beziehung zu einem Vollverb (oder einem Nomen) aufzeigen und somit nur grammatikalische Funktionen erfüllen.

Wenn wir im Khmer die Serialisierungsperiode vollständig erfassen wollen, müssen wir auch die erweiterte seriale Einheit mit *yò:k* (nehmen) miteinbeziehen, wie wir dies in Abschnitt 4.7. tun. Diese Konstruktion unterscheidet sich zwar syntaktisch in praktisch nichts von der koordinierenden Juxtaposition (vgl. S.396f.), wird aber semantisch mit dem nächsten Hauptverb zusammen als Einheit empfunden. In einigen Fällen – wie wir sehen werden – mag *yò:k* eventuell sogar in die Nähe eines Co-Verbs rücken.

Der nächste Abschnitt (4.8.) ist den verschiedenen Ausdrucksmöglichkeiten des Instrumental gewidmet, die sich auf verschiedene Formen von Serialisierungsperioden verteilen.

Den Schluß bilden einige Beispiele in Abschnitt 4.9. zur Illustration der markierungslosen Juxtaposition zweier oder mehrerer komplexer Serialisierungsperioden.

4.2. Die lokativisch-destinativischen Co-Verben

Diese Verben machen wohl im Rahmen der Co-Verben den weitaus komplexesten Teil aus. Zu einer übersichtlichen Besprechung möchte ich daher in einem ersten Punkt die 6 Verben der Bewegungsrichtung behandeln, um dann in einem zweiten Punkt die übrigen lokativisch-destinativischen Co-Verben der Kategorie V_{IV} vorzustellen:

1. Als sehr gutes Beispiel zur Illustration der Verben der Bewegungsrichtung in Co-Verb-Funktion zeigen sich die Verben des Tragens/Transportierens wie z.B. *yò:k* (nehmen), da diese mit allen diesen Co-Verben vorkommen können:

(161)   *yò:k – tŕu* (hintragen/bringen), *yò:k – mò:k* (hertragen/bringen),
        *yò:k – cëɲ pì:** (hinaustragen), *yò:k – co:l* (hineintragen),
        yò:k – coh (hinuntertragen), *yò:k – laəŋ* (hinauftragen).

(162)   khɲom yò:k   ʔɤyvan nìh   tŕu cɔmnɔ:t-yùən(t)-hɔh.
        ich   nehmen Gepäck Dem CoV Flughafen
        Ich bringe dieses Gepäck zum Flughafen.

(163)   sʔaek lò:k nùŋ yò:k   sɔmbot(r) nìh cëɲ pì: thɔ:t-tok.
        morgen Sie Fut nehmen Brief   Dem CoV von Schublade
        Morgen werden Sie diesen Brief aus der Schublade nehmen.
        (Jacob 1968:79)

Im Folgenden sollen die einzelnen Co-Verben kurz mit einigen charakteristischen Merkmalen vorgestellt werden. Dabei lasse ich dort, wo nichts Besonderes zu bemerken ist, einfach ein weiteres Beispiel folgen. Die Arbeit von Clark (1978:129-150) lieferte hierzu eine gute Basis.

1. *tŕu*
   erscheint bei Verben des Gebens im weitesten Sinne: *ʔaoy***(geben), *cù:n***(geben), *lùək* (verkaufen), *hoc* (aushändigen), *phɲaə***(schicken), *səse:(r)* (schreiben), *bɔŋrìən*** (unterrichten), *bɔŋha:ɲ*** (zeigen), usf.

   (164) khɲom ʔaoy sìəvphŕu tŕu nèək.
         ich   geben Buch   CoV Sie(2pl)
         Ich gebe Ihnen ein Buch. (Jacob 1968:78)

---

*   s. weiter unten in der Besprechung von *cëɲ*.
** Bei diesen mit Asterix versehenen Verben fällt das Co-Verb besonders in weniger formeller Redeweise weg.

(165) khɲom ba:n phɲaə sɔmbot(r) *tr̀u* mùt(r)-sɔmlaɲ khɲom.
ich TAM schicken Brief CoV Freund ich
Ich habe meinem Freund einen Brief geschickt.

Weiter erscheint *tr̀u* bei Verben des Mitteilens und des Fragens fakultativ:

(166) ʔo:pùk su:ə(r) *tr̀u* mda:y tha: ...
Vater fragen CoV Mutter Zit
Vater fragte die Mutter, ...

(167) krù: kɔ: prap *tr̀u* kè: tha: ...
Lehrer Konj sagen CoV er Zit
Der Lehrer sagte ihm darauf, ... (Ehrman 1972:69)

2. *mɔ̀:k*

erscheint in den gleichen Kontexten wie *tr̀u*:

(168) nèək ʔaoy siəvphr̀u *mɔ̀:k* khɲom.
Sie(2pl) geben Buch CoV ich
Sie geben mir das Buch. (Jacob 1968:78)

(169) mùt(r)-sɔmlaɲ khɲom ba:n phɲaə sɔmbot(r) *mɔ̀:k* khɲom.
Freund ich TAM schicken Brief CoV ich
Mein Freund schickte mir einen Brief.

(170) baə vì:ə mùn nìyì:əy *mɔ̀:k* khɲom, khɲom mùn chlaəy tè:.
wenn er Neg sagen CoV ich ich Neg antworten Neg
Wenn er mit mir nicht redet, gebe ich ihm keine Antwort.
(Headley 1977:709)

3. *cëɲ*

Wie wir bereits gesehen haben (vgl. S.392f.), kommt *cëɲ* als Vollverb nur in wenigen idiomatischen Wendungen mit einem unmarkiert hinter dem Verb stehenden Objekt vor. Sonst werden entweder das CoV *tr̀u* oder die Präposition *pì:* an *cëɲ* angefügt. Dies führt Clark (1978:131) zu dem Urteil, daß *cëɲ* kein Co-Verb sei. Diese Feststellung scheint mir allerdings diskutierbar. Wie wir in der Einleitung 4.1. gesehen haben, können maximal drei Verben der Bewegungsrichtung hintereinander stehen, so daß sich eine Sequenz wie *cëɲ tr̀u* durchaus als Folge zweier Co-Verben sehen läßt. Da *cëɲ* aber auch als Hauptverb nur mehr sehr selten ohne genauere Modifikation auskommt, ist es nur natürlich, daß *cëɲ tr̀u* als nicht auftrennbare Fügung an der im Satz vorgesehenen CoV-Stelle einspringt. Das gleiche gilt für *cëɲ pì:*, das ganz gewöhnlich dem Muster CoV-Präp folgt:

(171) kɔ̀ət rè:k tùk *cëɲ tr̀u* srae. (Clark 1978:144)
er mit einer Tragstange tragen Wasser Cov CoV Feld
Sie trug das Wasser (mit einer Tragstange) zum Reisfeld.

4. *co:l*

(172) kè: tro:v bɔŋho:(r) tùk *co:l* srae.
man müssen Kaus:fließen Wasser CoV Feld
Man muß das Reisfeld bewässern; wörtl.: Man muß das Wasser ins Reisfeld fließen lassen. (Huffman 1970:340)

5. *coh*

coh ist wie Clark (1978:131f.) gezeigt hat, nicht terminativ, drückt also keine Bewegung auf ein Ziel hin aus. Daher kann man

(173) dɔmrɤy   *coh*   tùənlè:
      Elefant   Fluß

nicht mit "der Elefant geht zum Fluß hinunter" übersetzen. Erst das Anfügen von *tr̃u* nach *coh* ermöglicht die terminative Übersetzung "zum Fluß hinunter". Ohne dieses *tr̃u* bleibt nur eine kontextuelle Interpretation wie etwa "der Elefant geht in den Fluß hinunter". Die im terminativen Fall gesetzte Fügung *coh tr̃u* ist natürlich ein weiteres Beispiel für eine Co-Verb-Sequenz. Zum Schluß hierzu ein Beispiel:

(174) mì:əlì:ə tù:l   khao-ʔa:v *coh* *tr̃u* mɔ̀ət tùənlè:.
      Name tragen (auf dem Kopf) Kleider   CoV   CoV   Ufer Fluß
      Mala brachte die Kleider zum Flußufer hinunter. (Clark 1978:132)

6. *laəŋ*

(175) yɔ̀:k   ʔɤyvan nìh   *laəŋ* lɤ̀:   phtèəh. (Huffman 1970:140)
      nehmen Gepäck Dem   CoV   auf   Haus
      Bring diese Gegenstände zum Haus hinauf.

2. Die übrigen lokativisch-destinativischen Co-Verben sind: 1. *ta:m* (folgen, einer Sache entlang gehen), *chlɔ:ŋ* (durch etw. gehen, etw. überqueren), *dɔl* (ankommen), *kan* (Vollverb: festhalten; CoV: in Richtung auf etw. gehen), *nr̃u* (s. befinden in). Zumindest die ersten drei dieser Verben kommen wie die Verben der Bewegungsrichtung mit Verben des Tragens/Transportierens vor:

(176) yɔ̀:k – *ta:m* (etw. entlang von etw. tragen), yɔ̀:k – *chlɔ:ŋ* (etw. durch etw. hindurch bringen), yɔ̀:k – *dɔl* (etw. irgendwohin bringen).

1. *ta:m*

In seiner Bedeutung von "entlang von etw. gehen" finden wir *ta:m* etwa in folgenden Beispielen:

(177) daə(r) tr̃u *ta:m* məha:se:ʈʈhɤy. (T.3)
      gehen hin CoV Reicher
      Er ging hinter dem Reichen her.

(178) ʔa:-céy ʔaeŋ kom   daə(r) *ta:m* ʔaɲ tr̃u kɔ̀əl   laəy.
      Name selbst Neg.Imp. gehen CoV   ich hin aufwarten Exkl
      Was dich – A-Chey – angeht, so sollst du mir nicht mehr hinterhergehen, um (mir = dem König) aufzuwarten. (T.6)

(179) nèək-srae   laəŋ   *ta:m* bɔŋʔaoŋ.
      KN-Reisfeld raufgehen CoV   Gerüst
      Die Reisbauern steigen dem Gerüst entlang. (Lewitz 1968a:37)

In seiner Bedeutung von "nachfolgen, nachahmen" finden wir *ta:m* etwa in den folgenden Beispielen als Co-Verb:

(180) kɔ̀ət sliək-pèək *ta:m* cɤn.
   sie s.kleiden   CoV China
   Sie kleidet sich wie die Chinesinnen.

(181) prəprùt(t) *ta:m* bo̠rətè:s
   s.verhalten CoV Ausland
   sich wie die Ausländer verhalten

Weiter drückt *ta:m* den Instrumental bei Verkehrsmitteln aus:

(182) khɲom tɤ̀u Paris *ta:m* rətèh-phlɤ̀:ŋ.
   ich gehen Ort CoV Zug
   Ich gehe mit dem Zug nach Paris.

In übertragener Bedeutung finden wir *ta:m* etwa in:

(183) cëɲ *ta:m* tvì:ə(r)   (durch die Tür hinausgehen)
   mɤ̀:l *ta:m* bɔŋʔu:ɔc (durchs Fenster schauen)

Schließlich kommt *ta:m* bei gewissen satzeinleitenden Phrasen auch vor dem Hauptverb vor; in dieser Position leitet es sogar bereits in konjunktionaler Funktion ganze Sätze mit Subjekt und Prädikat ein:

(184) *ta:m* yò:bɔl khɲom   (nach meiner Meinung)
   ta:m ka:(r) pùt   (In Wirklichkeit)
   ta:m khɲom sma:n   (wie ich meine)
   ta:m kè: nìyì:əy tha: (nachdem, was man sagt/gesagt wird)

2. *chlɔ:ŋ*

Hier soll ein Beispiel genügen:

(185) kɔ̀ət dɤk-nɔ̀əm   sro:v *chlɔ:ŋ* stùŋ.
   er   transportieren Reis CoV Fluß
   Er transportiert Reis über den Fluß.

3. *dɔl*

In seiner Bedeutung von "ankommen" finden wir *dɔl* etwa im folgenden Satz als Co-Verb:

(186) khɲom daə(r) *dɔl* phtèəh ʔo:pùk-mda:y.
   ich gehen CoV Haus Eltern
   Ich gehe zum Haus der Eltern.

(187) daə(r) pì: X *dɔl* Y.
   gehen von CoV
   von X nach Y gehen

(188) lò:k dëɲ   vì:ə *dɔl* kɔnlaeŋ na:?
   Sie verfolgen er CoV Ort welch
   Bis wohin haben Sie ihn verfolgt? (Jacob 1968:79)

Die meisten Verben des Gebens (s. oben) können *dɔl* als Co-Verb nach sich tragen, wenn die Bewegung hin zum Ziel unterstrichen werden soll. Bei *lùək* (verkaufen) wird mit *dɔl* impliziert, daß die Handlung wider Erwarten eingetreten ist, was wir mit "sogar" übersetzen müssen (vgl. Clark 1978:148).

(189) khɲom ʔaoy siəvphɤu dɔl kɔət.
　　　ich　　geben Buch　　CoV er
　　　Ich gebe ihm das Buch.

(190) sa:rùn lùək　　kɔŋ　　dɔl mì:əlì:ə. (Clark 1978:148)
　　　Name verkaufen Fahrrad CoV Name
　　　Sarun verkaufte das Fahrrad sogar an Mala.

Einigen Verben ist *dɔl* als Co-Verb fest zugewiesen:

(191) mùn dael nùk-khɤ̀:ɲ dɔl sëckdɤy-tɔ́əl rù: dɔl mənùs(s) dael ...
　　　Neg TAM denken　　CoV KN　　arm oder CoV Mensch Rel
　　　Sie dachte nie an die Armut oder an die Leute, die ... . (Lewitz 1968a:33)

(192) co:l　　crìət-crè:k　　dɔl kec(c)-ka:(r) phtèy-knoŋ prətè:s na:-mù:əy
　　　eintreten s.einmischen CoV Angelegenheit innere　　Staat　irgendein
　　　sich in die inneren Angelegenheiten eines Staates einmischen
　　　(Gorgoniev 1984:190)

dɔl erscheint auch im Satzanfang zur Einleitung von Zeitangaben:

(193) dɔl　thŋay-nìh kɔ̀ət mùn tɔ̀ən trəlɔp　　mɔ̀:k.
　　　CoV Tag-Dem er　Neg noch zurückkehren her
　　　Heute ist er noch nicht zurückgekommen.

(194) dɔl　maoŋ pram-bɤy yɤ̀:ŋ cap-phdaəm thvɤ̀:-ka:(r).
　　　CoV Stunde 8　　wir anfangen　　arbeiten
　　　Um 8 Uhr beginnen wir zu arbeiten.

dɔl ist zudem das einzige Co-Verb, das auch verneint werden kann (vgl. S.365):

(195) kɔ̀ət daə(r) *mùn dɔl* phnùm-pëɲ.
　　　er gehen Neg CoV Ort
　　　Er ist nicht bis Phnom Penh gegangen.

4. *kan*

kan bedeutet als Vollverb "festhalten, etw. innehaben":

(196) *kan dɔmbɔ:ŋ* (einen Schlagstock halten), *kan nɤu day* (in der Hand halten), *kan ʔɔmna:c* (die Macht halten)

Als Co-Verb drückt es die Richtung auf ein Ziel hin aus: "in Richtung auf, auf etw. zu", beschränkt sich aber in seinem Gebrauch auf stilistisch gehobenere Sprachstile und ist meist auf geschriebene Sprache wie Literatur und Zeitungsartikel oder aber auf öffentliche Reden beschränkt:

(197) kɔ̀ət tɤu　*kan* phtèəh.
　　　er gehen CoV Haus
　　　Er geht nach Hause.

(198) vùl　　trəlɔp　　mɔ̀:k *kan* paɲha: nìh mdɔ:ŋ-tìət
　　　umkehren zurückkehren her CoV Problem Dem nochmals
　　　noch einmal auf dieses Problem zurückkommen (Gorgoniev 1966:237)

(199) nì:əŋ pò:l tɤu *kan* lò:k-ʔo:pùk nìyì:əy tha: (B.69)
　　　sie reden hin CoV Vater　　sagen Zit
　　　sie sagte zu ihrem Vater, ...

5. nɤu

nɤu ist das einzige Co-Verb, das von seiner Bedeutung als Vollverb her keine Bewegung ausdrückt. Daraus läßt sich sein Auftreten mit Verben, die keine Bewegung ausdrücken, mühelos erklären.

(200) ʔo:pùk thvɤ̀:-ka(r) *nɤu* phtèəh.
Vater arbeiten CoV Haus
Vater arbeitet zu Hause.

(201) (h)lù:əŋ kùəŋ *nɤu* kɔnlaeŋ nìh rɯ̀:? (Huffman 1970:230)
König residieren CoV Ort Dem Quest
Residiert der König hier?

(202) krəbɤy de:k *nɤu* kraom phtèəh. (Huffman 1967:186)
Rind liegen CoV unter Haus
Das Rind liegt unter dem Haus.

(203) daəm-tnaot cì:ə daəm-chɤ̀: mù:əy-ya:ŋ sɔmkhan *nɤu* srok-khmae(r).
Zuckerpalme sein Baum eine Art wichtig CoV Kambodscha
Die Zuckerpalme ist ein wichtiger Baum in Kambodscha. (Lewitz 1968a:35)

nɤu erscheint jedoch ebenso mühelos mit Verben der Bewegung und drückt dann eine Gerichtetheit aus:

(204) dak ʔɤyvan nìh *nɤu* knoŋ bɔntùp phɔ:ŋ. (Huffman 1970:158)
stellen Ding Dem CoV in Zimmer auch
Stell diese Gegenstände auch ins Zimmer.

(205) yɤ̀:ŋ kùt nɔ̀əm-knì:ə tɤu *nɤu* srok kè:. (PTK.51)
wir denken zusammen gehen CoV Land jemand/fern
Wir gedenken zusammen in ein fernes Land zu gehen.

(206) ʔa̠ɲ ʔaoy ʔa:-ʔaeŋ tɤu *nɤu* ʔae tùənlè:. (T.31)
ich schicken du gehen CoV Präp Fluß
Ich schicke dich an den Fluß hinunter.

Das Co-Verb *nɤu* kann auch ohne weiteres zweimal in einer Serialisierungsperiode erscheinen:

(207) ʔaoy rìən *nɤu* sa:la: prɔk slɤk *nɤu* vì:əl prèəh-mè:rù.
lassen lernen CoV Schule bedacht Blatt CoV Platz Name
Man ließ (sie) in einer mit Blättern bedachten Schule auf dem Platz von Meru lernen. (PTK.31)

Wie *dɔl* und *ta:m* erscheint auch *nɤu* in satzeinleitender Position:

(208) *nɤu* phtèəh ʔo:pùk-mda:y khɲom mì:ən phɲiəv craən nas.
CoV Haus Eltern ich es hat Gast viel sehr
Im Haus meiner Eltern hat es viele Gäste.

In dieser Position dient *nɤu* auch zur Markierung von Zeitangaben:

(209) *nɤu* maoŋ pram vì:ə tɤu phsa:(r).
CoV Stunde 5 er gehen Markt
Um fünf Uhr geht er zum Markt.

4.3. Die Co-Verben *ʔaoy, cù:n* **und** *sɔmrap*

Die beiden Co-Verben *ʔaoy* und *cù:n* dienen zur Markierung des Dativ/Benefaktiv, wobei *ʔaoy* die familiäre Form ist und bei Objekten der 1. Person obligatorisch gesetzt werden muß, während *cù:n* die Höflichkeit oder Ehrerbietung zum Ausdruck bringt und damit bei der 2. Person obligatorisch gesetzt werden muß, wie dies auch bei den entsprechenden Vollverben der Fall ist.

Wir treffen die beiden Co-Verben bei recht vielen Hauptverben; so auch bei den folgenden:

(210) mùn cɔŋ   prəkùəl   cəɲciən ʔaoy kè: vèɲ. (B.47)
 Neg wollen übergeben Ring   CoV er zurück
 (sie) wollte ihm den Ring nicht mehr wiedergeben.

(211) khɲom nə̀ŋ cak   thnam-krùn cù:n lò:k. (Huffman 1970:291)
 ich Fut injizieren Medizin-Fieber CoV Sie
 Ich werde Ihnen eine Spritze geben.

(212) mda:y hoc   sa:bù: ʔaoy khɲom.
 Mutter reichen Seife CoV ich
 Mutter reicht mir die Seife.

(213) nì:əŋ he:ŋ co:l   tr̀u crəbac cə̀:ŋ cù:n kɔ̀ət. (PRK.26)
 Frl. Name reingehen hin | massieren Fuß CoV er
 Heng ging hinein, um ihm die Füße zu massieren.

(214) baək tvì:ə(r) ʔaoy khɲom.
 öffnen Tür CoV ich
 Öffne mir die Türe/ Öffne die Türe für mich/an meiner Stelle.

(215) ʔo:pùk tèɲ siəvphr̀u ʔaoy khɲom. (Jacob 1968:141)
 Vater kaufen Buch CoV ich
 Vater kaufte mir ein Buch./ Vater kaufte ein Buch für mich/ an meiner Stelle.

Wenn Verben der Bewegungsrichtung (V_I–V_{III}) als direktionale Verben an der Serialisierungsperiode beteiligt sind, so erscheint *ʔaoy/cù:n* wie das Maximalparadigma in 4.1. (S.416f.) zeigt hinter dem letzten direktionalen Verb als CoV_1. Am weitaus häufigsten ist nur gerade V_{III} als direktionales Verb beteiligt, so daß die folgende Struktur besonders wichtig ist:

   V   (N) Vd_{III} CoV_1 (N)

         tr̀u   cù:n*
         mɔ̀:k   ʔaoy

Dieses Strukturmuster trifft, wie das folgende Beispiel aus Gorgoniev (1966:255) zeigt, besonders schön auf *yɔ̀:k* (nehmen) zu, das in diesem Zusammenhang mit "bringen" übersetzt werden muß:

---

* In dieser Konstruktion kommt auch *dɔl* (ankommen) statt *cù:n/ʔaoy* vor:

(221) yɔ̀:k   tìən-thù:p   tr̀u dɔl   phtèəh hao(r)   (T.1)
 nehmen Räucherstäbchen hin CoV Haus Seher
 Räucherstäbchen zum Haus des Sehers bringen

(216) thnùən-céy prəɲap-prəɲăl yɔ̀:k   thɔŋ-yìː əm tɾu cùː n   lòːk-seːṭṭhɤy.
       Name   s.beeilen   nehmen   Sack   hin CoV   Reicher
       Thnunchey brachte dem Reichen eiligst den Sack.

Dieses Beispiel, das übrigens von der Strukturformel her genau identisch ist mit *muab* im Hmong (vgl. S.268), ist aber bei weitem nicht das einzige, wie man aus Gorgonievs Darstellung schließen müßte. Daher seien im Folgenden zwei weitere Beispiele mit anderen Hauptverben aufgeführt:

(217) kɔ̀ət *phɲaə* prak *mɔ̀ːk ʔaoy* khɲom.   (Huffman 1970:308)
       er   senden   Geld her CoV   ich
       Er schickt mir Geld.

(218) khɲom *lùək*   siəvphɤu *tɾu ʔaoy* mìːəlìə.   (Clark 1978:147)
       ich   verkaufen   Buch   hin CoV   Name
       Ich verkaufe das Buch an Mala.

Wie die lokativisch-destinativischen Co-Verben brauchen auch *ʔaoy* und *cùːn* keinen ausgesetzten nominalen Aktanten nach sich zu tragen:

(219) khɲom nùəŋ bɤɪ̀   tvìːə(r) *ʔaoy*.   (Huffman 1973:497)
       ich   Fut schließen Tür   CoV
       Ich schließe die Türe für (ihn).

(220) prəpùən(ìh) seːṭṭhɤy kɔː   yɔ̀ːk   ʔɔmbok mɔ̀ːk *ʔaoy*.
       Frau   Reicher   Konj nehmen Reisspeise her CoV
       Die Frau des Reichen brachte (ihm) die Reisspeise. (Gorgoniev 1966:255)

Mit Beispiel (219) ordnet Huffman (1973) *ʔaoy* der gleichen Ebene zu wie die direktionalen Verben. Dies scheint mir aber aus bereits genannten Gründen nicht ohne weiteres möglich (vgl. S. 403ff.).

Zum Schluß dieses Abschnittes möchte ich das im Titel erwähnte *sɔmrap* vorstellen, das als Vollverb "verwendet/gebraucht werden für, zum Gebrauch dienen als, da sein für" bedeutet:

(222) sɔmpùət sɔː   nìh   *sɔmrap* thvɤ̀ː ʔaːv.   (Jacob 1968:75)
       Stoff   weiß Dem   dienen für machen Hemd
       Dieser weiße Stoff dient zur Herstellung von Hemden.

(223) siəvphɤu nìh *sɔmrap* nèək tèəŋ-ʔɔs, dael rìən ... .
       Buch   Dem sein für Leute alle   Rel lernen
       Dieses Buch ist für alle, die lernen ... .

(224) krəda:s nìh *sɔmrap* səseː(r).
       Papier Dem sein für schreiben
       Dieses Papier ist zum Schreiben.

Als Co-Verb kann *sɔmrap* überall dort anstelle von und in Kontrast zu *ʔaoy* und *cùːn* treten, wo seine Verbbedeutung im Sinne von "zur Verwendung von jdm." erhalten bleibt:

(225) khɲom tèɲ   siəvphɤu nìh *sɔmrap* kɔːn-prɔs   (Huffman 1967:192)
       ich   kaufen Buch   Dem CoV   Sohn
       Ich kaufe dieses Buch für meinen Sohn (damit er es verwende).

(226) khɲom tùk   prak nìh sɔmrap ko:n khɲom.
ich   auf die Seite legen Geld Dem CoV   Kind ich
Ich lege dieses Geld für mein Kind (zum späteren Gebrauch) auf die Seite.

Besonders interessant in diesem Zusammenhang ist das folgende Beispiel, das man im Kontrast zu (219) mit *ʔaoy* sehen muß:

(227) kɔ̀ət baək tvì:ə(r) *sɔmrap* khɲom.
      er   öffnen Tür   CoV   ich
      Er öffnet die Türe für mich.

Hier wird impliziert, daß die Türe offen bleibt, so daß ich von diesem Umstand profitieren kann. Der gleiche Satz mit *bɤ̀ì* (schließen) wäre nicht möglich, da eine geschlossene Tür keinen für mich profitablen Sinn ergäbe.

4.4. Die Co-Verben *cì:ə*, *do:c*, *daoy*, *cù:əs* und *cìh*

In diesem Abschnitt werden die Verben der Kategorie V_{VI} in ihrer Funktion als Vollverben und als Co-Verben beschrieben. Ebenfalls hier behandelt sei *cìh*, das als einziges Co-Verb in präverbaler Position erscheinen kann.

1. *cì:ə*

Die wichtigste Funktion von *cì:ə* ist die der Kopula in Äquationssätzen*:

(228) ʔo:pùk khɲom *cì:ə* nèək-thvɤ̀:-srae.
       Vater ich   sein KN-machen-Reisfeld
       Mein Vater ist Reisbauer.

(229) vìccì:ə *cì:ə* trɔ̀əp̀(y) dɔ: prəsaə(r) knoŋ lò:k.
       Bildung sein Besitz   Attr kostbar   in   Welt
       Bildung ist der kostbarste Besitz in der Welt. (VK, 256)

---

* Andere Bedeutungen von *cì:ə* sind: "gesund sein, wohlauf sein" und "frei, unabhängig sein". Zudem ist *cì:ə* nicht die einzige Möglichkeit zum Ausdruck der Äquation. Das Khmer verwendet hierzu weiter *kùː*, das sich von *cì:ə* insofern unterscheidet, als es lediglich benennenden Charakter hat und nicht wie *cì:ə* definierenden. Schließlich kann das Khmer auch überhaupt auf die Setzung eines Zeichens im Äquationssatz verzichten: kɔ̀ət mè:-ma:y (Sie ist Witwe), nìh rəbɔs khɲom (Dies ist mein.) (vgl. hierzu Martini 1956).

In der Funktion der Kopula bei Äquationssätzen kann *cì:ə* nicht einfach mit *mùn* verneint werden, da diese Verneinung zum Ausdruck einer persönlichen Meinung dient, die im Widerspruch zu einer vorher gefallenen Äußerung steht:

(234) sɔmpùət nìh lʔɔ: nas! – sɔmpùət nìh mùn *cì:ə* lʔɔ: tè:.
      Dieser Stoff ist sehr schön! – Dieser Stoff erscheint mir dagegen gar nicht schön.
      (Jacob 1968:141)

Die eigentliche Negation für *cì:ə* und übrigens auch für *kùː*, das als einziges wohl der Kategorie Verb anzurechnendes Lexem überhaupt nicht mit einer Negation zusammen auftreten kann, lautet *mùn mɛ̀:n cì:ə*, wobei *mɛ̀:n* "wirklich, wahr sein" bedeutet.

Die Tatsache, daß *cì:ə* in Kopula-Funktion nicht direkt verneint werden kann, führt Huffman (1967:195) dazu, *cì:ə* nicht als Verb, sondern als "copulative relator" zu betrachten. Dies mag seine Berechtigung haben, wenn man *cì:ə* nicht im ganzen Spektrum seiner Bedeutungen und Funktionen, wie sie soeben beschrieben wurden, betrachtet. Vor diesem Hintergrund scheint mir *cì:ə* genug verbalen Charakter zu besitzen, um es in diesem Abschnitt als Co-Verb aufzuführen, zumal es ja die genau gleiche Position wie alle übrigen Co-Verben von V_{VI} einnimmt und keineswegs als Fremdkörper auffällt.

Gorgoniev (1966:219) schließlich gebraucht im Zusammenhang mit *cì:ə* und *kùù* den Begriff *svjazka* (Kopula) und spricht *cì:ə* verbale Eigenschaften zu.

Als Co-Verb drückt *cì:ə* in Anlehnung an seine Bedeutung als Vollverb die Funktion des nachfolgenden Aktanten aus, die dieser im Satz ausübt. Im Deutschen bedienen wir uns in diesem Fall der Präposition "als":

(230) vì:ə thvɤ̀:-ka:(r) *cì:ə* krù:.
er arbeiten CoV Lehrer
Er arbeitet als Lehrer. (Jacob 1968:77)

(231) yɤ̀:ŋ kùt *cì:ə* rìəl.
wir denken CoV Riel
Wir denken in Riel. (Headley 1977:124)

(232) cəɲciən..., dael phɲaə mɔ̀:k *cì:ə* ʔɔmnaoy dɔl nèək-krù: nùh
Ring Rel senden her CoV Geschenk CoV Lehrer Dem
der Ring, den er jener Lehrerin als Geschenk geschickt hatte (B.82)

(233) mənùs(s) nùh kè: crɤ̀:s-rɤ̀:s *cì:ə* rɔ̀ətthəmùəntrɤy.
Mensch Dem man wählen CoV Minister
Jener Mann wurde zum Minister gewählt.

Weiter treffen wir *cì:ə* bei vielen Verben als zugehörige Präposition an:

(235) ko:n-pros ... nùh *tɤu* *cì:ə* khɲom-kè:. (Lewitz 1968a:38)
Junge Dem gehen CoV Sklave
Jener Junge wird ein Sklave werden.

(236) daen-dvy khmae(r) *caek* *cì:ə* dɔp-pram-bu:ən khäet(t).
Gebiet Name aufteilen CoV 19 Provinz
Das Staatsgebiet von Kambodscha ist in 19 Provinzen aufgeteilt.
(Lewitz 1968a:36)

(237) kè: tùk mənùs(s) nùh *cì:ə* məha:se:ṭṭhɤy.
man stellen Mensch Dem CoV Reicher
Man hält jenen Mann für einen Reichen.

thvɤ̀:-cì:ə kann zwei Bedeutungen haben:

(238) kɔ̀ət *thvɤ̀:* *cì:ə* məha:se:ṭṭhɤy.
er machen CoV Reicher
Er benimmt sich wie ein Reicher / tut so als ob.

(239) khɲom pù:n khsac *thvɤ̀:* *cì:ə* pra:sa:t̀ thom.
ich aufhäufen Sand machen CoV Turm groß
Ich häufe den Sand auf und mache ihn zu einer großen Burg.

Mit Hilfe des Co-Verbs *cì:ə* wird auch die zur Markierung des Komitativs notwendige Fügung *cì:ə-mù:əy-nùŋ* gebildet, die sich wörtlich etwa mit "eine Einheit bildend mit" übersetzen läßt und unserem "mit" entspricht:

(240) khɲom cɔŋ *tɤu* srok-khmae(r) *cì:ə* *mù:əy nùŋ* mùt(r)-sɔmlaɲ

ich wollen gehen Kambodscha CoV 1 mit Freund

khmae(r) khɲom.
Khmer ich
Ich möchte mit meinen Khmer-Freunden nach Kambodscha gehen.

2. *do:c*

Als Vollverb bedeutet *do:c* "gleich sein":

(241) rəbɔs nìh *do:c* knì:ə nùŋ rəbɔs nùh. (Jacob 1968:79)
Sache Dem gleich rezipr mit Sache Dem
Diese Gegenstände sind gleich wie jene.

Aus dieser Bedeutung leitet sich die Bedeutung des Co-Verbs "wie" ganz natürlich ab:

(242) mənùs(s) pìka:(r) nìh cɔŋ daə(r) lè:ŋ *do:c* mənùs(s) nùh.
Mensch behindert Dem wollen gehen spielen CoV Mensch Dem
Dieser Behinderte möchte gerne wie jener spazieren.

3. Als Vollverb bedeutet *daoy* "folgen; übertragen: gehorchen; jdn. intim lieben":

(243) kɔ̀ət mì:ən lùy craən ba:n-cì:ə srɤy *daoy*.
er haben Geld viel in der Folge Frau folgen
Weil er viel Geld hat, laufen ihm die Mädchen nach. (Headley 1977:295)

(244) ko:n nìh mǜn *daoy* dɔmbo:nmì:ən sɔh.
Kind Dem Neg gehorchen Anweisungen Exkl
Dieses Kind gehorcht überhaupt nicht. (VK,315)

(245) kmì:ən srɤy na: kè: *daoy* tè:.
nicht haben Frau welch er folgen Neg
Er hat keine Frau zum Lieben. (VK,315)

Als Co-Verb erfüllt *daoy* die verschiedensten Funktionen; so dient es

– zum Ausdruck des *Instrumental*. Hierzu ist allerdings zu bemerken, daß *daoy* heutzutage eher bei abstrakten Nomina zur Anwendung kommt, während für konkretere Instrumente die Präposition *nùŋ* bevorzugt wird (s.S.431):

(246) kɔ̀ət thvɤ̀:-ka:(r) *daoy* day. (Er arbeitet mit den Händen.)
(247) kɔ̀ət daə(r) *daoy* cɤ̀:ŋ. (Er geht zu Fuß.)
(248) vì:ə kat chɤ̀: *daoy* pù:thau. (Er schlägt Holz mit der Axt.) (VK,315)
(249) mda:y du:əs sɔmlɔ: *daoy* vè:k. (Mutter schöpft die Suppe mit der Kelle.) (ibid.)
(250) dam ba:y *daoy* chnaŋ (Reis in einem Topf kochen) (ibid.)

– insbesondere auch zum Ausdruck des Instrumentals bei Verkehrsmitteln analog zu *ta:m* und *cìh* (s. unten):

(251) ʔo:pùk khɲom tɤu thvɤ̀:-ka:(r) *daoy* la:n.
Vater ich gehen arbeiten CoV Auto
Mein Vater geht mit dem Auto zur Arbeit.

– zum Ausdruck des Materials (analog zur Präposition *ʔɔmpì:*, die wir in Abschnitt 4.6. [S.432f.] vorstellen werden):

(252) tù: nìh thvɤ̀: *daoy* chɤ̀:.
Schrank Dem machen CoV Holz
Dieser Schrank ist aus Holz gemacht.

– bei bestimmten Verben wie z.B. *pĕɲ* (voll sein):

(253) mì:ən prèy-phnùm craən dael *pĕɲ* tɤu* *daoy*
es hat bewaldete Hügel viel Rel voll gehen CoV

---

* Das direktionale Verb *tɤu* steht hier, um anzudeuten, daß die Fülle sich in verschiedene Richtungen, überallhin ausbreitet.

(h)vo:ŋ dɔmrvy-prèy. (Jacob 1968:186)
Herde Elefant
Es hat viele bewaldete Hügel, die rundherum mit Elefanten angefüllt sind.

Zusammen mit *nv̀u* (geschrieben *nù:v*), das zur Markierung des Objekts verwendet werden kann, wenn dieses zu weit vom Verb abgetrennt steht, erfüllt *daoy* eine präpositionale Funktion mit der Bedeutung "entsprechend, gemäß, nach":

(254)   vì:ə thvv̀:   *daoy nv̀u* tùmnv̀:ŋ   cvt(t) vì:ə.
        er handeln nach   Eingebung/Impuls Herz   er
        Er handelt nach der Eingebung seines Herzens = Er handelt wie er es gerade für richtig hält. (Headley 1977:295)

4. *cù:əs*

Als Vollverb bedeutet *cù:əs* "ersetzen, reparieren":

(255)   yv̀:ŋ tro:v-ka:(r) *cù:əs*   dɔmbo:l phtèəh.
        wir müssen   reparieren Dach   Haus
        Wir müssen das Hausdach reparieren.

In der Funktion des Co-Verbs erhält *cù:əs* folgerichtig entsprechend seiner Vollverbbedeutung die Bedeutung "anstatt, an Stelle von":

(256)   khɲom so:m khlu:ən tv̀u   baək   prak *cù:əs* nèək-srvy.
        ich fragen selber gehen bezahlen Geld CoV   Sie
        Ich würde gerne an Ihrer Stelle bezahlen. (B.32)

5. Als Vollverb bedeutet *cìh* "reiten, fahren mit etw.; einsteigen in etw.":

(257)   ʔo:pùk *cìh* la:n.
        Vater fahren Auto
        Vater steigt ins Auto./ Vater fährt Auto. (Jacob 1968:59)

(258)   *cìh kɔŋ* (Fahrrad fahren), *cìh kò:* (einen Ochsen reiten), *cìh tù:k* (ein Boot fahren), *cìh seh* (ein Pferd reiten), *cìh rətèh* (einen Wagen fahren), *cìh ʔɔŋrùŋ-snaeŋ* (in einer Sänfte fahren), usf.

Mit dieser Bedeutung drängt sich *cìh* nachgerade als Co-Verb zur Bezeichnung des Instrumentals bei Verkehrsmitteln auf. Allerdings steht *cìh* zumindest in sorgfältiger, für die Schrift bestimmter Sprache vor dem Hauptverb. Da *cìh* möglicherweise ein Lehnwort zu chin. *qí* (besteigen, reiten) ist, das zuweilen in präverbaler Co-Verb-Funktion Verwendung fand, wäre diese Ausnahmestellung wohl nicht weiter verwunderlich:

(259)   khɲom *cìh* kɔŋ   tv̀u   mv̀:l   srok-phù:m(i) cùət-kha:ŋ.
        ich   CoV Fahrrad gehen sehen Umgebung   benachbart
        Ich gehe mir mit dem Fahrrad die benachbarte Umgebung anschauen.
        (Lewitz 1968a:37)

Die postverbale Position von *cìh* ist jedoch durchaus auch möglich:

(260)   khɲom tv̀u mv̀:l srok-phù:m(i) cùət-kha:ŋ *cìh* kɔŋ.

4.5. Zur Produktivität der Co-Verben: marginale Co-Verben

Die Position des Co-Verbs in einem Verbalgefüge ist bis zu einem gewissen Grade produktiv, kann doch eine ganze Reihe von Verben mit gewissen Hauptverben zusammen oder in einem eng umschriebenen semantischen Bereich marginal in der Co-Verb-Funktion auftreten. Der einzige Autor, der diese Tatsache erwähnt, ist Gorgoniev (1966:216), aus dem ich im Folgenden einige charakteristische Beispiele vorführen werde:

1. *dak* (setzen, stellen)
   nìyì:əy dak mùk(h) (jdm. etw. ins Gesicht sagen; *mùk(h)* = Gesicht)
   ɲəɲùm dak knì:ə (einander zulächeln; *ɲəɲùm* = lächeln)
   chlaəy dak (jdm. die Schuld an etw. geben; *chlaəy* = antworten)
   caol dak (eiligst auf etw. zurennen; *caol* = rennen)
   krəɲr̀:t dak (jdm. Böses nachrufen, jdn. anfahren; *krəɲr̀:t* = wütend, böse)

2. *rɔ̀:k* (suchen)
   (261) ko:n nìh kat-tr̀u rɔ̀:k ʔo:pùk craən cì:əŋ mda:y.
          Kind Dem gleichen CoV Vater viel als Mutter
          Dieses Kind gleicht dem Vater mehr als der Mutter. (Headley 1977:26)

   (262) *nìyì:əy rɔ̀:k* (zu jdm. sprechen), *su:ə(r) rɔ̀:k* (jdn. fragen); statt: *nìyì:əy tr̀u* und *su:ə(r) tr̀u*.

3. *ha:l* (der Luft oder der Sonne aussetzen)
   Als Vollverb: *ha:l thŋay* (der Sonne aussetzen), *ha:l ʔa:ka:s* (an die frische Luft setzen), *ha:l trỳ* (Fische zum trocknen legen)
   Als Co-Verb:
   (263) thvr̀:-ka:(r) *ha:l* phlìəŋ cò:k-cɔ̀əm
          arbeiten CoV Regen triefend
          im triefenden Regen arbeiten

4. *baŋ*
   Als Vollverb bedeutet *baŋ* "s. oder etw. mit einem Gegenstand – z.B. einem Schirm – durch Abdecken vor etw. – z.B. Sonnenstrahlen oder Regen – schützen". Als Co-Verb finden wir *baŋ* in der Wendung *baŋ chat(r)* (unter dem Regenschirm).

4.6. Zu den Präpositionen

Die hier aufgeführten Lexeme finden sich nur in der Funktion als Präposition, haben also keinerlei Verbindung zu einem Nomen oder Verb. Ihre Position in der Maximalstruktur liegt genau zwischen dem Co-Verb und dem relationalen Nomen, also dort, wo die Entsemantisierungsprozesse beim Verb und beim Nomen zusammenstoßen:

    V   CoV   Präp   Lok   (N)

Zur Klasse der Präpositionen gehören *nùŋ, ʔae, pì:* und *ʔɔmpì:*, die hier kurz vorgestellt seien:

1. *nùŋ*

Zu *nùŋ* gibt es ein homonymes Lexem mit der Bedeutung "fest, stabil, stagnierend, unbeweglich":

(264) *cɤt(t) nùŋ* (Herz; standfest, fest entschlossen), *tùk nùŋ* (Wasser; stehendes Gewässer), *nùŋ-nɔ̀:* (unbeweglich, stabil), *nùŋ-thùŋ* (fest/gereift sein [charakterlich]).

(265) cùmŋù: nùh nɤu *nùŋ*.(VK.518)
Krankheit Dem sein stabil
Jene Krankheit bleibt immer gleich.

Aus dieser Bedeutung ließe sich vielleicht noch mit etwas Phantasie die präpositionale Bedeutung "mit" im Sinne von "fest verbunden mit" herleiten, was aber spekulativ bleiben muß und sich höchstens vermuten läßt.

Die Präposition *nùŋ* erfüllt die verschiedensten Funktionen:

- Instrumental; hier läßt sich *nùŋ* mit *daoy* auf eine Ebene bringen, wobei allerdings *daoy* eher abstrakte und *nùŋ* eher konkrete Instrumente einleitet:

  (266) du:əs sɔmlɔ: *nùŋ* vè:k (die Suppe mit der Kelle schöpfen)* (VK.518)

  (267) dam ba:y *nùŋ* chnaŋ (Reis mit/in einem Topf kochen)* (ibid.)

  (268) kap chɤ̀: *nùŋ* pù:thau (Holz mit einer Axt hacken)* (ibid.)

  (269) vay *nùŋ* dɔmbɔ:ŋ (mit einem Stock schlagen), khɤ̀:ɲ phtɔ̀əl *nùŋ* phnɛ̀k (mit den eigenen Augen sehen) (Headley 1977:454)

- Komitativ als Verkürzung von *cì:ə mù:əy nùŋ* (s. oben S.427)

  (270) tɤu *nùŋ* khɲom (Geh mit mir!), niyì:əy *nùŋ* mùt(r) (mit einem Freund reden), pò:l *nùŋ* (reden mit)

  (271) yùp nìh mùt(r)-sɔmlaŋ nɤu *nùŋ* khɲom.
  Nacht Dem Freund wohnen mit ich
  Diese Nacht bleibt mein Freund mit/bei mir.

- Lokativisch

  (272) bɔh daek-kò:l *nùŋ* cùəɲcèəŋ
  schlagen Nagel in Wand
  einen Nagel in die Wand schlagen (VK.518)

  (273) cɔ̀əp *nùŋ* (befestigt sein an), cɔ:ŋ *nùŋ* (angebunden sein an)

- bei weiteren Verben wie z.B.

  (274) krùp-krɔ̀ən *nùŋ* (genug sein für), tùəl *nùŋ* (begrenzt durch, angrenzen an), prətèəh *nùŋ* (zufällig mit jdm. zusammentreffen), lmɔ̀:m *nùŋ* (genug sein für), thùɲ *nùŋ* (die Nase voll haben von)

  (275) prəkɔ:p *nùŋ* sëckdɤy sok(h) (vor Gesundheit strotzen) (Gorgoniev 1966:239)

  (276) slap *nùŋ* pùəs cɤk (RP.58)
  sterben an Schlange beißen
  an einem Schlangenbiß sterben

---

* Die mit Asterix bezeichneten Beispiele finden wir auch auf S.428 mit dem Co-Verb *daoy*.

2. *ʔae* (in, bei, zu, auf etw. hin)
Diese Präposition erscheint mit sehr vielen relationalen Nomina, Bezeichnungen für Himmelsrichtungen und Demonstrativa:

(277) *ʔae kaǝt* (im Osten), *ʔae cɤ̀:ŋ* (im Norden), *ʔae tbo:ŋ* (im Süden), *ʔae lĕc* (im Westen);
ʔae kraom (unter, wie *kha:ŋ kraom*), *ʔae kraoy* (hinter), *ʔae mùk(h)* (vor); *ʔae neh* (hier), *ʔae nɔh* (dort), *ʔae ʔa:y* (hier, auf dieser Seite), *ʔae nì:ǝy* (dort, auf der anderen Seite), *ʔae na:* (wo?).

(278) *ʔae ʔa:ka:s* (am Himmel), *ʔae ʔa̱na:kṳ̀ǝt* (in Zukunft)

ʔae unterscheidet sich vom Co-Verb *nɤ̀u* insofern, als es auf Orte verweist, die weiter entfernt sind, während *nɤ̀u* auch den Ort des Sprechers mitenthalten kann (vgl. Jacob 1968:67, Anm. 1). Ein schönes Beispiel hierzu finden wir in Jacob (1978:106), das ich hier mit ihrem Kommentar wiedergebe. Auch das nächste Beispiel (280) legt ein besonderes Augenmerk auf den ferner vom Sprecher liegenden Markt; eine Nuance, die durch das Einfügen von *ʔae* bewirkt wird:

(279) "Instead of *cap ʔɔmpɤ̀u* 'took hold of the sugar cane', we have *cap ʔae ʔɔmpɤ̀u* 'took hold towards the sugar cane', with slightly more emphasis on the sugar cane, which, in the story comes as an interesting new item of food."

(280) vì:ǝ tɤ̀u *ʔae* phsa:(r).
er gehen Präp Markt
Er geht zum Markt hin.

(281) mda:y nɤ̀u cam ko:n *ʔae* prèy. (RP.53)
Mutter TAM warten Kind Präp Wald
Die Mutter wartete noch immer im Wald auf ihren Sohn (während ihr Sohn schon lange nicht mehr dort ist, daher *ʔae*).

3. *pì:* (von weg, seit; über [etw. reden], aus [Material])
Die Bedeutung dieser wichtigen Präposition ist selbstredend; daher lasse ich hier nur gerade zwei Beispiele folgen:

(282) *pì:* prǝlùm dɔl prǝlùp
von Morgendämmerung bis Abenddämmerung
von der Morgen- bis zur Abenddämmerung

(283) kɔ̀ǝt nùŋ nìyì:ǝy *pì:* prǝvɔ̱̀ǝttesa:s(tr) khmae(r).
er Fut reden über Geschichte Khmer
Er wird über kambodschanische Geschichte reden.

4. *ʔɔmpì:*
Diese Präposition deckt sich von der Bedeutung her einigermaßen mit *pì:*, hat sich aber besonders den Bedeutungsbereich von "über" und "aus [Material]" gesichert, so daß das obige Beispiel (283) häufig auch mit *ʔɔmpì:* anzutreffen ist. Das folgende Beispiel zeigt *ʔɔmpì:* in der Funktion von "aus":

(284) tù: nìh thvɤ̀: ʔɔmpì: chɤ̀:.
Schrank Dem machen aus Holz
Dieser Schrank ist aus Holz gemacht.
(vgl. Beispiel (252), wo statt *ʔɔmpì:* das CoV *daoy* in der gleichen Funktion auftritt.)

4.7. Die erweiterte seriale Einheit mit "nehmen": *yɔ̀:k... mɔ̀:k/tɤ̀u*

Das Verb *yɔ̀:k* umfaßt ein recht breites Bedeutungsspektrum, das sich etwa in die folgenden drei Kategorien einteilen läßt:

- *nehmen, annehmen, erhalten*: *yɔ̀:k cɔmnëɲ* (Profit einnehmen, profitieren), *yɔ̀:k pùən(ih)* (Steuern einnehmen), *yɔ̀:k prəpùən(ih)* (Gattin; s. eine Frau nehmen, heiraten), *yɔ̀:k kɔmnaət* (Geburt; die Geburt erlangen, geboren werden), *yɔ̀:k trɔ̀əp̀(y) kè:* (jdes Besitz stehlen), *yɔ̀:k sok(h)* (Friede; den Seelenfrieden erlangen), *yɔ̀:k chnèəh* (Sieg; den Sieg erlangen).
- *folgen*: *yɔ̀:k kùmnùt* (Denken; jdm. gedanklich folgen, mit jdm. einer Meinung sein), *yɔ̀:k cɤt(t)* (Herz; jdn. zufriedenstellen, mit jdm. immer der gleichen Meinung sein), *yɔ̀:k dɔmbo:nmì:ən* (Anweisung; jdm. gehorchen), *yɔ̀:k dɔmrap* (Beispiel, Nachahmung; sich ein Beispiel nehmen, einem Beispiel folgen).
- *retten*: *yɔ̀:k ʔa:yù* (Leben; s. das Leben retten), *yɔ̀:k khlu:ən pùm rù:ɔc* (sich nicht retten können)

Zudem haben wir in Abschnitt 4.2. (S.418) *yɔ̀:k* bereits in der Kombination mit Verben der Bewegungsrichtung in der Bedeutung von "bringen" kennengelernt.

In diesem Abschnitt nun gilt unsere Aufmerksamkeit den Fällen, bei denen nach *yɔ̀:k* mit den fakultativen direktionalen Verben *mɔ̀:k/tɤ̀u* ein weiteres Verb juxtaponiert wird, wie dies die folgenden Beispiele veranschaulichen:

(285) yɔ̀:k   bɔnlae mɔ̀:k lùək   ʔaoy khmae(r).
nehmen Gemüse her   verkaufen CoV Khmer
Sie (die Chinesen) verkaufen den Khmer Gemüse. (PTK.1)

(286) yɔ̀:k   ʔɔndaək   mɔ̀:k caek   knì:ə. (RP.62)
nehmen Schildkröte her   verteilen untereinander
Sie teilten die Schildkröte untereinander auf.

(287) nèək-srae tro:v   yɔ̀:k   sro:v tɤ̀u kɤn   nùŋ tbal.
Reisbauer müssen nehmen Reis hin mahlen mit Mörser
Die Bauern müssen den Reis mit dem Mörser mahlen.   (Jacob 1968:204)

Diese Konstruktion tritt sehr häufig auch in Kontexten auf, bei denen wir sie als Sprecher einer indo-europäischen Sprache nicht erwarten würden; offenbar geht es hier um eine genauere Analyse eines Vorganges, bei dem es in erster Linie wesentlich ist, zu sagen, daß ein Gegenstand zuerst einmal "genommen" werden muß, ehe man etwas weiteres damit anfangen kann. Dabei ist *yɔ̀:k* bei weitem zu gewichtig, so daß man es nicht im Zusammenhang mit der Entsemantisierung und damit als Co-Verb sehen darf. Dem widerspräche zudem seine präverbale Stellung. Viel sinnvoller erscheint mir eine Interpretation als Juxtaposition, deren Elemente in koordinierender Relation zueinander stehen.

Dies zeigt sich auch daran, daß sich grundsätzlich *haəy kɔ:* (und dann) als konjunktionales Verb plus Konjunktion zwischen die beiden Verben einfügen ließe, obwohl dies stilistisch als äußerst "unschön" empfunden wird.

Diese ganze Verbfolge nun hat aber bereits einen sehr starken paradigmatischen Charakter und wird von den Sprechern auch semantisch gesehen als einzige Einheit empfunden, so daß die Setzung einer Konjunktion irgendwie stört. Daher wollen wir die ganze Konstruktion als eine weitere mögliche Serialisierungsperiode betrachten.

Mit ihrem starken pragmatischen Charakter dringt diese seriale Einheit langsam in verschiedene Funktionsbereiche ein, die hier kurz vorgestellt seien:

– Die Konstruktion eignet sich sehr gut zum Ausdruck des Instrumentals (vgl. den nächsten Abschnitt 4.8.).

– Weiter bietet sich diese Konstruktion generell zur Entlastung der postverbalen Position an, wie wir dies bei festen V-O-Fügungen des Typs *ha:l thŋay* (der Sonne aussetzen) beobachten können, bei der bereits ein fest zugeordnetes Nomen (*thŋay*) nach dem Verb (*ha:l*) steht:*

(288) yɔ̀:k   khao-ʔa:v tr̀u ha:l   thŋay   (Jacob 1978:108)
        nehmen Kleid   hin auslegen Sonne
        die Kleider an die Sohne legen

– Schließlich lassen sich mit dieser Konstruktion in gewissen Kontexten Unterschiede zwischen alter und neuer Information einfangen, die sich jedoch keinesfalls mit einem einfachen definit-indefinit-Raster zur Deckung bringen lassen und einer eigenen Untersuchung bedürften, die wir hier nicht liefern wollen.

4.8. Zum Ausdruck des Instrumental

Das Khmer verfügt über mehrere Möglichkeiten zum Ausdruck des Instrumentals, deren unterschiedliche Funktionsnuancen am folgenden Beispiel veranschaulicht seien (vgl. auch Thai, S.373ff.):

(289) kɔ̀ət kat   sac-crù:k   *nùŋ* kambɤt.
        er   schneiden Schweinefleisch mit   Messer
        Er schneidet Schweinefleisch mit einem Messer.

(290) kɔ̀ət *praə*   kambɤt   kat   sac-crù:k.
        er   verwenden Messer   schneiden Schweinefleisch

(291) kɔ̀ət yɔ̀:k   kambɤt *mɔ̀:k* kat   sac-crù:k.
        er   nehmen Messer   her   schneiden Schweinefleisch

Aus dieser Auswahl von Beispielen ist Satz (289) wohl die unmarkierteste Variante. Das mit *nùŋ* eingeleitete Nomen bringt keine eigentlich neue, nicht erwartete Information, sondern benennt lediglich eine der relativ wenigen instrumentalen Möglichkeiten, die ein Verb wie *kat* bereits implizit enthält. Zuweilen finden wir auch *daoy*

---

* Bei belebtem Objekt wird hier das Verb *nɔ̀əm* (begleiten) zu Hilfe genommen:

   (292) *nɔ̀əm*   nèək-nìh   tr̀u dak-kùk. (Jacob 1978:108)
           begleiten Mann-Dem hin festhalten-Gefängnis
           Bring diesen Mann ins Gefängnis!

statt *nùuŋ*; diese Variante wird aber von vielen Sprechern abgelehnt, da *daoy* mehr für abstrakte Instrumente reserviert bleibt.

Beispiel (290) mit *praə* (verwenden) scheint dem "Benutzen" eines Gegenstandes besondere Bedeutung beizumessen. Dies zeigt sich auch daran, daß offenbar ein stark finales Verhältnis zwischen *praə* und in unserem Falle *kat* besteht, das sich durch die beiden konjunktionalen Verben *ʔaoy* und *sɔmrap* offen ausdrücken läßt. Hierbei besagt *ʔaoy*, daß die Verwendung des Instruments für jemand anderes geschieht, während *sɔmrap* ausdrückt, daß das Subjekt von der Handlung profitiert. Damit scheint mir *praə* zu viel semantisches Gewicht zu haben, um zur Kategorie Co-Verb gezählt zu werden. Ich sehe hier vielmehr die gleiche Lösung wie bei *yɔ:k* im vorangehenden Abschnitt (4.7.), wobei wir es hier mit einer finalen, nicht mit einer koordinierenden, Juxtaposition zu tun haben, die gleichfalls bereits so stark paradigmatischen Charakter hat, daß sie als eine einzige Serialisierungsperiode empfunden wird. Hinzu kommt, daß *praə* die für Co-Verben im Khmer ungewöhnliche präverbale Position einnimmt. Einige Sprecher erlauben jedoch auch die postverbale Position für *praə*.

Zum Beispiel (291) wurde im vorigen Abschnitt (4.7.) bereits sehr viel gesagt, das auch hier seine Gültigkeit hat. Dieser Satz läßt sich im Rahmen einer serialen Einheit als koordinierende Juxtaposition auffassen, die mit *haəy kɔ:* (und dann) (und in diesem Fall mit *tr̀u* am Ende des zweiten Satzes als direktionalem Verb in der Bedeutung von "im Folgenden") markiert werden kann:

(293) kɔ̀ət yɔ̀:k kambʏt mɔ̀:k *haəy-kɔ:* kat sac-crù:k *tr̀u*.
er nehmen Messer her und dann schneiden Schweinefleisch darauf
Er nahm das Messer und schnitt dann das Schweinefleisch.

Der mit *yɔ̀:k* gebildete Instrumental unterscheidet sich von (289) insofern, als das mit *yɔ̀:k* eingeleitete Instrument als neu, und nicht bereits im nachfolgenden Verb impliziert gilt, wie dies bei *nùuŋ/daoy* der Fall ist. Damit drückt hier einer der in 4.7. angeführten sekundären Aspekte – neue/alte Information – durch. Die direktionalen Verben *mɔ̀:k/tr̀u* sind eigentlich fakultativ, werden aber je länger je mehr gebraucht und bringen mehr Dynamik in den Handlungsablauf hinein.

4.9. Die Serialisierungsperiode: weitere Beispiele zu deren Juxtaposition

Mit dem bis jetzt Gesagten haben wir alle Spielformen der Serialisierungsperiode vorgestellt, so daß es in diesem Abschnitt nur noch darum gehen kann, zu zeigen, wie sich diese markierungslos aneinanderreihen lassen. Dazu sind illustrative Beispiele am besten geeignet, die dem Leser zugleich ein eindrückliches Texterlebnis vermitteln sollen:

(294) kè: lò:t coh pì: kɔŋ baol dɔmrɔŋ tr̀u kɔnlaeŋ dael ... .
er springen runter von Fahrrad | rennen in Richtung hin Ort Rel
Er sprang vom Fahrrad herunter und rannte auf den Ort zu, der ... . (PTK,88)

(295) tr̀:p stùh tr̀u dəɲ cap yɔ̀:k mɔ̀:k ʔaop.
dann aufspringen hin | verfolgen fangen | nehmen her umarmen
Dann sprang (sie) auf, fing (die Ente) ein und nahm sie in die Arme. (PTK.9)
[7 Verben hintereinander !]

(296) krəle:k –   mɤ̀:l   khɤ̀:ɲ   thnùəɲcéy lè:ŋ   nɤu nùh
zur Seite blicken sehen | erblicken Name   spielen CoV Dem |
sraek   hau tha: ... . (T.2)
schreien rufen Zit
Sie schaute zur Seite, sah dort Thnuenchey spielen und rief ihm zu: ... ."

(297) daə(r) sɔmdau   tɤu   tù:-tùk-kɔ:k   baək   yɔ̀:k   tùk-kro:c
gehen in Richtung auf hin Kühlschrank | öffnen | nehmen Zitronensaft
mɔ̀:k cak   kaev pì:(r). (B.8)
her   gießen Glas 2
Sie ging auf den Eisschrank zu, öffnete ihn und goß Zitronensaft in zwei Gläser.

(298) kaɲɲa: bɔndo:l kɔ: daə(r) sɔmdau   bɔŋ?u:əc ?aət   chnɔ̀:k
Fräulein Name   dann gehen in Richtung auf Fenster | den Kopf heben strecken
mùk(h) tɤu kraom khɤ̀:ɲ   nì:əy yɔ̀:y   kɔmpùŋ-tae
Gesicht hin unten | erblicken Herr Name TAM
cùmrèəh smau nɤu ?ae kraom. (B.62)
klären   Rasen CoV Präp unten
Fräulein Bandol ging zum Fenster, streckte den Kopf vor und sah Herrn Yoy, der gerade daran war, den Rasen dort unten zu mähen.

(299) kac   crəvak bak   rùət   coh   cëɲ pì: sɔmpɤu
brechen Kette zerbrochen | rennen runter raus von Schiff |
daə(r) laəŋ mɔ̀:k lɤ̀: kɔ̀:k. (RP.50)
gehen rauf her auf Festland
Er brach die Ketten entzwei, rannte vom Schiff hinunter und ging ans Festland.

(300) pdɤy kɔ: kraok   laəŋ daə(r) tɤu lɤ̀:k   tùk   mù:əy
Gatte dann s. erheben rauf | gehen hin | heben Wasser 1
khtèəh nùh   yɔ̀:k   tɤu sraoc lɤ̀: sa:ha:y   nɤu knoŋ
Kessel Dem | nehmen hin gießen auf Liebhaber CoV in
pì:əŋ nùh slap   tɤu. (RP.45)
Krug Dem | sterben Vd
Der Ehemann stand auf, ging weg, hob den einen Kessel mit siedendem Wasser und goß ihn über den Liebhaber (seiner Frau) im Krug (wo dieser sich versteckt hielt), so daß dieser starb.

5. Die regierende Verbserialisierung

5.1. Die zweite VP ist Objekt des ersten Verbs

Eine ganze Reihe von Verben kann ohne weitere Markierung ein nachfolgendes Verb regieren. Die hierfür in Frage kommenden Verben bilden wohl eine geschlossene Kategorie; trotzdem ist die unten aufgeführte Liste kaum ganz vollständig. Andere Auflistungen dieser Verben finden wir in Huffman (1967:168f.) und Jacob (1968:75), wobei beide Listen nicht komplett sind. Weiter lassen sich diese Verben in zwei Gruppen aufteilen: 1. die Vollverben, 2. die Modal- oder Hilfsverben, die bereits einen ersten

Schritt der Entsemantisierung durchgemacht haben. Damit ist die Bedeutung der Modalverben in der Regel allgemeiner als die der Vollverben (weiteres s. unten):

Vollverben: *co:l-cɤt(t)* (etw. gerne tun, lieben), *prɔ̀:m* (einverstanden sein), *tətù:əl* (id.), *lɔ̀:* (versuchen), *lbɔ:ŋ* (versuchen, prüfen), *taŋ* (beginnen), *cap* (beginnen), *phdaəm* (id.) *cap-phdaəm* (id.), *chùp* (aufhören [vorübergehend]), *lɛ̀:ŋ* (aufhören [für immer]), *kàut* (denken), *kha:n* (verpassen zu), *hì:ən* (wagen), *taeŋ* (sich gewöhnen), *rìən* (lernen), *bɔmroŋ* (planen), *rìəp* (vorbereiten), *phlɛ̌c* (vergessen), *lù:ɔc* (stehlen; heimlich etwas tun), *prəɲap* (sich beeilen), *sɔmrap* (verwendbar sein zum);
prəsɔp (gut sein in), *pù:kae* (id.), *chap* (schnell sein in), *rəvùəl* (beschäftigt sein), *sru:əl* (einfach sein), *khɔm* (sich anstrengen)*.

Modalverben: *tro:v-ka:(r)/tro:v*** (müssen), *kù:ə(r)* (sollen, man sollte eigentlich, es wäre gut, wenn man), *ʔa:c**** (verpflichtet sein zu, das Recht haben zu, fähig sein zu, die Macht haben zu), *cɔŋ* (wollen), *cam-bac* (nötig sein zu), *mùn-bac* (nicht nötig sein zu), *taeŋ* (s. gewohnt sein zu), *ceh* (wissen; gewöhnlich tun), *cùt* (nahe, nahe daran sein zu).

Hierzu nun einige Beispiele:

(301) thŋay-nìh yɤ̀:ŋ *tro:v-ka:(r)* thvɤ̀:-ka:(r).
     Tag-Dem wir müssen   arbeiten
     Heute müssen wir arbeiten.

(302) ko:n   *chùp*   tɛ̀ək-tɔ̀:ŋ vì:ə tìət. (PTK.38)
     Kind/ich aufhören verkehren er   weiter
     Ich werde nicht mehr weiter mit ihm verkehren.

(303) khɲom *khla:c*   daə(r) mùn tɔ̀ən   lɔ̀:k-ta:. (T.4)
     ich   s.fürchten gehen nicht einholen Sie
     Ich habe Angst, daß ich nicht mit Ihnen Schritt halten kann.

(304) mənùs(s) nùh *rəvùəl*   thvɤ̀:-ka:(r) rɔ̀əl-thŋay.
     Mensch Dem beschäftigt arbeiten   jeden Tag
     Dieser Mann ist täglich beschäftigt mit Arbeit (he is busy working).

(305) khɲom *khɔm*   mɤ̀:l siəvphɤu sdɤy ʔɔmpì: ... . (PTK.3)
     ich   fest tun lesen Buch   reden über
     Ich las intensiv/angestrengt Bücher über ... .

(306) ko:n-sɤs(s) nìh *pù:kae* rìən.
     Schüler   Dem gut sein lernen
     Diese Schüler sind gut im Lernen.

Nun können auch mehrere der obgenannten Verben hintereinander stehen. Dabei ist auffällig, wie vielfältig die Kombinationsmöglichkeiten sind, so daß eine erschöpfende Untersuchung der Positions- und Kombinationsmöglichkeiten der einzelnen Verben

---

*   *khɔm* wurde unter den statischen Verben aufgenommen, weil es mit *nas* zusammen vorkommen kann: *kɔ̀ət khɔm thvɤ̀:-ka:(r) nas* (Er hat sehr streng gearbeitet.).
** *tro:v* vereinigt als Vollverb sehr viele Bedeutungen in sich: "treffen (ins Ziel; z.B. baɲ-tro:v [ins Ziel schießen]), auf dem richtigen Weg sein, das Richtige treffen (z.B. *tro:v rədo:v* [die richtige Jahreszeit erwischen]), richtig (im Gegensatz zu 'falsch'; z.B. *sma:n tro:v* [richtig vermuten])".
*** Dieses Verb ist semantisch sehr vielschichtig. Pou (1974) hat ihm einen eigenen Aufsatz gewidmet.

noch nicht unternommen wurde. Da eine solche Untersuchung den Rahmen dieser Arbeit sprengen würde, wollen wir uns auf Matisoffs (1969) Faustregel beschränken, die besagt, daß sich Verben mit zunehmender Allgemeinheit ihrer Bedeutung vom Kern an die Peripherie verschieben, so daß in unserem Falle das Verb mit der allgemeinsten Bedeutung an die Spitze der Verbalkette zu stehen kommt. In diesem Zusammenhang stehen die Modalverben zumindest in den meisten Fällen vor den Vollverben, wobei es zu beachten gilt, daß sich innerhalb der Modal- und der Vollverben je noch feinere Wortfolgeabstufungen zeigen. Huffmans (1967:168f.) Einteilung in "specific modal verbs" und "general modal verbs", wovon die ersteren vor den zweiteren stehen sollten, ist aus diesem Grunde als Regel für die Reihenfolge der Verben sicherlich nicht haltbar. Zum Schluße seien hierzu drei illustrative Beispiele angeführt:

(307) kɔ̀ət ceh-tae *cɔŋ cap riən.** (Ehrman 1972:24)
er immer wollen anfangen lernen
Er wollte immer zu lernen anfangen.

(308) khɲom mùn *hìːən chùp rɤ̀ːs.* (T.4)
ich Neg wagen aufhören auflesen
Ich wage es nicht, aufzuhören, (sie) einzusammeln.

(309) kèː *taeŋ chliət lùːəc* tɤ̀u cùːəp nìːəŋ heːŋ
er gewöhnt die Gelegenheit nutzen heimlich tun gehen | treffen Frl. Name

nɤ̀u phtɛ̀əh-rìən-kat-deː(r).
CoV Haus-lernen-nähen
Er pflegte die Gelegenheit zu nutzen, sich heimlich mit Heng in der Nähschule zu treffen.

5.2. Die Pivotal-Konstruktion

Verben, die an einer Pivotal-Konstruktion beteiligt sein können, gibt es im Khmer analog zum Thai nur wenige. Dies hängt damit zusammen, daß die Verben des "Befehlens, Anordnens, Sagens daß", die von ihrer Bedeutung her schon stark kausative Züge haben, im Khmer zusätzlich mit ʔaoy auftreten (vgl. Abschnitt 5.4.). Als wichtigste Beispiele lassen sich daher nur etwa die folgenden Verben aufzählen (zum Thai s.S.377f.):

1. *khɤ̀ːɲ* (sehen)

(310) borɔs nùh *khɤ̀ːɲ* bɔndoːl-nìːəŋ saəc yaːŋ rìːk-rìːəy.
Mann Dem sehen Name-Frl. lachen Art fröhlich
Der Mann sah Bandol fröhlich lachen. (B.35)

2. *lùː* (hören)

(311) ʔae thnùəŋ-céy *lùː* məhaːseːʈʈhɤy hau doːcneh haəy,...
Präp Name hören Reicher rufen so TAM
Als nun Thnuenchey den Reichen so rufen hörte, ... (T.2f.)

---

* Bei *ceh-tae* könnte *tae* auch fehlen, so daß 4 Verben direkt hintereinander zu stehen kommen.

3. *cù:ǝy* (helfen, unterstützen)

(312) yɤ̀:ŋ co:l-cɤt(t) *cù:ǝy* ʔo:pùk-mda:y thvɤ̀: srae.
wir gerne tun helfen Eltern machen Feld
Wir helfen den Eltern gerne, das Reisfeld zu bestellen.

Ebenso in diesen Abschnitt gehören die Höflichkeitsverben *so:m* (bitten, fragen [ob etw. erlaubt sei]) und *ʔɔɲcɤ̀:ɲ* (einladen); allerdings verlieren diese oft ihre Vollverbbedeutung und werden zu bloßen Höflichkeitsformeln grammatikalisiert:

4. *ʔɔɲcɤ̀:ɲ* (einladen, auffordern zu, bitten)

(313) *ʔɔɲcɤ̀:ɲ* lò:k co:l!
bitten Herr/Sie eintreten
Ich bitte Sie, hereinzukommen = Bitte kommen Sie herein!

(314) *ʔɔɲcɤ̀:ɲ* ʔɔŋkùy!
bitten s. setzen
Bitte nehmen Sie Platz!

5. *so:m* (fragen um etw.)
Meist sind *so:m* und *ʔɔɲcɤ̀:ɲ* miteinander anzutreffen (zu *coh* s.S.404f.):

(315) *so:m* nèǝk-krù: *ʔɔɲcɤ̀:ɲ* rɤ̀:s coh! (B.38)
fragen Lehrer(in) bitten auswählen Imp
Ich bitte Sie (Lehrerin), auszuwählen = Bitte wählen Sie aus!

(316) *so:m* ta: *ʔɔɲcɤ̀:ɲ* tɤ̀u ʔɔ:(r)kùŋ kè: coh!
fragen Großvater/du bitten | gehen s.bedanken er Imp
Bitte Großvater, geh und bedanke dich bei ihm! (PTK.61)

5.3. *ʔaoy, thvɤ̀:-ʔaoy* und die Kausativität*

Wie bereits mehrfach angetönt, verfügt das Khmer über syntaktische Mittel zum Ausdruck des Kausativs, die im Gegensatz zu den bereits lexikalisierten morphologischen Mitteln ziemlich produktiv sind. Hierzu stehen dem Khmer einmal mehr *ʔaoy* sowie *thvɤ̀:-ʔaoy* und in sehr beschränktem Maße auch *thvɤ̀:*** zur Verfügung:

1. *ʔaoy*
Gorgoniev (1966:170–76, 178–83), der sich am eingehendsten mit *ʔaoy* auseinandergesetzt hat, verwendet für diesen Fall den Begriff "Konstruktion des Veranlassens" (*pobuditel'naja konstrukcija*), die er vom transitiv-kausativen Genus Verbi (*tranzitivno-kauzativnyj zalog*) unterscheidet, wo rein morphologische Mittel zum Einsatz gelangen. Diese Bezeichnung paßt ausgezeichnet, da *ʔaoy* in einer solchen Konstruktion immer mehr an semantischem Gewicht beibehält als nur gerade die Kausativität. Hierzu paßt auch die Tatsache, daß nur dynamische Verben mit *ʔaoy*

---

* vgl. mit dem entsprechenden Abschnitt im Thai (S.379ff.), wo drei Möglichkeiten bestehen: *tham, hây* und *tham-hây*.

** Im Unterschied zum Thai, wo *tham* (= Khmer *thvɤ̀:*) bei gewissen Verben regulär erscheint, ist *thvɤ̀:* nur in sehr umgangssprachlichen Kontexten an Stelle von *thvɤ̀:-ʔaoy* überhaupt möglich: kòǝt *thvɤ̀:* la:n kho:c (Er hat den Wagen kaputt gemacht.), kòǝt *thvɤ̀:* vaen-ta: baek (Er zerbricht die Brille.) (vgl. S.379f.).

auftreten können. So zeigt sich *?aoy* in verschiedensten Bedeutungsschattierungen, die wir alle etwa mit dem Verb "lassen" abdecken können, wobei feinere Abgrenzungen oft gar nicht eindeutig möglich sind:

1. *?aoy* im Sinne von "befehlen, anordnen, erlassen"

   (317) sdäc   *?aoy*   thnùəŋ-céy cìh-bɔ:(r) tɨ̀u. (T.14)
   König befehlen Name   reiten   hin
   Der König befahl Thnuenchey davonzureiten (auf einem Elefanten).

   (318) khɲom *?aoy*   rɨ̀:s   trɔl   *?aoy* khɲom tha:
   ich   befehlen auflesen Weberschiffchen CoV ich   Zit
   Ich befahl ihm, er solle mir das Weberschiffchen auflesen (T.4)

2. *?aoy* im Sinne von "ausschicken, aussenden"

   (319) *?aoy*   hau   *?ɔs* nì:ə(h)mɨ:n thom-to:c   mɔ̀:k.
   schicken rufen alle Beamten   hoch-niedrig kommen
   (Der König) sandte aus, alle Beamten – ob hoch oder niedrig – heranzurufen. (T.13)

   (320) mda:y-mì:ŋ sova̱n(ŋ) *?aoy*   sva:mɤy cù:n
   Tante   Name   schicken Gatte   transportieren/bringen
   phɲiəv tɨ̀u phtɛ̀əh.
   Gast   hin Haus
   Die Tante von Sovann schickte ihren Ehemann die Gäste nach Hause zu bringen. (PTK.77)

3. *?aoy* im Sinne von "erlauben, zulassen"

   (321) baə *?aoy*   khɲom tɨ̀u   tɛ̀ək-tɔ̀:ŋ, khɲom tɨ̀u. (B.62)
   wenn erlauben ich   gehen verkehren ich   gehen
   Wenn (du) mir erlaubst, mit (ihm) zu verkehren, dann gehe ich (und tue es).

4. *?aoy* im Sinne von "lassen; nichts dagegen tun, daß"

   (322) ?a: céy ?aeŋ do:c-mdëc kɔ: *?aoy*   thlɛ̀ək* prə?ɔp
   Name du wie   nun lassen fallen   Schachtel
   ?ɔs mùn rɨ̀:s   laəŋ vèɲ? (T.4)
   alle Neg auflesen hinauf wieder
   Warum hast du alle Schachteln fallen gelassen, ohne sie wieder aufzuheben?

2. *thvɨ̀:-?aoy*

Das Kausativ im engeren Sinn von "bewirken, daß" ohne die semantische Konnotation von "lassen" bis "befehlen" drückt das Khmer durch die Fügung *thvɨ̀:-?aoy* (machen, daß) aus, die sich praktisch mit jedem Verb kombinieren läßt. Es ist daher kein Wunder, wenn der *Dictionnaire Cambodgien* viele morphologisch gebildete Kausativa mit *thvɨ̀:-?aoy* umschreibt:

---

* Die Kausativ-Form *tùmlɛ̀ək* (machen, daß etwas fällt) wäre hier völlig fehl am Platz, da diese ein bewußtes Tun voraussetzt, was in der Geschichte zwar bei Thnuen-chey der Fall ist, nur merkt der Reiche, der in der Geschichte natürlich der Dumme ist, dies nicht, und fragt, als ob die Handlung unbeabsichtigt gewesen wäre.

(323) pùənyùəl (erklären) – thvɤ̀:-ʔaoy yùəl (verstehen machen) (VK.729)

(324) phcɔ̀əp (verbinden) – thvɤ̀:-ʔaoy cɔ̀əp knì:ə (machen, daß etw. miteinander verbunden ist) (VK.830)

Weitere Beispiele zu thvɤ̀:-ʔaoy sind :

(325) cɔmnɔc dael thvɤ̀:-ʔaoy bɔndo:l-nì:əŋ khɤŋ mùn
      Punkt Rel machen, daß Name   wütend Neg

      phlèc   nùh kɯ̀: ... . (B.20)
      vergessen Dem ist
      Der Punkt, der Bandol wütend machte, so daß sie es nicht mehr vergessen konnte, war ... .

(326) tae baə lò:k-ʔo:pùk nì:əŋ thvɤ̀:-ʔaoy nì:əŋ
      aber wenn Vater   sie   machen, daß sie

      tɔ̀əs-cɤt(t)   vèɲ, ... (B.51)
      gegen jdn. sein wieder
      aber wenn der Vater sie wieder gegen sich aufbrachte (machte, daß sie gegen ihn war), ...

(327) thvɤ̀:-ʔaoy khɲom ceh-tae cɔŋ nìyì:əy cɔŋ khɤ̀:ɲ
      machen, daß ich ständig wollen reden wollen sehen

      he:ŋ ʔaeŋ. (PTK.12)
      Name du
      dies bewirkt, daß ich ständig mit dir reden, dich sehen möchte.

5.4. ʔaoy als konjunktionales Verb

Im Abschnitt über die Pivotal-Konstruktion (5.2.) haben wir festgestellt, daß nur relativ wenige Verben in dieses Konstruktionmuster passen. Dies hängt damit zusammen, daß die Verben des "Befehlens, Anordnens, Sagens" einem anderen Strukturmuster folgen. Da diese Verben von ihrer Bedeutung her dem Kausativ oder dem Veranlassen einer Handlung zugehören, erscheinen sie in Verbindung mit ʔaoy, das in dieser Position einerseits oft durchaus noch als Kausativ-Verb interpretiert werden kann, andererseits aber bereits die Funktion eines konjunktionalen Verbs übernimmt.

Zu dieser Gruppe zählen etwa die folgenden Verben (vgl. auch Gorgoniev 1966:180). Es fällt besonders auf, daß sie in etwa das gleiche Bedeutungsspektrum erfassen wie ʔaoy selbst:

– bɔŋkɔ̀əp (befehlen), bɔɲcì:ə (befehlen, kommandieren), bɔŋkhɔm (zwingen), bɔɲcù:n (schicken, senden), praə (benützen i.S. von jdn. als Sklaven anstellen, jdm. befehlen), cù:əl (jdn. mieten, dingen)
– prap (jdm. sagen, er solle), srɑdɤy prap (id.), tha: (id.), hau (rufen, auffordern), prədau (anweisen), phdam (instruieren)
– so:m (jdn. fragen, ob er etw. tun würde)
– baək (zulassen, erlauben), ʔanùɲɲa:t (erlauben)

Ebenso in diese Liste gehören gewisse Verben des "Führens/Leitens":

    nɔ̀əm (führen, leiten), kiəŋ (hüten, leiten [Schafe u.ä.]), usf.

Schließlich kommen folgende Verben als feste Wendungen mit ʔaoy vor (beide Fügungen haben sehr viel Ähnlichkeit mit thvɤ̀:-ʔaoy, haben aber noch etwas mehr semantisches Gewicht und sind daher in ihrer Möglichkeit zur Bildung von Kausativa eingeschränkter):

nɔ̀ǝm-ʔaoy (mit sich bringen, hervorbringen, führen zu)
bɔnda:l-ʔaoy (resultieren in, führen zu)

Es folgen einige Beispiele zu ʔaoy als konjunktionalem Verb:

(328) bɔŋkɔ̀ǝp mǝnùs(s) mnèǝk ʔaoy thvɤ̀:-ka:(r). (T.8)
       befehlen Mensch   1-Kl   V/daß arbeiten
       Er befahl jemandem, zu arbeiten.

(329) lò:k-pa: nɤu-tae bɔŋkhɔm cɤt(t) ko:n   ʔaoy
       Vater   TAM   zwingen Herz Kind/ich V/daß

       rìǝp-ka:(r) cì:ǝ-mù:ǝy mǝnùs(s) dael ... . (B.61)
       heiraten   mit   Mann   Rel
       Du zwingst mich noch immer, einen Mann zu heiraten, der ... .

(330) bɤyḍa: sovan(n) kɔ: bɔɲcù:n sovan(n) ʔaoy tɤu   rìǝn
       Vater Name   dann schicken Name   V/daß gehen lernen

       ʔɔprùm kha:ŋ   vìccì:ǝ-thnam-pè:ɨ̀(y). (PTK.72)
       Fach   Richtung Wissenschaft-Arznei-Medizin
       Sovanns Vater schickte Sovann Pharmazie studieren.

(331) mì:ǝn tae praǝ   vì:ǝ ʔaoy tɤu   khvì:ǝl kò: vèɲ.
       es gibt nur verwenden er   V/daß gehen hüten   Kuh   wieder
       Es bleibt nur, in zum Kühehüten anzustellen. (T.6)

(332) cù:ǝl ʔo:pùk-thom ʔaeŋ ʔaoy tɤu   kɔmnaen   cùmnù:ǝs.
       dingen Onkel   du   V/daß gehen Aushebung anstatt
       Er hat deinen Onkel gedungen, daß er [an seiner] Stelle zur Aushebung gehe.
       (PTK.43)

(333) prap   tɤu kme:ŋ bɔmraǝ ʔaoy yɔ̀:k   tɤu cù:n cɔmpùǝs
       sagen hin Junge Diener V/daß nehmen hin CoV in Richtung/zu

       nèǝk-srɤy bɔndo:l. (B.43)
       Fräulein Name
       Er sagte der jungen Hausangestellten, sie solle es (das Paket) Fräulein Bandol
       überreichen.

(334) tɤ̀:p ʔaɲ baǝk   ʔaoy yɔ̀:k   tɤu. (T.7)
       dann ich erlauben V/daß nehmen hin
       Dann erlaube ich dir, daß du (sie = die Kühe) mitnimmst.

(335) kiǝŋ   tì:ǝ ʔaoy tɤu   hael-tùk (PTK.70)
       treiben Ente V/daß gehen schwimmen
       die Enten zum Schwimmen treiben

Nun erscheint ʔaoy nicht nur im Kontext des Veranlassens. Es folgen einige Beispiele für ʔaoy als konjunktionales Verb in anderen Kontexten, wobei auch hier die kausative Bedeutung von ʔaoy zuweilen durchschimmert:

(336) nìːəŋ mùn cɔŋ   ʔaoy mìːən kaː(r)   ʔvɤy ... . (B.51)
     sie Neg wollen V/daß es gibt Angelegenheit irgendeine
     Sie wollte nicht, daß etwas passierte, was ... .
     Sie wollte nicht veranlassen, daß etwas passierte, was ... .

(337) taŋ   käeŋ(t̯)   rìːəs(tr) khmae(r) ʔaoy cùːəy
     errichten Aushebung Volk   Khmer   V/daß helfen

     thvɤ̀ː   cɔmnɔːt-yùən(t)-hɔh. (PTK.32)
     machen Flughafen
     [Die Japaner] rekrutierten das Volk der Khmer, damit dieses einen Flughafen baue.
     [Die Japaner] rekrutierten das Volk, um zu veranlassen, daß ... .

(338) lòːk mùn prɔ̀ːm   ʔaoy koːn-krəmom rɤ̀ːs   kùː   khluːən.
     er Neg einverstanden V/daß Tochter   wählen Partner selber
     Er war nicht einverstanden, daß seine heiratsfähige Tochter selber einen Partner
     aussucht. (B.2)
     Er war nicht einverstanden, zuzulassen, daß ... .

(339) mɔ̀ːk rɔ̀ːk kɔ̀ət ʔaoy tìːəy   sɔp(te). (T.5)
     kommen suchen er V/daß weissagen Traum
     Sie suchte ihn [den Seher] auf, damit er [ihren] Traum deute.

(340) khɲom khɔm   thvɤ̀ː-kaː(r) ʔaoy ʔoːpùk khɲom sɔpbaːy-cɤt(t).
     ich s.anstrengen arbeiten   V/daß Vater   ich   glücklich
     Ich arbeite hart, damit mein Vater glücklich ist.
     Ich arbeite hart, um zu bewirken, daß mein Vater glücklich ist.
     (Jacob 1968:141)

(341) kèː ʔɔŋkùy dɔːk   dɔŋhaem yɔ̀ːk   khyɔl   ʔaoy sruːəl
     er sitzen | einsaugen Atem | nehmen Wind/Atem V/daß leicht

     rìəp   prəyɔ̀ːk̯. (PTK.21)
     s.vorbereiten Prüfung
     Er saß da und atmete (tief durch), um leichter auf die Prüfung vorbereitet zu sein.
     Er saß da und atmete (tief durch), um zu bewirken, daß er ... .

Schließlich treffen wir ʔaoy als Zeichen zur offenen Markierung der Finalität nach Verben der Bewegungsrichtung ((342) und (344)), als Markierung von verbmodifizierenden Ausdrücken ((343) und (345)) und als Bestandteil weiterer Konjunktionen (346):

(342) ʔaoy-tae tɤ̀u ʔaoy phot   pìː kɔndap day sovaṉ(ŋ). (PTK.70)
     wenn nur gehen Konj entrinnen von Zugriff Hand Name
     Wenn sie nur geht, um den Fängen von Sovann zu entrinnen.

(343) sɔmdaeŋ ʔaoy khɤ̀ːɲ
     erklären Konj sehen
     zeigen, daß man es sieht = erklären, deutlich machen

(344) cau   rùət tɤ̀u sa:la:-rìən ʔaoy rəhas. (Jacob 1968:141)
Enkel/Junge rennen gehen Schule   Konj schnell
Der Junge rannte geschwind zur Schule.

(345) *ʔaoy ʔɔs day* (erschöpfen-Hand = nach Kräften, mit aller Kraft), *ʔaoy-ʔɔs sëckdɤy* (erschöpfen-Angelegenheit = gründlich, vollständig), *ʔaoy chap* (schnell, rechtzeitig = sofort, umgehend).

(346) *kom-ʔaoy/mùn-ʔaoy** (daß nicht), *daəmbɤy-ʔaoy, daəmbɤy-mùn-ʔaoy, daəmbɤy-nùŋ-mùn-ʔaoy, daəmbɤy-kom-ʔaoy* (so daß/ so daß nicht), *ʔaoy-tae* (wenn nur, solange).

Ich kann diesen Abschnitt nicht beenden, ohne zusammenfassend an einem völlig natürlichen Beispiel gezeigt zu haben, auf welch vielseitige Art ʔaoy in einem einzigen Satz auftreten kann:

(347) so:m ʔaoy lò:k ʔaoy yɔ̀:k   kò: ʔaoy khɲom-ba:ɤ̀ vèɲ.
fragen V/daß Sie   lassen nehmen Kuh CoV ich   zurück
Ich bitte Sie [Reicher], daß Sie mich die Kühe für mich nehmen lassen/ mir die Kühe überlassen. (T.7)

5.5. Weitere konjunktionale Verben

Das Khmer zeichnet sich nebst ʔaoy durch eine ganze Reihe weiterer konjunktionaler Verben aus, die ich hier ganz kurz in ihrer Funktion als Vollverb und als konjunktionales Verb vorstellen möchte. Bereits kennengelernt haben wir *haəy* und *rù:ɔc* (s. Abschnitt 3.4., S.408f. und 411f.).

1. *tha:* (sagen/daß)
Als Vollverb:

(348) nèək *tha:* mëc?
Sie sagen wie
Was sagen Sie?

(349) *tha:* tɤ̀u!
sagen Imp
Sag es!

(350) khɲom lùː: kè: *tha:*
ich   hören jd. sagen
Ich habe jd. sagen gehört ...

Als konjunktionales Verb erscheint *tha:* nach Verben des Sagens und des Denkens wie z.B. *nìyì:əy* (sagen), *prap* (berichten, erzählen), *su:ə(r)* (fragen), *chlaəy* (antworten), *sɔɲya:* (versprechen), *kùt* (denken), *sma:n* (vermuten), *sɔŋkhùm* (hoffen), *khɤ̀:ɲ* (sehen), *lùː:* (hören), *prɔ̀:m* (sich einverstanden erklären), usf. zur Wiedergabe der direkten oder indirekten Rede. *tha:* stellt damit die *Zitierform* (Zit) im Khmer dar:

(351) kè: dɤŋ   *tha:* yɤ̀:ŋ nɤu khɤŋ   nùŋ kè:. (PTK.61)
sie verstehen Zit wir TAM wütend Präp sie
Sie verstanden, daß wir ihnen immer noch zürnten.

---

* Beide Zeichen werden zum Ausdruck der negativen Aufforderung gebraucht, wobei *kom-ʔaoy* strenger ist als *mùn-ʔaoy*.

(352) khɲom mừn ba:n dɤŋ   *tha:* kɔ̀ət tr̆u   na: tè: .
      ich   Neg TAM wissen Zit   er   gehen wohin Quest
      Ich wußte nicht, wohin er ging. (Jacob 1968:115)

2. *cì:ə*
Seine Bedeutung als Vollverb haben wir bereits in Abschnitt 4.4. kennengelernt. Als konjunktionales Verb dient *cì:ə* der Wiedergabe der direkten oder indirekten Rede, allerdings im Unterschied zu *tha:* nur bei Verben des Denkens. Weiterhin erscheint *cì:ə* besonders dann anstelle von *tha:*, wenn im untergeordneten Satz kein Subjekt ausgesetzt ist und der Hauptsatz negativ ist (vgl. Ehrman 1972:30):

(353) khɲom mừn dɤŋ   *cì:ə* tr̆u rừ: mừn tr̆u   tè:.
      ich   Neg wissen Zit gehen oder Neg gehen Quest
      Ich weiß nicht, ob er geht. (Ehrman 1972:30)

vs. (354) khɲom dɤŋ   *tha:* tr̆u   rừ: mừn tr̆u   tè:.
          ich   wissen Zit gehen oder Neg gehen Quest
          Ich weiß, ob er geht.

(355) prəpùən(ìh) hao(r) sdap   sɔ̰p̀(v)-krùp *cì:ə* nì:əŋ nùh
      Frau   Seher verstehen genau   Zit   Frau Dem
      nừŋ kaət   ko:n. (T.1)
      Fut zur Welt kommen Kind
      Die Frau des Sehers begriff völlig, daß dieser Frau ein Kind geboren wird.

Zudem erscheint *cì:ə* in einer Unzahl von verbmodifizierenden Ausdrücken, wovon hier die folgenden Beispiele genügen sollen:

(356) *cì:ə thmɤy* (von Neuem, erneut), *cì:ə nèc(c)* (immer), *cì:ə phlo:v-ka:(r)* (offiziell), *cì:ə pìsës* (besonders, insbesondere), *cì:ə sok(h)-sa:n(t)* (friedlich), *cì:ə ʔa̰näek-prəka:(r)* (in vielfältiger Art und Weise), *cì:ə ka:(r)-pùut-pra:kɔ̰t* (offensichtlich, tatsächlich), usf.

3. *dɔl*
Wie bereits bekannt, bedeutet *dɔl* als Vollverb "ankommen". Als konjunktionales Verb wird aus seiner Vollverbbedeutung folgerichtig "bis" (vgl. S.421f.):

(357) ko:n-ʔaeŋ tro:v   nr̆u cam   tì:-nìh *dɔl* khɲom mɔ̀:k   vèɲ.
      du   müssen sein warten hier   bis   ich   kommen wieder
      Du mußt hier warten, bis ich wieder komme. (Jacob 1968:97)

4. *daoy*
Als konjunktionales Verb bedeutet *daoy* (Vollverbbedeutung s. Abschnitt 4.4., S.428f.) "weil":

(358) nì:əŋ he:ŋ   *daoy* mì:ən cɤt(t) srəlaɲ kè: bɔntec dae(r),
      Frl. Name weil   haben Herz   lieben er   ein wenig auch
      kɔ: daə(r) tr̆u ta:m kè:. (PTK.50)
      dann gehen hin CoV er
      Weil Heng ihn auch ein wenig liebte, ging sie ihm nach.

(359) lò:k sɔmret thlèəŋ   sɔmnaɔc *daoy* tùp   pùm
       Herr Name ausbrechen Gelächter weil s.widersetzen Neg
       ba:n   mdɔ:ŋ-tìət. (B.67)
       können noch einmal
       Herr Samret brach in Gelächter aus, da er sich nicht mehr länger dagegen wehren konnte.

daoy erscheint zudem sehr oft als Markierung von verbmodifizierenden Ausdrücken:

(360) *daoy craən* (in großer Zahl), *daoy lèək kɔmbaŋ*(im Geheimen, heimlich),
       daoy sɔŋkhäep (zusammengefaßt, kurz), *daoy l?ɔ:* (gut), *daoy sɔm-kù:ə(r)*
       (passend, wie es sich gehört), *daoy sváy prəvɔ̀ət(te)* (automatisch), usf.

5. *kraeŋ*

In Beispiel (361) finden wir *kraeŋ* als Vollverb in der Bedeutung von "sich fürchten", in Beispiel (362) als konjunktionales Verb mit der Bedeutung "[aus Furcht], daß":

(361) khɲom *kraeŋ*   he:ŋ-?aeŋ mùn sru:əl-khlu:ən tè:. (PTK.20)
       ich   fürchten du   Neg leicht-selber Neg
       Ich hatte Angst, daß du dich nicht wohl fühlst.

(362) lò:k sɔmret prəhael-cì:ə mì:ən sëckdvy-ba:rɔm(p̀h) *kraeŋ*
       Herr Name vielleicht   haben Besorgnis   daß
       bɔndo:l-nì:əŋ rùət – bat   ta:m nì:əy yɔ̀:y. (B.73)
       Name -Frl.   laufen-verschwinden CoV Herr Name
       Herr Samret machte sich vielleicht Sorgen, daß Bandol mit Yoy davonlaufen würde.

6. *do:c*

Dieses Verb bleibt seiner Bedeutung als Vollverb (gleich sein wie) und als Co-Verb (wie) auch in seiner Funktion als konjunktionales Verb (wie) treu:

(363) thvɤ̀:-cì:ə   mɤ̀:l tɤ̀u kɔnlaeŋ dɔ:tèy   *do:c* mùn
       tun als ob   sehen hin Ort   anderer   wie   Neg
       dvŋ   mùn lùː:. (B.22)
       verstehen   Neg hören
       Sie tat, als ob sie woanders hinschaute, wie wenn sie nichts verstünde und nichts hörte.

Weiterhin finden wir im Khmer Verben als Bestandteile von Konjunktionen:

– *taŋ-pì:* (anfangen – von = seit), *rù:əc-pì:* (beenden – von = nach [temporal]),
– *dɔl-ka:l-na:* (ankommen-Zeit-welche = wenn jemals in der Zukunft), *dɔl pè:l dael* (ankommen-Zeit-Rel = bis zur Zeit, wo [in der Zukunft]), *tɔ̀əl-dɔl* (erreichen – ankommen = bis), *tɔ̀əl-tae-dɔl* (erreichen-nur-ankommen = bis), *tùmrɔ̀əm dɔl* (bevor).
– *nɤ̀u pè:l dael* (in-Zeit-Rel = zur Zeit, da; während)
– *daoy-sa:(r)* (folgen – Grund = wegen, dank, weil), *daoy-häet(o)* (folgen – Grund = id.)
– *baə-sɤn-cì:ə, baə-prəsɤn-cì:ə, baə-sɤn-na:-cì:ə* (wenn jemals).

Anhang I: Zur Lautlehre und Morphologie des Khmer

1. Lautlehre

1.1. Silbenstruktur

Ein Wort besteht im Khmer, sofern es nicht aus dem Sanskrit, Pali oder einer westlichen Sprache (vorwiegend Französisch) entlehnt ist, aus einer oder zwei Silben. Da wir uns hier nicht mit der Beschaffenheit von Lehnwörtern im Khmer befassen wollen, soll eine Darstellung der ein- und zweisilbigen Wörter genügen. Eine Silbe enthält im Anfangsrand einen oder mehrere Konsonanten – wir sprechen in Anlehnung an Hendersons (1952) für die Phonologie grundlegenden Artikel von "einfachen" und "erweiterten" (*simple/extended*) Silbenanfängen –, einen vokalischen Nukleus, der entweder kurz (V) oder lang (VV) (vgl. Huffman 1967:44f.) sein kann und einen konsonantischen Silbenauslaut, der bei Silben mit langem Nukleus fakultativ und bei Silben mit kurzem Nukleus obligatorisch ist. Als weiterer zu berücksichtigender Faktor zeigt sich im Nukleus das Register, das ich aber erst später besprechen möchte. Somit erhalten wir die folgenden Strukturen für monosyllabische Wörter:

CVC	CVV
CCVC	CVVC
CCCVC	CCVV
	CCVVC
	CCCVVC

Neben diesem Silbentyp, den wir als den *vollen Silbentyp* in Anlehnung an Hendersons (1952:150) *major syllable* bezeichnen wollen, kennt das Khmer noch den reduzierten Silbentyp oder *minor syllable*, der sich durch eingeschränktere Kombinationsmöglichkeiten der Elemente einer Silbe vom vollen Silbentyp unterscheidet. Da einsilbige Wörter immer volle Silben sind, können reduzierte Silben nur bei zweisilbigen Wörtern vorkommen, wo sie unbetont an der ersten Stelle des Wortes, gefolgt von einer vollen Silbe mit Betonung, stehen. Wir wollen diesen Worttyp als den *reduzierten Zweisilbler* (*minor dissyllable*) bezeichnen, der eine Zwischenposition zwischen den Einsilblern mit erweitertem Silbenanfang und dem vollen Zweisilbler (s. unten) einnimmt.

Nach Huffman (1967:45) verfügt eine reduzierte Silbe über die folgenden Strukturmöglichkeiten:

$$C_1 - (C_2) - V - (C_3)$$

C_1: jeder mögliche C, jedoch nur noch *p,t,c,k,s* vor C_2
C_2: nur *r*
V: jeder kurze Vokal nach C_1, jedoch nur /ə,a,o,ɔ/ nach C_2
C_3: alle C außer *b,d,r*

Dies führt zu folgenden zweisilbigen Wortstrukturmöglichkeiten:

    CV-volle Silber
    CrV-volle Silbe
    CVC-volle Silbe
    CrVC-volle Silbe

Im Hinblick auf die im Folgenden zu beschreibende Morphologie wollen wir diese Definition verfeinern und die bei Nacaskul (1978) eingeführte Unterscheidung zwischen *"minor syllables of type A"* und *"minor syllables of type B"* einführen. Zu den reduzierten Silben des Typs A gehören Silben mit C_1 oder C_1C_2 im Anlaut, bei denen der Vokal auf ə beschränkt ist. Dieser Vokal kann bei sorgfältiger Aussprache zu einem der folgenden vollwertigen Vokale ɔ, o oder a expandieren; er kann beim Lesen von poetischen Texten aus rhythmischen Gründen sogar als Langvokal ɔ:/ɔ̀: ausgesprochen werden. Dieser Silbentyp hat keinen Konsonanten im Auslaut und führt damit zu den folgenden Strukturen:

        Cə-volle Silbe
        Crə-volle Silbe

Die reduzierten Silben des Typs B können nur einen Konsonanten im Anfangsrand tragen, gefolgt von den Vokalen ɔ für das erste bzw. ùə/ù für das zweite Register. Im Silbenauslaut muß einer der 4 Nasale m,n,ɲ,ŋ stehen. Dies führt zur Struktur:

        CVN-volle Silbe

Dabei gilt es zu beachten, daß die in Typ A und B enthaltenen Elemente nicht alle möglichen reduzierten Silben abdecken, sondern nur den statistisch weitaus größten Teil, der eben gerade auch für die unten zu beschreibende Affigierung von Bedeutung ist. Daneben existieren Beispiele wie *pìba:k* (schwierig), *sɔpba:y* (glücklich, gesund), *sëckdŕy* (Angelegenheit, Sache), *ceɲcɤm* (ernähren, aufziehen), usf. Auch Huffman (1972:55) selbst führt zur Diskussion der Unterscheidung von Einsilblern und Zweisilblern nur noch die 3 zweisilbigen Strukturmuster CV-S, CrV-S, CVN-S an, wobei er insbesondere C_3 im Unterschied zu seiner Dissertation (1967) auf N einschränkt. Unter V führt er ebenfalls nur die unter Typ A und B zusammengefaßten Vokale auf, ohne allerdings auf den grundsätzlich anderen Vokalismus (Expandierbarkeit) in Typ A und B einzugehen. Dies hängt wohl auch damit zusammen, daß Huffman in seiner Beschreibung auf den Begriff der Register verzichtet (weiteres s.unten, S.452ff.). Jacob (1968:14) führt die hier unter Typ A erwähnten reduzierten Silben unter der Rubrik *"monosyllables with 3-place initial sequences"* auf, während sie die reduzierten Silben des Typs B unter der Rubrik *"restricted dissyllables"* zusammenfaßt. Pinnow (1958) spricht von "erweiterten einsilbigen Wörtern" und von "eingeschränkt zweisilbigen Wörtern".

Zur Problematik des dreikonsonantigen Anlautes werden wir uns im folgenden Abschnitt äußern, wo wir Genaueres u.a. auch zum Silbenanlaut, insbesondere zur Verteilung der Konsonanten bei vollen Silben auf die einzelnen Positionen C_1, C_2 und C_3 sagen werden. Dies wird die bis jetzt getroffene Unterscheidung in reduzierte und volle Silben und deren Ansetzen zur Beschreibung von reduzierten Zweisilblern unterstützen und näher beleuchten.

Zu den vollen Zweisilblern gibt es nicht viel zu sagen. Hier werden zwei volle Silben aneinandergefügt, die entweder einzeln keine Bedeutung haben wie etwa in *siəvphr̀u* (Buch) oder in Lehnwörtern wie *sa:la:* (Pavillion, Halle, Saal), *phì:əsa:* (Sprache), oder die als einsilbige Wörter nach syntaktischen Regeln zu einem zweisilbigen Wort verbunden werden.

1.2. Die Konsonanten: einfache und erweiterte Silbenanlaute, Silbenauslaute

1. Das moderne Khmer kennt die folgenden 17 Konsonantenphoneme:

		labial	dental	palatal	velar	glottal
Okklusiva	stimmlos	p	t	c	k	?
	stimmhaft	b	d			
Frikativ			s			
Nasale		m	n	ɲ	ŋ	
Laterale			l			
Schwinglaut			r			
Halbvokale		w		y		

Zuweilen lassen sich zudem *f* sowie andere Konsonanten in Lehnwörtern aus westlichen Sprachen, insbesondere aus dem Französischen, vernehmen. Diese gehören aber nicht eigentlich ins phonologische System des Khmer. Von besonderer Bedeutung ist der Hinweis, daß die stimmhaften Verschlußlaute *b* und *d* Implosivlaute sind, was in der Darstellung des Phoneminventars des Khmer oft verschwiegen wird.

2. Alle 17 Konsonantenphoneme können als einfacher Silbenanfang vorkommen. Über die Kombinationsmöglichkeiten von C_1 und C_2 gibt die untenstehende Tabelle Auskunft (vgl. Huffman 1967:24, sowie 1970:8).
Die Konsonantenfügungen C_1C_2 lassen sich in drei Klassen (vgl. Huffman 1967:21–23, bzw. 1972:55–58) je nach Art des phonetischen Übergangs zwischen C_1 und C_2 aufteilen, wobei die drei Möglichkeiten des Übergangs in komplementärer Distribution stehen (Henderson 1952:165) und daher als Allophone von C_1 betrachtet werden müssen:

	p	t	c	k	?	b	d	m	n	ɲ	ŋ	v	y	l	r	s	h
p		+	+	+	+		+		+	+	+		+	+	+	+	+
t	+		+	+	+		+	+			+	+	+	+	+		+
c	+			+	+	+	+	+	+	+	+	+	+[1]	+	+		+
k	+	+	+		+		+	+	+	+	+	+	+	+	+	+	+
s	+	+		+	+		+	+	+	+	+	+		+	+		
?												+					
d				+													
m	+	+		+			+		+		+			+	+	+	+
l	+		+	+	+		+			+	+						+

[1] Die in Jacob (1974:48) aufgeführte Silbe *cyot* (separated, dead) wird bei Huffman nicht erwähnt; er läßt die Kombination c+y weg.

Klasse 1: Hier herrscht eine enge Verbindung zwischen C_1 und C_2; wir schreiben daher CC. Diese Verbindung zeigt sich, wenn C_1 = /p,t,c,k/ und C_2 = /r,s,h*/. Ebenso besteht diese Verbindung bei C_1 = /s/ und C_2 = /p,t,k,m,ɲ,ŋ,v,l,r/.

* Obwohl die Khmer-Schrift ein eigenes Konsonantenzeichen für *kh-*, *ch-*, *th-* und *ph-* in den beiden Registern kennt, muß man Ch eindeutig als zwei Phoneme interpretieren.

Klasse 2: Hier wird C₁ leicht aspiriert; wir schreiben C'C.*
Diese Verbindung zeigt sich, wenn C_1 = /p,t,c,k/ und C_2 entweder auch ein Verschlußlaut ist, oder wenn C_2 = /Kontinuant ohne r/. Ausnahme: *kŋ-*.

Klasse 3: Hier erscheint ein schwacher Vokal *ə* zwischen C_1 und C_2. Dies geschieht in allen Sequenzen, wo C_1 = /m,l/ oder C_2 = /b,d,ʔ/.

Die Aspiration in C' ist entschieden schwächer als in eigentlichen Ch-Sequenzen. Dies zeigt sich auch in dem morphologischen Faktum, daß bei der Infigierung *h* als C_2 in der abgeleiteten Form wieder auftritt, während die Aspiration in C' verschwindet:

khɤŋ	(wütend sein)	→	*kəmhɤŋ* (Wut)
khpùəs	(hoch sein)	→	*kəmpùəs* (Höhe)

C' und C sind zudem insbesondere in den Fällen der Klasse 2, wo C_2 ein Nasal ist, oft je nach Idiolekt austauschbar. Es ist daher kein Wunder, wenn Gorgoniev (1966:36) diese in der Rubrik C mit dem Hinweis, daß auch C' möglich sei, aufführt. Damit zeigt sich, daß zwischen Klasse 2 und Klasse 3 ein kontinuierlicher Übergang besteht. Überhaupt scheint es sinnvoll, ein Kontinuum der Bindungsenge von einer engen Bindung in Klasse 1 bis hin zu einer gelösteren Bindung in Klasse 3 zu postulieren.

Vor dem Hintergrund dieser drei Klassen stellt sich insbesondere im Zusammenhang mit Klasse 3 die Frage, ob nicht der in den reduzierten Zweisilblern des Typs A auftretende Vokal *ə* identisch sei mit *ə* in Klasse 3, so daß sich eine Interpretation der reduzierten Zweisilbler als "*monosyllables with 3-place initial sequences*" im Sinne Jacobs (s. oben) oder als "erweiterte einsilbige Wörter" im Sinne Pinnows aufdrängt. Dieser Interpretation stellt sich nun die Tatsache entgegen, daß der Vokal in den reduzierten Zweisilblern des Typs A immer expandieren kann zu /ɔ,o,a; ɔ:, ɔ:,a:/, was bei den in Klasse 3 vertretenen Wörtern nicht der Fall ist. Damit leuchtet der Vorschlag von Huffman (1967:23 und 1972:57) ein, C-Sequenzen in Klasse 1 und 2 sowie die Gruppe der nicht expandierbaren Sequenzen in Klasse 3 strukturell als CC-Anlaut eines Ein-

---

* Im Falle von C'C ist weiter zur Schrift zu sagen, daß dort teilweise auch C' als Ch wiedergegeben wird. Dies gilt immer für den Fall, wo C_1 und C_2 ein Element aus /p,t,c,k/ enthalten. Sonst treffen wir neben *phn-*, *phl-*, *thm-*, *thn-*, *thl-*, *khm-*, *khn-*, *khl-*, *thv-* und *chv-* auch *pn-* (*pnè:n* = a coil of a serpent), *pl-* (*plaek* = different, strange), *tm-* (*tma:t* = vulture), *tn-* (*tnaot* = sugar palm), *tl-* (*tlae* = to stare, pop out), *km-* (*kme:ŋ* = young people, young), *kn-* (*knoŋ* = in), *kl-* (*klɤn* = scent) an. Dies zeigt, daß die Aspiration von C_1 mit Kontinuant als C_2 offenbar weniger stark empfunden wurde als bei C_1 = C_2 = /p,t,c,k/. Sicherlich kommt hinzu, daß die Art und Weise wie C_1 in CC-clustern phonetisch wiedergegeben wird, von Dialekt zu Dialekt, ja wahrscheinlich von Idiolekt zu Idiolekt etwas variiert, so daß die schriftliche Festlegung ziemlich willkürlich ist. Trotzdem hat aber die Verschriftung umgekehrt einen Einfluß auf die Vorstellung über "korrekte" Aussprache; so wurde ich zuweilen darauf aufmerksam gemacht, ich solle einen bestimmten C_1 aspirieren, da man es ja entsprechend schreibe. Der Verweis auf die inkonsistente Handhabung von Ch in der Schrift erweist sich vor allem für meine Arbeit als notwendig, da ich die Umschrift von Jacob verwende, die sich an der Khmer-Schrift orientiert. Huffman hat diese Probleme nicht, da er sich in seiner Lautschrift nicht von der Khmer-Schrift beeinflussen läßt und C' konsequent als C verschriftet (vgl. Huffman 1970:38).

Im Zusammenhang mit der Verschriftung von C' fällt weiter auf, daß die nach Huffman zur Klasse 1 gezählten Sequenzen *p+s* und *k+s* oft als *phs-* und *khs-* wiedergegeben werden (*phse:ŋ* = various, different, bzw. *khsae* = string, thread, rope). Hier schiene mir persönlich ein Anführen dieser beiden Fälle unter Klasse 2, wie dies Gorgoniev (1966:35) in seiner Tabelle tut, sinnvoller. Es trifft zwar zu, daß man ebenso /pse:ŋ/ bzw. /ksae/ hört, aber die Tatsache, daß Aspiration möglich ist, sollte genügen, diese Fälle eher in Klasse 2 einzuordnen.

silblers zu betrachten, währen C-Sequenzen mit expandierbarem Vokal, die Huffman mit CəC im Unterschied zu den nicht-expandierbaren CǝC umschreibt, zu den Zweisilblern zu zählen sind.

Die reduzierten Zweisilbler des Typs A und B lassen sich nun in der gesprochenen Umgangssprache nach bestimmten in Huffman (1967:48f. und 1972) beschriebenen Regeln in der ersten, reduzierten Silbe, die ja unbetont ist, verkürzen:

Typ A:	rɔbɔ:ŋ	→	rəbɔ:ŋ	→	ləbɔ:ŋ	(Zaun)
Typ A:	prɔtèəh	→	prətèəh	→	pətèəh	(antreffen)
Typ B:	kɔnda:l	→	kənda:l	→	kəda:l	(Mitte)

Die Tatsache, daß ləbɔ:ŋ (Zaun) einem Verbum mit Infix -b- ləbɔ:ŋ (versuchen) gegenüber steht, zwingt zu der Feststellung, daß Zweisilbler bestimmter Verkürzungstypen zu Einsilblern verkürzt werden können.

Bei anderen Zweisilblern des Typs B findet eine Verkürzung nach folgendem Muster statt:

ʔɔmbɤl — ʔəmbɤl — mbɤl (Salz)

In diesem Fall spricht man wohl am besten von einer Verkürzung auf einen silbischen Nasal N̥, also m̥ im obigen Beispiel.

Somit läßt sich zusammenfassend ein Kontinuum aufstellen, bei dem die Grenze von der Einsilbigkeit zur Zweisilbigkeit zwischen CǝC und C(r)ə-S liegt. Die Wörter der Struktur CVN-S habe ich in diesem Kontinuum rechts von C(r)ə-S aufgeführt, da Wörter dieser Kategorie im Rahmen der Verkürzung zwar zum einen ebenfalls die Struktur Cə-S (s. kənda:l) annehmen können, andererseits mit der Verkürzung zu einem silbischen Nasal zweisilbig bleiben können:

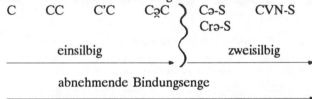

3. Monosyllaba mit drei Konsonanten im Anlaut gibt es im Khmer nur sehr wenige, nämlich zwei; beide sind Lehnwörter mit h als C_3:
stha:n (Platz); lkhaon (Theater, Aufführung)

4. Im *Silbenauslaut* erscheinen alle C außer b,d und r:
   – Die Okklusiva p,t,c,k sind wie in praktisch allen ostasiatischen Sprachen *"unreleased"*. k erscheint zudem in freier Variation mit ʔ.
   – Die beiden palatalen Konsonanten c und ɲ bewirken eine leichte Palatalisierung des vorangehenden Vokalnukleus, also ein leichtes Abdriften nach vorn und in die Höhe (high front):

khmaoc → [khmao^i c] (Leichnam, Geist)/ srɑlaɲ → srɑla^i ɲ (lieben)
   – s und h werden beide im Auslaut als glottaler Frikativ [h] gesprochen.
   – l im Silbenauslaut wird im Gegensatz zum Silbenanlaut [l] mit gesenkter Mittelzunge, also [ɫ] gesprochen.

- *v* ist auch im Silbenauslaut ein labiodentaler Halbvokal. Bei gerundeten Vokalnuklei wie etwa *o:* bewirkt *-v* zusätzlich einen Verlust der Vokalrundung, so daß ein *r:*-ähnlicher Laut entsteht. Ebenso in dieses Kapitel gehört der bei Jacob mit *-au/-r̆u* umschriebene Lautkomplex, der bei allen anderen Autoren (z.B. Henderson 1952:160) zu Recht als kurzer Vokalnukleus mit nachfolgendem Labiodental im Auslaut interpretiert wird.
- Der Glottisverschluß *?* erscheint einmal in freier Variation zu *k* und weiter als Mittel zur Schließung einer kurzen offenen Silbe.
- Zu den übrigen drei Nasalen *m,n,ŋ* und zum Halbvokal *y* im Auslaut gibt es keine besonderen Bemerkungen.

1.3. Register und Vokale

1. Bevor wir uns der Beschreibung der Vokale im Khmer zuwenden können, müssen wir uns mit dem Phänomen der *Register* auseinandersetzen, die zum ersten Mal von Henderson (1952) erkannt wurden. Mit diesem Begriff, den sie – will man Jenner (1974) glauben – aus der Diskussion mit Shorto (vgl. Shorto 1962, 1967) bezieht, lehnt sie sich an einen in der Musik seit Jahrhunderten gebräuchlichen Begriff an. Dort unterscheidet man in der Gesangslehre innerhalb des Tonumfangs der menschlichen Stimme zwischen tieferen Tönen des Brust-Registers und höheren Tönen des Kopf-Registers. Natürlich lassen sich im Detail die gesangsspezifischen Eigenheiten der beiden Register nicht unmittelbar auf eine Sprache anwenden, immerhin ist ein solcher Vergleich jedoch durchaus nicht abwegig. So gelangt Henderson (1952:151) zur folgenden Beschreibung für das Khmer:*

- The characteristics of the *first register* are a 'normal' or 'head' voice quality usually accompanied by relatively high pitch.
- The characteristics of the second *register* are a deep rather breathy or 'sepulchral' voice, pronounced with lowering of the larynx, and frequently accompanied by a certain dilation of the nostrils. Pitch is usually lower than that of the first register in similar context.

Im wesentlichen unterscheidet Henderson also zwischen dem primären Kontrast der Resonanz (*voice*) und dem sekundären Kontrast des Pitch. Die verschiedene Färbung des Vokalnukleus bewirkt – so Henderson (1952:155) –, daß kein Vokal des ersten Registers, so ähnlich auch seine allgemeine Beschreibung ohne Einbeziehung des Registers ist, völlig mit einem Vokal des zweiten Registers identisch sein kann.

Diesem Artikel stehen die aus der französischen Tradition entstandenen Beschreibungen etwa von Maspéro (1915) und Martini (1942) gegenüber, die nirgends von einem Registerunterschied im Sinne Hendersons sprechen. Pinnow (1957) hat hier zwischen den beiden Beschreibungsweisen zu vermitteln versucht. Jacob (1968:4) schließlich kommt in diesem Dilemma zu folgendem Schluß:

"There is potentially a distinction of voice quality in the utterance of the vowels and diphthongs of the two registers, those of the first register being pronounced with a clear 'head' voice and a certain degree of tension and those of the second with a breathy 'chest' voice and a comparatively relaxed utterance. This difference of voice quality will, however,

---

* Einen über die Mon-Khmer Sprachen hinausgehenden, globalen Vergleich des Phänomens der Register finden wir in Pittman (1978).

not be heard in the speech of all speakers. It may be heard occasionally in the speech of some speakers and is then most easily noted in syllables uttered in isolation."

Aus dieser Beschreibung gewinnen wir zum einen den neuen Kontrast der *"tension"* und zum anderen den Hinweis auf die Potentialität der Register, was bedeutet, daß diese nicht immer und nicht bei allen Sprechern gleich stark – wenn überhaupt – zu hören sind.

An dieser Stelle nun drängt sich eine genauere Klärung der beschriebenen Sprachvariante auf. So erfahren wir zu Beginn von Hendersons Artikel, daß ihr Hauptinformant aus Kompong Chhnang stammt, während Jacobs (1968:xi) *"Introduction"* auf dem in Phnom Penh gebräuchlichen Dialekt basiert, wo die Registerunterschiede nicht oder kaum mehr hörbar sind.

Ferlus (1979:20) beschreibt daher die forschungsgeschichtliche Situation sehr richtig, wenn er sagt:

"Or les auteurs français ont, semble-t-il, toujours travaillé dans la capitale et il est vraisemblable qu'autrefois les différences registrales n'étaient pas notées par ignorance et qu'aujourd'hui elles ne le sont pas parce qu'elles n'existent plus."

Die Tatsache der äußerst geringen phonologischen Relevanz der Register im Standard-Khmer hat Huffman (1967, 1970) dazu geführt, bei der Beschreibung der Vokale völlig auf die Einbeziehung der Register zu verzichten. Dabei hat er ein deutlich konziseres und einleuchtenderes Vokalsystem bestehend aus 13 Vokalphonemen (10 kurzen V und 3 kurzen Diphthongen, vgl. 1970:8f.) ausgearbeitet. Den Begriff der "Serie" behält er in Anlehnung an Martini im Zusammenhang mit der Schrift bei.

In der Schrift nun drängt es sich tatsächlich auf, zwischen zwei Registern oder Serien zu unterscheiden, hält diese doch für jeden okklusiven Anlautkonsonanten, ausgenommen ʔ, sowie für n und l zwei Schriftzeichen bereit. Da nun die meisten Vokalzeichen der Schrift zwei Aussprachemöglichkeiten besitzen, die sich einem ersten oder zweiten Register (1. oder 2. Serie) zuordnen lassen, entscheidet das gewählte Konsonantenzeichen als Erst- oder Zweitregisterkonsonant über die Aussprache des Vokalzeichens. Bei den Konsonanten ʔ, s und h, die unmarkiert Erstregisterkonsonanten sind, und den Konsonanten ŋ, ɲ, m, y, r und v, die unmarkiert Zweitregisterkonsonanten sind, läßt sich eine Konversion des Registers mit zwei besonderen Diakritika (mùsekɔtɔən(t) und trɤysap̀(i̇)) bewirken.

Bei den Okklusivlauten entspricht die Reihe der Erstregisterkonsonanten den stimmlosen Lauten des indischen Schriftvorbildes, während die Okklusiva des zweiten Registers den entsprechenden stimmhaften Lauten entsprechen. Eine Ausnahme bilden die stimmhaften Implosivlaute b und d, bei denen der Stimmton für die Wahl des Registers keine Rolle spielt, da ein solcher Konsonant immer Erstregisteraussprache des Vokals nach sich zieht. In der Schrift drückt denn auch das Diakritikum trɤysap̀(i̇) bei b nicht etwa Registerwechsel aus, sondern dient zur Wiedergabe von erstregistrigem p, wofür die Schrift kein unabhängiges Zeichen kennt.

Es gibt verschiedene Hinweise, daß das Khmer in einer früheren Sprachstufe tatsächlich zwischen stimmlosen und stimmhaften Anlautkonsonanten unterschieden hat. So datiert Lewitz (1967a) den Prozeß des Stimmhaftigkeitsverlustes, wo stimmhafte mit stimmlosen Okklusiven zusammenfallen, anhand der Transkription von Personen- und Ortsnamen durch französische und portugiesische Handelsreisende ab dem 16. Jahrhundert und kommt zum Schluß, daß dieser Prozeß des Zusammenfallens zwischen dem 16. und dem 18. Jahrhundert abgeschlossen sein mußte. Weiter zeigen Vergleiche mit anderen Mon-Khmer Sprachen wie etwa Huffman (1976b), Gregerson (1976) und Ferlus (1979) klar, daß es durchaus "konservativere" Sprachen gibt, die die Unterscheidung zwischen stimmlosen und stimmhaften Anlauten nicht aufgegeben haben und entsprechend keine Register kennen. Huffman (1976b:578) liefert hierzu ein Kontinuum bestehend aus 5 Ebenen (*stages*), wobei Khmer auf der fünften und letzten Ebene anzusiedeln ist, da es den Registerkontrast aufgrund der unterschiedlichen Vokalposition und der Diphthongisierung bereits wieder aufgehoben hat.

Aus dem oben Gesagten drängt sich daher folgende Ausgangsbasis für die spätere Entwicklung der Register auf (vgl. Pinnow 1957:389):

Implosiva:	1. Register	
nicht-Implosiva:	a) alter stimmloser Laut:	1. Register
	b) alter stimmhafter Laut:	2. Register

2. Das Khmer unterscheidet folgende *Nuklei*, die wir zuerst im Rahmen der Register beschreiben wollen, um hernach zu sehen, wo eine Registerunterscheidung alleine phonologisch relevant bleibt:*

kurze Nuklei	kurze Vokale:	ì, e, ùu, ɤ, a, ɔ, o, ù
	kurze Diphthonge:	èə, ùə, ɔ̀ə
lange Nuklei	lange Vokale:	ì, e:, è:, ɛ̀, ùu, ɤ:, ɤ̀:, a:, ɔ̀:, ɔ:, o:, ò:, ù:
	lange Diphthonge:	i:ə, iə, ìə, ɯə, ùə, ae, aə, ao, u:ə, ù:ə

Diese Nuklei bilden folgende Registerpaare, wobei links das erste und rechts das zweite Register aufgeführt wird:

ɔ:	–	ɔ̀:		ɤ	–	ùu	ɯə	–	ùə
ɔ	–	ùə, ù		ɤ:	–	ùu:	iə	–	ìə
a:	–	ì:ə		o	–	ù	e:	–	è:
e	–	ì		o:	–	ù:	ae	–	ɛ̀
ɤ(j)	–	ì:		u:ə	–	ù:ə	ao	–	ò:
a	–	èə, ɔ̀ə		aə	–	ɤ̀:			

Von diesen 34 Nuklei gehören 9 (e, ɤ, a, ɔ, o /a:/ ae, aə, ao) immer ins erste Register und 11 (ì, ùu, ù /èə, ùə ɔ̀ə / ì:, ɛ̀, ùu:, ù:/ì:ə) immer ins zweite Register, so daß hier die Setzung des Gravis redundant ist. Es erscheinen also nur 7 Vokale in beiden Registern: e:/è:, o:/ò, ɔ:/ɔ̀:, ɤ:/ɤ̀: iə/ìə, u:ə/ù:ə und ɯə/ùə. Dabei unterscheiden sich die Vokale e:/è:, o:/ò:, ɔ:/ɔ̀: und ɤ:/ɤ̀: eindeutig durch den Öffnungsgrad, wobei dieser bei den zweitregistrigen Vokalen kleiner ist. Zudem hört man bei e: und o: gegen den Schluß hin eine Bewegung nach oben: e:^{i} bzw. o:^{u}, was Huffman (1967, 1970) dazu führt, hier von Diphthongen zu sprechen (vgl. jedoch Jenners (1972:556) Kritik). Ebenso hören wir bei ɔ̀: am Schluße eine leichte Aufwärtsbewegung: ɔ̀:^{u}.

Damit bleiben die Diphthonge iə/ìə, u:ə/ù:ə und ɯə/ùə, bei denen sich zwischen dem ersten und dem zweiten Register praktisch kein Unterschied in der Vokalqualität feststellen läßt. Diese drei Paare müßten somit allein aufgrund von Registermerkmalen

---

* der Gravis(`) dient zur Markierung des zweiten Registers, das erste Register wird nicht markiert.

wie Resonanz, Tension oder Pitch auseinandergehalten werden können. Versuche zeigen aber (vgl. Gaudes 1978), daß dies nicht der Fall ist und daß selbst Muttersprachler hier praktisch keinen Unterschied hören. Somit haben wir es mit 3, nicht mit 6 Lauten zu tun. Zudem besteht sogar die große Wahrscheinlichkeit, daß es hier gar nie Registerunterschiede gegeben hatte, da *iə* aus *ya*/*ye* und *u:ə* aus *va*/*ve* entstanden sein mußte (vgl. Schmidt 1906: § 199ff. und 225ff.). *uə* schließlich dürfte durch Lehnwörter aus dem Thai und dem Vietnamesischen seinen Weg ins Khmer gefunden haben (vgl. Sakamoto 1977). Damit sind Registerunterschiede für das Standard-Khmer höchstens noch von phonetischer, gewiß jedoch nicht von phonologischer Bedeutung.

Im Zusammenhang mit diesem Befund ist Jenners (1978) Wiederaufnahme des Registerproblems von besonderem Interesse, in der er sich selber zwischen Henderson, Jacobs einerseits und Martini, Huffman andererseits sieht. Jenner sagt mit Recht, daß es sich nicht ausmachen läßt, welche Rolle Resonanz, Tension und Pitch in der Kompensation des Kontrastverlustes von stimmhaft/stimmlos bei den okklusiven Anlauten spielen, und beschränkt sich daher darauf, diese Kompensation in der Herausbildung zweier Reihen von Vokalen darzustellen. Die Register werden also nur noch im Hinblick auf die Vokalqualität im Rahmen sogenannter Tonunterschiede gesehen, wobei "Ton" hier metaphorisch zu verstehen ist für die Zungenhöhe. Während es schon lange bekannt war, daß sich das erste Register durch einen größeren Öffnungsgrad der Vokale vom zweiten Register unterscheidet (vgl. etwa Pinnow 1957:383), bringt Jenner eine stärker historische Dimension in die Diskussion und geht mit guten Gründen davon aus, daß die Vokale des zweiten Registers (er spricht von *"high register"*), dem Vokalismus des Mittel-Khmer sehr nahe standen, während die Vokale des ersten Registers (*low register*) durch ein Erhöhen des Öffnungsgrades, also ein Sinken des Tones, und durch die Bildung von tiefen Onglides entstanden sind. Bei den drei tiefen Vokalen des Mittel-Khmers (*a:, a, ɔ*) tritt dann die umgekehrte Bewegung mit hohem Onglide (*a: - ì:ə* bzw. *a - èə/ɔ̀ə*) bzw. einer Entwicklung zu einer radikalen Schließung des Öffnungsgrades bei *ɔ - ù/ùə* ein.

Obschon die Register also keinerlei phonologisches Gewicht mehr besitzen, scheint mir der Verweis auf die Register im Zusammenhang mit der Morphologie von ziemlicher Wichtigkeit, denn nur so lassen sich die Abwandlungen, die viele Affixe erfahren, sinnvoll erklären. Damit bleibt der Begriff des Registers auf einer anderen Ebene von Bedeutung.

Zudem verwende ich in dieser Arbeit die Umschrift von Jacob (1968), die eine obligatorische Markierung der Register fordert, wengleich diese im Kontext rein phonologischer Erwägungen überflüssig ist. Immerhin hat aber diese Umschrift den Vorteil, daß sie ein-eindeutige Rückschlüße auf die Darstellung in der Schrift zuläßt und somit wertvolle historische Hinweise liefert, die z.T. in der Morphologie wieder wesentlich werden. Für die Erläuterung rein syntaktischer Zusammenhänge schließlich ist die Wahl des Umschriftsystems überhaupt irrelevant.

Eingehende Darstellungen des Vokalsystems finden wir bei Martini (1942), Henderson (1952), Pinnow (1957, besonders p.387), Huffman (1967:27–34 und 240–49, 1970:8–11), Jenner (1978). Eine detailliertere Beschreibung und ein genaueres Abwägen dieser Lösungsversuche würde hier jedoch zu weit führen.

2. Morphologie

Zur Morphologie im Khmer gehören die Affigierung und die Reduplikation. In dieser Arbeit soll jedoch hauptsächlich die Affigierung und nur gerade derjenige Teilbereich der Reduplikation behandelt werden, der zur Wiederholung von C_1 führt. Die Affigierung wurde schon recht früh in Maspéro (1915) und Guesdon (1930) beschrieben. Später äußerten sich Jacob (1963, 1968:177-87, 1976), Lewitz (1967,1968), Huffman (1967:63–90) und Gorgoniev (1966:52–61, 69–71) zu diesem Thema. Der wichtigste Beitrag zur Morphologie ist jedoch zweifellos Jenner's Doktorarbeit (1969), deren Resultate nach einem gründlicheren Überdenken zusammen mit Lewitz (Saveros Pou) jetzt in Jenner und Saveros Pou (1980/81) vorliegen. Diese ausgezeichnete Studie soll hier als Vorbild zur Beschreibung der Morphologie dienen. Für die Beschreibung der Funktion der einzelnen Affixe werde ich dieser Arbeit aber oft nicht folgen, da mir viele Unterscheidungskriterien im Verhältnis zum vorhandenen sprachlichen Faktenmaterial zu spekulativ-delikat erscheinen.

2.1. Wortbasen und Ableitungen

Zuerst seien hier noch einmal die möglichen Strukturen eines Khmer-Worts dargestellt:

I)   CV(C)*
II) CCV(C)
III) CəCV(C) bzw. CəCCV(C)
IV) CrəCV(C) bzw. CrəCCV(C)
V)   CvNCV(C) bzw. CvNCCV(C)

Zur Beschreibung der Aufbaumöglichkeit dieser 5 Worttypen gehen wir mit Jenner und Pou von einer primären Wortbasis aus, die die Struktur CV(C) aufweist und mittels eines nicht-silbischen Affixes – also eines monokonsonantischen Präfixes oder Infixes – sekundäre Wortbasen der Struktur CCV(C) bildet. Allgemein werden durch das Anfügen von Affixen primäre Derivativa gebildet. Sekundäre Derivativa entstehen durch das Anfügen eines weiteres Affixes an eine sekundäre Wortbasis, so daß sich die obigen 5 Worttypen nach folgendem Schema durch Affigierung gewinnen lassen:

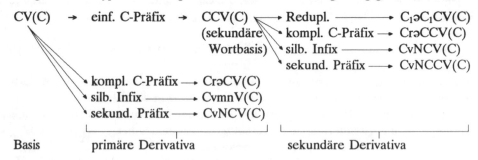

Dabei unterscheiden Jenner und Pou (p.xxvii) die folgenden in der obigen Tabelle zitierten Affixklassen:

---

* Die Länge des Vokals (V) wollen wir hier vernachlässigen. Wir wissen, daß bei kurzen Vokalen der Auslautkonsonant obligatorisch und bei langen Vokalen fakultativ ist.

1. einfache konsonantische Präfixe
   R-, p-, t-, c-, k-, s-, L-, m-, n-
2. komplexe konsonantische Präfixe
   Rrə-, prə-, trə-, crə-, krə-, srə-
3. nicht-silbische Infixe
   -b-, -m-, -n-, -L-, -h-, -?-
4. silbisches Infix
   -vmn-/-vN-
5. sekundäre Präfixe*
   bvN-, tvN-, cvN-, kvN-, rvN-, svN-

Hierzu muß gesagt werden, daß natürlich längst nicht jedes Wort der Struktur II – V sauber und eindeutig aus einer primären Wortbasis nach dem obigen Schema hergeleitet werden kann, da Zwischenstufen oder auch die Wortbasis durchaus fehlen können. Zudem läßt sich natürlich auch nicht sagen, daß die Strukturen II – V in jedem Fall das Produkt von Affigierung sein müssen.

Immerhin ist es jedoch beeindruckend zu sehen, wieviele zwar nur gebunden vorkommende primäre Wortbasen Jenner und Pou in ihrer Arbeit postulieren konnten.

Schließlich besteht die Möglichkeit tertiärer Derivativa. Jenner und Pou (1980/81:xxivf.) und Jenner (1977:171) erwähnen das Beispiel cùəɲrèəɲ (stubble), das aus einem sekundären nicht belegten Derivativum der Struktur *C_1CCV(C) mittels des Infixes -vN- aus crèəɲ (CCVC) abgeleitet sei. Weitere außergewöhnliche Ableitungen (*anomalous expansions*) sind bei Jenner (1977) aufgeführt. Einige auch historisch interessante Ableitungen sind weiter in Lewitz (1969) beschrieben.

2.2. Bemerkungen zur Wirkung der Register

Wie oben gesagt wurde, läßt sich mit Hilfe der Register der Vokalismus bei der Affigierung erklären. Dabei orientiert man sich mit Vorteil an der Schrift, die – wie wir gesehen haben – Registerunterschiede und damit die Aussprache des nachfolgenden Vokals regelt. Ich möchte jedoch in dieser Arbeit nicht weiter auf diese recht komplexen Regeln eingehen, zumal diese in Jacob (1968:33–39) ausführlich dargestellt sind.

2.3. Darstellung der Affixe

2.3.1. Vorbemerkung zur Funktion der Affixe

Wie bereits gesagt, ist es sehr schwierig, bei den einzelnen Affixen genauere Angaben zur Funktion zu machen. Wahrscheinlich ist die Methode von Jacob (1976:602) nach wie vor die beste:

> "For Mod. K. I have never felt that every instance of a derivative must reveal a function. I have rather applied the principle that for each affix the whole body of derivatives and bases should be consulted to see what functions seem conspicuous among them."

---

* Jenner und Pou sehen diese Art von Präfixen als Resultat einer Infigierung von -vN- zwischen ein einfaches konsonantisches Präfix und die Wortbasis. Die Hauptgründe für eine solche Entwicklung lagen wohl in der Unvereinbarkeit gewisser konsonantischer Präfixe mit bestimmten Silbenanlauten von CV(C) und in der Notwendigkeit, einfache konsonantische Präfixe auch an sekundäre Wortbasen CCV(C) anzufügen.

In der Frage der Produktivität der Affigierung erscheint mir eine allzu negative Stellung nicht haltbar; gewisse Affixe können wohl tatsächlich in beschränktem Rahmen zu Neubildungen führen. In diesem Sinne halte ich Lewitz (1967b:121) für wertvoll, wenngleich für in dieser Form übertrieben:

> "Tout Cambodgien est capable de former des dérivés nouveaux au moyen des procédés classiques déjà exposés, si le lexique commun s'avère insuffisant à exprimer sa pensée dans des circonstances bien déterminées. Ceci est plus net chez les jeunes que chez les adultes d'un certain âge, du fait que les jeunes sont plus portés à la prolixité, à la création spontanée et au mépris des normes de la grammaire traditionnelle."

Es ist erstaunlich, daß einer recht beträchtlichen Anzahl von Affixen eine relativ geringe Anzahl von auszudrückenden Funktionen gegenübersteht. Tatsächlich läßt sich der weitaus größte Teil der möglichen Funktionen mit den Begriffen Nominalisierung, kausativ/transitiv/faktitiv, Aspekt, Affektiertheit und Spezialisierung einfangen. Bei der Nominalisierung lassen sich weiter Subkategorien wie etwa Resultativa, Instrumente, Abstrakta und Nomina Agentis unterscheiden. Unter Spezialisierung verstehe ich die Einschränkung der Bedeutung der Wortbasis durch Anfügen eines Affixes. Affektiertheit schließlich drückt die Tatsache der Betroffenheit aus. Oftmals läßt sich diese im Deutschen oder Englischen mit einem Partizip Perfekt übersetzen, weshalb man hier auch von perfektiver Funktion spricht. Der Begriff Affektiertheit stammt von Schiller (1985).

Am Beispiel der Nominalisierung und am Beispiel von kausativ/transitiv/faktitiv möchte ich im Folgenden vorführen, wieviele Affixe zum Ausdruck der gleichen Funktion verwendet werden können, wobei ich keinen Anspruch auf Vollständigkeit erhebe und nur die für die entsprechende Funktion einigermaßen wichtigen Affixe aufführe:

1. Nominalisierung:

k-: baŋ	(bedecken, um s. vor etw. zu schützen)		*– kbaŋ*	(Schutzwand, Schleier, Sonnenschutz)
s-: pìːən	(überqueren)		*– spìːən*	(Brücke)
m-ːhoːp	(essen [ländlich])		*– mhoːp*	(Speise)
N-: baos	(wischen, kehren)		*– ʔɔmbaos*	(Besen)
-b-: rɔ̀əm	(tanzen)		*– rəbam*	(Tanz)
-m-: soːm	(fragen)		*– smoːm*	(Bettler)
-n-: kìːəp	(kneifen, drücken)		*– khnìːəp*	(Zange)
-vmn-: dam	(pflanzen)		*– dɔmnam*	(Pflanze)
bvN-: tùk	(setzen, stellen)		*– bɔntùk*	(Ladung)
kvN-: cas	(alt)		*– kɔɲcas*	(Alter [derogativ])
svN-: bɔːk	(schälen)		*– sɔmbɔːk*	(Schale)

2. kausativ/transitiv/faktitiv:

p-: dac	(brechen, intr.)		*– phdac*	(brechen, tr.)
prə-: kɔ̀ː(r)	(Haufen)		*– prəkɔ̀ː(r)*	(aufhäufen)
crə-: mùc̀	(s. senken, versinken)		*– crəmùc̀*	(etw. eintauchen, versenken)
- vmn-: sʔaːt	(sauber)		*– sɔmʔaːt*	(sauber machen, reinigen)
bvN-: rìən	(lernen)		*– bɔŋrìən*	(lehren, unterrichten)
svN-: rùːəp- rùːəm	(s.vereinen, zusammenkommen)		*– sɔŋrùːəp- sɔŋrùːəm*	(versammeln, zusammenbringen)

Fast alle Funktionen der Affixe lassen sich heute in produktiver Weise durch syntaktische Mittel ausdrücken. So wird die Nominalisierung heute weitgehend durch Klassennomina übernommen, während Kausativa/Transitiva/Faktitiva durch Verben wie *thvɤ̀:-ʔaoy* (machen, daß; vgl. S.440f.) gebildet werden. Aspekte und weitere TAM-Phänomene werden oft mittels eigener Verbalmodifikatoren ausgedrückt, die sich häufig aus Verben oder Nomina ableiten lassen (vgl. S.406ff.). Somit bleiben allein die Affektiertheit und die Spezialisierung übrig. Die Affektiertheit ergibt sich oft aus der syntaktischen Position eines Lexems, so daß deren Ausdruck überflüssig wird, während die Spezialisierung als rein lexikalischer Vorgang nicht von der Syntax übernommen werden kann.

2.3.2. Präfixe

1. Einfache konsonantische Präfixe

p-: Dieses Präfix dient hauptsächlich zur Bildung von kausativ/transitiv/faktitiven Verben, wenn die Basis ein statisches Verb oder sonst ein intransitives Verb ist. Oft sind auch Nomina als Wortbasen beteiligt:

phdac (brechen, tr.; zu *dac* [brechen, intr.]), *phdɔl* (liefern, hervorbringen; zu *dɔl* [ankommen]), *phdu:əl* (fällen, zum Fallen bringen; zu *du:əl* [umfallen]), *phcɔ̀əp* (befestigen, fest anfügen; zu *cɔ̀əp* [fest sein, halten, verbunden sein mit]), *pdɤŋ* (informieren; zu *dɤŋ* [wissen, verstehen]), *phsaŋ* (zähmen; zu *saŋ* [zahm]), *phcaɲ* (besiegen; zu *caɲ* [besiegt werden]), *pra:p* (unterdrücken, bezwingen; zu *rì:əp* [niedrig, tief]; R*), *praə* (senden, schicken; zu *rɤ̀:* [s. bewegen, den Standort wechseln]; R), *phkaət* (hervorbringen; zu *kaət* [geboren werden, entstehen]), *phŋo:t* (baden, tr.; zu *ŋù:t* [s. baden]; R), *phsaəm* (befeuchten; zu *saəm* [feucht]), *phdaəm* (anfangen; zu *daəm* [Anfang]), *phcù:ə(r)* (pflügen; zu *cù:ə(r)* [Furche, Reihe]), *phkù:* (paaren, paarweise zusammenbringen; zu *kù:* [Paar]), *phtùm* (nebeneinander stellen [i.e. unter das gleiche Joch] = vergleichen; zu *tùm* [Joch]).

Daneben bleiben einige Fälle, die nicht in die obige Funktion hineinpassen wollen: *phaəm* (geschwollen, schwanger; zu *haəm* [geschwollen]), *pʔo:n* (jüngeres Geschwister; zu *ʔo:n* [Klein; Anredepronomen]), *phlè:ŋ* (Musik, Musikstück; zu *lè:ŋ* [spielen]), *plaek* (verschieden, merkwürdig, interessant; zu *laek* [getrennt, isoliert; Abschnitt]).

t-: Hier sollen lediglich ein paar Beispiele vorgeführt werden, da sich eine konkrete Funktionsbestimmung meiner Ansicht nach (vgl. jedoch Jenner und Pou 1980/81:xxxvii) nicht herausarbeiten läßt. Es läßt sich lediglich sagen, daß die abgeleitete Form spezialisierter ist und weniger häufig vorkommt.

tba:(r) (etw. ausputzen [z.B. das Ohr]; zu *ba:(r)* [graben, ausgraben, wegschaufeln]), *tbiət* (klemmen, unter den Arm oder unter den Beinen halten; zu *biət* [nahe sein]), *thlɔ̀əp* (gewohnt sein zu, gewöhnlich; zu *lɔ̀əp* [einen Rückfall haben; zu sehr, im Übermaß]), *thlaəŋ* (arrogant; zu *laəŋ* [hinaufgehen]).

c-: Für dieses Präfix gilt das gleiche wie für *t-*; außer einer allfälligen Eingrenzung der Bedeutung läßt sich nicht viel über dessen Funktion sagen.

crì:əv (aufwühlen [beim Suchen]; zu *rì:əv* [mit den Händen nach etw. suchen]), *crɤ̀:s* (auswählen, auslesen; zu *rɤ̀:s* [herausnehmen, aussuchen, auslesen]), *crùh* (runterfallen, ausgeschüttelt werden, ausgeleert werden; zu *rùh* [runterfallen]), *chlɔ̀:p* (pirschen, s. anschleichen,

---

* Den Buchstaben R setze ich für "Registerwechsel"; er wird überall dort gesetzt, wo die Basis und die abgeleitete Form nicht im gleichen Register stehen, wo sich also die Vokale ändern.

ausspionieren; zu *lɔ́:p* [verstohlen], *crù:əɲ* (kräuseln, kraus ziehen; kraus, gekräuselt, runzlig, zerknittert; zu *rù:əɲ* [s. zusammenziehen, schrumpfeln]), *cbaol* (etw. oberflächlich tun; zu *baol* [mit aller Kraft rennen, von Vierbeinern]).

Zuweilen hat *c-* auch kausative Funktion:

chmo:l (zu einer Kugel machen, zusammenrollen; zu *mù:l* [rund]; R)

k-: Hier unterscheiden Jenner und Pou zwischen zwei Morphemen k_1- und k_2-, was sich meiner Ansicht nach nicht unbedingt aufdrängt. Sicherlich sind aber die beiden Funktionen der Spezialisierung – genauer der Verstärkung (Jenner und Pou sprechen von "*intensification*") – und der Wortbildung – vor allem die Bildung von Nomina – von großer Bedeutung. Daneben zeigt sich auch wieder ein Unterschied intransitiv – kausativ/transitiv/faktitiv, der aber für dieses Präfix sicherlich sekundär ist. Schließlich erfüllt *k-* eine ähnliche Funktion wie *L-* (s.S.461), die Schiller (1985) mit dem Begriff "*affected*" umschreibt. Im Folgenden werden wir drei Hauptfunktionen unterscheiden:

1. Spezialisierung:

kbɔt (täuschen, betrügen; zu *bɔt* [wenden, falten]), *ksa:n(t)* (gemütlich, sich wohlfühlen; zu *sa:n(t)* [ruhig, still]), *khvùul* (s. schnell drehen, wirbeln; zu *vùul* [s. im Kreise drehen]), *khvak* (blind; zu *vèək* [verwirrt sein, blockiert sein]), *kra:p* (s. vor jdm. niederwerfen; zu *rì:əp* [flach, eben]; R) *kʔa:ŋ* (großmaulig, selbstsicher; zu *ʔa:ŋ* [sicher]), *kra:l* (etw. ausbreiten; zu *rì:əl* [s. verbreiten, ausbreiten]; R), *kru:əɲ* (auf kleinem Raum zusammenschrumpfen, in sich zusammenfallen; zu *rù:əɲ* [s. zusammenziehen, schrumpfeln]), *khlùp* (ungünstig, von einem Wochentag; zu *lùp* [zerstören, auslöschen]).

2. Wortartveränderung:

Bereits im Alt-Khmer fällt auf, daß *k-* als Präfix zur Bezeichnung höhergestellter Persönlichkeiten verwendet wurde. Heute stellen wir fest, daß *k-* weiterhin in vielen Personenbezeichnungen und überhaupt bei Nomina, die Lebewesen bezeichnen, vorkommt; allerdings ist deren Wortbasis gebunden:*

kme:ŋ (junger Mensch, Kind; jung), *kme:k* (Verwandter, Schwieger-) *khɲom* (Sklave; ich), *kɲa:n* (Gans), *khtu:əy* (Skorpion), *kɲaok* (Pfau), *kdan* (Hirsch, Gazelle), *kdam* (Krebs), *khla:* (Tiger), usf.

Daneben gibt es einige Ableitungen, deren Basis ebenfalls als ungebundenes Lexem vorkommen kann:

krùəŋ (Ausrüstungsgegenstand, Instrument; zu *rùəŋ* [Angelegenheit, Sache]), *khlì:ə* (Satz, Phrase; Absatz am Ende eines Satzes oder Phrase in der Khmer-Schrift; zu *lì:ə* [verlassen, fortgehen]).

Insbesondere taucht *k-* sehr häufig bei Nomina auf, die Instrumente bezeichnen (vgl. oben *krùəŋ*):

kbaŋ (Schutzwand, Schleier, Sonnenschutz; zu *baŋ* [bedecken/abdecken, um sich vor etw. wie z.B. Sonnenstrahlen, Regen, u.ä. zu schützen]), *kdaoŋ* (Segel; zu *taoŋ* [etw. ergreifen und sich daran anhängen; z.B. an einen Ast; herunterhängen]).

---

* vgl. auch die Bemerkungen zum Präfix *kvN-* auf S.471.

3. affektiert

khcat (s. verteilen, zerstreuen, trennen; zerstreut, verteilt, getrennt; zu *cat* [schicken (Leute); anordnen, befehlen]), *khca:y* (zerstreuen, verschütten; zerstreut, verschüttet; zu *ca:y* [ausgeben (Geld), verstreuen, verschwenden]).

s-: Hier möchte ich nur einige Beispiele geben, da mir die in Jenner und Pou vorgeschlagenen Unterscheidungen aufgrund der relativ geringen Anzahl greifbarer *s*-Ableitungen ziemlich spekulativ erscheinen:

spì:ən (Brücke; zu *pì:ən* [über etw. hinweggehen, etw. überqueren; über etw. springen]), *skat* (unterbrechen, abschneiden; zu *kat* [schneiden]), *sraom* (Briefumschlag; zu *rò:m* [einkreisen, umgeben, sich um etw. herum ansammeln]; R), *sro:t* (schnell und direkt auf etw. zu gehen; zu *rù:t* [s. beeilen; flink, hurtig sein]; R), *stɔ̀ət* (kompetent, sachverständig, gründlich, vertraut mit; zu *tìəŋ-tɔ̀ət* [exakt, genau]), *skɔ̀əl* (kennen, erkennen, wissen; zu *kɔ̀əl* [anwesend sein, beiwohnen, aufwarten (dem König)]), *sdɔh* (auswerfen, ausspucken; zu *dɔh* [befreien]), *sru:əc* (spitz, scharf; zu *rù:əc* [zu einem Ende kommen, beenden, abschließen]; R).

L-: umfaßt einen Liquidlaut mit den beiden Allomorphen *l-* und *r-*, die zusammen mit dem Vokal *ə* eine reduzierte Silbe mit expandierbarem Vokal bilden und somit die einsilbige Wortbasis in einen reduzierten Zweisilbler überführen. Wie bereits oben gesagt, dient dieses Präfix zum Ausdruck der Affektiertheit, was Schiller (1985:84) wie folgt definiert:

"By [affected] I mean that the predicating element bearing this feature conveys to its logical argument a sense that the predication has already taken place and that the argument has been affected by the process referred to by the predicate."

Beispiele:

rədɔh [befreit, frei sein von; zu *dɔh* [befreien]), *rədɔ:k* (ausgerissen; zu *dɔ:k* [ausreißen]), *rəlùət* (vernichtet, erloschen; verschwinden, dahinschwinden; zu *lùət* [vernichten, auslöschen]), *rəlùp* (ausgelöscht, ausradiert; entschwunden; zu *lùp* [auslöschen, ausradieren]), *rəhaek* (zerrissen, zerfetzt; zu *haek* [zerreißen, zerfetzen]), *rəlì:əy* (geschmolzen, aufgelöst; s. auflösen, schmelzen, intr.; zu *lì:əy* [mischen]), *rəvùəl* (beschäftigt; zu *vùəl* [wirbelnd, wechselnd, unbeständig]), *rəbeh* (abgeschnitten, von seinem angestammten Ort getrennt; zu *beh* [pflücken, ernten]), *rəsa:y* (zerstreut liegend; zu *sa:y* [ausbreiten, verstreuen, verteilen]).

Immerhin gibt es aber auch hier Ausnahmen:

rəsat (schwimmen auf, treiben in [Wasser od. Luft]; zu *sat* [id.]), *rəmù:(r)* (Rolle [aus Papier/Kleidern]; zu *mù:(r)* [aufrollen]).

m-: Dieses Präfix ist einmal als Kürzung von *mù:əy* (eins) anzusehen und erscheint in Kombination mit Klassifikatoren und Quantifikatoren: *mnɛ̀ək* (ein Mensch; alleine), *mdɔ:ŋ* (einmal), *mya:ŋ* (eine Art), *mkha:ŋ* (auf einer Seite), usf.

Möglicherweise gehört auch *m-* in *mcas* (Herr, Meister; zu *cas* [alt]) mit seiner Funktion der Vereinzelung zum Numerale *mù:əy* (vgl. Jenner und Pou 1980/81: xliii).

Daneben existiert ein *m₂-*, das den Bedeutungsinhalt der Wortbasis in Kombination mit der Reduplikation der Wortbasis mit der Vorstellung der Art und Weise verbindet:

mrì:k-mrì:k (Ausdruck für die sprunghafte Bewegung des Schmetterlings; zu *rì:k* [voll geöffnet (bei einer Blüte])

Schließlich drängt es sich auf, gewisse Formen von *m-* als Allomorphe zum im nächsten Punkt zu beschreibenden Präfix *N-* zu betrachten; dies insbesondere dort, wo nebst *m-* eine bedeutungsgleiche Variante *ʔɔN* existiert:

mcùl – ʔɔɲcùl   (Nadel)
mcat – ʔɔmcat   (Flüssigkeit in der Färberei)
mneɲ – ʔɔmneɲ   (betrübt, traurig)

Weitere Beispiele für *m-*, diesmal in nominalisierender Funktion:

mho:p (Speise; zu *ho:p* [essen (ländlich)]), *mcù:(r)* (saures Gewürz; zu *cù:(r)* [sauer, bitter]), *mrèək* (Freundin [eines Mädchens]; zu *rèək-tèək* [freundschaftlich, warmherzig]), *mrò:m* (bienenartiges Insekt; zu *rò:m* [auf etw. sitzen und Nahrung einsaugen (von Insekten mit Rüssel)]), *mrè:ŋ* (Russ; zu *rè:ŋ* [etw. sieben]), *mcɔt* (safrangelbes Färbemittel für die Mönchskutte; zu *cɔt* [bitter; Geschmack einer unreifen Guava, die man als Färbemittel verwendet]).

N-: Dieses Präfix steht für Pränasalierung, die in der Maximalaussprache einen vorangestellten Glottisverschluß mit nachfolgendem Nullvokal ɔ erhält. Damit ergeben sich für *N-* folgende allomorphe Realisationsformen:

ʔɔm-, ʔɔn-, ʔɔɲ-, ʔɔŋ-

Auch hier will ich mich im wesentlichen darauf beschränken, einige Beispiele aufzuzählen, ohne mich in allzu tiefe und vage Spekulationen über die genauen Funktionsmöglichkeiten von *N-* zu verstricken; immerhin lassen sich etwa folgende Gruppen unterscheiden:

1. *ʔɔŋka:l* (wann; zu *ka:l* [Zeit]), *ʔɔmpì:* (von, seit, aus [Material], über [ein Thema]; zu *pì:* [id.]), *ʔɔmmèɲ* (gerade vorher, einen Moment zuvor; zu *mèɲ* [gerade vergangen]).

2. Nominalisierung

ʔɔntèək (Falle; zu *tèək* [eine Falle stellen]), *ʔɔnlɨ̀:* (Stelle, Ort; zu *lɨ̀:* [auf]), *ʔɔmbaos* (Kehrbesen; zu *baos* [wischen, kehren]), *ʔɔmrəh* (Dinge für den Lebensunterhalt; zu *rùəh* [leben, existieren]; R), *ʔɔndaot* (Pfahl, Pfosten; zu *daot* [pfählen, aufspießen]), *ʔɔɲcɔ:ŋ* (kleines Schlagnetz; zu *cɔ:ŋ* [knüpfen]), *ʔɔɲrù:s* [Feile; zu *rù:s* [feilen]).

3. Spezialisierung

ʔɔɲcù:n (befördern, transportieren; zu *cù:n* [geben, darreichen]), *ʔɔɲvè:ŋ* (lang, entfernt; zu *vè:ŋ* [lang]).

2. Die Reduplikation (R)

Wir wollen hier nur kurz eine mögliche Form der Reduplikation besprechen, bei der der erste Konsonant der Wortbasis verdoppelt wird und der expandierbare Nullvokal zwischen die beiden identischen Konsonanten tritt. Mit dieser Reduplikationsart erhalten wir daher Wörter der Struktur $C_1 ə C_1 (C) V (C)$. Wie die folgenden Beispiele belegen, drückt diese Reduplikationsart die Idee der Wiederholung oder der Verstärkung der in der Wortbasis ausgedrückten Verbalhandlung aus:

kəkeh (dauernd/immer wieder kratzen; zu keh [kratzen]), ɲəɲɔ́ə(r) (heftig/lange zittern; zu ɲɔ́ə(r) [zittern]), bəbaos (etw. oft bürsten/wischen; zärtlich streicheln; zu baos [bürsten, wischen]).

Einige weitere Beispiele für diese Art der Reduplikation sind die folgenden:

tətùuk (naß; zu tùuk [Wasser]), tətè: (leer; zu tè: [nicht]), dədael (das gleiche/selbe; zu dael [Relativ-Zeichen]).

3. Die komplexen konsonantischen Präfixe

Obwohl sich die einfachen konsonantischen Präfixe und die komplexen konsonantischen Präfixe funktional nicht vollständig zur Deckung bringen lassen, besteht doch – wie Jenner und Pou (xxixf.) betonen – eine enge Beziehung zwischen den beiden Präfixarten, so daß man die komplexen konsonantischen Präfixe wohl irgendwie als Ableitungen aus einfachen konsonantischen Präfixen betrachten darf.

Ein komplexes konsonantisches Präfix besteht somit aus einem einfachen konsonantischen Präfix am Silbenbeginn, gefolgt von einem postinitialen -r- Laut, dem ein expandierbarer Nullvokal nachsteht. Damit haben wir es bei den komplexen konsonantischen Präfixen durchwegs mit reduzierten Silben des Typs A zu tun, die den Anfang von reduzierten Zweisilblern als gebundene Morpheme bilden. Historisch gesehen sind diese Präfixe bereits sehr alt, sind sie doch schon für das 7. Jh. n.Chr. belegt. Damit gehören sie entschieden zum grundlegenden Affixbestand des Khmer.

prə-: 1. kausativ/transitiv/faktitiv

prəcùm (versammeln; s.versammeln; zu cùm [Runde (Q), Kreis; zusammen, rund herum]), prəmò:l (sammeln, einsammeln, aufhäufen; zu mù:l [rund]; R), prəkɔ̀:(r) (aufhäufen, akkumulieren; zu kɔ̀:(r) [Haufen]), prəkaət (verursachen, hervorbringen; zu kaət [zur Welt kommen, geboren werden]), prəmoc̀ (etw. herunterstoßen, drücken; zu mùc [sinken]; R), prədo:c (vergleichen; zu do:c [gleich sein]), prəcùəl ([Hähne] gegeneinander kämpfen lassen/aufeinander loslassen; zu cùəl [schlagen, stoßen gegen, kämpfen (im Hahnenkampf)]).

2. Wortartwechsel

prəcheh (Docht; zu cheh [Feuer fangen, in Flammen stehen, brennen]), prəvaeŋ (Länge; zu vè:ŋ [lang]; R), prəyoi̇̀(ìh) (kämpfen gegen, angreifen; yùi̇̀(ìh) [Kampf]; R).

3. Reziprozität*

prəkham (einander beißen; kham [beißen]), prəcam (aufeinander warten; zu cam [warten]), prəva:y (einander schlagen; zu vì:əy [schlagen]; R), prəchlùəh (miteinander streiten, s. zanken; zu chlùəh [streiten]), prəcè:ŋ (miteinander wetteifern; zu cè:ŋ [wetteifern]), prətèək (ineinander verwoben sein; zu tèək [(mit Schlingen) einfangen]), prədëɲ (einander verfolgen, wetteifern miteinander; zu dëɲ [verfolgen, vertreiben, verjagen]).

4. weitere Möglichkeiten

prədau (einen Rat geben; zu dau [markieren, kennzeichnen, bestimmen]), prəkan (an etw. festhalten, etw. aufrecht halten; auf etw. zählen, s. auf etw. verlassen; zu kan [etw. halten, in d. Hand haben, leiten]).

---

* Diese Funktion ist umso bemerkenswerter, als das Khmer über ein eigenes Wort zum Ausdruck der Reziprozität verfügt: knì:ə.

trə-: Zu diesem Präfix gibt es nur relativ wenige Belege, so daß ich hier nur einige Beispiele folgen lasse:

trəka:l (neu, selten, verschieden; zu *ka:l* [Zeit]), *trəsa:y* (s. ausbreiten [die Äste an einem Baum]; zu *sa:y* [verteilt, ausgebreitet]), *trəvè:ŋ* (länglich, oval; zu *vè:ŋ* [lang]), *trəbɔ:k* (Blüten haben; Hülle, Decke; zu *bɔ:k* [schälen]), *trə?a:l* (fröhlich, sorglos sein; zu *?a:l* [in Eile sein, hasten]).

crə-: Es folgen einige Beispiele:

crəlaot (aufspringen; zu *lò:t* [springen]; R), *crəmùc̀* (etw. versenken, eintauchen; zu *mùc̀* [s. senken, versinken]), *crəlaəs* ([das Maß] überschreiten; zu *lɨ̀:s* [überschreiten; über, jenseits, übermäßig, mehr];R), *crəmo:l* (verwoben; zu *mù:l* [rund]; R), *crəbac* (mit den Fingern drücken/ massieren; zu *bac* [Bündel]).

krə-: *krəvrŋ* (rund, kreisförmig; zu *vùəŋ* [Kreis, Gruppe]; R), *krəpùl* (giftig, ekelhaft riechend); zu *pùl* [giftig, ekelhaft]), *krəvrl* (Gold-, Silber-, Kupferkette; zu *vùl* [s. drehen]; R), *krəvìəc* (gewunden [Weg], krumm, verbogen, deformiert, falsch, hinterlistig; zu *vìəc* [id.]), *krəvèc* mickerig, eng, schmal; zu *vèc* [einpacken, in ein Paket tun]; R).

srə-: *srəbɔ:k* (Schale, Außenhaut; zu *bɔ:k* [schälen]), *srəla:p* (auftragen [Salben u.ä.]); zu *lì:əp* [anmalen, streichen]; R), *srəmo:l* (verwickelt, zusammengebunden; zu *mù:l* [rund]; R), *srəlah* (klar, frei [z.B. der Himmel]; zu *lèəh* [klar, exakt, genau];R), *srə?ap* (bewölkt; zu *?ap/?ap̀(ì)* [dunkel, düster, bewölkt]), *srətùən* (sanft, mild; zu *tùən* [id.]), *srəkùət-srəkùm* (s. in der Meditation konzentrieren; zu *kùət* [genau, zeitl. und quantitativ]).

4. Nicht-silbische Infixe

Nicht-silbische Infixe bestehen aus einem einzigen Konsonanten, der unmittelbar hinter den Anlautkonsonanten der Wortbasis zu stehen kommt. Auf diese Weise entstehen Konsonantenfügungen des Typs C_1C_2, die sich in die obgenannten drei Subklassen CC, C'C und CəC einteilen lassen und in einem Falle (vgl. unten -b-) sogar zu CəC und CvC führen können.

Es folgt eine Beschreibung der einzelnen Morpheme:

-b-: Dieses Infix ist sehr wichtig, finden wir doch in der eigens diesem Morphem gewidmeten Studie von Saveros Lewitz (1976) nicht weniger als 72 Belege. -b- erscheint nach den Konsonanten *?**, *s*, *d/t***, *c*, *k*, *l*, *r* und führt zu Konsonantenfügungen mit folgenden Strukturmöglichkeiten:

CC: *sb, tb, cb, kb*
CʔC: *lb*
CəC: *rəb*
Cò:C: *yò:b*

Von besonderem Interesse ist der Fall CəC mit expandierbarem Nullvokal. Hier handelt es sich wohl um eine Angleichung an das Präfix *L-* und damit um eine falsche Interpretation des eigentlich zur Wortbasis gehörenden *r*-Lautes.

---

* Für ? führt Saveros Lewitz nur einen Beleg mit zusätzlicher Pränasalierung an: *?a:t* (klein, mickerig) - *?ɔmba:t* (kleine Laus; Gegenstand, der kleiner ist als die Norm).

** *d* kann in Konsonantenclustern nicht vorkommen und wird zu *t*.

Der Fall *Cò:C* schließlich rührt offenbar daher, daß *y* und *b* als Cluster unverträglich sind, wobei noch zu untersuchen wäre, warum ausgerechnet *ò:* als Vokal einspringt. Dies ist allerdings ziemlich aussichtslos, da hierzu nur gerade zwei Belege existieren: *yò:bɔl* zu *yùəl* und *yò:bam* zu *yùm* (Bedeutung s. unten).

Es ist auffällig, daß viele Wortbasen Verben sind, die die Wortart mit dem Infigieren von *-b-* wechseln (Saveros Lewitz spricht von 70 aus 72 Fällen, p.748). Allerdings können die so entstandenen Nomina auch wieder verbal verwendet werden:

lɔ̀:ŋ (versuchen; spuken) – *lbɔ:ŋ* (Versuch; versuchen)

Heutzutage wird *lɔ̀:ŋ* praktisch nur noch in der Bedeutung von "spuken" gebraucht, während die abgeleitete Form *lbɔ:ŋ* die Bedeutung von "versuchen" übernimmt (vgl. Saveros Lewitz, p. 749). Damit ist sicher eine ganze Reihe von Übersetzungen bei Saveros Lewitz einseitig und verschweigt, daß ein *-b-* Derivativum auch – wenigstens sekundär – verbal gebraucht werden kann.

Immerhin bleibt aber der starke Hang dieser Ableitungen zur Nominalität als beobachtbares Faktum bestehen, so daß man die Funktion der Nominalisierung doch grundsätzlich den 6 von Saveros Lewitz vorgeschlagenen funktionalen Subkategorien überordnen kann. Dazu möchte ich allerdings noch bemerken, daß sich ein bestimmtes Derivatum oft nur dank der geschickten Übersetzung von Saveros Lewitz genau in eine oder auch mehrere dieser Subkategorien einteilen läßt. Die Situation ist also durchaus vertrackter, als man es aus den wenigen unten zitierten Beispielen schließen könnte. Es ist jedoch nicht leicht, eine gute, geschweige denn eine bessere Kategorisierung zu finden. Andere Lösungen finden wir etwa bei Huffman (1967:92f.) oder bei Jenner und Pou (1980/81:xlvi). Allgemein anerkannt ist dabei die Funktion Resultativ, Instrumental und Spezialisierung. Doch nun zu den Beispielen:

1. Prozeß

lbɔk (Nickerchen, Schläfchen; zu *lùək* [schlafen];R), *yò:bam* (Weinen, Klage; zu *yùm* [weinen, schreien]), *rəbiəp* (Einrichtung; aber auch: Methode, Art und Weise; zu *rìəp* [einrichten, in Ordnung bringen, vorbereiten];R).

2. Spezialisierung

rəbaoy (spärlich/weniger werden [von Früchten gegen Ende der Saison]; zu *rò:y* [abfallen, verblühen (von Blüten)];R).

3. Resultativ

lbɤy (Ruhm, berühmt; zu *lù:* [hören];R), *lbas* (Sproß; zu *lɔ̀əs* [sprießen];R), *rəbam* (Tanz; zu *rɔ̀əm* [tanzen];R), *rəbiən* (Wissen, Kenntnis; zu *rìən* [lernen];R).

4. Qualitativ

lbuən (Geschwindigkeit; zu *lùən* [schnell sein];R).

5. Agentiv

rəba:l (Patrouille, Wächter; auch: patrouillieren, bewachen; zu *rì:əl* [umherstreifen];R).

6. Instrumental

rəbɔ:ŋ (Zaun; zu *rɔ̀:ŋ* [(den Weg) versperren];R), *rəbaŋ* (Barriere; zu *rɛ̀əŋ* [versperren, blockieren];R), *lbɔp* (Substanz zur Tafelreinigung; zu *lùp* [ausputzen/wischen];R).

-m-: Dieses Infix erscheint in zwei allophonen Varianten: -m- bei einkonsonantigem Silbenanlaut und -ɔm- bei zweikonsonantigem Silbenanlaut. Entsprechend der traditionellen Beschreibungsweise dient -m- besonders zur Bildung von Nomina Agentis, wobei allerdings eine beträchtliche Anzahl von Derivata übrig bleibt, die nicht in dieses Schema passen. Jenner und Pou schlagen daher – wenn auch zögernd – vor, daß dieses Infix der zugehörigen Wortbasis eine iterativ-habituelle Bedeutung vermittle, aus der sich auch mit Leichtigkeit die Funktion der Bildung von Nomina Agentis als Nomina für den gewohnheitsmäßigen Täter ableiten läßt.

Die Möglichkeit -m- mit -n- (s. unten) als zwei Allomorphe zu betrachten, erscheint mir als Gedanke zwar sehr interessant, nur bleibt in Anbetracht der geringen Zahl von Beispielen eine gewisse Skepsis.

1. Nomina Agentis

smo:m (Bettler; zu *so:m* [fragen]), *chmù:əɲ* (Geschäftsmann; zu *cù:əɲ* [ein Geschäft betreiben]), *chmam* (Wächter; zu *cam* [warten, bewachen]), *thmaə(r)* (Reisender; zu *daə(r)* [reisen]), *khman* (einer, der etw. hält, z.B. *khman thnù:*, der Bogenhalter; zu *kan* [halten]), *kɔmcùl* (Faulpelz; zu *khcùl* [faul]), *kɔmla:c* (Angsthase; zu *khla:c* [s.fürchten]), *kɔmlau* (Unwissender, Ignorant; zu *khlau* [unwissend]).

2. andere Funktionen

lmɤ̀:s ([das Gesetz] übertreten; zu *lɤ̀:s* [überschreiten]), *lmò:p̀(h)* (begierig, ambitiös; zu *lò:p̀(h)* [Begierde, Ambition]), *chmaəŋ* (stolz, arrogant, überheblich; zu *caəŋ* [in *caəŋ-maəŋ*, gleichgültig, unfreundlich, arrogant]).

-n-: Das Infix -n- erscheint in den allomorphen Varianten -n- und -ŋ-. Nach Jenner und Pou (xlviif.) hat dieses Infix analog zu -m- iterative Bedeutung, soll sich aber von diesem durch eine langsamere und geringere Anzahl der Wiederholungen unterscheiden. Mir scheint diese Unterscheidung zu delikat: Grob lassen sich etwa die folgenden Funktionen unterscheiden:

1. Instrumental

khnɔh (Handschellen; zu *kɔh* [anhaken, festmachen]), *khnì:əp* (Zange; zu *kì:əp* [kneifen, drücken]), *chnok* [Stöpsel, Pfropfen, Kork; zu *cok* [zustöpseln, verstopfen]), *chnù:ət* (Kopfband, Turban; zu *cù:ət* [etw. um den Kopf winden]), *snɔp* (Pumpe; zu *sɔp* [pumpen]), *sna:c* (Gerät zum Wassertransport; zu *sa:c* [Wasser mit der Hand wegtragen; mit Wasser spritzen]), *snɤt* (Kamm; zu *sɤt* [kämmen]).

2. Resultativ

thnam (Pflanze; zu *dam* [pflanzen]), *phnù:əŋ* (Haarknoten, Chignon; zu *bu:əŋ* [zu einem Knoten binden];R), *phnäek* (Hälfte, Abteilung; zu *baek* [teilen, aufteilen]), *phnè:n* (Position des mit übereinandergeschlagenen Beinen Dasitzens; zu *pè:n* [mit übereinandergeschlagenen Beinen sitzen]).

3. *Lokativ* (Ort, wo eine Handlung stattfindet)

khnaəy (Kissen; zu *kaəy* [den Kopf an etw. lehnen]), *thnɤ̀:* (Bücher-/Wandbrett, Bord; zu *tɤ̀:* [etw. auf ein Brett o.ä. legen; anlehnen an etw.]), *chnɔ̀ən* (Pedal; zu *cɔ̀ən* [auf etw. treten]), *thnak* (Ebene, [Schul-]klasse, Reihe [im Theater]; zu *dak* [stellen, legen]).

4. Weitere Beispiele

chnù:əl (Mietpreis, Gekauftes; zu *cù:əl* [mieten]), *thno:(r)* (Preis; zu *do:(r)* [Tauschhandel treiben]), *phno:l* (Weissagung, Vorzeichen; zu *bo:l* [weissagen]), *sno:(r)* (Ton; zu *so:(r)* [id.]), *sɲaoy* (Speise für den König; zu *saoy* [erfahren, genießen, essen]), *khnaət* (Periode des zunehmenden Mondes; zu *kaət* [geboren werden, entstehen]), *chɲa:y* (verbreitet, verstreut, fern; zu *ca:y* [ausgeben, verbreiten, verstreuen]).

Das silbische Infix -vmn-/-vN-

Dieses Infix weist grundsätzlich zwei Allomorphe auf, wovon *-vmn-* bei Wortbasen der Struktur CV(C) vorkommt, also bei Wortbasen mit nur einem Konsonanten im Anlaut. Das dazugehörige Allomorph *-vN-* dagegen treffen wir bei Wortbasen mit zwei Konsonanten im Anlaut, also bei CCV(C). Das Allomorph *-vmn-* weist seinerseits zwei Varianten auf: *-əmn-* bei Wortbasen mit erstregistrigem Anlautkonsonant, *-ùmn-* bei Wortbasen mit zweitregistrigem Silbenanlaut. *-vN-* schließlich erscheint in den Varianten *-əm-*, *-ən-*, *-əŋ-*, *-əɲ-* bei erstregistrigem Anlautkonsonant und *-ùm-*, *-ùən-*, *-ùəŋ-*, *-ùəɲ-* bei zweitregistrigem Anlautkonsonant, wobei die Qualität des Nasals von der Qualität des nachfolgenden C abhängt. Der Wechsel *-ù-/-ùə-* im zweiten Register rührt daher, daß der Nullvokal bei reduzierten Silben des Typs B im zweiten Register zwei allophone Varianten kennt: *-ù-* vor *m* und *p*, *-ùə-* vor allen übrigen Konsonanten. Insgesamt existieren also 10 allomorphe Varianten zu *-vmn-/-vN-*.

Das Infix *-vmn-/-vN-* vereinigt eine reiche Palette von Funktionen auf sich. Ich wähle hier den relativ groben Raster von Nominalisierung (Resultativa, Instrumente, Abstrakta, Nomina Agentis, Nomina aus dem Zählkontext), kausativ/transitiv/faktitiv und Spezialisierung, um die große Zahl von Derivata zu gliedern. Jenner und Pou geben diesem Infix die Grundbedeutung von "durativ", was durchaus plausibel ist. Bei genauerer Betrachtung fällt auf, daß es ein Infix *-əm-/-ùm-* gibt, bei dem der Konsonant *-m-* unabhängig vom nachfolgenden C₂ unverändert bleibt. Dieses Infix scheint eine große Zahl von Ableitungen der Kategorie kausativ/transitiv/faktitiv hervorzubringen, während das andere Infix *-vN-*, dessen Nasal sich dem vorangehenden Konsonanten anpaßt, zusammen mit *-vmn-* hauptsächlich der Nominalisierung dient.

Aus diesem Grund unterscheidet Huffman (1967) drei verschiedene Morpheme: *-vm-*, *-vN-* und *-vm(n)-*. Ein Zusammenfassen von *-vN-* und *-vm(n)-* erscheint mir lautlich wie funktionsmäßig problemlos. Andererseits kennt das Khmer auch Fälle, bei denen *-vN-/-vmn-* und *-vm-* in den Funktionsbereich des anderen Infixes überwechseln. Zudem wird in der gesprochenen Umgangssprache jeder *n*-Laut, ob er nun zu *-vN-/-vmn-* oder zu *-vm-* gehört, an den nachfolgenden C₂ angeglichen, so daß diese Unterscheidung nur noch in der Schrift klar erhalten bleibt*. Daß ein Unterschied besteht, wobei *-vm-* sich erst relativ spät, nämlich im Mittel-Khmer, richtig etablieren konnte (vgl. Jacob 1976), ist offensichtlich. Nur wird dieser Unterschied heute langsam verwischt, so daß wir nur noch eine gewisse Tendenz zur Unterscheidung feststellen können. Da eine klare Trennung demzufolge nicht mehr/ nicht immer möglich ist, erscheint mir eine Zusammenfassung aller drei von Huffman unterschiedenen Morpheme zu *-vN-/-vmn-* im Sinne von Jenner und Pou völlig gerechtfertigt.

---

* sofern der nachfolgende Konsonant C₂ nicht ein *-m-* fordert, so daß *-vm-* und *-vN-* sowieso zusammenfallen.

1. Nominalisierung
1.1. Resultativa

cɔmro:t (Ernte; zu cro:t [ernten]), kɔɲcɔp (Paket; zu khcɔp [einwickeln, einpacken]), cɔɲhan (Speise [für Mönche]; chan [essen, von Mönchen]), sɔmdry (Sprechen, Sprache, Rede; zu sdry [sagen, sprechen]), sɔmlɔ: (Suppe; zu slɔ: [kochen, langsam kochen]), cɔmlùəh (Streit; zu chlùəh [streiten]), dɔmnam (Pflanze; zu dam [pflanzen]), sɔmnu:ə(r) (Frage; zu su:ə(r) [fragen]), cɔmlaəy (Antwort; zu chlaəy [antworten]), ʔɔmnaoy (Geschenk; zu ʔaoy [geben]), kùmnùt (Gedanke, Idee; zu kùt [denken]), tùmnèɲ (Gekauftes = Waren; zu tèɲ [kaufen]), cùmnùə (Glaube; zu cùə [glauben]), dɔmrap (Imitation; zu trap [nachahmen]), sɔmnaɔc (Gelächter; zu saɔc [lachen]), kùmnɔ̀:(r) (Stapel, Haufen; zu kɔ̀:(r) [aufhäufen]), tùmnì:əy (Prophezeiung; zu tì:əy [weissagen]), cɔmno:l (Einkommen; zu co:l [hineingehen]).

1.2. Instrument

tùmpùək (Haken; zu thpùək [einhaken; an einem Haken aufhängen]), sɔntù:c (Angelhaken; zu stù:c [mit einer Angel fischen]), cɔɲha:y (Heugabel; zu cha:y [verzetteln (Heu)]), dɔmba:ɲ (Webausrüstung, Webstuhl; zu tba:ɲ [weben]).

1.3. Abstrakta

kɔmlaŋ (Stärke, Kraft; zu khlaŋ [stark, kräftig]), pùənhù: (Licht; zu phlù: [hell]), ʔɔmna:c (Macht, Stärke; zu ʔa:c [können]), kɔmhrɲ (Wut; zu khrɲ [wütend]), cɔmɲa:y (Entfernung; zu chɲa:y [fern]), lùmʔɔ:(r) (Schönheit; zu lʔɔ:[schön]), cùmrru (Tiefe; zu crru [tief]), sɔmnaəm (Näße, Feuchtigkeit; zu saəm [naß, feucht]), tùmŋùən (Gewicht; zu thŋùən [schwer], tùmlɔ̀əp (Gewohnheit; zu thlɔ̀əp [gewohnt sein]), kɔmnaət (Geburt; zu kaət [geboren werden, zur Welt kommen]), kɔmhos (Fehler; zu khos [falsch]), cùmŋù: (Krankheit; zu chù: [krank]).

1.4. Nomina Agentis

dɔmru:ət (Polizei, Polizist; zu tru:ət [inspizieren, kontrollieren]), dɔmna:ŋ (Vertreter, Repräsentant; zu ta:ŋ [vertreten, etw. in jdes Auftrag tun]).

1.5. im Zählkontext

sɔnlrk (Blatt [Baum, Papier], als Quantifikator; zu slrk [Blatt (Baum)]), kɔnlah (Hälfte; zu khlah [einige]).

2. kausativ/transitiv/faktitiv

sɔmʔa:t (sauber machen, reinigen; zu sʔa:t [sauber]), sɔmdaeŋ (erklären; zu sdaeŋ [klar sein]), kùmrùp (vervollständigen; zu krùp [vollständig]), sɔmra:t (jdn. ausziehen; zu sra:t [s. ausziehen]), sɔmra:l (leicht machen; zu sra:l [leicht]), bɔŋʔael (erschrecken, in Panik versetzen; zu phʔael [in Panik sein]), bɔɲra:s (freisetzen, abtrennen, loslösen; zu pra:s [freikommen von, s. abtrennen), sɔmlap (töten; zu slap [sterben]), cùmrùh (verschütten; zu crùh [verschüttet sein]), tùmlèək (fällen, zum Fallen bringen; zu thlèək [fallen]), cùmrì:əp (informieren, berichten; zu crì:əp [erfahren, vernehmen]), kɔmdau (aufwärmen; zu kdau [warm]).

Besonders häufig erscheint dieses Infix in Kombination mit dem Präfix *L-*:

rədɔh (befreit, frei von) – rùmdɔh (befreien), zu dɔh
rəlùət (ausgelöscht, vernichtet) – rùmlùət (auslöschen, vernichten), zu lùət
rəlùk (s. erinnern an, aufwachen, denken an) – rùmlùk (jdn. erinnern an, jdm. etw. in Erinnerung rufen).

3. Spezialisierung

cɔmlɔ:ŋ (vervielfältigen, kopieren; zu chlɔ:ŋ [kreuzen, überqueren]), kùmrù: (Modell, Vorbild; zu krù: [Lehrer]), kɔmnɔt (s. verabreden; zu kɔt [aufschreiben, notieren]), tùmnè: (leer, frei [Zeit haben]; zu tè: [nicht]), cùmni̇̀:ən (kompetent, fähig; zu cı̇̀:əɲ in cı̇̀:əɲ-céy [erfahren, geschickt]), lùmʔɔ:ŋ (feiner Staub, Blütenstaub; zu lʔɔ:ŋ [Staub]), cùmnɔ̀ən (Aera, Zeitabschnitt; zu cɔ̀ən [Etage, Boden]), kùmnɔ̀əp (salutieren, grüßen; zu kɔ̀əp [gefallen, passen]).

-L-: Zu diesem Infix sollen einige Beispiele genügen:

srɤt (Unreinheiten entfernen, d.h. raffinieren; zu sɤt [reinigen (durch Reiben beim Reis)]), crɛ̀:k (dazwischenkommen, s. in etw. eingraben, unterbrechen; zu cɛ̀:k [trennen, abtrennen]), kliək (Armhöhle; zu kiək [unter dem Arm tragen]), slɔ: (klar werden lassen, d.h. schmoren, dämpfen; zu sɔ: [weiß]).

-h-: Auch hierzu folgen lediglich einige Beispiele:

chaek (schneiden, aufteilen, in Scheiben schneiden, gespalten, gegabelt, geteilt; zu caek [teilen in, aufteilen]), thaok (billig; zu taok [niedrig sein, hängen]), kha:ŋ (Seite; zu ka:ŋ [seitl. ausbreiten, seitlich auspuffen/ausstoßen]), lhɤm (soweit das Auge reicht [vom Flutwasser gesagt]; zu lɤm [dunkel, unscharf, vage];R).

-ʔ-: Auch hierzu folgen lediglich einige Beispiele:

tʔɤŋ (widerwillig; zu tɤŋ [straff, stramm (von einem Seil)]), rəʔrl (glitschig; zu rrl* [schnell, fließend, gleitend]), sʔa:ŋ (etw. schön/kunstvoll erbauen, verschönern; schön gebaut; zu sa:ŋ [erbauen]).

5. sekundäre Präfixe

Die sekundären Präfixe der Struktur CvN- bestehen – wie bereits gesagt – aus einem einkonsonantigen Präfix C- und dem Infix -vN-. Da das Infix -vN- praktisch keinen Einfluß auf die Bedeutung des Derivatums ausübt, scheint es mir nebst den in Anm* (S.457) aufgeführten lautlichen Gründen auch aus funktionalen Gründen absolut gerechtfertigt, die sekundären Präfixe im Sinne von Jenner und Pou als Allomorphe zu betrachten.

Bevor ich jedoch zur Vorstellung einiger sekundärer Präfixe übergehe, zuerst einige Bemerkungen. Es scheint mir sinnvoll, nicht nur die Fälle mit CCV(C) als Ausgangsbasis in Betracht zu ziehen. Es leuchtet zwar ohne weiteres ein, daß das Infix -vN- tatsächlich u.a. deshalb eingeführt wurde, weil Silben mit zwei Konsonanten im Anlaut nicht direkt einen dritten konsonantischen Anlaut als Präfix annehmen können; andererseits aber treten die sekundären Präfixe durchaus auch bei sehr vielen Wortbasen der Struktur CV(C) auf, ohne daß das Infix -vN- von irgendwelcher funktionalen Bedeutung wäre. Damit könnte man sagen, daß durch die Kombination C- plus Infix -vN- ein neuer Präfixtyp geschaffen wurde, der mit der Zeit über die phonologischen Grenzen, die sein Entstehen bewirkten, hinaus wuchs und allgemein produktiv wurde. Dies störte umso weniger, als die Affigierung generell stark lexikalisch einzelfallweise behandelt werden mußte.

---

* Jenner und Pou (1980/81:244) schreiben hier -rila/-ril, d.h. sie gehen von einem gebundenen Morphem aus. Headley (1977:868) dagegen schreibt rəl und geht von einem vollwertigen Lexem mit der Bedeutung "fast, fluently" aus.

Dieser Annahme widerspricht ein weiteres, komplizierendes Faktum; aus der historischen Perspektive können wir nämlich beobachten, daß gewisse Wörter des Alt-Khmer *kanme:ṅ (heute: kme:ŋ*, junger Mensch), *tuṅnot (heute: tnaot*, Zuckerpalme), *ransi* (heute: *rùssᴚy*, Bambus), *suṅnāy* (heute: *sna:y*, Salvadora capitulata) (vgl. Jacob 1976: 600) ihr *-vN-* Element verlieren. Keines dieser Beispiele ist eine affigierte Form. Trotzdem stellt sich natürlich die Frage, ob das Verschwinden des Elements *-vN-* nicht auch dort geschehen sein könnte, wo *-vN-* ein vollwertiges Infix ist, ob also m.a.W. die einfachen Präfixe des Typus *C-* nicht gerade aus einem Verlust des Infixes entstanden sein könnten. Vom jetzigen Wissensstand aus gesehen muß diese Frage unbeantwortet bleiben. Es ist auch absolut denkbar, daß hier zwei verschiedene Tendenzen wirksam waren, da die Affigierung ja nur auf einer lexikalischen, vom Einzelfall abhängigen Ebene verlief, so daß möglicherweise keine der beiden Tendenzen die andere auszuschließen vermochte.

Doch nun zu den Beispielen; ich werde mich auf *bvN-*, *kvN-* und *svN-* beschränken, da die übrigen Präfixe relativ selten und nicht besonders interessant sind:

bvN-: Dieses Präfix ist außerordentlich produktiv. Es kommt in den allomorphen Varianten *bɔn-*, *bɔŋ-*, *bɔm-*, *bɔɲ-* und *pùən-*, *pùəŋ-* vor und erfüllt zur Hauptsache die Funktion von kausativ/transitiv/faktitiv, dient aber in einigen Fällen auch zur Nominalisierung und zur Spezialisierung:

1. kausativ/transitiv/faktitiv

bɔmbaek (brechen, tr.; zu *baek* [brechen, intr.]), *bɔŋrìən* (lehren, unterrichten; zu *rìən* [lernen]), *bɔŋkaət* (zeugen, gebären; zu *kaət* [zur Welt kommen]), *bɔŋhaəy* (vollenden, abschließen; zu *haəy* [fertig, vollendet]), *bɔŋʔap* (degradieren, jdn. in Verruf bringen, erniedrigen, entwürdigen; zu *ʔap* [dunkel, vage; stumpfsinnig; armselig, billig, niedrig]), *bɔɲco:l* (eintreten lassen, einführen, miteinbeziehen; zu *co:l* [eintreten]), *bɔncèək* (klären, erklären, klarstellen; zu *cèək* [klar, deutlich]), *bɔɲceh* (erzählen; zu *ceh* [wissen]), *bɔɲchùː* (jdn. kränken; zu *chùː* [krank]), *bɔntì:əp* (niedrig machen, senken; zu *tì:əp* [niedrig]), *bɔnlèc* (etw. auftauchen machen, etw. hochheben, herausheben; zu *lèc* [hervorkommen, heraustreten, s. zeigen, auftauchen]), *bɔnthaok* (verbilligen; zu *thaok* [billig]), *bɔmpùl* (vergiften; zu *pùl* [giftig]), *bɔmpèɲ* (füllen; zu *pèɲ* [voll]), *bɔmphlèc* (vergessen machen, absichtlich vergessen; zu *phlèc* [vergessen]), *pùəɲyùəl* (erklären; zu *yùəl* [verstehen]), *pùəɲrùŋ* (verstärken; zu *rùŋ* [hart, fest, robust]), *pùəɲrì:k* (ausweiten, ausdehnen; zu *rì:k* [aufblühen, aufbrechen; s. entwickeln, anschwellen]).

2. Nominalisierung

bɔntùk (Ladung, Last; zu *tùk* [setzen, stellen, auf die Seite legen]), *bɔŋvèc* (Paket, Ballen, Frachtstück; zu *vèc* [einpacken]), *bɔmpèək* (Kleid; zu *pèək* [tragen (Kleider, über der Gürtellinie)]).

3. Spezialisierung

bɔmpì:ən (mißbrauchen, jdm. etw. aufbürden; zu *pì:ən* [überschreiten]), *bɔnlaeŋ* (unterhalten, aufspielen; zu *lè:ŋ* [spielen];R), *bɔŋkac* (verleumden; zu *kac* [brechen, tr.]).

kvN-: Dieses Präfix ist recht produktiv; es kommt sehr oft in einer derogativen oder diminutivischen Funktion vor:

kɔɲcas (alt [derogativ]; zu *cas* [alt]), *kɔmpheh* (Taugenichts; zu *pheh* [Asche, sterbliche Überreste]), *kɔɲchaot* (naiv, dumm, leicht durch Schmeicheleien hereinzulegen; zu *chaot* [id.]), kɔntrɔ̀:m (abgemagert, dünn, ängstlich, defätistisch [derogativ]; zu trɔ̀:m [arm, schwach, behindert]), kɔɲcù:ə (grob, vulgär [derogativ]; zu cù:ə [unanständig, ungezogen]), kɔnthaok (billig, vulgär; zu thaok [billig]), kɔmprɤ̀:l (leichtsinnig, kindisch, unreif, unmoralisch; zu prɤ̀:l [falsch, dumm]).

Analog zum Präfix *k-* (vgl. S.460) gibt es auch für *kvN-* eine beträchtliche Anzahl von Bezeichnungen für Lebewesen, deren Wortbasis jedoch nicht in ungebundener Form vorkommt:

kɔndo:p (Heuschrecke), kɔnla:t (Küchenschabe), kɔndol (Maus), kɔnlɔŋ (Hummel), kɔntù:ɔc (Reptiliensorte mit gefährlichem Biß), kɔnthɤk (Wurmart), usf.

Es fällt auf, daß weitaus die meisten dieser Tiere klein sind und oft nicht gerade die Sympathie der Menschen genießen. Dies legt den Schluß nahe, daß *kvN-* auch hier seine derogative und diminutivische Funktion zeigen kann.

Daneben dient *kvN-* analog zu *k-* zuweilen auch zur Bildung von Instrumenten, zum Ausdruck der Affektiertheit und zur Spezialisierung:

kɔntrɔ:ŋ (Sieb, Filter; zu trɔ:ŋ [sieben, filtrieren]), kɔɲvìən (aufgerollt; zu vìən [s. zusammenrollen, aufrollen]), kɔnlɔ:ŋ (etw. überschreiten; vergangen, vorbei; zu lùəŋ [etw. übertreiben; zu lange Zeit];R), kɔmbak (gebrochen [bei Gliedmaßen]; zu bak [gebrochen, allg.]).

svN-: Dieses nicht allzu häufige Präfix erfüllt etwa die folgenden Funktionen:
1. Nominalisierung

sɔmbɔ:k (Schale; zu bɔ:k [schälen]), sɔŋkat (Abteilung, Sektor; zu kat [schneiden]), sɔmcɔ:t (Halt, Landung, Aufenthalt; zu cɔ:t [landen, parkieren]), sɔŋvaeŋ (Zeit oder Ort, der/die weit entfernt liegt; zu vè:ŋ [fern, weit];R).

2. kausativ/transitiv/faktitiv

sɔŋru:əp-sɔŋru:əm (versammeln, zusammenbringen; zu rù:əp-rù:əm [s. vereinen, zusammenkommen];R).

3. Spezialisierung

sɔŋkɤn (drücken, zerquetschen; unterdrücken, ausbeuten; zu kɤn [zerquetschen, zerreiben, mahlen]), sɔmdau (anspielen auf, abzielen auf; zu dau [markieren, festhalten]), sɔɲcè:k (offenstehen, gähnen; zu cè:k [trennen, aufteilen]), sɔŋkɔt (drücken, pressen, s. stützen auf; zu kɔt [festhalten, aufschreiben]), sɔndaoŋ (kräftig ziehen, schleppen [an einem Seil]; zu taoŋ [ergreifen und von etw. herunterhängen (an einem Seil)]), sɔndɔ:k (lose und kurz vor dem Abfallen, ausgerenkt; zu dɔ:k [ausziehen, entwurzeln]).

2.3.3. Gibt es im Khmer Suffixe?

Die Frage der Suffigierung wurde bereits bei Maspéro (1915) und bei Gorgoniev (1966) behandelt. Tatsächlich lassen Beispiele wie die unten zitierten die Vermutung von verschiedenen Endkonsonanten aufkommen:

1. rɤ̀: (etw. von etw. fort/herausnehmen; etw. von einem Ort zum anderen bringen; herausgehen, fortgehen)
   rɤ̀:s (aussuchen, auswählen, herausnehmen)
   rɤ̀:p (vorwärtsgehen, vorwärtskommen; wieder zu Kräften kommen)

Weiter unterscheiden Jenner und Pou (1980/81:261f.) folgende gebundene Lexeme:

   -rɤ̀:k (herumziehen)
   -rɤ̀:ŋ (aufsteigen; hoch, groß)
   -rɤ̀:t (s. abrupt bewegen)
   -rɤ̀:m (bewegen, in Bewegung sein)
   -rɤ̀:n (s. vorwärts bewegen)
2. *lɤ̀:* (auf)
  lɤ̀:k (emporheben, anheben, errichten)
  lèc (erscheinen, hervortreten, auftauchen)
  lɤ̀:s (übersteigen, übertreffen)
  laəŋ (hinaufgehen)
3. *bae(r)* (s. entfernen, sich wenden)
  baek (s. trennen, gebrochen)
  baeŋ (aufteilen)
4. *tao* (gebeugt, vornübergebeugt; in *tao-tao* als Art des Gehens)
  taok (herunterhängen, tief liegen)
  taoŋ (s. an etw. hängen [z.B. eine Liane])

Obwohl es noch einige weitere Beispiele gibt, hat bis jetzt noch niemand ausführlicher zu diesem Problem Stellung genommen. Wahrscheinlich gäbe es hier noch einiges zu entdecken.

Anhang II: Die Laute in den Miao-Yao Sprachen

Dieser Anhang gliedert sich in zwei Teile: Der erste Teil widmet sich ausschließlich dem Lautbestand der in dieser Arbeit behandelten Sprache der Weißen Hmong (Hmoob Dawb). Der zweite Teil behandelt die Resultate, die von chinesischen Miao-Forschern erarbeitet wurden, und soll helfen, die Sprache der Weißen Hmong in die Gesamtheit der Miao-Dialekte einzuordnen.

1. Der Lautbestand in der Sprache der Weißen Hmong

Die hier verwendete Schrift des Hmong wurde 1953 in Luang Prabang von Smalley (vgl. 1976:87) in Zusammenarbeit mit Barney und Pater Yves Bertrais-Charrier entwickelt. Sie erfreute sich in Laos, wo sie immerhin von mehreren hundert Personen verwendet wurde, einer gewissen Verbreitung, konnte sich aber in Thailand, wo sie von den dort eingesetzten Missionaren übernommen wurde, den Angaben Smalleys zufolge (op.cit. 88) nur mit Mühe halten und erreichte nicht einmal die Zahl von hundert muttersprachlichen Benützern. Mit etwas mehr Begeisterung wurden die auf Thai und Laotisch basierenden Schriften aufgenommen. Gesamthaft gesehen blieb das Interesse der Hmong für die Niederschrift ihrer eigenen Sprache jedoch gering.

Bei der Beschreibung der Hmong-Silbe, die dem monosyllabischen Charakter der Sprache entsprechend sehr oft mit einem Wort identisch ist, folge ich der chinesischen Tradition, die eine Silbe in Silbenanlaut (*shēngmǔ*,声母), Silbenauslaut (*yùnmǔ*,韵母) und Ton (*shēngdiào*声调) aufteilt. Damit umgehe ich bewußt die Frage, ob die phonetisch teilweise sehr komplexen Silbenanlaute ein einziges Phonem oder ein Phonem-Cluster bilden, da diese im syntaktischen Gesamtrahmen meiner Arbeit irrelevant ist.

1.1. Der Silbenanlaut

Mit dem Silbenanfang Ø- eingerechnet ergeben sich 57 mögliche Silbenanfänge, wobei sich die große Zahl der Silbenanfänge aus der Möglichkeit der Aspirierung, Pränasalierung und Palatalisierung eines Konsonanten ergibt. Bertrais stellt die Silbenanlaute wie folgt dar (vgl. auch Mottin 1978:12/13):

Bemerkungen zu Tab. I auf der folgenden Seite:

1. /h/ im Silbenanlaut allein stellt den uvularen Frikativ [h] dar; am Schluße einer Konsonantenfolge jedoch markiert es die Aspiriertheit.

2. Die Pränasalierung hat immer die gleiche Artikulationsstelle wie der nachfolgende Okklusivlaut, wobei vor [l] [m] steht: [ml].

3. Alle Lautkomponenten in einem Silbenanlaut mit Aspiration sind stimmlos: *nth* → [nth], im Gegensatz zu *nt* → [nd].

	occlusives sourdes		occlusives prénasalisées		sonores		fricatives (spirantes)		nasales		liquides	
	-asp	+asp	-asp	+asp	-asp	+asp	sourdes	sonores	sonores	sourdes	sonores	sourdes
uvulaires	Q	QH	NQ	NQH			H					
vélaires	K	KH	NK	NKH								
palatales	C	CH	NC	NCH			XY	Y	NY	HNY		
chuintantes	TS	TSH	NTS	NTSH			S	Z				
sifflantes	TX	TXH	NTX	NTXH			X					
rétroflexes	R	RH	NR	NRH								
dentales	T	TH	NT	NTH	D	DH			N	HN	L	HL
labio-dentales							F	V				
labiales	P	PH	NP	NPH					M	HM		
latéro-dentales	PL	PLH	NPL	NPLH					ML	HML		

Tab. I

Beschreibung der einzelnen Laute:

T: stimmloser, dentaler Verschlußlaut; Bsp. franz. "*t*asse".
K: stimmloser, velarer Verschlußlaut; Bsp. franz. "*k*aki".
P: stimmloser, labialer Verschlußlaut; Bsp. franz. "*p*ère".
X: stimmloser, dentaler Frikativ; Bsp. dt. "Wa*ss*er".
S: stimmloser, alveo-palataler Frikativ; Bsp. dt. "*Sch*uhe".
L: stimmhafter, lateraler Liquid; Bsp. dt. "*L*ied".
N: stimmhafter, dentaler Nasal; Bsp. dt "*n*ehmen".
H: s. Bemerkungen Pt. 1 (S. 473).
M: stimmhafter, bilabialer Nasal; Bsp. dt. "*M*utter".
D: stimmhafter, dentaler Plosiv; Bsp. dt. "*D*ing".
Q: ähnlich wie *K*, jedoch ist der hintere Teil der Zunge gegen die Glottis gedrückt. Genaueres siehe Bild unten (S. 475).
V: stimmloser, labio-dentaler Frikativ; Bsp. dt. "*w*as".
R: ähnlich wie *t*, wobei jedoch die Zungenspitze retroflex liegt und das vordere Palatum berührt. Genaueres siehe Bild unten (S. 476).
Z: stimmhafter, alveo-palataler Frikativ; Bsp. franz. "*j*e".
Y: palataler Halbkonsonant; Bsp. dt. "*J*äger".
C: Genaueres siehe Bild unten (S. 476).
F: stimmhafter, labiodentaler Frikativ; Bsp. dt. "*F*euer".
PH: aspiriertes P.
TS: nähert sich einem stimmlosen, palatalen Affrikaten; Genaueres siehe Bild unten (S. 476).
NY: stimmhafter, palataler Nasal; Bsp. franz. "mig*n*onne".
TX: stimmloser, alveolarer Affrikat; Bsp. dt. "*Z*eitung".
NT: N plus D → [nd].
TH: aspiriertes T.

NR:	N plus R.
NC:	N plus C.
HN:	aspirierter, stimmhafter, dentaler Nasal: [hn].
HM:	aspirierter, stimmhafter bilabialer Nasal: [hm].
HL:	aspirierter, stimmhafter, lateraler Liquid: [hl].
KH:	aspiriertes K.
NK:	stimmhafter, postpalataler Nasal plus K: [ŋk].
PL:	lateralisierter, labialer Verschlußlaut; Bsp. franz. "*pl*at".
NQ:	N plus Q.
XY:	palataler Frikativ mit palatalisiertem Halbvokal.
NP:	stimmhafter, bilabialer Nasal plus stimmhafter labialer Verschlußlaut: [mb].
QH:	aspiriertes Q.
CH:	aspiriertes C.
DH:	aspiriertes D.
ML:	lateralisierter, bilabialer Nasal: [ml].
RH:	aspiriertes R.
TSH:	aspiriertes TS.
TXH:	aspiriertes TX.
NTS:	[ndʒ].
NTX:	N plus stimmhafter, alveolarer Affrikat; etwa [ndz].
NPL:	N plus stimmhafter, lateralisierter, labialer Verschlußlaut: [mbl].
NPH:	N plus aspiriertes P: [mph].
NTH:	N plus aspiriertes T: [nth].
PLH:	aspiriertes PL: [phl].
NRH:	aspiriertes NR.
NCH:	aspiriertes NC.
NKH:	aspiriertes NK.
NQH:	aspiriertes NQ.
HNY:	aspiriertes NY: [hny].
HML:	aspiriertes ML: [hml].
NTSH:	pränasaliertes TSH: [ntʃh].
NTXH:	pränasaliertes TXH: [ntsh].
NPLH:	pränasaliertes PLH: [mphl].

Zu den Lauten Q,R,TS und C gibt ME.9–11 folgende zusätzliche Erklärungen, die hier in extenso wiedergegeben seien:

Zu Q,QH, NQ,NQH:

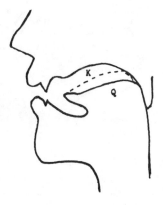

Pour K, l'arrière de la langue est collé à l'arrière du palais, mais dans une position *élevée* ou vélaire (pointillés).

Pour Q, il n'y a pas grande différence. L'arrière de la langue est également pressé sur l'arrière du palais, mais dans une position *basse* ou uvulaire (traits pleins).

Zu R, RH, NR, NRH:

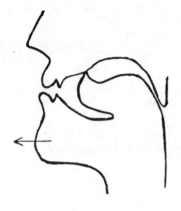

Tandis que la mâchoire inférieure est tirée en avant (voir flèche), le bout de la langue est mis en position alvéolaire et rétroflexe, légèrement retourné en arrière.

Appuyer le bout de la langue et détendre brusquement celle-ci comme en prononçant un *t* claquant et dur.

Zu TS, TSH, NTS, NTSH:

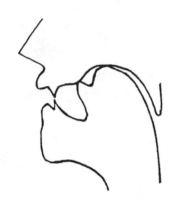

Les dents serrées.

Bout de la langue pressé en position alvéolaire. Avant de la langue en position post-alvéolaire, formant cavité en son centre.

Veiller à ne pas aspirer du tout le *ts*, mais exagérer au contraire l'aspiration du *tsh* qui se rapproche assez du *ch* de *ch*urch en anglais.

Zu C, CH, NC, NCH:

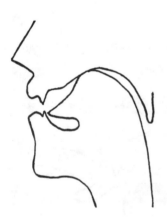

Les dents légèrement entrouvertes.

Bout de la langue touchant les dents de la mâchoire inférieure. Avant de la langue en position post-alvéolaire, mais formant une cavité moins importante que pour le *ts*.

1.2. Der Silbenauslaut

Das Hmong kennt im Gegensatz zu den sehr komplexen Möglichkeiten im Silbenanlaut nur 13 Silbenauslaute; davon sind 6 einzelne Konsonanten, 5 Diphthonge und 2 nasalierte Vokale. Es fällt insbesondere auf, daß das Hmong außer dem einen Nasal bei den beiden nasalierten Vokalen keine Konsonanten am Schluß der Silbe zeigt. Bertrais 1964 gibt folgende Darstellung (Tab. II.):

VOYELLES	antérieures non arrondies	postérieures non arrondies	postérieures arrondies
Simples	I	W	U
	E	A	O
Diptongues	AI	AW	AU
	IA		UA
Nasales	EE		OO

A: tiefer, hinterer, ungerundeter Vokal; Bsp. etwa dt. "*V*ater".
E: mittlerer, vorderer, ungerundeter, geschlossener Vokal; Bsp. dt. "B*e*sen".
I: hoher, vorderer, ungerundeter, geschlossener Vokal; Bsp. dt. "l*ie*gen".
O: mittlerer, hinterer, gerundeter, offener Vokal: Bsp. dt. "L*o*ch".
U: hoher, hinterer, gerundeter, geschlossener Vokal; Bsp. dt. "R*u*te".
W: Bertrais ordnet diesen Konsonanten unter der Rubrik hoher, hinterer, ungerundeter, geschlossener Vokal [ɯ] ein; ich höre jedoch einen Laut zwischen einem mittleren und oberen vorderen, gerundeten, offenen Vokal, also zwischen [ʁ] und [œ]. Mottin (1978:5) vergleicht mit franz "*eux*".

Die nasalisierten Vokale werden durch Verdoppelung dargestellt:
EE: entspricht [ẽ:ŋ]
OO: entspricht [ɔ̃:ŋ]

Bei Diphthongen in absinkender Richtung ist der erste, hohe Vokal etwas länger als der zweite:
IA: [iˑa]
UA: [uˑa]

Die übrigen drei Diphthonge AI, AW, AU lassen sich einfach als Kombinationen zweier oben beschriebener Vokale sehen. Für AU gibt Mottin (1978:5) eine mittlere Länge [aˑu], für AI sogar noch eine zusätzliche Nasalierung von A [ãˑi], die ich jedoch aus meinem bescheidenen Tonmaterial nicht heraushören konnte.

1.3. Der Ton

Das Hmong unterscheidet 8 Töne, die sich auf drei Tonebenen (Registern) – eine obere, eine mittlere und eine untere – mit je 2 oder 3 Modulationen aufteilen.

Da das Hmong wie gesagt außer [ŋ] keine Auslautkonsonanten kennt, werden diese Töne nicht wie sonst üblich mit diakritischen Zeichen verschriftet, sondern mit einem am Silbenende angefügten Konsonantenzeichen. In der untenstehenden Tabelle III. sind die zur Tonbezeichnung verwendeten Buchstaben mit ihrem entsprechenden Tonwert in Zahlen ausgedrückt:

Register \ Modulation	EBEN	SINKEND	STEIGEND
HOCH	b 55	j 53	
MITTEL	(–) 33	g 31	v 34
TIEF	s 11	m 10	d 213

Tab. III

Zur Verdeutlichung füge ich unten Heimbachs schematische Darstellung (Tab.IV) und Mottins Spektogramm (Tab.V/ Mottin 1978:15) an:

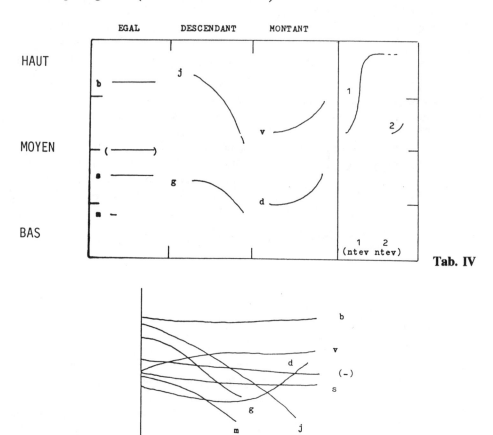

Tab. IV

Tab. V

Diese Töne haben alle einen bestimmten Namen, der einer Silbe mit dem entsprechenden Ton entspricht:

m – niam (Mutter)
s – mus (gehen)
g – neeg (Mensch)
d – tod (dort)

(-) – ua (machen, tun)
v – kuv (ich)
j – ntuj (Himmel)
b – siab (hoch, Leber)

Die Töne *s*, *d*, -, *v*, *j* und *b* sind nur durch Pitch markiert:

s: tiefer, ebener Ton; er entspricht dem neutralen Ton, mit dem europäische Lehnwörter meist übernommen werden.
-: mittlerer, ebener Ton
v: mittlerer, steigender Ton
j: oberer, sinkender Ton
b: oberer, ebener Ton

Die beiden Töne *m* und *g* dagegen sind zusätzlich durch sehr deutliche phonetische Merkmale gekennzeichnet:

m: ist der tiefste, leicht sinkende Ton, an dessen Ende ein Glottisverschluß [?] antritt. Durch das Antreten des Glottisverschlußes wird der vorangehende Vokal stark verkürzt und möglicherweise auch das leichte Sinken des Tones bewirkt.

g: ist ein sogenannter "breathy" Ton. Dabei geht der von der mittleren Tonebene zur unteren Ebene sinkende Ton langsam in einen stimmlosen Hauch über.

d: Der Ton *d* ist der einzige in zwei Richtungen bewegte Ton im Hmong: zuerst sinkt er von 2 auf 1, dann steigt er von 1 auf 3. Dieser Ton ist engstens mit dem Ton *m* verbunden, da nur gewisse Wörter, die zu Beginn eines Syntagmas den Ton *m* tragen am Ende eines Syntagmas automatisch den Ton *d* tragen.
Zu dieser Gruppe gehören die Lokativa: *ntawm, tom, tim, saum, pem, qaum, nram, nraum*; das Tempuszeichen *thaum*; der Quantifikator für paarige Gegenstände *nkawm* (das Paar), der in der Version *nkawd* das Personalpronomen der dritten Person Dual ausdrückt; sowie einige Vokativformen von Personen: *niam/niad* (Mutter), *muam/muad* (Schwester), *me nyuam/me nyuad* (Kinder), *thwj tim/thwj tid* (Schüler).

1.4. Ton-Sandhi

Der Ton einer Silbe/eines Wortes kann sich (muß aber nicht) nach dem Schema in der unten aufgeführten Tabelle VI. verändern. Die Umstände, die darüber entscheiden, ob die Veränderung stattfindet oder nicht, konnten bis jetzt in keine eindeutigen Regeln – wenn es solche überhaupt gibt – gefaßt werden.

b oder *j* gefolgt von einer Silbe auf $\begin{bmatrix} s, m, j \\ v \\ (-) \end{bmatrix}$ verwandeln den Ton der letzteren Silbe in $\begin{bmatrix} g \\ (-) \\ s \end{bmatrix}$

Tab. VI.

1.5. Die Silbenstruktur und die Kombinierbarkeit der drei Elemente einer Silbe

Es kann jeder Silbenanlaut mit jedem Silbenauslaut kombiniert werden, wobei ich hier auch den Silbenanlaut Ø- mit einbeziehen möchte. Die Tabelle VIII (s. S.481f.) gibt Auskunft über sämtliche in Bertrais' Wörterbuch auftretenden Kombinationsmöglichkeiten der drei Silbenelemente.

Für die Kombination von Silbenanlauten mit Tönen existiert eine klare, nicht mögliche Kombination:

Ton g kommt nie mit einem aspirierten Silbenanlaut bzw. mit h allein, sowie mit den Lauten f, x, s, xy vor. (vgl. Smalley 1976:104f.)

Weiterhin besteht die starke Tendenz, daß besonders Ton m, etwas weniger auch Ton j, nicht mit aspirierten Nasalen (hm, hml, hn, hl, hny) und aspirierten, pränasalierten Verschlußlauten (nph, nplh, nth, ntxh, nrh, nch, ntsh, nkh, nqh) zusammen vorkommen. (Smalley 1976:ibid.)

So kommt Smalley (p.105) zu folgender Tabelle:

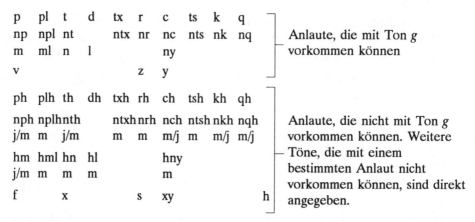

Tab. VII.

Dies drängt dazu, so Smalley, die obere Tabellenhälfte gesamthaft als phonetisch stimmhaft, die untere Tabellenhälfte gesamthaft als phonetisch aspiriert zu betrachten. In der oberen Hälfte sind tatsächlich alle Zeilen bis auf die erste stimmhaft, während in der unteren Hälfte alle Zeilen bis auf die letzte aspiriert sind. Historisch gesehen wären also p als b, ph als bh usf. zu interpretieren.

Wie aus Tabelle VIII (s. folgende Seiten) weiter ersichtlich ist, werden vom Hmong nicht alle theoretisch möglichen Kombinationen ausgenützt. Wenn man die in Tabelle VII. dargestellten Kombinationsmöglichkeiten von Silbenanlauten und Tönen berücksichtigt, so erhält man 4810 mögliche Kombinationen ($28 \times 7 \times 13 + 29 \times 6 \times 13$). Davon sind 2240 – also 46,6% – realisiert.

	i	e	a	w	o	u	ai	ia	aw	au	ua	ee	oo
Q	sgø vjb	msøj	sg øvjb	søv jb	sgjb	sg vjb	ms vjb	søgv	msvj	msg øvjb	msø vjb	sgø vjb	svb
QH	søb	møv	øb	sv	vb	j	b	øv	sv	søvb	søvb	-	møb
NQ	gøb	sø	sg øvj	s	sgvb	sg	mj	ø	ms	m	ms gb	øb	-
NQH	s	-	ø	-	ø	-	-	-	-	-	b	-	b
K	msg øvb	ms øv	ms vjb	msvj	ms øvjb	ms gvjb	msg	mg vjb	msg øvb	msg øvjb	ms gøb	mvb	msg øvjb
KH	søjb	mj	svjb	mø vjb	mø vb	vb	ms	mvb	ms vb	ms øvjb	mv jb	øvj	vj bmø
NK	mg øjb	-	sg øjb	sg	sjb	j	s	g	m	ms gjb	øvj	-	sgøv
NKH	sb	-	ms	-	j	-	-	-	sb	s	-	v	øb
C	msg øvjb	msg øvjb	msg vjb	svjb	msg øvjb	ms gvjb	søvj	mø vjb	ms øvj	ms gøb	msg øvjb	ms gvjb	jb
CH	ms vjb	øvb	søv	vb	mjb	mj	s	-	søj	sb	ø	mjb	ø
NC	sgø	øjb	sg vjb	møb	øv	søv	ms gb	øb	sgv	ms gøj	søvb	sgøv	msøj
NCH	ø	-	søv	-	sø	-	-	s	v	v	-	-	-
TS	msg øvjb	mg vb	mg øvjb	ms øvjb	msg øvjb	ms øjb	mb	ms gvjb	ms gvjb	sg øjb	msg øvjb	ms vb	ms øvb
TSH	msjb	møb	msjb	ms vjb	mø vjb	msvj	sb	mø vb	svjb	øv	mø vjb	øj	mjb
NTS	ms gb	sgø vjb	gøj	ms gøvj	søvj	msg øvjb	msg	sgøb	msvj	ms gvb	msb gøv	sg øjb	sgvj
NTSH	søv	-	v	-	j	øvj	ø	b	øvb	svb	søb	b	-
TX	msg øvjb	mvj	mg vjb	ms øvjb	ms gøjb	msjb	sj	msg øvjb	ms vjb	ms gøvj	ms gøb	mg øvjb	msg øvjb
TXH	ms vjb	mv	mø vjb	sjb	ms øvjb	øvjb	ms	mø vjb	ms vjb	ms vjb	ms øv	mv jb	vj
NTX	ms gøv	svj	sø	ms gvj	øvjb	sgjb	sg vjb	sgø vjb	mgs	mgø	ms gvj	mv	mg øvj
NTXH	øb	øb	b	øj	v	b	sø	søvb	v	-	øvb	øv	ø
R	sø	vj	sgjb	sg vjb	sg vjb	vjb	sø	mb	ms gv	msg øvjb	ms øvjb	s	ms gvjb
RH	øb	øvb	-	øb	øb	v	s	b	sv	søb	sv	svb	b
NR	ms gb	sg øjb	ms gøjb	sg øvb	msg øvjb	sgøj	m	ms gvj	ms vb	ms gøjb	ms øvb	ms gjb	sgø
NRH	j	-	øvb	-	øj	j	s	øv	vj	ø	-	øv	b
T	msg øvjb	msg øvjb	msg øvjb	msg øvjb	msg øvjb	msg øvjb	ms gøj	ms gvjb	msg øvb	msg øvjb	msg øvjb	ms gvjb	msg øvjb
TH	ms øvjb	møv	mvjb	msvj	ms øvjb	øvj	ms vb	jb	ms vjb	mø jb	msv	mø vjb	vjb
NT	ms gøv	ms gøvj	sg øvjb	sgb	ms gøvj	sg øvjb	msv	gø vjb	ms gv	sg øvjb	sgøv	msv	mg øjb
NTH	øv	mø	øvb	vb	sø	-	-	-	øv	-	øv	øb	mb

Tab. VIII, Teil 1

	i	e	a	w	o	u	ai	ia	aw	au	ua	ee	oo
P	mg vjb	ms gøjb	msg øvjb	msg øvjb	msg øvjb	ms øvjb	mg	ms gvb	sg øvj	msg øvjb	msg øvjb	mvb	gvb
PH	mv jb	mv	mjb	j	mv jb	jb	s	mjb	øv	mø jb	msøj	mvjb	mø vj
NP	sb	ø	gjb	ms	sgøj	gvjb	mg	-	sgvj	mg øjb	sg øjvb	g	gø
NPH	svb	-	sv	v	b	-	-	-	-	ø	-	-	ov
PL	ms gvb	mø vb	msg øvjb	-	svjb	sj	m	gø vjb	sgv	øjb	msg øvj	sv	mg vj
PLH	s	ø	-	s	mø vb	ø	-	-	søv	vb	vj	-	-
NPL	gøjb	mj	sj	-	sg øjb	-	ms gø	sgj	msg	m	sgøv	møv	sj
NPLH	vj	-	-	-	sø	-	b	-	-	s	-	-	-
D	ms gøb	mø vjb	msg øvjb	s	sg øvb	sg øjb	ms gøv	ms øvjb	msg øvjb	ms gvjb	ms øvjb	gvb	mgb
DH	ø	v	s	-	s	j	-	ø	sv	ø	msv	v	-
H	m	mj	mø vjb	ms vjb	ms øvjb	ms øvjb	søv	mvb	ms øvjb	ms øvjb	ms øvjb	møv	jb
XY	v	m	ms øvjb	ø	mvb	øv	-	-	ø	mb	msv	mjb	øjb
Y	ms gvjb	mjb	ms øvj	ms gjb	sgj	sgjb	mg	sg	msgj	ms gø	ms gvj	ms gvjb	msg øvjb
S	ms vjb	mø vb	ms øvjb	mø vb	ms øvjb	øb	søb	søvb	ms øvb	ms øvb	ms vjb	ms øvjb	mø vb
Z	msg øvjb	ms øjb	ms gjb	msj	ms gvjb	sj	msg	sg øvb	ms gøvj	ms gvb	ms gvj	msgj	øgvj
X	ms øvjb	mvjb	mø vb	ms vb	mø vb	søjb	sv	øvb	sb	ms øvjb	ms øvb	mvb	øjb
F	mø vjb	ms	ms øvjb	jb	øb	-	øb	vb	b	s	mj jvb	mø	mb
V	mvj	j	ms gjb	msjb	ms gvj	mjsb	mb	sgvb	g	mg øvb	ms gb	s	msb
NY	-	ms gvj	ms gvjb	s	msg øvjb	gj	-	ms gvj	-	m	mgj	msj	sgj
HNY	-	-	øvb	-	sø	vj	-	b	v	-	v	ø	øv
N	mv	mjb	ms gvjb	msj	ms gøjb	ms gvj	j	ms gjb	-	-	mg	ms gvjb	gøjb
HN	-	m	øvb	-	øvb	b	-	øv	-	-	-	v	sb
M	msg øvjb	ms øvjb	ms gjb	-	ms gvjb	svjb	ms vb	-	-	mb	ms gjb	ms gjb	sg øvj
HM	søb	-	-	-	øvb	v	-	-	-	-	-	-	øvb
ML	s	-	ø	-	msb	j	-	-	-	-	sv	-	-
HML	-	-	v	-	s	j	-	-	v	-	-	ø	-
L	msg øvjb	ms gvjb	ms gvjb	msg øvjb	msg øvjb	ms gvjb	msgj	msg øvjb	msg øvjb	msg øvjb	msg øvjb	msg øvjb	ms gøjb
HL	søvb	ms øvb	øvb	søvb	øvb	øb	s	sv	sv	øvb	søv	-	søvb
ø	vb	svb	mv jb	øb	ms gøjb	øvb	-	mø vb	sv	søvb	sø	vb	ø

Tab. VIII, Teil 2

2. Der Lautbestand der Miao-Yao Dialekte in der VR China

In diesem Kapitel werde ich zuerst kurz die möglichen Silbenanlaute und Silbenauslaute aufführen (2.1. und 2.2.). Danach werde ich das allen Miao-Dialekten, sowie den sino-tibetischen und den übrigen Ton-Sprachen SE-Asiens zugrunde liegende phonemische Ton-Register und dessen Entstehung aus den Veränderungen im Anlautbestand aufzeigen. Damit werde ich zwangsläufig auf das von Chang rekonstruierte Proto-Miao-Yao zu sprechen kommen, von dem aus sich die Entwicklungen in den einzelnen Dialekten herleiten lassen (2.3.). Abschließend werde ich die Aufgliederung des Miao in einzelne Dialekte und Subdialekte beschreiben, wobei dies nur mit Hilfe der in 2.3. festgehaltenen Erkenntnisse möglich ist.

2.1. Der Silbenanlaut

In diesem Abschnitt versuche ich, eine möglichst umfassende Übersicht über die in verschiedenen Miao-Dialekten vorkommenden Silbenanlaute zu geben.

Wang Fushi (1980) untersuchte 9 Dialekte* und fand dabei die in Tabelle IX dargestellten Laute. Damit ist ein großer Teil des heute realisierten Lautbestandes der Miao-Sprachen abgedeckt; es fehlen zur Hauptsache die in Shimenkan (石门砍, Distrikt Weining, Guizhou) vorkommenden stimmhaften, aspirierten Okklusivlaute, die in Tabelle X (aus: Wang Fushi 1957:118, übersetzt in Purnell 1972:182) über das Silbenanlautinventar dieses Dialekts aufgeführt sind. Weitere Angaben zu einigen Dialekten im SE von Guizhou, die alle zu den Qiandong-Dialekten gehören, finden sich in Ma und Tai (1956:265–282, übersetzt in Purnell:1972, 27–54). Tabelle XI faßt ausgehend vom Taigongzhai-Dialekt einige Abweichungen in diesen 5 Dialekten zusammen.

---

* Genauere Angaben, wie sich diese Laute auf die einzelnen Dialekte verteilen, folgen in diesem Aufsatz im Anschluß an die Tabelle IX.; diese können hier aber wegen ihres Umfangs (p.12–19) nicht aufgeführt werden.
Die untersuchten Dialekte sind:
Kaili (凯里, Guizhou; gehört zu den Qiandong-Dialekten);
Jiwei (吉伟, Hunan, gehört zu den Xiangxi-Dialekten).
Die übrigen 7 Dialekte werden alle in Guizhou gesprochen und gehören zu den Chuanqiandong-Dialekten: Xianjin (先进), Ronghe (荣合), Qingyan (青岩), Jiading (甲定), Zongdi (宗地), Fuyüan (复员) und Chongxing (重兴).

1百 p	2破 ph	3抱 b	4病 ʔm	5晚 m̥	6变 m	7梦 mp	8撒 mph	9拍 mb	10笔 ʔw	11头 w̥	12万 w
13三 pz̦	14劈 phz̦	15手 bz̦		16齿 m̥z̦	17马 mz̦	18补 mpz̦	19女 mphz̦	20辫 mbz̦			21锅 wz̦
22箴 pr	23吹 phr	24至 br			25听 mr	26肺 mpr		27鼻 mbr			
28四 pl	29抚 phl	30顿 bl			31柔 ml	32片 mpl	33环 mphl	34叶 mbl			
35毛 pl		36魂 bl									
37灶 ts	38千 tsh	39钱 dz				40早 nts	41糙 ntsh	42瘦 ndz		43送 s̥	
44答 t	45炭 th	46铜 d	47这 ʔn	48鸟 ŋ̊	49鸟 n	50杀 nt	51摊 nth	52麻 nd	53短 ʔl	54绳 l̥	55老 l
56爪 t	57插 th	58笛 d	59种 ʔŋ	60饭 h̥ŋ	61事 ŋ	62中 nt	63袭 nth	64摘 nd	65石 ʔr	66写 r̥	67梨 r
68笑 tl		69门 dl				70浑 ŋtl		71滴 ŋdl	72兔 ʔl	73烧 hl	74锹 l
75瓯 tʂ	76车 tʂh	77匠 dʐ				78眨 ntʂ	79清 ntʂh	80昆 ndʐ		81熟 ʂ	
82蒸 tɕ	83穿 tɕh	84骑 dʑ	85娘 ʔɲ	86肠 h̥ɲ	87银 ɲ	88啄 ntɕ	89波 ntɕh	90柱 ndʑ	91秧 ʔʑ	92岁 ɕ	93羊 ʑ
94沟 k	95鞋 kh	96十 g	97杯 ʔŋ		98鹅 ŋ	99泞 ŋk	100曲 ŋkh	101胧 ŋg	102底 x		
103鸡 q	104客 qh	105叫 ɢ				106鸽 ɴq	107渴 ɴqh	108肉 ɴɢ			
109狗 ql	110桃 ɢl.					111觉 ɴql	112谨 ɴɢl				
113鬼 ql̥		114庹 ɢl̥									
115过 qlw		116黄 ɢlw									
117蛋 qwj	118姜 qhwj	119蜗 ɢwj	(注)								
120鸭 ʔ									121喝 h		

Tab. IX

			Oral				Nasal or Nasalized			
			Vls.	Vls. Asp.	Vd.	Vd. Asp.	Vls.	Vls. Asp.	Vd.	Vd. Asp.
Obstruents	Stops	Labial	p	p'	b	b'	mp	mp'	mb	mb'
		Alveolar	t	t'	d	d'	nt	nt'	nd	nd'
		Retroflexed	ṭ	ṭ'	ḍ	ḍ'	nṭ	nṭ'	nḍ	nḍ'
		Velar	k	k'	g	g'	nk	nk'	ng	ng'
		Uvular	q	q'	G	G'	nq	nq'	nG	nG'
	Affricates	Dental	ts	ts'	dz	dz'	nts	nts'	ndz	ndz'
		Retroflexed	tṣ	tṣ'	dẓ	dẓ'	ntṣ	ntṣ'	ndẓ	ndẓ'
		Alveopalatal	tç	tç'	dʒ	dʒ'	ntç	ntç'	ndʒ	ndʒ'
		Alveolar	tḷ	tḷ'	dl	dl'	ntḷ	ntḷ'	ndl	ndl'
Continuants	Fricatives	Labiodental	f		v	v'				
		Dental	s		z	z'				
		Retroflexed	ṣ		ẓ	ẓ				
		Alveopalatal	ç		ʒ	ʒ'				
		Velar	x		γ	γ'				
		Uvular	χ							
		Glottal	h		ɦ					
	Semivowel and Liquids	Labial					m̥		m	m'
		Alveolar	l̥		l	l'	n̥		n	n'
		Retroflexed					(ɳ̥)[1]		ɳ	ɳ'
		Palatal					ɲ̥		ɲ	ɲ'
		Velar					ŋ̥		ŋ	ŋ'
		Labial			w					

Tab. X

Taigongzhai	Taijiang						Huangping			Lushan	Leishan	Jianhe					
	Kaitang	Yong'an	Jinzhong	Zhenyüan	Wucha	Shidong	Jiuzhou	Jiaba	Xinqiao	Zhouxi	Majiang	Huangli	Wuluo	Taiyong	Congjiang	Paiting	Sansui	Sandu	Jinbing	Jingxian
m																				
v																				
l																				
ɬ																				
z																				
ph																				
th																				
kh																				
h																				
p	p/ph						p/ph	q/qh												
t	t/th						t/th	t/th												
ʈ	t/ʈh						t/ʈh	ʈ/ʈh									tɕ	tɕ		
ʈh																	tɕh	tɕh		
k	k/kh						k/kh	k/kh												
q	q/qh						q/qh	q/qh										k		
ts	ts/tsh		s	s	s	tɕ	tɕ	tɕ												
tɕ	tɕ/tɕh						tɕ/tɕh	tɕ/tɕh							ɬ					
tsh			sh	sh	sh	tɕh	tɕh	tɕh									ɬh			
tɕh																				
f			f/fh	f/fh	f/fh			f/fh												
s			s/sh	s/sh	s/sh			s/sh						ts				ts		
ɬ								ɬ/ɬh					ɬ/l			ɬ/l		s		
ɕ								ɕ/ɕh												
n								n/nz	n/z	n/nz	n/z	n/nz	n/nz			n/nz				
ɲ								n/nʑ	•	•	•	•	•			•				
ŋ								ŋ												
m̥		m					h	m	m	m	m	m	m	m						
n̥		n					h	n	n	n	n	n	n	n						
ɲ̊		ɲ̊					h	ɲ̊	ɲ̊	ɲ̊	ɲ̊	ɲ̊	ɲ̊	ɲ̊						
fh								f	f	f	f	f	f	f						
sh								tsh	s	s	s	s	s	s						
ɬh							l	ɬ/l	ɬ/l	ɬ/l	l	l	ɬ/l	l						
ʈh								ɬ						ɬ	ɬ	ɬ				
ɕh																ɕ/kh				
ɣ			ʑ				ɣ/w						ʑ	ʑ	ʑ/v					
qh														kh	kh					
x			kh		kh									kh						

Tab. XI

2.2. Der Silbenauslaut

Ma und Tai (1956) führen für die 5 von ihnen beschriebenen im SE von Guizhou gesprochenen Dialekte folgende Silbenauslaute an:

	Taijiang 台江	Hunagping 黄平	Lushan 炉山	Leishan 雷山	Jianhe 剑河
Vokale	i e ɛ a o u ø	i e ɛ a o ɔ ɤ ø	i e ɛ a o u	i e ɛ a ɔ u ɤ	i e ɛ a o u
Diphthonge	ɛi ɛu au ou	ei au ɤu ye	eo au ou	ei ou ou ɤu	ei ɛi au ou ɤu
Nasalierte Vokale	eŋ aŋ oŋ	aŋ oŋ	eŋ aŋ oŋ		eŋ aŋ oŋ

Tab. XII

Die verschiedenen Auslaute stehen zwischen den einzelnen Dialekten in einem recht komplexen, nur teilweise in Regeln faßbaren Verhältnis:

- Die verschiedenen Auslaute können sich zwischen den Dialekten genau entsprechen: *oŋ, o, u, ou*.

- Wo in Taijiang ein *ou* steht, steht in Huangping ein *o*, in Lushan ein *eo*, in Jianhe ein *o*. (Allerdings existiert daneben in allen Dialekten ein von dieser Regel abweichendes *ou*, das diese Regeln nicht befolgt.)

- Ein Auslaut im Taijiang kann auch durch verschiedene Auslaute in anderen Dialekten repräsentiert werden:
  Taijiang *ɛ* entspricht in Huangping abgesehen von wenigen Ausnahmen (s. Tab. XIII) nach Labialen, Affrikaten und Palatalen dem Laut *i*, in allen anderen Fällen dem Laut *a*. In Lushan entspricht dieser Laut *ɛ* nach Labialen *i*, nach Affrikaten *e*, sonst *a*. In Leishan entspricht *ɛ* nach Labialen *e*, sonst *a*.

- In vielen Fällen können jedoch keine solch eindeutige Entsprechungen zu den Dialekten gefunden werden. (Ma und Tai 1956:273 u. 276)

Die folgende Tabelle XIII liefert einige Wortvergleiche zur Untermauerung des oben Gesagten:

	Taijiang	Huangping	Lushan	Leishan	Jianhe
Zimmer, Haus	tsɛ³	tɕi³	tse³	tsa³	tsɛ³
antworten	tɛ¹	tɛ¹	ta¹	ta¹	ta¹
verlieren	tɛ⁴	ta⁴	ta⁴	ta⁴	tɛi⁴
brennen, kochen	phɛ³	phi³	phi³	phe³	phɛi³
Tasche, Beutel	tɛ⁸	tye⁷·⁸	tha⁷·³	tha⁸	tɛ⁴·³
Frau, Gattin	vɛ³	ve³	vi³	ve³	vɛi³
Melone, Gurke	fa¹	fa¹	fa¹	fa¹	fa¹
nahe	ŋaʰ	ŋi⁷·⁸	ŋi⁷·⁸	ŋi⁸	ŋi¹·⁸
zusammenbinden	sa⁷	sei⁷·³	sə⁷·⁸	sei⁷	sei⁵·⁷
Hahn	qa¹	qei¹	qe¹	ɢei¹	qei¹
diese	na³	naŋ³	naŋ³	nou³	noŋ³
Sonne	ɲa¹	ɲa¹	ɲɛ¹	ha¹	na¹
zwei	ɔ¹	o¹	wau¹	ɔ¹	o¹
Axt	tɔ⁵	tɔ⁵	to⁵	tɔ⁵	to⁵
Nadel	tɕu¹	tɕɤu¹	tɕau¹	tɕu	tɕu¹
faul, verfallen	mu⁷	mau⁷·⁸	mau⁷·³	mu⁷	mu⁵·⁷
Schmerz	mu¹	maŋ¹	məŋ¹	mu¹	mou¹
Brücke	tɕu²	tɕɤ²	tɕau²	tɕu²	tɕu³
im Arm tragen	po⁶	po⁶	po⁶	pɤ⁶	po⁶·⁷
sechs	tɔ⁵	ɬau⁵	ɬau⁵	ɬu⁵	ɬu⁵
Weg	kɛ³	ki³	ki³	ke³	ke³
zehn	tɕɤ⁸	tɕɤ⁷·⁸	tɕhau⁷·⁸	tɕhu⁸	tɕu⁴·⁸
nur	tɕo⁴	tɕi⁴	tɕi⁴	tɕe⁴	tɕi⁴·³
weggehen	mo⁴	moŋ⁴	məŋ⁴	mɤ⁴	mou⁴·⁸
wir	pɛi¹	pə¹	pi¹	pi¹	pi¹
fallen	pɛi²	pɛ²	pɛ²	pa²	pi³
Mutter	mɛi⁶	mi⁶	mɛ⁶	mɛi⁶	mei⁵·⁷
Mensch	nɛi²	nɛ²	nɛ²	na²	na²
Gruppe, Schar	mɛi⁴	maŋ⁴	moŋ⁴	mɛi⁴	meŋ⁴·¹
Frucht	tsɛi³	tɕaŋ³	tseŋ³	tsɛi³	tsei³
Geld	sɛi²	sei²	se²	sei²	sɛi²

Tab. XIII

Wang Fushi (1980) hat in seinem Aufsatz über die oben aufgeführten 9 Dialekte in zu den Silbenanlauten analoger Weise 32 mögliche Auslaute rekonstruiert, die er mit je einem chinesischen Zeichen benennt (p.11) und auf den Seiten 19–22 in jedem Dialekt in seiner konkret realisierten Form zeigt. Ein Jahr später (Wang Fushi 1981) veröffentlicht er zu 5 dieser Silbenauslaute Wortlisten, die ich unten übersetzt aufführe. Der wichtigste Befund aus all diesen Aufzählungen scheint mir die Tatsache zu sein, daß in allen Miao-Dialekten nebst den Vokalen nur der nasale Konsonant η im Auslaut vorkommt. Die übrigen möglichen Auslaute, vor allem -p, -t und -k, konnten sich offensichtlich nur in den hier nicht oder nur am Rande behandelten Yao-Dialekten halten.

sui 髓	Yanghao	Jiwei	Xianjin	Shimenkan	Qingyan	Gaopo	Zongdi	Fuyüan	Fengxiang
	ɛ(i)	ə	u	y(ey)	ou(u)	ɯ	ou(u)	u	u(i)
Knochenmark	lɛ³·³₍₁₎	lhə³·⁵₍₁₎	lu⁴·³₍₁₎	ly³·⁵₍₁₎	lou³·⁵₍₁₎	lhɯ²·⁴₍₁₎	lou²·²₍₁₎	lu³·¹₍ₐ₎	lhu²·²₍₁₎
Schnecke	ki³·³₍₁₎	qə³·⁵₍₁₎	qu³·¹₍₂₎	Gɦey³·⁵₍₂₎	qou⁵·⁴₍₂₎	qɯ³·⁵₍₁₎	hu⁵·³₍₂₎	ʁwju³·¹₍ₐ₎	ku²·⁴₍₂₎
Schwanz	tɛ³·⁵₍₃₎	tə⁴·⁴₍₃₎	tu⁵·⁵₍₃₎	—	tou¹·³₍₃₎	tɯ¹·³₍₃₎	tou¹·³₍₃₎	tu⁵₍B₎	tu⁵·³₍₃₎
jüng. Bruder	—	kɯ⁴·⁴₍₃₎	ku⁵·⁵₍₃₎	ky³·⁵₍₃₎	kou¹·³₍₃₎	kɯ¹·³₍₃₎	kou¹·³₍₃₎	ku⁵₍B₎	ku⁵·³₍₃₎
Lunge	zɛ¹·³₍₆₎	mʐə⁵·³₍₆₎	ɳtʂu⁴·³₍₇₎	mpy³·³₍₆₎	mpjou⁴·³₍₆₎	mplɯ⁴·³₍₆₎	mpʐou⁵·⁵₍₅₎	mʔpju³·⁴₍C₎	ntsi³·⁶₍₆₎
Elephant	shɛ⁵·⁵₍₆₎	—	ntshu⁴·⁴₍₆₎	ntshy³·³₍₆₎	ntshou⁴·³₍₆₎	nshɯ⁴·³₍₆₎	—	nʔtshu²·⁴₍C₎	ntshu⁵·⁵₍₆₎
Nase	zɛ¹·³₍₆₎	mʐə⁴·³₍₆₎	ɳtʂu¹·³₍₆₎	mby³·³₍₆₎	mpjou⁴·³₍₆₎	mplɯ²·²₍₆₎	mpʐu¹·³₍₆₎	mpju³·⁴₍C₎	ntsi³·⁶₍₆₎

Tab. XIV

shou 收	ə(u)	ɔ(u)	ou	au	u(ou)	ə	u(o)	o	ou
Lippe	ɲu⁵·⁵₍₂₎	ɲɔ³·¹₍₂₎	ɲtɕou³·¹₍₂₎	ɳdzɦau³·⁵₍₂₎	ɲtɕu⁵·⁴₍₂₎	ɲtɕə⁵·⁵₍₂₎	ɲtɕu⁵·³₍₂₎	ɲtɕo³·¹₍A₎	ɲtɕou²·⁴₍₂₎
Eisen	lhə⁴·⁴₍₅₎	lhɔ⁴·⁴₍₅₎	lou⁴·⁴₍₅₎	lau³·³₍₅₎	lu⁴·³₍₅₎	lhə⁴·³₍₅₎	lu⁵·⁵₍₅₎	lo⁴·⁴₍C₎	lhou⁵·⁵₍₅₎
sechs	tu⁴·⁴₍₅₎	tɔ⁵·³₍₅₎	tou⁴·⁴₍₅₎	tʃau³·³₍₅₎	tu⁴·³₍₅₎	tə⁴·³₍₅₎	ʂu⁵·⁵₍₅₎	tʂo²·⁴₍C₎	tɕou⁵·⁵₍₅₎
balgen	tu⁴·⁴₍₅₎	—	ɳtou⁴·⁴₍₅₎	ɳtau³·³₍₅₎	ɳtu⁴·³₍₅₎	ɳtə¹·³₍₅₎	ɳtu⁵·⁵₍₅₎	ɳʔtʂo²·⁵₍C₎	ɲtɕou⁵·⁵₍₅₎
dunkel	tsə³·³₍₇₎	pʐu⁴·⁴₍₇₎	tsou³·³₍₇₎	tsau¹·¹₍₇₎	pju⁴·³₍₇₎	plə³·³₍₇₎	pʐu⁴·⁴₍₇₎	pʲo³·¹₍D₎	tsou⁵·⁵₍₇₎
am Ohr ziehen	tu⁴·⁴₍₇₎	tu⁴·⁴₍₇₎	tou³·³₍₇₎	tau¹·¹₍₇₎	tu⁴·³₍₇₎	tə⁴·³₍₇₎	tu⁵·⁵₍₇₎	tʂo³·¹₍D₎	tɕou⁵·⁵₍₇₎
trinken	hə⁵·³₍₇₎	hu⁴·⁴₍₇₎	hou⁴·⁴₍₇₎	hau¹·¹₍₇₎	hu⁴·³₍₇₎	hə⁴·³₍₇₎	ɦo¹·³₍D₎	ho³·¹₍D₎	hou⁵·⁵₍₇₎
Reis	nə³·³₍₁₎	nu³·³₍₁₎	mplou²·²₍₁₎	ndlɦau³·⁵₍₁,₂₎	mplou⁴·³₍₁₎	mplə²·²₍₂₎	mplu⁴·⁴₍₁₎	mplo³·¹₍D₎	mplou¹·³₍₁₎
zehn	tɕu³·³₍₆₎	ku²·⁴₍₆₎	kou¹·³₍₆₎	gɦau³·⁵₍₆,₇₎	ku⁴·⁴₍₇₎	khə⁵·⁵₍₇₎	ku²·²₍₇₎	ɣo³·¹₍D₎	kou¹·³₍₇₎

Tab. XV

di 地	Kaili Yangbaozhai (Guizhou) a(i)	Jiwei (Hunan) ɯ	Bijie Xianjin Huayuan (Guizhou) e	Weining Shimenkan (Guizhou) i(ə,ɯ)	Guiyang Qingyan (Guizhou) a	Guiyang-Stadt Gaopo (Guizhou) æ	Ziyün Longdi (Guizhou) æ (e)	Fuquan Fuyuan (Guizhou) i(ei)	Huangping Fengxiang-zhai (Guizh.) i(ei)
wir	pi³³₍₁₎	pɯ³⁵₍₁₎	pe⁴³₍₁₎	pi⁵⁵₍₁₎	pa⁵⁵₍₁₎	pæ²⁴₍₁₎	pe³²₍₁ₐ₎	pei³¹₍ₐ₎	pi³³₍₁₎
drei	pi³³₍₁₎	pu³⁵₍₁₎	pe⁴³₍₁₎	tsi⁵⁵₍₁₎	pa⁵⁵₍₁₎	pæ²⁴₍₁₎	pæ³²₍₁ₐ₎	pzi³¹₍ₐ₎	tsi³³₍₁₎
Erde	ta³³₍₁₎	tɯ³⁵₍₁₎	te⁴³₍₁₎	ti⁵⁵₍₁₎	ta⁵⁵₍₁₎	tæ²⁴₍₁₎	tæ³²₍₁ₐ₎	ti³¹₍ₐ₎	ti³³₍₁₎
roher Reis	na⁵⁵₍₂₎	nɯ³¹₍₂₎	mple³¹₍₂₎	ndlfii³⁵₍₂₎	mpla⁵⁴₍₂₎	mplæ³⁵₍₂₎	mplæ⁵³₍₂ₐ₎	—	—
lange (zeit)	la⁵⁵₍₂₎	lɯ³¹₍₂₎	le³¹₍₂₎	lfii³⁵₍₂₎	la⁵⁴₍₂₎	læ⁵⁵₍₂₎	læ⁵³₍₂₎	li³¹₍ₐ₎	li²⁴₍₂₎
lang (Raum)	ta³⁵₍₃₎	ntɯ⁴⁴₍₃₎	nte⁵⁵₍₃₎	nti⁵⁵₍₃₎	nta¹³₍₃₎	ntæ¹³₍₃₎	ntæ⁴²₍₃ₐ₎	nʔti⁵⁵₍B₎	nti⁵³₍₃₎
Kl für Blumen u.ä.	—	tɯ⁴⁴₍₃₎	tou⁵⁵₍₃₎	tə⁵⁵₍₃₎	ta¹³₍₃₎	tæ¹³₍₃₎			
Salz	ɕi³⁵₍₃₎	ntɕɯ⁴⁴₍₃₎	ntṣe⁵⁵₍₃₎	ntṣə⁵⁵₍₃₎	ntsa¹³₍₃₎	nzæ¹³₍₃₎	ntsæ⁴²₍₃ₐ₎	nʔtsi⁵⁵₍B₎	zei⁵³₍₃₎
Körper (menschl.)	tɕi³⁵₍₃₎	tɕɯ⁴⁴₍₃₎	tɕe⁵⁵₍₃₎	tɕi⁵⁵₍₃₎	tɕa¹³₍₃₎	tɕæ¹³₍₃₎	tɕæ⁴²₍₃ₐ₎	tɕi⁵⁵₍B₎	tɕi⁵³₍₃₎
Weg	ki³⁵₍₃₎	kɯ⁴⁴₍₃₎	ke⁵⁵₍₃₎	ki⁵⁵₍₃₎	ka¹³₍₃₎	kæ¹³₍₃₎	kæ⁴²₍₃ₐ₎	tɕi⁵⁵₍B₎	ki⁵³₍₃₎
Hund	la³⁵₍₃₎	qwɯ⁴⁴₍₃₎	tle⁵⁵₍₃₎	tli⁵⁵₍₃₎	ʔla¹³₍₃₎	tlæ¹³₍₃₎	læ⁴²₍₃ₐ₎	qlei⁵⁵₍B₎	tli⁵³₍₃₎
Hand	pi¹¹₍₄₎	tɯ³³₍₄₎	te²¹₍₄₎	di³³₍₄₁₎	tsa³²₍₄₎	kæ³¹₍₄₎	ṣe¹¹₍₄₎	wei⁵⁵₍B₎	pi¹³₍₄₎
Reif	ta⁴⁴₍₅₎	tɯ⁵³₍₅₎	te⁴⁴₍₅₎	ti³³₍₅₎	ta⁴³₍₅₎	tæ⁴³₍₅₎	tæ⁵⁵₍₅ₐ₎	ti²⁴₍C₎	ti⁵⁵₍₅₎
Ei	ki⁴⁴₍₅₎	—	qe⁴⁴₍₅₎	qə³³₍₅₎	qa⁴³₍₅₎	qæ⁴³₍₅₎	hæ⁵⁵₍₅ₐ₎	qwji²⁴₍C₎	ki⁵⁵₍₅₎
Haken	qa⁴⁴₍₅₎	—	ɴqe⁴⁴₍₅₎	ɴqɯ³³₍₅₎	ɴqa⁴³₍₅₎	ɴqæ⁴³₍₅₎	ŋkæ⁵⁵₍₅ₐ₎	—	xqei⁵⁵₍₅₎

Tab. XVI

mao 毛	u	ei(i)	ou	au	u(ou)	o	ɔ(o)	u(ou)	ou
vier	lu³,³₍₁₎	pẓei³,⁵₍₁₎	plou⁴,³₍₁₎	tʃau⁵,⁵₍₁₎	plou⁵,⁵₍₁₎	plo²,⁴₍₁₎	plɔ³,²₍₁ₐ₎	plou³,¹₍ₐ₎	plou³,³₍₁₎
Eierschale	—	—	phlou⁴,³₍₁₎	tʃhau⁵,⁵₍₁₎	phlou⁵,⁵₍₁₎	phlo²,⁴₍₁₎	—	phlau²,⁴₍c₎	—
Haar (Körp	lju³,³₍₁₎	pi³,⁵₍₁₎	plou⁴,³₍₁₎	tʃau⁵,⁵₍₁₎	plou⁵,⁵₍₁₎	plo²,⁴₍₁₎	plɔ³,²₍₁ₐ₎	plou³,¹₍ₐ₎	plou³,³₍₁₎
Stoff, Tuch	—	ntei³,⁵₍₁₎	ntou⁴,³₍₁₎	ntau⁵,⁵₍₁₎	ntu⁵,⁵₍₁₎	nto²,⁴₍₁₎	ntɔ³,²₍₁ₐ₎	nʔtu³,¹₍ₐ₎	ntou³,³₍₁₎
Gemüse	ɣu³,³₍₁₎	ẓei³,⁵₍₁₎	ẓou⁴,³₍₁₎	zau⁵,⁵₍₁₎	vu⁵,⁵₍₁₎	ẓo²,⁴₍₁₎	ẓɔ³,²₍₁ₐ₎	ʔwju³,¹₍ₐ₎	ɣou³,³₍₁₎
aufstellen (Zelt)	pə⁵,⁵₍₂₎	pi³,¹₍₂₎	pou³,¹₍₂₎	bɦau³,⁵₍₂₎	pu⁵,⁴₍₂₎	po⁵,⁵₍₂₎	pɔ⁵,³₍₂₎	vu³,¹₍ₐ₎	pou²,⁴₍₂₎
Asche, Schlacke	chu³,⁵₍₃₎	ɕi⁴,⁴₍₃₎	tṣhou⁵,⁵₍₃₎	tṣhau⁵,⁵₍₃₎	su¹,³₍₃₎	sho¹,³₍₃₎	sɔ²¹¹₍₃ᵦ₎	tshu⁵,⁵₍ᵦ₎	cou⁵,³₍₃₎
Laus	chu³,⁵₍₃₎	ɳtchi⁴,⁴₍₃₎	ɳtṣhou⁵,⁵₍₃₎	ɳtṣhau⁵,⁵₍₃₎	—	nsho¹,³₍₃₎	ntsɔ²¹¹₍₃ᵦ₎	nʔtshu⁵,⁵₍ᵦ₎	ntshou⁵,³₍₃₎
Traum	pu⁴,⁴₍₅₎	mpei⁵,³₍₅₎	mpou⁴,⁴₍₅₎	mpu³,³₍₅₎	—	mpo⁴,³₍₅₎	mpɔ⁵,⁵₍₅ₐ₎	mʔpu²,⁴₍c₎	mpou⁵,⁵₍₅₎
mager, dünn	su⁴,⁴₍₆₎	ntsei⁵,³₍₅₎	ntsou¹,³₍₆₎	—	ntsu²,¹₍₆₎	nzo²,²₍₆₎	ntso¹,³₍₆₎	—	zou³,¹₍₆₎
pflücken	ȵu¹,³₍₆₎	ȵei⁴,²₍₆₎	—	ȵdau³,¹₍₆,ᵢ₎	—	ȵto²,²₍₆₎	ȵko¹,³₍₆₎	ȵtsu²,⁴₍c₎	ȵtcou³,¹₍₆₎
Ein Wildschwein erlegen	cen¹,³₍₆₎	tɕi⁴,²₍₆₎	tṣou¹,³₍₆₎	dẓau⁵,³₍₆,ᵢ₎	tsu²,¹₍₆₎	so²,²₍₆₎	so¹,³₍₆₎	zu²,⁴₍c₎	sou³,¹₍₆₎

Tab. XVII

duan 斷	Yanghao	Jiwei	Xianjin	Shimenkar	Qingyan	Gaopo	Zongdi	Fuyüan	Fengxiang
	ɛ(i)	e	· o	u	oŋ	əŋ	oŋ	aŋ(a)	oŋ(u)
Sohn	tɛ³³₍₁₎	te³⁵₍₁₎	to⁴³₍₁₎	tu⁵⁵₍₁₎	toŋ⁵⁵₍₁₎	təŋ²⁴₍₁₎	tpoŋ³³₍₁ₐ₎	taŋ³¹₍A₎	toŋ³³₍₁₎
Stern	qɛ³³₍₁₎	qe³⁵₍₁₎	qo⁴³₍₁₎	qu⁵⁵₍₁₎	qoŋ⁵⁵₍₁₎	qəŋ²⁴₍₁₎	hoŋ³³₍₁ₐ₎	qaŋ³¹₍A₎	qoŋ³³₍₁₎
schwarz	ɬɛ³³₍₁₎	qwe³⁵₍₁₎	tɬo⁴³₍₁₎	tɬu⁵⁵₍₁₎	ʔloŋ⁵⁵₍₁₎	tɬəŋ²⁴₍₁₎	loŋ³³₍₁ₐ₎	qlaŋ³¹₍A₎	tɬoŋ³³₍₁₎
voll	pɛ⁴⁴₍₃₎	pe⁴⁴₍₃₎	po⁵⁵₍₃₎	pu⁵⁵₍₃₎	poŋ⁵⁵₍₃₎	pəŋ³³₍₃₎	poŋ³³₍₃ₐ₎	paŋ³¹₍D₎	pu⁵⁵₍₃₎
Reiskorn	she³⁵₍₃₎	—	—	—	soŋ¹³₍₃₎	shəŋ¹³₍₃₎	soŋ³³₍₃ₐ₎	tshaŋ⁵⁵₍B₎	ɕoŋ⁵³₍₃₎
Laus	tɛ³³₍₃₎	te⁴⁴₍₃₎	to⁵⁵₍₃₎	tu⁵⁵₍₃₎	toŋ¹³₍₃₎	təŋ¹³₍₃₎	toŋ⁴³₍₃ₐ₎	taŋ⁵⁵₍B₎	toŋ⁵⁵₍₃₎
kurz	lɛ³³₍₃₎	le⁴⁴₍₃₎	lo⁵⁵₍₃₎	lu⁵⁵₍₃₎	loŋ¹³₍₃₎	ləŋ¹³₍₃₎	loŋ⁴²₍₃ₐ₎	ʔlaŋ⁵⁵₍B₎	loŋ⁵³₍₃₎
Schnee	pɛ⁴⁴₍₅₎	mpe³³₍₅₎	mpo⁴⁴₍₅₎	mpu¹³₍₅₎	mpoŋ⁴³₍₅₎	mpəŋ⁵⁵₍₅₎	mpoŋ⁵⁵₍₅ₐ₎	—	mpu⁵⁵₍₅₎
brechen	tɛ⁴⁴₍₅₎	te³³₍₅₎	to⁴⁴₍₅₎	tu³³₍₅₎	toŋ⁴³₍₅₎	təŋ⁵⁵₍₅₎	toŋ⁵⁵₍₅ₐ₎	taŋ²⁴₍C₎	toŋ⁵⁵₍₅₎
Siedepfanne	ɕi⁴⁴₍₅₎	tɕe³³₍₅₎	tʂo⁴⁴₍₅₎	tʂu³³₍₅₎	tsoŋ⁴³₍₅₎	səŋ¹³₍₅₎	soŋ⁵⁵₍₅ₐ₎	tsaŋ²⁴₍C₎	soŋ⁵⁵₍₅₎
fragen	nɛ¹³₍₆₎	ne⁴²₍₆₎	no¹³₍₆₎	nu³¹₍₆₂₎	noŋ²¹₍₆₎	nəŋ²²₍₆₎	noŋ¹³₍₆₎	naŋ²⁴₍C₎	noŋ³¹₍₆₎

Tab. XVIII

2.3. Der Ton und sein Zusammenhang mit dem Silbenanlaut

2.3.1. Die 8 phonemischen Tonklassen im Chinesischen

Da die hier geschilderte Skala der 8 phonemischen Tonklassen erstmals in den ersten Jahrhunderten n. Chr. von den Chinesen – wahrscheinlich unter buddhistischem Einfluß – für ihre eigene Sprache entdeckt wurde, gehe ich bei meiner Darstellung zuerst kurz vom Chinesischen aus.

Im Chinesischen (und anderen ost- und südostasiatischen Sprachen) existiert ein System von phonologischen Kontrasten, die über der Ebene der einzelnen Phoneme auf der Ebene der Silbe liegen und durch die Töne markiert werden. Die Kontraste zur Unterscheidung von Morphemen liegt also im Chinesischen nicht wie beispielsweise in den indogermanischen Sprachen auf der Ebene des einzelnen Phonems, sondern auf der Ebene der ganzen Silbe (vgl. hierzu Nguyên 1985).

Die Chinesen nun entdeckten als erste, daß sich die Silben ihrer Sprache in 8 phonemische Tonklassen mit einem oberen Register (QING) und einem unteren Register (ZHUO) mit je 4 Tonklassen PING (eben), SHANG (steigend), *QU* (ausgehend, fallend) und *RU* (eingehend/eintretend) aufteilen lassen; vgl. unten Tabelle XIX:

		Yin-Töne QING 清 (klar)	Yang-Töne ZHUO 濁 (unklar, trüb)
PING	平	A1 1	A2 2
SHANG	上	B1 3	B2 4
QU	去	C1 5	C2 6
RU	入	D1 7	D2 8

Tab. XIX

Die Bezeichnung der 4 Tonklassen verleitet zu der Vermutung, daß sie eine Tonbewegung beschreiben, was vielleicht zur Zeit der Festlegung dieser Tabelle zugetroffen haben mag, heute aber nicht mehr überprüfbar ist, da ja jegliche Tondokumente aus der zugrundeliegenden toten Sprache fehlen, so daß diese Bezeichnungen von heute aus gesehen eine rein äußere Nomenklatur sind. Häufig werden die 4 Tonklassen auch durch Großbuchstaben ABCD und die beiden Register durch gerade (ZHUO) bzw. ungerade (QING) Zahlen dargestellt, wenn die Töne nicht einfach fortlaufend von 1 bis 8 durchnumeriert werden (s.Tab. XIX).

Der wichtige Punkt im Chinesischen liegt also nicht unbedingt in der Fragestellung, ob es im chinesischen Töne gibt oder nicht, sondern in der Tatsache, daß es ein streng geordnetes System phonologischer Kontraste auf der Ebene der Silbe gibt. Wie dann die phonetische Realisation dieser phonematischen 8 Klassen aussieht, ist von Sprache zu Sprache, von Dialekt zu Dialekt verschieden. So realisiert sich der Unterschied zwischen QING (klar) und ZHUO (trüb) heute meist in reinen Tonunterschieden (Pitch), kann sich aber zuweilen auch in einer unterschiedlichen Qualität des Silbenanlauts manifestieren.

Weiter ist zu beachten, daß die Töne 7 und 8 nur im Zusammenhang mit den konsonantischen Auslauten -p, -t, -k, -? vorkommen.

Diese Aufteilung in 8 phonemische Klassen auf der Ebene der Silben, wie sie in Tabelle XIX dargestellt ist, kombiniert mit der Tatsache, daß die Klassen 7 und 8 an konsonantische Auslaute gebunden sind, findet sich nun nicht nur für das Chinesische, sondern auch für Thai, Vietnamesisch und für die Miao-Yao-Sprachen in genau analoger Weise (vgl. Downer 1963, Haudricourt 1961, Denlinger 1974).

2.3.2. *Die 8 phonemischen Tonklassen im Miao*

Chang K'un (1947, 1953, 1973) und Haudricourt (1954a) entdeckten unabhängig voneinander, daß die 8 phonemischen Tonklassen auch dem Miao-Yao zugrunde liegen. Zur Illustration dieses Sachverhalts seien Chang (1947.99f. und 1953:375) als Tabelle XX und XXI zitiert:

Ton	Bedeutung	Gaopo 高坡 MKC	Guangshun 广顺 MKS	Libo 荔波 YLP	Yongcong 永从 YYT	Rongjiang 榕江 MJC	Taigong 台拱 MTK	Zhenfeng 贞丰 MCF	Lianyang 连阳 YYL	Haining Qingyi 海宁青衣 YHN	Daban 大板 YTP
1	Wasser	ʔoŋ˦	ʔɯ˦	ʔou˦	ʔɯ̃˦	ʔɯ˦	ʔua˦	ʔao˦	m˩	wăm	vôm
	zwei	ʔa˦	ʔau˦	ʔoi˦	va˦	ʔo˦	ʔo˦	ʔo̤˩	vi˩	ĭ	ĭ
	drei	pæ˦	pa˦	pa˦	pɤ˦	pai˦	pje˦	pje	bu˩	pŏ	púa
	fünf	pla˦	prai˦	pja˦	pja˦	tsi˦	sai˦	tɕa̤˩	pja˩	pĕa	pĕa
	vier	plo˦	plo˦	tlau˦	pi˦	ɬo˦	ɬo˦	ɬɔ̤˩	pɛ˩	piĕy	piĕy
	tief	tɤ˦	tau˦	tau˦	to˦	tau˦	to˦	tɔ̤˩		dŏ	dú
	Schlange	naŋ˦	noŋ˦	nan˦	nɛ˦	nɤŋ˦	nɤŋ˦	ne̤˩	noŋ˩	nang	nang
	Affe	lĕ˦	lai˦	lan˦	lɛ˦	lei˦	le̤˩		bjaŋ	bing	bing
2	Blume	poŋ˧	poŋ˧	pan˧	pai˧	pɤŋ˧	paŋ˧	pje˧	bjaŋ˧	phang	pĕăng
	Blatt	mploŋ˧	mplau˧	ntlou˧	mɤ̃˧	nu˧	nau˧	nao˧	ɲum˧	nom	nom
	Tor, Türe	toŋ˧	tɯ˧	tjou˧	tɤ˧	tju˧	tju˧	tju˧	ken	kĕng	keng
	neun	tɕu˧	to˧	ɬi˧	ko˧	tɕo˧	tɕo˧	tɕo˧	ku˧	dŭ	dua
3	voll	pɤŋ˩	pɤ˩	puŋ˩	pɤ̃˩	pa˩	pa˩	pai˩	baŋ˩	póng	púong
	Frucht	pi˩	pi˩	pi˩	pje˩	tsi˩	sai˩	tɕaŋ˩	beu˩	pĕâu	pĕâu
	Zimmer	plæ˩	pra˩	pjai˩	pjo˩	tsai˩	se˩	qi˩	piu˩	pŏáu	pŏáo
	Schwanz	tɯ˩	tɤ˩	toi˩	tæ˩	to˩	te˩	tue˩	ŋdui˩	tĕy	tuĕy
	lang	ntæ˩	nta˩	nta˩	to˩	tai˩	te˩	ta˩	ŋdam˩	dáo	dáu
	Hund	tlæ˩	qla˩	tla˩	lje˩	ɕai˩	ɕe˩	ɕa˩	gu˩	clŏ	clú
	Weg	kæ˩	ka˩	kjai˩	ko˩	kɛ˩	ke˩	tɕi˩	tɕu˩	kiáu	kiáo
	Knochen	tsʼaŋ˩	saŋ˩	ɕaŋ˩	soŋ˩	soŋ˩	sʼoŋ˩	sʼoŋ˩	hiŋ˩	xlúng	búng
	Blut	ntsʼoŋ˩	ntsʼoŋ˩	ntsʼjan˩	ʂɤŋ˩	ʂɤŋ˩	ɕʼaŋ˩	ɕʼe˩	jem˩	sam	hʼiám
4	Fisch	mplæ˩	mpra˩	mpjai˩	mje˩	nai˩	ne˩	ɲi˩	piu˩ 或	bĕâu	bĕâu
	Feuer	tɤ˩	tau˩	tuo˩	tɤ˩	to˩	to˩	teo˩	tu˩	tĕu	tĕu
	Dorf	ʐoŋ˩	ʐuŋ˩	yey˩		ɣaŋ˩	ɣaŋ˩	ɣaŋ˩	joŋ˩	ghĕăng	láng
5	Name	mpæ˩	mpa˩	mpa˩	ro˩	pai˩	pje˩	pje˩	bu˩	bú	bŏa
	Mond	ɬa˩	ɬe˩	ɬu˩	ɬa˩	li˩	ɬʼa˩	ɬʼa˩	lo˩	lăy	hlă
	Eisen	ɬɤ˩	ɬu˩	ɬi˩	ɬu˩	lu˩	ɬʼu˩	ɬʼao˩	lia˩	ghiã	gliet

Tab. XX, Teil 1

Ton	Bedeutung	Gaopo MKC	Guangshun MKS	Libo YLP	Yongcong YYT	Rongjiang MJC	Taigong MTK	Zhenfeng MCF	Lianyang YYL	Haining Qingyi YHN	Daban YTP
6	sterben	tu˧	to˨	ʈau˨	te˧	ta˧	ta˧	taˬ	dai˧	tạy	thý
	Auge	mɤŋ˧	mɤŋ˨	mɔŋ˨	me˧	ma˧	ma˧	maˬ	maiv	mệy	mụt 尾
	Regen	naŋ˧	nau˨	noŋ		noŋ˧	noŋ˧	noŋˬ	biŋ˧	bung	bôùng
	Vogel	noŋ˧	nau˨	nou˨		nu˧	nau˧	naoˬ	no˧	nọ	nọ
7	Flügel	ta˦	to˧	tuo˦	tɛ˦	ti˦	tai˦	ta²	ndot˧	dắt	
	lachen	tɤ˦	tau˧	tjau˦	tɕæ˦	tjo˦	tjo˦	t'jo²	tut˧	kiết	kiắt
	trinken	hɤ˦	hu˧	hi˦	ho˦	hu˦	hau˦	hao²	hup˧	hốp	họp
8	sehen	pɤ˦	pau˨	pau˨	pa˨	pu˨	pu˨	paŋ³	bat˧	phốt	phoạt
	Zunge	mpleʔ	mplai˨	ntljai˨	mai˨	ŋɛ˨	ŋe˨	ɲi³	bet˧	biết	biệt
	Bohne	tɤ˦	tu˨	ti˨	tɯ˨	tu˨	tau˨	tao³	dup˧	tốp	
	zehn	tɕɤ˦	tɕu˨	tɕi˦	kɯ˨	tɕu˨	tɕu˨	tɕu³	(siep˧	săp	tɕiệp
	acht	ja˦	ji˨	ja˨	ji˨	ji˨	ji˨	ja³	'jat˧	giết	hiet

Tab. XX, Teil 2. Die großbuchstabigen Abkürzungen unter den Ortsangaben beziehen sich auf die Abkürzungen in Tabelle XXI:*

---

* Die zitierten Dialekte liegen geographisch wie folgt:
Gaopo (MKC): in der Provinz Guizhou, Distrikt Guizhu (贵筑); Miao-Dialekt.
Guangshun (MKS): in der Provinz Guizhou, Distrikt Guangshun; Miao-Dialekt.
Libo (YLP): in der Provinz Guizhou, Distrikt Libo; Yao-Dialekt.
Yongcong (YYT): in der Provinz Guizhou, Distrikt Yongcong; Yao-Dialekt.
Rongjiang (MJC): in der Provinz Guizhou, Distrikt Rongjiang; schwarzer Miao-Dialekt.
Taigong (MTK): in der Provinz Guizhou, Distrikt Taigong; schwarzer Miao-Dialekt.
Zhenfeng (MCF): in der Provinz Guizhou, Distrikt Zhenfeng; schwarzer Miao-Dialekt.
Lianyang (YYL): in der Provinz Guangdong, Distrikte Lianzhou, Lianshan und Yangshan; Yao-Dialekt.
Haining (Qingyi) (YHN): Vietnam, Provinz Tonkin, Haining; Yao-Dialekt.
Daban (YTP): Vietnam, Provinz Tonkin, Tapan; Yao-Dialekt.

	I	II	III	IV	V	VI	VII	VIII
MKC	¹high rising	²high level	³low rising	⁴low falling	⁵high falling	⁶mid level	⁵high falling	²high level
MKS	¹mid high level	²high level	³high rising	⁴mid falling	⁵mid level	⁶mid low level	⁵mid level	⁷low falling
YLP	¹mid low level	²high level	³rising	⁴high falling	⁵mid level	⁶low level	²high level	⁷low falling
YYT	¹rising	²mid level	³mid low level	⁴low level	⁵high level	⁶mid high level	⁷high falling	⁸low falling
MTK	¹mid high level	²high falling	³high level	⁴mid low level	⁵high rising	⁶mid level	⁷low rising	⁸low level
MCF	¹mid one	²high one	³high two	⁴mid two	⁵mid low	⁶low	⁷high short	⁸low short
MJC	¹mid high level	²high falling	³high level	⁴low falling	⁵high rising	⁶mid level	⁷low rising	⁸low level

Tab. XXI

2.3.3. Das Verhältnis von Silbenanlaut und Ton im Miao

Im von Chang (1947, 1953, 1973) rekonstruierten Proto-Miao-Yao werden die Anlautkonsonanten in drei Gruppen aufgeteilt:

– aspirierte, stimmlose Konsonanten
– nicht-aspirierte, stimmlose Konsonanten
– stimmhafte Konsonanten

*b-, *p-, *ph-; *bl-, *pl-, *phl-; *br-, *pr-, *phr-; *d-, *t-, *th-; *dl-, *tl-, *thl-; usf.

Für die Nasale und Laterale unterscheidet er gleichfalls solche Dreiergruppen, die im Proto-Miao-Yao in zwei Varianten hätten realisiert sein können:

(A) *m̥h-, *n̥h-, *ñ̥h-, *ɬh-   (B) *m̥-, *n̥-, *ñ̥-, *ɬ-   (C) *m-, *n- *ñ-, *l-.
(A) *mh-, *nh-, *ñh-, *lh-   (B) *'m-, *'n-, *'ñ-, *'l-   (C) *m-, *n-, *ñ-, *l-.

Dieses System von 3 Anlauttypen im Proto-Miao-Yao war nur mit 4 Tönen A,B,C,D gekoppelt, die sich frei kombinieren ließen. In einer späteren Phase verschwanden in gewissen Dialekten die stimmhaften Anlaute, wobei der Verlust an distinktiven Merkmalen der Silbe durch eine Verdoppelung der Töne aufgehoben wurde:

Proto-Miao-Yao		späterer Zustand	
A,B,C,D stimmhaft		2,4,6,8	stimmlos (–asp)
A,B,C,D stimmlos (–asp)	⟶	1,3,5,7	stimmlos (–asp)
A,B,C,D stimmlos (+asp)		1,3,5,7	stimmlos (+asp)

In Li Yongsui et al. (1959) finden wir eine übersichtliche Tabelle, die die Entwicklung der Töne darstellt. Eine ähnliche Tabelle veröffentlichte auch Wang Fushi (1981:176). Beide sind hier als Tab.XXII und XXIII wiedergegeben. Doch vorher einige weitere Bemerkungen:

Mit der Verdopplung von 4 auf 8 Töne lassen sich jedoch viele in den einzelnen Sprachen realisierte Tonmuster noch nicht erklären. Hierzu müssen zwei weitere Verzweigungsmöglichkeiten berücksichtigt werden:

1. In einigen Dialekten werden die Yin-Töne (also 1,3,5,7) wegen der Unterscheidung zwischen nicht-aspirierten, stimmlosen Konsonanten und aspirierten, stimmlosen Konsonanten noch einmal in Yin-c und Yin-d Töne aufgeteilt:

Yin-c Töne:	(1c,3c,5c,7c)	für die alten nicht-aspirierten, stimmlosen C
Yin-d Töne:	(1d,3d,5d,7d)	für die alten aspirierten, stimmlosen C
Yang-Töne:	(2,4,6,8)	für die alten stimmhaften C

2. In einigen Dialekten werden die Yin-Töne wegen der Unterscheidung zwischen pränasalisierten, nicht-aspirierten, stimmlosen Verschlußlauten und den übrigen stimmlosen Anfangskonsonanten ohne Pränasalierung in Yin-a und Yin-b Töne aufgeteilt:

   | Yin-a Töne: | (1a,3a,5a,7a) | für Verschlußlaute ohne Pränasalierung |
   | Yin-b Töne: | (1b,3b,5b,7b) | für Verschlußlaute mit Pränasalierung |

Wie die beiden folgenden Tabellen zeigen, sind die Unterscheidungen in Yin- und Yang-Töne, bzw. in a- und b-, c- und d- Töne nicht immer in allen möglichen Tonklassen zusammen realisiert. Zudem können phonemisch verschiedene Töne plötzlich durch ein und denselben Ton phonetisch realisiert sein. Daher reicht die Skala der tatsächlich realisierten Töne je nach Dialekt von 3 bis maximal 11 Töne.

Zum Schluß wollen wir den Fall von Shimenkan betrachten, wo, wie Tab. X. gezeigt hat, 4 Gruppen von Konsonanten unterschieden werden (stimmlos, –asp; stimmlos, +asp; stimmhaft, –asp; stimmhaft, +asp). Dazu sagt Chang (1973:560), daß stimmhafte Anfangskonsonanten nur bei einem Ton (31) bezüglich ± asp kontrastierend auftreten. Dabei handle es sich bei diesem Ton um das Resultat zweier zusammengefallener Töne, deren distinktives Merkmal sich nun auf die Aspiration verlagert habe. Zudem ist Li Yongsui et al. (1959:65) zufolge Aspiriertheit in diesem Dialekt ein Mittel zur Markierung der Wortart. Dasselbe gilt auch für die Töne 4, 6 und 8 in diesem Dialekt, die in zwei Formen realisiert werden können, je nachdem, ob eine Silbe der Wortart Nomen oder einer anderen Wortart angehört.

Damit wäre dieser Dialekt im Hinblick auf das Verhältnis von Tonalität und Grammatik/Syntax von äußerstem Interesse, nur ist leider bis jetzt erst ein einziger Artikel zur Syntax von Wang Fushi (1957) zum Problem der Nominalklassifikatoren erschienen.

Ort	Anzahl der Töne	A				B				C				D			
		1		2		3		4		5		6		7		8	
		c	d	c	d	c	d	c	d	c	d	c	d	c	d	c	d
		a	b	a	b	a	b	a	b	a	b	a	b	a	b	a	b
longli shuiwei (Guizhou)	3		31				55				35				31		8
bijie xianjin (Guizhou)	8	43	32		54	243	21		45	24	13		33	13		24
Huishui baijin (Guizhou)	6	42	55		13	34	21		44	11	33		31	11		55
ziyün tuanpo (Guizhou)	5	44	55		13	14	33		33	21	21		33	21		55
Huayüan jiwei (Hunan)	6	35	21		44	31	22		53	42	42		44	24		22
Lushan yanghao (Guizhou)	8	33	55		35	24	11		44	11	13		54	31		21
Lushan kaitang (Guizhou)	8	33	53		45	44	11		44	21	23		13			21
Weining shimenkan (Guizhou)	7	55	35		55	15	33,13,11		33	33	53,31		11			53,31
Ziyün zongdi (Guizhou)	11	32	22	42		43		11		45	24	13		33	13		31
Ziyün sidazhai (Guizhou)	8	33	13	35		44		33		13	11	44		31	11		53
Luodian xinchang (Guizhou)	9	44	23	45		24		55		33	21	32		33	21		55
Luodian xiaomiaozhai (Guizhou)	9	35	15	31		53		213		55	42	24		44	24		213
Changshun baisuo (Guizhou)	10	33	23	55		35		13		13		43		54	31		53
Wangmo lekuan (Guizhou)	7	33		45		54	44	24		54	44	33		13			31
Luodian youjian (Guizhou)	9	33	55		35	15	13		13	13	43		54	31		53
Pingtang xiguan (Guizhou)	8	33	53		55		22		44	24	13		44	24		21
Luodian pingyan (Guizhou)	6	24	24		13		13		53	31	31		55			44
Luxi dongtouzhai (Hunan)	8	33	53	21		44	55	55		22	33	22		24	34		24
Luxi xiaozhang (Hunan)	6	21	53	21		55		55		13	33	13		24			24
Longshan Wujiazhai (Hunan)	4	33	53	33		35	33	35		11		11		11			11

Tab. XXII

Töne des Prae-Miao-Yao	Anfangskonsonant im Prae-M.-Y.	Kaili Yanghaozhai (Guizhou) Tontyp	Tonwert	Huayuan-Jiwei (Hunan) Tontyp	Tonwert	Bijie Xianjin (Guizhou) Tontyp	Tonwert	Weining Shimenkan (Guizhou) Tontyp	Tonwert	Guiyang-Stadt Huaxi Qingyan (Guizhou) Tontyp	Tonwert	Guiyang-Stadt Gaopo (Guizhou) Tontyp	Tonwert	Ziyün Zongdi (Guizhou) Tontyp		Tonwert	Fuquan Fuyüan (Guizhou) Tontyp	Tonwert	Huangping Fengxiangzhai (Guizhou) Tontyp	Tonwert
A	stimmlos	1	33	1	35	1	43	1	55	1	55	1	24	ursprünglich stimmlos	1a	32	A	31	1	33
A	st.h	2	55	2	31	2	31	2	35	2	54	2	55	ursprünglich stimmhaft	1b	22			2	24
B	stimmlos	3	35	3	44	3	55	3	55	3	13	3	13	2		53			3	53
B	stimmhaft	4	11	4	33	4	21	4 +N I / 4 -N II	33 / 11	4	32	4	31	ursprünglich stimmlos / ursprünglich stimmhaft	3a / 3b	42 / 232	B	55	4	13
C	stimmlos	5	44	5	53	5	44	5	33	5	43	5	43	4		11			5	55
C	stimmhaft	6	13	6	42	6	13	6 +N I / 6 -N II	53 / 31	6' nicht-asp. / 6'' aspiriert	21 / 21	6	22	ursprünglich stimmlos / ursprünglich stimmhaft	5a / 5b	55 / 35	C	24	6	31
D	stimmlos	7	53	7	44	7	33	7	11	7	43	7	43	nicht-asp. / aspiriert	6' / 6''	33 / 13			7	53
D	stimmhaft	8	31	8	33	8	24	8 +N I / 8 -N II	53 / 31	8	54	8	55	ursprünglich stimmlos / ursprünglich stimmhaft	7a / 7b	44 / 21	D	31	8	13
														8						

Tab. XXIII

2.4. Die Aufgliederung der Miao Dialekte und Subdialekte (1)

Die Miao-Gruppe teilt sich in eine Unzahl von Dialekten auf, deren Sprecher sich meist wegen beträchtlicher Unterschiede im Lautstand und im Vokabular kaum verständigen können. Somit drängt sich die Frage auf, ob man in diesem Zusammenhang nicht überhaupt von "Sprachen" reden sollte. In Anlehnung an den im chinesischen Sprachgebrauch allgemein eingeführten Terminus *fangyan* (Dialekt) verwende jedoch auch ich den Begriff "Dialekt".

Der Ende 1956 tagende 2. Arbeitskreis zur Untersuchung der Minderheitensprachen der chinesischen Akademie (2) veröffentlichte in seinem Kommuniqué (3) eine Aufgliederung in 4 Miao-Dialekte, die anläßlich einer weiteren Sitzung (4) mit den bis heute gültigen Fachtermini Xiangxi-, Qiandong-, Chuanqiandian und Diandongbei (5) bezeichnet wurden. Von dieser Einteilung blieb das große Gebiet von Mittel- und Süd-Guizhou (Qianzhongnan) ausgeschlossen, da man damals noch über zuwenig Material für eine genauere Aufgliederung der Dialekte verfügte (6). Im Jahre 1959 kamen das Sprachkomitee der Provinz Guizhou (7) und der oben erwähnte 2. Arbeitskreis gemeinsam zu der Auffassung, daß dieses Gebiet nochmals 14 Dialekte umfasse, daß also somit insgesamt 18 Dialekte bestünden. Schon damals befriedigte diese Lösung allerdings nicht besonders. Weiter fand man heraus, daß sich die Sprecherzahl der Miao auf etwa 2'700'000 beläuft.

Im von der Miao-Sprachgruppe 1962 (in Zhongguo Yüwen 111, 1962, 28–37; übersetzt in Purnell 1972, 1–25) veröffentlichten Aufsatz wird die Zahl 2'600'000 (8) angegeben.

Nach weiteren langjährigen Debatten zum Thema Dialektaufteilung verfaßte nun Wang Fushi (1983) einen weiteren Aufsatz, der offenbar dem neuesten Diskussionsstand entspricht. Er spricht von 9 verschiedenen Lokal/Gebiets*sprachen* (difang*hua*), um die Frage nach der Anzahl der Dialekte zu umgehen, meint aber, daß man diese 9 Gruppen grundsätzlich auch als Dialekte bezeichnen könne, obwohl die Unterschiede zwischen den einzelnen "Dialekten" hier größer seien, als dies normalerweise üblich sei.

---

(1) Meine Informationen beziehe ich zur Hauptsache aus Wang Fushi (1983), wo zum ersten Mal die Kriterien zur Dialektaufgliederung einem breiteren Kreise zugänglich und durchschaubar dargestellt werden.
(2) Zhongguo kexüeyüan shaoshu minzu yüyan diaocha di er gongzuodui.
(3) Miaoyü fangyan de huafen he wenzi wenti (Fragen zum Alphabet und zur Aufgliederung der Miao-Dialekte).
(4) Minzu yüwen gongzuo zuotanhui (Arbeitssymposium zur Sprache und Literatur der Nationalitäten)
(5) Bei allen diesen Begriffen handelt es sich um geographische Bezeichnungen:
   – Xiangxi (湘西): Xiang ist die Kurzbezeichnung für die Prov. Hunan, xi bedeutet "Westen".
   – Qiandong (黔东): Qian steht für die Provinz Guizhou, dong bedeutet "E".
   – Chuanqiandian: (川黔滇): Chuan steht für die Prov. Sichuan, Qian für Guizhou, Dian für Yünnan. Diese Dialekte werden also im Grenzbereich dieser 3 Prov. gesprochen.
   – Diandongbei (滇东北): Dian steht für Yünnan, dongbei bedeutet "NE".
(6) vgl. Miaozu yüyan wenzi wenti kexüe taolunhui huikan (Gesammelte Publikationen des wissenschaftlichen Diskussionsforums zur Frage der Schrift der Sprache der Miao-Stämme), p. 16 u. 17.
(7) Guizhou-sheng yüweihui.
(8) Davon leben allein in der Provinz Guizhou 1'500'000 Sprecher; weitere 430'000 in Hunan, 380'000 in Yünnan, 220'000 in Guangxi, 100'000 in Sichuan, 10'000 in Guangdong und 10'000 in Hubei.
Für den Xiangxi-Dialekt gibt diese Quelle 440'000 Sprecher, für den Qiandong-Dialekt 900'000 und für den Chuanqiandian-Dialekt 1'150'000 Sprecher an.

Nebst den 4 bereits 1956 als Dialekte bezeichneten Lokalsprachen von Xiangxi (440'000 Sprecher), Qiandong (900'000 Sprecher), Chuanqiandian (740'000 Sprecher!, vgl. die vorangehende Seite, Anm.(8)) und Diandongbei (100'000 Sprecher) unterscheidet er die folgenden 5 weiteren Lokalsprachen:

1. Lokalsprache von Guiyang (贵阳), Pingba (平坝), Qingzhen (清镇) und Anshun (安顺) mit 80'000 Sprechern.
2. Lokalsprache von Huishui (惠水), Changshun (长顺), Luodian (罗甸) und Guiding (贵定) mit 85'000 Sprechern.
3. Lokalsprache von Ziyün (紫云), Changshun (长顺) und Wangmo (望漠) mit 64'000 Sprechern.
4. Lokalsprache von Fuquan (福泉), Longli (龙里), Weng'an (瓮安), Guiding (贵定) und Kaiyang (开阳) sowie von weiteren benachbarten Distrikten mit 30'000 Sprechern.
5. Lokalsprache von Fengtang (枫塘) und Chongxin (重新) im Distrikt Huangping (黄平), von Longchang (龙场), Gouchang (狗场), Ganba (甘坝) und Longchang (隆昌) im Distrikt Kaili (凯里), sowie von den Distrikten Qianxi (黔西) und Zhijin (织金) mit 30'000 Sprechern.

Für die Einteilung des Miao in die drei Dialekte Xiangxi, Qiandong und Chuanqiandian geht Wang Fushi (1983) von den pränasalierten Anlauten des Proto-Miao-Yao aus, die sich, wie wir gesehen haben, jeweils in eine Dreiergruppe von stimmhaften, stimmlosen (-asp) und stimmlosen (+asp) Konsonanten zusammenfassen lassen:

*mp-, *mph-, *mb-; *nts-, *ntsh-, *ndz-; *nt-, *nth-, nd-; ... *ŋk-, *ŋkh-, *ŋg-; *Nq-, *Nqh-, *NG-.

1. In den Dialekten von *Xiangxi* bleiben die aspirierten und die nicht aspirierten stimmlosen, pränasalierten Okklusiva *mp-, *mph-; *nts-, *ntsh-; *nt-, *nth-; ... *ŋk-, *ŋkh-; *Nq-, *Nqh- erhalten und erscheinen zusammen mit den Yin-Tönen (1,3,5,7), während die stimmhaften, pränasalierten Konsonanten *mb-, *ndz-, *nd- ... *ŋg-, *NG- unter Verlust ihres Okklusivs zu m-, n- und ŋ- werden und an die Yang-Töne (2,4,6,8) gebunden sind, wobei die mit den Tönen 4, 6 und 8 vorkommenden Silben zum Teil aspiriert sind.

2. In den Dialekten von *Qiandong* verlieren die pränasalierten, stimmlosen, ±aspirierten Okklusiva den pränasalierten Konsonanten m, n oder ŋ und werden zu einfachen ±aspirierten Okklusiven: p-, ph-; t-, th-; ... tç-, tçh-; q-, qh-; s-, sh-; ç-, çh- (vgl. Tab. XI), die zu den Yin-Tönen (1,3,5,7) gehören. Mit den stimmhaften, pränasalierten Okklusiven geschieht genau das gleiche wie im Xiangxi-Dialekt, nur entsteht hier in einigen Dialekten noch ein zusätzlicher Laut z aus Proto-Miao-Yao *mbr. Die so entstandenen Anlaute m-, n-, ŋ- und z- sind mit den Yang-Tönen (2,4,6,8) verbunden, wobei bei Ton 4 ein Teil der Silben leicht, bei Ton 6 stark aspiriert ist.

3. In den Dialekten von *Chuanqiandian* werden die pränasalierten, stimmlosen, ±aspirierten Okklusiva wie im Xiangxi-Dialekt behandelt, d.h. sie bleiben erhalten und sind an die Yin-Töne (1,3,5,7) gebunden. In den Gebieten, wo die Unterscheidung zwischen Yin- und Yang-Tönen noch nicht stattgefunden hat, tritt zwischen den Nasal und den Okklusiv zusätzlich ein Glottisverschluß: m?p-, m?ph-; n?ts-, n?tsh-;

n?t-, n?th-; ... ŋ?k-, ŋ?kh-; N?q-, N?qh-. Die stimmhaften, pränasalierten Auslaute dagegen werden mit Ausnahme der Gebiete, wo die Aufteilung in Yin- und Yang-Töne noch nicht stattgefunden hat, und mit Ausnahme des Dialekts von Chong'an (重安)im Yangtze-Becken, wo sie zu mp-, nts-, nt-... ŋk- und Nq- werden, für den Fall der Töne 4 und 6 meistens zu pränasalierten, stimmlosen, aspirierten Okklusiven mph-, ntsh-, nth-... ŋkh-, ŋqh- oder zu pränasalierten, stimmhaften, aspirierten Okklusiven mbh-, ndzh-, ndh-... ŋgh-, NGh-.

Für den Fall der Töne 2 und 8 entstehen, wenn man die Silben getrennt spricht, stimmlose, nichtaspirierte, pränasalierte Okklusiva: mp-, nts-, nt-... nk-, Nq-, die aber in einem längeren Satzzusammenhang gesprochen, wenn durch Ton-Sandhi Tonänderungen auftreten, auch als aspirierte, stimmlose oder als aspirierte, stimmhafte, pränasalierte Okklusiva auftreten können.

Die folgende Tabelle XXIV dient als Illustration zum oben Gesagten:

Ton		Bedeutung	Yanghao 养蒿 Qiandong-Dialekt (Guizhou)	Jiwei 吉卫 Xiangxi-Dialekt (Hunan)	Xianjin 先进 Chuanqiandian-Dialekt (Guizhou)
A	1	grob, rauh	33 sha(1)	35 ntsha(1)	43 ntshi(1)
		mittler	31 toŋ(1)	35 ntoŋ(1)	43 ntaŋ(1)
	2	schlagen (Hand)	55 ma(2)	31 ma(2)	31 mpua(2)
		Schiff	55 ȵaŋ(2)	31 ȵaŋ(2)	31 ŋkau(2)
B	3	früh	35 so(3)	44 ntso(3)	55 ntso(3)
		Salz	35 ɕi(3)	44 ȵtɕɯ(3)	55 ntʂe(3)
	4	faul	11 ȵi(4)[ȵ⁽ⁱ¹¹]	33 ȵe(4)[ȵɦe³³]	21 ŋken(4)[ŋgɦen²¹]
		verschlucken	11 ȵaŋ(4)[ȵ⁽aŋ¹¹]	33 ŋu(4)[ŋɦu³³]	21 ɴqau(4)[ɴɢɦau²¹]
C	5	Schnee	44 pɛ(5)	53 mpe(5)	44 mpo(5)
		Schwein	44 pa(5)	53 mpa(5)	44 mpua(5)
	6	Hanf fleissig/ gewissenhaft	13 no(6)[nɦo¹³]	42 no(6)[nɦo⁴²]	13 ntua(6)[ndɦɒ¹³]
			13 ŋa(6)[ŋɦʌ¹³]	42 ŋa(6)[ŋɦa⁴²]	13 ɴqua(6)[ɴɢɦɒ¹³]
D	7	weben	53 to(7)	44 nto(7)	33 nto(7)
		Bauchnabel	53 tu(7)	44 ntu(7)	33 nteu(7)
	8	Zunge	31 ȵi(8)	33 mja(8)[mjɦa³³]	24 mplai(8)
		eng	31 ȵi(8)	33 ŋa(8)[ŋɦa³³]	24 ɴqai(8)

Tab. XXIV

Im weiteren Verlauf seines Aufsatzes trifft Wang Fushi feinere Unterscheidungen, die zu einer Einteilung in Lokaldialekte und Subdialekte führen:

So führt er beim Xiangxi-Dialekt 2 Lokaldialekte (tuyü), beim Qiandong-Dialekt 3 Lokaldialekte an.

Im Falle der Chuanqiandian-Dialekte spricht er von 7 Subdialekten (cifangyan), nicht von Lokaldialekten (tuyü), weil die Unterschiede zwischen diesen Subdialekten recht beträchtlich sind und man innerhalb derselben weiter in einzelne Lokaldialekte aufteilen muß.

Zum ersten Subdialekt, dem sog. Chuanqiandian-Subdialekt und innerhalb desselben zum ersten Lokaldialekt, der sehr weit verbreitet ist und sich vom Süden der Provinz Sichuan bis ins südliche Yünnan erstreckt, zählen auch die Miao-Dialekte in Vietnam, Laos und das von mir untersuchte *Hmong* in Thailand.

In der folgenden Tabelle XXV werden die 7 Subdialekte des Chuanqiandong-Dialektes verglichen (Wang Fushi 1983:7–9). Als Ergänzung habe ich die entsprechenden Wörter des Hmong hinzugefügt. Die in Wang erwähnten Orte gehören zu folgenden Subdialekten:

1. Xianjin (先进) gehört zum Chuanqiandian-Subdialekt.
2. Shimenkan (石门砍) gehört zum Diandongbei-Subdialekt.
3. Qingyan (青岩) gehört zum Guiyang-Subdialekt (贵阳).
4. Gaopo (高坡) gehört zum Huishui-Subdialekt (惠水).
5. Zongdi (宗地) gehört zum Mashan-Subdialekt (麻山).
6. Fuyüan (复员) gehört zum Luopohe-Subdialekt (罗泊河).
7. Fengxiang (枫香) gehört zum Chong'anjiang-Subdialekt (重安江).

Wie zu erwarten ist die Nähe zum in Xianjin gesprochenen Dialekt besonders offensichtlich und liefert sehr wertvolle Hinweise auf die ursprüngliche Herkunft der Hmong in Thailand. Da ein Wortvergleich ohne Kenntnis der phonemischen Kategorien und ihrer konkreten sprachlichen Realisation unmöglich ist, gebe ich zum Schluß die Aufteilung der Töne des Hmong auf das in Tab. XIX dargestellte Schema nach Downer (1967:591):

	QING 1	ZHUO 2
PING / A	b (1)	j (2)
SHANG / B	v (3)	s (4)
QÜ / C	– (5)	g (6)
RU / D	s (7)	m/d (8)

Prae-Miao-Yao	Bedeutung	Hmong	Xianjin	Shimenkan	Qingyan	Gaooo	Zongdi	Fuyüan	Fengxiang
*pʐ	Mann, männl.	txiv	55 tsi(3)	55 tsi(3)	13 pje(3)	13 pɑ(3)	42 pji(3a)	55 pa(ʙ)	53 pa(3)
*phʐ	Hälfte, 1 Teil von e. Paar	txhais	33 tshai(7) 调!	11 tshai(7) 调!	43 phjai(5~7)	43 phɛ(5~7)	13 pje(7b) 调!	24 phje(c)	55 phɛ(5)
*m̥ʐ	Zahn	hniav	55 m̥ɑ(3)	55 m̥ie(3)	13 m̥jen(3)	13 m̥hɛ(3)	232 mji(3b) [mjɦi²³²]	55 m̥jen(ʙ)	53 m̥hen(3)
*mʐ	Frau, fem.	niam	24 na(8)	53 n̩ie(8I)	54 mje(8) 的!	55 mɛ(8)	21 mji(8)	24 men(c) 调!	13 men(8)
*mpʐ	ergänzen	ntxiv	55 ntsi(3)	55 ntsi(3)	13 mpji(3)	13 mpɑ(3)	42 mpji(3a)	55 mʔpa(ʙ)	53 mpa(3)
*mphʐ	Mädchen	ntxhais	33 ntshai(7)	11 ntshai(7)	43 mphjai(7)	43 mphe(7)	13 mpje(7b) [mpjɦi¹³]	31 mʔphje(ᴅ)	53 mphɛ(7)
*mbʐ	flechten	?	21 ntsa(4) [ndzɦa²¹]	11 ndzɦie(4Ⅱ)	32 mpjen(4) [mpjɦen³²]	31 mpɛ(4)	11 mpjein(4) [mpjɦeI¹¹]	55 mpen(ʙ)	13 mpen(4)
*pr	dunkel	tsaus	33 tʂou(7)	11 tsau(7)	43 pju(7)	43 plə(7)	44 pʐu(7a)	31 pjo(ᴅ)	53 tsou(7)
*phr	blasen	tshuab	43 tʂhua(1)	55 tsha(1)	55 phjo(1)	24 phlu(1)	22 pʐa(1b)	31 phja(ᴀ)	33 tsha(1)
*br	Ratte	tsuag	13 tʂua(6) [dzɦo¹³]	—	21 pjo(6) [pjɦo²¹]	22 plu(6) [plɦu²²]	13 pʐəa(6)	vja(ʙ) 调!	24 tsa(2) 调!
*mpr	grün	ntsuab	43 ntʂua(1)	55 ntsa(1)	55 mpjo(1)	24 mplu(1)	32 mpʐa(1a)	31 mʔpja(ᴀ)	33 ntsa(1)
*mbr	stöhnen	ntsaj	31 ntʂaŋ(2)	35 ndzɦau(2)	54 mpjoŋ(2)	55 mploŋ(2)	53 mpʐua(2)	31 mpen(ᴀ)	24 ntsoŋ(2)
*tʂ	Reiskochtopf aus Holz	tsu	44 tʂo(5)	33 tʂu(5)	43 tsoŋ(5)	43 səŋ(5)	55 soŋ(5a)	24 tsaŋ(c)	55 soŋ(5)
*tʂh	Asche	tshauv	55 tʂhou(3)	55 tʂhau(3)	13 su(3)	13 sho(3)	232 sɔ(3b) [sɦo²³²]	55 tshu(ʙ)	53 ɕou(3)
*dʐ	Stachelschwein	tsaug	13 tʂou̯(6)	53 dzɦau(6Ⅰ)	21 tsu(6) [tsɦu²¹]	22 so(6) [sɦo²²]	13 so(6) [sɦo¹³]	24 zu(c)	31 sou(6)
*ntʂ	Salz	ntsev	55 ntʂe(3)	55 ntʂə(3)	13 ntsa(3)	13 nzæ(3)	42 ntsæ(3a)	55 nʔtsi(ʙ)	53 zei(3)
*ntʂh	Blut	ntshav	55 ntʂhaŋ(3)	55 ntʂhaɯ(3)	13 ntshoŋ(3)	13 nshoŋ(3)	232 ntsua(3b) [ntsɦua²³²]	55 nʔtshen(ʙ)	53 ntshoŋ(3)
*ʐ	warm	sov	55 ʂo(3)	55 ʂo(3)	13 sau(3)	13 shə(3)	232 so(3b) [sɦo²³²]	55 su(ʙ)	53 ɕau(3)
*r	Birne	zuaj (Apfel!)	31 ʐua(2)	35 zɦa(2)	54 vo(2)	55 ʐu(2)	53 ʐa(2)	31 wja(ᴀ)	24 ya(2)
*ʔr	gut	zoo	44 ʐoŋ(5)	33 zau(5)	43 ven(5)	43 ʐoŋ(5)	55 ʐaŋ(5a)	24 ʔwjoŋ(c)	55 yoŋ(5)
*r	Farnkraut	suab	43 ʂua(1)	55 sa(1)	55 fo(1)	24 ʂhu(1)	22 ʐa(1b) [zɦa²²]	31 sa(ᴀ)	33 ha(1)

Tab. XXV

Anhang III: Einige statische Verben im Hmong

cam	angeklebt	khoov	gebückt, bucklig
caug	frühreif (Frucht)	lag (ntseg)	taub
ceb	beschmiert, befleckt, beschmutzt	laj	schwierig
		laus	alt
ci (nplas)	leuchtend, glänzend	lauj	links
ci uab	faul, träge	lim	müde
ciaj	lebendig, lebend	lim kias	schlecht, böse
cov	gewunden, kompliziert	lig	früh
cua	samtartig, leicht bestreut mit etwas	liab	rot
		loj	groß
cuav	falsch, gefälscht	luv	kurz
cuaj khaum	geizig	lwj	faul (Frucht)
chev	gewunden, verschlungen	mab	dicklich, rundlich
chim	wütend	me	klein
chom	nach vorne gebeugt	meeb	langsam, träge
dav	weit, geräumig	mos	fein, zart
daj	gelb	mob	krank
daw	stark (im Geschmack)	mooj	steril
dawb	weiß	muag	weich, schlaff
deb	fern	mluav	zerbeult
(muag) dig	blind	no	kalt
do	kahlköpfig	nob txwv	mager, schwach
doog	gebräunt (von der Sonne)	noo	feucht
dub	schwarz	ncaj	recht
ha	forsch, munter	nciab	schwarz
hob	scharf, herb	ncha	laut, lärmig
hu dab	gefräßig	nka	schmächtig, schwächlich
huv	sauber	nkig	trocken, brüchig
hua	scharf	nkhaus	gewunden, kurvenreich
hluas	jung	npawv	aufgedunsen
hmlos	zerbeult	npub	abgestumpft
hnyav	schwer (Gewicht)	nplaum	klebend (Reis)
hnyo	zerzaust	nplua	glatt, schlüpfrig
iab	bitter	nqaim	eng
kaj	klar hell	nqha	klar (ohne Gestrüpp: vom Wald gesagt)
kim	teuer (Geld)		
kiab	ruhig, friedlich	nqhuab	ausgetrocknet
kob huam	arm und dreckig	nrawm	schnell, rasch
kub	heiß	nrib	rißig
kub hnyiav	verbrannt	ntais	schartig
khis	schartig, angeschlagen	ntev	lang
khib	eifersüchtig	nti	stockdunkel
khoom	leer	ntiav	seicht

ntub	naß	rog	dick, fett
nthi	unbeweglich, steif, starr	(roj	das Fett/Oel)
ntse	spitz, scharf	room	einsam, allein
ntsug	unglückbringend (in der Jagd)	ruam	dumm; stumm
ntsuab	grün	ruaj	solide, fest
ntsws (ntsee)	welk, geschrumpft	rhwb	weiß
ntshiab	klar, rein	sav	beschädigt, mangelhaft
ntxov	spät	sab	müde
ntxwj	böse, schlecht	sab	verwundet
ntxhab	schroff, abschüßig	sab	flüßig
ntxhe	dröhnend	sib	leicht (Gewicht)
ntxhib	faltig, zerknittert	sib	licht, dünnbepflanzt
ntxhov	in Unordnung sein, verwirrt, aufgebracht	siav	reif, gekocht
		siab	hoch
nyam zaws	schmutzig, fettig, verklebt	sov	warm
nyias	winzig	soob	schlank und aufgeschoßen
nyoos	ungekocht, roh, unreif	sw	dreckig (vom Haus)
nyoos	zart, fein	taj	verspätet
nyuaj	schwierig, mühsam	tais	eng (von einem Tal)
o	geschwollen	tawv	hart
pau	überhängend	tiaj	eben, flach
peev feem	schweigsam	to	durchbohrt, durchstochen
po	angefault (Holz)	tob	tief
pob	kurz, zusammengezogen	tus	friedlich, in Frieden
puam fab	geschwätzig	tuag	tot
puas	beschädigt	tuab	dicht, fest
pws	dick, fett (von Tieren)	tws tshwv	abgeschnitten
pham	rundlich, pausbäckig	thab	grob gewoben
phem	böse	tsaus	dunkel (vom Himmel)
pheej yig	billig	tsau	satt
pheeb	schief, geneigt	tsaug	schläfrig
phom	weich, fein, sanft, zart	tseeb ceeb	wahr; wichtig
pluas	bitter (von unreifen Bananen)	tsiv	unangenehm
		tsuag	fad
pluag	arm	tshaib	hungrig
pluav	platt, flach	tshob	steril
qab	gut, angenehm (zum Essen), süß	txag	biegsam
		txawv	verschieden (von)
qaug	betrunken	txeev	gesprungen
qaub	sauer	txim	zu eng (von Kleidern)
qeeb	langsam	txias	kalt, frisch
qis	verrenkt	txom nyem	unglücklich
qus	wild (Tier)	txog	eng gewoben
qub	alt (von früher)	txoom	welk, runzlig
qhuav	trocken	txhav	starr, hart
rawv	nach unten gebogen	txheem ceeb	gespannt, nicht biegbar

txho (tshauv)	grau	xyuam xim	vorsichtig
vaum	warm	xyuam yaj	hoch (alles überragend)
vees	geschickt	yau	klein
xab yeeb	billig	yeej	rund
xaum	ganz mager und abgezehrt	yiag	gerade, schlank und gut gewachsen; elegant
xim yeem	ganz flach		
xis	rechts	yuag	mager
xiav	blau	zoo	gut
xob	ganz (nicht kastriert)	zooj	dehnbar, geschmeidig, biegsam
xooj	ängstlich		
xoob	locker	zaum	runzlig
xwb	gerissen, hat einen Riß	zuav	zerdrückt, verbeult

BIBLIOGRAPHIE

Alleton, Viviane (1972) *Les adverbes en chinois moderne.* Mouton.
Alleton, Viviane (1973) *Grammaire du chinois.* Paris: P.U.F.
Alleton, Viviane (1984) *Les auxiliaires de mode en chinois contemporain.* Paris: éditions de la maison des sciences de l'homme.
Anderson, John M. and C. Jones (1974) *Historical Linguistics I (Syntax, Morphology, Internal and Comparative Reconstruction).* Amsterdam: North Holland Publishing Company.
Andreasen, Andrew J. (1981) *Backgrounding and Foregrounding through Aspect in Chinese Narrative literature.* Stanford Ph.D.diss.
Ansre, Gilbert (1966) "The Verbid – a Caveat to 'Serial Verbs'". *Journal of West African Languages 3.1,29–32.*
Anthony, Edward M. (1964) "Verboid Constructions in Thai". In: Marckwardt, ed., pp.69–79.
Austroasiatic Studies I and II (1976) Ed. by Jenner, Philip N., Laurence C. Thompson, and Stanley Starosta. (Oceanic Linguistics Special Publications No. 13.) Honolulu: University of Hawaii Press.
Awobuluyi, Oladele (1973) "The Modifying Serial Construction: A Critique". *Studies in African Linguistics 4.1,87–111.*
Awoyale, Y. (1987) "Perspectives on Verb Serialization". *Niger-Congo Syntax and Semantics 1,3–36.*
Awoyale, Y. (1988) "Complex Predicates and Verb Serialization". (Lexicon Project Working Papers 28). Cambridge, Mass.: Center for Cognitive Science, MIT.
Axmaker, Shelley, Annie Jaisser, and Helen Singmaster (1988) *Berkeley Linguistics Society, Proceedings of the 14th Annual Meeting, General Session and Parasession on Grammaticalization.* Berkeley, California: Berkeley Linguistics Society.
Bach, E. and R.T. Harms, eds. (1968) *Universals in Linguistic theory.* New York: Holt, Rinehart and Winston.
Bamgboşe, Ayo (1972) "On Serial Verbs and Verbal Status". Communication to the 10th West African Languages Congress, Ibadan, 21–27 March 1972. Published In: *Journal of West African Languages 9.1,17–48.*
Bamgboşe, Ayo (1973) "The Modifying Serial Construction: A Reply". *Studies in African Linguistics 4.2,207–17.*
Benedict, Paul K. (1942) "Thai, Kadai, and Indonesian: A New Alignment in Southeastern Asia". *American Anthropologist 44,576–601.*
Benedict, Paul K. (1972) *Sino-Tibetan, a Conspectus.* Cambridge: Cambridge University Press.
Benedict, Paul K. (1975) *Austro-Thai: Language and Culture, with a Glossary of Roots.* New Haven: HRAF Press.
Bennett, Paul A. (1981) "The Evolution of Passive and Disposal Sentences". *Journal of Chinese Linguistics 8,61–89.*
Bertrais-Charrier, Fr. Yves (1964,1979) *Dictionnaire Hmong (Mêo Blanc) – Français.* Vientiane, Laos, Mission Catholique. 600pp. (Repr. 1979, Bangkok: Assumption Press).
Bisang, Walter (1985) *Das Chinesische Pidgin-Englisch: Ein bilinguales Pidgin im Spannungsfeld von Superstrat, Substrat und eigener Kreativität.* Amsterdam. Amsterdam Asia Studies No. 58.
Bisang, Walter (1986) "Die Verb-Serialisierung im Jabêm". *Lingua 70,131–62.*
Bisang, Walter (1988) *Hmong-Texte, eine Auswahl mit Interlinearübersetzung aus Jean Mottin, Contes et légendes Hmong Blanc (Bangkok, Don Bosco 1980).* Arbeiten des Seminars für Allgemeine Sprachwissenschaft der Universität Zürich, Nr.8.

Bisang, Walter (1991a) "Verb Serialization, Grammaticalization and Attractor Positions in Chinese, Hmong, Vietnamese, Thai and Khmer". *Partizipation (Das sprachliche Erfassen von Sachverhalten)*, ed. by H.-J. Seiler and W. Premper. Tübingen: Narr. pp. 509–562.

Bisang, Walter (1991b) "Die Hervorhebung im Chinesischen: Zur diachronen Kontinuität des Äquationalsatzmusters im Rahmen der Diskurspragmatik". In Bisang, Walter und Peter Rinderknecht, Hrsg. pp. 39–75.

Bisang, Walter und Peter Rinderknecht (1991) *Von Europa bis Ozeanien – von der Antonymie zum Relativsatz, Gedenkschrift für Meinrad Scheller*. Zürich: Arbeiten des Seminars für Allgemeine Sprachwissenschaft der Universität Zürich, Nr. 11.

Bisang, Walter, to appear. "Classifiers, Quantifiers and Class Nouns in Hmong". *Studies in Language*.

Boas, Franz (1938) *Language*. General Anthropology. Boston.

Bole-Richard, Rémy (1978) "Problématique des séries verbales avec application au Gen". *Afrique et langage 10.24–47*.

Boonyapatipark, Tasanalai (1983) *A Study of Aspect in Thai*. Ph.D.diss. University of London.

Bossong, Georg (1980) "Questions de linguistique chinoise (réflexions critiques au sujet du livre de Claude Hagège, Le Problème des prépositions et la solution chinoise". *Lingua* 50,233–50.

Bradshaw, Joel (1980) "Dempwolff's Description of Verbserialization in Yabem". *University of Hawaii Working Papers in Linguistics* 12.3,1–26.

Bradshaw, Joel (1982) *Word Order Change in Papua New Guinea Austronesian Languages*. Ph.D.diss. University of Hawaii.

Breivik, Leiv Egil and Ernst Hakon Jahr, eds. (1989) *Language Change (Contributions to the Study of its Causes)*. Berlin, New York: Mouton de Gryter.

Broschart, Jürgen (1991) "On the Sequence of the Techniques on the Dimension of PARTICIPATION." *Partizipation (Das sprachliche Erfassen von Sachverhalten)*, ed. by H.-J. Seiler and W. Premper. Tübingen: Narr. pp. 29–61. s. auch: *akup* (Arbeiten des Kölner Universalien-Projekts) Nr. 76. (1988).

Bruce, Les (1988) "Serialization: From Syntax to Lexicon". *Studies in Language* 12.1,19–49.

Bybee, Joan L. (1985) *Morphology: A Study of the Relation between Meaning and Form*. Amsterdam: John Benjamins.

Bybee, John L. and Östen Dahl (1989) "The Creation of Tense and Aspect Systems in the Languages of the World". *Studies in Language* 13.1,51–103.

Bystrov, I.S. (1967) "O razgraničenii znamenatelˈnych i služebnych funkcij glagolov napravlennogo dviženija vo vˈetnamskom jazyke (On the Determination of the Independent and Dependent Functions of Vietnamese Directional Verbs)". *Vestnik Leningradskogo gosudarstvennogo universiteta* 1967.1,135–38.

Bystrov, I.S. (1970) "Opyt vydelenija glagolˈnych konfiguracij vo vˈetnamskom jazyke (An Attempt at Classifying Verbal Configurations in Vietnamese)". Solncev, N.V., ed., pp.100–111.

Bystrov, I.S. und N.V. Stankevič (1980) "O glagolach-predlogach vˈetnamskogo jazyka (On Verb-Prepositions in Vietnamese". *Vostokovedenie* 7,8–17.

Cartier, Alice (1970) "Verbes et prépositions en chinois moderne". *La Linguistique* 6.1,91–116.

Cartier, Alice (1972): *Les verbes résultatifs en chinois moderne*. Paris: Klincksieck.

Chan, Marjorie K.M. (1980) "Temporal Reference in Mandarin Chinese: An Analytical Semantic Approach to the Study of the Morphemes *le, zai, zhe* and *ne*". *Journal of the Chinese Language Teachers Association* 15.1,33–79.

Chang, Kˈun (1947) *Miaoyaoyu shengdiao wenti (Questions on Tone in Miao-Yao)*. Bulletin of the Institute of History and Philosophy, Academia Sinica 16.

Chang, Kˈun (1953) "On the Tone-System of the Miao-Yao Tones". *Language* 29, 374–378.

Chang, Kˈun (1973) *The Reconstruction of Proto-Miao-Yao Tones*. Taipei: Academia Sinica.

Chang, Roland Chiang-Jen (1977) *Coverbs in Spoken Chinese*. Taipeh: Cheng Chung Book Company.
Chao, Yüan Ren (1968) *A Grammar of Spoken Chinese*. Berkeley and Los Angeles: University of California Press.
Chappell, Hilary (1986) "Formal and Colloquial Adversity Passive in Standard Chinese". *Linguistics* 24,1025–1052.
Chappell, Hilary (1991) "Causativity and the *ba*-Construction in Chinese". In: *Partizipation (Das sprachliche Erfassen von Sachverhalten)*, ed. by H.-J. Seiler and W. Premper. Tübingen: Narr. pp. 563–584.
Chen, Chusheng (1983) "Zaoqi chuzhishi lüelun (On the Early Disposal Form)". *Zhongguo Yuwen* 3.201–206.
Chen, Chung-yu (1986) "Constraints on the 'V1-*zhe*...V2' Structure". *Journal of the Chinese Language Teachers Association* 21.1,1–20.
Chen, Gwang-Tsai (1979) "The Aspect Markers *le*, *guo* and *zhe* in Mandarin Chinese". *Journal of the Chinese Language Teachers Association* 14,27–46.
Chen, Gwang-Tsai (1983) "The *ba* construction: A Topic-Comment Approach". *Journal of the Chinese Language Teachers Association* 18.1,17–29.
Chen, Qiguang und Li Yongsui (1981) "Hanyu Miaoyaoyu tongyuan lizheng (Examples for the Common Origin of Chinese and Miao-Yao)". *Minzu Yuyan* 2,13–26.
Cheng, Robert C. (1974) "Causative Constructions in Taiwanese". *Journal of Chinese Linguistics* 2,279–324.
Cheng, Robert C. (1985/6) "*le* as Aspect and Phase Markers in Mandarin Chinese". *Papers in East Asian Languages* 3,63–83.
Cheung, Hung-Nin Samuel (1978) "A Comparative Study in Chinese Grammar: The *ba*-Construction". *Journal of Chinese Linguistics* 1,343–382.
Christaller, Rev. J.G. (1875) *A Grammar of the Asante and Fante Language Called Tshi*. Basel. Republished 1964 by Gregg, Ridgewood.
Chu, Chauncey C. (1976) "Some Semantic Aspects of Action Verbs". *Lingua* 40, 43–54.
Chu, Chauncey C. (1987) "The Semantics, Syntax and Pragmatics of the Verbal Suffix -*zhe*". *Journal of the Chinese Language Teachers Association* 22.1,1–41.
Chu, Chauncey C. and W. Vincent Chang (1987) "The Discourse Function of the Verbal Suffix -*le* in Mandarin". *Journal of Chinese Linguistics* 15.2,309–334.
Cikoski, John (1978) "An Analysis of Some Idioms Commonly Called 'Passive' in Classical Chinese." *Computational Analysis of Asian and African Languages* 9,133–208.
Clark, Marybeth (1977) "Ditransitive Goal Verbs in Vietnamese". *Mon-Khmer Studies* VI, Honolulu: University of Hawaii Press. pp.1–38.
Clark, Marybeth (1978) *Coverbs and Case in Vietnamese*. Canberra: ANU. Pacific Linguistics B.48.
Clark, Marybeth (1979) "Coverbs: Evidence for the Derivation of Prepositions from Verbs – New Evidence from Hmong". *Working Papers of Linguistics Hawaii (WPL Hawaii)* 11.2,1–12.
Clark, Marybeth (1982) "Some Auxiliary Verbs in Hmong". In: Downing Bruce T. and Douglas P. Olney, eds.,pp. 125–41.
Claudi, Ulrike und Bernd Heine (1986) "On the Metaphorical Base of Grammar". *Studies in Language* 10.2,297–335.
Comrie, Bernard (1976) *Aspect*. Cambridge: Cambridge University Press.
Coulmas, Florian, ed. (1986) *Direct and Indirect Speech*. Berlin, New York, Amsterdam: Mouton de Gruyter.
Crowley, Terry (1987) "Serial Verbs in Paamese". *Studies in Language* 11.1,35–84.
Cumming, Susanna (1984) "The Sentence in Chinese". *Studies in Language* 8.3,365–95.
Déchaine, R.-M. (1986/1988) "Opérations sur les structures d'argument: le cas des constructions sérielles en haïtien". *Travaux de recherche sur le créole haïtien* No.1.

Dellinger, David W. (1975) "Thai Modals". In: Harris, Jimmy G. and James R. Chamberlain, eds. *Studies in Tai Linguistics in Honor of William J. Gedney.* Bangkok: Central Institute of English Language. pp.89–99.

Delplanque, Alain (1986) "Le syntagme verbal en dagara". *Afrique et langage* 26.32–56.

Denlinger, Paul B. (1974) "Chinese Tone and Southeast Asian Languages". *Monumenta Serica* 1974/75,319–33.

Dictionnaire cambodgien (Vacəna:nùkrɔm khmae(r)), 2 vols, Phnom Penh: édition de l'institut bouddhique, 5-ème édition, 1967.

Ding, Shengshu (1961) *Xiandai Hanyu yufa jianghua (Guide to the Grammar of Modern Chinese).* Beijing: Shangwu Yinshuguan.

Direkchai, Mahathanansin (1973) *Laksana lae khroong saang phaasaa thai (Characteristics and Structure of the Thai Language).* Bangkok: Suriwong Book Center.

Dobson, W.A.C.H. (1964) *Late Han Chinese.* University of Toronto Press.

Downer, G.B. (1959) "Derivation by Tone-Change in Classical Chinese". *Bulletin of the School of Oriental and African Studies* 22,258-290.

Downer, Gordon B. (1963) "Chinese, Thai, and Miao-Yao". In: Shorto, Harry Leonard, ed., pp.133–9.

Downer, Gordon B. (1967) "Tone-Change and Tone-Shift in White Miao". *Bulletin of the School of Oriental and African Studies* 30.3,589–99.

Downing, Bruce T. and Douglas P. Olney (1982) *The Hmong in the West: Observations and Reports (Papers from the 1981 Hmong Research Conference Held at the University of Minnesota in October 1981).* Minneapolis: Southeast Asian Refugee Studies Project, Center for Regional and Urban Affairs, University of Minnesota.

Dragunov, A.A. (1952) *Issledovanija po grammatika sovremennogo kitajskogo jazyka (Investigations on the Grammar of Modern Chinese).* Leningrad.

Dressler, Wolfgang, ed. (1978) *Proceedings of the XIIth International Congress of Linguists.* Innsbruck: Innsbrucker Beiträge zur Sprachwissenschaft, Universität Innsbruck.

Dương, Thanh Bin (1971) *A Tagmemic Comparison of the Structure of English and Vietnamese Sentences* (Janua Linguarum, Series Practica). The Hague: Mouton.

Durie, Mark (1988) "Verb serialization and 'verbal prepostions' in Oceanic languages". *Oceanic Linguistics* 27,1–23.

Ebert, Karen H. (1991)"Vom verbum dicendi zur Konjunktion – Ein Kapitel universaler Grammatikentwicklung". In Bisang, Walter und Peter Rinderknecht 1991:77–95.

Ehrman, Madeleine (1972) *Contemporary Cambodian: Grammatical Sketch.* Washington, DC, Foreign Service Institute.

Ekundayo, S.A. and F.N. Akinnaso (1983) "Yoruba Serial Verb String Commutability Constraints". *Lingua* 60,115–33.

Emeneau, Murray B. (1951) *Studies in Vietnamese (Annamese) Grammar* (University of California Publications in Linguistics 8). Berkeley-Los Angeles: University of California Press.

Erbaugh, Mary Susan (1982) *Coming to Order: Natural Selection and the Origin of Syntax in the Mandarin Speaking Child.* University Microfilm International, Ann Arbor, Michigan, U.S.A. Ph.D.diss., University of California, Berkeley.

Fan, Jiyan (1982) "Lun jici duanyu 'zai + chusuo' (On the prepositional phrase 'zai + location')". *Yuyan Yanjiu* 1982.1,71–86.

Ferlus, Michel (1979) "Formation des registres et mutations consonantiques dans les langues mon-khmer". *Mon-Khmer Studies* VIII. Honolulu: University of Hawaii Press. pp.1–76.

Filbeck, David (1975) "A Grammar of Verb Serialization in Thai". In: Harris, Jimmy G. and James A. Chamberlain, eds. pp.112–29.

Fillmore, Charles N. (1968) "The Case for Case". In: Bach, E. and R.T. Harms, eds. pp.1–88.

Foley, William A. (1986) *The Papuan Languages of New Guinea*. Cambridge: Cambridge University Press.
Foley, William A. and Robert D. VanValin (1984) *Functional Syntax and Universal Grammar*. Cambridge: Cambridge University Press.
Frei, Henry (1956) "The Ergative Construction in Chinese: Theory of Pekinese *ba*". *Gengo Kenkyuu* 31,22-50 und 32,83–115.
Gabelentz, Georg von der (1881) *Chinesische Grammatik (mit Ausschluß des niederen Stiles und der heutigen Umgangssprache)*. Reprinted 1960, Leipzig: VEB Max Niemeyer.
Gabelentz, Georg von der (1891) *Die Sprachwissenschaft, ihre Aufgaben, Methoden und bisherigen Ergebnisse*. Leipzig: T.O.Weigel Nachfolger.
Gao, Mingkai (1940) *Essai sur la valeur réelle des particules prépositionnelles en chinois*. Paris:Lib. Rodstein.
García, Erica C. (1979) "Discourse without Syntax". In: Syntax and Semantics 12: *Discourse and Syntax*, ed. by Givón, Talmy. pp.23–49.
Gassmann, Robert H. (1980) *Das grammatische Morphem ye (Eine Untersuchung seiner syntaktischen Funktion im Menzius)*. Bern/Frankfurt/Las Vegas: Lang.
Gassmann, Robert H. (1982) *Zur Syntax von Einbettungsstrukturen im klassischen Chinesisch*. Bern/Frankfurt:Lang.
Gaudes, Rüdiger (1978) "Zur phonologischen Relevanz der sogenannten Register im modernen Kambodschanischen". *Mon-Khmer Studies* VII, Honolulu: University of Hawaii Press. pp.39–59.
Ge, Yi (1958) "Ba-ziju de qiyuan (The Origin of *ba*-sentences)". *Zhongguo Yuwen* 1958.3,117f.
George, Isaac (1976) "Verb Serialization and Lexical Decomposition". *Studies in African Linguistics, Supplement* 6,63–72.
Gething, Thomas W. (1975) "Location in Thai and Lao". In: Harris, Jimmy G. and James A. Chamberlain, eds. pp.196–201.
Givón, Talmy (1971) "Historical Syntax and Synchronic Morphology: An Archeologist's Field Trip". *Papers from the 7th Regional Meeting. Chicago: Chicago Linguistic Society*.
Givón, Talmy (1975) "Serial Verbs and Syntactic Change: Niger-Congo". Li, Charles N., ed., *Word Order and Word Order Change*. Austin and London: University of Texas Press. pp.113–147.
Givón, Talmy (1979) *On Understanding Grammar*. New York, San Francisco and London: Academic Press.
Glazova, M.G. (1965) "Sposoby vyraženija vido-vremennych snačenij vo v'etnamskom jazyke (Ways of Expressing Aspect-Tense Meanings in Vietnamese)". In: Mazur, Ju.N. (1965), pp.179–191.
Gorgoniev, Ju. A. (1963) *Kategorija glagola v sovremennom kxmerskom jazyke (The Category of the Verb in Modern Khmer)*. Moskva: Izd. vozdočnoj literatury.
Gorgoniev, Ju. A. (1966) *Grammatika kxmerskogo jazyka (A Grammar of the Khmer Language)*. Akademija Nauk SSSR, institut narodov Azii.
Gregerson, Kenneth (1976) "Tongue-Root and Register in Mon-Khmer". *Austroasiatic Studies* I,323–70.
Guesdon, Joseph (1930) *Dictionnaire cambodgien-français* (Ministère de l'instruction publique et des beaux-arts, commission archéologique de l'Indochine). Paris: Librairie Plon. 2 vols.
Haas, Mary Rosamond (1964) *Thai-English Students Dictionary*. Stanford: Stanford University Press.
Hagège, Claude (1975) *Le problème linguistique des prépositions et la solution chinoise*. Paris: Peeters.
Haiman, John, ed. (1988) *Iconicity in Syntax* (Typological Studies in Language 6). Amsterdam/Philadelphia: Benjamins.
Halliday, M.A.K. (1959) *The Language of the Secret History*. London.

Harris, Jimmy G. and James A. Chamberlain, eds. (1975) *Studies in Tai Linguistics in Honor of William J. Gedney.* Bangkok: Central Institute of English Language.

Hashimoto, Mantaro (1976) *Genetic Relationship, Diffusion and Typological Similarities of East and Southeast Asian Languages* (Papers of the 1st Japan-US Joint Seminar on East and Southeast Asian Linguistics). Tokyo: Japan Society for the Promotion of Science.

Hashimoto, Mantaro J. (1986) "The Altaicization of Northern Chinese". In: McCoy, John and Timothy Light, eds. (1986), pp.76–97.

Haudricourt, André (1953) "La place du vietnamien dans les langues austroasiatiques". *Bulletin de la société linguistique de Paris* 49.1,122-28.

Haudricourt, André (1954a) "Introduction à la phonologie historique des langues miao-yao". *Bulletin de l'école Française d'extrême orient* 44.2.

Haudricourt, André (1954b) "comment reconstruire le chinois archaïque". *Word* 10.

Haudricourt, André (1954c) "De l'origine des tons en Viétnamien". *Journal Asiatique* 242,69–82.

Haudricourt, André (1961) "Bipartition et tripartion des systèmes de tons dans quelques langues d'Extrême-Orient". *Bulletin de la société linguistique de Paris* 56.1,163–80.

He, Leshi (1980) "Xian Qin 'dong-zhi-ming' shuangbinshi zhong de 'zhi' shi-fou dengyu 'qi'? (Is *'zhi'* in the Double Object Construction *'verb-zhi-noun'* the same as *'qi'* or not?). *Zhongguo Yuwen* 4,283–91.

Headley, Robert K. (1977) *Cambodian-English Dictionary*, 2 vols. Washington DC: The Catholic University Press.

Heimbach, Ernest E. (1979) *White Hmong – English Dictionary* (Data Paper No. 75, Linguistics Series 4). Ithaca, NY: Cornell University SE Asia Program.

Heine, Bernd und Mechthild Reh (1984) *Grammaticalization and Reanalysis in African Languages.* Hamburg: Helmut Buske.

Heine, Bernd und Ulrike Claudi (1986) *On the Rise of Grammatical Categories.* Berlin: Dietrich Reimer.

Henderson, Eugénie (1952) "The Main Features of Cambodian Pronunciation". *Bulletin of the School of Oriental and African Studies* 14,149–74.

Hendricks, Glenn L., Bruce T. Downing and Amos S. Deinard, eds. (1986) *The Hmong in Transition.* New York: Center of Migration Studies of New York and SE Asian Refugee Studies Project of the University of Minnesota.

Himmelmann, Nikolaus (1987) *Morphosyntax und Morphologie – die Ausrichtungsaffixe im Tagalog.* Studien zur theoretischen Linguistik. München: Fink.

Hockett, Charles F. et al. (1945) *Dictionary of Spoken Chinese.* Washington DC.

Hopper, Paul J., ed. (1982) *Tense-Aspect: Between Semantics and Pragmatics.* Amsterdam, Philadelphia: John Benjamins.

Hopper, Paul J. (1985) "Causes and Affects". *Chicago Linguistic Society* 21.2,67–88.

Hopper, P.J. and S.A. Thompson (1980) "Transitivity in Grammar and Discourse". *Language* 56,251–99.

Hu, Fu und Wen Liang (1955) "ba-ziju wenti (Questions on *ba*-sentences)". *Xiandai Hanyu yufa tansuo.* Shanghai: Dongfang shudian.

Huang, C.T. James (1984) "On the Distribution and Reference of Empty Pronouns". *Linguistic Inquiry* 15.4,531–574.

Huang, Shuan-fan (1978) "Historical Change of Prepositions and Emergence of SOV Order". *Journal of Chinese Linguistics* 12.4,212–242.

Huffman, Franklin E. (1967) *An Outline of Cambodian Grammar.* Ph.D.diss. Cornell University.

Huffman, Franklin E. (1970) *Modern Spoken Cambodian* (Yale Linguistic Series). New Haven and London: Yale University Press.

Huffman, Franklin E. (1972) "The Boundary between the Monosyllable and the Dissyllabe in Cambodian". *Lingua* 29.1,54–66.

Huffman, Franklin E. (1973) "Thai and Cambodian: A Case of Syntactic Borrowing?" *Journal of the American Oriental Society* 93.4,488–509.

Huffman, Franklin E. (1976a) "The Relevance of Lexicostatistics to Mon-Khmer Languages". In: *Austroasiatic Studies* I,539–574).

Huffman, Franklin E. (1976b) "The Register Problem in Fifteen Mon-Khmer Languages. *Austroasiatic Studies* I, 575–90.

Huffman, Franklin E. (1977) "An Examination of Lexical Correspondences between Vietnamese and some other Austroasiatic Languages". *Lingua* 43,171–98.

Humboldt, Wilhelm von (1822) "Über das Entstehen der grammatischen Formen, und ihren Einfluß auf die Ideenentwicklung (Gelesen in der Akademie der Wissenschaften am 17. Januar 1822)". *Wilhelm von Humbodts Werke, Band IV.* berlin: Walter de Gruyter, photomechanischer Nachdruck 1968.

Iljic, Robert (1987a) *L'exploitation aspectuelle de la notion de franchissement en chinois contemporain.* Paris:Editions L'Harmattan.

Iljic, Robert (1987b) *La marque de détermination nominale 'de' en chinois contemporain (implications temporelles).* Paris: L'Harmattan.

Jachontov, S.Je. (1957) *Kategorija glagola v kitajskom jazyke* (The Category of the Verb in Chinese). Leningrad: Izdatel'stvo leningradskogo universiteta.

Jachontov, S.Je. (1988) "Resultative in Chinese". In: Nedjalkov, V.P., ed. (1988), pp.113–33.

Jacob, Judith (1960) "The Structure of the Word in Old Khmer". *Bulletin of the School of Oriental and African Studies* 23,351–68.

Jacob, Judith M. (1963) "Prefixation and Infixation in Old Mon, Old Khmer, and Modern Khmer". In: Shorto, Harry L., ed., pp.62–70.

Jacob, Judith M. (1968) *Introduction to Cambodian.* London: Oxford University Press.

Jacob, Judith (1974) *A Concise Cambodian-English Dictionary.* London: Oxford University Press.

Jacob, Judith (1976a) "Affixation in Middle Khmer, with Old and Modern Comparison". *Austroasiatic Studies* I,591–624.

Jacob, Judith M. (1976b) "An Examination of the Vowels and Final Consonants in Correspondences between Pre-Angkor and Modern Khmer". In: *Southeast Asian Linguistic Studies* II, ed. by Nguyên Đang Liêm, Canberra: ANU. pp.19–38.

Jacob, Judith M. (1978) "Some Observations on Khmer Verbal Usages". *Mon-Khmer Studies* VII. Honolulu: University of Hawaii Press. pp.95–109.

Jaisser, Annie (1986): "The Morpheme *kom*: A First Analysis and Look at Embedding in Hmong". In: Hendrick, Glenn L., B.T. Downing and A.S. Deinard, eds., pp.245–260.

Jakobson, Roman (1959) "Boas' View of Grammatical Meaning". In: Jakobson, R., 1971, *Word and Language. Selected Writings II.* The Hague/Paris: Mouton. pp.489–496.

Jansen, Bert, H. Koopman and P. Muysken (1978) *Serial Verbs in the Creole Languages.* Amsterdam Creole Studies II.

Jenner, Philip N. (1969) *Affixation in Modern Khmer.* Ph.D.diss. University of Hawaii.

Jenner, Philip N. (1972) Rev. of Huffman, F.E., 'Modern Spoken Cambodian' and 'Cambodian System of Writing and Beginning Reader'. *Journal of the American Oriental Society* 92.4,556–8.

Jenner, Philip N. (1974) 'The Development of the Registers in Standard Khmer". In: *Southeast Asian Linguistic Studies* I, ed. by Nguyên Đang Liêm, Canberra: ANU. pp.47–60.

Jenner, Philip N. (1977) "Anomalous Expansions in Khmer Morphology". *Mon-Khmer Studies* VI. Honolulu: University of Hawaii Press. pp.169–90.

Jenner, Philip N. and Saveros Pou (1980/81) *A Lexicon of Khmer Morphology* (Mon-Khmer Studies IX–X). Honolulu: University of Hawaii Press.

Kamchai, Thonglor (1952) *Lak phaasaa Thai (Thai Grammar).* Bangkok: Bamrung Sasana Press.

Karow, Otto (1972) *Vietnamesisch-deutsches Wörterbuch.* Wiesbaden: Harrassowitz.

Kölver, Ulrike (1984) *Local Prepositions and Serial Verb Constructions in Thai*. Arbeiten des Kölner Universalien-Projekts (akup), Nr.69. Köln: Universität Köln.

Kong, Lingda (1986) "Guanyu dongtai zhuci '-guo$_1$' he '-guo$_2$' (On the Aspect Particles'-*guo$_1$*' and '-*guo$_2$*'). *Zhongguo Yuwen* 4,272–276.

Kuhn, Wilfried (1990) *Untersuchungen zum Problem der seriellen Verben (Vorüberlegungen zu ihrer Grammatik und exemplarischen Analyse des Vietnamesischen)*. Tübingen: Max Niemeyer.

Kullavanijaya, Pranee (1974) *Transitive Verbs in Thai*. Ph.D. diss. University of Hawaii.

Kuno, Susumo and Preya Wongkhomthong (1981) "Characterizational and Identificational Sentences in Thai". *Studies in Language* 5.1,65–109.

Kuryłowicz, Jerzy (1965) "The Evolution of Grammatical Categories". Kuryłowicz, J. 1975, *Esquisses linguistiques II*. München: Fink. pp.38–54.

Kwan, Julia Chin (1970) "Ch'ing Chiang Miao Phonology". *Tsing Hua Journal of Chinese Studies* 1970,289–304.

Kwan-Terry, Anne (1979) "The Case of Two *le*'s in Chinese". *Computational Analyses of Asian and African Languages* 10.39–55.

Lee, Tsaifeng (1976) "Teaching Resultative Verbs to Students of Chinese". *Journal of the Chinese Language Teachers Association* 11.2,103–18.

Lehmann, Christian (1982) *Thoughts on Grammaticalization. A Programmatic Sketch, Vol.1*. Arbeiten des Kölner Universalien-Projekts (akup), Nr. 48. Köln: Universität Köln.

Lehmann, Christian (1985) "On Grammatical Relationality". *Folia Linguistica* 19, 67–109.

Lehmann, Christian (1989) "Strategien der Situationsperspektion." Vortrag gehalten am *"Internationalen Kolloqium Sprache und Denken: Variation und Invarianz in Linguistik und Nachbardisziplinen"*, Lenzburg, Schweiz. Veröffentlicht in: Seiler, Hansjakob, Hrsg. (1990), pp. 45–61.

Lemoine, Jacques (1972) "Les écritures du Hmong". *Bulletin des amis du Royaume Lao* 7–8,123–65.

Lewitz, Saveros (1967a) "La toponymie khmère". *Bulletin de l'école française d'extrême orient* 53.2,375–451.

Lewitz, Saveros (1967b) "La dérivation en cambodgien moderne". *Revue de l'école nationale des langues orientales* 4,65–84.

Lewitz, Saveros (1968a) *Lectures cambodgiennes (Reader), Notions succinctes*. Paris: Adrien-Maisonneuve.

Lewitz, Saveros (1968b) "Notes sur la dérivation par affixation en khmer moderne (cambodgien)". *Revue de l'école nationale des langues orientales* 5, 117–127.

Lewitz, Saveros (1969) "Quelques cas complexes de dérivation en cambodgien". *Journal of the Royal Asiatic Society* 1969.1,39–48.

Lewitz, Saveros (1976) "The Infix -b- in Khmer". *Austroasiatic Studies* II,741–60.

Lewitz, Saveros (s. auch Pou, Saveros)

Li, Charles N., ed. (1975) *Word Order and Word Order Change*. Austin and London: University of Texas Press.

Li, Charles N. (1986a) "Direct and Indirect Speech: A Functional Study". in: Coulmas, Florian, ed. (1986), pp.29–45.

Li, Charles N. (1989) "The Origin and Function of Switch Reference in Green Hmong". In: Breivik, L.E. and Ernst Hakon Jahr, eds., pp.115–29.

Li, Charles N. and Sandra A. Thompson (1973) "Serial Verb Constructions in Mandarin Chinese: Subordination or Co-ordination?" *Chicago Linguistic Society 9, You Take the High Node and I'll Take the Low Node, a Para-Volume to Papers from the Ninth Regional Meeting*. pp.96–103.

Li, Charles N. and Sandra A. Thompson (1974a) "An Explanation of Word Order Change SVO – SOV". *Foundations of Language* 12.2,201–14.

Li, Charles N. and Sandra A. Thompson (1974b) "Historical Change of Word Order, a Case Study in Chinese and its Implications". In: Anderson, J.M. and C. Jones, eds., pp.199–217.

Li, Charles N. and Sandra A. Thompson (1975) "The Semantic Function of Word Order: A Case Study in Mandarin". In: Li, Charles N., ed., pp.163–195.

Li, Charles N. and Sandra A. Thompson (1976) "The Meaning and Structure of Complex Sentences with -zhe in Modern Mandarin". *Journal of the American Oriental Society* 96.4,838–49.

Li, Charles N. and Sandra A. Thompson (1978) "Grammatical Relations in Languages without Grammatical Signals." In: Dressler, Wolfgang, ed., pp.687–91.

Li, Charles N. and Sandra A. Thompson (1981) *Mandarin Chinese (a Functional Reference Grammar)*. Berkeley, Los Angeles and London: University of California Press.

Li, Charles N., Sandra A. Thompson and R. McMillan Thompson (1982) "The Discourse Motivation for the Perfect Aspect: The Mandarin Particle *le*". In: Hopper, Paul J., ed., pp.3–18.

Li, Frances (1971) *Case and Communicative Function in the Use of ba in Mandarin*. Ph.D.diss. Cornell University.

Li, Frances C. (1977) "How Can We Dispose of *ba*?". *Journal of the Chinese Language Teachers Association* 12.1,8–13.

Li, Jinxi (1924) *Xinzhu Guoyu wenfa (A Grammar of Chinese)*. Reprinted 1956: Shanghai: Commercial Press.

Li, Ying-che (1970) *An Investigation of Case in Chinese Grammar*. University Microfilms, Ann Arbor, Michigan, U.S.A. Ph.D.diss., University of Michigan.

Li, Ying-che (1980) "The Historical Development of the Coverb and the Coverbial Phrase". *Journal of Chinese Linguistics* 9,273–93.

Li, Ying-che and Moira Yip (1979) "The *ba*-Construction and Ergativity in Chinese". In: Plank, Frans, ed. (1979), pp.103–114.

Li, Yongsui, Chen Kejiong und Chen Qiguang (1959) "Miaoyu shengmu he shengdiao zhong de jige wenti (Some Questions on Syllable Initials and Tone in Miao)". *Yuyan Yanjiu* 4,65–80.

Liang, James Chao-Ping (1971) *Prepositions, Co-Verbs, or Verbs? A Commentary on Chinese Grammar – Past and Present*. University Microfilms, Ann Arbor, Michigan, U.S.A. Ph.D.diss. University of Pennsylvania, Graduate School of Arts and Sciences.

Light, Timothy (1977) "Some Potential for the Resultative". *Journal of the Chinese Language Teachers Association* 12.1,27–41.

Lin, Chin-juong, William (1979) *A Descriptive Semantic Analysis of the Mandarin Aspect-Tense System*. University Microfilms International, Ann Arbor, Michigan, U.S.A., Ph.D.diss. University of Cornell.

Liu, Baishun (1981) "Ye tan 'dong-zhi-ming' jiegou zhong de 'zhi' (On 'zhi' in the 'Verb-zhi-Noun' Structure Again)". *Zhongguo Yuwen* 5,384–88.

Liu, Yüehua et al. (1983) *Shiyong xiandai Hanyu yufa (Practical Grammar of Modern Chinese)*. Beijing: Waiyu jiaoxue yu yanjiu chubanshe.

Lord, Carol (1973) "Serial Verbs in Transition". *Studies in African Linguistics* 4,269–295.

Lord, Carol (1976) "Evidence for Syntactic Reanalysis: From Verb to Complementizer in Kwa". *Chicago Linguistic Society, Papers from the Parasession on Diachronic Syntax*. Chicago, Illinois: Chicago Linguistic Society. pp.179–191.

Lu, John H.-T. (1975) "The Grammatical Item '*le*' in Mandarin". *Journal of the Chinese Language Teachers Association* 10.2,53–62.

Lu, John H.-T. (1977) "Resultative Verb Compounds versus Directional Verb Compounds in Mandarin". *Journal of Chinese Linguistics* 5.2,276–313.

Lu, Zhiwei (1964) *Hanyu de goucifa (Chinese Morphology)*. Beijing: Kexue Chubanshe.

Lü, Shuxiang (1944) *Zhongguo wenfa yaolüe (Outline of Chinese Grammar)*. Beijing.

Lü, Shuxiang (1948/1955) "Ba-zi yongfa de yanjiu (Studies in the Use of *ba*)". Wiederabgedruckt in: Lü Xiang, ed., (1955) *Hanyu yufa lunwenji (Collected Articles on Chinese Grammar)*. Beijing: Kexue Chubanshe.

Lü, Shuxiang (1979) *Hanyu yufa fenxi wenti (Problems of the Grammatical Analysis of Chinese)*. Beijing.

Lü, Shuxiang et al. (1981) *Xiandai Hanyu babai ci (800 Words of Modern Chinese)*. Beijing: shangwu yinshuguan.

Lyman, Thomas Amis (1973) *English-Meo Dictionary*. Bangkok: The German Cultural Institute.

Lyman, Thomas Amis (1974) *Dictionary of Hmong Njua, a Miao (Meo) Language of Southeast Asia*. The Hague: Mouton.

Lyman, Thomas Amis (1979) *Grammar of Hmong Njua (Green Miao): A Descriptive Linguistic Study*. Im Selbstverlag.

Ma, Guodong (1980) "'zhi' zuo 'qi' yong xiaoyi. (Usage of *'zhi'* instaed of *'qi'*)". *Zhongguo Yuwen* 5,392–93.

Ma, Jianzhong (1898) *Mashi wentong (Ma's Grammar)*. Reprinted in: Taiwan: Shangwu Yinshuguan, 1978. 2 Vols.

Ma, Jing-heng S. (1977) "Some Aspects of the Teaching of *-guo* and *-le*". *Journal of the Chinese Language Teachers Association* 12.1,14–26.

Ma, Jing-heng S. (1985) "A Study of the Mandarin Suffix *-zhe*". *Journal of the Chinese Language Teachers Association* 20.3,23–50.

Ma, Xueliang und Tai Changhou (1956) "Guizhou-sheng dongnan-bu Miaoyu yuyin de chubu bijiao (First Comparisons on the Phonology of the Miao Languages in the Southeastern Parts of Guizhou Province)". *Yuyan Yanjiu* 1956,265–282.

Marckwardt, ed. (1964) *Studies in Language and Linguistics in Honor of Charles C. Fries*. Ann Arbor: University of Michigan.

Martini, François (1942) "Aperçu phonologique du cambodgien". *Bulletin de la société linguistique de Paris* 42,112–31.

Martini, François (1952) "De la morphématisation du verbe en vietnamien". *Bulletin de la société linguistique de Paris* 48,94–110.

Martini, François (1956) "Les expressions de 'être' en siamois et en cambodgien". *Bulletin de la société linguistique de Paris* 52,289–306.

Martini, François (1959) "Tournures impersonnelles en cambodgien et en vietnamien". *Bulletin de la société linguistice de Paris* 54.1,136–48.

Maspéro, G. (1915) *Grammaire de la langue khmère*. Paris: imprimerie nationale.

Maspéro, Henry (1935) "Préfixes et dérivation en chinois archaïque". *Mémoires de la société de linguistique de Paris* 23.

Matisoff, James A. (1969) "Verb Concatenation in Lahu: The Syntax and Semantics of 'Simple' Juxtaposition". *Acta Linguistica Hafniensia* 12.1,69–120.

Matisoff, James A. (1973) *The Grammar of Lahu*. Berkeley, Los Angeles, London: University of California Press.

Matisoff, James A. (1976a) "Austro-Thai and Sino-Tibetan: An Examination of Body-Part Contact Relationships". In: Hashimoto, Mantaro, ed., pp.256–89.

Matisoff, James A. (1976b) "Lahu Causative Constructions: Case Hierarchies and the Morphology/Syntax Cycle in a Tibeto-Burman Perspective". In: Shibatani, Masayoshi, ed., pp.413–42.

Matisoff, James A. (1979) 'Problems and Progress in Lolo-Burmese: Quo vadimus? *Linguistics of the Tibeto-Burman Area* 4.2,11-43.

Mazur, Ju. N., ed. (1965) *Voprosy filologii stran Jugo-Vostočnoj Azii (Philological Problems in the Countries of South-East Asia)*. Moskva: Izd. Moskovskogo universiteta.

McCoy, John and Timothy Light, eds. (1986) *Contributions to Sino-Tibetan Linguistics*. Cornell Linguistic Contributions 5. Leiden:Brill.

Mei, Tsu-lin (1981a) "Xiandai Hanyu wanchengmao jushi de dongci ciwei de laiyuan (The Origin of the Verbal Suffix and the Form of the Completed Aspect in Modern Chinese)". *Yuyan Yanjiu* 1,65-77.

Mei, Tsu-lin (1981b) "Ming-dai Ningbohua de 'lai'-zi he xiandai hanyu de 'le'-zi ('*lai*' in the Dialect of Ningbo during the Ming-Dynasty and '*le*' in Modern Chinese)". *Fangyan* 1,p.66.

Meillet, Antoine (1912) "L'évolution des formes grammaticales". *Scientia* 12/26.6. Reimpr. Meillet, A. (1921). pp. 130–48.

Meillet, Antoine (1921) *Linguistique historique et linguistique générale, Collection linguistique publiée par la société de linguistique de Paris VII.* Genève/Paris: Slatkine/Champion.

Miaoyu Fangyan de huafen he wenzi wenti (*Questions on the Alphabet and the Distinction of dialects of Miao*). Hrsg. von Zhongguo kexueyuan shaoshu minzu yuyan diaocha di er gongzuodui (2. Arbeitskreis zur Untersuchung der Minderheitensprachen der chinesischen Akademie), Guiyang, 1956.

Moréchand, Guy (1968) "Le chamanisme des Hmong". *Bulletin de l'école française d'extrême orient* 54,53–295.

Morev, L.N. (1964) *Osnovy sintaksisa tajskogo jazyka* (Fundamentals of Thai Syntax). Moskva.

Mottin, Jean (1978) *Eléments de grammaire Hmong Blanc.* Bangkok: Don Bosco Press.

Mottin, Jean (1980) *55 chants d'amour Hmong Blanc (55 zaj kwv txhiaj Hmoob Dawb).* Bangkok: Siam Society.

Mottin, Jean (1980) *Contes et légendes Hmong Blanc.* Bangkok: Don Bosco Press.

Mottin, Jean (1981) *Allons faire le tour du ciel et de la terre (Le chamanisme des Hmong vu dans les textes).* Sap Samotot.

Muysken, Pieter (1986) "Approaches to Affix Order". *Linguistics* 24,629–643.

Nacaskul, Karnchana (1978) "The Syllabic and Morphological Structure of Cambodian Words". *Mon-Khmer Studies* VII. Honolulu: University of Hawaii Press. pp.183–200.

Nedjalkov, V.P., ed. (1988) *Typology of Resultative Constructions.* Amsterdam/Philadelphia:Benjamins.

Needleman, Rosa (1973) *Tai Verbal Structures and Some Implications for Current Linguistic Theory.* Ph.D. diss. UCLA.

Nguyên, Đinh Hoa (1972) "Vietnamese Categories of Result, Direction, and Orientation". In: Smith, M. Estelle, ed., pp. 395–412.

Nguyên, Đinh Hoa (1976) "Ditransitive Verbs in Vietnamese". *Austroasiatic Studies* II,919–50.

Nguyên, Phu Phong (1975) *Le vietnamien fondamental.* Paris: Klincksieck.

Nguyên, Phu Phong (1976) *Le syntagme verbal en vietnamien* (Centre de recherches linguistiques sur l'Asie Orientale, Ecole des hautes études en sciences sociales, études linguistiques no. 5). The Hague: Mouton.

Nguyên, Quang Hung (1985) "Obščij princip i raznye podchody k vydeleniju osnovnych edinic jazyka (opyt sopostavitelnogo izučenija evropejskoj i kitajskoj lingvističeskich tradicij) (The General Principle and Different Conceptions of the Definition of Fundamental Language Units)". *Voprosy jazykoznanija* 1985.1,89–96.

Nguyên, Thanh Hung (1979) *Einführung in die vietnamesische Sprache* (Frankfurter Ostasienstudien 1). Frankfurt/Main: Haag und Herschen.

Noss, Richard B. (1964) *Thai Reference Grammar.* Washington, DC, Foreign Service Institute.

Ntawv Hmoob, Phau 9 (1968) (Meo Primer, 9). Chiangmai 1968.

Owensby, Laurel (1968): "Verb Serialization in Hmong. In: Hendricks, G.L., B.T. Downing and A.S. Deinard, eds., pp.237–243.

Oyelaran, Q. (1982) "On the Scope of the Serial Verb Construction in Yoruba". *Studies in African Linguistics* 13,109–46.

Pan, Weigui und Wang Tiange (1980a) "Wei-Jin Nanbeichao shiqi 'liao' zi de yongfa (The Use of '*liao*' at the Time of Wei-Jin and Nanbeichao)". *Yuyan Lunji* 1,14–21.

Pan, Weigui und Wang Tiange (1980b) "Dunhuang bianwen he 'Jing de chuan deng lu' zhong 'liao'-zi de yongfa (Use of *'liao'* in the Bianwen of Dunhuang and in 'Records of the Transmission of the Lamp')". *Yuyan Lunji* 1,22–28.

Pan, Yunzhong (1982) *Hanyu yufa shi gaiyao (Summary of the Historical Grammar of Chinese)*. Henan: Zhongzhou shuhuashe chuban. 273pp.

Panfilov, V.S. (1966) "Modifikatory i otglagol'nye predlogi vo v'etnamskom jazyke (Modifiers and Deverbal Prepositions in Vietnamese)". In: Sokolov, S.N., ed. (1966), pp.15–20.

Panfilov, V.S. (1979) "Vidovye klassy i modal'no-vidovye pokazateli vo v'etnamskom jazyke (Classes of Tense and Modal-Aspect Markers in Vietnamese)". *Vostokovedenie (Učenye zapiski leningradskogo ordena Lenina) 6,44–58*.

Panfilov, V.S. (1982) "K voprosu o kategorii vremeni vo v'etnamskom jazyke (On the Problem of Tense-Categories in Vietnamese)". *Voprosy Jazykoznanija* 1985.3,73–82.

Panfilov, V.S. (1985) "V'etnamskaja morfemika (Vietnamese Morphemics)". *Voprosy Jazykoznanija* 1985.4,84–94.

Paris, Marie-Claude (1961) *Les constructions en 'de' en chinois moderne*. Hong Kong: Editions Langages Croises.

Paul, Waltraud (1982) *Die Koverben im Chinesischen (with an English Summary)*. Arbeitspapier Nr. 40. Köln: Institut für Sprachwissenschaft der Universität.

Pawley, Arthur (1973) "Some Problems in Proto-Oceanic Grammar". *Oceanic Linguistics* 12,103–88.

Peansiri, Ekniyom (1979) "An Internal Reconstruction of Auxiliaries in Thai". *Working Papers in Linguistics Hawaii (WPL Hawaii)* 11.2,55–65.

Peyraube, Alain (1980) *Les constructions locatives en chinois moderne*. Hong Kong: Edition Langages Croises.

Peyraube, Alain (1985) "Les structures en *ba* en chinois médiéval et moderne". *Cahiers de Linguistique Asie orientale* XIV.2,193–213.

Peyraube, Alain (1988) *Syntaxe diachronique du chinois (évolution des constructions datives du XIVe siècle av J.-C. au XVIIIe siècle)*. Paris: Collège de France, Institut des hautes études chinoises.

Phau xyaum nyeem ntawv Hmoob (Text for Learning to Read Hmong). Rooj Ntawv Hmoob (Hmong Academy). Bangkok: Assumption Press.

Pinnow, Heinz-Jürgen (1957) "Sprachgeschichtliche Erwägungen zum Phonemsystem des Khmer". *Zeitschrift für Phonetik, Sprachwissenschaft und Kommunikationsforschung* 10,378–91.

Pinnow, Heinz-Jürgen (1958) "Bemerkungen zur Silben- und Wortstruktur des Khmer". *Zeitschrift für Phonetik, Sprachwissenschaft und Kommunikationsforschung* 11,176–9.

Pittman, Richard S. (1978) "The Explanatory Potential of Voice-Register Phonology". *Mon-Khmer Studies* VII. Honolulu: University of Hawaii Press. pp.201–26.

Plank, Frans, ed. (1979) *Ergativity (Towards a Theory of Grammatical Relations)*. London: Academic Press.

Pongsri, Lekawatana (1970) *Verb Phrases in Thai: A Study in Deep-Case Relationships*. Ph.D.diss. University of Michigan.

Pou, Saveros (1974) "The Word *'?a:c'* in Khmer: A Semantic Overview". In: Nguyên Đang Liêm, ed., *Southeast Asian Linguistic Studies* 1, Canberra, ANU. pp.175–91.

Pou, Saveros (1978) "Recherches sur le vocabulaire cambodgien X: l'étymologie populaire". *Journal asiatique* 266.1–2,153–77.

Pou, Saveros (s. auch Lewitz, Saveros)

Prapin, Manomaivibool (1975) *A Study of Sino-Tai Lexical Correspondences*. Ph.D.diss. University of Washington.

Purnell, Herbert C., ed. (1972) *Miao and Yao Linguistic Studies: Selected Articles in Chinese, Translated by Chang Yü-hung and Chu Kwo-ray* (Data Paper No. 88, Linguistic Series VII). Ithaca, NY, Cornell University Southeast Asia Program, XIII.

Ratliff, Martha (1986) "Two-Word Expressives in White Hmong". In: Hendricks, G.L., B.T. Downing and A.S. Deinard, eds., pp.219–236.

Rohsenow, John Snowden (1978) *Syntax and Semantics of the Perfect in Mandarin Chinese.* Ph.D.diss. University Microfilms International, Ann Arbor, Michigan, U.S.A.

Rygaloff, A. (1973) *Grammaire élémentaire du chinois.* Paris: P.U.F. (coll. Le Linguiste).

Sakamoto, Yasuyuki (1977) "The Sources of Khmer 'ue'". *Mon-Khmer Studies* VI. Honolulu: University of Hawaii Press. pp.273–8.

Salee, Sriphen (1982) *The Thai Verb Phrase.* Ph.D.diss. University of Michigan.

Sasse, Hans-Jürgen (1988) "Der irokesische Sprachtyp". *Zeitschrift für Sprachwissenschaft* 7.2, 173–213.

Schachter, Paul (1974) "A Non-Transformational Account of Serial Verbs". *Studies in African Linguistics, Supplement* 5,278–82.

Schiller, Eric (1985) "Forward into the Past: A Look at Khmer Morphology". In: Zide, Arlene R.K., David Magier, and Eric Schiller, eds., pp.82–91.

Schmidt, Pater Wilhelm (1906) *Die Mon-Khmer-Völker, ein Bindeglied zwischen Völkern Zentralasiens und Austronesiens.* Arch. Anthrop., Braunschweig.

Scovel, Thomas Scott (1970) *A Grammar of Time in Thai.* Ph.D.diss. University of Michigan.

Sebba, Mark (1987) *The Syntax of Serial Verbs* (Creole Language Library 2). Amsterdam/Philadelphia: John Benjamins.

Seiler, Hansjakob (1988) *Die universalen Dimensionen der Sprache: Eine vorläufige Bilanz.* Arbeiten des Kölner Universalien-Projekts (akup), Nr. 75.

Seiler, Hansjakob. Hrsg. (1990) *Internationales Interdisziplinäres Kolloquium "Sprache und Denken: Variation und Invarianz in Linguistik und Nachbardisziplinen.* akup (Arbeiten des Kölner Universalienprojekts) Nr. 80.

Seiler, Hansjakob und Christian Lehmann, eds., (1982) *Apprehension I (Das sprachliche Erfassen von Gegenständen), Teil I: Bereich und Ordnung der Phänomene).* Tübingen: Narr.

Seiler, Hansjakob und Waldfried Premper (1991). *PARTIZIPATION (Das sprachliche Erfassen von Sachverhalten).* Tübingen: Narr.

Serzisko, Fritz (1982) "Temporäre Klassifikation: Ihre Variationsbreite in Sprachen mit Zahlklassifikatoren". In: Seiler, Hansjakob und Christian Lehmann, eds. *Apprehension I,*147–159.

Shafer, Robert (1964) "Miao-Yao". *Monumenta Serica* 23.

Shibatani, Masayoshi, ed. (1976) *The Grammar of Causative Constructions.* (Syntax and Semantics 6). New York: Academic Press.

Shorto, Harry Leonard (1962) *A Dictionary of Modern Spoken Mon.* London: Oxford University Press.

Shorto, Harry L., ed. (1963) *Linguistic Comparison in South-East Asia and the Pacific (Collected Papers in Oriental and African Studies).* London: School of Oriental and African Studies.

Shorto, Harry Leonard (1967) "Die Register-Unterschiede in den Mon-Khmer Sprachen". *Wissenschaftliche Zeitschrift der Karl-Marx Universität Leipzig, Gesellschafts- und Sprachwissenschaftliche Reihe* 16.1–2,245–8.

Simon, Harry F. (1958) "Some Remarks on the Structure of the Verb Complex in Standard Chinese". *Bulletin of the School of Oriental and African Studies* 21,553–77.

Smalley, William E. (1976) "The Problem of Consonants and Tone: Hmong (Meo, Miao)". In: Smalley, William A., ed., pp.85–123.

Smalley, William E., ed. (1976) *Phonemes and Orthography. Language Planning in Ten Minority Languages of Thailand.* Canberra: ANU. Pacific Linguistics Series C.43.

Smalley, William E., Chia Koua Vang and Gnia Yee Yang (1990) *Mother of Writing (The Origin and Development of a Hmong Messianic Script)*. Chicago and London: University of Chicago Press.

Smith, M. Estelle, ed. (1972) *Studies in Linguistics in Honor of George L. Trager*. The Hague: Mouton.

So, Chung (1976) "The *ba*-Construction and Verb Final Drift in Chinese". *Computational Analysis of Asian and African Languages* 3.87–95.

Sokolov, S.N., ed. (1966) *Problemy filologii stran Asii i Afriki (Philological Problems in Asian and African Languages)*. Leningrad: Len. Univ.

Solncev, N.V., ed. (1970) *Jazyki Jugo-Voztočnoj Azii: Voprosy morfologii, fonetiki i fonologii (Southeast Asian Languages: Morphological, Phonetic and Phonological Studies)*. Moskva: Nauka.

Song, Yuzhu (1981) "Guanyu ba-zi de liang ge wenti (Two Questions on *ba*)". *Yuyan Yanjiu* 2,39–43.

Spanos, George (1979) "Contemporary Chinese Usage of *le*: A Survey and a Pragmatic Proposal". *Journal of the Chinese Language Teachers Association*. Part I: 14.1,36–70; Part II: 14.2,47–102.

Sperber, Dan and Deidre Wilson (1986) *Relevance (Communication and Cognition)*. Oxford:Basil Blackwell.

Stahlke, Herbert (1970) "Serial Verbs". *Studies in African Linguistics* 1,60–99.

Steever, Sanford B. (1988) *The Serial Verb Formation in the Dravidian Languages*. Delhi:Motilal Banarsidass.

Stewart, J.M. (1963) "Some Restrictions on Objects in Twi". *Journal of African Languages* 2.2,145-49.

Stine, Philip (1968) *The Instrumental Case in Thai: A Study of Syntax and Semantics in a Generative Model*. Ph.D.diss. University of Michigan.

Sun, Chao-fen and Talmy Givón (1985) "On the So-Called SOV Word Order in Mandarin Chinese: A Quantified Text Study and its Implications". *Language* 61, 329–351.

T'sou, B.K. (1974) "From Morphology to Syntax: Developments in the Chinese Causative". Paper Presented at the USC Causative Festival, May 1974.

Tai, James H.-Y. (1973) "Chinese as a SOV Language". *Papers from the Ninth Regional Meeting of Chicago Linguistic Society*, 659–671.

Tai, James H.-Y. (1975) "On Two Functions of Place Adverbials in Mandarin Chinese". *Journal of Chinese Linguistics* 3.2/3,154–79.

Tai, James H.-Y. (1976) "On the Change from SVO to SOV in Chinese". *Papers from the Parasession on Diachronic Syntax of Chicago Linguistic Society*. pp.291–304.

Tai, James H.-Y. (1988) "Temporal Sequence and Chinese Word Order". In: Haiman, John, ed., pp.49–72.

Tang, Charles T.C. (1972) "Case Grammar in Mandarin Chinese". Tang, C.T.C. et al., eds, pp.147–78.

Tang, Charles T.C. et al., eds. (1972) *Papers in Linguistics in Honor of A.A.Hill*. Taipei: Student Book Company.

Tang, Yuming (1987) "Han, Wei, liuchao beidongshi lüelun (A General Description of the Passive in Han, Wei and Liuchao)". *Zhongguo Yuwen* 1987.3,216-222.

Tang Yuming and Zhou Xifu (1985) "Lun Xianqin hanyu beidongshi de fazhan (On the Development of the Passive in Chinese before the Qin-Dynasty)". *Zhongguo Yuwen* 1985.4,281–85.

Tasaniya, Punyodyana (1976) *The Thai Verb in a Tagmemic Framework*. Ph.D.diss. Cornell University.

Teng, Shou-hsin (1970) "Comitative vs. Phrasal Conjunction". *Papers in Linguistics* 2,315 – 358.

Teng, Shou-hsin (1973) "Negation and Aspects in Chinese". *Journal of Chinese Linguistics* 1.1,14–37.

Teng, Shou-hsin (1975) *A Semantic Study of Transitivity Relations in Chinese*. Berkeley and Los Angeles: University of California Press.

Thomas, David W. and Robert K. Headley (1970) "More on Mon-Khmer Subgroupings". *Lingua* 25.4,398–418.

Thompson, Laurence C. (1965) *A Vietnamese Grammar*. Seattle: University of Washington Press.

Thompson, Sandra A. (1973) "Transitivity and Some Problems with the *ba*-Construction in Mandarin Chinese". *Journal of Chinese Linguistics* 1.2,208–21.

Thurgood, Graham, James A. Matisoff, and David Bradley, eds. (1985) *Linguistics of the Sino-Tibetan Area: The State of the Art. Papers Presented to Paul K. Benedict for his 72nd Birthday* (Pacific Linguistics), Canberra: ANU.

Trân, Trong Hai (1975) "Verb Concatenation in Vietnamese". *Linguistics of the Tibeto-Burman Area* 2.2,243–272.

Trương, Van Chinh (1970) *Structure de la lange vietnamienne*. Paris: Paul Geuthner.

Tsao, Fengfu (1987) "A Topic-Comment Approach to the *ba*-Construction". *Journal of Chinese Linguistics* 15.1,1–53.

Unger, Ulrich (1983a) "Zur Morphologie des altchinesischen Verbs". *Sinologische Rund*briefe Nr. 20 vom 28.3.1983.

Unger, Ulrich (1983b) "Weiteres zu den altchinesischen Verbalformen – Verb und Nomen". *Sinologische Rundbriefe* Nr.21.

Unger, Ulrich (1985) *Einführung in das klassische Chinesisch*. Wiesbaden: Harrassowitz.

Upakit, Sinlapasan (1948) *Wachiiwiphaak (Analysis of Words)*. Bangkok.

Upakit, Sinlapasan (1955) *Lak phaasaa thai ('akkharawithii, wachiiwiphaak, waakayasamphan, chantalak, samrap chut khruu p.p., p.m. (Principles of the Thai Language: Orthography, Parts of Speech, Syntax, Prosody, for Elementary and Secondary Pedagogical Certificates)*. Bangkok: Thai Watthana Panich. 9. Auflage.

Varasarin, Uraisi (1984) *Les éléments Khmers dans la formation de la langue Siamoise* (Langues et civilisations de l'asie du sud-est et du monde insulindien 15). Paris: Société d'études linguistiques et anthropologiques de France.

Vichin, Panupong (1970) *Inter-Sentence Relations in Modern Conversational Thai*. Bangkok: Siam Society.

Vichit-Vadakan, Rasami (1976) "The Concept of Inadvertence in Thai Periphrastic Causative Constructions". In: Shibatani, Masayoshi, ed., pp.459–476.

Vư, Duy Tu (1983) *Lehrbuch der Vietnamesischen Sprache*. Hamburg: Helmut Buske.

Wang, Fushi (1957) "Guizhou Weining miaoyu liangci (Measure Words in the Miao Language of Weining, Guizhou Province)". *Yuyan Yanjiu* 1957.2,75–121. Übersetzt in Purnell 1972.

Wang, Fushi (1980) "Miaoyu de shenglei he yunlei (Types of Syllable Initials and Finals in Miao)". *Minzu Yuwen* 1980,6–23.

Wang, Fushi (1981) "Tantan zai Miaoyu fangyan sheng-yunmu bijiao zhong de jidian tihui (On some Experiences with the Comparison of Syllable Initials and Syllable Finals in the Miao Dialects)". *Yuyan Yanjiu* 1981.1,167–76.

Wang, Fushi (1983) "Miaoyu fangyan huafen wenti (The Problem of Dialect Division in Miao)". *Minzu Yuwen 1983,1-22.*

Wang, Huan (1957) *"'ba'-ziju he 'bei'-ziju (ba-Sentences and bei-Sentences)"* Shanghai: Jiaoyu Chubanshe.

Wang, Huan (1985) "'ba'-ziju zhong 'ba' de binyu (The Object of 'ba' in 'ba'-Sentences)". *Zhongguo Yuwen* 1,48–51.

Wang, Jimmy Pengling (1962) *The Resultative Construction Type in Chinese.* Master of Arts Thesis, Cornell University, unpublished.

Wang, Li (1947) *Zhongguo xiandai yufa (Modern Chinese Language).* Shangai, 2 Vols.

Wang, Li (1958) *Hanyu shigao (Draft History of the Chinese Language).* 3 vols. Beijing.

Wang, Li (1981) *Gudai Hanyu (Classical Chinese).* Neue überarbeitete Ausgabe zu 1962–1964. 4Bde, 1794S. Beijing: Zhonghua Shujü.

Wang, Mingquan (1987) *Transitivity and the ba-Construction in Mandarin.* Ph.D.diss. Boston University, Graduate School.

Wang, W.S.C. (1964) "Some Syntactic Rules for Mandarin". *Proceedings of the 9th International Congress of Linguists,* ed. by Lunt, Horace C. London, The Hague, Paris: Mouton. pp.191–202.

Wang, William S.-Y. (1965) "Two Aspect Markers in Mandarin". *Language* 41, 457–470.

Warotamasikkhadit, Udom (1972) *Thai Syntax: An Outline.* (Janua Linguarum, Series Practica 68). Mouton.

Wen, Lian (1959) *Chusuo, Shijian he fangwei (Place, Time and Location).* Shanghai.

Westermann, D. (1930) *A Study of the Ewe Language.* London: Oxford University Press.

Whitelock, Doris (1982) *White Hmong Language Lessons* (South East Asian Refugee Studies Occasional Papers 2). Minneapolis: Center for Urban and Regional Affairs.

Williams, Wayne R. (1976) *Linguistic Change in the Syntax and Semantics of Sierra Leone Krio.* Ph.D.diss. Indiana University.

Wolfenden, S.N. (1929) *Outlines of Tibeto-Burman Linguistic Morphology.* London: Royal Asiatic Society.

Xing, Gongfan (1979) "Xiandai Hanyu he Taiyu li de zhuci 'le' he 'zhe' (The Auxiliary Words 'le' and 'zhe' in Modern Chinese and in Thai)". *Minzu Yuwen* 1979.2,84–98.

Yu, Genyuan (1983) "Guanyu dongci houfu 'zhe' de shiyong (On the Use of 'zhe' Attached to the Verb)". In: Lü Shuxiang et al., eds. (1983) *Yufa yanjiu he tansuo.* Beijing: Beijing daxue chubanshe.

Yu, Jianping "Shichengshi de qiyuan he fazhan (The Origin and Development of Resultatives)". *Yufa Lunji* 2,114–126.

Yu, Min (1952) "Shidongci (The Causative Verbs)". *Yuwen xuexi* 1952.12,p.28.

Zhan, Kaidi (1983) "ba-ziju weiyu zhong dongzuo de fangxian (The Direction of the Action in the Predicate of the *ba*-Sentence)". *Zhongguo Yuwen* 1983.2, 93-95.

Zhang, Shijian (1907) *Zhongdeng guowen dian (Chinese Handbook for Secondary School).*

Zhongguo kexueyuan shaoshu minzu yuyan diaocha di er gongzuodui (s. unter: Miaoyu fangyan de huafen he wenzi wenti).

Zhu, Dexi (1961)"Sur 'de'". *Zhongguo Yuwen* 110,1–15. Übersetzt in: Paris, Marie-Claude, éd., pp.75–142.

Zhu, Dexi und Lü Shuxiang (1951) *Yufa xiuci jianghua* (Introduction into Grammar and Rhetorics).

Zide, Arlene R.K., David Magier, and Eric Schiller, eds. (1985) *Proceedings of the Conference on Participant Roles: South Asia and Adjacent Areas.* Bloomington, Indiana University Linguistics Club.